ŒUVRES COMPLÈTES

DE

CHATEAUBRIAND

TOME IX

PARIS — IMPRIMERIE DE J. CLAYE
RUE SAINT-BENOIT, 7

St AMBROISE ET THÉODOSE 1ᵉʳ.

ŒUVRES COMPLÈTES

DE

CHATEAUBRIAND

NOUVELLE ÉDITION

REVUE AVEC SOIN SUR LES ÉDITIONS ORIGINALES

PRÉCÉDÉE D'UNE

ÉTUDE LITTÉRAIRE SUR CHATEAUBRIAND

PAR

M. SAINTE-BEUVE

DE L'ACADÉMIE FRANÇAISE

Vignettes dessinées par G. Staal, Racinet, etc., et gravées par F. Delannoy, G. Thibault, Outhwaitte, Massard, etc.

ÉTUDES HISTORIQUES

PARIS

GARNIER FRÈRES, ÉDITEURS

6 RUE DES SAINTS-PÈRES 6

ÉTUDES HISTORIQUES

AVANT-PROPOS.

MARS 1831.

> « Souvenez-vous, pour ne pas perdre de vue le train du monde, qu'à cette époque (*la chute de l'empire romain*). . . . .
> . . . . . il y avoit des historiens qui fouilloient comme moi les archives du passé au milieu des ruines du présent, qui écrivoient les annales des anciennes révolutions au bruit des révolutions nouvelles; eux et moi prenant pour table, dans l'édifice croulant, la pierre tombée à nos pieds, en attendant celle qui devoit écraser nos têtes. »
>
> (*Étude sixième*, seconde partie.)

Je ne voudrois pas, pour ce qui me reste à vivre, recommencer les dixhuit mois qui viennent de s'écouler. On n'aura jamais une idée de la violence que je me suis faite; j'ai été forcé d'abstraire mon esprit dix, douze et quinze heures par jour, de ce qui se passoit autour de moi, pour me livrer puérilement à la composition d'un ouvrage dont personne ne parcourra une ligne. Qui liroit quatre gros volumes lorsqu'on a bien de la peine à lire le feuilleton d'une gazette ? J'écrivois l'histoire ancienne, et l'histoire moderne frappoit à ma porte; en vain je lui criois : « Attendez, je vais à vous. » Elle passoit au bruit du canon, en emportant trois générations de rois.

Et que le temps concorde heureusement avec la nature même de ces *Études !* On abat les croix, on poursuit les prêtres; et il est question de croix et de prêtres à toutes les pages de mon récit : on bannit les Capets, et je publie une histoire dont les Capets occupent huit siècles. Le plus long et le dernier travail de ma vie, celui qui m'a coûté le plus de recherches, de soins et d'années, celui où j'ai peut-être remué le plus d'idées et de faits, paroît lorsqu'il ne peut trouver de lecteurs; c'est comme si je le jetois dans un puits, où il va s'enfoncer sous l'amas des décombres qui le suivront. Quand une société se compose et se décompose, quand il y va de l'existence de chacun et de tous, quand on n'est pas sûr d'un avenir d'une heure, qui se soucie de ce que fait, dit et pense son voisin? Il s'agit bien de Néron, de Constantin, de Julien, des apôtres, des martyrs, des Pères de l'Eglise, des Goths, des Huns, des Vandales, des Francs, de Clovis, de Charlemagne, de Hugues Capet et de Henri IV! Il s'agit bien du naufrage de l'ancien monde, lorsque nous nous trouvons engagés dans le naufrage du monde moderne! N'est-ce pas une sorte de radotage, une espèce de foiblesse d'esprit que de s'occuper de lettres dans ce moment? Il est vrai; mais ce radotage ne tient pas à mon cerveau, il vient des antécédents de ma méchante fortune. Si je n'avois pas tant fait de sacrifices aux libertés de mon pays, je n'aurois pas été obligé de contracter des engagements qui s'achèvent de remplir dans des circonstances doublement déplorables pour moi. Je ne puis suspendre une publication [1] dont je ne suis pas le maître; il faut donc couronner par un dernier sacrifice tous mes sacrifices. Aucun auteur n'a été mis à une pareille épreuve : grâce à Dieu, elle est à son terme : je n'ai plus qu'à m'asseoir sur des ruines et à mépriser cette vie que je dédaignois dans ma jeunesse.

Après ces plaintes bien naturelles, et qui me sont involontairement échappées, une pensée me vient consoler. J'ai commencé ma carrière littéraire par un ouvrage où j'envisageois le Christianisme sous les rapports poétiques et moraux; je la finis par un ouvrage où je considère la même religion sous ses rapports philosophiques et historiques : j'ai commencé ma carrière politique avec la restauration, je la finis avec la restauration. Ce n'est pas sans une secrète satisfaction que je me trouve ainsi conséquent avec moi-même. Les grandes lignes de mon existence n'ont point fléchi : si, comme tous les hommes, je n'ai pas été semblable à moi-même dans les détails, qu'on le pardonne à la fragilité humaine. Les principes sur lesquels se fonde la société m'ont été chers et sacrés; on me rendra cette justice de reconnoître qu'un amour sincère de la liberté respire dans mes ouvrages, que j'ai été passionné pour l'honneur et la gloire de ma patrie, que, sans envie, je n'ai jamais refusé mon admiration aux talents dans quelque parti qu'ils se soient trouvés. Me serois-je laissé trop emporter à l'ardeur de la polémique? Je m'en repens, et je rends justice aux qualités que je pourrois avoir méconnues : je veux quitter le monde en ami.

1. Celle de la dernière livraison de la première édition de ses OEuvres complètes (LEF...).

PRÉFACE.

Hérodote commence son histoire par déclarer les motifs qui la lui ont fait entreprendre; Tacite explique les raisons qui lui ont mis la plume à la main. Sans avoir les talents de ces historiens, je puis imiter leur exemple; je puis dire, comme Hérodote, que j'écris pour la gloire de ma patrie et parce que j'ai vu les maux des hommes. Plus libre que Tacite, je n'aime ni ne crains les tyrans. Désormais isolé sur la terre, n'attendant rien de mes travaux, je me trouve dans la position la plus favorable à l'indépendance de l'écrivain, puisque j'habite déjà avec les générations dont j'ai évoqué les ombres.

Les sociétés anciennes périssent; de leurs ruines sortent des sociétés nouvelles : lois, mœurs, usages, coutumes, opinions, principes même, tout est changé. Une grande révolution est accomplie, une grande révolution se prépare : la France doit recomposer ses annales, pour les mettre en rapport avec les progrès de l'intelligence. Dans cette nécessité d'une reconstruction sur un nouveau plan, où faut-il chercher des matériaux? Quels sont les travaux exécutés avant notre temps ? Qu'y a-t-il à louer ou à blâmer dans les écrivains de l'ancienne école historique? La nouvelle école doit-elle être entièrement suivie, et quels sont les auteurs les plus remarquables de cette école? Tout est-il vrai dans les théories religieuses, philosophiques et politiques du moment? Voilà ce que je me propose d'examiner dans cette préface. Je travaillois depuis bien des années à une histoire de France, dont ces *Études* ne présenteront que l'exposition, les vues générales et les débris. Ma vie manque à mon ouvrage : sur la route où le temps m'arrête, je montre de la main aux jeunes voyageurs les pierres que j'avois entassées, le sol et le site où je voulois bâtir mon édifice.

ORIGINE COMMUNE DES PEUPLES DE L'EUROPE.
DOCUMENTS ET HISTORIENS ÉTRANGERS A CONSULTER POUR L'HISTOIRE DE FRANCE.

Les anciens avoient conçu l'histoire autrement que nous; ils la regardoient comme un simple enseignement, et sous ce rapport Aristote la place dans un rang inférieur à la poésie : ils attachoient peu d'importance à la vérité matérielle; pourvu qu'il y eût un fait vrai ou faux à raconter, que ce fait offrît un grand spectacle ou une leçon de morale et de politique, cela leur suffisoit. Délivrés de ces immenses lectures sous lesquelles l'imagination et la mémoire sont également écrasées, ils avoient peu de documents à consulter; leurs citations ne sont presque rien, et quand ils renvoient à une autorité, c'est presque toujours sans indication précise. Hérodote se contente de dire dans son premier livre, *Clio*, qu'il écrit d'après les historiens de Perse et de Phénicie; dans son second livre, *Euterpe*, il parle d'après les prêtres égyptiens, qui *lui ont lu* leurs annales. Il reproduit un vers de l'*Iliade*, un passage de l'*Odyssée*, un fragment d'Eschyle : il ne faut pas plus d'autorités à Hérodote ni à ses auditeurs des jeux Olympiques. Thucydide n'a pas une seule citation : il mentionne seulement quelques chants populaires.

Tite-Live ne s'appuie jamais d'un texte : *des auteurs, des historiens rapportent;* c'est sa manière de procéder. Dans sa troisième Décade, il rappelle les dires de Cintius Alimentus, prisonnier d'Annibal, et de Cœlius et Valerius sur la guerre Punique.

Dans Tacite les autorités sont moins rares, quoique encore bien peu nombreuses; on n'en compte que treize de nominales : ce sont, dans le premier livre des *Annales*, Pline, historien des guerres de Germanie; dans le quatrième livre, les *Mémoires* d'Agrippine, mère de Néron, ouvrage dont on ne sauroit trop déplorer la perte; dans le treizième livre, Fabius Rusticus, Pline l'historien et Cluvius; dans le quatorzième, Cluvius; dans le quinzième, Pline. Dans le troisième livre des *Histoires*, Tacite nomme Messala et Pline, et renvoie à des *Mémoires* qu'il avoit entre les mains; dans le quatrième livre, il s'en réfère aux prêtres égyptiens; dans les *Mœurs des Germains*, il écrit un vers de Virgile en l'altérant. Souvent il dit : « Les historiens de ces temps racontent, » *temporum illorum scriptores prodiderint;* il explique son système en déclarant qu'il ne rapporte le nom des auteurs que lorsqu'ils diffèrent entre eux. Ainsi deux citations vagues dans Hérodote, pas une dans Thucydide, deux ou trois dans Tite-Live, et treize dans Tacite, forment tout le corps des autorités de ces historiens. Quelques biographes, comme Suétone et Plutarque surtout, ont lu un peu plus de *Mémoires;* mais les nombreuses citations sont laissées aux compilateurs, comme Pline le Naturaliste, Athénée, Macrobe, et saint Clément d'Alexandrie, dans ses *Stromates.*

Les annalistes de l'antiquité ne faisoient point entrer dans leurs récits le tableau des différentes branches de l'administration : les sciences, les arts, l'éducation publique, étoient rejetés du domaine de l'histoire. Clio marchoit légèrement, débarrassée du pesant bagage qu'elle traîne aujourd'hui après elle. Souvent l'historien n'étoit qu'un voyageur racontant ce qu'il avoit vu. Maintenant l'histoire est une encyclopédie; il y faut tout faire entrer, depuis l'astronomie jusqu'à la chimie; depuis l'art du financier jusqu'à celui du manufacturier; depuis la connoissance du peintre, du sculpteur et de l'architecte jusqu'à la science de l'économiste; depuis l'étude des lois ecclésiastiques, civiles et criminelles jusqu'à celle des lois politiques. L'historien moderne se laisse-t-il aller au récit d'une scène de mœurs et de passions, la gabelle survient au beau milieu; un autre impôt réclame; la guerre, la navigation, le commerce, accourent. Comment les armes étoient-elles faites alors? D'où tiroit-on les bois de construction? Combien valoit la livre de poivre? Tout est perdu si l'auteur n'a pas remarqué que l'année commençoit à Pâques et qu'il l'ait datée du 1er janvier. Comment voulez-vous qu'on s'assure en sa parole s'il s'est trompé de page dans une citation, ou s'il a mal coté l'édition? La société demeure inconnue si l'on ignore la couleur du haut de chausses du roi et le prix du marc d'argent. Cet historien doit savoir non-seulement ce qui se passe dans sa patrie, mais encore dans les contrées voisines, et parmi ces détails il faut qu'une idée philosophique soit présentée à sa pensée et lui serve de guide. Voilà les inconvénients de l'histoire moderne : ils sont tels qu'ils nous empêcheront peut-être d'avoir jamais des historiens comme Thucydide, Tite-Live et Tacite; mais on ne peut éviter ces inconvénients, et force est de s'y soumettre.

L'écrivain appelé à nous peindre un jour un grand tableau de notre histoire ne se bornera pas à la recherche des sources d'où sortent immédiatement les Franks et les François; il étudiera les premiers siècles des sociétés qui environnent la France, parce que les jeunes peuples de diverses contrées, comme les enfants de divers pays, ont entre eux la ressemblance commune que leur donne la nature, et parce que ces peuples, nés d'un petit nombre de familles alliées, conservent dans leur adolescence l'empreinte des traits maternels.

Quatre espèces de documents renferment l'histoire entière des nations dans l'ordre successif de leur âge : les poésies, les lois, les chroniques contenant les faits généraux, les mémoires peignant les mœurs et la vie privée. Les hommes chantent d'abord; ils écrivent ensuite.

Nous n'avons plus les Bardits que fit recueillir Charlemagne; il ne nous reste qu'une ode en l'honneur de la victoire que Louis, fils de Louis le Bègue, remporta en 884 sur les Normands; mais le moine de Saint-Gall et Ermold le Noir ont tout à fait écrit dans le goût de la chanson germanique.

La mythologie et les poésies scandinaves; les Edda et les Sagas; les chants des scaldes, que nous ont conservés Snorron, Saxon le Grammairien, Adam de Brême et les Chroniques anglo-saxonnes; les Nibelungs, quoique d'une date plus récente, suppléent à nos pertes : on verra l'usage que j'en ai fait en essayant de tracer l'histoire des mœurs barbares. Quant à ce qui concerne les langues, les évangiles goths d'Ulphilas sont un trésor.

Pour le midi de la France, M. Raynouard a réhabilité l'ancienne langue romane, et en publiant les poésies écrites ou chantées dans cette langue il a rendu un service important.

M. Fauriel, à qui nous devons la belle traduction des chants populaires de la Grèce, doit montrer dans la formation de la langue romane les traces des trois plus anciennes langues de la Gaule, encore parlées aujourd'hui, l'une en Écosse, l'autre dans le pays de Galles et la Basse-Bretagne, la troisième chez les Basques. Il a remarqué un poëme sur les guerres des Arabes d'Espagne et des chrétiens de l'Occitanie dont le héros est un prince aquitain nommé Walther : ne seroit-ce point Waiffre? Plusieurs chants remémorent les rébellions de divers chefs du midi de la France contre les monarques carlovingiens : cela sert de plus en plus à prouver que les hostilités de Charles le Martel, de Pepin et de Charlemagne, contre les princes d'Aquitaine, eurent pour cause une inimitié de race, les descendants des Mérovingiens régnant au delà de la Loire. On nous fait espérer que M. Fauriel s'occupe d'une histoire des barbares dans les provinces méridionales de la France : le sujet seroit digne de son rare savoir et de ses talents.

Il ne faut pas s'en tenir aux lois salique, ripuaire et gombette pour l'étude des lois barbares; on doit considérer comme chapitres d'un même code national les lois lombardes, allemandes, bavaroises, russes (celles-ci ne sont que le droit suédois), anglo-saxonnes et galliques : avec les dernières on peut reconstruire plusieurs parties du primitif édifice gaulois. Toutes ces lois ont été imprimées ou séparément ou dans les différents recueils des historiens de la France, de l'Italie, de l'Allemagne et de l'Angleterre. Le père Canciani recueillit à Venise, en 1784, *Barbarorum Leges antiquæ*, en cinq volumes in-folio; excellente collection, qui devroit être dans nos bibliothèques : on y trouve la traduction italienne des *Assises du royaume de Jérusalem* et divers morceaux inédits. On assure que nous aurons bientôt les *Assises* entières publiées sur le manuscrit retrouvé, avec les traductions grecque-barbare et italienne de 1490. L'Académie des Inscriptions s'en occupe.

La collation des deux textes de la loi salique, dont il existe dix-huit ou vingt manuscrits connus, collation faite par M. Wiarda, est estimable; il sera bon d'y avoir égard. Mais Bignon reste toujours docteur en cette matière, comme Baluze est à jamais l'homme des *Capitulaires* et des *Formules*.

Après les poésies et les lois, on ne consultera pas sans fruit, pour les six premiers siècles des temps barbares, les historiens de la Russie, de la Pologne, de la Suède et de l'Allemagne, quoiqu'en général ils aient écrit après les nôtres.

Le plus ancien annaliste russe est un moine de Kioff, Nestor. La monarchie russe fut fondée vers le milieu du IXe siècle : Kioff, depuis l'an 882, en devint la première capitale. A la fin du Xe siècle, Kioff et toute la vieille Russie embrassèrent le christianisme. Nestor rédigea en slavon son ouvrage vers l'an 1073. Cet ouvrage a été traduit en allemand par Scherer, et commenté par Schloezer : il n'en existe aucune traduction françoise ou latine. Quelques notes tirées de Nestor se trouvent seulement dans la traduction françoise de l'histoire de Karomsine. Nestor a imité Constantin, Cedren, Zonare et autres écrivains de la *Byzantine*; il a transporté dans son texte plusieurs passages de ces écrivains; il nous a conservé *in extenso* deux documents précieux de l'histoire de la Russie, les traités de paix d'Olez et d'Igor avec la cour de Constantinople. Les Grecs eux-mêmes ne connoissoient pas l'existence de ces deux pièces, car elles sont de l'époque la plus stérile de leurs annales, de l'an 843 à l'an 959.

La Chronique de Nestor finit à l'année 1096. Nestor reste, d'après l'opinion de Schloezer, la première, l'unique source, au moins la source principale pour l'histoire du Nord scandinave et finnois; jusqu'à lui ces contrées étoient pour les historiens *terra incognita*. Dans un des continuateurs de Nestor, on remarque le plus ancien code des lois russes, nommé *la Vérité russe* ou *le Droit russe*; il est tiré des lois scandinaves. Les premiers souverains de la Russie vinrent de la Scandinavie, appelés qu'ils furent par la volonté des peuplades russes. Pour se convaincre que *le Droit russe* est d'origine scandinave, il suffit de le comparer avec la législation suédoise, dont les fragments les plus authentiques ont été conservés. Un ouvrage assez rare aujourd'hui, imprimé à Abo ou à Upsal, *De Jure Sveonum Gothorumque vetusto*, offre le texte original du droit russe, et souvent on ne peut comprendre le texte russe qu'à l'aide du texte suédois.

Un travail à consulter sur les historiens et la littérature slavo-russe est celui de Kohl, *Introductio ad Histor. Litterar. Slav.*

Les historiens des autres peuples d'origine slave sont venus plus tard que Nestor, et même plus tard que son premier continuateur; car Nestor a écrit entre l'an 1056 et l'an 1116, et l'historien de Prague, Cosme, est mort l'an 1125.

Martin Gallus, annaliste de Pologne, doit être placé de 1109 à 1136. *Helmold*, dont l'ouvrage sert de source à l'histoire des peuples du moyen âge de l'Allemagne, et surtout à celle des Slaves, a écrit à Lubeck, vers l'an 1170, *Chronica Slavorum*.

Adam de Bremen est presque contemporain de Nestor; il est inutile pour l'histoire du Danemark. Un autre annaliste aussi consciencieux que Nestor, et de quelques années plus ancien que lui (mort l'année 1018), est Difmar, évêque de Mersebourg; il a écrit touchant l'Allemagne.

Tous les documents de l'histoire de la Germanie se trouveront réunis dans le recueil des historiens allemands que publie en Hanovre le savant Paertz sous les auspices du baron de Stein. M. Paertz a visité le cabinet de nos chartes, et il a fouillé dans les archives du Vatican pour l'histoire du moyen âge de l'Allemagne.

Le premier volume in-folio de ce recueil a été publié, le second et le troisième doivent bientôt paroître. Ce recueil rendra inutiles ceux connus jusqu'à présent sous la dénomination de *Scriptores Rerum Germanicarum*. Reste à savoir pourtant si l'on se pourra passer de la collection de *Leibniz*, de *Scriptores Rerum Brunsvicensium*. Leibniz, génie universel, a pressenti l'importance de son travail pour la mythologie des Slaves et des Germains, et même pour la langue de ces peuples : dans une de ses préfaces on trouve sur l'histoire du moyen âge des idées que les appréciateurs modernes de ces temps n'ont fait souvent que reproduire sous d'autres formes.

L'*Histoire de Suède* de Dalen est une compilation assez complète, mais peu critique; celle de Rühs est la plus estimée. Le nouveau recueil, dont deux volumes ont déjà paru, est de Geyer. On a deux forts in-folio de Lagerbring, composés de matériaux historiques et législatifs sur la Suède.

L'*Histoire de Danemark*, de Mallet, n'est pas à négliger. L'introduction relative à la mythologie et aux poésies du Nord est intéressante, quoique depuis on ait fait des progrès dans la langue et des découvertes dans les fables scandinaves.

Saxo-Grammaticus est le Nestor du Danemark, comme Snorron est l'Hérodote du Nord : ce pays possède aussi un recueil de *Scriptores*.

Quant à l'*Histoire de Pologne*, outre Martin Gallus, on trouve Vincent Kadlubeck, évêque de Cracovie, mort en 1223. L'évêque Dlugosh compila les annales de son pays, vers le milieu et la fin du xve siècle, empruntant ses récits, comme il l'avoue lui-même, aux traditions populaires.

Par ordre de Nicolas Ier on procède en Russie à la réunion des documents slaves et autres titres de ce vaste empire. La Lusace et la Bavière commencent des collections. La société formée à Francfort s'occupe sans relâche de la découverte et de la publication des diplômes et papiers nationaux de l'Allemagne.

Telles sont les richesses que nous offre le nord de l'Europe. Toutefois n'abusons pas, comme on est trop enclin à le faire, des origines scandinaves, slaves et tudesques. Il semble aujourd'hui que toute notre histoire soit en Allemagne, qu'on ne trouve que là nos antiquités et les hommes qui les ont connues. Les quarante ans de notre révolution ont interrompu les études en France, tandis qu'elles ont continué dans les universités germaniques ; les Allemands ont regagné sur nous une partie du temps que nous avions gagné sur eux ; mais si pour le droit, la philologie et la philosophie, ils nous devancent à l'heure qu'il est, ils sont encore loin d'être arrivés en histoire au point où nous nous trouvions lorsque nos troubles ont éclaté.

Rendons justice aux savants de l'Allemagne, mais sachons que les peuples septentrionaux sont, comme *peuples,* plus jeunes que nous de plusieurs siècles ; que nos chartes remontent beaucoup plus haut que les leurs ; que les immenses travaux des Bénédictins de Saint-Maur et de Saint-Vannes ont commencé bien avant les travaux historiques des professeurs de Gœttingue, d'Iéna, de Bonn, de Dresde, de Weimar, de Brunswick, de Berlin, de Vienne, de Presbourg, etc.; que les érudits françois, supérieurs par la clarté et la précision aux érudits d'outre-Rhin, les surpassent encore par la solidité et l'universalité des recherches. Les Allemands ne l'emportent véritablement sur nous que dans la *codification :* encore les grands légistes, Cujas, Domat, Dumoulin, Pothier, sont-ils françois. Nos voisins ont sur les origines des nations barbares quelques notions particulières, qu'ils doivent aux langues parlées en Dalmatie, en Hongrie, en Servie, en Bohême, en Pologne, etc.; mais un esprit sain ne doit pas attacher trop d'importance à ces études, qui finissent par dégénérer dans une métaphysique de grammaire, laquelle paroît d'autant plus merveilleuse qu'elle est plus noyée dans les brouillards.

Que par l'étude du sanscrit et des différents dialectes indiens, thibétain, chinois, tartare, on parvienne à dresser des formules au moyen desquelles on découvre le mécanisme général du langage humain, *philosophiquement* parlant, ce sera un progrès considérable de la science ; mais, *historiquement* parlant, il est douteux qu'il en résulte beaucoup de lumières. Au système des origines communes par les racines du *logos* on opposera toujours avec succès le synchronisme ou la spontanéité du verbe comme de la pensée dans divers temps et dans divers pays.

Si nous passons de l'Allemagne à l'Angleterre, il n'est pas sans profit de parcourir les poésies anglo-saxonnes, galliques, écossoises, irlandoises, afin de prendre un sentiment général de l'enfance d'une société barbare ; mais il ne les faudroit pas convertir en preuves, car la vanité cantonale a tellement mêlé les chants faits après coup aux chants originaux, qu'on les peut à peine distinguer.

Quant aux lois, j'ai déjà dit qu'il étoit bon de consulter les lois anglo-saxonnes et galliques. Les *Actes* de Rymer, continués par Robert Sanderson, sont un bon recueil, mais ils ne commencent qu'à l'an 1101, sautent tout à coup de l'an 1103 à l'an 1137, et continuent de la sorte avec des lacunes de dix, quinze et vingt ans, jusqu'au XIIIe siècle, où les chartes se multiplient. Ce recueil, tout important qu'il soit, est fort inférieur à celui des ordonnances de nos rois et autres collections qui doivent faire suite à ces ordonnances : les matières y sont mêlées et incohérentes ; elles ne sont point précédées de ces admirables préfaces dont les De Laurières, les Secousse, les Vilevault, les Bréquigny, ont enrichi leur travail, et qui sont des traités complets du Droit françois. Le Clerc et Rapin ont pourtant donné, dans le dixième volume des *Actes* de Rymer, un abrégé historique sec, mais utile, des vingt volumes de l'édition de Londres de 1745.

Dans les historiens primitifs de l'Angleterre, l'annaliste françois peut glaner avec succès les trois *Gildas*, l'*Histoire ecclésiastique* de Bède, et, dans les bas siècles, les chroniqueurs, poëtes ou prosateurs de la race normande. Les traductions anglo-saxonnes faites du latin, par Alfred le Grand, les lois de ce prince publiées par Guillaume Lombard, son Testament avec les notes de Manning, apprennent quelques faits curieux. Dans sa traduction anglo-saxonne d'Orose, Alfred a inséré deux périples scandinaves de la Baltique, du Norvégien Other et du Danois Wulfstan : c'est ce qu'il y a de plus authentique touchant cette mer intérieure, au bord de laquelle étoient cantonnés ces barbares qui devoient aller conquérir les habitants civilisés des rivages de la Méditerranée.

Il existe plusieurs recueils des historiens anglois, mais sans ordre ; ils se répètent aussi, parce que dans ce pays de liberté le gouvernement ne fait rien et les particuliers font tout. Il faut joindre à la collection d'Heidelberg (1587) la collection de Francfort (1601), et les dix auteurs du recueil de Selden (Londres 1652) : on aura alors à peu près tout ce qui est relatif aux mœurs communes de l'Angleterre et de la France. La réunion des anciens historiens anglois, écossois, irlandois et normands de Camden ne vaut pas sa *Britanniæ Descriptio* ; c'est celle-là qu'il faut étudier pour les origines romaines et barbares. Le génie des Normands, lié si intimement au nôtre, se décèle surtout dans le *Doomsdaybook* ; ce document, d'un prix inestimable, a été imprimé en 1783, par ordre du parlement d'Angleterre. On le compléteroit en consultant le pouillé général du clergé d'Angleterre et du pays de Galles, auquel Édouard II fit travailler en 1291 ; le manuscrit de ce pouillé est aux bibliothèques d'Oxford. La principauté de Galles, les comtés de Northumberland, de Cumberland, de Westmoreland et de Durham manquent au *Doomsdaybook* ; cette statistique offre le détail des terres cultivées, habitées ou désertes de l'Angleterre, le nombre des habitants libres ou serfs, et jusqu'à celui des troupeaux et des ruches d'abeilles. Dans le *Doomsdaybook* sont grossièrement dessinées les villes et les abbayes.

Il ne faut pas négliger de consulter les cartes du moyen âge ; elles sont utiles non-seulement pour la géographie historique, mais encore parce qu'à l'aide des noms propres de lieu on retrouve des origines de peuples. Dans le périple de Wulfstan, par exemple, l'île de Bornholm est appelée *Burgendaland*, et dans l'ouvrage historique de Snorron, *Heims-Kringla*, on voit que les Scandinaves disoient *Borgundar-holm* : voilà la patrie des Burgundes ou Bourguignons. En ne pressant pas trop ces indications, on en tire un bon parti ; mais il ne faudroit pas, comme plusieurs auteurs allemands, se figurer qu'une tribu de Franks prit le nom de *Salii*, parce qu'elle campoit sur les bords de la Saale en Franconie. Le gouvernement anglois a employé à Rome le savant Marini à la collection des lettres des papes et des autres pièces relatives à l'histoire de la Grande-Bretagne, depuis l'an 1216.

Le Portugal et l'Espagne fournissent d'autres espèces de documents. Les langues qu'on parloit dans le midi de la Gaule avant que ces langues eussent été envahies par le picard ou le françois wallon, étoient parlées dans la Catalogne, le long du cours de l'Èbre, et se répandoient derrière les Basques par les vallées des Astures, jusque dans les Lusitanies. Les poëmes primitifs du Cid et les romances de la même époque, les anciennes lois maritimes de Barcelone, le récit de l'expédition de la grande compagnie catalane en Morée, doivent être lus la plume à la main par l'historien françois ; il trouvera aujourd'hui de nouveaux éclaircissements dans les *Antiquités du Droit maritime,* savant ouvrage de M. Pardessus, et dans la *Chronique* en grec barbare *des guerres des François en Romanie et en Morée,* publiée par M. Buchon, à qui l'on doit de si utiles éditions.

Alphonse Ier, roi de Castille, surnommé le Sage, a laissé en vieux espagnol un corps de législation bon à consulter. Alphonse remonte souvent aux lois premières ; il y a un ton de candeur et de vertu dans l'exposé de ses institutions qui rend ce roi de Castille un digne contemporain de saint Louis.

Parmi les chroniqueurs espagnols, Idace doit être recherché pour la peinture des mœurs des Suèves et des Goths, et pour celle des ravages de ces peuples dans les Espagnes et les Gaules ; mais il y a plus à prendre dans Isidore de Séville, postérieur à Idace d'environ cent cinquante ans. Il faut lire particulièrement dans Isidore la fin de sa *Chronique,* depuis l'an 500 de Jésus-Christ, son *Histoire des Rois goths, vandales et suèves,* son livre des *Étymologies,* sa *Règle pour les moines de l'Andalousie,* et ses ouvrages de grammaire. Dans la collection des historiens espagnols en quatre volumes in-folio, l'ordre chronologique des auteurs n'a point été suivi ; parmi les bruts matériaux de l'histoire d'Espagne, gît le travail des écrivains modernes, et en particulier l'*Historia de Rebus Hispanicis* de Mariana. Les premiers livres de cette histoire sont excellents, surtout dans la traduction espagnole. Il y a deux cents pages à parcourir dans les *Antiquités lusitaniennes,* de Resend.

En descendant de l'Espagne à l'Italie, on retrouve la civilisation qui ne périt jamais sur la terre natale des Romains. Néanmoins, le royaume d'Odoacre, celui des Goths, celui des Lombards, ont laissé des documents où l'on reconnoît la trace des barbares. Les collections de Muratori offrent seules une large moisson. Mais nous avons négligé d'ouvrir, lorsque nous le pouvions, deux sources, l'Escurial et le Vatican, dont l'abondance auroit renouvelé une partie de l'histoire moderne. Qu'on en juge par un fait presque entièrement ignoré : il est d'usage de tenir un registre secret sur lequel est inscrit, heure par heure, tout ce que dit, fait et ordonne un pape pendant la durée de son pontificat. Quel trésor qu'un pareil journal!

ARCHIVES FRANÇOISES.

Parlons de ce qui nous appartient et indiquons nos propres richesses. Rendons d'abord un éclatant hommage à cette école des bénédictins que rien ne remplacera jamais. Si je n'étois maintenant un étranger sur le sol qui m'a vu naître, si j'avois le droit de proposer quelque chose, j'oserois solliciter le rétablissement d'un ordre qui a si bien mérité des lettres. Je voudrois voir revivre la Congrégation de Saint-Maur et de Saint-Vannes dans l'abbatial de Saint-Denis, à l'ombre de l'église de Dagobert, auprès de ces tombeaux dont les cendres ont été jetées au vent au moment où l'on dispersoit la poussière du trésor des chartes : il ne falloit aux enfants d'une liberté sans loi, et conséquemment sans mère, que des bibliothèques et des sépulcres vides.

Des entreprises littéraires qui doivent durer des siècles demandoient une société d'hommes consacrés à la solitude, dégagés des embarras matériels de l'existence, nourrissant au milieu d'eux les jeunes élèves héritiers de leur robe et de leur savoir. Ces doctes générations, enchaînées au pied des autels, abdiquoient à ces autels les passions du monde, renfermoient avec candeur toute leur vie dans leurs études, semblables à ces ouvriers ensevelis au fond des mines d'or, qui envoient à la terre des richesses dont ils ne jouiront pas. Gloire à ces Mabillon, à ces Montfaucon, à ces Martène, à ces Ruinart, à ces Bouquet, à ces d'Achery, à ces Vaissette, à ces Lobineau, à ces Calmet, à ces Ceillier, à ces Labat, à ces Clémencet, et à leurs révérends confrères, dont les œuvres sont encore l'intarissable fontaine où nous puisons tous tant que nous sommes, nous qui affectons de les dédaigner! Il n'y a pas de frère lai, déterrant dans un obituaire le diplôme poudreux que lui indiquoit dom Bouquet ou dom Mabillon, qui ne fût mille fois plus instruit que la plupart de ceux qui s'avisent aujourd'hui, comme moi, d'écrire sur l'histoire, de mesurer du haut de leur ignorance ces larges cervelles qui embrassoient tout, ces espèces de contemporains des Pères de l'Église, ces hommes du passé gothique et des vieilles abbayes, qui sembloient avoir écrit eux-mêmes les chartes qu'ils déchiffroient. Où en est la collection des historiens de France? Que sont devenus tant d'autres travaux gigantesques? Qui achèvera ces monuments autour desquels on n'aperçoit plus que les restes vermoulus des échafauds où les ouvriers ont disparu?

Les bénédictins n'étoient pas le seul corps savant qui s'occupât de nos antiquités; dans les autres sociétés religieuses ils avoient des émules et des rivaux. On doit aux jésuites la collection des hagiographes, laquelle a pris son nom de l'érudit qui l'a commencée. Le père Hardouin, mon compatriote, ignoroit-il quelque chose? Esprit un peu singulier toutefois. Le père Labbe doit être noté pour avoir fourni le plan et la liste des auteurs de la collection de la Byzantine et pour avoir publié les huit premiers volumes de l'édition des conciles. Le père Petau est devenu l'oracle de la chronologie. Le père Sirmond a mis au jour la notice des *dignités* des Gaules et les ouvrages de Sidoine Apollinaire, etc., etc.

Les prêtres de l'Oratoire comptent dans leur ordre Charles Le Cointe, auteur des *Annales ecclesiastici Francorum*, continuées par Gérard Dubois et par Julien Loriot, ses confrères. Nous devons à Jacques Le Long la *Bibliothèque historique de la France*, corrigée et augmentée par Fevret de Fontette, etc., etc.

La magistrature parlementaire, le chancelier à sa tête, étoit elle-même un corps lettré qui commandoit des travaux et ne dédaignoit pas d'y porter la main. On le verra quand j'indiquerai les manuscrits à consulter, et les entreprises arrêtées par l'action révolutionnaire.

L'Académie des Inscriptions travailloit de son côté aux fouilles de nos anciens monuments : je n'ai pas compté dans ses Mémoires moins de deux cent cinquante-sept articles sur tous les points litigieux de notre archéologie. On trouve les membres de cette illustre académie chargés de la direction de plusieurs grands travaux qui s'exécutoient avec le concours des lumières de diverses sociétés, sous le patronage du gouvernement. Plus heureuse que la Congrégation de Saint-Maur, l'Académie des Inscriptions existe encore ; elle voit encore à sa tête ses chefs vénérables, les Dacier, les Sacy, les Quatremère de Quincy, savants de race, comme les Bignon, les Valois, les Sainte-Marthe, et dont les confrères continuent d'être parmi nous les fidèles interprètes de l'antiquité.

Auprès de ces trois grands corps des bénédictins, des magistrats et des académiciens, se trouvoient des hommes isolés, comme les Du Cange, les Bergier, les Lebœuf, les Bullet, les Decamps et tant d'autres : leurs dissertations consciencieuses ont jeté la plus vive lumière sur les points obscurs de nos origines. Il est inutile d'indiquer ce qu'il faut choisir dans ces auteurs. Quel puits de science que Du Cange! on en est presque épouvanté.

Je recommande surtout à nos historiens futurs une lecture sérieuse des conciles, des annales particulières des provinces, et des coutumes de ces provinces, tant latines que gauloises : c'est là qu'avec les vies des saints pour les huit premiers siècles de notre monarchie se trouve la véritable histoire de France.

Et néanmoins, ces matériaux imprimés, dont le nombre écrase l'imagination, ne sont qu'une partie des documents à consulter. Les archives, le cabinet ou le trésor des chartes, les rôles et les registres du parlement, les manuscrits de la bibliothèque publique et des autres bibliothèques, doivent appeler l'attention. Ce n'est pas tout que de chercher les faits dans des éditions commodes, il faut voir de ses propres yeux ce qu'on peut nommer la physionomie des temps, les diplômes que la main de Charlemagne et celle de saint Louis ont touchés, la forme extérieure des chartes, le papyrus, le parchemin, l'encre, l'écriture, les sceaux, les vignettes; il faut enfin manier les siècles et respirer leur poussière. Alors, comme un voyageur à des régions inconnues, on revient avec son journal écrit sur les lieux, et un portefeuille rempli de dessins d'après nature.

Dans une note substantielle, M. Champollion-Figeac a donné des renseignements que je me fais un devoir de reproduire.

« On se proposa, il y a déjà longtemps, de réunir en une seule collection générale tous les documents authentiques relatifs à l'histoire de France. Colbert et d'Aguesseau jetèrent les premiers fondements de cette collection. L'établissement, en 1759, du *Dépôt de législation*, assemblage méthodique de toutes les lois du royaume, qui fut porté à plus de trois cent mille pièces, et qui doit exister encore, soit à la chancellerie, soit aux archives royales, amenoit, comme une de ses dépendances naturelles, la réunion de tous les monuments historiques qu'il étoit possible de découvrir, et Louis XV ordonna cette réunion en 1762, sous le ministère de M. Bertin. Des arrêts du conseil (8 octobre 1763 et 18 janvier 1764) réglèrent l'ordre du travail, celui des dépenses, appelèrent le zèle et le concours de tous les savants vers ce grand but d'utilité publique, établirent en 1779 des conférences très-propres à régulariser tant d'honorables efforts, les excitèrent de plus en plus par de nouvelles dispositions ajoutées aux précédentes, en 1781, sous le ministère de M. de Maurepas, et augmentèrent en 1783, par l'influence de M. d'Ormesson, les fonds destinés aux dépenses du cabinet. M. de Calonne proposa en 1785 de nouveaux moyens d'émulation, qui furent généralement utiles, et le clergé s'y associa en 1786, en ajoutant aux fonds accordés par le roi un supplément pris sur les dépenses qu'il affectoit à l'histoire de l'Église.

Les états des provinces imitèrent ce généreux exemple; les ordres de M. de Calonne procurèrent en 1787 le concours de tous les intendants; et l'organisation du travail, sagement centralisée dans les mains de l'historiographe de France, Moreau, sous l'autorité du ministère, rendit tous ces efforts propices et fructueux. Les hommes instruits de tous les pays recherchoient l'honneur d'y concourir; le roi honoroit leur empressement, et récompensoit leurs plus notables services par des grâces de tous genres. La congrégation de Saint-Maur et celle de Saint-Vannes avoient échelonné leurs plus habiles ouvriers sur tous les points de la France où quelque recherche étoit à faire. Les documents arrivoient en abondance, tout sembloit assurer la prochaine publication du Rymer françois, mieux conçu, plus utile que celui d'Angleterre; un arrêt du conseil, du 10 octobre 1788, assuroit de plus en plus ce précieux résultat à l'histoire de France, et l'impression du premier volume, contenant les instruments de la première race, avançoit rapidement, quand la révolution survint. Un décret du 14 août 1790 ordonna le transport de tous les documents historiques à la Bibliothèque royale; bientôt on querella, et on supprima ensuite les fonds spéciaux qui leur étoient affectés, et il fallut oublier durant trente-six ans ces vénérables archives de la monarchie françoise.

« Les travaux des Baluze, Du Cange, Dupuy, d'Achéry, Martene et Mabillon, avoient assez prouvé qu'il existoit hors du trésor des chartes de la couronne une foule de documents d'un grand intérêt, quelquefois d'une grande importance, pour l'histoire et le droit public du royaume. On comprit dès lors l'insuffisance relative des deux grands ouvrages entrepris par ordre du roi, le recueil des ordonnances et celui des historiens de France. Ce dernier, d'après son plan, sagement conçu, étoit purement historique, n'admettoit pas les actes d'administration générale émanés de l'autorité royale, et le premier n'embrassoit que les ordonnances des rois de la troisième race. Il y avoit donc, malgré les Capitulaires de Baluze, des lacunes immenses pour les temps écoulés depuis l'origine de la monarchie jusqu'à l'avénement des Capétiens. Elles ne pouvoient être comblées que par cette foule de chartes et d'actes de toutes espèces déposés, ou plus généralement oubliés, dans les nombreux chartriers des villes, des églises, des monastères, des compagnies judiciaires et des grandes maisons. Il s'agissoit de reconstruire par leur témoignage les annales véridiques et complètes de la France et par leur réunion en un dépôt commun, de créer un centre perpétuel pour toutes les recherches ordonnées par le gouvernement ou entreprises par des particuliers.

PRÉFACE.

« Ce plan n'effraya point par son étendue ceux qui l'avoient conçu, ni l'autorité qui devoit en assurer l'accomplissement. Mais le travail sur les chartes et diplômes de l'histoire de France comprenoit deux parties distinctes, quoique étroitement liées entre elles : 1° la table générale des chartes imprimées: M. de Bréquigny fut chargé de la rédiger, et il en publia trois volumes in-folio, commençant par une lettre du pape Pie Ier à l'évêque de Vienne, qu'on croit de l'année 142 ou bien 166, et finissant avec le règne de Louis VII, en 1179 : l'impression du quatrième volume fut interrompue à la page 568, arrivant à l'année 1213 ; quelques recueils des bonnes feuilles ont été conservés; 2° la réunion la plus nombreuse possible soit de chartes originales, publiées ou inédites, soit de copies fidèles de toutes les chartes et autres instruments historiques et non publiés ; on y joignit les inventaires d'un grand nombre de chartriers ou d'archives, plusieurs cartulaires et le dépouillement de ceux de la Bibliothèque du Roi, des terriers, des collections de pièces formées par des particuliers, des portefeuilles laissés par des savants dont les travaux étoient analogues à la nature du dépôt, enfin quelques ouvrages manuscrits intéressant l'histoire de France, et qu'on ne négligea jamais de sauver de la dispersion : tel est le magnifique manuscrit sur vélin contenant le procès de Jeanne d'Arc, et connu sous le nom de *Manuscrit de d'Urfé*.

« Le but final de l'entreprise étoit arrêté dès son origine même dans la pensée de ceux qui la dirigeoient; mais pour atteindre ce but, outre tout leur zèle et toutes leurs lumières, il leur falloit le secours du temps, et ce secours leur manqua. On avoit fait pressentir que la collection générale de ces diplômes pourroit un jour être publiée en entier; le roi en avoit donné l'espérance au monde savant en 1782, et quelques années après le premier volume de la collection des chartes et les deux volumes des lettres du pape Innocent III (le plus habile jurisconsulte de son siècle, et qui n'eut pas moins d'influence sur les affaires de la France que sur celles des autres États de la chrétienté) étoient déjà sous presse, 'e premier par les soins de M. de Bréquigny, et les deux autres par ceux de M. du Theil, qui en avoit recueilli à Rome tous les matériaux. Le dépôt lui-même prenoit une consistance qui accroissoit son utilité; il devenoit le centre de ces grands travaux historiques qui seront un éternel honneur pour les lettres françoises, et de précieux modèles pour tous les peuples jaloux de leur propre renommée. On y venoit puiser à la fois pour le recueil des ordonnances, le recueil des historiens de France, l'art de vérifier les dates, et la nouvelle collection des conciles; époque à jamais mémorable de notre histoire littéraire, où, sous la même protection et par le seul effet de la munificence royale, les presses françoises produisoient à la fois ces quatre grandes collections, dont le mérite égaloit l'étendue, et en même temps la *Gallia Christiana*, la collection des chartes, les lettres historiques des papes, la table chronologique des chartes imprimées, l'histoire littéraire de la France et les histoires particulières des provinces par les Bénédictins, le glossaire françois de Sainte-Palaye et Mouchet, le Froissard complet de M. Dacier, les notices et extraits des manuscrits, et les mémoires de l'Académie des Belles-Lettres, qui ont fondé et propagé dans le monde savant les plus solides principes de l'érudition classique. Ces prospérités littéraires étoient dans tout leur éclat en 1789, et en 1794 il ne restoit que le douloureux souvenir de tant de glorieuses entreprises. »

M. Champollion parle de l'interruption de ces travaux, mais il ne dit pas quelle en fut la cause immédiate; je le vais dire :

Le 19 juin 1792 Condorcet monta à la tribune de l'assemblée nationale, et prononça ce discours :

« C'est aujourd'hui l'anniversaire de ce jour mémorable où l'Assemblée constituante en détruisant la noblesse a mis la dernière main à l'édifice de l'égalité politique. Attentifs à imiter un si bel exemple, vous l'avez poursuivie jusque dans les dépôts qui servent de refuge à son incorrigible vanité. C'est aujourd'hui que dans la capitale la raison brûle au pied de la statue de Louis XIV ces immenses volumes qui attestoient la vanité de cette caste. D'autres vestiges en subsistent encore dans les bibliothèques publiques, dans les chambres des comptes, dans les chapitres à preuve et dans les maisons des généalogistes. Il faut envelopper ces dépôts dans une destruction commune. Vous ne ferez point garder aux dépens de la nation ce ridicule espoir qui semble menacer l'égalité. Il s'agit de combattre la plus ridicule, mais la plus incurable de toutes les passions. En ce moment même elle médite encore le projet de deux chambres, ou d'une distinction de grands propriétaires, si favorables à ces hommes qui ne cachent plus combien l'égalité pèse à leur nullité personnelle.

« Je propose en conséquence de décréter que tous les départements sont autorisés à brûler les titres qui se trouvent dans les divers dépôts. »

L'Assemblée, après avoir décrété l'urgence, adopte à l'unanimité le projet de Condorcet, qui venoit de dire, dans les dernières phrases de son discours, tout ce qu'on répète aujourd'hui : nous en sommes à la parodie.

Le 22 février 1793 il fut ordonné de *brûler sur la place des Piques trois cent quarante-sept volumes et trente-neuf boîtes.*

Condorcet, malgré tous ses soins, ne se tint pas si fort assuré de l'égalité qu'il ne s'en précautionnât d'une bonne dose dans le poison qu'il portoit habituellement sur lui.

En 1793, le ministre Rolland écrivit aux conservateurs de la Bibliothèque pour leur enjoindre de livrer les manucrits : ils répondirent qu'ils étoient prêts à obéir, mais ils prirent la liberté de faire observer humblement qu'il falloit aussi détruire l'*Art de vérifier les dates*, et le *Dictionnaire de Moréri*, comme empoisonnés d'un grand nombre d'articles pareils à ceux dont on vouloit avec tant de raison purger la terre. Plus tard, le comité de salut public décréta que les armes de France seroient enlevées de dessus les livres de la Bibliothèque ; on passa un marché avec un vandale pour cette entreprise, qui devoit coûter un million cinq cent trente mille francs. L'écu de France étoit taillé à l'aide d'un emporte-pièce, et remplacé par un morceau de maroquin. Quand les armes se trouvoient appliquées sur une feuille du volume, on coupoit cette feuille. Ne pourroit-on pas aujourd'hui reprendre cette belle opération ?

Le cabinet des médailles fut dénoncé : les médailles d'or et d'argent devoient être portées à la Monnoie pour y être fondues. L'abbé Barthélemy s'adressa à Aumont, ami de Danton, qui fit casser le décret. Danton ne faisoit fondre que les hommes. Un comédien ambulant, ensuite garde-magasin, sollicita la place de conservateur des manuscrits ; interrogé s'il pourroit les lire, il répondit : « Sans doute ; j'en ai fait. » De précieux manuscrits furent vendus à la livre aux épiciers ; d'autres, envoyés à Metz, servirent à faire des gargousses. On chargea nos canons avec notre vieille gloire : tous les coups portèrent, et elle fit éclater notre gloire nouvelle.

La république aristocratique du Directoire procéda d'une autre manière que la république démocratique de la Convention ; elle ordonna de corriger dans Racine, Bossuet et Massillon, tout ce qui sentoit la religion et la royauté. Des hommes de mérite se consacrèrent à ces élucubrations philosophiques : le travail sur Racine fut achevé, je ne sais par qui.

Il se peut que nous n'ayons pas aujourd'hui la stupide fureur d'un sage de la Convention ni la naïve animosité d'un citoyen du Directoire ; mais aimons-nous mieux ce qui fut ? Irions-nous même jusqu'à prendre la peine de corriger ce pauvre Racine, qui auroit pu faire quelque chose si Boileau ne lui eût gâté le goût et s'il fût né de notre temps ? Il avoit des dispositions.

Et pourtant, puisque nous ne sommes plus touchés que des seuls faits nous devrions reconnoître que le passé est un fait, un fait que rien ne peut détruire, tandis que l'avenir, à nous si cher, n'existe pas. Il est pour un peuple des millions de millions d'avenirs possibles ; de tous ces avenirs un seul sera, et peut-être le moins prévu. Si le passé n'est rien, qu'est-ce que l'avenir, sinon une ombre au bord du Léthé, qui n'apparoîtra peut-être jamais dans ce monde? Nous vivons entre un néant et une chimère.

De l'édition commencée des catalogues des chartes et de l'impression de ces chartes, épîtres et documents, il n'est échappé, comme on vient de le lire dans la notice de M. Champollion, que quelques exemplaires; le reste a été mis au pilon. Les volumes imprimés, publiés par Bréquigny et de La Porte du Theil, *Diplomata, Chartæ, Epistolæ et alia Documenta ad res Francicas spectantia*, sont précédés de prolégomènes où l'histoire de l'entreprise est racontée, et où l'on trouve ce qu'il est nécessaire de savoir sur les documents contenus dans ces volumes.

Les preuves matérielles de la fausseté d'un acte sont assez faciles à distinguer, quand on a un peu étudié la calligraphie ; les Bénédictins ont donné sur cela de bonnes règles; mais il y a des évidences internes d'après lesquelles les jeunes annalistes se doivent aussi décider. Par exemple, il ne nous reste que six diplômes royaux de Khlovigh ; et sur ces six diplômes un seul est intégralement authentique. Comparez le style et la manière dont ces pièces sont souscrites : vous lirez au bas de l'acte de la fondation du monastère de Saint-Pierre-le-Vif, à Sens: *Ego Chlodoveus, in Dei nomine, rex Francorum, manu propria signavi et suscripsi;* comme si Khlovigh parloit latin, écrivoit en latin, signoit en latin, en défigurant son nom par l'orthographe latine! Après cette prétendue signature, viennent les signatures aussi incroyables de Khlotilde, des quatre fils du roi, de sa fille, de l'archevêque de Reims, etc.

Le diplôme authentique est une lettre dictée, adressée à Euspice et à Maximin : Khlovigh leur donne le lieu appelé Micy et tout ce qui est du domaine royal entre la Loire et le Loiret. Cette lettre commence ainsi : *Chlodoveus, Francorum rex, vir inluster,* et finit par ces mots : *ita fiat ut ego Chlodoveus volui.* Au-dessous on lit seulement : *Eusebius episcopus confirmavi.* Voilà le maître ; un évêque-truchement traduit ses ordres. Voilà le Frank dans toute la simplicité salique : *fiat : ego volui.*

Le *Glossaire* de Sainte-Palaye et Bréquigny, continué par Mouchet, se compose de cinquante-six volumes in-folio, dont deux seuls sont imprimés; on n'a sauvé de l'édition que trois exemplaires; le reste est en manuscrit. Chaque volume contient de quatre à cinq cents colonnes, et depuis quatre cents jusqu'à huit cents articles; c'est un répertoire composé sur le plan du *Glossaire latin* de Du Cange, et du *Glossaire du Droit françois* de De Laurières; il traduit souvent les articles du premier en y ajoutant. Le moyen âge tout entier est par ordre alphabétique dans cet immense recueil.

Ces rois de France, qui nous maintenoient dans une ignorance crasse afin de nous mieux opprimer, ces rois qui auroient dû naître tous à la fois de nos jours, pour apprendre à mépriser eux et leurs siècles, avoient cependant la manie de favoriser les lettres. L'idée de ces grandes collections de diplômes leur étoit venue de bonne heure, on ne sait trop pourquoi. Montagu, secrétaire et trésorier des chartes sous Charles V, avoit commencé, ou plutôt continué le catalogue général des documents historiques; il nous apprend que ses prédécesseurs avoient été obligés d'abandonner leurs investigations, faute d'argent pour les suivre. Henri II ordonna d'ouvrir le trésor des chartes à Jean du Tillet. Ce greffier du parlement, l'homme le plus versé dans nos antiquités qui ait jamais paru, avoit conçu dans presque toutes ses parties le vaste plan accompli sous les rois Louis XIV, Louis XV et Louis XVI, avec l'appui du gouvernement, l'encouragement du clergé, et les veilles des grands corps lettrés de la France.

« Ayant à très-grand labeur et dépense, dit du Tillet au roi, compulsé l'infinité des registres de votre parlement, recherché les librairies et titres de plusieurs églises, j'entreprins dresser par forme d'histoires et ordre des règnes, toutes les querelles de cette troisième lignée régnante avec ses voisins, les domaines de la couronne par provinces, les lois et ordonnances depuis la salique, par volumes et règnes et par recueils séparés, ce qui concerne les personnes et maisons royales, et la forme ancienne du gouvernement des trois états, et ordre de justice dudit royaume, avec les changements y survenus. »

Du Tillet met à la suite de ses recueils des *inventaires* des chartes, comme preuves et éclaircissements. Un exemple montrera son exactitude : « Promesse de Éléonor, royne d'Angleterre, de faire hommage au roy Philippe des duchés de Guyenne et comté de Poitou, en juillet 1134. Au trésor, layette *anglia* C, et sac non coté. »

Ces *inventaires* de du Tillet sont le modèle des catalogues modernes des chartes.

Après du Tillet, Pierre Pithou et Marquard Freher formèrent le plan d'une collection des historiens de France, plan que commença à exécuter André Duchesne, justement surnommé *le père de notre histoire;* son fils François continua son ouvrage, qui devoit avoir quatorze volumes, et dont cinq sont imprimés. Colbert confia à une assemblée de savants le soin de poursuivre cette entreprise. Ces savants n'étoient rien moins que Lecointe, Du Cange, Wion d'Hérouval, Adrien de Valois, Jean Gallois et Baluze. Du Cange proposa une autre distribution que celle de Duchesne, avec l'insertion des pièces nouvellement découvertes.

L'archevêque de Reims, Charles-Maurice Le Tellier, reprit le projet sous le patronage de Louvois, son frère, et voulut charger dom Mabillon de la direction des travaux. Le chancelier d'Aguesseau, en 1717, forma deux sociétés de gens de lettres, pour s'occuper du recueil de Duchesne. On a un plan de Du Cange, des remarques de l'abbé Gallois, un mémoire de l'abbé des Thuileries, des observations de l'abbé Grand : lesquels plan, remarques, mémoires et observations, ont puissamment contribué à la confection des *Rerum Gallicarum et Francicarum Scriptores* de dom Bouquet. Lancelot, Lebœuf, Secousse, Gilbert, Foncemagne, Sainte-Palaye, conféroient de ces recherches chez M. d'Argenson, chez le chancelier de Lamoignon, ou chez M. de Malesherbes, son fils; suite de noms, à compter depuis André Duchesne, que nous pouvons opposer aux noms les plus illustres de l'Europe.

Désirons qu'un temps vienne, et que ce temps soit prochain, où ces grands desseins, étouffés par la barbarie révolutionnaire, seront repris, où l'on achèvera de cataloguer ces manuscrits de la Bibliothèque (je ne sais plus si je dois dire royale ou nationale) qui gisent misérablement inconnus. On y pourroit rencontrer non-seulement des documents de l'antiquité franke, mais des ouvrages de l'antiquité grecque et latine. Des auteurs que nous n'avons plus, ou que nous avons mutilés, se voyoient encore aux xe, xie et xiie siècles : un Tacite, un Tite-Live, un Ménandre, un Sophocle, ont peut-être échappé aux Condorcet du moyen âge. Désirons qu'on améliore le sort des hommes honorables qui veillent aux dépôts de la science, qui succombent sous le poids d'un travail qu'accroissent chaque jour, en se multipliant, et les livres et les lecteurs. Désirons qu'on augmente le nombre des élèves de l'École des Chartes. Quand les Dacier et les van Praet, quand les autres vénérables savants qui nous restent auront passé de ces tombeaux des temps appelés bibliothèques à leur propre tombeau, qui déchiffrera nos annales? La patrie des Mabillon subira-t-elle la honte d'aller chercher en Allemagne des interprètes de nos diplômes? Faudra-t-il qu'un Champollion germanique vienne lire sur nos monuments la langue de nos pères, morte pour nous? Désirons enfin qu'on ne s'obstine pas à agrandir le bâtiment de la Bibliothèque sur le terrain où elle existe aujourd'hui, et qu'on adopte le beau plan d'un habile architecte pour réunir le temple de la science au palais du Louvre : ce sont là les derniers vœux d'un François.

ÉCRIVAINS
DE L'HISTOIRE GÉNÉRALE ET DE L'HISTOIRE CRITIQUE DE FRANCE AVANT LA RÉVOLUTION.

Les jugements sont trop durs aujourd'hui à l'égard des écrivains qui ont travaillé à nos annales avant la révolution. Supposons que notre histoire générale fût à composer; qu'il la fallût tirer des manuscrits ou même des documents imprimés; qu'il en fallût débrouiller la chronologie, discuter les faits, établir les règnes; je soutiens que, malgré notre science innée et tout notre savoir acquis, nous n'en mettrions pas trois volumes debout. Combien d'entre nous pourroient déchiffrer une ligne des chartes originales, combien les pourroient lire, même à l'aide des *alphabets*, des *spécimens* et des *facsimilés* insérés dans la *Re Diplomatica* de Mabillon et ailleurs ? Nous sommes trop impatients d'étaler nos pensées; nous dédaignons trop nos devanciers pour nous abaisser au modeste rôle de bouquineurs de cartulaires. Si nous lisions, nous aurions moins de temps pour écrire, et quel larcin fait à la postérité! Quel que soit notre juste orgueil, oserai-je supplier notre supériorité de ne pas briser trop vite les béquilles sur lesquelles elle se traîne les ailes ployées? Quand avec des dates bien correctes, des faits bien exacts, imprimés en beau françois, dans un caractère bien lisible, nous composons à notre aise des histoires nouvelles, sachons quelque gré à ces esprits obscurs aux travaux desquels il nous suffit de coudre les lambeaux de notre génie pour ébahir l'admirant univers.

Du Haillan, Belleforest, de Serres et Dupleix ont travaillé sur l'histoire générale de la France. Du Haillan sait beaucoup et des choses curieuses; il a de la fougue; son indépendance nobiliaire est amusante. Dans sa dédicace à Henri IV il dit : « Je n'ai point voulu faire le flatteur ni le courtisan, mais l'historien véritable; j'ai voulu peindre les traits les plus difformes ainsi que les plus beaux, et parler hardiment et librement de tout. . . . . . J'ai impugné plusieurs points qui sont de la commune opinion des hommes, comme la venue de Pharamond ès Gaules, l'institution de la loi salique, etc. »

Belleforest est diffus, mais sa compilation des anciennes chroniques met sur la voie de plusieurs raretés. Du Haillan le critiqua dans une de ses préfaces. « Je ne suis pas de ces hardis et ignorants écrivains qui enfantent tous les jours des livres et qui en font de *grosses forêts.* » (Allusion au nom de Belleforest).

Jean de Serres étoit protestant. Il est infidèle dans ses citations, fautif dans sa chronologie; son style est chargé de figures outrées et de métaphores. De Serres étoit savant néanmoins : Pasquier et d'Aubigné l'ont repris avec aigreur.

Dupleix procède avec méthode, c'est le premier historien françois, avec Vigué, qui ait coté en marge ses autorités. Avant le chef-d'œuvre d'Adrien de Valois, Dupleix n'avoit été surpassé dans l'histoire des deux premières races que par Fauchet.

Je ne parle pas de d'Aubigné, bien qu'il en valût la peine, parce qu'il s'est renfermé, ainsi que de Thou, dans une période particulière : la même raison me fait omettre Jean Le Laboureur : personne n'a élevé plus haut le style historique que ce dernier écrivain.

Après ces quatre premiers auteurs de notre histoire générale, nous trouvons Mézeray, Varillas, Cordemoy, Legendre, Daniel, Velly, Villaret et Garnier.

On n'écrira jamais mieux quelques parties de notre histoire que Mézeray n'en a écrit quelques règnes. Son abrégé est supérieur à sa grande histoire, quoiqu'on n'y retrouve pas quelques-uns de ses discours débités à la manière de Corneille. Les vies des reines sont quelquefois des modèles de simplicité. Quant au défaut de lecture reproché à Mézeray, la plupart de ses erreurs ont été redressées par l'abbé Le Laboureur, Launoy, Dirois et le père Griffet. Mézeray avoit été frondeur; rien de plus libre que ses jugements : c'est dommage que son exécuteur testamentaire ait jeté au feu son *Histoire de la Maltôte.* Amelot de La Houssaye dit que Mézeray a laissé dans ses écrits une *assez vive image de l'ancienne liberté.* Ménage reproche à cet auteur de n'*avoir pas de phrases.* C'est Mézeray qui a dit : *Sous la fin de la deuxième race le royaume étoit tenu selon les lois des fiefs, se gouvernant comme un grand fief plutôt que comme une monarchie.* Tout ce que l'on a rabâché depuis sur les temps féodaux n'est que le commentaire de cet aperçu de génie.

Louis de Cordemoy publia, en l'achevant, l'*Histoire de France* qu'avoit écrite Géraud de Cordemoy, son père. Cordemoy étoit, comme Bossuet, grand cartésien; son travail exact est le premier où l'on sente la présence de la méthode philosophique.

L'abbé Le Gendre fit entrer dans l'histoire générale la peinture des mœurs et des coutumes; heureuse innovation, qui ouvroit une nouvelle route à l'histoire. Le Gendre, flatteur de Louis le Grand dans ses *Essais* sur le règne de ce roi, juge franchement tout le reste.

Varillas est fort décrié pour son romanesque; il n'est pas cependant aussi menteur qu'on l'a dit. Versé dans la lecture des originaux, il avoit même perdu la vue à cette lecture; mais il a la plus singulière manie qu'on puisse imaginer : il transporte les actes d'un personnage à un autre, quand ce personnage a des homonymes dans des siècles différents; j'en pourrois citer des exemples curieux.

Après le père Daniel, l'histoire militaire de la France n'est plus à faire. Enfin, sans parler de l'*Abrégé chronologique*, trop vanté, du président Hénault et des *Essais historiques*, trop décriés, de Voltaire, le long travail de Velly, de Villaret et Garnier est d'un grand prix. Ce n'étoient pas sans doute des hommes de génie que ces trois derniers écrivains; mais le génie, qui en a, si ce n'est dans notre siècle, où il court les rues en sortant du maillot, comme un poussin qui brise sa coquille? Au défaut de ce premier don du ciel, qui nous étoit exclusivement réservé, on trouve dans les historiens que je viens de nommer une consciencieuse lecture, des pages nettement écrites, des jugements sains. Ces historiens se trompent, il est vrai, sur la physionomie des siècles, encore pas toujours.

Quant aux deux premières races, il le faut avouer, Velly est quelquefois ridicule; mais il peignoit à la manière de son temps. Khlovig, dans nos annales anté-révolutionnaires, ressemble à Louis XIV, et Louis XIV à Hugues Capet. On avoit dans la tête le type d'une grave monarchie, toujours la même, marchant carrément avec trois ordres et un parlement en robe longue; de là cette monotonie de récits, cette uniformité de mœurs qui rend la lecture de notre histoire générale insipide. Les historiens étoient alors des hommes de cabinet, qui n'avoient jamais vu et manié les affaires.

Mais si nous apercevons les faits sous un autre jour, ne nous figurons pas que cela tienne à la seule force de notre intelligence. Nous venons après la monarchie tombée; nous toisons à terre le colosse brisé, nous lui trouvons des proportions différentes de celles qu'il paroissoit avoir lorsqu'il étoit debout. Placés à un autre point de la perspective, nous prenons pour un progrès de l'esprit humain le simple résultat des événements, le dérangement ou la disparition des objets. Le voyageur qui foule aux pieds les ruines de Thèbes est-il l'Égyptien qui demeuroit sous une des cent portes de la cité de Pharaon?

Ce qui nous blesse aujourd'hui surtout, en lisant notre histoire passée, c'est de ne pas nous y rencontrer. La France est devenue républicaine et plébéienne, de royale et aristocratique qu'elle étoit. Avec l'esprit d'égalité qui nous maîtrise, la présence exclusive de quelques nobles dans nos fastes nous irrite; nous nous demandons si nous ne valons pas mieux que ces gens-là, si nos pères n'ont point compté dans les destinées de notre patrie. Une réflexion devroit nous calmer. Qui d'entre nous survivra à son temps? Savons-nous comment s'appeloient ces milliers de soldats qui ont gagné les grandes batailles de l'armée populaire? Ils sont tombés aux yeux de leurs camarades, morts un moment après à leur côté. Des généraux, qui peut-être n'eurent aucune part au succès, sont devenus les illégitimes héritiers de ces obscurs enfants de l'honneur et de la gloire. Une nation n'a qu'un nom; les individus, plébéiens ou patriciens, ne sont eux-mêmes connus que par quelques-uns d'entre eux, jouets ou favoris de la fortune.

Sous le rapport des libertés, une observation analogue se présente. Les historiens du XVIIe siècle ne les pouvoient pas comprendre comme nous; ils ne manquoient ni d'impartialité, ni d'indépendance, ni de courage, mais ils n'avoient pas ces notions générales des choses que le temps et la révolution ont développées. L'histoire fait des progrès dont sont privées quelques autres parties de l'intelligence lettrée. La langue, quand elle a atteint sa maturité, demeure en cet état ou se gâte. On peut faire des vers autrement que Racine, jamais mieux : la poésie a ses bornes dans les limites de l'idiome où elle est écrite et chantée. Mais l'histoire, sans se corrompre, change de caractère avec les âges, parce qu'elle se compose des faits acquis et des vérités trouvées, parce qu'elle réforme ses jugements par ses expériences, parce qu'étant le reflet des mœurs et des opinions de l'homme, elle est susceptible du perfectionnement même de l'espèce humaine. Au physique, la société, avec les découvertes modernes, n'est plus la société sans ses découvertes : au moral, cette société, avec les idées agrandies telles qu'elles le sont de nos jours, n'est plus la société sans ces idées : le Nil à sa source n'est pas le Nil à son embouchure. En un mot, les historiens du XIXe siècle n'ont rien créé; seulement ils ont un monde nouveau sous les yeux, et ce monde nouveau leur sert d'échelle rectifiée pour mesurer l'ancien monde.

Toute justice ainsi rendue aux hommes de mérite qui ont traité de notre histoire générale avant la révolution, je dirai avec la même impartialité qu'il ne les faut pas prendre pour guides. On ne se peut dispenser de recourir aux originaux, car ces écrivains les lisoient autrement que nous et dans un autre esprit : ils n'y cherchoient pas les choses que nous y cherchons, ils ne les voyoient même pas; ils rejetoient précisément ce que nous recueillons. Ils ne choisissoient, par exemple, dans les ouvrages des Pères de l'Église que ce qui concerne le dogme et la doctrine du christianisme : les mœurs, les usages, les idées ne leur paroissoient d'aucune importance. Une histoire nouvelle tout entière est cachée dans les écrits des Pères; ces *Études* en indiqueront la route. Nous ne savons rien sur la civilisation grecque et romaine des ve, vi^e et viie siècles, ni sur la barbarie des destructeurs du monde romain, que par les écrivains ecclésiastiques de cette époque.

A l'égard de nos propres monuments, des découvertes de même nature sont à faire. Avant la révolution, on n'interrogeoit les manuscrits que relativement aux prêtres, aux nobles et aux rois. Nous, nous ne nous enquérons que de ce qui regarde les peuples et les transformations sociales : or ceci est resté enseveli dans les chartes.

Les écrivains anté-révolutionnaires de l'histoire critique de France sont si nombreux, qu'il est impossible de les indiquer tous; quelques-uns seulement doivent être signalés comme chefs d'école.

L'*Histoire de l'établissement de la Monarchie françoise dans les Gaules* est un ouvrage solide, souvent attaqué, jamais renversé, pas même par Montesquieu, qui d'ailleurs a su peu de choses sur les Franks. On vole l'abbé Dubos sans avouer le larcin : il seroit plus loyal d'en convenir.

Il en arrive de même à l'abbé de Gourcy : sa petite *Dissertation sur l'état des personnes en France sous la première et la seconde race*, dissertation couronnée par l'Académie des Inscriptions, est d'une méthode, d'une clarté et d'un savoir rares. Ce qu'on écrit aujourd'hui sur le même sujet est en partie dérobé à l'excellent travail de Gourcy : on a raison de ne pas refaire une besogne si bien faite, mais il faudroit en avertir, pour laisser la louange à qui de droit. Il y a des hommes qui sont ainsi en possession de servir de moniteurs aux autres : Pagi sera l'éternel flambeau des fastes consulaires; Tillemont est le guide le plus sûr des faits et des dates pour l'histoire des empereurs; Gibbon se colle à lui; il se fourvoie et tombe quand l'ouvrage de Tillemont finit; Saint-Marc a débrouillé le chaos des affaires italiennes du ve au xiie siècle. On ne mentionne point son *Abrégé chronologique* quand on s'occupe de cette période de l'histoire : ce seroit justice cependant; d'autant mieux que l'on commet beaucoup de fautes quand on ne suit plus Saint-Marc, qui lui même a suivi Sigonius et Muratori.

Les *Observations* de l'abbé de Mably sont écrites d'un ton d'arrogance et de fatuité qui les feroit prendre pour l'ouvrage de quelques capacités du jour, si la maigreur n'y remplaçoit l'enflure. Sous cette superbe, on ne trouve pourtant dans Mably que des idées écourtées, une grande prétention à la force de tête, le désir de dire des choses immenses en quelques mots brefs : il y a peu de mots en effet et encore moins de choses. Lisez dans cet auteur gourmé quelques passages sur la transfusion des propriétés : ils sont bons.

Boulainvilliers a bien senti la nature aristocratique de l'ancienne constitution françoise, mais il est absurde sur la noblesse : il n'a pas d'ailleurs assez de lecture pour que son instruction dédommage du vice de son système.

De ces détails il résulte que deux écoles historiques sont à distinguer avant l'époque de la révolution : l'école du xviie siècle et l'école du xviiie siècle ; l'une érudite et religieuse, l'autre critique et philosophique : dans la première, les Bénédictins rassembloient les faits, et Bossuet les proclamoit à la terre ; dans la seconde, les encyclopédistes critiquoient les faits, et Voltaire les livroit aux disputes du monde. L'Angleterre fondoit auprès de nous son école exacte, plus dégagée que la nôtre des préjugés antireligieux. Notre école moderne du xixe siècle peut être appelée l'école politique ; elle est philosophique aussi, mais autrement que celle du xviiie siècle : parlons-en.

ÉCOLE HISTORIQUE MODERNE DE LA FRANCE.

L'école moderne se divise en deux systèmes principaux : dans le premier, l'histoire doit être écrite sans réflexions ; elle doit consister dans le simple narré des événements et dans la peinture des mœurs ; elle doit présenter un tableau naïf, varié, rempli d'épisodes, laissant chaque lecteur, selon la nature de son esprit, libre de tirer les conséquences des principes et de dégager les vérités générales des vérités particulières. C'est ce qu'on appelle l'histoire *descriptive,* par opposition à l'histoire *philosophique* du dernier siècle.

Dans le second système, il faut raconter les faits généraux, en supprimant une partie des détails, substituer l'histoire de l'espèce à celle de l'individu, rester impassible devant le vice et la vertu comme devant les catastrophes les plus tragiques. C'est l'histoire *fataliste* ou le *fatalisme* appliqué à l'histoire.

Je vais exposer mes doutes sur ces deux systèmes.

L'histoire descriptive, poussée à ses dernières limites, ne rentre-t-elle pas trop dans la nature du mémoire ? La pensée philosophique, employée avec sobriété, n'est-elle pas nécessaire pour donner à l'histoire sa gravité, pour lui faire prononcer les arrêts qui sont du ressort de son dernier et suprême tribunal? Au degré de civilisation où nous sommes arrivés, l'histoire de l'*espèce* peut-elle disparoître entièrement de l'histoire de l'*individu*? Les vérités éternelles, bases de la société humaine, doivent-elles se perdre dans des tableaux qui ne représentent que des mœurs privées?

Il y a dans l'homme deux hommes; l'homme de son siècle, l'homme de tous les siècles : le grand peintre doit surtout s'attacher à la ressemblance de ce dernier. Peut-être aujourd'hui met-on trop de prix à la ressemblance et pour ainsi dire à la calque de la physionomie de chaque époque. Il est possible que dans l'histoire comme dans les arts nous représentions mieux qu'on ne le faisoit jadis les costumes, les *intérieurs*, tout le matériel de la société; mais une figure de Raphael avec des fonds négligés et de flagrants anachronismes n'efface-t-elle pas ces perfections du second ordre? Lorsqu'on jouoit les personnages de Racine avec les perruques à la Louis XIV, les spectateurs n'étoient ni moins ravis ni moins touchés. Pourquoi? Parce qu'on voyoit *l'homme* au lieu *des hommes*.

> Jamais Iphigénie, en Aulide immolée,
> N'a coûté tant de pleurs à la Grèce assemblée,
> Que dans l'heureux spectacle à nos yeux étalé
> N'en a fait sous son nom verser la Champmeslé.

M. de Barante s'est élevé au-dessus de ces difficultés par la supériorité de son talent et parce qu'il n'a pas tout à fait caché l'*espèce;* mais je crains qu'il n'ait égaré ses imitateurs.

Voici ce qui me semble vrai dans le système de l'histoire descriptive : l'histoire n'est point un ouvrage de philosophie, c'est un tableau; il faut joindre à la narration la représentation de l'objet, c'est-à-dire qu'il faut à la fois dessiner et peindre; il faut donner aux personnages le langage et les sentiments de leur temps, ne pas les regarder à travers nos propres opinions, principale cause de l'altération des faits. Si, prenant pour règle ce que nous croyons de la liberté, de l'égalité, de la religion, de tous les principes politiques, nous appliquons cette règle à l'ancien ordre de choses, nous faussons la vérité, nous exigeons des hommes vivant dans cet ordre de choses ce dont ils n'avoient pas même l'idée. Rien n'étoit si mal que nous le pensons; le prêtre, le noble, le bourgeois, le vassal avoient d'autres notions du juste et de l'injuste que les nôtres : c'étoit un autre monde, un monde sans doute moins rapproché des principes généraux naturels que le monde présent, mais qui ne manquoit ni de grandeur ni de force, témoin ses actes et sa durée. Ne nous hâtons pas de prononcer trop dédaigneusement sur le passé : qui sait si la société de ce moment, qui nous semble supérieure (et qui l'est en effet sur beaucoup de points) à l'ancienne société, ne paroîtra pas à nos neveux, dans deux ou trois siècles, ce que nous paroît la société deux ou trois siècles avant nous? Nous réjouirions-nous dans le tombeau d'être jugés par les générations futures avec la même rigueur que nous jugeons nos aïeux ? Ce qu'il y a de bon, de sincère dans l'histoire descriptive, c'est qu'elle dit les temps tels qu'ils sont.

L'autre système historique moderne, le système fataliste, a, selon moi, de bien plus graves inconvénients, parce qu'il sépare la morale de l'action humaine; sous ce rapport, j'aurai dans un moment l'occasion de le combattre, en parlant des écrivains de talent qui l'ont adopté. Je dirai seulement ici que le système qui bannit l'*individu* pour ne s'occuper que de l'*espèce*, tombe dans l'excès opposé au système de l'histoire descriptive. Annuler totalement l'*individu*, ne lui donner que la position d'un chiffre, lequel vient dans la série d'un nombre, c'est lui contester la valeur *absolue* qu'il possède, indépendamment de sa valeur *relative*. De même qu'un siècle influe sur un homme, un homme influe sur un siècle; et si un homme est le représentant des idées du temps, plus souvent aussi le temps est le représentant des idées de l'homme.

Le second système de l'histoire moderne a son côté vrai comme le premier. Il est certain qu'on ne peut omettre aujourd'hui l'histoire de l'*espèce;* qu'il y a réellement des révolutions inévitables parce qu'elles sont accomplies dans les esprits avant d'être réalisées au dehors; que l'histoire de l'*humanité*, de la société *générale*, de la civilisation *universelle*, ne doit pas être masquée par l'histoire de l'*individualité sociale*, par les événements *particuliers* à un siècle et un pays. La perfection seroit de marier les trois systèmes : l'histoire philosophique, l'histoire particulière, l'histoire générale ; d'admettre les réflexions, les tableaux, les grands résultats de la civilisation, en rejetant des trois systèmes ce qu'ils ont d'exclusif et de sophistique.

Au surplus, s'il est bon d'avoir quelques principes arrêtés en prenant la plume, c'est selon moi une question oiseuse de demander comment l'histoire doit être écrite : chaque historien l'écrit d'après son propre génie; l'un raconte bien, l'autre peint mieux; celui-ci est sentencieux, celui-là indifférent au pathétique, incrédule ou religieux : toute manière est bonne, pourvu qu'elle soit vraie. Réunir la gravité de l'histoire à l'intérêt du mémoire, être à la fois Thucydide et Plutarque, Tacite et Suétone, Bossuet et Froissard, et asseoir les fondements de son travail sur les principes généraux de l'école moderne, quelle merveille! Mais à qui le ciel a-t-il jamais départi cet ensemble de talents dont un seul suffiroit à la gloire de plusieurs hommes? Chacun écrira donc comme il voit, comme il sent; vous ne pouvez exiger de l'historien que la connoissance des faits, l'impartialité des jugements et le style, s'il peut.

ÉCOLE HISTORIQUE DE L'ALLEMAGNE. PHILOSOPHIE DE L'HISTOIRE. L'HISTOIRE EN ANGLETERRE ET EN ITALIE.

Auprès de nous, tandis que nous fondions notre école politique, l'Allemagne établissoit ses nouvelles doctrines, et nous devançoit dans les hautes régions de l'intelligence : elle faisoit entrer la philosophie dans l'histoire, non cette philosophie du XVIIIe siècle, qui consistoit à rendre des arrêts moraux ou antireligieux, mais cette philosophie qui tient à l'essence des êtres, qui, pénétrant l'enveloppe du monde sensible, cherche s'il n'y a point sous cette enveloppe quelque chose de plus réel, de plus vivant, cause des phénomènes sociaux.

Découvrir les lois qui régissent l'espèce humaine; prendre pour base d'opérations les trois ou quatre grandes traditions répandues chez tous les peuples de la terre; reconstruire la société sur ces traditions, de la même manière qu'on restaure un monument d'après ses ruines; suivre le développement des idées et des institutions chez cette société; signaler ses transformations; s'enquérir de l'histoire s'il n'existe pas dans l'humanité quelque mouvement naturel, lequel, se manifestant à des époques fixes dans des positions données, peut faire prédire le retour de telle ou telle révolution, comme on annonce la réapparition des comètes dont les courbes ont été calculées, ce sont là d'immenses intérêts. Qu'est-ce que l'homme? D'où vient-il? Où va-t-il? Qu'est-il venu faire ici-bas? Quelles sont ses destinées? Les archives du monde fournissent-elles des réponses à ces questions? Trouve-t-on à chaque origine nationale un âge religieux? De cet âge passe-t-on à un âge héroïque, de cet âge héroïque à un âge social, de cet âge social à un âge proprement dit humain, de cet âge humain à un âge philosophique?

Y a-t-il un Homère qui chante en tous pays, dans différentes langues, au berceau de tous les peuples? L'Allemagne se divise sur ces questions en deux partis : le parti philosophique-historique, et le parti historique.

Le parti philosophique-historique, à la tête duquel se met M. Hegel, prétend que l'âme universelle se manifeste dans l'humanité par quatre modes : l'un substantiel, identique, immobile : on le trouve dans l'Orient ; l'autre individuel, varié, actif : on le voit dans la Grèce ; le troisième se composant des deux premiers dans une lutte perpétuelle : il étoit à Rome ; le quatrième sortant de la lutte du troisième pour harmonier ce qui étoit divers : il existe dans les nations d'origine germanique.

Ainsi l'Orient, la Grèce, Rome, la Germanie, offrent les quatre formes et les quatre principes historiques de la société. Chaque grande masse de peuples, placée dans ces catégories géographiques, tire de ses positions diverses la nature de son génie, le caractère de ses lois, le genre des événements de sa vie sociale.

Le parti historique s'en tient aux seuls faits, et rejette toute formule philosophique. M. Niebuhr, son illustre chef, dont le monde lettré déplore la perte récente, a composé l'histoire romaine qui précéda Rome ; mais il n'a point reconstruit son monument cyclopéen autour d'une idée. M. de Savigny, qui suit l'histoire du droit romain depuis son âge poétique jusqu'à l'âge philosophique où nous sommes parvenus, ne cherche point le principe abstrait qui semble avoir donné à ce droit une sorte d'éternité.

L'école philosophique-historique de nos voisins procède, comme on le voit, par *synthèse*, et l'école purement historique par l'*analyse*. Ce sont les deux méthodes naturellement applicables à l'*idée* et à la *forme*. L'école philosophique soutient que l'esprit humain crée les faits ; l'école historique dit que le fait met en mouvement l'esprit humain : cette dernière école reconnoît encore un enchaînement providentiel dans l'ordre des événements. Ces deux écoles prennent en Allemagne le nom de système rationnel et de système supernaturel.

De concert avec les deux écoles historiques marchent deux écoles théologiques, qui s'unissent aux deux premières selon leurs diverses affinités. Ces écoles théologiques sont chrétiennes ; mais l'une fait sortir le christianisme de la raison pure, l'autre de la révélation. Dans ce pays, où les hautes études sont poussées si loin, il ne vient à la pensée de personne que l'absence de l'idée chrétienne dans la société soit une preuve des progrès de la civilisation.

Les *Idées sur la philosophie de l'histoire de l'humanité*, par Herder, sont trop célèbres pour ne les pas rappeler ici. Un passage de l'introduction de M. Quinet suffira pour les faire connoître.

« L'histoire, dans son commencement comme dans sa fin, est le spectacle de la liberté, la protestation du genre humain comme le monde qui l'enchaîne, le triomphe de l'infini sur le fini, l'affranchissement de l'esprit, le règne de l'âme : le jour où la liberté manqueroit au monde seroit celui où l'histoire s'arrêteroit. Poussé par une main invisible, non-seulement le genre humain a brisé le sceau de l'univers et tenté une carrière inconnue jusque là, mais il triomphe de lui-même, se dérobe à ses propres voies, et changeant incessamment de formes et d'idoles, chaque effort atteste que l'univers l'embarrasse et le gêne. En vain l'Orient, qui s'endort sur la foi de ses symboles, croit-il l'avoir enchaîné de tant de mystérieuses entraves : sur le rivage opposé s'élève un peuple enfant qui se fera un jouet de ses énigmes, et l'étouffera à son réveil. En vain la personnalité romaine a-t-elle tout absorbé pour tout dévorer; au milieu de ce silence de l'empire, est-ce une illusion décevante, un leurre poétique, que ce bruit sorti des forêts du Nord, et qui n'est ni le frémissement des feuilles, ni le cri de l'aigle, ni le mugissement des bêtes sauvages? Ainsi, captif dans les bornes du monde, l'infini s'agite pour en sortir, et l'humanité qui l'a recueilli, saisie comme d'un vertige, s'en va, en présence de l'univers muet, cheminant de ruine en ruine, sans trouver où s'arrêter. C'est un voyageur pressé, plein d'ennui, loin de ses foyers; parti de l'Inde avant le jour, à peine a-t-il reposé dans l'enceinte de Babylone, qu'il brise Babylone; et resté sans abri, il s'enfuit chez les Perses, chez les Mèdes, dans la terre d'Égypte. Un siècle, une heure, et il brise Palmyre, Ecbatane et Memphis, et, toujours renversant l'enceinte qui l'a recueilli, il quitte les Lydiens pour les Hellènes, les Hellènes pour les Étrusques, les Étrusques pour les Romains, les Romains pour les Gètes, les Gètes... Mais que sais-je ce qui va suivre! Quelle aveugle précipitation! Qui le presse? Comment ne craint-il pas de défaillir avant l'arrivée? Ah! si dans l'antique épopée nous suivons de mer en mer les destinées errantes d'Ulysse jusqu'à son île chérie, qui nous dira quand finiront les aventures de cet étrange voyageur et quand il verra de loin fumer les toits de son Ithaque?

« Ainsi, nous touchons aux premières limites de l'histoire. Nous quittons les phénomènes physiques pour entrer dans le dédale des révolutions qui marquent la vie de l'humanité. Adieu ces douces et paisibles retraites, ce repos immuable, cette fraîcheur et cette innocence dans les tableaux ; l'air que nous allons respirer est dévorant, le terrain que nous foulons aux pieds est souillé de sang, les objets y vacillent dans une éternelle instabilité : où reposer mes yeux? Le moindre grain de sable battu des vents a en lui plus d'éléments de durée que la fortune de Rome ou de Sparte. Dans tel réduit solitaire je connois tel petit ruisseau dont le doux murmure, le cours sinueux et les vivantes harmonies surpassent en antiquité les souvenirs de Nestor et les annales de Babylone. Aujourd'hui, comme aux jours de Pline et de Columelle, la jacinthe se plaît dans les Gaules, la pervenche en Illyrie, la marguerite sur les ruines de Numance, et pendant qu'autour d'elles les villes ont changé de maîtres et de nom, que plusieurs sont rentrées dans le néant, que les civilisations se sont choquées et brisées, leurs paisibles générations ont traversé les âges, et se sont succédé l'une à l'autre jusqu'à nous, fraîches et riantes comme aux jours des batailles.

« Cette permanence du monde matériel ne doit-elle donc ici qu'exciter de vains regrets, et cette masse imposante n'est-elle là que pour mieux faire sentir ce qu'il y a d'éphémère et de tumultueux dans la succession des civilisations! A Dieu ne plaise! Tout au contraire, elle se réfléchit dans le système entier des actions humaines et les marques d'un profond caractère de paix et de sérénité. Quand il a été établi que les vicissitudes de l'histoire ne naissent pas d'un vain caprice des volontés, mais qu'elles ont leurs fondements dans les entrailles mêmes de l'univers, qu'elles en sont le résultat le plus élevé, et que c'étoit une condition du monde que nous voyons de faire naître à telle époque telle forme de civilisation, tel mouvement de progression; que ces divers phénomènes entrent en rapport avec le domaine entier de la nature et participent de son caractère, ainsi que toute autre espèce de production terrestre, les actions humaines se présentent alors comme un nouveau règne, qui a ses harmonies, ses contrastes et sa sphère déterminés. »

Ainsi s'exprime Herder par la voix de son éloquent interprète.

Au surplus, ces nobles systèmes appliqués à l'histoire ne sont pas aussi nouveaux qu'ils le paroissent. Un homme patiemment endormi pendant un siècle et demi dans sa poussière vient de ressusciter pour réclamer sa gloire ajournée : il avoit devancé son temps; quand l'ère des idées qu'il représentoit est arrivée, elles ont été frapper à sa tombe et le réveiller : je veux parler de Vico.

Dans son ouvrage de la *Science nouvelle*, Vico, laissant de côté l'histoire particulière des peuples, posa les fondements de l'histoire générale de l'espèce humaine.

« Tracer l'histoire universelle éternelle, » dit M. Michelet dans sa traduction abrégée et son analyse précise et bien sentie du système de Vico, « tracer l'histoire universelle éternelle qui se produit dans le temps sous la forme des histoires particulières; décrire le cercle idéal dans lequel tourne le monde réel, voilà l'objet de la *Science nouvelle;* elle est tout à la fois la philosophie et l'histoire de l'humanité.

« Elle tire son unité de la religion, principe producteur et conservateur de la société. Jusque ici on n'a parlé que de théologie naturelle, la *Science nouvelle* est une théologie sociale, une démonstration historique de la Providence, une histoire des décrets par lesquels, à l'insu des hommes et souvent malgré eux, elle a gouverné la grande cité du genre humain. Qui ne ressentira un divin plaisir en ce corps mortel, lorsque nous contemplerons ce monde des nations, si varié de caractères, de temps et de lieux, dans l'uniformité des idées divines? »

Selon Vico, les fondateurs de la société furent les géants ou les cyclopes. Les géants étoient sans lois et sans Dieu : le tonnerre gronda, ils s'effrayèrent, ils reconnurent une puissance supérieure à la leur, origine de l'idolâtrie : née de la crédulité et non de l'imposture. L'idolâtrie fut nécessaire au monde, dit Vico : elle dompta par les terreurs de la religion l'orgueil de la force; elle prépara par la religion des sens la religion de la raison et ensuite celle de la foi. Ce fut là le premier âge, âge poétique de la société; à cette époque toutes les lois étoient religieuses. Vico, pour se débarrasser des questions théologiques, met à part le peuple de Dieu comme seul dépositaire de la vraie tradition, et raisonne librement sur tout le reste.

Avec la religion commence la société; les premiers pères de famille deviennent les premiers prêtres, les premiers rois les *patriarches* (pères et princes).

Ce gouvernement de famille est cruel, absolu; le père a le droit de vie et de mort sur ses enfants, de même que sa vie et sa mort sont soumises au Dieu qui l'a créé, et qu'il a entendu dans le bruit de la foudre. De là les sacrifices humains, les rites, les cérémonies religieuses; loi primitive de l'espèce humaine, loi qui se prolongea jusque dans le droit civil successeur de cette première loi.

Bientôt des sauvages, qui étoient restés dans la promiscuité des biens et des femmes et dans l'anarchie qui en étoit la suite, se réfugièrent aux autels des *forts*, sur les hauteurs où les premières familles s'étoient rassemblées sous le gouvernement des pères de famille ou des *héros.*

Ces réfugiés devinrent les esclaves de leurs défenseurs; ils ne jouirent d'aucune prérogative des héros, et particulièrement du mariage religieux ou solennel qui fonda la société domestique; mais les réfugiés se multiplièrent, et voulurent une part des terres qu'ils cultivoient. Partout où les héros ne furent pas assez puissants pour conserver la totalité des biens, ils cédèrent, à certaines conditions, des terres à leurs anciens esclaves. Telle fut la première loi agraire, l'origine des clientèles et des fiefs.

Alors commença la cité. Les pères de famille devinrent la classe des *nobles*, des *patriciens*; les réfugiés composèrent la classe des *plébéiens, compagnons, clients, vassaux*: ils n'avoient aucuns droits politiques, ils ne possédoient que la jouissance des terres concédées par les nobles.

Les cités héroïques furent toutes gouvernées aristocratiquement; elles étoient guerrières dans leur essence. Les habitants de ces cités, brigands ou pirates au dehors, étoient éternellement divisés au dedans.

Peu à peu ces sociétés aristocratiques se transforment, par l'accroissement de la partie démocratique, en républiques populaires. Les États populaires se corrompent; le peuple, qui d'abord n'avoit réclamé que l'égalité, veut dominer à son tour. L'anarchie survient, et force le peuple à s'abriter dans la domination d'un seul. Le besoin de l'ordre fonde la monarchie comme le besoin de liberté avoit fondé l'aristocratie et le besoin d'égalité la démocratie.

« Si la monarchie n'arrête pas la corruption du peuple, ce peuple, dit Vico, devient esclave d'une nation meilleure qui le soumet par les armes et le sauve en le soumettant, car ce sont deux lois naturelles : *Qui ne peut se gouverner obéira, et aux meilleurs l'empire du monde.* » Maxime contestable.

La partie vraiment neuve du système de Vico est celle où il fait entrer l'histoire du droit civil dans l'histoire du droit politique. Il avoit dirigé ses études de ce côté; ses premiers essais de jurisprudence et d'étymologie latine sont, à tout prendre, ses meilleurs ouvrages. Il démontre que la jurisprudence varie selon la forme des gouvernements, lesquels eux-mêmes sont nés des mœurs; il observe que la première loi de la société, loi d'abord toute religieuse, pénétra et se prolongea dans l'ordre civil à travers les révolutions et les transformations politiques. Nul n'avoit vu avant lui que si la jurisprudence des Romains étoit entourée de solennités et de mystères, c'est qu'elle découloit de l'antique droit religieux, et que ces mystères n'étoient point une imposture, un moyen de pouvoir inventé par les prêtres et par les nobles. A Rome, les actes appelés par excellence *actes légitimes* étoient accompagnés des rites sacrés : pour que les mariages et les testaments fussent dits *justes*, c'est-à-dire supposant les droits de l'ordre politique le plus élevé, il falloit qu'ils eussent été légalisés par des cérémonies saintes.

Cette belle remarque de Vico se peut appliquer à notre société même : le christianisme, qui la fonda à part, au milieu de la société païenne de Rome et de la Grèce ou chez les peuples barbares, la soumit à la loi religieuse. Le mariage et la sépulture ne furent *solennels* et *légitimes* parmi les fidèles qu'autant qu'ils furent chrétiennement *autorisés ;* le baptême fit de plus une chose *solennelle* et *légitime* de la naissance, comme l'extrême-onction consacra la mort. Les sept sacrements de l'église furent des actes civils de la première société chrétienne.

Tel est le système de Vico, système où il faut reconnoître un homme d'un grand entendement, mais un homme dominé par l'imagination, et qui mêle à des vérités nouvelles des jeux d'esprit que ne peuvent approuver l'histoire, la raison et la saine logique. Ses idées sur l'idolâtrie, utile selon lui aux hommes, sont insoutenables : quand il fait d'Hercule, d'Hermès, d'Homère, d'Ésope, de Romulus, non des individus, mais un type idéal des mœurs et des idées d'une époque, il raisonne visiblement contre les opérations naturelles de l'esprit humain. Le sauvage *personnifie* les arbres, les fleurs, les rochers, mais il n'*allégorise* pas le temps. Lorsque Vico dit que les hommes reprirent la taille anté-diluvienne en redevenant sauvages après le déluge, il va contre la bonne physique : l'homme dans l'état *bestial*, comme tous les animaux, est chétif ; c'est la société pour les hommes, et la domesticité pour les animaux capables d'éducation, qui développe la plus grande nature.

Vico tranche encore trop légèrement la question sur la parole humaine ; il suppose qu'elle se perdit après le déluge, et qu'il y eut une époque de mutisme pour le genre humain, qui ce cas arrivé n'auroit plus été qu'une espèce de famille de singes. Le verbe a-t-il été donné à l'homme avec la pensée ? Est-il né d'elle comme le fruit sort de la fleur ? La parole, au contraire, est-elle révélée ? Immense question que Vico a résolue d'un trait de plume, et que la rigueur de l'histoire ne permet pas d'adopter comme un fait incontestable.

De nos jours un écrivain françois a renouvelé, en l'améliorant, une partie du système de Vico. La philosophie de M. Ballanche est une théosophie chrétienne. Selon cette philosophie, une loi providentielle générale gouverne l'ensemble des destinées humaines, depuis le commencement jusqu'à la fin. Cette loi générale n'est autre chose que le développement de deux dogmes générateurs, la déchéance et la réhabilitation, dogmes qui se retrouvent dans toutes les traditions générales de l'humanité, et qui sont le christianisme même. Le vif sentiment de ces deux dogmes produit une psychologie qui explique les facultés humaines en rendant compte de la nature intime de l'homme, et qui se révèle dans la contexture des langues anciennes. L'homme, durant sa laborieuse carrière, cherche sans repos sa route de la déchéance à la réhabilitation, pour arriver à l'unité perdue.

M. Ballanche a voulu faire pénétrer le génie historique dans la région qui a précédé l'histoire. Son Orphée résume les quinze siècles de l'humanité antérieurs aux temps historiques.

Il a réduit ensuite les cinq premiers siècles de l'histoire romaine à une synthèse, laquelle est en même temps une trilogie poétique et une psychologie de l'humanité.

Je ne puis mieux achever de faire connoître la *Palingénésie sociale* qu'en empruntant ce passage d'un excellent extrait de M. Desmousseaux de Givré, homme dont l'esprit est marqué d'un de ces caractères distincts qui se font reconnoître à l'instant dans l'ordre littéraire ou politique [1].

« Interrogeant tour à tour les Livres saints, les poésies primitives, l'histoire, M. Ballanche a déduit de leurs réponses concordantes une analogie parfaite entre le principe révélé et le principe rationnel; et c'est là toute la pensée *palingénésique*. Il croit que la loi qui préside aux progrès de l'humanité, soit qu'on la contemple dans la sphère religieuse, soit qu'on l'étudie dans la sphère philosophique, est *une*. Le titre à inscrire sur le frontispice de ses Œuvres complètes pour en annoncer l'idée fondamentale pourroit donc être celui-ci : *Identité du dogme de la déchéance et de la réhabilitation du genre humain avec la loi philosophique de la perfectibilité.*

« Les Écritures nous montrent un *homme* succombant dans l'épreuve de l'obéissance, puis initié, par sa chute même, à la connoissance du bien et du mal, et plus tard rachetant sa faute par le sang d'une victime innocente et volontaire. Cet homme des Écritures, c'est à la fois Adam, le peuple juif et le genre humain. Le fils de Dieu, venant sur la terre pour y mourir, offre une

---

1. Cet extrait a paru dans le *Journal des Débats* du 27 juin 1830. M. Desmousseaux de Givré, attaché à mon ambassade à Londres, étoit mon second secrétaire d'ambassade à Rome. De tous les jeunes diplomates, c'est le seul qui ait donné sa démission lorsque M. de Polignac fut chargé du portefeuille des affaires étrangères; il se retira avec moi et malgré moi. Il désiroit reprendre du service après les journées de juillet; on lui a préféré des hommes tout à fait nouveaux dans la carrière, ou qui n'avoient d'autre mérite que d'avoir été placés auprès des ambassadeurs les plus opposés aux libertés constitutionnelles de la France. Notre corps diplomatique n'étoit vraiment pas assez riche (et je le connois à fond) pour se passer des services d'un homme comme M. de Givré, quand il vouloit bien faire le sacrifice de s'attacher à un ministère aussi déplorable.

triple expiation. Par Marie, sa mère, il est le fils d'Adam, le fils de David, *le Fils de l'Homme*, c'est-à-dire l'enfant du premier pécheur, l'enfant du peuple choisi, l'enfant du genre humain. Il y a donc, en un sens mystique, identité entre un homme, une nation et l'humanité tout entière. Pour ces trois unités vivantes, d'une nature semblable, quoique d'un ordre différent, il y a trois degrés nécessaires avant d'arriver à la perfection dont le salut dépend, à savoir : l'épreuve, l'initiation, l'expiation.

« Eh bien, partout dans les croyances des peuples, partout dans les chants des poëtes, partout dans les souvenirs de l'histoire le *mythe* chrétien se reproduit.

« Aux temps fabuleux, Prométhée ravit la flamme du ciel : initié au secret des dieux, il expie sa témérité dans les tourments. Aux temps héroïques, Orphée, initiateur des peuples, perd une seconde fois Eurydice, parce qu'il a voulu surprendre le secret des enfers. Aux temps historiques, Brutus, après avoir consulté l'oracle, affranchit le patriciat de l'autorité des rois, et le sang généreux de Lucrèce coule pour l'expiation. Plus tard, c'est Virginie sacrifiée par son père, pure victime dont la mort consacre l'émancipation de la plèbe, c'est-à-dire l'initiation d'un peuple à la liberté. Dans ces faits, choisis au hasard entre mille autres faits analogues, l'épreuve à subir, l'énigme à deviner, et le sacrifice d'une vie innocente, ces trois grands traits du *mythe* chrétien sont partout reconnoissables.

« Rechercher, restaurer, rapprocher ces lambeaux défigurés d'une idée à la fois une et triple, n'a été que la partie matérielle d'un grand travail, la tâche de l'érudition et de la science; mais avoir appliqué aux phénomènes de la vie des nations le dogme chrétien, avoir retrouvé dans chaque peuple *l'homme* dont parle l'Écriture, voilà l'inspiration religieuse et en même temps la pensée philosophique. »

L'histoire vue de si haut ne convient peut-être pas à toutes les intelligences; mais celles même qui se plaisent aux lectures faciles trouveront un charme particulier dans la *Palingénésie sociale* de M. Ballanche. Un style élégant et harmonieux revêt des pensées consolantes et pures : il semble que l'on voie tous les secrets de la conscience calme et sereine de l'auteur, comme à la tranquille et mystérieuse lumière de son imagination. Ce génie théosophique ne nous laisse rien à envier à Allemagne et à l'Italie. Je ne sais si Vico, Herder et M. Ballanche, en appliquant leurs formules à l'histoire, ne confondent pas un peu des sujets et des genres divers; mais certainement ils agrandissent l'homme : il est bon que l'historien ait une haute idée de l'espèce humaine, afin d'écrire avec plus de noblesse de ses droits et de ses libertés.

Tandis que le mouvement des esprits dans la France et l'Allemagne s'accroissoit, la Grande-Bretagne demeuroit stationnaire. L'école d'Édimbourg a fait avancer les études philosophiques : les *Esquisses de Philosophie morale* de Dugald Stewart ont été traduites par M. Jouffroy, jeune professeur qui commence à battre en ruine avec une logique claire et puissante des systèmes dont l'esprit du jour est infatué. Mais sous les rapports historiques comme l'Angleterre jouit depuis longtemps de franchises considérables, comme elle s'est bien trouvée de ces franchises pour sa prospérité, sa paix et sa gloire, ses écrivains n'ont point été conduits à considérer les faits dans le but d'un meilleur avenir. La liberté aristocratique, qui jusque ici a dominé les libertés royales et populaires à Westminster, a jeté les idées dans un moule uniforme, dont elles n'ont point cherché à se dégager; cela se remarque jusque dans les écrivains économistes de la Grande-Bretagne; ils envisagent l'impôt, le crédit, la propriété de tous genres, dans le sens des institutions actuelles de leur pays.

Mais, par l'influence croissante de l'industrie, par l'importation des principes du continent, il se forme actuellement dans les trois royaumes-unis une classe d'hommes dont les idées ne sont plus *angloises* : on les distingue très-bien, ces idées, à leur *couleur,* dans les livres, dans les discours à la chambre des lords, à la chambre des communes; tôt ou tard elles renverseront la constitution de 1688. Le premier pas dans cette route a été l'émancipation de l'Irlande catholique, le second sera la réforme parlementaire : alors la vieille Angleterre aura ses révolutions et son histoire se renouvellera.

En ces derniers temps l'*Histoire d'Angleterre* par le docteur Lingard s'est fait remarquer; elle ne dispense point de lire les historiens des deux anciennes écoles wigh et tory. Il y a eu grand scandale lorsqu'on a vu un prêtre catholique anglois trouver Charles Ier coupable, et ne blâmer que la forme dans l'exécution de ce prince.

L'Angleterre n'étoit pas riche en mémoires; ils commencent à s'y multiplier. M. Hallam me semble avoir mieux réussi dans son *Histoire constitutionnelle d'Angleterre* que dans son *Europe au moyen âge.*

Le génie de l'Italie étoit sorti de son vieux temple au bruit de la commotion européenne. Maintenant ce génie est retourné à ses ruines, lieux de franchise pour les grandeurs tombées, la gloire persécutée et les talents malheureux. L'*Histoire des États-Unis* par Botta ne peut être répudiée par la patrie des Villani, des Bentivoglio, des Giannone, des Davila, des Guicciardini et des Machiavel. Pour l'histoire ancienne, les Italiens seront toujours nos maîtres, parce qu'ils en sont eux-mêmes la suite, et qu'ils sont familiarisés avec sa langue et ses monuments.

J'écrivois que le génie de l'Italie étoit retourné à ses ruines, il me saisit la main et me force à me rétracter.

AUTEURS FRANÇOIS QUI ONT ÉCRIT L'HISTOIRE DEPUIS LA RÉVOLUTION. MÉMOIRES, TRADUCTIONS ET PUBLICATIONS. THÉATRE. ROMAN HISTORIQUE. POÉSIE. ÉCRIVAINS FONDATEURS DE NOTRE NOUVELLE ÉCOLE HISTORIQUE.

De l'examen des principes de l'école moderne historique considérée dans ses systèmes, en France, en Allemagne, en Angleterre, en Italie, je passe à l'examen des historiens de cette école parmi nous.

Les écrivains françois qui se sont occupés de l'histoire depuis la révolution ont pris des routes opposées; les uns sont restés fidèles aux traditions de l'ancienne école, les autres se sont attachés à l'école nouvelle descriptive et fataliste.

M. Villemain, qui tient par le bon goût du style à l'ancienne école et par les idées à la nouvelle, nous a donné une histoire complète de Cromwell. Se cachant derrière les événements et les laissant parler, il a su avec beaucoup d'art les mettre à l'aise et dans la place convenable à leur plus grand effet. Un sujet d'un immense intérêt occupe maintenant l'auteur. A en juger par les fragments de la *Vie de Grégoire VII*, dont j'ai eu le bonheur d'entendre la lecture, le public peut espérer un des meilleurs ouvrages historiques qui aient paru depuis longtemps. Au surplus je cite souvent les travaux de M. Villemain dans ces *Études*, et pour ne point me répéter, j'abrège ici des éloges que l'on retrouvera ailleurs.

M. Daunou appartenoit à cette congrégation religieuse d'où sont sortis les Lecointe et les Lelong; il n'a point démenti sa docte origine : c'est un des plus savants continuateurs de l'*Histoire littéraire de la France*. Dans ses divers mémoires on trouve à s'instruire. Il faut être en garde contre ce qu'il dit des souverains pontifes, lorsqu'il juge un pape du xe siècle d'après les idées du xviiie. M. Daunou paroît peu favorable à la moderne école.

M. de Saint-Martin, qui suit aussi les vieilles traces, a jeté par sa connoissance de la langue arménienne une vive lumière sur l'histoire des Perses.

Dans la *Théorie du Pouvoir civil et religieux*, de M. de Bonald, il y a eu du génie;

mais c'est une chose qui fait peine de reconnoître combien les idées de cette théorie sont déjà loin de nous. Avec quelle rapidité le temps nous entraîne! L'ouvrage de M. de Bonald est comme ces pyramides, palais de la mort, qui ne servent au navigateur sur le Nil qu'à mesurer le chemin qu'il a fait avec les flots.

Je ne sais comment classer M. Dulaure; il fut connu avant, pendant et après la révolution. Ses *Descriptions des curiosités et des environs de Paris*, ses *Singularités historiques*, son *Histoire critique de la Noblesse*, sont remplis de faits curieusement choisis. Toutefois c'est de la satire historique, et non de l'histoire : on peut toujours montrer l'envers d'une société. Il faut lire de M. Dulaure son *Supplément aux Crimes de l'ancien comité du Gouvernement*, imprimé en 1795.

Malte-Brun, dans sa *Géographie*, a touché avec une grande sagacité et beaucoup d'instruction quelques origines barbares.

Le travail de M. de Montlosier sur la féodalité est rempli d'idées neuves, exprimées dans un style indépendant, qui sent son moyen âge. Si les anciens seigneurs des donjons avoient su faire avec une plume autre chose qu'une croix, ils auroient écrit comme cela, mais ils n'auroient pas vu si loin.

M. Lacretelle a tracé l'histoire de nos jours avec raison, clarté, énergie. Il a pris le noble parti de la vertu contre le crime; il déteste de la révolution tout ce qui n'est pas la liberté. Lui-même, acteur dans les scènes révolutionnaires, il a bravé dans les rues de Paris les mitraillades d'un pouvoir plus heureux que celui qui vient d'expirer. On trouve aujourd'hui beaucoup d'hommes qui savent écrire une cinquantaine de pages et quelquefois un tome (pas trop gros) d'une manière fort distinguée; mais des hommes capables de composer et de coordonner un ouvrage étendu, d'embrasser un système, de le soutenir avec art et intérêt pendant le cours de plusieurs volumes, il y en a très-peu : cela demande une force de judiciaire, une longueur d'haleine, une abondance de diction, une faculté d'application, qui diminuent tous les jours. La brochure et l'article du journal semblent être devenus la mesure et la borne de notre esprit.

L'ouvrage de M. Lemontey sur Louis XIV présente le règne de ce prince sous un jour tout nouveau. Je crois cependant avoir fait à propos de cet ouvrage une observation nécessaire en parlant du règne du grand roi.

M. Mazure a laissé une histoire écrite avec négligence; mais elle a changé sous plusieurs rapports ce que nous savions de Jacques II et du rôle que joua Louis XIV dans la catastrophe du prince anglois. On n'a pas rendu assez

PRÉFACE.

de justice à M. Mazure. On puise dans son travail des renseignements qu'on ne trouve que là, et dont on cache ou l'on tait la source.

Une femme qui n'a point de rivale nous a donné dans les *Considérations sur les principaux événements de la révolution françoise* une idée de ce qu'elle auroit pu faire si elle eût appliqué son esprit à l'histoire. Les *Considérations* sont empreintes d'un vif sentiment de gloire et de liberté. Quand l'auteur, parlant de l'abaissement du tiers état sous l'ancienne monarchie, le montre au moment de l'ouverture des états généraux, et s'écrie avec Corneille : « Nous nous levons alors! » jamais citation ne fut plus éloquente. Mais Mme de Staël abhorre les tyrans, et tout oppresseur de la liberté, si grand qu'il soit, ne trouve en elle aucune sympathie.

Il faut lire dans les *Considérations* ce qu'elle raconte de Mirabeau : « Tribun par calcul, aristocrate par goût, qui en parlant de Coligny ajoutoit : *Qui, par parenthèse, étoit mon cousin*, tant il cherchoit l'occasion de rappeler qu'il étoit bon gentilhomme. — Après ma mort, disoit-il encore, les factieux se partageront les lambeaux de la monarchie. » Mme de Staël termine de la sorte ces intéressants récits de Mirabeau : « Je me reproche d'exprimer ainsi des regrets pour un caractère peu digne d'estime; mais tant d'esprit est si rare, et il est malheureusement si probable qu'on ne verra rien de pareil dans le cours de sa vie, qu'on ne peut s'empêcher de soupirer lorsque la mort ferme ses portes d'airain sur un homme naguère si éloquent, si animé, enfin si fortement en possession de la vie. »

Ces réflexions s'appliquent à Mme de Staël elle-même en changeant les premiers mots, ce qui les rend encore plus douloureuses. On ne se reprochera jamais d'*exprimer des regrets pour le caractère* de cette femme illustre; il n'y eut rien de plus digne que ce caractère. La noble indépendance de Mme de Staël lui valut l'exil et les persécutions qui ont avancé sa mort. Buonaparte apprit, et Buonaparte auroit dû le savoir, que le génie est le seul roi qu'on n'enchaîne pas à un char de triomphe.

Je ne puis me refuser, comme dernière preuve du talent éminent de Mme de Staël, à transcrire ce paragraphe sur la catastrophe de Robespierre : « On vit cet homme, qui avoit signé pendant plus d'une année un nombre inouï d'arrêts de mort, couché tout sanglant sur la table même où il apposoit son nom à ses sentences funestes. Sa mâchoire étoit brisée d'un coup de pistolet; il ne pouvoit pas même parler pour se défendre, lui, qui avoit tant parlé pour proscrire! »

On ne sauroit trop déplorer la fin prématurée de Mme de Staël : son talent croissoit, son style s'épuroit ; à mesure que sa jeunesse pesoit moins sur sa vie, sa pensée se dégageoit de son enveloppe et prenoit plus d'immortalité.

Sous le titre modeste : *Du Sacre des Rois de France et des rapports de cette cérémonie avec la constitution de l'État, aux différents âges de la monarchie,* M. Clausel de Coussergues a écrit un volume qui restera : les amateurs de la clarté et des faits bien classés sans prétention et sans verbiage y trouveront à se satisfaire.

M. Fiévée a renfermé dans le cadre étroit de sa brochure intitulée : *Des Opinions et des Intérêts,* beaucoup d'idées neuves et d'aperçus ingénieux sur notre histoire.

J'ai parlé ailleurs de l'*Histoire des Croisades*; je me contenterai de dire ici que les traductions et les extraits des annalistes des Croisades, tant orientaux qu'occidentaux, ajoutés comme preuves aux nouvelles éditions, sont un recueil extrêmement recommandable. M. Michaud s'est placé dans son *Histoire;* il est allé, dernier croisé, à ce tombeau où je croyois avoir déposé pour toujours mon bâton de pèlerin.

L'*Histoire de Pologne, avant et sous le roi Jean Sobieski,* de M. de Salvandy, est un ouvrage grave bien composé. « Ce fut Sobieski, dit l'historien, dont le bras redoutable posa la borne que la domination des Osmanlis ne devoit plus franchir. Ce fut devant ses victoires que cette dernière invasion des Barbares, jusque là toujours indomptable et menaçante, vint briser sa furie : elle n'a fait depuis lors que retirer ses flots. . . . . Soldat et prince, tous ses jours s'écoulèrent dans le perpétuel sacrifice de ses penchants, de ses affections, de sa fortune, de sa vie, aux intérêts de la Pologne. Lui seul sembloit, champion infatigable, occupé à la défendre ; ses efforts pour lui conserver des lois et des frontières tiennent du prodige. Cette passion domina le cours entier de son existence. Il réussit à dompter les ennemis qui tenoient la république des Jagellons pressée et envahie de toutes parts, plus facilement qu'à vaincre ceux qu'elle portoit dans son sein. Ensuite il expira : et ce puissant soutien abattu la Pologne mit en quelque sorte aussi le pied dans la tombe. Elle ne devoit plus, sous les successeurs de Jean III, qu'achever de mourir. »

Ce noble style se soutient pendant tout l'ouvrage ; l'auteur a soin de remarquer l'influence que la France du XVIIe siècle exerçoit sur les destinées de l'Europe : comme si tous les grands hommes devoient alors venir de la cour du grand roi, Sobieski avoit été mousquetaire de la maison militaire de Louis XIV. L'*Histoire de l'Anarchie de Pologne,* par Rulhières, fait pour ainsi dire suite à l'histoire de M. de Salvandy : il ne faut ajouter à ces deux monuments ni l'appendice de M. Ferrand, ni celui que M. Daunou a substitué au travail de M. Ferrand, mais il faut y joindre de curieuses et piquantes brochures de M. de Pradt.

L'*Histoire des François des divers états*, par M. Monteil, suppose de grandes recherches. M. Monteil est, avec M. Capefigue, du petit nombre de ces jeunes savants qui n'écrivent aujourd'hui qu'après avoir lu ; ils eussent été de dignes disciples de l'école bénédictine. Mais M. Monteil a été égaré par le goût du siècle et par le funeste exemple qu'a donné l'abbé Barthélemy : la forme romanesque dans laquelle l'auteur de l'*Histoire des François* a enveloppé ses études leur porte dommage : on doit l'engager, au nom de son propre savoir et de son véritable mérite, à la faire disparoître dans les futures éditions de son ouvrage.

Le succès qu'a obtenu l'*Histoire de la Campagne de Russie* est une preuve que l'on n'a pas besoin, pour intéresser le lecteur, de se placer dans un système. Des récits animés, un coloris brillant, des scènes mises sous les yeux dans tout leur mouvement et dans toute leur vie, voilà ce qui est de toutes les écoles, et ce qui fera vivre l'ouvrage de M. de Ségur.

Les *Vies des Capitaines françois au moyen âge*, par M. Mazas, ne peuvent être passées sous silence. L'auteur n'a voulu raconter que l'exacte vérité ; il a visité le théâtre où brillèrent les guerriers dont il peint les exploits : il a cherché sur les bruyères de ma pauvre patrie les traces de Du Guesclin. Je me souviens avoir commencé mes premières études dans le collége obscur de l'obscure petite ville où reposoit le cœur du bon connétable ; j'étudiois un peu de latin, de grec et d'hébreu auprès de ce cœur qui n'avoit jamais parlé que françois : c'est une langue que le mien n'a pas oubliée. M. Mazas croit avoir retrouvé le point du passage d'Édouard III à Blanque-Tague sur la Somme. J'aurois désiré qu'il eût dit si le gué est encore praticable, ou s'il se trouve perdu dans la mer vis-à-vis le Crotoy, comme on le pense généralement.

J'oublie sans doute, et à mon grand déplaisir, beaucoup d'écrivains qui mériteroient que je rappelasse leurs ouvrages ; mais les bornes d'une préface ne me permettent pas de m'étendre. Le public reproduira les noms qui échappent à ma mémoire et à la justice que je désirerois leur rendre.

Le temps où nous vivons a dû nécessairement fournir de nombreux matériaux aux mémoires. Il n'y a personne qui ne soit devenu, au moins pendant vingt-quatre heures, un personnage, et qui ne se croie obligé de rendre compte au monde de l'influence qu'il a exercée sur l'univers. Tous ceux qui ont sauté de la loge du portier dans l'antichambre, qui se sont glissés de l'antichambre dans le salon, qui ont rampé du salon dans le cabinet du ministre, tous ceux qui ont écouté aux portes, ont à dire comment ils ont reçu dans l'estomac l'outrage qui avoit un autre but. Les admirations à la suite, les mendicités dorées, les vertueuses trahisons, les égalités portant plaque, ordre ou couleurs de laquais, les libertés attachées au cordon de la sonnette, ont à faire resplendir leur loyauté, leur honneur, leur indépendance. Celui-ci se croit obligé de raconter comment, tout pénétré des dernières marques de la confiance de son maître, tout chaud de ses embrassements, il a juré obéissance à un autre maître; il vous fera entendre qu'il n'a trahi que pour trahir mieux; celui-là vous expliquera comment il approuvoit tout haut ce qu'il détestoit tout bas, ou comment il poussoit aux ruines sous lesquelles il n'a pas eu le courage de se faire écraser. A ces mémoires tristement véritables, viennent se joindre les mémoires plus tristement faux; fabrique où la vie d'un homme est vendue à l'aune, où l'ouvrier, pour prix d'un dîner frugal, jette de la boue au visage de la renommée qu'on a livrée à sa faim.

On se console pourtant en trouvant dans ce chaos de bassesse et d'ignominie quelques écrits consciencieux, dont les auteurs s'attachent à reproduire sincèrement ce qu'ils ont vu et ce qu'ils ont éprouvé. Le travail de ces auteurs doit être considéré comme de précieux renseignements historiques; MM. de Las Cases et Gourgaud doivent être crus quand ils parlent du prisonnier de Sainte-Hélène.

Non-seulement M. Carrel a publié l'*Histoire de la Contre-Révolution en Angleterre sous Charles II et Jacques II*, histoire écrite avec cette mâle simplicité qui plaît avant tout; mais en rendant compte de divers ouvrages sur l'Espagne il a donné lui-même une notice hors de pair. On y trouve une manière ferme, une allure décidée, quelque chose de franc et de courageux dans le style, des observations écrites à la lueur du feu du bivouac et des étoiles d'un ciel ennemi, entre le combat du soir et celui qui recommencera à la diane. « *La narration d'un brave expérimenté*, dit Gaspard de Tavannes, *est différente des contes de celui qui n'a jamais eu les mains ensanglantées de ses fiers ennemis sur les plaines armées.* » On sent dans M. Carrel une opinion fixe, qui ne l'empêche pas de comprendre l'opinion qu'il n'a pas, et d'être juste envers tous. Si le simple soldat sans instruction, sans moyen de fixer ses pensées, est intéressant dans les récits des assauts qu'il a livrés, des pays qu'il a battus, l'homme d'éducation et de mérite devenu soldat volontaire pour une

PRÉFACE.

cause dont il s'est passionné a bien d'autres moyens de faire passer ses sentiments dans les âmes auxquelles il s'adresse. Qu'on se figure un François errant sur les montagnes d'Espagne, allant demander aux pasteurs dont il croit défendre la liberté une hospitalité guerrière; dans cette intimité d'une vie d'aventures et de périls, il surprendra le secret des mœurs, et mettra sous vos yeux une société qu'aucun autre historien ne vous auroit pu montrer. J'ai traversé l'Espagne, j'ai rencontré ces Arabes chrétiens auxquels la liberté politique est si indifférente, parce qu'ils jouissent de l'indépendance individuelle, et je n'ai retrouvé le peuple que j'ai vu que dans le récit de M. Carrel.

L'auteur trace rapidement le tableau de la guerre de Catalogne en 1823; il représente le courage de Mina et la marche de cet habile chef dans les montagnes. Nous tous, qui, dispersés par les orages de notre patrie, avons porté le havresac et le mousquet en défense de notre propre opinion pour des causes étrangères, nous éprouvons un attendrissement de soldat et de malheur à la lecture de cette histoire si bien contée, et qui semble être la nôtre.

« Les passions qui ont fait la guerre d'Espagne, dit M. Carrel, sont maintenant assez effacées pour qu'on puisse se promettre d'inspirer quelque intérêt en montrant, au milieu des montagnes de la Catalogne, sous l'ancien uniforme françois, des soldats de toutes les nations ralliés à l'ascendant d'un grand caractère, marchant où il les menoit, souffrant et se battant sans espoir d'être loués ni de rien changer, quoi qu'ils fissent, à l'état désespéré de leur cause, n'ayant d'autre perspective qu'une fin misérable au milieu d'un pays soulevé contre eux, ou la mort des esplanades s'ils échappoient à celle du champ de bataille. Telle fut pendant de longs jours la situation de ceux qui, partis de Barcelone peu de temps avant la capitulation de cette place, allèrent succomber avec Pachiarotti devant Figuières, après quarante-huit heures d'un combat dont l'acharnement prouva que c'étoient des François qui combattoient de part et d'autre. Ce combat devoit finir par l'extermination du dernier de ceux qui au milieu de l'Europe de 1823 avoient osé mettre la flamme tricolore au bout de leurs lances et rattacher à leur schako la cocarde de Fleurus et de Zurich... Ce n'est rien que la destinée de quelques hommes dans de tels événements; mais combien d'autres événements il avoit fallu pour que ces hommes de toutes les parties de l'Europe se rencontrassent, anciens soldats du même capitaine, venus dans un pays qu'ils ne connoissoient pas, défendre une cause qui se trouvoit être la leur!... Les choses, *dans leurs continuelles et fatales transformations, n'entraînent point avec elles toutes les intelligences; elles ne domptent point tous les caractères avec une égale facilité, elles ne prennent pas même soin de tous les intérêts; c'est ce qu'il faut comprendre, et pardonner quelque chose aux protestations qui s'élèvent en faveur du passé. Quand une époque est finie, le moule est brisé, et il suffit à la Providence qu'il ne se puisse refaire; mais des débris restés à terre, il en est quelquefois de beaux à contempler.* »

J'ai souligné ces dernières lignes : l'homme qui a pu les écrire a de quoi sympathiser avec ceux qui ont foi en la Providence, qui respectent la religion du passé et qui ont aussi les yeux attachés sur des débris.

Au surplus, les temps où nous vivons sont si fort des temps historiques, qu'ils impriment leur sceau sur tous les genres de travail. On traduit les anciennes chroniques, on publie les vieux manuscrits. On doit à M. Guizot la *Collection des mémoires relatifs à l'histoire de France, depuis la fondation de la monarchie françoise jusqu'au* XIIIe *siècle*. Je ne sais si des traductions de nos annales latines, tout en favorisant l'histoire, ne nuiront pas à l'historien; il est à craindre qu'en ouvrant le sanctuaire des faits aux ignorants et aux incapables, nous ne nous trouvions inondés de Tite-Live et de Thucydide aux gages de quelque libraire. Il n'en est pas ainsi de la mise en lumière des originaux : on ne sauroit trop louer M. le marquis de Fortia de nous avoir donné le texte des *Annales du Hainaut*, par Jacques de Guise. Il faut remercier M. Buchon de l'édition de son *Froissart* et de celles de ses autres chroniques. M. Crapelet, M. Pluquet, M. Méon, M. Barrière ont montré leur dévouement à la science : le premier a publié l'*Histoire* du châtelain de Coucy, le second le roman de *Rou*, le troisième le roman de *Renart*, le quatrième les *Mémoires* de Loménie. Ces mémoires contiennent des anecdotes sur les derniers moments de Mazarin; ils achèvent de faire connoître les personnages que M. le marquis de Sainte-Aulaire a remis en scène avec tant de bonheur dans son *Histoire de la Fronde*.

Tout prend aujourd'hui la forme de l'histoire, polémique, théâtre, roman, poésie. Si nous avons le *Richelieu* de M. Victor Hugo, nous saurons ce qu'un génie à part peut trouver dans une route inconnue aux Corneille et aux Racine. L'Écosse voit renaître le moyen âge dans les célèbres inventions de Walter Scott. Le Nouveau Monde, qui n'a d'autres antiquités que ses forêts, ses sauvages et sa liberté, vieille comme la terre, a trouvé dans M. Cooper le peintre de ces antiquités. Nous n'avons point failli en ce nouveau genre de littérature : une foule d'hommes de talent nous ont donné des tableaux empreints des couleurs de l'histoire. Je ne puis rappeler tous ces tableaux, mais deux s'offrent en ce moment même à ma mémoire : l'un, de M. Mérimée, représente les mœurs à l'époque de la Saint-Parthélemy; l'autre, de M. Latouche, met sous nos yeux une des réactions sanglantes de la contre-révolution napolitaine. Ces vives peintures rendront de plus en plus difficile la tâche de l'historien. Au xiii⁰ siècle la chevalerie historique produisit la chevalerie romanesque, qui marcha de pair avec elle; de notre temps la véritable histoire aura son histoire fictive, qui la fera disparoître dans son éclat, ou la suivra comme son ombre.

Sous le simple titre de *chansonnier*, un homme est devenu un des plus grands poëtes que la France ait produits : avec un génie qui tient de La Fontaine et d'Horace, il a chanté, lorsqu'il l'a voulu, comme Tacite écrivoit :

>   Vous avez vu tomber la gloire
>   D'un Ilion trop insulté,
>   Qui prit l'autel de la Victoire
>   Pour l'autel de la Liberté.
> Vingt nations ont poussé de Thersite
> Jusqu'en nos murs le char injurieux.
> Ah! sans regrets, mon âme, partez vite;
> En souriant, remontez dans les cieux.
>
>   Cherchez au-dessus des orages
>   Tant de François morts à propos,
>   Qui, se dérobant aux outrages,
>   Ont au ciel porté leurs drapeaux.
> Pour conjurer la foudre qu'on irrite,
> Unissez-vous à tous ces demi-dieux :
> Ah! sans regrets, mon âme, partez vite, etc.
>
>   Un conquérant, dans sa fortune altière,
>   Se fit un jeu des sceptres et des lois,
>   Et de ses pieds on peut voir la poussière
>   Empreinte encor sur le bandeau des rois.

Le poëte n'est peut-être pas tout à fait aussi heureux quand il chante les rois sur leur trône, à moins que ce ne soit le roi d'Yvetot. En général M. de Béranger a pour démon familier une de ces muses qui pleurent en riant et dont le malheur fait grandir les ailes.

Les fondateurs de notre école moderne historique réclament à présent toute notre attention.

J'ai déjà dit que M. de Barante avoit créé l'école descriptive. J'ai rendu compte au public de l'*Histoire des Ducs de Bourgogne*; on trouvera mon opinion consignée dans le tome VI des *OEuvres complètes*, pages 566 et suivantes. Aujourd'hui, en parcourant sa carrière nouvelle, peu importent sans doute à M. de Barante des éloges littéraires : qu'il me soit permis de regretter cette

Histoire du Parlement qu'il nous promettoit. Peut-être la continuera-t-il, si jamais il est enlevé aux affaires : les lettres sont l'espérance pour entrer dans la vie, le repos pour en sortir.

MM. Thiers et Mignet sont les chefs de l'école fataliste, MM. Thierry, Guizot et Sismondi les grands réformateurs de notre histoire générale : je m'arrête d'abord à ces derniers.

En joignant, pour les faits, l'histoire d'Adrien de Valois aux observations de MM. Thierry, Guizot et Sismondi, il n'y a presque plus rien à dire touchant la première et la seconde race de nos rois.

Les *Lettres* de M. Thierry *sur l'Histoire de France*, ouvrage excellent, rendent à un temps défiguré par notre ancienne école son véritable caractère. M. Thierry, comme tous les hommes doués de conscience, d'un talent vrai et progressif, a corrigé ce qui lui a paru douteux dans les premières éditions de sa belle et savante *Histoire de la Conquête de l'Angleterre* et dans ses *Lettres sur l'Histoire de France*. Quelques-unes de ses opinions se sont modifiées, l'expérience est venue reviser des jugements un peu absolus. On ne sauroit trop déplorer l'excès de travail qui a privé M. Thierry de la vue. Espérons qu'il dictera longtemps à ses amis, pour ses admirateurs (au nombre desquels je demande la première place), les pages de nos annales : l'histoire aura son Homère comme la poésie. Je retrouverai encore l'occasion de parler de M. Thierry dans cette préface, de même que j'ai été heureux de le citer et de m'appuyer de son autorité dans ces *Études historiques*.

Le cours d'histoire de M. Guizot, en ce qui concerne la seconde race, est d'un haut mérite. On peut ne pas convenir, avec le docte professeur, de quelques détails; mais il a aperçu, avec une raison éclairée, les causes générales de la décomposition et de la recomposition de l'ordre social aux viiie et ixe siècles. Il a aussi de curieuses leçons sur la littérature civile et religieuse, et une foule de choses justes, bien observées, et écrites avec impartialité. M. Guizot est remplacé dans sa chaire par un des jeunes écrivains de notre époque qui s'annonce avec le plus d'éclat à la France, M. Saint-Marc Girardin : tant cette France est inépuisable en talents!

M. Sismondi, connu par son *Histoire des Républiques italiennes*, est un étranger de mérite, qui s'est consacré avec un dévouement honorable pour nous à notre histoire. Trop préoccupé, peut-être, des idées modernes, il a trop jugé le passé d'après le présent: un peu d'humeur philosophique, bien naturelle sans doute, lui a fait traiter sévèrement quelques hommes et quelques règnes; mais il a vu un des premiers le parti que les peuples pouvoient

PRÉFACE.

tirer même de leurs crimes. Les élucubrations de ce savant annaliste doivent être lues avec précaution, mais étudiées avec fruit.

D'accord avec les écrivains que je viens de nommer sur presque tous les faits qu'ils ont redressés dans nos historiens de l'ancienne école, tels que la ressemblance que ces historiens établissoient entre les Franks et les François, le prétendu affranchissement des communes par Louis le Gros, etc., il y a pourtant quelques points où je suis forcé de différer de ces maîtres.

L'inexorable histoire repousse les systèmes les plus ingénieux, lorsqu'ils ne sont pas appuyés sur des documents authentiques.

On parle comme de la plus grande découverte de l'école moderne d'une *seconde invasion des Franks,* c'est-à-dire d'une invasion des Franks d'Australie dans le royaume des Franks de Neustrie, invasion qui seroit devenue la cause de l'élévation de la seconde race.

Pour avancer une pareille nouveauté, il faut, ce me semble, autre chose que des conjectures. Produit-on des passages inédits, des chartes, des diplômes inconnus jusque ici? Non; rien de positif n'est cité au soutien d'une assertion dont les preuves changeroient les trois premiers siècles de notre histoire. On est réduit à chercher sur quelle apparence de vérité est appuyé un fait dont toutes les chroniques devroient retentir. Quoi! une seconde invasion des Franks auroit été tout à coup découverte au xixe siècle, sans que personne en eût entendu parler auparavant! Ni les Bénédictins, ni les savants de l'Académie des Inscriptions, ni des hommes comme du Tillet, Duchesne, Baluze, Bignon, Adrien de Valois, ni tous les historiens de France, quelle qu'ait été la diversité de leurs opinions et de leurs doctrines, ni des critiques tels que Scaliger, du Plessis, Bullet, Bayle, Secousse, Gibert, Fréret, Lebeuf, ni les publicistes tels que Bodin, Mably, Montesquieu, n'auroient rien vu! Cela seul me feroit douter, moi qui ne puis avoir aucune assurance en mes lumières. Il y a cependant trente ans que je lis, la plume à la main, les documents de notre histoire, et je n'ai aperçu aucune trace de l'événement qui auroit produit une si grande révolution.

Toujours prêt à reconnoître la supériorité des autres et ma propre foiblesse, cédant peut-être trop vite aux conseils et aux critiques, je me suis débattu contre moi-même, afin de me convaincre d'une chose que les faits me dénioient. Peppin de Héristal, duc d'Austrasie, conduisant l'armée austrasienne, défait Thierry III, roi de Neustrie, et s'empare de toute l'autorité sous le nom de maire du palais, vers l'an 690. Est-ce cela qu'on auroit qualifié de seconde invasion des Franks?

Mais depuis l'établissement des Franks dans les Gaules, depuis Khlovigh jusqu'à Peppin, chef de la seconde race, les royaumes des Franks avoient été sans cesse en hostilité les uns contre les autres ; effet inévitable du partage de la succession royale, qui se reproduisit sous les descendants de Charlemagne. Ainsi s'étoient formés et avoient disparu tour à tour les royaumes de Metz, de Soissons, d'Orléans, de Paris, de Bourgogne, d'Aquitaine. J'ai bien peur qu'on n'ait pris pour une nouvelle invasion des Franks une guerre civile de plus entre les tribus frankes.

Il ne me paroît pas démontré davantage que les Franks d'Austrasie fussent plus nombreux et eussent mieux conservé le caractère salique que les Franks neustriens. Les Franks de la Neustrie ne s'étendoient guère outre-Loire ; le pays au delà de ce fleuve reconnoissoit à peine leur autorité, et ils étoient obligés d'y porter leurs armes : M. Thierry lui-même cite un exemple des ravages passagers qu'ils y commettoient. Qu'avoient, pour le courage et les mœurs des Franks, les cités gallo-romaines situées entre la Somme, la Seine et la Loire, de plus amollissant que celles qui couvroient les rives de la Meuse, de la Moselle et du Rhin ? Paris étoit un misérable village, tandis que Cologne, Trèves, Mayence, Spire, Strasbourg, Worms, étoient des cités fameuses par les monuments dont leurs anciens maîtres les avoient ornées. D'après M. Guizot, les Franks devinrent propriétaires plus promptement dans l'Austrasie que dans la Neustrie ; c'est là que l'on trouve, selon lui, les plus considérables de ces habitations qui devinrent des châteaux. La remarque est juste, mais ces châteaux n'étoient pas l'ouvrage des Franks. Les derniers empereurs avoient permis aux sujets et aux citoyens romains de fortifier leurs demeures particulières ; les habitations fortifiées de l'Austrasie n'étoient que des propriétés anciennement données aux vétérans légionnaires chargés de la défense des rives du Rhin, de la Meuse et de la Moselle, d'où leur étoit venu le nom de *Ripuaires*. Les Francs neustriens n'étoient ni plus énervés ni moins braves que leurs compatriotes ; on n'aperçoit en histoire aucune différence entre un Frank de Soissons, de Paris et d'Orléans, et un Frank de Metz, de Mayence et de Cologne. Ce furent des Franks neustriens comme des Franks austrasiens qui vainquirent les Arabes à Tours et les Saxons en Germanie, sous les Peppin et sous Charles le Martel. Les rois ou chefs de la Neustrie parloient le langage germanique, comme les rois ou chefs de l'Austrasie ; leurs peuples seuls différoient de langage.

Remarquez enfin que Charles, duc de la Basse-Lorraine, oncle de Louis V, ayant fait hommage à l'empereur Othon de son duché, fut déclaré indigne de régner sur les Franks; et Charles étoit de la race de Charlemagne. Ce seroient donc les Franks austrasiens qui auroient renié la race qu'ils avoient élevée sur le pavois; ils auroient choisi un roi parmi les Franks neustriens vaincus, pour le mettre à la place d'un chef sorti des Franks austrasiens vainqueurs.

Tels sont mes doutes; ils expliqueront pourquoi, en admettant relativement aux deux premières races la plupart des opinions de l'école moderne, j'ai rejeté la seconde invasion des Franks. Je suis persuadé que les hommes habiles dont je ne partage pas sur ce point le sentiment examineront eux-mêmes de plus près un fait d'une nature si grave. Peut-être à leur tour me reprocheront-ils mes hardiesses quand ils me verront hésiter sur la signification que l'on donne au mot *frank*, ne me tenir pas bien assuré qu'il y ait eu jamais une *ligue* de peuples germaniques connue sous le nom de *Franks*, à cause même de leur *confédération*.

Passons aux écrivains de l'école moderne du système fataliste.

Deux de ces écrivains attirent particulièrement l'attention: unis entre eux du triple lien de l'amitié, de l'opinion et du talent, ils se sont partagé le récit des fastes révolutionnaires. M. Mignet a resserré dans un ouvrage court et substantiel le récit que M. Thiers a étendu dans de plus larges limites. On trouve dans le premier une foule de traits tels que ceux-ci: « Les révolutions qui emploient beaucoup de chefs ne se donnent qu'à un seul. » — « En révolution tout dépend d'un premier refus et d'une première lutte. Pour qu'une innovation soit pacifique, il faut qu'elle ne soit pas contestée; car alors, au lieu de réformateurs sages et modérés, on n'a plus que des réformateurs extrêmes et inflexibles... D'une main ils combattent pour défendre leur domination; de l'autre ils fondent leur système pour la consolider. »

Le portrait de Danton est supérieurement tracé: « Danton, dit l'auteur, étoit un révolutionnaire gigantesque... Danton, qu'on a nommé le Mirabeau de la populace, avoit de la ressemblance avec ce tribun des hautes classes... Ce puissant démagogue offroit un mélange de vices et de qualités contraires. Quoiqu'il se fût vendu à la cour, il n'étoit pas pourtant vil, car il est des caractères qui relèvent jusqu'à la bassesse... Une révolution à ses yeux étoit un jeu où le vainqueur, s'il en avoit besoin, gagnoit la vie du vaincu. » La lutte de Robespierre contre Camille Desmoulins et Danton est représentée avec un grand intérêt, et l'historien entremêle son récit des discours et des paroles de ces hommes de sang. Danton, au moment de périr, pesoit ainsi ses destins: « J'aime mieux être guillotiné que guillotineur; ma vie n'en vaut pas la peine, et l'humanité m'ennuie. » On lui conseilloit de partir : « Partir ! est-ce qu'on emporte sa patrie à la semelle de son soulier ? » Enfermé dans le cachot qu'avoit occupé Hébert, il disoit : « C'est à pareille époque que j'ai fait instituer le tribunal révolutionnaire : j'en demande pardon à Dieu et aux hommes ; mais ce n'étoit pas pour qu'il fût le fléau de l'humanité. » Interrogé par le président Dumas, il répondit : « Je suis Danton ; j'ai trente-cinq ans ; ma demeure sera bientôt le néant. » Condamné, il s'écria : « J'entraîne Robespierre, Robespierre me suit. » Ici la terreur a passé dans le récit de l'historien.

L'auteur, parlant de la mort de Robespierre, dit : « Il faut, homme de faction, qu'on périsse par les échafauds, comme les conquérants par la guerre. » C'est l'éloquence appliquée à la raison.

M. Mignet a tracé une esquisse vigoureuse ; M. Thiers a peint le tableau. Je mettrai particulièrement sous les yeux de mes lecteurs la mort de Mirabeau et celle de Louis XVI, d'autant plus que l'auteur, n'ayant pas à représenter des personnages plébéiens, objets de ses prédilections, admire pourtant : la vérité de sa conscience et de son talent l'emporte en lui sur la séduction de son système. Je sens moi-même que si j'avois à parler comme historien de Mirabeau et de Louis XVI, je serois plus sévère que M. Thiers : je demanderois si tous les vices du premier étoient ceux d'un grand politique, si toutes les vertus du second étoient celles d'un grand roi. « Mirabeau, dit l'auteur, et l'on ne sauroit mieux dire, Mirabeau dans cette occasion frappa surtout par son audace ; jamais peut-être il n'avoit plus impérieusement subjugué l'assemblée. Mais sa fin approchoit, et c'étoient là ses derniers triomphes . . . .
La philosophie et la gaieté se partagèrent ses derniers instants. Pâle, et les yeux profondément creusés, il paroissoit tout différent à la tribune, et souvent il étoit saisi de défaillances subites. Les excès de plaisir et de travail, les émotions de la tribune, avoient usé en peu de temps cette existence si forte. Une dernière fois il prit la parole à cinq reprises différentes ; il sortit épuisé, et ne reparut plus. Le lit de mort le reçut, et ne le rendit qu'au Panthéon. Il avoit exigé de Cabanis qu'on n'appelât pas de médecins : néanmoins on lui désobéit ; ils trouvèrent la mort qui s'approchoit, et qui déjà s'étoit emparée des pieds : la tête fut la dernière atteinte, comme si la nature avoit voulu laisser briller son génie jusqu'au dernier instant. Un peuple immense se pressoit autour de sa demeure, et encombroit toutes les issues dans le plus profond silence. . . . .

Mirabeau fit ouvrir ses fenêtres : Mon ami, dit-il à Cabanis, je mourrai aujourd'hui : il ne reste plus qu'à s'envelopper de parfums, qu'à se couronner de fleurs, qu'à s'environner de musique, afin d'entrer paisiblement dans le sommeil éternel. Des douleurs poignantes interrompoient de temps en temps ces discours, si nobles et si calmes. Vous aviez promis, dit-il à ses amis, de m'épargner des souffrances inutiles. En disant cela, il demande de l'opium avec instance. Comme on le lui refusoit, il l'exige avec sa violence accoutumée. Pour le satisfaire, on le trompe, et on lui présente une coupe, en lui persuadant qu'elle contient de l'opium. Il la saisit, avale le breuvage qu'il croit mortel, et paroît satisfait. Un instant après il expire. C'étoit le 20 avril 1791. . . . .
L'Assemblée interrompt ses travaux, un deuil général est ordonné, des funérailles magnifiques sont préparées. On demande quelques députés. Nous irons tous, s'écrièrent-ils. L'église de Sainte-Geneviève est érigée en Panthéon, avec cette inscription, qui n'est plus à l'instant où je raconte ces faits :

« AUX GRANDS HOMMES LA PATRIE RECONNOISSANTE. »

L. nscription est replacée : y restera-t-elle ? Qui sait ce que renferme l'avenir ? Qui connoît les grands hommes et qui les juge ? Je ne veux rien poursuivre sous le couvercle d'un cercueil ; quand la mort a appliqué sa main sur le visage d'un homme, il ne reste plus d'espace à l'insulte ; mais les passions politiques sont moins scrupuleuses, et pourvu qu'une révolution dure quelques années, il est peu de gloire qui soit en sûreté dans la tombe. En comparant le récit de M. Thiers à celui de Mme de Staël, on pourra saisir quelques-uns des secrets du talent.

Passons à la mort de Louis XVI. L'innocence de la victime s'emparant du génie de l'auteur le subjugue, et se reproduit tout entière dans ces éloquentes paroles :

« Dans Paris régnoit une stupeur profonde ; l'audace du nouveau gouvernement avoit produit l'effet ordinaire que la force produit sur les masses ; elle les avoit paralysées et réduites au silence. Le conseil exécutif étoit chargé de la douloureuse mission de faire exécuter la sentence. Tous les ministres étoient réunis dans la salle de leur séance et comme frappés de consternation. Le tambour battoit dans la capitale ; tous ceux qu'aucune obligation n'appeloit à figurer dans cette terrible journée se cachoient chez eux. Les portes et les fenêtres étoient fermées, et chacun attendoit chez soi le triste événement. A huit heures, le roi partit du Temple. Des officiers de gendarmerie étoient placés sur le devant de la voiture. Ils étoient confondus de la piété et de la résignation de la victime. Une multitude armée formoit la haie. La voiture s'avançoit lentement au milieu du silence universel. On avoit laissé un espace vide autour de l'échafaud. Des canons environnoient cet espace, et la vile populace, toujours prête à outrager le génie, la vertu et le malheur, se pressoit derrière les rangs des fédérés, et donnoit seule quelques signes extérieurs de satisfaction. »

Les campagnes d'Italie forment dans l'ouvrage de M. Thiers un épisode à part, qui suffiroit seul pour assigner à l'auteur un rang élevé parmi les historiens.

Après cet hommage sans réserve rendu aux chefs de l'école politique fataliste, il me sera peut-être loisible de hasarder des réflexions sur leur système, parce qu'on en a étrangement abusé.

Les écoliers, comme il arrive toujours, n'ayant point le talent des maîtres, croient les surpasser en exagérant leurs principes. Il s'est formé une petite secte de théoristes de terreur, qui n'a d'autre but que la justification des excès révolutionnaires; espèces d'architectes en ossements et en têtes de morts, comme ceux qu'on trouve à Rome dans les catacombes. Tantôt les égorgements sont des conceptions pleines de génie, tantôt des drames terribles, dont la grandeur couvre la sanglante turpitude. On transforme les événements en personnages; on ne vous dit pas : « Admirez Marat, » mais, « Admirez ses œuvres; » le meurtrier n'est pas beau, c'est le meurtre qui est divin. Les membres des comités révolutionnaires pouvoient être des assassins publics, mais leurs assassinats sont sublimes, car voyez les grandes choses qu'ils ont produites. Les hommes ne sont rien; les choses sont tout, et les choses ne sont point coupables. On disoit autrefois : « Détestez le crime, et pardonnez au criminel; » si l'on en croyoit les parodistes de MM. Thiers et Mignet, la maxime seroit renversée, et il faudroit dire : « Détestez le criminel, et pardonnez... que dis-je ? pardonnez ! aimez, révérez le crime! »

Il faut que l'historien dans ce système raconte les plus grandes atrocités sans indignation, et parle des plus hautes vertus sans amour; que d'un œil glacé il regarde la société comme soumise à certaines lois irrésistibles, de manière que chaque chose arrive comme elle devoit inévitablement arriver. L'innocent ou l'homme de génie doit mourir, non pas parce qu'il est innocent ou homme de génie, mais parce que sa mort est nécessaire et que sa vie mettroit obstacle à un fait général placé dans la série des événements. La mort ici n'est rien ; c'est l'accident plus ou moins pathétique : besoin étoit que tel individu disparût pour l'avancement de telle chose, pour l'accomplissement de telle vérité.

Il y a mille erreurs détestables dans ce système.

La fatalité introduite dans les affaires humaines n'auroit pas même l'avantage de transporter à l'histoire l'intérêt de la fatalité tragique. Qu'un personnage sur la scène soit victime de l'inexorable destin ; que, malgré ses vertus, il périsse : quelque chose de terrible résulte de ce ressort mis en mouvement par le poëte. Mais que la société soit représentée comme une espèce de machine qui se meut aveuglément par des lois physiques latentes ; qu'une révolution arrive par cela seul qu'elle doit arriver ; que sous les roues de son char, comme sous celles du char de l'idole indienne, soient écrasés au hasard innocents et coupables ; que l'indifférence ou la pitié soit la même à l'égard du vice et de la vertu : cette fatalité de la chose, cette impartialité de l'homme sont hébétées et non tragiques. Ce niveau historique, loin de déceler la vigueur, ne trahit que l'impuissance de celui qui le promène sur les faits. J'ose dire que les deux historiens qui ont produit de si déplorables imitateurs étoient très-supérieurs à l'opinion dont on a cru trouver le germe dans leurs ouvrages.

Non, si l'on sépare la vérité morale des actions humaines, il n'est plus de règle pour juger ces actions ; si l'on retranche la vérité morale de la vérité politique, celle-ci reste sans base : alors il n'y a plus aucune raison de préférer la liberté à l'esclavage, l'ordre à l'anarchie. Mon *intérêt!* direz-vous. Qui vous a dit que mon *intérêt* est l'ordre et la liberté? Si j'aime le pouvoir, moi, comme tant de révolutionnaires ; si je veux bien abaisser ce que j'envie, mais si je ne me contente pas d'être un citoyen pauvre et obscur, au nom de quelle loi m'obligerez-vous à me courber sous le joug de vos idées?—Par la force? — Mais si je suis le plus fort? — En détruisant la vérité morale, vous me rendez à l'état de nature ; tout m'est permis, et vous êtes en contradiction avec vous-même quand vous venez, afin de me retenir, me parler de certaines nécessités que je ne reconnois pas. Ma règle est mon bras : vous l'avez déchaîné, je l'étendrai pour prendre ou frapper au gré de ma cupidité ou de ma haine.

Grâce au ciel il n'est pas vrai qu'un crime soit jamais utile, qu'une injustice soit jamais nécessaire. Ne disons pas que si dans les révolutions tel homme innocent ou illustre, opposé d'esprit à ces révolutions, n'avoit péri, il en eût arrêté le cours ; que le tout ne doit pas être sacrifié à la partie. Sans doute cet homme de vertu ou de génie eût pu ralentir le mouvement, mais l'injustice ou le crime accomplis sur sa personne retardent mille fois plus ce même mouvement. Les souvenirs des excès révolutionnaires ont été et sont encore parmi nous les plus grands obstacles à l'établissement de la liberté.

Si, taisant ce que la révolution a fait de bien, ce qu'elle a détruit de préjugés, établi de libertés dans la France, on retraçoit l'histoire de cette révolution par ses crimes, sans ajouter un seul mot, une seule réflexion au texte, mettant seulement bout à bout toutes les horreurs qui se sont dites et perpétrées dans Paris et les provinces pendant quatre ans, cette tête de Méduse feroit reculer pour des siècles le genre humain jusqu'aux dernières bornes de la servitude ; l'imagination épouvantée se refuseroit à croire qu'il y ait eu quelque chose de bon caché sous ces attentats. C'est donc une étrange méprise que de glorifier ces attentats pour faire aimer la révolution. Ce n'est point l'année 1793 et ses énormités qui ont produit la liberté ; ce temps d'anarchie n'a enfanté que le despotisme militaire ; ce despotisme dureroit encore si celui qui avoit rendu la gloire sa complice avoit su mettre quelque modération dans les jouissances de la victoire. Le régime constitutionnel est sorti des entrailles de l'année 1789 ; nous sommes revenus, après de longs égarements, au point du départ : mais combien de voyageurs sont restés sur la route !

Tout ce qu'on peut faire par la violence, on peut l'exécuter par la loi : le peuple qui a la force de proscrire a la force de contraindre à l'obéissance sans proscription. S'il est jamais permis de transgresser la justice sous le prétexte du bien public, voyez où cela vous conduit : vous êtes aujourd'hui le plus fort, vous tuez pour la liberté, l'égalité, la tolérance ; demain vous serez le plus foible, et l'on vous tuera pour la servitude, l'inégalité, le fanatisme. Qu'aurez-vous à dire ? Vous étiez un obstacle à la chose qu'on vouloit ; il a fallu vous faire disparoître : fâcheuse nécessité sans doute, mais enfin nécessité : ce sont là vos principes ; subissez-en la conséquence. Marius répandoit le sang au nom de la démocratie, Sylla au nom de l'aristocratie ; Antoine, Lépide et Auguste trouvèrent utile de décimer les têtes qui rêvoient encore la liberté romaine. Ne blâmons plus les égorgeurs de la Saint-Barthélemy ; ils étoient obligés (bien malgré eux sans doute) d'ainsi faire pour arriver à leur but.

Il n'a péri, dit-on, que six mille victimes par les tribunaux révolutionnaires. C'est peu ! Reprenons les choses à leur origine.

PRÉFACE.

Le premier numéro du *Bulletin des Lois* contient le décret qui institue le *tribunal révolutionnaire* : on maintient ce décret à la tête de ce recueil, non pas, je suppose, pour en faire usage en temps et lieu, mais comme une inscription redoutable gravée au fronton du temple des lois, pour épouvanter le législateur et lui inspirer l'horreur de l'injustice. Ce décret prononce que la seule peine portée par le *tribunal révolutionnaire* est la peine de mort. L'article 9 autorise tout citoyen à saisir et à conduire devant les *magistrats*, les *conspirateurs* et les *contre-révolutionnaires*; l'article 13 dispense de la preuve testimoniale; et l'article 16 prive de défenseur les *conspirateurs*. Ce tribunal étoit sans appel.

Voilà d'abord la grande base sur laquelle il nous faut asseoir notre admiration : honneur à l'équité révolutionnaire! honneur à la justice de la caverne! Maintenant, compulsons les actes émanés de cette justice. Le républicain Prudhomme, qui ne haïssoit pas la révolution, et qui a écrit lorsque le sang étoit encore chaud, nous a laissé six volumes de détails. Deux de ces six volumes sont consacrés à un dictionnaire où chaque *criminel* se trouve inscrit à sa lettre alphabétique, avec ses *nom, prénoms, âge, lieu de naissance, qualité, domicile, profession, date et motif de la condamnation, jour et lieu de l'exécution.* On y trouve parmi les guillotinés dix-huit mille six cent treize victimes ainsi réparties :

Ci-devant nobles.	1,278
Femmes *idem*.	730
Femmes de laboureurs et d'artisans.	1,467
Religieuses.	350
Prêtres.	1,135
Hommes non nobles de divers états.	13,633
Total.	18,613
Femmes mortes par suite de couches prématurées.	3,400
Femmes enceintes et en couches.	348
Femmes tuées dans la Vendée.	15,000
Enfants — —	22,000
Morts dans la Vendée.	900,000
Victimes sous le proconsulat de Carrier, à Nantes.	32,000
Dont { Enfants fusillés.	500
— noyés.	1,500
Femmes fusillées.	264
— noyées.	500
Prêtres fusillés.	300
— noyés.	460
Nobles noyés.	1,400
Artisans noyés.	5,300
Victimes à Lyon.	31,000

Dans ces nombres ne sont point compris les massacrés à Versailles, aux Carmes, à l'Abbaye, à la glacière d'Avignon, les fusillés de Toulon et de Marseille après les siéges de ces deux villes, et les égorgés de la petite ville provençale de Bédoin, dont la population périt tout entière.

Pour l'exécution de la loi des suspects, du 21 septembre 1793, plus de cinquante mille comités révolutionnaires furent installés sur la surface de la France. D'après les calculs du conventionnel Cambon, ils coûtoient annuellement cinq cent quatre-vingt-onze millions (assignats). Chaque membre de ces comités recevoit trois francs par jour, et ils étoient cinq cent quarante mille : c'étoient cinq cent quarante mille accusateurs ayant droit de désigner à la mort. A Paris, seulement, on comptoit soixante comités révolutionnaires; chacun d'eux avoit sa prison pour la détention des suspects.

Vous remarquerez que ce ne sont pas seulement des *nobles*, des *prêtres*, des *religieux*, qui figurent ici dans le registre mortuaire; s'il ne s'agissoit que de ces gens-là, la terreur seroit véritablement la vertu : *canaille! sotte espèce!* Mais voilà dix-huit mille neuf cent vingt-trois hommes non nobles, de divers états, et deux mille deux cent trente et une femmes de laboureurs ou d'artisans, deux mille enfants guillotinés, noyés et fusillés : à Bordeaux, on exécutoit pour crime de *négociantisme*. Des femmes! mais savez-vous que dans aucun pays, dans aucun temps, chez aucune nation de la terre, dans aucune proscription politique les femmes n'ont été livrées au bourreau, si ce n'est quelques têtes isolées à Rome sous les empereurs, en Angleterre sous Henri VIII, la reine Marie et Jacques II? La terreur a seule donné au monde le lâche et impitoyable spectacle de l'assassinat juridique des femmes et des enfants en masse.

Le girondin Riouffe, prisonnier avec Vergniaud, madame Roland et leurs amis à la Conciergerie, rapporte ce qui suit dans ses *Mémoires d'un Détenu* : « Les femmes les plus belles, les plus jeunes, les plus intéressantes, tomboient pêle-mêle dans ce gouffre (l'Abbaye), dont elles sortoient pour aller par douzaine inonder l'échafaud de leur sang.

« On eût dit que le gouvernement étoit dans les mains de ces hommes dépravés qui, non contents d'insulter au sexe par des goûts monstrueux, lui vouent encore une haine implacable. De jeunes femmes enceintes, d'autres qui venoient d'accoucher et qui étoient encore dans cet état de foiblesse et de pâleur qui suit ce grand travail de la nature, qui seroit respecté par les peuples les plus sauvages; d'autres dont le lait s'étoit arrêté tout à coup, ou par frayeur, ou parce qu'on avoit arraché leurs enfants de leur sein, étoient jour et nuit précipitées dans cet abîme. Elles arrivoient traînées de cachot en cachot, leurs foibles mains comprimées dans d'indignes fers : on en a vu qui avoient un collier au cou. Elles entroient, les unes évanouies et portées dans les bras des guichetiers, qui en rioient, d'autres en état de stupéfaction qui les rendoit presque imbéciles : vers les derniers mois surtout (avant le 9 thermidor), c'étoit l'activité des enfers : jour et nuit les verrous s'agitoient; soixante personnes arrivoient le soir pour aller à l'échafaud le lendemain; elles étoient remplacées par cent autres, que le même sort attendoit le jour suivant.

« Quatorze jeunes filles de Verdun, d'une candeur sans exemple, et qui avoient l'air de jeunes vierges préparées pour une fête publique, furent menées ensemble à l'échafaud. Elles disparurent tout à coup et furent moissonnées dans leur printemps : la cour des femmes avoit l'air, le lendemain de leur mort, d'un parterre dégarni de ses fleurs par un orage. Je n'ai jamais vu parmi nous de désespoir pareil à celui qu'excita cette barbarie.

« Vingt femmes de Poitou, pauvres paysannes pour la plupart, furent également assassinées ensemble. Je les vois encore, ces malheureuses victimes, je les vois étendues dans la cour de la Conciergerie, accablées de la fatigue d'une longue route et dormant sur le pavé... Au moment d'aller au supplice, on arracha du sein d'une de ces infortunées un enfant qu'elle nourrissoit, et qui au moment même s'abreuvoit d'un lait dont le bourreau alloit tarir la source : ô cris de la douleur maternelle, que vous fûtes aigus ! mais sans effet....... Quelques femmes sont mortes dans la charrette, et on a guillotiné leurs cadavres. N'ai-je pas vu, peu de jours avant le 9 thermidor, d'autres femmes traînées à la mort? Elles s'étoient déclarées enceintes.... Et ce sont des hommes, des François, à qui leurs philosophes les plus éloquents prêchent depuis soixante années l'humanité et la tolérance. . . . .

... Déjà un aqueduc immense qui devoit voiturer du sang avoit été creusé à la place Saint-Antoine. Disons-le, quelque horrible qu'il soit de le dire, tous les jours le sang humain se puisoit par seaux, et quatre hommes étoient occupés au moment de l'exécution à les vider dans cet aqueduc.

« C'étoit vers trois heures après midi que ces longues processions de victimes descendoient au tribunal, et traversoient lentement sous de longues voûtes, au milieu des prisonniers, qui se rangeoient en haie pour les voir passer avec une avidité sans pareille. J'ai vu quarante-cinq magistrats du parlement de Paris, trente-trois du parlement de Toulouse, allant à la mort du même air qu'ils marchoient autrefois aux cérémonies publiques; j'ai vu trente fermiers généraux passer d'un pas calme et ferme; les vingt-cinq premiers négociants de *Sedan* plaignant en allant à la mort dix mille ouvriers qu'ils laissoient sans pain. J'ai vu ce *Baysser, l'effroi des rebelles de la Vendée*, et le plus bel homme de guerre qu'eût la France; j'ai vu tous ces généraux que la victoire venoit de couvrir de lauriers qu'on changeoit soudain en cyprès; enfin tous ces jeunes militaires si forts, si vigoureux..... Ils marchoient silencieusement..... ils ne savoient que mourir. »

Prudhomme va compléter ce tableau :

« La mission de Le Bon dans les départements frontières du nord peut être comparée à l'apparition de ces noires furies si redoutées dans les temps du paganisme...... »

Dans les jours de fêtes l'orchestre étoit placé à côté de l'échafaud; Le Bon disoit aux jeunes filles qui s'y trouvoient : « Suivez la voix de la nature, livrez-vous, abandonnez-vous dans les bras de vos amants. ».........

« Des enfants qu'il avoit corrompus lui formoient une garde, et étoient les espions de leurs parents. Quelques-uns avoient de petites guillotines, avec lesquelles ils s'amusoient à donner la mort à des oiseaux et à des souris. » On sait que Le Bon, après avoir abusé d'une femme qui s'étoit livrée à lui pour sauver son mari, fit mourir cet homme sous les yeux de cette femme, à laquelle il ne resta que l'horreur de son sacrifice; genre d'atrocités si répétées d'ailleurs, que Prudhomme dit qu'on ne les sauroit compter.

Carrier se distingua à Nantes : « Environ quatre-vingts femmes extraites de l'entrepôt, traduites à ce champ de carnage, y furent fusillées; ensuite on les dépouilla et leurs corps restèrent ainsi épars pendant trois jours.

« Cinq cents enfants des deux sexes, dont les plus âgés avoient quatorze ans, sont conduits au même endroit pour y être fusillés. Jamais spectacle ne fut plus attendrissant et plus effroyable; la petitesse de leur taille en met plusieurs à l'abri des coups de feu; ils délient leurs liens, s'éparpillent jusque dans les bataillons de leurs bourreaux, cherchent un refuge entre leurs jambes, qu'ils embrassent fortement, en levant vers eux leur visage où se peignent à la fois l'innocence et l'effroi. Rien ne fait impression sur ces exterminateur ils les égorgent à leurs pieds. »

Noyades à Nantes :

« Une quantité de femmes, la plupart enceintes, et d'autres pressant leur nourrisson sur leur sein, sont menées à bord des gabares. . . . . Les innocentes caresses, le sourire de ces tendres victimes versent dans l'âme de ces mères éplorées un sentiment qui achève de déchirer leurs entrailles; elles

PRÉFACE.

répondent avec vivacité à leurs tendres caresses, en songeant que c'est pour la dernière fois!!! Une d'elles venoit d'accoucher sur la grève, les bourreaux lui donnent à peine le temps de terminer ce grand travail; ils avancent: toutes sont amoncelées dans la gabare, et, après les avoir dépouillées à nu, on leur attache les mains derrière le dos. Les cris les plus aigus, les reproches les plus amers de ces malheureuses mères se font entendre de toutes parts contre les bourreaux; Fouquet, Robin et Lamberty y répondoient à coups de sabre, et la timide beauté, déjà assez occupée à cacher sa nudité aux monstres qui l'outragent, détourne en frémissant ses regards de sa compagne défigurée par le sang, et qui déjà chancelante vient rendre le dernier soupir à ses pieds. Mais le signal est donné: les charpentiers d'un coup de hache lèvent les sabords, et l'onde les ensevelit pour jamais. »

Et voilà l'objet de vos hymnes! Des milliers d'exécutions en moins de trois années, en vertu d'une loi qui privoit les accusés de témoins, de défenseurs et d'appel! Songez-vous que le souvenir d'une seule condamnation inique, celle de Socrate, a traversé vingt siècles pour flétrir les juges et les bourreaux? Pour entonner le chant de triomphe, il faudroit du moins attendre que les pères et les mères, les femmes et les enfants, les frères et les sœurs des victimes fussent morts, et ils couvrent encore la France. Femmes, bourgeois, négociants, magistrats, paysans, soldats, généraux, immense majorité plébéienne sur laquelle est tombée la terreur, vous plaît-il de fournir de nouveaux aliments à ce merveilleux spectacle?

On dit: Une révolution est une bataille; comparaison défectueuse. Sur un champ de bataille, si on reçoit la mort on la donne, les deux partis ont les armes à la main. L'exécuteur des hautes œuvres combat sans péril; lui seul tient la corde ou le glaive; on lui amène l'ennemi garrotté. Je ne sache pas qu'on ait jamais appelé duel ce qui se passoit entre Louis XVI, la jeune fille de Verdun, Bailly, André Chénier, le vieillard Malesherbes et le bourreau. Le voleur qui m'attend au coin d'un bois joue du moins sa vie contre la mienne; mais le révolutionnaire qui, du sein de la débauche après s'être vendu tantôt à la cour, tantôt au parti républicain, envoyoit à la place du supplice des tombereaux remplis de femmes, quels risques couroit-il avec ces foibles adversaires?

Les prodiges de nos soldats ne furent point l'œuvre de la terreur; ils tinrent à l'esprit militaire des François, qui se réveillera toujours au son de la trompette. Ce ne furent point les commissaires de la Convention et les guillotines à la suite des victoires qui rétablirent la discipline dans les armées, ce furent les armées qui rapportèrent l'ordre dans la France.

La preuve que ce temps mauvais n'avoit rien de supérieur propre à être reproduit, c'est qu'il seroit impossible de le faire renaître. Les émeutes, les massacres populaires sont de tous les siècles, de tous les pays; mais une organisation complète de meurtres appelés légaux, des tribunaux jugeant à mort dans toutes les villes, des assassins affiliés dépouillant leurs victimes et les conduisant presque sans gardes au supplice, c'est ce qu'on n'a vu qu'une fois, c'est ce qu'on ne reverra jamais. Aujourd'hui les individus résisteroient un à un; chacun se défendroit dans sa maison, sur son champ, dans la prison, au supplice même. La terreur ne fut point une invention de quelques géants; ce fut tout simplement une maladie morale, une peste. Un médecin, dans son amour de l'art, s'écrioit plein de joie : « On a retrouvé la lèpre. » On ne retrouvera pas la terreur. N'apprenons point au peuple à choyer les crimes; ne nous donnons point pour une nation d'ogres, qui lèche comme le lion avec délices ses mâchoires ensanglantées. Le système de la terreur, poussé à l'extrême, n'est autre que la conquête accomplie par l'extermination; or, on ne peut jamais consumer assez vite tous les holocaustes pour que l'horreur qu'ils inspirent ne soulève pas jusqu'aux allumeurs de bûchers.

La même admiration que l'on accorde à la terreur, on la prodigue aux terroristes avec aussi peu de raison : ceux qui les ont vus de près savent que la plupart d'entre eux n'étoient que des misérables dont la capacité ne s'élevoit pas au-dessus de l'esprit le plus vulgaire; héros de la peur, ils tuoient, dans la crainte d'être tués. Loin d'avoir ces desseins profonds qu'on leur suppose aujourd'hui, ils marchoient sans savoir où ils alloient, jouets de leur ivresse et des événements. On a prêté de l'intelligence à des instincts matériels; on a forgé la théorie d'après la pratique; on a tiré la poétique du poëme. Si même quelques-uns de ces stupides démons ont par hasard mêlé quelques qualités à leurs vices, ces dons stériles ressembloient aux fruits qui se détachent de la branche et pourrissent au pied de l'arbre qui les a portés. Un vrai terroriste n'est qu'un homme mutilé, privé comme l'eunuque de la faculté d'aimer et de renaître : c'est son impuissance dont on a voulu faire du génie.

Que, dans la fièvre révolutionnaire, il se soit trouvé d'atroces sycophantes engraissés de sang comme ces vermines immondes qui pullulent dans les voiries; que des sorcières plus sales que celles de Macbeth aient dansé en rond autour du chaudron où l'on faisoit bouillir les membres déchirés de la France, soit; mais que l'on rencontre aujourd'hui des hommes qui, dans une société paisible et bien ordonnée, se constituent les mielleux apologistes de ces brutales orgies; des hommes qui parfument et couronnent de fleurs le baquet où tomboient les têtes à couronne ou à bonnet rouge; des hommes qui enseignent la logique du meurtre, qui se font maîtres ès arts de massacre, comme il y a des professeurs d'escrime, voilà ce qui ne se comprend pas.

Défions-nous de ce mouvement d'amour-propre qui nous fait croire à la supériorité de notre esprit, à la fortitude de notre âme, parce que nous envisageons de sang-froid les plus épouvantables catastrophes : le bourreau manie des troncs palpitants sans en être ému; cela prouve-t-il la fermeté de son caractère et la grandeur de son intelligence? Quand le plus vil des peuples, quand les Romains du temps de l'empire couroient au spectacle des gladiateurs; quand vingt mille prisonniers s'égorgeoient pour amuser un Néron entouré de prostituées toutes nues, n'étoit-ce pas là de la terreur sur une grande échelle? Le mot changera-t-il le fait? Faudra-t-il trouver horrible, au nom de la tyrannie, ce qu'on trouveroit admirable au nom de la liberté?

Placer la fatalité dans l'histoire, c'est se débarrasser de la peine de penser, s'épargner l'embarras de rechercher la cause des événements. Il y a bien autrement de puissance à montrer comment la déviation des principes de la morale et de la justice a produit des malheurs, comment ces malheurs ont enfanté des libertés par le retour à la morale et à la justice; il y a certes en cela bien plus de puissance qu'à mettre la société sous de gros pilons qui réduisent en pâte ou en poudre les choses et les hommes; il ne faut que lâcher l'écluse des passions, et les pilons vont se levant et retombant. Quant à moi, je ne me sens aucun enthousiasme pour une hache. J'ai vu porter des têtes au bout d'une pique, et j'affirme que c'étoit fort laid. J'ai rencontré quelques-unes de ces vastes capacités qui faisoient promener ces têtes; je déclare qu'il n'y avoit rien de moins vaste : le monde les menoit, et elles croyoient mener le monde. Un des plus fameux révolutionnaires, à moi connu, étoit un homme léger, bavard, d'un esprit court, et qui, privé de cœur de toute façon, en manquoit dans le péril. Les équarrisseurs de chair humaine ne m'imposent point : en vain ils me diront que dans leurs fabriques de pourriture et de sang ils tirent d'excellents ingrédients des carcasses industriellement pilées : manufacturiers de cadavres, vous aurez beau broyer la mort, vous n'en ferez jamais sortir un germe de liberté, un grain de vertu, une étincelle de génie.

Que les théoriciens de terreur gardent donc s'ils le veulent leur fanatisme à la glace, lequel leur fournit deux ou trois phrases inexplicables de *nécessité*, de *mouvement*, de *force progressive*, sous lesquelles ils cachent le vide de leurs pensées, je ne les lirai plus; mais je relirai les deux historiens qu'ils ont pris si mal à propos pour guides, et dont le talent me fera oublier leurs infimes et sauvages imitateurs.

Au surplus, un auteur à qui la liberté doit beaucoup, le dernier orateur de ces générations constitutionnelles qui finissent, un homme dont la tombe récente doit augmenter l'autorité, M. Benjamin Constant, a combattu avant moi ces dogmatiques de terreur. Il faut lire tout entier dans ses *Mélanges de Littérature et de Politique* l'article dont je ne citerai que ce passage : « La terreur n'a produit aucun bien. A côté d'elle a existé ce qui étoit indispensable à tout gouvernement, mais ce qui auroit existé sans elle, et ce qu'elle a corrompu et empoisonné en s'y mêlant. . . . .

. . . .

« Ce régime abominable n'a point, comme on l'a dit, préparé le peuple à la liberté, il l'a préparé à subir un joug quelconque; il a courbé les têtes, mais en dégradant les esprits, en flétrissant les cœurs; il a servi pendant sa durée les amis de l'anarchie, et son souvenir sert maintenant les amis de l'esclavage et de l'avilissement de l'espèce humaine. . . . .

« Je n'aurois pas rappelé de tristes souvenirs, si je n'avois pensé qu'il importoit à la France, quelles que soient désormais ses destinées, de ne pas voir confondre ce qui est digne d'admiration et ce qui n'est digne que d'horreur. Justifier le régime de 1793, peindre des forfaits et du délire comme une nécessité qui pèse sur les peuples, toutes les fois qu'ils essayent d'être libres, c'est nuire à une cause sacrée, plus que ne lui nuiroient les attaques de ses ennemis les plus déclarés. . . . .

. . . .

« Séparez donc soigneusement les époques et les actes; flétrissez ce qui est éternellement coupable; ne recourez pas à une métaphysique abstraite et subtile pour prêter à des attentats l'excuse d'une fatalité irrésistible qui n'existe pas, n'ôtez pas à vos jugements toute autorité, à vos hommages toute valeur. »

Une pensée doit nous consoler, c'est que le régime de la terreur ne peut renaître, non-seulement, comme je l'ai dit, parce que personne ne s'y soumettroit, mais encore parce que les causes et les circonstances qui l'ont produit ont disparu. En 1793 il y avoit à jeter à terre l'immense édifice du passé, à faire la conquête des idées, des institutions, des propriétés. On conçoit comment un système de meurtre, appliqué ainsi qu'un levier à la démolition d'un monument colossal, pouvoit sembler une force nécessaire à des esprits pervers; mais tout est renversé aujourd'hui, tout est conquis, idées, institutions, propriétés. De quoi s'agit-il maintenant? D'une forme politique un peu plus ou un peu moins républicaine, de quelques lois à abolir ou à publier, de quelques hommes à remplacer par quelques autres. Or, pour d'aussi minces résultats, qui ne rencontrent aucune résistance collective, qui ne blessent aucune classe particulière de la société, il n'est pas besoin de mettre une nation en coupe réglée. On ne fait point de la terreur *a priori* : la terreur ne fut point un plan combiné et annoncé d'avance; elle vint peu à peu avec les événements; elle commença par les assassinats privés et désordonnés de 1789, 1790, 1791, 1792, pour arriver aux assassinats publics et réguliers de 1793. Les terroristes ne savoient pas d'avance qu'ils étoient des terroristes. Nos terroristes de théorie nous crient : « Oyez, nous sommes des terroristes barbus ou imberbes, nous! Nous allons établir une superbe terreur. Venez que nous vous coupions le cou. Nous sommes des hommes énergiques, nous! Le génie est notre fort. » Ces parodistes de terreur, ces terroristes de mélodrame, bien capables sans doute de vous tuer, si vous les en défiez, pour la preuve et l'honneur de la chose, seroient incapables de maintenir trois jours en permanence l'instrument de mort, qui retomberoit sur eux.

DE CES ÉTUDES HISTORIQUES

Il est temps de rendre compte de mes propres *Études*. J'ai déduit dans mon *Avant-Propos* les raisons pour lesquelles on ne me lira point, les causes pour lesquelles je perds le dernier grand travail de ma vie; mais enfin si dans quelque moment dérobé à l'importance des catastrophes du jour, si dans ces courts intervalles de repos qui séparent les événements dans les révolutions, quelques hommes singuliers s'enquéroient de mes recherches, je leur vais épargner la peine d'aller plus avant. Quand on aura jeté un coup d'œil sur cette fin de préface, on sera à même de dire, si l'on veut, qu'on a lu mon ouvrage, de l'approuver et de le combattre sans l'avoir lu si par hasard on avoit le loisir ou la fantaisie de s'occuper d'une controverse littéraire.

J'ai donné à la première partie de mon travail le titre d'*Études historiques*, en lui laissant toutefois celui de *Discours* que j'avois d'abord choisi. J'ai pensé que ce titre d'*Études* convenoit mieux à la modestie de mon travail, qu'il me donnoit plus de liberté pour parler des diverses choses convergentes à mon sujet, et ne m'obligeoit pas de tenir incessamment mon style à la hauteur du *discours*.

Dans l'Introduction, j'expose mon système; je définis les trois vérités qui sont le fondement de l'ordre social : la vérité religieuse, la vérité philosophique ou l'indépendance de l'esprit de l'homme, la vérité politique ou la liberté. Je dis que tous les faits historiques naissent du choc de la division ou de l'alliance de ces trois vérités. J'adopte pour vérité religieuse la vérité chrétienne, non pas, comme Bossuet, en faisant du christianisme un cercle inflexible, mais un cercle qui s'étend à mesure que les lumières et la liberté se développent. Le christianisme a eu plusieurs ères : son ère morale ou évangélique, son ère des martyrs, son ère métaphysique ou théologique, son ère politique : il est arrivé à son ère ou à son âge philosophique.

Le monde moderne prend naissance au pied de la croix. Les nations modernes sont composées des trois peuples, païen, chrétien et barbare; de là la nécessité, pour les bien connoître, de remonter à leurs origines; de là l'obligation pour l'historien de reprendre les faits au temps d'Auguste, où commencent à la fois l'empire romain, le christianisme et les premiers mouvements des barbares.

Ainsi : Histoire de l'empire romain mêlée à l'histoire du christianisme, lequel attaque au dedans la société païenne, tandis que les barbares l'assaillent au dehors : histoire des invasions successives des barbares; il en faut distinguer deux principales : l'une quand les barbares n'avoient point encore reçu la foi, l'autre lorsqu'ils étoient devenus chrétiens.

Principaux vices de l'ancienne société; elle étoit fondée sur deux abominations : le polythéisme et l'esclavage. Le polythéisme, en faussant la vérité religieuse, l'unité d'un Dieu, faussoit toutes les vérités morales; l'esclavage corrompoit toutes les vérités politiques.

Philosophie des païens : ce qu'elle donna au christianisme et ce que le christianisme reçut d'elle. Les philosophes grecs firent sortir la philosophie des temples, et la renfermèrent dans les écoles; les prêtres chrétiens firent sortir la philosophie des écoles, et la livrèrent à tous les hommes.

Le polythéisme se trouva sous Julien dans la position où le christianisme se trouve de nos jours, avec cette différence qu'il n'y auroit rien aujourd'hui à substituer au christianisme, et que sous Julien le christianisme étoit là, tout prêt à remplacer l'ancienne religion. Inutiles efforts de Julien pour faire rétrograder son siècle : le temps ne recule point, et le plus fier champion ne pourroit le faire rompre d'une semelle. Conversion de Constantin, destruction des temples. La vérité politique commence à rentrer dans la société par la morale chrétienne et par les institutions des barbares. Entre les grands changemen s opérés dans l'ordre social par le christianisme, il faut remarquer principalement l'*émancipation des femmes*, qui néanmoins n'est pas encore complète par la loi, et le *principe de l'égalité humaine*, inconnu de l'antiquité polythéiste.

Toutes les origines de notre société ont été placées deux siècles trop bas : Constantin, qui remplaça le grand patriciat par une noblesse titrée, et qui changea avec d'autres institutions la nature de la société latine, est le véritable fondateur de la royauté moderne, dans ce qu'elle conserva de romain.

Entre les monarchies barbares et l'empire purement latin-romain, il y a eu un empire romain-barbare, qui a duré près d'un siècle avant la déposition d'Augustule. C'est ce qu'on n'a pas remarqué, et ce qui explique pourquoi au moment de la fondation des royaumes barbares rien ne parut changé dans le monde : aux malheurs près, c'étoient toujours les mêmes hommes et les mêmes mœurs.

Arrivé à travers les faits jusqu'à l'érection du royaume d'Italie par Odoacre, et à celle du royaume des Franks par Khlovigh, je m'arrête, et je présente séparément les trois grands tableaux des mœurs, des lois, de la religion des païens, des chrétiens, et des barbares.

Concentration de toutes les philosophies et de toutes les religions dans l'Asie hébraïque, persane et grecque. Grande école des prophètes. Systèmes philosophiques. Hérésies juives et grecques : affinités des systèmes philosophiques et des hérésies. L'hérésie maintint l'indépendance de l'esprit humain, et fut favorable à la vérité philosophique.

Là se terminent les *Études historiques*, et j'y substitue un nouveau titre pour continuer ma marche.

On sait que mon premier plan avoit été de faire des *Discours historiques* depuis l'établissement du christianisme (en passant par l'empire romain, les races mérovingienne et carlovingienne, et la race capétienne) jusqu'au règne de Philippe VI, dit de Valois. A ce règne, je me proposois d'écrire l'histoire de France proprement dite, et de la conduire jusqu'à la révolution. Je ne m'étois engagé à publier dans la collection de mes OEuvres que les *Discours historiques*. La vie, qui m'échappe, ne me permettant pas d'accomplir mes projets, je me suis déterminé à satisfaire ceux de mes lecteurs qui témoignoient le désir de connoître mon système entier sur l'histoire de notre patrie. En conséquence, je trace une *Analyse raisonnée* de cette histoire sous les deux premières races et sous une partie de la troisième. Quand j'arrive à l'époque où devoit commencer mon histoire proprement dite, je donne des fragments des règnes de Philippe de Valois et du roi Jean, notamment les batailles de Crécy et de Poitiers, ayant soin de remplir les lacunes par des sommaires. Après ces deux règnes, je reprends l'*analyse raisonnée*, et je la continue jusqu'à la mort de Louis XVI.

Les *Études* ou *Discours historiques*, très-étendus, qui vont d'Auguste à Augustule, montrent par la profondeur des fondements l'intention où j'étois d'élever un grand édifice : le temps m'a manqué; je ne puis bâtir sur les masses que j'avois enfoncées dans la terre qu'une espèce de baraque en planches, ou en toile peinte à la grosse brosse, représentant tant bien que mal le monument projeté, et entremêlée de quelques membres d'architecture sculptés à part sur mes premiers dessins. Quoi qu'il en soit, voici ce que l'on trouve dans le tracé de mon plan, autrement dans mon *Analyse raisonnée* :

Pour les deux premières races, j'adopte généralement les idées de l'*École moderne* : je ne transforme point les Franks en François; je vois la société romaine subsister presque tout entière, dominée par quelques barbares, jusque vers la fin de la seconde race. Je suis le système de M. Thierry quant aux noms propres de la première et de la seconde race. Rien en effet ne fixe mieux le moment de la métamorphose des Franks en François que les altérations survenues dans les noms. Mais je n'ai pas tout à fait orthographié les noms franks comme l'auteur des *Lettres sur l'Histoire de France*, je n'écris pas *Hlodowig* ou *Chlodowig* pour *Clovis;* j'écris *Khlovigh;* je blesse moins ainsi, ce me semble, les habitudes de notre œil et de notre oreille. La première syllabe de Clovis reste *Khlo;* en l'écrivant *Chlo*, la prononciation françoise obligeroit à dire *Chelo;* j'ajoute un *h* au *g*, comme dans l'allemand, ce qui, adoucissant et mouillant le *g*, fait comprendre comment le *gh* a pu se changer en *s*. Je n'insiste pas sur l'orthographe des autres noms, on la verra.

Au surplus, elle est justifiée par les chroniqueurs latins, germaniques et vieux françois; du Tillet et surtout Chantereau-Lefebvre l'ont essayée dans quelques noms : il me semble utile que cette réforme passe enfin dans notre histoire. J'avoue cependant que j'ai été foible à l'égard de Charlemagne; il m'a été impossible de le changer en Karle le Grand, excepté en citant le moine de Saint-Gall. Que voulez-vous! on ne peut rien contre la gloire; quand elle a fait un nom, force est de l'adopter, l'eût-elle mal prononcé. Les Grecs étoient grands corrupteurs de la vérité syllabique; leur oreille poétique et dédaigneuse, sans s'embarrasser de la vérité historique, ramenoit de force les noms barbares à l'euphonie. J'écris aussi Karle le Martel au lieu de

Karle Marteau : c'est absolument la même chose dans la vieille langue, et j'espère que l'habitude du *Martel* fera pardonner au *Karle*.

J'avois commencé des recherches assez considérables sur les Gaulois ; l'ouvrage de M. Amédée Thierry a paru, et j'ai abandonné mon travail : il étoit dans la destinée des deux frères de m'instruire et de me décourager.

Mais si je me suis soumis aux heureuses innovations de l'école moderne, je combats aussi quelques-uns de ses sentiments : je ne puis admettre, par exemple, que les Franks fussent des espèces de sauvages tels que ceux chez lesquels j'ai vécu en Amérique; les faits repoussent cette supposition. Je rejette également la seconde invasion des Franks, laquelle auroit mis les Carlovingiens sur le trône : j'ai dit plus haut les motifs de mon incrédulité. Quant à l'ancienne école, je lui nie sa doctrine de l'hérédité des rois de la première et de la seconde race; je soutiens que l'élection étoit partout; qu'il ne pouvoit y avoir usurpation là où il y avoit élection. Il y a plus : j'avance que l'*hérédité* est une chose nouvelle dans les successions souveraines; que l'antiquité *européenne* tout entière l'a ignorée; que cette hérédité n'a commencé qu'à Hugues Capet, au Xe siècle, par une raison que j'indiquerai dans un moment.

L'antiquité romaine barbare finit vers la fin de la seconde race, et alors s'opère une des grandes transformations de l'espèce humaine par l'établissement de la féodalité. Le moyen âge fut l'ouvrage du christianisme mêlé au tempérament des barbares et aux institutions germaniques.

Avant d'entrer dans l'*analyse raisonnée* des règnes de la troisième race, je montre quelle étoit la communauté chrétienne et quelle étoit la constitution de l'Église chrétienne, deux choses différentes l'une de l'autre. Je prouve que l'Église chrétienne étoit une monarchie élective, représentative, républicaine, fondée sur le principe de la plus complète égalité, que l'immense majorité des biens de l'Église appartenoit à la partie plébéienne des nations; qu'une abbaye n'étoit qu'une maison romaine; que le pape, souvent tiré des dernières classes sociales, étoit le tribun et le mandataire des libertés des hommes; que c'étoit en cette qualité d'unique représentant d'une vérité politique opprimée qu'il avoit mission et qualité de juger et de déposer les rois. Je dis qu'à cette époque, où le peuple disparut, le peuple se fit prêtre et conserva sous ce déguisement l'usage et la souveraineté de ses droits : c'est l'ère politique du christianisme. Le christianisme dut entrer dans l'État et s'emparer du pouvoir temporel, lorsque toutes les lumières furent concentrées dans le clergé. La liberté est chrétienne.

On voit par cet exposé comment mes idées sur le christianisme diffèrent de celles de M. le comte de Maistre et de celles de M. l'abbé de La Mennais : le premier veut réduire les peuples à une commune servitude, elle-même dominée par une théocratie ; le second me semble appeler les peuples (sauf erreur de ma part) à une indépendance générale sous la même domination théocratique. Ainsi que mon illustre compatriote, je demande l'affranchissement des hommes ; je demande encore, ainsi qu'il le fait, l'émancipation du clergé, on le verra dans ces *Études*; mais je ne crois pas que la papauté doive être une espèce de pouvoir dictatorial planant sur de futures républiques. Selon moi, le christianisme devint politique au moyen âge par une nécessité rigoureuse : quand les nations eurent perdu leurs droits, la religion, qui seule alors étoit éclairée et puissante, en devint la dépositaire. Aujourd'hui que les peuples les reprennent, ces droits, la papauté abdiquera naturellement les fonctions temporelles, résignera la tutelle de son grand pupille arrivé à l'âge de majorité. Déposant l'autorité politique dont il fut justement investi dans les jours d'oppression et de barbarie, le clergé rentrera dans les voies de la primitive Église, alors qu'il avoit à combattre la fausse religion, la fausse morale et les fausses doctrines philosophiques. Je pense que l'âge politique du christianisme finit, que son âge philosophique commence ; que la papauté ne sera plus que la source pure où se conservera le principe de la foi prise dans le sens le plus rationnel et le plus étendu. L'unité catholique sera personnifiée dans un chef vénérable, représentant lui-même le Christ, c'est-à-dire les vérités de la nature de Dieu et de la nature de l'homme. Que le souverain pontife soit à jamais le conservateur de ces vérités auprès des reliques de saint Pierre et de saint Paul ! Laissons dans la Rome chrétienne tout un peuple tomber à genoux sous la main d'un vieillard. Y a-t-il rien qui aille mieux à l'air de tant de ruines ? En quoi cela pourroit-il déplaire à notre philosophie ? Le pape est le seul prince qui bénisse ses sujets.

La vérité religieuse ne s'anéantira point, parce qu'aucune vérité ne se perd ; mais elle peut être défigurée, abandonnée, niée dans certains moments de sophisme et d'orgueil par ceux qui, ne croyant plus au Fils de l'homme, sont les enfants ingrats de la nouvelle synagogue. Or, je ne sache rien de plus beau qu'une institution consacrée à la garde de cette vérité d'espérance où les âmes se peuvent venir désaltérer comme à la fontaine d'eau vive dont parle Isaïe. Les antipathies entre les diverses communions n'existent plus ; les enfants du Christ, de quelque lignée qu'ils proviennent, se sont serrés au pied du Calvaire, souche naturelle de la famille. Les désordres et l'ambition de la cour romaine ont cessé; il n'est plus resté au Vatican que la vertu des premiers évêques, la protection des arts et la majesté des souvenirs. Tout tend à recomposer l'unité catholique; avec quelques concessions de part et d'autre, l'accord seroit bientôt fait. Je répéterai ce que j'ai déjà dit dans cet ouvrage : pour jeter un nouvel éclat, le christianisme n'attend qu'un génie supérieur venu à son heure et dans sa place [1]. La religion chrétienne entre dans une ère nouvelle; comme les institutions et les mœurs, elle subit la troisième transformation. Elle cesse d'être politique, elle devient philosophique, sans cesser d'être divine : son cercle flexible s'étend avec les lumières et les libertés, tandis que la croix marque à jamais son centre immobile.

Avec la troisième race se constitue la féodalité, et sous le règne de Philippe Ier paroît le moyen âge dans l'énergie de sa jeunesse, l'âme toute religieuse, le corps tout barbare, l'esprit aussi vigoureux que le bras. L'hérédité et le droit de primogéniture s'établirent dans la personne de Hugues Capet par la cérémonie du sacre. Le sacre, ou l'élection religieuse, a usurpé l'élection politique : j'apporte les preuves de ce fait qu'aucun historien, du moins que je sache, n'avoit jusque ici remarqué.

Les Franks deviennent des François sous les premiers rois de la troisième race.

Il y a eu quatre monarchies, à compter de Hugues Capet à Louis XVI : la monarchie purement féodale et de la grande pairie, la monarchie des états (appelés dans la suite états généraux), la monarchie parlementaire dans les intermissions des états, la monarchie absolue qui se perd dans la monarchie constitutionnelle.

Incidence de ces diverses monarchies ou grands événements qui s'y rattachent : affranchissement des communes, croisades, etc., etc.

La monarchie féodale étoit une véritable république aristocratique fédérative, ou plutôt une démocratie noble, car il n'y avoit point de peuple dans cette aristocratie; il n'y avoit point de sujets; il n'y avoit que des serfs. Le nom de *peuple* ne se trouve point à cette époque dans les chroniques, parce qu'en effet le peuple n'existoit point. Le peuple commence à renaître sous Louis le Gros, dans les villes par les *bourgeois*, dans les campagnes par les

---

[1]. Depuis que ces lignes ont été écrites, le cardinal Capellari a été nommé pape. C'est un homme d'une vaste science, d'une éminente vertu, et qui comprend son siècle; mais n'est-il pas arrivé trop tard? J'avois appelé ce choix de tous mes vœux dans le précédent conclave.

serfs affranchis et par la recomposition successive de la petite et de la moyenne propriété.

Exposé de la féodalité. Quel étoit le fief? Le fief étoit le mélange de la propriété et de la souveraineté. La propriété prit le caractère du propriétaire; elle devint conquérante. Le pouvoir, la justice et la noblesse furent attachés à la terre; cause principale de la longue durée du règne féodal. Preuves et explication à ce sujet.

Le fief et l'aleu étoient le combat et la coexistence de la propriété selon l'ancienne société, et la propriété selon la société nouvelle. Le monde féodal ne fut qu'un monde militaire, où tout reposa, comme dans un camp entre des chefs et des soldats, sur la subordination et des engagements d'honneur.

Sous la féodalité, la servitude germanique remplaça la servitude romaine. Le servage prit la place de l'esclavage; c'est le premier pas de l'affranchissement de la race humaine; et, chose étrange, on le doit à la féodalité. Le serf devenu vassal ne fut plus qu'un soldat armé, et les armes délivrent ceux qui les portent. Du servage on a passé au salaire, et le salaire se modifiera encore, parce qu'il n'est pas une entière liberté.

Louis le Gros n'a point affranchi les communes, comme l'a si longtemps assuré l'ancienne école historique; mais le mouvement insurrectionnel général des communes dans le XIe siècle, qu'a remarqué l'école moderne, ne doit être admis qu'avec restriction : cette école s'est laissé entraîner sur ce point à l'esprit de système.

Les croisades ont recomposé les grandes armées modernes, décomposées par les cantonnements de la féodalité.

La chevalerie n'a point son origine dans les croisades; les romanciers, qui la reportent au temps de Charlemagne, n'ont point menti à l'histoire comme on l'a cru. La chevalerie a commencé à la fois chez les Maures et chez les chrétiens, sur la fin du VIIIe siècle. L'auteur du poëme d'Antar et le moine de Saint-Gall (qui l'un et l'autre écrivoient les exploits des paladins maures et chrétiens), Charlemagne et Aron al Rachild étoient contemporains. Preuves de cette antiquité de la chevalerie par les mœurs, les combats, les armes, les arts, les monuments et l'architecture.

Il n'y a point eu de chevalerie collective, mais une chevalerie individuelle. La chevalerie historique a fait naître une chevalerie romanesque. Cette chevalerie romanesque, qui marche avec la chevalerie historique, donne aux temps moyens un caractère d'imagination et de fiction qu'il est essentiel de distinguer.

La monarchie des états, dont l'origine remonte au règne de saint Louis, quoiqu'on n'en fixe la date qu'à celui de Philippe le Bel, n'est jamais bien entrée dans les mœurs de la France; elle a toujours été foible, parce que les deux premiers ordres, le clergé et la noblesse, avoient des constitutions particulières et faisoient peu de cas d'une constitution commune. Le tiers état, appelé uniquement pour voter des impôts, n'étoit attentif qu'à se coller à la couronne, afin de se défendre contre les deux autres ordres. La monarchie parlementaire affoiblissoit encore les états, en usurpant leurs fonctions et leurs pouvoirs. Enfin le royaume ne formoit pas alors un corps homogène; il avoit des états de province, et l'autorité des états de la langue d'Oyl étoit méconnue à trente lieues de Paris.

Tableau général du moyen âge au moment où la branche des Valois monte sur le trône. Vie prodigieuse de cet âge : éducation, mœurs privées, arts, etc.; manière indépendante et vigoureuse d'imiter et de s'approprier les classiques. Population et aspect de la France dans le moyen âge. Le sol étoit couvert de plus de dix-huit cent mille monuments.

Admirable architecture gothique : son histoire. Elle a peut-être sa source première dans la Perse. Elle est née du néo-grec asiatique apporté à la fois par deux religions et par trois chemins en Europe : en Espagne, par les Maures; en Italie, par les Grecs; en France, en Angleterre et en Allemagne par les croisés.

Ici je quitte l'*analyse raisonnée* pour l'*histoire* même. — Règnes des Valois. Changements sociaux arrivés sous ces règnes. Les peuples se nationalisent. L'Angleterre se sépare de la France, dont elle devient la rivale et l'ennemie; elle forme sa constitution et établit ses libertés.

Fragments des règnes de Philippe VI et de Jean son fils. Guerre de Bretagne. La France est envahie et désolée. Bataille de Crécy et de Poitiers. La haute et première noblesse perd les trois grandes batailles de Crécy, de Poitiers et d'Azincourt, et périt presque tout entière. Une seconde noblesse paroît. Cette seconde aristocratie délivre la France des Anglois, et se montre pour la dernière fois à Ivry. L'armée plébéienne ou nationale, commencée sous Charles VII, s'augmente. La poudre, en changeant la nature des armes, sert à détruire l'importance militaire de la noblesse, qui finit par donner des officiers à l'armée dont jadis elle composoit les soldats. Si le système des gardes nationales se généralise, il détruira l'armée permanente; on retournera aux levées en masse du moyen âge; le ban et l'arrière-ban plébéiens remplaceront le ban et l'arrière-ban nobles.

A l'époque des guerres d'Édouard III, la couleur nationale françoise étoit le rouge, et la couleur nationale angloise le blanc. Édouard prit le rouge comme roi de France, et nous quittâmes cette couleur devenue ennemie Le traité de Brétigny ne mutila pas la France, comme on l'a cru. Philippe ne céda presque rien des provinces de la couronne; il n'y eut que des seigneurs particuliers qui changèrent de suzerain. Cela ne se pourroit comparer en aucune sorte au démembrement de la France homogène d'aujourd'hui.

Pourquoi ne trouve-t-on dans notre histoire qu'une centaine de noms historiques? Parce que les chroniqueurs sous la monarchie féodale n'ont fait que l'histoire du duché de Paris, et que les écrivains sous la monarchie absolue n'ont donné que l'histoire de la cour.

Après le règne de Philippe de Valois, je quitte l'*histoire*, et je rentre dans l'*analyse raisonnée*.

Tableau des malheurs de la France pendant la captivité du roi Jean. Charles V et Du Guesclin viennent ensemble et l'un pour l'autre; intimité de leurs destinées. Paris se transforme, en 1357, en une espèce de démocratie ancienne, au milieu de la féodalité. Fameux états de cette époque. Charles le Mauvais, roi de Navarre; ses desseins contre le roi Jean. Mettre un souverain en jugement n'est point une idée qui appartienne au temps où nous vivons : preuves historiques que l'aristocratie et la théocratie ont jugé et condamné des rois longtemps avant que la démocratie ait suivi cet exemple. Article remarquable et généralement ignoré du testament de Charlemagne, lequel article suppose que les fils et petits-fils de ce grand prince et de ce grand homme, tout rois qu'ils étoient, peuvent être judiciairement tondus, mutilés et condamnés à mort.

Le soulèvement des paysans, les fureurs de la Jacquerie, l'existence des grandes compagnies furent des malheurs qui pourtant engendrèrent l'armée nationale. Les mouvements des hommes rustiques dans le moyen âge n'indiquoient que l'indépendance de l'individu, cherchant à se faire jour au défaut de la liberté et de l'espèce.

Charles le Sage, médecin patient, la main appuyée sur le cœur de la France et sentant la vie revenir, parloit en maître : il sommoit le prince Noir de comparoître en son tribunal, envoyoit un huissier appréhender au corps le vainqueur de Poitiers et signifier un exploit à la gloire.

PRÉFACE.

Calamités du règne de Charles VI, règne qui s'écoula entre l'apparition d'un fantôme et celle d'une bergère. Quelle fut la Pucelle. Trois grands poëtes l'ont chantée, et comment : Shakspeare, Voltaire et Schiller.

Charles VII. La monarchie féodale se décompose sous le règne de ce roi; il n'en reste plus que les habitudes. Changements capitaux : armée permanente et impôt non voté, les deux pivots de la monarchie absolue. Formation du conseil d'État; séparation de ce conseil du parlement et des états généraux. Du point où la société étoit parvenue sous Charles VII, il étoit loisible d'arriver à la monarchie libre ou à la monarchie absolue : on voit clairement le point d'intersection et d'embranchement des deux routes; mais la liberté s'arrêta et laissa marcher le pouvoir. La cause en est qu'après la confusion des guerres civiles et étrangères, qu'après les désordres de la féodalité le penchant des choses étoit vers l'unité du principe gouvernemental. La monarchie en ascension devoit monter au plus haut point de sa puissance; il falloit qu'en écrasant la tyrannie de l'aristocratie elle eût commencé à faire sortir la sienne avant que la liberté pût régner à son tour. Ainsi se sont succédé en France, dans un ordre régulier, l'aristocratie, la monarchie et la république : la noblesse, la royauté et le peuple, ayant abusé de la puissance, ont enfin consenti à vivre en paix dans un gouvernement composé de leurs trois éléments.

Louis XI vint faire l'essai de la monarchie absolue sur le cadavre palpitant de la féodalité. Ce personnage placé sur les confins du moyen âge et des temps modernes, né à une époque sociale où rien n'étoit achevé et où tout étoit commencé, eut une forme monstrueuse, indéterminée, particulière à lui, et qui tenoit des deux tyrannies entre lesquelles il se montroit. Ses mœurs, ses idées, sa politique : justification de la dernière.

Quand Louis XI disparoît, les ruines de l'Europe féodale achèvent de s'écrouler. Constantinople est pris, les lettres renaissent, l'imprimerie est inventée, l'Amérique au moment d'être découverte; la grandeur de la maison d'Autriche se fait pressentir par le mariage de l'héritière de Bourgogne dans la famille impériale; Henri VIII, Léon X, Charles Quint, Luther avec la réformation, ne sont pas loin : vous êtes au bord d'un nouvel univers.

Le point le plus élevé de la monarchie des trois états se trouve sous le règne de Charles VIII et de Louis XII. Charles VIII épouse Anne, héritière du duché de Bretagne. Guerres d'Italie. Dès que les rois de France eurent brisé le dernier anneau de la chaîne aristocratique, ils purent marcher hors de leur pays à la tête de la nation.

Louis XII épouse la veuve de Charles VIII. La Bretagne fut le dernier grand fief qui revint à la couronne. La monarchie féodale, commencée par le démembrement successif des provinces du royaume, finit par la réunion successive de ces provinces au royaume, comme les fleuves sortis de la mer retournent à la mer.

Événements du règne de François Ier. On ne retrouve plus l'original du billet, *tout est perdu fors l'honneur;* mais la France, qui l'auroit écrit, le tient pour authentique. Transformation sociale de l'Europe.

La découverte de l'Amérique, arrivée sous Charles VIII, en 1492, produisit une révolution dans le commerce, la propriété et les finances de l'ancien monde. L'introduction de l'or du Mexique et du Pérou baissa le prix des métaux, éleva celui des denrées et de la main-d'œuvre, fit changer de main la propriété foncière, et créa une propriété inconnue jusque alors, celle des capitalistes, dont les Lombards et les juifs avoient donné la première idée. Avec les capitalistes naquit la population industrielle et la constitution artificielle des fonds publics. Une fois entrée dans cette route, la société se renouvela sous le rapport des finances, comme elle s'étoit renouvelée sous les rapports moraux et politiques.

Aux aventures des Croisades succédèrent des aventures d'outre-mer d'une tout autre importance : le globe s'agrandit, le système des colonies modernes commença, la marine militaire et marchande s'accrut de toute l'étendue d'un océan sans rivages. La petite mer intérieure de l'ancien monde ne resta plus qu'un bassin de peu d'importance, lorsque les richesses des Indes arrivèrent en Europe par le cap des Tempêtes. A quatre années de distance, Charles Quint triomphoit de Montesume à Mexico, et de François Ier à Pavie.

Il y a des époques où la société se renouvelle, où des catastrophes imprévues, des hasards heureux ou malheureux, des découvertes inattendues, déterminent un changement préparé de longue main dans le gouvernement, les lois et les mœurs.

Les guerres de François Ier, de Charles Quint et de Henri VIII mêlèrent les peuples, et les idées se multiplièrent.

Quand Bayard acquéroit le haut renom de prouesse, c'étoit au milieu de l'Italie moderne, de l'Italie dans toute la fraîcheur de la civilisation renouvelée; c'étoit au milieu des palais bâtis par Bramante et Michel-Ange, de ces palais dont les murs étoient couverts des tableaux récemment sortis des mains des plus grands maîtres; c'étoit à l'époque où l'on déterroit les statues et les monuments de l'antiquité. Des armées régulières, connues en Europe depuis la fin du règne de Charles VII, firent disparoître le reste des milices féodales. Les braves de tous les pays se rencontrèrent dans ces troupes disciplinées. Ces infidèles, que les chevaliers alloient avec saint Louis chercher au fond de la Palestine, maîtres de Constantinople et devenus nos alliés, intervenoient dans notre politique.

Tout changea dans la France; les vêtements même s'altérèrent; il se fit des anciennes et des nouvelles mœurs un mélange unique. La langue naissante fut écrite avec esprit, finesse et naïveté par la sœur de François Ier, par François Ier lui-même, qui faisoit des vers aussi bien que Marot, par Rabelais, Amyot, les deux Marot, et les auteurs de mémoires. L'étude des classiques, celle des lois romaines, l'érudition générale, furent poussées avec ardeur. Les arts acquirent un degré de perfection qu'ils n'ont jamais surpassé depuis. La peinture, éclatante en Italie, fut transplantée dans nos forêts et dans nos châteaux gothiques : ceux-ci virent leurs tourelles et leurs créneaux se couronner des ordres de la Grèce. Anne de Montmorency, qui disoit ses patenôtres, ornoit Écouen de chefs-d'œuvre; le Primatice embellissoit Fontainebleau; François Ier, qui se faisoit armer chevalier comme au temps de Richard Cœur de Lion, assistoit à la mort de Léonard de Vinci, et recevoit le dernier soupir de ce grand peintre. Auprès de cela, le connétable de Bourbon, dont les soldats, comme ceux d'Alaric, se préparoient à saccager Rome, ce connétable qui devoit mourir d'un coup de canon tiré peut-être par le graveur Benvenuto Cellini, représentoit dans ses terres de France la puissance et la vie d'un ancien grand vassal de la couronne.

La réformation est l'événement majeur de cette époque; elle réveilla les idées de l'antique égalité, porta l'homme à s'enquérir, à chercher, à apprendre. Ce fut, à proprement parler, la vérité philosophique qui, revêtue d'une forme chrétienne, attaqua la vérité religieuse. La réformation servit puissamment à transformer une société toute militaire en une société civile et industrielle : ce bien est immense, mais ce bien a été mêlé de beaucoup de mal, et l'impartialité historique ne permet pas de le taire.

Le christianisme commença chez les hommes par les classes plébéiennes, pauvres et ignorantes. Jésus-Christ appela les petits, et ils allèrent à leur maître. La foi monta peu à peu dans les hauts rangs, et s'assit enfin sur le trône impérial. Le christianisme étoit alors catholique ou universel; la religion dite catholique partit d'en bas pour arriver aux sommités sociales :

nous avons vu que la papauté n'étoit que le tribunat des peuples dans l'âge politique du christianisme.

Le protestantisme suivit une route opposée : il s'introduisit par la tête de l'État, par les princes et les nobles, par les prêtres et les magistrats, par les savants et les gens de lettres, et il descendit lentement dans les conditions inférieures ; les deux empreintes de ces deux origines sont restées distinctes dans les deux communions.

La communion réformée n'a jamais été aussi populaire que la communion catholique : de race princière et patricienne, elle ne sympathise pas avec la foule. Équitable et moral, le protestantisme est exact dans ses devoirs, mais sa bonté tient plus de la raison que de la tendresse ; il vêtit celui qui est nu, mais il ne le réchauffe pas dans son sein ; il ouvre des asiles à la misère, mais il ne vit pas et ne pleure pas avec elle dans ses réduits les plus abjects ; il soulage l'infortune, mais il n'y compatit pas.

Comparaison du prêtre catholique et du ministre protestant. La réformation ressuscita le fanatisme, qui s'éteignoit. En retranchant l'imagination des facultés de l'homme, elle coupa les ailes au génie et le mit à pied. Gœthe et Schiller n'ont paru que quand le protestantisme, abjurant son esprit sec et chagrin, s'est rapproché des arts et des sujets de la religion catholique. Celle-ci a couvert le monde de ses monuments ; on lui doit cette architecture gothique qui rivalise par les détails et qui efface par la grandeur les monuments de la Grèce. Il y a trois siècles que le protestantisme est né ; il est puissant en Angleterre, en Allemagne, en Amérique ; il est pratiqué par des millions d'hommes : qu'a-t-il élevé ? Il vous montrera les ruines qu'il a faites, parmi lesquelles il a planté quelques jardins ou établi quelques manufactures.

Rebelle à l'autorité des traditions, à l'expérience des âges, à l'antique sagesse des vieillards, le protestantisme se détacha du passé pour planter une société sans racines. Avouant pour père un moine allemand du XVIᵉ siècle, le réformé renonça à la magnifique généalogie qui fait remonter le catholique, par une suite de saints et de grands hommes, jusqu'à Jésus-Christ, de là jusqu'aux patriarches et au berceau de l'univers. Le siècle protestant dénia à sa première heure toute parenté avec le siècle de ce Léon protecteur du monde civilisé contre Attila, et avec le siècle de cet autre Léon qui, mettant fin au monde barbare, embellit la société lorsqu'il n'étoit plus nécessaire de la défendre.

Si la réformation rétrécissoit le génie dans l'éloquence, la poésie et les arts, elle comprimoit les grands cœurs à la guerre : l'héroïsme est l'imagination dans l'ordre militaire. Le catholicisme avoit produit des chevaliers ;

le protestantisme fit des capitaines braves et vertueux, mais sans élan : il n'auroit pas fait Du Guesclin, La Hire et Bayard.

On a dit que le protestantisme avoit été favorable à la liberté politique et avoit émancipé les nations : les faits parlent-ils comme les personnes ?

Jetez les yeux sur le nord de l'Europe, dans les pays où la réformation est née, où elle s'est maintenue, vous verrez partout l'unique volonté d'un maître : la Suède, la Prusse, la Saxe, sont restées sous la monarchie absolue ; le Danemark est devenu un despotisme légal. Le protestantisme échoua dans les pays républicains ; il ne put envahir Gênes, et à peine obtint-il à Venise et à Ferrare une petite église secrète, qui tomba : les arts et le beau soleil du midi lui étoient mortels. En Suisse, il ne réussit que dans les cantons aristocratiques analogues à sa nature, et encore avec une grande effusion de sang. Les cantons populaires ou démocratiques, Schwitz, Ury et Unterwald, berceau de la liberté helvétique, le repoussèrent. En Angleterre, il n'a point été le véhicule de la constitution formée avant le XVIe siècle dans le giron de la foi catholique. Quand la Grande-Bretagne se sépara de la cour de Rome, le parlement avoit déjà jugé et déposé des rois, les trois pouvoirs étoient distincts ; l'impôt et l'armée ne se levoient que du consentement des lords et des communes ; la monarchie représentative étoit trouvée et marchoit : le temps, la civilisation, les lumières croissantes, y auroient ajouté les ressorts qui lui manquoient encore, tout aussi bien sous l'influence du culte catholique que sous l'empire du culte protestant. Le peuple anglois fut si loin d'obtenir une extension de ses libertés par le renversement de la religion de ses pères, que jamais le sénat de Tibère ne fut plus vil que le parlement de Henri VIII : ce parlement alla jusqu'à décréter que la seule volonté du tyran fondateur de l'Église anglicane avoit force de loi. L'Angleterre fut-elle plus libre sous le sceptre d'Élisabeth que sous celui de Marie ? La vérité est que le protestantisme n'a rien changé aux institutions : là où il a rencontré une monarchie représentative ou des républiques aristocratiques, comme en Angleterre et en Suisse, il les a adoptées ; là où il a rencontré des gouvernements militaires, comme dans le nord de l'Europe, il s'en est accommodé, et les a même rendus plus absolus.

Si les colonies angloises ont formé la république plébéienne des États-Unis, elles n'ont point dû leur émancipation au protestantisme ; ce ne sont point des guerres religieuses qui les ont délivrées ; elle se sont révoltées contre l'oppression de la mère patrie protestante comme elles. Le Maryland, État catholique, fit cause commune avec les autres États, et aujourd'hui la plupart des États de l'ouest sont catholiques : les progrès de la communion romaine dans ce pays de liberté passent toute croyance, tandis que les autres communions y meurent dans une indifférence profonde. Enfin, auprès de cette grande république de colonies angloises protestantes viennent de s'élever les grandes républiques des colonies espagnoles catholiques : certes celles-ci, pour arriver à l'indépendance, ont eu bien d'autres obstacles à surmonter que les colonies anglo-américaines, nourries au gouvernement représentatif, avant d'avoir rompu le foible lien qui les attachoit au sein maternel.

Une seule république et quelques villes libres se sont formées en Europe à l'aide du protestantisme : la république de la Hollande et les villes anséatiques ; mais il faut remarquer que la Hollande appartenoit à ces communes industrielles des Pays-Bas qui pendant plus de quatre siècles luttèrent pour secouer le joug de leurs princes, et s'administrèrent en forme de républiques municipales, toutes zélées catholiques qu'elles étoient. Philippe II et les princes de la maison d'Autriche ne purent étouffer dans la Belgique cet esprit d'indépendance ; et ce sont des prêtres catholiques qui viennent aujourd'hui même de la rendre à l'état républicain.

Preuves et développements de tous ces faits jusque ici méconnus ou défigurés. Après ces preuves, je fais observer que dans mes investigations je ne parle des protestants qu'au passé : changés à leur avantage, ils ne sont plus ce qu'ils étoient au temps de Luther, d'Henri VIII et de Calvin : ils ont gagné ce que les catholiques ont perdu.

Le règne des seconds Valois, depuis François Ier jusqu'à Henri III, la Saint-Barthélemy, la Ligue, les guerres civiles, sont le temps de la terreur aristocratique et religieuse, de laquelle est née la monarchie absolue des Bourbons, comme le despotisme militaire de Buonaparte est sorti du règne de la terreur populaire et politique. La liberté succomba après la Ligue, parce que le passé, qui mit les Guises à sa tête, arrêta l'avenir.

Faits et personnages de cette époque. La Saint-Barthélemy. Charles IX. Mort de ce prince. Son repentir. Charles IX avoit dit à Ronsard, dans des vers dont Ronsard auroit dû imiter le naturel et l'élégance :

> Tous deux également nous portons des couronnes ;
> Mais, roi, je la reçois ; poëte, tu la donnes.

Heureux si ce prince n'avoit jamais reçu de couronne doublement souillée de son propre sang et de celui des François ! ornement de tête incommode pour s'endormir sur l'oreiller de la mort.

Le corps de Charles IX fut porté sans pompe à Saint-Denis, accompagné par quelques archers de la garde, par quatre gentilshommes de la chambre et par Brantôme, raconteur cynique, qui mouloit les vices des grands comme on prend l'empreinte du visage des morts.

Henri III. — La Ligue. — Sous la Ligue le peuple ne marchoit point devant ses affaires; il étoit à la queue des grands. Il n'avoit point formé un gouvernement à part, il avoit pris ce qui étoit; seulement il se faisoit servir par le parlement, et avoit transformé ses curés en tribuns. Quand Mayenne le jugeoit à propos, il ordonnoit de pendre qui de droit parmi le peuple et les Seize.

Les Pays-Bas se veulent donner à Henri III, qui les refuse : la France, par une destinée constante, manque encore l'occasion de porter ses frontières aux rives du Rhin.

Journée des Barricades — L'histoire vivante a rapetissé ces faits de l'histoire morte, si fameux autrefois. Qu'est-ce en effet que la journée des Barricades, que la Saint-Barthélemy même, auprès de ces grandes insurrections du 7 octobre 1789, du 10 août 1792, des massacres du 2, du 3 et du 4 septembre de la même année, de l'assassinat de Louis XVI, de sa sœur et de sa femme, et enfin de tout le règne de la terreur? Et comme je m'occupais de ces barricades qui chassèrent un roi de Paris, d'autres barricades faisoient disparoître en quelques heures trois générations de rois. L'histoire n'attend plus l'historien : il trace une ligne, elle emporte un monde.

La journée des Barricades ne produisit rien, parce qu'elle ne fut point le mouvement d'un peuple cherchant à conquérir sa liberté; l'indépendance politique n'étoit point encore un besoin commun. Le duc de Guise n'essayoit point une subversion pour le bien de tous; il convoitoit une couronne; il méprisoit les Parisiens tout en les caressant, et n'osoit trop s'y fier. Il agissoit si peu dans un cercle d'idées nouvelles, que sa famille avoit répandu des pamphlets qui la faisoient descendre de Lother, duc de Lorraine : il en résultoit que les Capets étoient des usurpateurs, et les Lorrains les légitimes héritiers du trône, comme derniers rejetons de la lignée carlovingienne. Cette fable venoit un peu tard. Les Guises représentoient le passé; ils luttoient dans un intérêt personnel contre les huguenots, révolutionnaires de l'époque, qui représentoient l'avenir; or, on ne fait point de révolutions avec le passé, on ne fait que des contre-révolutions.

Ainsi tout s'opéroit sans une de ces grandes convictions de doctrine politique, sans cette foi à l'indépendance qui renverse tout. Il y avoit matière à trouble; il n'y avoit pas matière à transformation, parce que rien n'étoit assez édifié, rien assez détruit. L'instinct de liberté ne s'étoit pas encore changé en raison; les éléments d'un ordre social fermentoient encore dans les ténèbres du chaos; la création commençoit, mais la lumière n'étoit pas faite.

Même insuffisance dans les hommes; ils n'étoient assez complets ni en défauts, ni en qualités, ni en vices, ni en vertus, pour produire un changement radical dans l'État. A la journée des Barricades, Henri III et le duc de Guise restèrent au-dessous de leur position; l'un faillit de cœur, l'autre de crime.

Plus d'orgueil que d'audace, plus de présomption que de génie, plus de mépris pour le roi que d'ardeur pour la royauté, voilà ce qui apparoît dans la conduite du duc de Guise. Il intriguoit à cheval comme Catherine dans son lit : libertin sans amour, ainsi que la plupart des hommes de son temps, il ne rapportoit du commerce des femmes qu'un corps affoibli et des passions rapetissées. Il avoit toute une religion et toute une nation derrière lui, et les coups de poignard firent le dénoûment d'une tragédie qui sembloit devoir finir par des batailles, la chute d'un trône et le changement d'une race.

La journée des Barricades, si infructueuse, lui resta cependant à grand honneur dans son parti : « Mais quels miracles avons-nous veu depuis dix-huit mois qu'il a faits à l'aide de Dieu. Qui est-ce qui peut parler de la journée des Barricades sans grande admiration, voyant un si grand peuple, qui jamais n'a sorty des portes de sa ville pour porter armes, ayant veu à l'ouverture de sa boutique les escadrons royaux, tous armez, dressez par toutes les grandes et fortes places de la ville, se barricader en si grande diligence, qu'il rembarra tous ces escadrons jusque dans le Louvre sans effusion de sang? » (*Oraison funèbre des duc et cardinal de Guise.*)

La ressemblance des éloges et des mots avec ce que nous lisons tous les jours donne seule quelque prix à ce passage, oublié dans un pamphlet de la Ligue.

On a tant de fois peint le caractère de Catherine de Médicis, qu'il ne présente plus qu'un lieu commun usé. Une seule remarque reste à faire : Catherine étoit Italienne, fille d'une famille marchande élevée à la principauté dans une république; elle étoit accoutumée aux orages populaires, aux factions, aux intrigues, aux empoisonnements, aux coups de poignard; elle n'avoit et ne pouvoit avoir aucun des préjugés de l'aristocratie et de la monarchie françoise, cette morgue des grands, ce mépris pour les petits, ces prétentions de droit divin, cette soif du pouvoir absolu, en tant qu'il étoit le monopole d'une race. Elle ne connoissoit pas nos lois et s'en soucioit peu ; on la voit s'occuper de faire passer la couronne à sa fille. Incrédule et superstitieuse ainsi que les Italiens de son temps, en sa qualité d'incrédule elle n'avoit aucune aversion contre les protestants, et elle ne les fit massacrer que par politique. Enfin, si on la suit dans toutes ses démarches, on s'aperçoit qu'elle ne vit jamais dans le vaste royaume dont elle étoit souveraine qu'une Florence agrandie, que les émeutes de sa petite république, que les soulèvements d'un quartier de sa ville natale contre un autre quartier, que la querelle des Pazzi et des Médicis dans la lutte des Guises et des Châtillons.

Détails circonstanciés de l'assassinat du Balafré à Blois. — La réunion des protestants aux catholiques, après cet assassinat, fit avorter les libertés. Jacques Clément. Mort de Henri III. Tableau général des hommes et des mœurs sous les derniers Valois, et histoire de ces mœurs par les pamphlets de cette époque. Débauche, cruautés, assassins à gage, femmes, mignons, protestants, magistrats. La presse (ou les idées) joue pour la première fois un rôle important dans les affaires humaines. Ce qu'il y a à dire en faveur des Valois. Leur siècle est le véritable siècle des arts, et non celui de Louis XIV. Henri IV lui-même eut quelque chose de moins royal et de moins noble que les princes dont il reçut la couronne. Tous ensemble sont écrasés par les Guises, véritables rois de ces temps.

Avec les Bourbons commence la monarchie absolue. Henri IV étoit ingrat et gascon, promettant beaucoup et tenant peu ; mais sa bravoure, son esprit, ses mots heureux et quelquefois magnanimes, son talent oratoire, ses lettres pleines d'originalité, de vivacité et de feu, ses aventures, ses amours même, le feront éternellement vivre. Sa fin tragique n'a pas peu contribué à sa renommée : disparoître à propos de la vie est une des conditions de la gloire.

On s'est fait une fausse idée de la manière dont les Bourbons parvinrent au trône ; le vainqueur d'Ivry ne monta point sur le trône, botté et éperonné, en sortant de la bataille ; il capitula avec ses ennemis, et ses amis n'eurent souvent pour toute récompense que l'honneur d'avoir partagé sa mauvaise fortune. Détails à ce sujet.

Quels étoient les Seize, comité du salut public de la Ligue. Processions pendant le siége de Paris. Description de la famine. Henri IV abjure ; il ne pouvoit faire autrement pour régner. Croyoit-il ? Henri IV alloit porter la guerre dans les Pays-Bas lorsqu'il fut arrêté par un de ces envoyés secrets de la mort qui mettent la main sur les rois. Ces hommes surgissent soudainement et s'abîment aussitôt dans les supplices : rien ne les précède, rien ne les suit : isolés de tout, ils ne sont suspendus dans ce monde que par leur poignard; ils ont l'existence même et la propriété d'un glaive; on ne les entrevoit un moment qu'à la lueur du coup qu'ils frappent. Ravaillac étoit bien près de Jacques Clément : c'est un fait unique dans l'histoire, que le dernier roi d'une famille et le premier roi d'une autre aient été tués de la même façon, chacun d'eux par un seul homme au milieu de leurs gardes et de leur cour, dans l'espace de moins de vingt-un ans. Le même fanatisme anima les deux assassins; mais l'un immola un prince catholique, l'autre un prince qu'il croyoit protestant. Clément fut l'instrument d'une ambition personnelle, Ravaillac, comme Louvel, l'aveugle mandataire d'une opinion.

Les guerres civiles religieuses du xvie siècle ont duré trente-neuf ans : elles ont engendré les massacres de la Saint-Barthélemy, versé le sang de plus de deux millions de François, et dévoré près de trois milliards de notre monnoie actuelle; elles ont produit la saisie et la vente des biens de l'Église et des particuliers, frappé deux rois d'une mort violente, Henri III et Henri IV, et commencé le procès criminel du premier de ces rois. Qu'a fait de mieux la révolution? La vérité religieuse, quand elle est faussée, ne se livre pas à moins d'excès que la vérité politique, lorsqu'elle a dépassé le but.

La monarchie des états expire sous Louis XIII, la monarchie parlementaire meurt avec la Fronde. Le premier vote des communes de France, lorsqu'elles furent appelées aux états par Philippe le Bel pour s'opposer aux empiétements de Boniface VII, fut ainsi conçu : « Qu'il plaise au seigneur roi de garder la souveraine franchise de son royaume, qui est telle que dans le temporel le roi ne reconnoît souverain en terre, fors que Dieu. » Le dernier vote des communes aux états de 1614 fut celui-ci :

« Le roi est supplié d'ordonner que les seigneurs soient tenus d'affranchir dans leurs fiefs tous les serfs. »

Ainsi le premier vote du tiers état, en sortant de la longue servitude de la monarchie féodale, est une réclamation pour la liberté du roi; son dernier vote, au moment où il rentre dans l'esclavage de la monarchie absolue, est une réclamation en faveur de la liberté du peuple : c'est bien naître et bien mourir. J'ai dit pourquoi la monarchie des états ne se put établir en France. Richelieu devient ministre, sa souplesse fit sa fortune, son orgueil sa gloire.

Toutes les libertés meurent à la fois, la liberté politique dans les états, la liberté religieuse par la prise de La Rochelle, car la force huguenote demeura anéantie, et l'édit de Nantes ne fut que la conséquence de la disparition du pouvoir matériel des protestants. La liberté littéraire périt à son tour par la création de l'Académie françoise; haute cour du classique qui fit comparoître devant elle, comme premier accusé, le génie de Corneille. Racine vint ensuite imposer aux lettres le despotisme de ses chefs-d'œuvre, comme Louis XIV le joug de sa grandeur à la politique. Sous l'oppression de l'admiration, Chapelain, Coras, Leclerc, Saint-Amand, maintinrent en vain dans leurs ouvrages persécutés l'indépendance de la langue et de la pensée : ils expirèrent pour la liberté de mal dire sous le vers de Boileau, en appelant de la servitude de leur siècle à la postérité délivrée. Ils eurent raison de réclamer contre la règle étroite et la proscription des sujets nationaux ; ils eurent tort d'être de méchants poëtes.

Il n'y a qu'une seule chose et qu'un seul homme dans le règne de Louis XIII, Richelieu. Il apparoît comme la monarchie absolue personnifiée, venant mettre à mort la vieille monarchie aristocratique. Ce génie du despotisme s'évanouit, et laisse en sa place Louis XIV chargé de ses pleins pouvoirs.

La monarchie parlementaire, survivant à la monarchie des états, atteignit sous la minorité de Louis XIV le faîte de sa puissance : elle eut ses guerres ; on se battit en son honneur ; ses arrêts servoient de bourre à ses canons ; dans son règne d'un moment elle eut pour magistrat Mathieu Molé, pour prélat le cardinal de Retz, pour héroïne la duchesse de Longueville, pour héros populaire le fils d'un bâtard de Henri IV, pour généraux Condé et Turenne. Mais cette monarchie neutre, qui n'étoit ni la monarchie absolue, ni la monarchie tempérée des états, qui paroissoit entre l'une et l'autre, qui ne vouloit ni la servitude ni la liberté, qui n'aspiroit qu'au renversement d'un ministre fin et habile, cette monarchie, à la suite de quelques princes brouillons et factieux, passa vite. Louis XIV, devenu majeur, entra au parlement avec un fouet, sceptre et symbole de la monarchie absolue, et les François furent mis à l'attache pour cent cinquante ans.

Auprès de la comédie de Mazarin se jouoit la tragédie de Charles Ier. Les guerres parlementaires de la Grande-Bretagne furent les dernières convulsions de l'arbitraire anglois expirant, les querelles de la Fronde les derniers efforts de l'indépendance françoise mourante. L'Angleterre passa à la liberté avec un front sévère, la France au despotisme en riant.

Le siècle de Louis XIV fut le superbe catafalque de nos libertés éclairé par mille flambeaux de la gloire qu'élevoit alentour un cortége de grands hommes.

Louis XIV, comme Napoléon, chacun avec la différence de leur temps et de leur génie, substituèrent l'ordre à la liberté.

La monarchie absolue de Louis XIV étoit une nécessité, un fait amené par les faits précédents; elle étoit inévitable. Le peuple disparut de nouveau, comme au temps de la féodalité; mais il étoit créé, il existoit, il dormoit, et se réveilla à son heure : pendant son sommeil il eut de beaux songes sous Louis le Grand. Il ne fut exclu ni de la haute administration ni du commandement des armées.

Quand la lutte de l'aristocratie avec la couronne finit, la lutte de la démocratie avec cette même couronne commença. La royauté, qui avoit favorisé le peuple afin de se débarrasser des grands, s'aperçut qu'elle avoit élevé un autre rival, moins tracassier, mais plus formidable. Le combat s'établit alors sur le terrain de l'égalité, principe vital de la démocratie. Il y eut monarchie absolue sous Louis XIV, parce que l'ancienne liberté aristocratique étoit morte, et que l'égalité démocratique vivoit à peine; dans l'absence de la liberté et de l'égalité, l'une moissonnée, l'autre encore en germe, il y eut despotisme, et il ne pouvait y avoir que cela.

La féodalité, ou la monarchie militaire noble, perdit ses principales batailles, mais les étrangers ne purent garder les provinces qu'ils avoient occupées dans notre patrie; ils en furent successivement chassés : l'empire, ou la monarchie militaire plébéienne, fit des conquêtes immenses, mais elle fut forcée de les abandonner, et nos soldats, en se retirant, entraînèrent deux fois avec eux les étrangers à Paris : la monarchie royale absolue n'alla pas loin chercher ses combats, mais le fruit de ses victoires nous est resté; notre indépendance vit encore à l'abri dans le cercle de remparts qu'elle a tracé autour de nous. A quoi cela tint-il? A l'esprit positif du grand roi et à la longueur du règne de ce prince. Louis chercha à donner à notre territoire ses bornes naturelles. On a trouvé dans les papiers de son administration des projets pour reculer la frontière de la France jusqu'au Rhin et pour s'emparer de l'Égypte; on a même un mémoire de Leibniz à ce sujet. Si Louis eût complétement réussi, il ne nous resteroit aujourd'hui aucune cause de guerre étrangère.

Mauvais côté de Louis XIV. Quand il eut cessé de vivre, on lui en voulut d'avoir usurpé à son profit la dignité de la nation.

Ce prince fit encore un mal irréparable à sa famille : l'éducation orientale qu'il établit pour ses enfants, cette séparation complète des enfants du trône des enfants de la patrie, rendit étranger à l'esprit du siècle et aux peuples sur lesquels il devoit régner l'héritier de la couronne. Henri IV couroit avec les petits paysans, pieds nus et tête nue, sur les montagnes du Béarn ; le gouverneur qui montroit au jeune Louis XV la foule assemblée sous les fenêtres de son palais lui disoit : « Sire, tout ce peuple est à vous. » Cela explique les temps, les hommes et les destinées.

La vieille monarchie féodale avoit traversé six siècles et demi avec ses libertés aristocratiques pour venir tomber aux pieds du trentième fils de Hugues Capet. Combien l'État formé par Louis XIV a-t-il duré? Cent quarante ans. Après le tombeau de ce monarque, on n'aperçoit plus que deux monuments de la monarchie absolue : l'oreiller des débauches de Louis XV et le billot de Louis XVI.

Louis XV respira dans son berceau l'air infecté de la régence ; il se trouva chargé, avec un caractère indécis et la plus insurmontable des passions, de l'énorme poids d'une monarchie absolue : son esprit ne lui servit qu'à voir ses vices et ses fautes, comme un flambeau dans un abîme.

Faits et mœurs de ce temps. — Le duc de Choiseul, Mme de Pompadour, Mme du Barry. — Les grandes dames de la cour se scandalisèrent de la faveur de cette dernière : Louis XV leur sembla manquer à ce qu'il devoit à leur naissance, en leur faisant l'injure de ne pas choisir dans leurs rangs ses courtisanes. Cette infortunée du Barry vécut assez pour porter à l'échafaud la foiblesse de sa vie, pour lutter avec le bourreau en face des *Tricoteuses*, parques ivres et basses que pouvoit allécher le sang de Marie-Antoinette, mais qui auroient dû respecter celui de Mlle Lange.

Pour la première fois on lit le nom de Washington dans le récit d'un obscur combat donné dans les forêts vers le fort Duquesne, entre quelques sauvages, quelques François et quelques Anglois (1754). Quel est le commis à Versailles et le pourvoyeur du *Parc-aux-Cerfs*, quel est surtout l'homme de cour ou d'académie qui auroit voulu changer à cette époque son nom contre celui de ce planteur américain ? A cette même époque l'enfant qui devoit un jour tendre sa main secourable à Washington venoit de naître. Que d'espérances attachées à ce berceau ! C'étoit celui de Louis XVI.

Le règne de Louis XV est l'époque la plus déplorable de notre histoire : quand on en cherche les personnages, on est réduit à fouiller les antichambres du duc de Choiseul, les garde-robes des Pompadour et des du Barry, noms qu'on ne sait comment élever à la dignité de l'histoire. La société entière se décomposa : les hommes d'État devinrent des hommes de lettres, les gens de lettres des hommes d'État, les grands seigneurs des banquiers, les fermiers généraux des grands seigneurs. Les modes étoient aussi ridicules que les arts étoient de mauvais goût; on peignoit des bergères en paniers, dans les salons où les colonels brodoient. Tout étoit dérangé dans les esprits et dans les mœurs, signe certain d'une révolution prochaine. La société avoit quelque chose de puéril, comme la société romaine au moment de l'invasion des barbares : au lieu de faire des vers dans les cloîtres, on en faisoit dans les *boudoirs;* avec un quatrain on devenoit illustre.

Mais ce seroit assigner de trop petites causes à la révolution, que de les chercher dans cette vie d'hommes à bonnes fortunes, dans cette vie de théâtres, d'intrigues galantes et littéraires, unie aux coups d'État sur le parlement et aux colères d'un despotisme en décrépitude. Cet abâtardissement de la nation contribua sans doute à diminuer les obstacles que devoit rencontrer la révolution, mais il n'étoit point la cause efficiente de cette révolution; il n'en étoit que la cause auxiliaire.

La civilisation avoit marché depuis six siècles; une foule de préjugés étoient détruits, mille institutions oppressives battues en ruine. La France avoit successivement recueilli quelque chose des libertés aristocratiques féodales, du mouvement communal, de l'impulsion des croisades, de l'établissement des états, de la lutte des juridictions ecclésiastiques et seigneuriales, du long schisme, des découvertes du xvie siècle, de la réformation, de l'indépendance de la pensée pendant les troubles de la Ligue et les brouilleries de la Fronde, des écrits de quelques génies hardis, de l'émancipation des Pays-Bas et de la révolution d'Angleterre. La presse, bien qu'enchaînée, conserva le dépôt de ces souvenirs sous la monarchie absolue de Louis XIV : la liberté dormit, mais elle ne dérogea pas, et cette antique liberté, comme l'antique noblesse, a repris ses droits en reprenant son épée. Les générations du corps et celles de l'esprit conservent le caractère de leurs origines diverses : tout ce que produit le corps meurt comme lui; tout ce que produit l'esprit est impérissable comme l'esprit même. Toutes les idées ne sont pas encore engendrées; mais quand elles naissent, c'est pour vivre sans fin, et elles deviennent le trésor commun de la race humaine.

On touchoit à l'époque où on alloit voir paroître cette liberté moderne, fille de la raison, qui devoit remplacer l'ancienne liberté, fille des mœurs. Il arriva que la corruption même de la régence et du siècle de Louis XV ne détruisit pas les principes de la liberté que nous avons recueillie, parce que cette liberté n'a point sa source dans l'innocence du cœur, mais dans les lumières de l'esprit.

Au XVIIIe siècle, les affaires firent silence pour laisser libre le champ de bataille aux idées. Soixante ans d'un ignoble repos donnèrent à la pensée le loisir de se développer, de monter et de descendre dans les diverses classes de la société, depuis l'homme du palais jusqu'à l'habitant de la chaumière. Les mœurs affoiblies se trouvèrent ainsi calculées (comme je viens de le remarquer) pour ne plus offrir de résistance à l'esprit, ce qu'elles font souvent quand elles sont jeunes et vigoureuses.

Louis XVI commença l'application des théories inventées sous le règne de son aïeul par les économistes et les encyclopédistes. Ce prince honnête homme rétablit les parlements, supprima les corvées, améliora le sort des protestants. Enfin le secours qu'il prêta à la révolution d'Amérique (secours injuste selon le droit privé des nations, mais utile à l'espèce humaine en général) acheva de développer en France les germes de la liberté. La monarchie parlementaire, réveillée à la fin de la monarchie absolue, rappelle la monarchie des états, qui sort à son tour de la tombe pour transmettre ses droits héréditaires à la monarchie constitutionnelle : le roi martyr quitte le monde. C'est entre les fonts baptismaux de Clovis et l'échafaud de Louis XVI qu'il faut placer le grand empire chrétien des François. La même religion étoit debout aux deux barrières qui marquent les deux extrémités de cette longue arène. « Fier Sicambre, incline le col, adore ce que tu as brûlé, brûle ce que tu as adoré, » dit le prêtre qui administroit à Clovis le baptême d'eau. « Fils de saint Louis, montez au ciel, » dit le prêtre qui assistoit Louis XVI au baptême de sang.

Alors le vieux monde fut submergé. Quand les flots de l'anarchie se retirèrent, Napoléon apparut à l'entrée d'un nouvel univers, comme ces géants que l'histoire profane et sacrée nous a peints au berceau de la société, et qui se montrèrent à la terre après le déluge.

Ainsi j'amène du pied de la croix au pied de l'échafaud de Louis XVI les trois vérités qui sont au fond de l'ordre social : la vérité religieuse, la vérité philosophique, ou l'indépendance de l'esprit de l'homme, et la vérité politique, ou la liberté. Je cherche à démontrer que l'espèce humaine suit une ligne progressive dans la civilisation, alors même qu'elle semble rétrograder. L'homme tend à une perfection indéfinie; il est encore loin d'être remonté aux sublimes hauteurs dont les traditions religieuses et primitives de tous les peuples nous apprennent qu'il est descendu; mais il ne cesse de gravir la pente escarpée de ce Sinaï inconnu, au sommet duquel il reverra Dieu. La société en avançant accomplit certaines transformations générales, et nous sommes arrivés à l'un de ces grands changements de l'espèce humaine.

Les fils d'Adam ne sont qu'une même famille, qui marche vers le même but. Les faits advenus chez les nations placées si loin de nous sur le globe et dans les siècles; ces faits qui jadis ne réveilloient en nous qu'un instinct de curiosité, nous intéressent aujourd'hui comme des choses qui nous sont propres, qui se sont passées chez nos vieux parents. C'étoit pour nous conserver telle liberté, telle vérité, telle idée, telle découverte, qu'un peuple s'est fait exterminer; c'étoit pour ajouter un talent d'or ou une obole à la masse commune du trésor humain, qu'un individu a souffert tous les maux. Nous laisserons à notre tour les connoissances que nous pouvons avoir recueillies à ceux qui nous suivront ici-bas. Sur des sociétés qui meurent sans cesse une société vit sans cesse; les hommes tombent, l'homme reste debout, enrichi de tout ce que ses devanciers lui ont transmis, couronné de toutes les lumières, orné de tous les présents des âges; géant qui croît toujours, toujours, toujours, et dont le front, montant dans les cieux, ne s'arrêtera qu'à la hauteur du trône de l'Éternel.

Et voilà comme, sans abandonner la vérité chrétienne, je me trouve d'accord avec la philosophie de mon siècle et l'école moderne historique. On pourra différer avec moi d'opinion, mais il faudra reconnoître que, loin d'emboîter mon esprit dans les ornières du passé, je trace des sentiers libres : heureux si l'histoire comme la politique me doit le redressement de quelques erreurs!

Au surplus, même dans mon système religieux, je ne me sépare point de mon temps, ainsi que des esprits inattentifs le pourroient croire. Le christianisme est passé, dit-on. Passé? Oui, dans la rue, où nous abattons une croix, chez nos deux ou trois voisins, dans la coterie où nous déclarons du haut de notre supériorité qu'on ne nous comprend pas, qu'on ne peut pas nous comprendre, que, pour peu qu'une génération ne soit pas au maillot, elle est incapable de suivre le vol de notre génie et d'entrer dans le mouvement de l'univers. Grâce à ce génie, nous devinons ce que nous ne savons pas; nous plongeons un regard d'aigle au fond des siècles; sans avoir besoin de flambeau, nous pénétrons dans la nuit du passé; l'avenir est tout illuminé pour nous des feux qui font clignoter les faibles yeux de nos pères. Soit; mais, nonobstant ce, et sauf le respect dû à notre supériorité, le christianisme n'est pas passé : il vient d'affranchir la Grèce et de mettre en liberté les Pays-Bas; il se bat dans la Pologne. Le clergé catholique a brisé sous nos yeux les chaînes de l'Irlande; c'est ce même clergé qui a émancipé les colonies espagnoles et qui les a changées en républiques. Le catholicisme, je l'ai dit, fait des progrès immenses aux États-Unis. Toute l'Europe, ou barbare ou civilisée, s'enveloppe, dans différentes communions, de la forme évangélique. S'il étoit possible que l'univers policé fût encore envahi, par qui le seroit-il? Par des soldats, jeûnant, priant, mourant au nom du Christ. La philosophie de l'Allemagne, si savante, si éclairée, et à laquelle je me rallie, est chrétienne, la philosophie de l'Angleterre est chrétienne. Ne tenir aucun compte, au moins comme un fait, de cette pensée chrétienne qui vit encore parmi tant de millions d'hommes dans les quatre parties du monde, de cette pensée que l'on retrouve au Kamtschatka et dans les sables de la Thébaïde, sur le sommet des Alpes, du Caucase et des Cordillères; nous persuader que cette pensée n'existe plus parce qu'elle a déserté notre petit cerveau, c'est une grande pauvreté.

Il y a deux hommes que le siècle ne reniera pas ; sortis de ses entrailles, leurs talents et leurs principes sont loués, encensés, admirés de ce siècle. Ces deux hommes marchent à la tête de toutes les opinions politiques et de toutes les doctrines littéraires nouvelles. Écoutons lord Byron et M. Benjamin Constant sur les idées religieuses.

« Je ne suis pas ennemi de la religion, au contraire; et pour preuve, j'élève ma fille naturelle à un catholicisme strict dans un couvent de la Romagne; car je pense que l'on ne peut jamais avoir assez de religion quand on en a; je penche de jour en jour davantage vers les doctrines catholiques. » (*Mémoires de lord Byron*, tome v, page 172.)

Pendant son exil en Allemagne, sous le gouvernement impérial, M. Benjamen Constant s'occupa de son ouvrage sur la religion. Il rend compte à l'un de ses amis[1] de son travail dans une lettre autographe que j'ai sous les yeux. Voici un passage, assurément bien remarquable, de cette lettre :

Hardemberg, ce 11 octobre 1811.

« J'ai continué à travailler du mieux que j'ai pu au milieu de tant d'idées tristes. Pour la première fois je verrai, j'espère, dans peu de jours la totalité de mon *Histoire du Polythéisme* rédigée. J'en ai refait tout le plan et plus des trois quarts des chapitres. Il l'a fallu, pour arriver à l'ordre que j'avois dans la tête et que je crois avoir atteint; il l'a fallu encore parce que, comme vous le savez, je ne suis plus ce philosophe intrépide, sûr qu'il n'y a rien

---

1. M. Hochet, aujourd'hui secrétaire général du conseil d'Etat.

après ce monde, et tellement content de ce monde, qu'il se réjouit qu'il n'y en ait pas d'autre. Mon ouvrage est une singulière preuve de ce que dit *Bacon*, qu'un peu de science mène à l'athéisme, et plus de science à la religion. C'est positivement en approfondissant les faits, en en recueillant de toutes parts, et en me heurtant contre les difficultés sans nombre qu'ils opposent à l'incrédulité, que je me suis vu forcé de reculer dans les idées religieuses. Je l'ai fait certainement de bien bonne foi, car chaque pas rétrograde m'a coûté. Encore à présent toutes mes habitudes et tous mes souvenirs sont philosophiques, et je défends poste après poste tout ce que la religion reconquiert sur moi. Il y a même un sacrifice d'amour-propre, car il est difficile, je le pense, de trouver une logique plus serrée que celle dont je m'étois servi pour attaquer toutes les opinions de ce genre. Mon livre n'avoit absolument que le défaut d'aller dans le sens opposé à ce qui, à présent, me paroît vrai et bon, et j'aurois eu un succès de parti indubitable. J'aurois pu même avoir encore un autre succès, car, avec de très-légères inclinaisons, j'en aurois fait ce qu'on aimeroit le mieux à présent : un système d'athéisme pour les gens comme il faut, un manifeste contre les prêtres, et le tout combiné avec l'aveu qu'il faut pour le peuple de certaines fables, aveu qui satisfait à la fois le pouvoir et la vanité. »

Je consens à passer pour un esprit rétrograde avec Herder, avec l'école philosophique transcendante de l'Allemagne, enfin avec M. Benjamin Constant et lord Byron.

La société est aujourd'hui tourmentée d'un besoin de croyance qui se manifeste de toutes parts. Vainement on veut contenter l'avidité des esprits en s'efforçant de les rendre fanatiques d'une vérité matérielle qui les trompe encore, puisqu'elle se change en abstraction dans le raisonnement. Ce faux enthousiasme ne mène pas loin la jeunesse ; elle ne peut ni se débarrasser de la tristesse qui la surmonte, ni combler le vide qu'a laissé en elle l'absence de toute foi. On n'admire pas longtemps un peu de boue sensitive, dût ce peu de boue être composé d'esprit et de matière, et former cette prétendue unité humaine dont le système, renouvelé des Grecs, est encore une rêverie d'une secte bouddhiste. Quelle misère si cette vie d'un jour n'étoit que la conscience du néant !

Telle est la suite des idées et des faits que l'on trouvera dans ces *Études historiques*. J'ôte à mon travail, je le sais, par cette analyse le premier attrait de la curiosité. Si j'avois l'espérance d'être lu, je me serois gardé de me priver de mon meilleur moyen de succès ; mais je n'ai point cette espérance.

PRÉFACE.

Un extrait, quoiqu'il soit déjà bien long, me laisse du moins la chance de faire entrevoir des vérités que j'ai crues utiles, et qui resteroient ensevelies dans les quinze cents pages de mes trois volumes. Comme auteur j'ai tort; j'ai raison comme homme. Lorsqu'on a beaucoup vécu, beaucoup souffert, on a beaucoup appris : à force de veiller la nuit, de travailler le jour, de retourner péniblement leur sillon ou leur voile, les vieux laboureurs, comme les vieux matelots, sont devenus habiles à connoître le ciel et à prédire les orages.

Il ne me reste plus qu'à remercier les personnes qui m'ont éclairé de leurs travaux ou de leurs conseils.

Je dois à la politesse et à l'obligeance de M. le baron de Bunsen, ministre de S. M. le roi de Prusse, à Rome, un excellent extrait des *Nibelungs*, que l'on trouvera à la fin du second volume de ces *Études*. Le savant M. de Bunsen étoit l'ami du grand historien Niebuhr; plus heureux que moi, il foule encore ces ruines où j'espérois rendre à la terre, image pour image, mon argile en échange de quelque statue exhumée.

M. le comte de Tourguéneff, ancien ministre de l'instruction publique en Russie, homme de toutes sortes de savoirs, a bien voulu me communiquer des renseignements sur les historiens de la Pologne, de la Russie et de l'Allemagne.

Pour dissiper des doutes relatifs à quelques points de la philosophie des Pères de l'Église, je me suis adressé à M. Cousin, et j'ai trouvé que la vraie science est toujours accessible.

Des conversations instructives avec M. Dubois, mon compatriote, m'ont éclairé sur les systèmes religieux de l'Orient. En parlant des hommes qui ont honoré ma terre natale, j'ai fait remarquer que la Bretagne comptoit aujourd'hui M. l'abbé de La Mennais : si M. Dubois publie l'ouvrage dont il s'occupe sur les origines du Christianisme, j'aurai de nouvelles félicitations à offrir à ma patrie.

M. Pouqueville m'a mis sur la voie d'une foule de recherches nécessaires à mon travail : j'ai suivi, sans crainte de me tromper, celui qui fut mon premier guide aux champs de Sparte. Tous deux nous avons visité les ruines de la Grèce lorsqu'elles n'étoient encore éclairées que de leur gloire passée; tous deux nous avons plaidé la cause de nos anciens hôtes, non peut-être sans quelque succès; du moins quand je retrouve dans le *Childe-Harold* de lord Byron des passages de mon *Itinéraire*, j'ai l'espoir qu'à l'aide de cet immortel interprète mes paroles en faveur d'un peuple infortuné n'auront pas été tout à fait perdues.

On lira avec fruit une dissertation dont M. Lenormant a bien voulu me permettre d'enrichir mon ouvrage. M. Lenormant a parcouru l'Égypte avec M. Champollion ; il a lu les inscriptions sur ces monuments muets séculaires qui viennent de reprendre la parole dans leur désert. On ne dira plus des pyramides :

> Vingt siècles descendus dans l'éternelle nuit
> Y sont sans mouvement, sans lumière et sans bruit.

Les anciens ont constamment attribué à l'Orient l'origine des religions grecques : c'est sur cette base, contestée pourtant de nos jours, que M. Creuzet a appuyé son grand ouvrage des *Religions de l'Antiquité*. Depuis la publication de ce livre, l'étude religieuse de l'antiquité a fait des progrès. Les secrets de la Perse et de l'Inde se dévoilent chaque jour. L'*Essai sur la religion arcadienne*, dont M. Lenormant s'occupe, comprendra le passage des traditions orientales en Grèce, dans leur forme la plus pure et la moins altérée. Le savant archéologue Panofka unit son travail à celui de M. Lenormant.

M. Ampère, fils de l'illustre académicien à qui la science doit des découvertes que le monde savant admire, m'a fait part avec une complaisance infinie de quelques-unes de ses traductions et de ses études scandinaves. Ces études sont extraites d'un grand ouvrage auquel M. Ampère a consacré ses loisirs, ouvrage qui sera l'histoire de la poésie chez les divers peuples, de la poésie prise dans l'essence même du mot, et comme étant la portion la plus réelle, et certainement la plus vivante, de l'intelligence humaine. M. Lenormant et M. Ampère appartiennent l'un et l'autre à cette jeunesse sérieuse qui surveille aujourd'hui la fille de nos malheurs et l'esclave de notre gloire, la liberté : qu'elle la garde bien !

J'ai eu communication, sur les écoles de l'Allemagne, des notes instructives de M. Barchoux, et je me suis hâté d'en profiter.

J'ai rencontré dans MM. les directeurs de nos bibliothèques et de nos archives nationales cette urbanité, cette complaisance qui ne se lasse jamais et qui les rend si recommandables à leurs compatriotes et aux étrangers.

Enfin, M. Daniello a recherché les manuscrits, les livres, les passages que je lui indiquois dans le cours de mon travail : je lui dois ce témoignage public, et, en me séparant de lui comme du reste du monde, j'ose le signaler à quiconque auroit besoin de l'aide d'un littérateur instruit et laborieux.

Qu'ai-je encore à dire? Rien, sinon cet adieu que la bonhomie de nos auteurs gaulois disoit autrefois au lecteur dans leurs préfaces. J'imiterai leur exemple; mes longues liaisons avec le public justifieront cette intimité. Ainsi, m'adressant à la France nouvelle : « Adieu, ami lecteur. Il vous reste à vous votre jeunesse, un long avenir, et tout ce qui entoure une existence qui commence; il me reste à moi des heures flétries et ridées, un passé au lieu d'un avenir, et la solitude qui se forme autour d'une existence qui finit. *Tu, lector, vale, et juvantem aut certe volentem ama.* »

ÉTUDES HISTORIQUES

ÉTUDE PREMIÈRE

ou

PREMIER DISCOURS

SUR

LA CHUTE DE L'EMPIRE ROMAIN, LA NAISSANCE ET LES PROGRÈS DU CHRISTIANISME
ET L'INVASION DES BARBARES.

EXPOSITION.

Trois vérités forment la base de l'édifice social : la vérité religieuse, la vérité philosophique, la vérité politique.

La vérité religieuse est la connoissance d'un Dieu unique, manifestée par un culte.

La vérité philosophique est la triple science des choses intellectuelles, morales et naturelles.

La vérité politique est l'ordre et la liberté : l'ordre est la souveraineté exercée par le pouvoir; la liberté est le droit des peuples.

Moins la cité est développée, plus ces vérités sont confuses; elles se combattent dans la cité imparfaite, mais elles ne se détruisent jamais : c'est de leur combinaison avec les esprits, les passions, les erreurs, les événements, que naissent les faits de l'histoire. A travers le bruit ou le silence des nations, dans la profondeur des âges, dans les égarements de la civilisation ou dans les ténèbres de la barbarie, on entend toujours quelque voix solitaire qui proclame les trois vérités fondamentales dont l'usage constant et la connoissance complète produiront le perfectionnement de la société.

Cette société, tout en ayant l'air de rétrograder quelquefois, ne cesse de marcher en avant. La civilisation ne décrit point un cercle parfait et ne se meut pas en ligne droite; elle est sur la terre comme un vaisseau sur la mer; ce vaisseau, battu de la tempête, louvoie, revient sur sa trace, tombe au-dessous du point d'où il est parti; mais enfin, à force de temps, il rencontre des vents favorables, gagne chaque jour quelque chose dans son véritable chemin, et surgit au port vers lequel il avoit déployé ses voiles.

En examinant les trois vérités sociales dans l'ordre inverse, et commençant par la vérité politique, écartons les vieilles notions du passé.

La liberté n'existe point exclusivement dans la république, où les publicistes des deux derniers siècles l'avoient reléguée d'après les publicistes anciens. Les trois divisions du gouvernement, monarchie, aristocratie, démocratie, sont des puérilités de l'école, en ce qui implique la jouissance de la liberté : la liberté se peut trouver dans une de ces formes, comme elle en peut être exclue. Il n'y a qu'une constitution réelle pour tout l'État : liberté, n'importe le mode.

La liberté est de droit naturel et non de droit politique, ainsi qu'on l'a dit fort mal à propos : chaque homme l'a reçue en naissant sous le nom d'indépendance individuelle. Conséquemment, et par dérivation de ces principes, cette liberté existe en portions égales dans les trois formes de gouvernement. Aucun prince, aucune assemblée ne sauroit vous donner ce qui ne lui appartient pas, ni vous ravir ce qui est à vous.

D'où il suit encore que la souveraineté n'est ni de droit divin ni de droit populaire : la souveraineté est l'ordre établi par la force, c'est-à-dire par le pouvoir admis dans l'État. Le roi est le souverain dans la monarchie, le corps aristocratique dans l'aristocratie, le peuple dans la démocratie. Ces pouvoirs sont inhabiles à communiquer la souveraineté à quelque chose qui n'est pas eux : il n'y a ni roi, ni aristocrate, ni peuple à détrôner.

Ces bases posées, l'historien n'a plus à se passionner pour la forme monarchique ou pour la forme républicaine : dégagé de tout système politique, il n'a ni haine ni amour ou pour les peuples ou pour les rois; il les juge selon les siècles où ils ont vécu, n'appliquant de force à leurs mœurs aucune théorie, ne leur prêtant pas des idées qu'ils n'avoient et ne pouvoient avoir lorsqu'ils étoient tous et ensemble dans un égal état d'enfance, de simplicité et d'ignorance.

La liberté est un principe qui ne se perd jamais; s'il se perdoit, la société politique seroit dissoute : mais la liberté, bien commun, est souvent usurpée. A Rome elle fut d'abord possédée par les rois; les patriciens en héritèrent; des patriciens elle descendit aux plébéiens; quand elle quitta ceux-ci, elle s'enrôla dans l'armée; lorsque les légions, corrompues et battues, l'abandonnèrent, elle se réfugia dans les tribunaux et jusque dans le palais du prince, parmi les eunuques ; de là elle passa au clergé chrétien.

Les révolutions n'ont qu'un motif et qu'un but : la jouissance de la liberté, ou pour un individu, ou pour quelques individus, ou pour tous.

Quand la liberté est conquise au profit d'un homme, elle devient le despotisme, lequel est la servitude de tous et la liberté d'un seul ; quand elle est conquise pour plusieurs, elle devient l'aristocratie ; quand elle est conquise pour tous, elle devient la démocratie, qui est l'oppression de tous par tous, car alors il y a confusion du pouvoir et de la liberté, du gouvernant et du gouverné.

Chez les anciens, la liberté étoit une religion : elle avait ses autels et ses sacrifices. Brutus lui immola ses fils ; Codrus lui sacrifia sa vie et son sceptre : elle étoit austère, rude, intolérante, capable des plus grandes vertus, comme toutes les fortes croyances, comme la foi.

Chez les modernes, la liberté est la raison ; elle est sans enthousiasme : on la veut parce qu'elle convient à tous, aux rois, dont elle assure la couronne en réglant le pouvoir, aux peuples, qui n'ont plus besoin de se précipiter dans les révolutions pour trouver ce qu'ils possèdent.

Venons à la vérité philosophique.

La vérité philosophique, que la liberté politique protège, lui apporte une nouvelle force ; elle fait monter les idées théoriques à la sommité des rangs sociaux et descendre les idées pratiques dans la classe laborieuse.

La vérité philosophique n'est autre chose que l'indépendance de l'esprit de l'homme : elle tend à découvrir, à perfectionner dans les trois sciences de sa compétence, la science intellectuelle, la science morale, la science naturelle ; celle-ci consiste dans la recherche de la constitution de la nature, depuis l'étude des lois qui régissent les mondes jusqu'à celles qui font végéter le brin d'herbe ou mouvoir l'insecte.

Mais la vérité philosophique, se portant vers l'avenir, s'est trouvée en contradiction avec la vérité religieuse, qui s'attache au passé parce qu'elle participe de l'immobilité de son principe éternel. Je parle ici de la vérité religieuse mal comprise, car je montrerai tout à l'heure que la vérité religieuse du christianisme rendu à sa sincérité n'est point ennemie de la vérité philosophique.

De l'ancienne lutte de la vérité philosophique avec la vérité politique et la vérité religieuse naît une immense série de faits. Chez les

Grecs et les Romains, la vérité philosophique mina le culte national et échoua contre l'ordre moral et l'ordre politique : dans les républiques elle combattit en vain cette liberté servie par des esclaves, liberté privilégiée, égoïste, exclusive, qui ne voyoit que des ennemis hors de sa patrie ; dans les empires, la vérité philosophique se laissa corrompre au pouvoir, et elle ignora les premières notions de la morale universelle.

Cette vérité a produit dans le monde moderne des événements et des catastrophes de toutes les espèces : l'indépendance de l'esprit de l'homme, tantôt manifestée par le soulèvement des peuples, tantôt par des hérésies, irrita la vérité religieuse qu'obscurcissoit l'ignorance. De là les guerres civiles, les proscriptions, l'accroissement du pouvoir temporel des prêtres et du despotisme des rois. La vérité religieuse s'endormoit-elle, la vérité philosophique profitoit de ce sommeil : elle racontoit l'histoire, se glissoit dans les lois civiles, intervenoit dans les lois politiques ; elle attaquoit indirectement la vérité religieuse, en reprochant au clergé son avidité, son ambition et ses mœurs ; elle combattoit directement l'ordre établi, en faisant, même à l'ombre des cloîtres, ces découvertes qui devoient produire une révolution générale. L'imprimerie devint l'agent principal des idées, jusque alors dépourvues d'organes intelligibles à la foule. Alors la vérité philosophique, se trouvant pour la première fois puissance populaire, se jeta sur la vérité religieuse, qu'elle fut au moment d'étouffer.

Aujourd'hui la vérité philosophique n'est plus en guerre avec la vérité religieuse et la vérité politique : la liberté moderne sans esclaves, sans intolérance, est une liberté qui coïncide à la vérité philosophique ; de sorte que l'indépendance de l'esprit de l'homme, hostile dans les vieux temps à la société religieuse et politique, l'aide et la soutient aujourd'hui. Les lumières propagées composent maintenant des annales particulières des peuples les annales générales des hommes ; l'écrivain doit désormais faire marcher de front l'histoire de l'espèce et l'histoire de l'individu.

Passons à la vérité religieuse, à savoir la connoissance d'un Dieu unique manifestée par un culte.

Cette vérité a fait jusque ici le principal mouvement de l'espèce humaine ; elle se trouve au commencement de toutes les sociétés ; elle en fut la première loi ; elle renferma dans son sein la vérité philosophique et la vérité politique : les hommes l'altérèrent promptement.

La vérité philosophique maintint, par la voie des initiations, des lumières religieuses qu'elle brouilloit par ses doctrines spéculatives. Les platoniciens et les stoïciens créèrent quelques hommes de contemplation, d'intelligence, de morale et de vertu, mais les écoles furent livrées à la dérision ; on se moqua des péripatéticiens, qui s'adonnoient aux sciences naturelles ; on ne se proposa point d'aller habiter la ville demandée à Gallien, pour être gouvernée d'après les lois de Platon. Les philosophes, ou supportant le culte de leur siècle, ou voulant conduire les peuples par des idées abstraites, tomboient dans leurs erreurs communes, ou n'avoient aucune prise sur la foule. Ils ignoroient ce qui rend compte de tout, le christianisme. Ceci nous amène à parler de la vérité religieuse selon les peuples modernes civilisés, de cette vérité qui a engendré la plupart des événements, depuis la naissance du Christ, jusqu'au jour où nous sommes parvenus.

Le christianisme, dont l'ère ne commence qu'au milieu des temps, est né dans le berceau du monde. L'homme nouvellement créé pèche par orgueil, et il est puni ; il a abusé des lumières de la science, et il est condamné aux ténèbres du tombeau. Dieu avoit fait la vie ; l'homme a fait la mort, et la mort devient la seule nécessité de l'homme.

Mais toute faute peut être expiée : un holocauste divin s'offrira en sacrifice ; l'homme racheté retournera à ses fins immortelles.

Tel est le fondement du christianisme. A la clarté de ce système, les mystères de l'homme se dévoilent, le mal moral et le mal physique s'expliquent ; on n'est plus obligé de nier l'existence de Dieu et celle de l'âme, afin d'éclaircir les difficultés par les lois de la matière, qui n'éclaircissent rien, et qui sont plus incompréhensibles que celles de l'intelligence.

La solidarité de l'espèce pour la faute de l'individu tient à de hautes raisons qui en détruisent l'apparente injustice. C'est une des grandeurs de l'homme d'être enchaîné au bien en punition d'une première rébellion : les fils d'Adam, travaillant ensemble à devenir meilleurs pour échapper à la faute du commun père, ne produiroient-ils pas la réhabilitation de la race? Sans la solidarité de la famille, d'où naîtroient notre sympathie et notre antipathie pour les résolutions généreuses ou contre les mauvaises actions ? Que nous importeroient le vice ou la vertu placés à trois mille ans ou à trois mille lieues de nous ? Et toutefois, y sommes-nous indifférents ? ne sentons-nous pas qu'ils nous intéressent, nous touchent, nous affectent en quelque chose de personnel et d'intime ?

La postérité d'Adam se divisa en deux branches ; la branche cadette, celle d'Abel, conserva l'histoire de la chute et de la rédemption promise ; le reste, avec le premier meurtrier, en perdit le souvenir, et garda néanmoins des usages qui consacroient une vérité oubliée. Le sacrifice humain se rencontre chez tous les peuples, comme s'ils avoient tous senti qu'ils se devoient rédimer ; mais ils étoient eux-mêmes insuffisants à leur rançon. Il s'établit une libation de sang perpétuelle ; la guerre le répandit ainsi que la loi ; l'homme s'arrogea sur la vie de l'homme un droit qu'il n'avoit pas, droit qui prit sa source dans l'idée confuse de l'expiation et du rachat religieux. La rédemption s'étant accomplie dans l'immolation du Christ, la peine de mort auroit dû être abolie ; elle ne s'est perpétuée que par une sorte de crime légal. Le Christ avoit dit dans un sens absolu : *Vous ne tuerez pas.*

Bossuet a fait de la vérité religieuse le fondement de tout ; il a groupé les faits autour de cette vérité unique avec une incomparable majesté. Rien ne s'est passé dans l'univers que pour l'accomplissement de la parole de Dieu ; l'histoire des hommes n'est à l'évêque de Meaux que l'histoire d'un homme, le premier-né des générations pétri de la main, animé par le souffle du Créateur, homme tombé, homme racheté avec sa race, et capable désormais de remonter à la hauteur du rang dont il est descendu. Bossuet dédaigne les documents de la terre ; c'est dans le ciel qu'il va chercher ses chartes. Que lui fait cet empire du monde, *présent de nul prix,* comme il le dit lui-même? S'il est partial, c'est pour le monde éternel : en écrivant au pied de la croix, il écrase les peuples sous le signe du salut, comme il asservit les événements à la domination de son génie.

Entre Adam et le Christ, entre le berceau du monde placé sur la montagne du paradis terrestre et la croix élevée sur le Golgotha, fourmillent des nations abîmées dans l'idolâtrie, frappées de la déchéance du père de famille. Elles sont peintes en quelques traits avec leurs vices et leurs vertus, leurs arts et leur barbarie, de manière à ce que ces nations mortes deviennent vivantes : le nouvel Ézéchiel souffle sur des ossements arides, et ils ressuscitent. Mais au milieu de ces nations est un petit peuple qui perpétue la tradition sacrée, et fait entendre de temps en temps des paroles prophétiques. Le Messie vient ; la race vendue finit, la race rachetée commence ; Pierre porte à Rome les pouvoirs du Christ ; il y a rénovation de l'univers.

On peut adopter le système historique de ce grand homme, mais avec une notable rectification : Bossuet a renfermé les événements dans un cercle rigoureux comme son génie ; tout se trouve emprisonné dans un christianisme inflexible. L'existence de ce cerceau redoutable, où le genre humain tourneroit dans une sorte d'éternité sans progrès et sans perfectionnement, n'est heureusement qu'une imposante erreur.

La société est un dessein de Dieu ; c'est par le Christ, selon Bossuet, que Dieu accomplit ce dessein ; mais le christianisme n'est point un cercle inextensible, c'est au contraire un cercle qui s'élargit à mesure que la civilisation s'étend ; il ne comprime, il n'étouffe aucune science, aucune liberté.

Le dogme qui nous apprend que l'homme dégradé retrouvera ses fins glorieuses présente un sens spirituel et un sens temporel : par le premier, l'âme paroîtra devant Dieu lavée de la tache originelle ; par le second, l'homme est réintégré dans les lumières qu'il avoit perdues en se livrant à ses passions, cause de sa chute. Rien ainsi ne se plie de force à mon système, ou plutôt au système de Bossuet rectifié ; c'est ce système qui se plie aux événements et qui enveloppe la société en lui laissant la liberté d'action.

Le christianisme sépare l'histoire du genre humain en deux portions distinctes : depuis la naissance du monde jusqu'à Jésus-Christ, c'est la société avec des esclaves, avec l'inégalité des hommes entre eux, l'inégalité sociale de l'homme et de la femme ; depuis Jésus-Christ jusqu'à nous, c'est la société avec l'égalité des hommes entre eux, l'égalité sociale de l'homme et de la femme, c'est la société sans esclaves ou du moins sans le principe de l'esclavage.

L'histoire de la société moderne commence donc véritablement de ce côté-ci de la croix. Pour la bien connoître, il faut voir en quoi cette société différa dès l'origine de la société païenne, comment elle la décomposa, quels peuples nouveaux se mêlèrent aux chrétiens pour précipiter la puissance romaine, pour renverser l'ordre religieux et politique de l'ancien monde.

Si l'on envisage le christianisme dans toute la rigueur de l'orthodoxie, en faisant de la religion catholique l'achèvement de toute société, quel plus grand spectacle que le commencement et l'établissement de cette religion ?

Voici tout d'abord ce que l'on aperçoit.

A mesure que le polythéisme tombe et que la révélation se propage, les devoirs de la famille et les droits de l'homme sont mieux connus ; mais décidément l'empire des césars est condamné, et il ne reçoit les semences de la vraie religion qu'afin que tout ne périsse pas dans son naufrage. Les disciples du Christ, qui préparent à la société un moyen de salut intérieur, lui en ménagent un autre à l'extérieur : ils vont chercher au loin, pour les désarmer, les héritiers du monde romain.

Ce monde étoit trop corrompu, trop rempli de vices, de cruautés, d'injustices, trop enchanté de ses faux dieux et de ses spectacles, pour qu'il pût être entièrement régénéré par le christianisme. Une religion nouvelle avoit besoin de peuples nouveaux ; il falloit à l'innocence de l'Évangile l'innocence des hommes sauvages, à une foi simple des cœurs simples comme cette foi.

Dieu ayant arrêté ses conseils, les exécute. Rome, qui n'aperçoit à ses frontières que des solitudes, croit n'avoir rien à craindre ; et nonobstant, c'est dans ces camps vides que le Tout-Puissant rassemble l'armée des nations. Plus de quatre cents ans sont nécessaires pour réunir cette innombrable armée, bien que les barbares, pressés comme les flots de la mer, se précipitent au pas de course. Un instinct miraculeux les conduit ; s'ils manquent de guides, les bêtes des forêts leur en servent : ils ont entendu quelque chose d'en haut qui les appelle du septentrion et du midi, du couchant et de l'aurore. Qui sont-ils ? Dieu seul sait leurs véritables noms. Aussi inconnus que les déserts dont ils sortent, ils ignorent d'où ils viennent, mais ils savent où ils vont : ils marchent au Capitole, convoqués qu'ils se disent à la destruction de l'Empire Romain, comme à un banquet.

La Scandinavie, surnommée la fabrique des nations, fut d'abord appelée à fournir ses peuples ; les Cimbres traversèrent les premiers la Baltique ; ils parurent dans les Gaules et dans l'Italie, comme l'avant-garde de l'armée d'extermination.

Un peuple qui a donné son nom à la Barbarie elle-même, et qui pourtant fut prompt à se civiliser, les Goths sortirent de la Scandinavie après les Cimbres, qu'ils en avoient peut-être chassés. Ces intrépides barbares s'accrurent en marchant ; ils réunirent par alliance ou par conquête les Bastarnes, les Venèdes, les Sariges, les Roxalans, les Slaves et les Alains : les Slaves s'étendoient derrière les Goths dans les plaines de la Pologne et de la Moscovie, les Alains occupoient les terres vagues entre le Volga et le Tanaïs.

En se rapprochant des frontières romaines, les Allamans (Allemands), qui sont peut-être une partie des Suèves de Tacite, ou une confédération de *toutes sortes d'hommes*, se plaçoient devant les Goths, et touchoient aux Germains proprement dits, qui bordoient les rives du Rhin. Parmi ceux-ci se trouvoient sur le haut Rhin des nations d'origine gauloise, et sur le Rhin inférieur des tribus germaines, lesquelles, associées pour maintenir leur indépendance, se donnoient le nom de Franks. Or donc cette grande division des soldats du Dieu vivant, formée des quatre lignes des Slaves, des Goths, des Allamans, des Germains avec tous leurs mélanges de noms et de races, appuyoit son aile gauche à la mer Noire, son aile droite à la mer Baltique, et avoit sur son front le Rhin et le Danube, foibles barrières de l'Empire Romain.

Le même bras qui soulevoit les nations du pôle chassoit des frontières de la Chine les hordes de Tartares appelées au rendez-vous [1]. Tandis que Néron versoit le premier sang chrétien à Rome, les ancêtres d'Attila cheminoient silencieusement dans les bois ; ils venoient prendre poste à l'orient de l'empire, n'étant, d'un côté, séparés des Goths que par les Palus-Méotides, et joignant, de l'autre, les Perses qu'ils avoient à demi subjugués. Les Perses continuoient la chaîne avec les Arabes ou les Sarrasins en Asie : ceux-ci donnoient en Afrique la main aux tribus errantes du Bargah et du Sahara, et celles-là aux Maures de l'Atlas, achevant d'enfermer dans un cercle de peuples vengeurs et ces dieux qui avoient envahi le ciel, et ces Romains qui avoient opprimé la terre.

Ainsi se présente le christianisme dans les quatre premiers siècles de notre ère, en le contemplant avec la persuasion de sa divine origine; mais si, secouant le joug de la foi, vous vous placez à un autre point de vue, vous changez la perspective, sans lui rien ôter de sa grandeur.

Que ce soit un certain produit de la civilisation et de la maturité des temps, un certain travail des siècles, une certaine élaboration de la morale et de l'intelligence, un certain composé de diverses doctrines, de divers systèmes métaphysiques et astronomiques, le tout enveloppé dans un symbole afin de le rendre sensible au vulgaire; que ce soit l'idée religieuse innée, laquelle, après avoir erré d'autels en autels, de prêtres en prêtres, s'est enfin incarnée; mythe le plus pur, éclectisme des grandes civilisations philosophiques de l'Inde, de la Perse, de la Judée, de l'Égypte, de l'Éthiopie, de la Grèce, et des Gaules, sorte de christianisme universel existant avant le christianisme judaïque, et au delà duquel il n'y a rien que l'essence même de la philosophie; que ce soit ce que l'on voudra pour s'élever au-dessus de la simple foi (apparemment par supériorité de science, de raison et de génie), il n'en est pas moins vrai que le christianisme ainsi dénaturé, interprété, allégorisé, est encore la plus grande révolution advenue chez les hommes.

Le livre de l'histoire moderne vous restera fermé si vous ne considérez le christianisme ou comme une révélation, laquelle a opéré une transformation sociale, ou comme un progrès naturel de l'esprit humain vers la grande civilisation : système théocratique, système

---

1. Selon le système de De Guignes, d'après les recherches modernes, les Huns seroient d'origine finnoise. Voyez Klaproth, *Tableaux historiques de l'Asie*, et M. Saint-Martin, dans ses savantes notes à l'*Histoire du Bas-Empire*, par Le Beau.

philosophique, ou l'un et l'autre à la fois, lui seul vous peut initier au secret de la société nouvelle.

Admettre, selon l'opinion du dernier siècle, que la religion évangélique est une superstition juive, qui se vint mêler aux calamités de l'invasion des barbares; que cette superstition détruisit le culte poétique, les arts, les vertus de l'antiquité; qu'elle précipita les hommes dans les ténèbres de l'ignorance; qu'elle s'opposa au retour des lumières et causa tous les maux des nations, c'est appliquer la plus courte échelle à des dimensions colossales, c'est fermer les yeux au fait dominateur de toute cette époque. Le siècle sérieux où nous sommes parvenus a peine à concevoir cette légèreté de jugement, ces vues superficielles de l'âge qui nous a précédés. Une religion qui a couvert le monde de ses institutions et de ses monuments; une religion qui fut le sein et le moule dans lequel s'est formée et façonnée notre société tout entière, n'auroit-elle eu d'autres fins, d'autres moyens d'action, que la prospérité d'un couvent, les richesses d'un clergé, les cartulaires d'une abbaye, les canons d'un concile, ou l'ambition d'un pape?

Les résultats du christianisme sont tout aussi extraordinaires philosophiquement que théologiquement parlant. Décidez-vous entre le choix des merveilles.

Et d'abord le christianisme philosophique est la religion intellectuelle substituée à la religion matérielle, le culte de l'idée remplaçant celui de la forme : de là un différent ordre dans le monde des pensées, une différente manière de déduire et d'exercer la vérité religieuse. Aussi, remarquez-le, partout où le christianisme a rencontré une religion matérielle, il en a triomphé promptement : tandis qu'il n'a pénétré qu'avec lenteur dans les pays où régnoient des religions d'une nature spirituelle comme lui : aux Indes il livre de longs combats métaphysiques, pareils à ceux qu'il rendit contre les hérésies ou contre les écoles de la Grèce.

Tout change avec le christianisme (à ne le considérer toujours que comme un fait humain); l'esclavage cesse d'être le droit commun; la femme reprend son rang dans la vie civile et sociale; l'égalité, principe inconnu des anciens, est proclamée. La prostitution légale, l'exposition des enfants, le meurtre autorisé dans les jeux publics et dans la famille, l'arbitraire dans le supplice des condamnés, sont successivement extirpés des codes et des mœurs. On sort de la civilisation puérile, corruptrice, fausse et privée de la société antique, pour entrer dans la route de la civilisation raisonnable, morale, vraie et générale de la société moderne : on est allé des dieux à Dieu.

Il n'y a qu'un seul exemple dans l'histoire d'une transformation complète de la religion d'un peuple dominateur et civilisé : cet exemple unique se trouve dans l'établissement du christianisme, sur les débris des idolâtries dont l'Empire Romain étoit infecté. Sous ce seul rapport, quel esprit un peu grave ne s'enquerroit de ce phénomène? Le christianisme ne vint point pour la société, ainsi que Jésus-Christ vient pour les âmes, comme un voleur; il vint en plein jour, au milieu de toutes les lumières, au plus haut période de la grandeur latine. Ce n'est point une horde des bois qu'il va d'abord attaquer (là, il ira aussi quand il le faudra); c'est aux vainqueurs du monde, c'est à la vieille civilisation de la Judée, de l'Égypte, de la Grèce et de l'Italie, qu'il porte ses coups. En moins de trois siècles la conquête s'achève, et le christianisme dépasse les limites de l'Empire Romain. La cause efficiente de son succès rapide et général est celle-ci : le christianisme se compose de la plus haute et de la plus abstraite philosophie par rapport à la nature divine, et de la plus parfaite morale relativement à la nature humaine ; or ces deux choses ne s'étoient jamais trouvées réunies dans une même religion ; de sorte que cette religion convint aux écoles spéculatives et contemplatives dont elle remplaçoit les initiations, à la foule policée dont elle corrigeoit les mœurs, à la population barbare dont elle charmoit la simplicité et tempéroit la fougue.

Si le dogme de l'unité d'un Dieu a pu remplacer les absurdités du polythéisme, c'est-à-dire si une vérité a pris la place d'un mensonge, qui ne voit que, la pierre angulaire de l'édifice social étant changée, les lois, matériaux élevés sur cette pierre, ont dû s'assimiler à la substance élémentaire de leur nouveau fondement?

Comment cela s'est-il opéré? quelle a été la lutte des deux religions? que se sont-elles prêté? que se sont-elles enlevé? Comment le christianisme passé de son âge héroïque à son âge d'intelligence, du temps de ses intrépides martyrs au temps de ses grands génies, comment a-t-il vaincu les bourreaux et les philosophes? Comment a-t-il pénétré à la fois tous les entendements, tous les usages, toutes les mœurs, tous les arts, toutes les sciences, toutes les lois criminelles, civiles et politiques?

Comment les deux sexes se partagèrent-ils les postes dans l'action générale? Quelle fut l'influence des femmes dans l'établissement du christianisme? N'est-ce pas aux controverses religieuses, à la nécessité où les fidèles se trouvèrent de se défendre, qu'est due la liberté de la parole écrite, l'empire du monde étant le prix offert à la pensée victorieuse?

Quel fut l'effet sous Constantin de l'avénement de la monarchie de l'Église, bien à distinguer de la république chrétienne? Que produisit le mouvement réactionnaire du paganisme sous Julien? Qu'arriva-t-il lors de la transposition complète des deux cultes sous Théodose? Quelle analogie les hérésies du christianisme eurent-elles avec les diverses sectes de la philosophie? A part le mal qu'elles purent faire, les hérésies n'ont-elles pas servi à prévenir la complète barbarie, en tenant éveillée la faculté la plus subtile de l'esprit, au milieu des âges les plus grossiers?

Le principe des institutions modernes ne se rattache-t-il pas au règne de Constantin, cinq siècles plus haut qu'on ne le suppose ordinairement? L'Empire d'Occident a-t-il été détruit par une invasion subite des barbares, ou n'a-t-il succombé que sous des barbares déjà chrétiens et romains? Quel étoit l'état de la propriété au moment de la chute de l'Empire d'Occident? La grande propriété se compose par la conquête et la barbarie, et se décompose par la loi et la civilisation : quel a été le mouvement de cette propriété, et comment a-t-elle changé successivement l'état des personnes? Toutes ces choses, et beaucoup d'autres qui se développeront dans le cours de ces *Études,* n'ont point encore été examinées d'assez près.

Il y a dans l'histoire prise au pied de la croix et conduite jusqu'à nos jours de grandes erreurs à dissiper, de grandes vérités à établir, de grandes justices à faire. Sous l'empire du christianisme la lutte des intelligences et de la légitimité contre les ignorances et les usurpations cesse par degrés; les vérités politiques se découvrent et se fixent; le gouvernement représentatif, que Tacite regarde comme une belle chimère, devient possible; les sciences, demeurées presque stationnaires, reçoivent une impulsion rapide de cet esprit d'innovation que favorise l'écoulement du vieux monde. Le christianisme lui-même, s'épurant après avoir passé à travers les siècles de superstition et de force, devient chez les nations nouvelles le perfectionnement même de la société.

Il fut pourtant calomnié; on le peignit à Marc-Aurèle comme une faction, à ses successeurs comme une école de perversité; dans la suite l'hypocrisie défigura quelquefois l'œuvre de vérité; on voulut rendre fanatique, persécuteur, ennemi des lettres et des arts, ennemi de toute liberté, ce qui est la tolérance, la charité, la liberté, le flambeau du génie. Loin de faire rétrograder la science, le christianisme, débrouillant le chaos de notre être, a montré que la race humaine, qu'on supposoit arrivée à sa virilité chez les anciens, n'étoit encore qu'au berceau. Le christianisme croît et marche avec le temps; lumière quand il se mêle aux facultés de l'esprit, sentiment quand il s'associe aux mouvements de l'âme; modérateur des peuples et des rois, il ne combat que les excès du pouvoir, de quelque part qu'ils viennent; c'est sur la morale évangélique, raison supérieure, que s'appuie la raison naturelle dans son ascension vers le sommet élevé qu'elle n'a point encore atteint. Grâce à cette morale, nous avons appris que la civilisation ne dépouille pas l'homme de l'indépendance, et qu'il y a une liberté née des lumières, comme il y a une liberté fille des mœurs.

Les barbares avoient à peine paru aux frontières de l'empire, que le christianisme se montra dans son sein. La coïncidence de ces deux événements, la combinaison de la force intellectuelle et de la force matérielle pour la destruction du monde païen est un fait où se rattache l'origine d'abord inaperçue de l'histoire moderne. Quelques invasions promptement repoussées, une religion inconnue se répandant parmi des esclaves pouvoient-elles attirer les regards des maîtres de la terre? Les philosophes pouvoient-ils deviner qu'une révolution générale commençoit? Et cependant ils ébranloient aussi les anciennes idées; ils altéroient les croyances, ils les détruisoient dans les classes supérieures de la société à l'époque où le christianisme sapoit les fondements de ces croyances, de ces idées, dans les classes inférieures. La philosophie et le christianisme attaquant le vieil ordre de l'univers par les deux bouts, marchant l'un vers l'autre en dispersant leurs adversaires, se rencontrèrent face à face après leur victoire. Ces deux contendants avoient pris quelque chose l'un de l'autre dans leur assaut contre l'ennemi commun; ils s'étoient cédé des hommes et des doctrines; mais quand, vers le milieu du IVe siècle, il fallut non partager, mais assumer l'empire de l'opinion, le christianisme, bien qu'arrivé au trône, se trouva en même temps revêtu de la force populaire; la philosophie n'étoit armée que du pouvoir des tyrans : Julien livra le dernier combat, et fut vaincu. Brisant de toutes parts les barrières, les hordes des bois accoururent se faire baptiser aux amphithéâtres, naguère arrosés du sang des martyrs. Le christianisme étoit alors démocratique chez la foule romaine, chez les grands esprits émancipés et parmi les tribus sauvages : le genre humain revenoit à la liberté par la morale et la barbarie.

Voilà ce qu'il faut retracer avant d'entrer dans l'histoire particulière de nos pères; je vais essayer de vous peindre ces trois mondes coexistant confusément : le monde païen ou le monde antique, le monde chrétien, le monde barbare; espèce de trinité sociale dont s'est formée la société unique qui couvre aujourd'hui la terre civilisée.

Résumons l'exposition du système qui m'a paru le plus approprié aux lumières du présent, et qui me semble le mieux concilier nos deux écoles historiques. Je pars du principe de l'ancienne école, pour arriver à la conséquence de l'école moderne : comme on ne peut pas plus détruire le passé que l'avenir, je me place entre eux, n'accordant la prééminence ni au fait sur l'idée, ni à l'idée sur le fait.

J'ai cherché les principes générateurs des faits; ces principes sont la vérité religieuse, la vérité philosophique avec ses trois branches, la vérité politique.

La vérité politique n'est que l'ordre et la liberté, quelles que soient les formes.

La vérité philosophique est l'indépendance de l'esprit de l'homme; elle a combattu autrefois la vérité politique et surtout la vérité religieuse; principe de destruction dans l'ancienne société, elle est principe de durée dans la société nouvelle, parce qu'elle se trouve d'accord avec la vérité politique et la vérité religieuse perfectionnées.

La vérité religieuse est la connoissance d'un Dieu unique manifestée par un culte. Le vrai culte est celui qui explique le mieux la nature de la Divinité et de l'homme ; par cette seule raison le christianisme est la religion véritable.

Soit qu'on le regarde avec les yeux de la foi ou avec ceux de la philosophie, le christianisme a renouvelé la face du monde.

Le christianisme n'est point le cercle inflexible de Bossuet; c'est un cercle qui s'étend à mesure que la société se développe; il ne comprime rien, il n'étouffe rien, il ne s'oppose à aucune lumière, à aucune liberté.

Tel est le squelette qu'il s'agit de couvrir de chair. Pour vous introduire dans le labyrinthe de l'histoire moderne, je vous ai armé des fils qui doivent vous conduire : la prédication de l'Évangile, ou l'initiation générale des hommes à la vérité intellectuelle et à la vérité morale; la venue des barbares.

Deux grandes invasions de ces peuples sont à distinguer : la première commence sous Dèce, et s'arrête sous Aurélien ; à cette époque les barbares, presque tous païens, se jetèrent en ennemis sur l'empire; la seconde invasion eut lieu pendant le règne de Valentinien et de Valens : alors convertis en partie au christianisme, les barbares entrèrent dans le monde civilisé comme suppliants, hôtes ou alliés des césars. Appelés pendant trois siècles par la foiblesse de l'État et par les factions, soutenant les divers prétendants de l'empire, ils se battirent les uns contre les autres au gré des maîtres qui les payoient et qu'ils écrasèrent : tantôt enrôlés dans les légions, dont ils devenoient les chefs ou les soldats, tantôt esclaves, tantôt dispersés en colonies militaires, ils prenoient possession de la terre avec l'épée et la charrue. Ce n'étoit toutefois que rarement et à contre-cœur qu'ils labouroient: pour engraisser les sillons, ils trouvoient plus court d'y verser le sang d'un Romain que d'y répandre leurs sueurs.

Or, il convient de savoir où en étoit l'empire lorsque arrivèrent les deux invasions générales de ces peuples, nos ancêtres; peuples qui n'étoient pas même indiqués dans les géographies : ils habitoient au delà des limites du monde connu de Strabon, de Pline, de Ptolémée, un pays ignoré; force fut de les placer sur la carte quand Alaric et Genseric eurent écrit leurs noms au Capitole.

PREMIER DISCOURS.

PREMIÈRE PARTIE.

DE JULES CÉSAR A DÈCE OU DECIUS.

Après avoir prêché l'Évangile, Jésus-Christ laisse sa croix sur la terre : c'est le monument de la civilisation moderne. Du pied de cette croix, plantée à Jérusalem, partent douze législateurs, pauvres, nus, un bâton à la main, pour enseigner les nations et renouveler la face des royaumes.

Les lois de Lycurgue n'avoient pu soutenir Sparte, la religion de Numa n'avoit pu faire durer la vertu de Rome au delà de quelques centaines d'années ; un pêcheur, envoyé par un faiseur de jougs et de charrues, vient établir au Capitole cet empire qui compte déjà dix-huit siècles, et qui, selon ses prophéties, ne doit point finir.

Depuis longtemps Rome républicaine avoit répudié la liberté, pour devenir la concubine des tyrans : la grandeur de son premier divorce lui a du moins servi d'excuse. César est l'homme le plus complet de l'histoire, parce qu'il réunit le triple génie du politique, de l'écrivain et du guerrier. Malheureusement César fut corrompu comme son siècle : s'il fût né au temps des mœurs, il eût été le rival des Cincinnatus et des Fabricius, car il avoit tous les genres de force. Mais quand il parut à Rome, la vertu étoit passée ; il ne trouva plus que la gloire : il la prit, faute de mieux.

<small>AUGUSTE.
An de R.
725 ;
An de J.-C.
29.</small>

Auguste, héritier de César, n'étoit pas de cette première race d'hommes qui font les révolutions ; il étoit de cette race secondaire qui en profite, et qui pose avec adresse le couronnement de l'édifice dont une main plus forte a creusé les fondements : il avoit à la fois l'habileté et la médiocrité nécessaires au maniement des affaires, qui se détruisent également par l'entière sottise ou par la complète supériorité.

La terreur qu'Auguste avoit d'abord inspirée lui servit : les partis tremblants se turent ; quand ils virent l'usurpateur faire légitimer son autorité par le sénat[1], maintenir la paix, ne persécuter personne, se donner pour successeur au consulat un ancien ami de Brutus, ils se réconcilièrent avec leurs chaînes. L'astucieux empereur affectoit les formes républicaines ; il consultoit Agrippa, Mécène, et peut-être Virgile[2], sur le rétablissement de la liberté, en même temps qu'il envahissoit tous les pouvoirs[3], se faisoit investir de la puissance législative[4], et instituoit les gardes prétoriennes[5]. Il chargea les muses de désarmer l'histoire, et le monde a pardonné l'ami d'Horace.

Les limites de l'empire romain furent ainsi fixées par Auguste[6] :

Au nord, le Rhin et le Danube ;

1. Hæc cum Cæsar ita recitasset, mire senatorum animi affecti sunt. Fuerunt pauci qui ejus animum intelligerent ideoque adstipularentur ; reliqui aut suspicabantur quo hæc consilia dicta essent, aut fidem iis habebant. Horum alteri artificium in occultanda callide sua sententia Cæsaris admirabantur, alteri hoc ejus propositum, alteri ægre ejus versutiam, alteri pœnitentiam captæ reipublicæ procurationis ferebant : jam enim exstiterant qui popularem reipublicæ formam ut turbulentam odissent ac mutationem ejus approbarent, Cæsarisque imperio delectarentur..... proinde, cum frequenter etiam dicenti adhuc acclamassent, ubi peroravit, multis omnes eum verbis precati sunt ut solus imperii summam gereret : multisque quibus id ei persuaderent adductis argumentis tandem eo compulerunt ut principatum solus obtineret. (DIONIS *Hist. Rom.*, lib. LIII, ed. Joannis Leunclavii, p. 502, 503.)

2. Ad quam deliberationem quum Agrippam Mæcenatemque adhibuisset (nam cum his de omnibus arcanis suis communicare solebat), prior in hanc sententiam Agrippa locutus est. (*Id. ibid.* lib. LII, p. 463.)

In qua re diversæ sententiæ consultos habuit, Mæcenatem et Agrippam... quare Augusti animus hinc ferebatur et illinc... Rogavit igitur Maronem an conferat privato homini se in sua republica tyrannum facere. (Pag. ultim. *Vitæ Virgilii* tributæ Donato, edit. 1699, a P. Ruæo ; Parisiis.)

3. In hunc modum pugna navalis facta est 4 nonas septembris. Id a me non frustra commemoratum est, dies annotare alioquin non solito ; sed quod ab ea die primum Cæsar solus rerum potitus est, imperiique ejus recensio præcise ab ea sumitur. (DIONIS CASSII *Hist. Rom.*, lib. LI, p. 442, edit. Joannis Leunclavii.)

Hoc autem anno (ab urbe condita 735), vere iterum penes unum hominem summa totius reipublicæ esse cœpit. Quamquam armorum deponendorum, resque omnes senatus populique potestati tradendi consilium Cæsar agitaverit. (*Id. ibid.*, lib. LII, p. 463 ; lib. LIII, p. 474, 511, n° 2, p. 40.)

4. Quod principi placuit, legis habet vigorem : utpote cum lege regia, quæ de imperio ejus lata est, populus ei et in eum omne suum imperium et potestatem conferat. (ULPIAN. lib. I, *Princ.*, etc., *de Constit. princip.*)

5. Certum numerum partim in urbis, partim in sui custodiam allegit, dimissa Calaguritanorum manu quam usque ad devictum Antonium, item Germanorum quam usque ad cladem Varianam, inter armigeros circa se habuerat : (SUET., *in Vita Aug.*)

6. Termini igitur finesque Imperii Romani sub Augusto erant : ab oriente Euphrates ; a meridie Nili cataractæ, et deserta Africæ, et mons Atlas ; ab occidente Oceanus ; a

, A l'orient l'Euphrate ;

Au midi, la haute Égypte, les déserts de l'Afrique et le mont Atlas ;

A l'occident, les mers d'Espagne et des Gaules. Trajan subjugua la Dacie au nord du Danube [1], la Mésopotamie et l'Arménie à l'est de l'Euphrate ; mais ces dernières conquêtes furent abandonnées par Adrien. Agricole acheva, sous le règne de Domitien, de soumettre la Grande-Bretagne [2] jusqu'aux deux golfes entre Dunbritton et Édimbourg.

Sous Auguste et sous Tibère, l'empire entretenoit vingt-cinq

---

septentrione Danubius et Rhenus. (JUST. LIPS., *de Magn. Rom.*, lib. I, cap. III; Antuerpiæ, 1637, 6 tom. in-fol.; — tom. III, p. 379.)

Retenti fines, seu dati Imperio Romano (sous Claude): Mesopotamia per orientem, Rhenus Danubiusque ad septentrionem, et a meridie Mauri accepere provinciis (AUR. VICT., *Hist. abbrev.*, part. II, chap. IV.; SUET., *Hist. Rom.*, vol. II, p. 127.)

Hadrianus gloriæ Trajani certum est invidisse, qui ei susceperit in imperio; sponte propria reductis exercitibus, Armeniam, Mesopotamiam et Assyriam concessit, et inter Romanos et Parthos medium Euphratem esse voluit. (SEXT. RUF., *Brev.*; SUET., *Hist. Rom.*, vol. II, p. 166.)

1. Romani Imperii, quod post Augustum defensum magis fuerat quam nobiliter ampliatum, fines longe lateque diffudit: urbes trans Rhenum in Germania reparavit: Daciam, Decibalo victo, subegit, provincia trans Danubium facta in his agris quos nunc Teciphali, et Netophali et Thenbirgi habent. Ea provincia decies centena millia passuum in circuitu tenuit. Armeniam, quam occupaverunt Parthi, recepit, Parthamasire occiso, qui eam tenebat. Albanis regem dedit. Iberonem regem, et Sauromatorum, et Bosporanorum, et Arabum, et Osdroenorum et Colchorum, in fidem accepit. Corduenos, Marcomedos occupavit, et Anthemusiam, magnam Persidis regionem; Seleuciam et Ctesiphontem, Babylonem et Messenios vicit ac tenuit: usque ad fines et mare Rubrum accepit; atque ibi tres provincias fecit, Armeniam, Assyriam, Mesopotamiam, cum his gentibus quæ Madenam attingunt Arabiam postea in provinciæ formam redegit; in mari Rubro classem instituit, ut per eam Imbriæ fines vastaret. (EUTROP., lib. VIII, cap. II et III; Lugduni Batavorum, 1762, in-8°, p. 360 et seqq.)

Trajanus, qui post Augustum Romanæ reipublicæ movit lacertos, Armeniam recepit a Parthis. Sublato diademate, regi Armeniæ majoris regnum ademit. Albanis regem dedit. Iberos, Bosphoranos, Colchos, in fidem Romanæ ditionis accepit. Saracenorum loca et Arabum occupavit. Corduenos et Marcomedos obtinuit, Anthemusiam, optimam Persidis regionem, Seleuciamque et Ctesiphontem ac Babyloniam accepit et tenuit. Usque ad Indiæ fines post Alexandrum accepit. In mari Rubro classem instituit. (SEXT. RUF., *Brev.*; SUET., *Hist. Rom.*, vol. II, p. 165.)

2. Quarta æstas obtinendis, quæ percurrerat, insumpta. Ac, si virtus exercituum et Romani nominis gloria pateretur, inventus in ipsa Britannia terminus. (TAC., *Agric.*, cap. XXIII; SUET., *Hist. Rom.*, vol. III, p. 369.)

Britanniæ situm populosque multis scriptoribus numeratos, non in comparationem curæ ingeniive referam; sed quia tunc primum perdomita est. (TAC., *Agric.*, cap. X; SUET., *Hist. Rom.*, vol. III, p. 366.)

légions[1]; elles furent portées à trente sous le règne d'Adrien[2]. Le nombre de soldats qui composoient la légion ne fut pas toujours le même; en le fixant à douze mille cinq cents hommes, on trouvera qu'un si vaste État n'étoit gardé du temps des premiers empereurs que par trois cent vingt-deux mille cinq cents, et ensuite par trois cent soixante-quinze mille hommes. Six mille huit cent trente-et-un Romains proprement dits et cinq mille six cent soixante-neuf alliés ou étrangers formoient le complet de la légion : sous la tyrannie, ce n'étoit plus Rome, c'étoient les provinces qui fournissoient les Romains. Les Celtibériens furent les premières troupes salariées introduites dans les légions[3]. Rome avoit combattu elle-même pour sa liberté; elle confia à des mercenaires le soin de défendre son esclavage.

Seize légions bordaient le Rhin et le Danube[4]; deux étoient cantonnées dans la Dacie, trois dans la Mésie, quatre dans la Pannonie, une

---

1. Sed præcipuum robur Rhenum juxta, commune in Germanos Gallosque subsidium, octo legiones erant. Hispaniæ, recens perdomitæ, tribus habebantur. Mauros Juba rex acceperat donum populi Romani. Cætera Africæ per duas legiones : parique numero Ægyptus. Dehinc initio ab Syria usque ad flumen Euphratem, quantum ingenti terrarum fines ambitur, quatuor legionibus coercita: accolis Ibero Albanoque et aliis regibus, qui magnitudine nostra proteguntur adversum externa imperia. Et Thraciam Rhœmetalces ac liberi Cotyis; ripamque Danubii legionum in Pannonia, ducere in Mœsia attinebant: totidem apud Dalmatiam locatis, quæ positu regionis a tergo illis, ac, si repentinum auxilium Italia posceret, haud procul accirentur. (TAC., *Ann.*, lib. IV, cap. V; SUET., *Hist. Rom.*, vol. III, p. 185.)

Alebantur eo tempore legiones civium Romanorum XXIII, aut, quem alii numerum ponunt, XXV. (DION., lib. LV cap. XXIII. Stamburgi, 1752, in-fol., p. 794.)

2. Arguentibus amicis quod (Favonius) male cederet Hadriano, de verbo quod idonei auctores usurpassent, risum jucundissimum movit. Ait enim : « Non recte suadetis, familiares, qui non patimini me illum doctiorem omnibus credere, qui habet trigenta legiones. » (SPART., *in Hadrian.*, cap. XV; SUET., *Hist. Rom.*, vol. II, p. 281.)

Sub Augusto et Tiberio viginti quinque legiones fuerunt, ex Dione et Tacito; quin postea tamen auxerint, vix dubito, et sub Trajano atque Hadriano certum fuisse triginta, aut et supra. (LIPS., *De Magnit. Rom.*, lib. I, cap. IV; Antuerpiæ, 1637, in-fol.; tom. III, p. 379.)

3. Id modo ejus anni in Hispania ad memoriam insigne est, quod mercenarium militem in castris neminem ante quam tum Celtiberos Romani habuerunt. (TIT. LIV., lib. XXIV, cap. XLIX; Lugduni Batavorum et Amstelodami, 1740, 4°; tom. III, p. 934.)

4. Il y avoit vingt-huit légions sous Auguste, dont on peut voir la distribution dans le passage de Tacite; ensuite on en changea le nombre et la destination.

Sed hæc ita sub Augusto : ut tamen tetigi creverunt, et primum Claudius imperator, Britannia domita, legiones in ea tres locavit, manseruntque. Tum Vespasianus duas etiam in Cappadocia, et Trajanus deinde in Dacias duas. (JUST. LIPS., *De Magnit. Rom.*, lib. I, cap. IV; Antuerpiæ, 1637, in-fol.; tom. III, p. 379.)

Sous le règne d'Alexandre Sévère il n'en restoit que dix-neuf des vingt-huit d'Au-

dans la Norique, une dans la Rhétie, trois dans la haute et deux dans la basse Germanie ; la Bretagne étoit occupée par trois légions ; huit légions, dont six séjournoient en Syrie et deux en Cappadoce, suffisoient à la tranquillité de l'Orient. L'Égypte, l'Afrique et l'Espagne se maintenoient en paix, chacune sous la police d'une légion. Seize mille hommes de cohortes de la ville et des gardes prétoriennes [1] protégeoient en Italie le double monument de la liberté et de la servitude, le Capitole et le palais des Césars.

Trois flottes, la première à Ravenne, la seconde à Misène, la troisième à Fréjus, veilloient à la sûreté de la Méditerranée orientale et

guste, les autres ayant été ou dissoutes ou réunies, ainsi que Dion le dit; mais d'autres y furent ajoutées par les successeurs d'Auguste.

Alebantur eo tempore (Augusti ævo) legiones civium Romanorum xxiii, aut, quem alii numerum ponunt, quinque et viginti ; nostro tempore solæ novemdecim ex iis restant : nempe secunda legio Augusta, cujus in superiori Britannia sunt hiberna ; tres tertiæ, una in Phœnicia, Gallica nomine; altera in Arabia, Cyrenaica dicta legio; tertia Augusta, in Numidia ; quarta, Scythica, in Syria ; quinta, Macedonica, in Dacia ; sextæ duæ, una in inferiori Britannia, Victrix ; altera in Judæa, Ferrata : septima in Mysia superiore, Claudiana præcipue nuncupata ; octava, Augusta, in Germania superiore; decima utraque gemina, cum quæ in Pannonia superiore, tum quæ in Judæa posita est ; undecima in Mysia inferiore, Claudiana cognomento (hæ duæ legiones a Claudio sunt nominatæ, quod adversus eum in seditione Camilli non rebellassent) ; duodecima in Cappadocia, Fulminifera; decimatertia gemina in Dacia; decimaquarta gemina in Pannonia superiore : decimaquinta, Apollinaris, in Cappadocia ; Vicesima Valeria et Victrix, in Britannia superiore versantes : quam vicesimam, ut mihi videtur, eamdem cum ea legione cui pariter nomen est Vicesimæ et cui hiberna in superiore sunt Germania (quamvis non ab omnibus Valeria dicatur, neque hodie id nomen retineat), Augustus acceptam servavit. Hæ itaque legiones Augusti supersunt, reliquis aut omnino dispersatis aut ab ipso Augusto, et aliis imperatoribus inter cæteras legiones admixtis, unde Geminarum appellatio tracta putatur. — Ac quoniam quidem semel de legionibus dicere cœpi, lubet reliquas etiam superstites, ab aliis imperatoribus deinceps lectas, hoc loco referre, ut qui de his cognoscere cupit uno omnia loco facilius percipiat. Nero legionem primam, Italicam nuncupatam, instituit in Inferiori Mysia hiemantem; Galba primam Adjutricem, in inferiori Pannonia, septimam in Hispania ; Vespasianus secundam Adjutricem in Pannonia inferiori, quartam in Syria Harsam ; Domitianus primam Minensiam in Germania inferiori ; Trajanus secundam Ægyptiam, et trigesimam Germanicam, quibus a suo nomine nomen imposuit; Marcus Antoninus secundam in Norico, tertiam in Rhætia : quæ etiam Italicæ vocantur : Severus Parthicas primam et tertiam in Mesopotamia, secundamque Mediam in Italia. Nostro itaque tempore tot sunt legiones civium, præter urbanos et prætorianos : sub Augusto autem seu xxiii, seu xxv ictæ alebantur, ac multæ etiam aliæ auxiliariæ, equitum peditumque et classiariorum, qua non certus numerus mihi non constat. (Dion., lib. lv, cap. xxiii et liv; Hamburgi, 1752, in-fol., p. 794 et seqq.)

1. Οἵ τε σωματοφύλακες, μύριοι ὄντες, καὶ δεκαχῇ τεταγμένοι, καὶ οἱ τῆς πόλεως φρουροὶ ἑξακισχίλιοί τε ὄντες, καὶ τετραχῇ νενεμημένοι.

Decies item mille prætoriani milites in decem divisi cohortes : ultro præsidiani, ad

occidentale [1] : une quatrième commandoit l'Océan, entre la Bretagne et les Gaules, une cinquième couvroit le Pont-Euxin, et des barques montées par des soldats stationnoient sur le Rhin et le Danube [2] : telle étoit la force régulière de l'empire. Cette force, accrue graduellement, ne s'élevoit pas toutefois au delà de quatre cent cinquante mille hommes, au moment où des myriades de barbares se préparoient à l'attaquer. Il est vrai que tout Romain étoit réputé soldat, et que dans certaines occasions on avoit recours aux levées extraordinaires connues sous le nom de *conjuration* ou d'*évocation*, et exécutées par les *conquisitores* [3]. On arboroit dans ce cas du *tumulte* deux pavillons au Capitole, un rouge, pour rassembler les fantassins, l'autre bleu, pour réunir les cavaliers.

Une ligne de postes fortifiés, surtout au bord du Rhin et du Danube, dans certains endroits des murailles, des manufactures d'armes pla-

---

sex millia, in quatuor cohortes distributi. (Dion., lib. LV, cap. XXIV; Hamburgi, 1752, in-fol., p. 797.)

Totidem (legionibus) apud Dalmatiam locatis, quæ positu regionis a tergo illis, ac si repentinum auxilium Italia posceret, haud procul accirentur; quamquam incideret urbem propius miles, tres urbanæ, novem prætoriæ cohortes, Etruria ferme Umbriaque delectæ, aut vetere Latio, et coloniis antiquitus Romanis. (Tac., *Ann.*, lib. IV, cap. V; Suet., *Hist. Rom.*, vol. III, p. 185.)

Elles furent augmentées sous Vitellius.

Insuper confusus, pravitate vel ambitu, ordo militiæ. Sedecim prætoriæ, quatuor urbanæ cohortes scribebantur, queis singula millia inessent. (Tac., *Hist.*, lib. II, cap. XCIII; Suet., *Hist. Rom.*, vol. III, p. 311.)

1. Ex militaribus copiis legiones et auxilia provinciatim distribuit : classem Miseni, et alterum Ravennæ, ad tutelam superi et inferi maris, collocavit. (Suet., *Aug.*, cap. XLIX; Suet., *Hist. Rom.*, vol. III, p. 30.)

Italiam utroque mari duæ classes, Misenum apud et Ravennam, proximumque Galliæ littus rostratæ naves præsidebant, quas Actiaca victoria captas Augustus in oppidum Forojuliense miserat, valido cum remige. (Tac., *Ann.*, IV, cap. V; Suet., *Hist. Rom.*, vol. III, p. 185.)

Apud Misenum ergo et Ravennam singulæ legiones cum classibus stabant, ne longius a tutela urbis abscederent; et cum ratio postulasset, sine mora, sine circuitu ad omnes mundi partes navigio pervenirent. (Veget., lib. IV, cap XXXI; Vesaliæ Clivorum, 1670, in-8°, p. 133.)

2. Igitur digressus castellis Vannius, funditur prælio : quamquam rebus adversis, laudatus quod et pugnam manu capescit, et corpore adverso vulnera excepit. Cæterum ad classem in Danubio opperientem perfugit. (Tac., *Ann.*, lib. XII, cap. XXX; Suet., *Hist. Rom.*, vol. III, p. 224.)

Nam per Rheni quidem ripam quinquaginta amplius castella direxit, Bonnam et Geconiam cum pontibus junxit, classibusque firmavit. (Hor., lib. IV, cap. XII; Suet., *Hist. Rom.*, vol. II, p. 51.)

3. *Qui rempublicam salvam esse vult, me sequatur,* disoit le consul. *Tumultus quasi timor multus, vel a tumeo.* (Cic., *Phil.*)

cées à distance convenable, complétoient le système défensif des Romains. Ce système changea peu depuis le règne d'Auguste jusqu'à celui de Dèce. On ajouta seulement à la défense ce que l'expérience avoit fait juger utile.

Sous Auguste s'alluma cette guerre de la Germanie où Varus perdit ses légions.

Lorsque Auguste entroit dans son douzième consulat, et que Caius César étoit déclaré prince de la jeunesse, que se passoit-il dans un petit coin de la Judée?

« Vers ce même temps, on publia un édit de César Auguste pour faire le dénombrement des habitants de toute la terre.

« Joseph partit aussi de la ville de Nazareth, qui étoit en Galilée, et vint en Judée à la ville de David, appelée Bethléem, parce qu'il étoit de la maison et de la famille de David ;

« Pour se faire enregistrer avec Marie, son épouse, qui étoit grosse.

« Pendant qu'ils étoient en ce lieu, il arriva que le temps auquel elle devoit accoucher s'accomplit.

« Et elle enfanta son fils premier-né ; et l'ayant emmaillotté, elle le coucha dans une crèche, parce qu'il n'y avoit point de place pour eux dans l'hôtellerie.

« Or, il y avoit aux environs des bergers qui passoient la nuit dans les champs, veillant tour à tour à la garde de leur troupeau.

« Et tout d'un coup un ange du Seigneur se présenta à eux, et une lumière divine les environna, ce qui les remplit d'une extrême crainte.

« Alors l'ange leur dit : Ne craignez point, car je vous viens apporter une nouvelle qui sera pour tout le peuple le sujet d'une grande joie.

« C'est qu'aujourd'hui, dans la ville de David, il vous est né un Sauveur, qui est le Christ. »

Ces merveilles furent inconnues à la cour d'Auguste, où Virgile chantoit un autre enfant : les fictions de sa muse n'égaloient pas la pompe des réalités dont quelques bergers étoient témoins. Un enfant de condition servile, de race méprisée, né dans une étable à Bethléem, voilà un singulier maître du monde, et dont Rome eût été bien étonnée d'apprendre le nom ! Et c'est néanmoins à partir de la naissance de cet enfant qu'il faut changer la chronologie et dater la première année de l'ère moderne [1].

---

1. La vraie chronologie doit placer la naissance de Jésus-Christ au 25 décembre de l'an de Rome 751, la vingt-septième année du règne d'Auguste; mais l'ère commune la compte, comme je l'ai remarqué, de l'an 754 de la fondation de Rome.

Tibère, successeur d'Auguste, ne se donna pas comme lui la peine de séduire les Romains; il les opprima franchement, et les contraignit à le rassasier de servitude. En lui commença cette suite de monstres nés de la corruption romaine.

An de J.-C. 14.

Le premier dans l'ordre des temps, il fut aussi le plus habile; tout dégénère, même la tyrannie : des tyrans actifs on arrive aux tyrans fainéants.

Tibère étendit le crime de lèse-majesté qu'avoit inventé Auguste. Ce crime devint une loi de finances, d'où naquit la race des délateurs; nouvelle espèce de magistrature, que Domitien déclara sacrée sous la justice des bourreaux [1].

Tibère sacrifia les droits du peuple aux sénateurs, et les personnes des sénateurs au peuple, parce que le peuple, pauvre et ignorant, n'avoit de force que dans ses droits, et que les sénateurs, riches et instruits, ne tiroient leur puissance que de leur valeur personnelle.

Tibère mêloit à ses autres défauts celui des petites âmes, la haine pour les services qu'on lui avoit rendus, et la jalousie du mérite : le talent inquiète la tyrannie; foible, elle le redoute comme une puissance; forte, elle le hait comme une liberté.

Les mœurs de Tibère étoient dignes du reste de sa vie; mais on se taisoit sur ses mœurs, car il appeloit ses crimes au secours de ses vices : la terreur lui faisoit raison du mépris.

La guerre des Germains continua sous ce prince; elle servit aux victoires de Germanicus, et celles-ci préparèrent le poison qui les devoit expier. Les triomphes de Germanicus lui coûtèrent la vie : il mourut de sa gloire, si j'ose parler ainsi.

L'année où sa veuve, la première Agrippine, après de longues souffrances, alla le rejoindre dans la tombe, le Fils de l'Homme achevoit sa mission : il rapportoit aux peuples la religion, la morale et la liberté au moment où elles expiroient sur la terre.

« Cependant la mère de Jésus et la sœur de sa mère, Marie, femme de Cléophas, et Marie-Madeleine, se tenoient auprès de sa croix.

---

1. Legem majestatis reduxerat : cui nomen apud veteres idem, sed alia in judicium veniebant: Si quis proditione exercitum aut plebem seditionibus denique, male gesta republica, majestatem populi Romani minuisset. Facta arguebantur, dicta impune erant. Primus Augustus cognitionem de famosis libellis specie legis ejus tractavit, commotus Cassii Severi libidine, qua viros feminasque illustres, procacibus scriptis diffamaverat. Mox Tiberius, consultante Pompeio Macro prætore : *an judicia majestatis redderentur? Exercendas leges esse,* respondit. (TAC., *Ann.*, lib. I, cap. LXXII, p. 128 et 129, edit. 1715 a Christ. Hauffio; Leipsick. — *Cod.*, lib. IX, tit. VIII, *Ad legem Juliam majestatis.* — *Digest..* eodem.)

« Jésus ayant donc vu sa mère, et près d'elle le disciple qu'il aimoit, dit à sa mère : Femme, voilà votre Fils.

« Puis il dit au disciple : Voilà votre mère. Et depuis cette heure-là ce disciple la prit chez lui.

« Après, Jésus sachant que toutes choses étoient accomplies, afin qu'une *parole de* l'Écriture s'accomplît encore il dit : J'ai soif.

« Et comme il y avoit là un vase plein de vinaigre, les soldats en emplirent une éponge, et, l'environnant d'hysope, la lui présentèrent à la bouche.

« Jésus, ayant donc pris le vinaigre, dit : Tout est accompli. Et baissant la tête, il rendit l'esprit. »

A cette narration, on ne sent plus le langage et les idées des historiens grecs et romains ; on entre dans des régions inconnues. Deux mondes étrangement divers se présentent ici à la fois : Jésus-Christ sur la croix, Tibère à Caprée.

La publication de l'Évangile commença le jour de la Pentecôte de cette même année. L'Église de Jérusalem prit naissance : les sept diacres, Étienne, Philippe, Prochore, Nicanor, Timon, Parmenas et Nicolas, furent élus [1]. Le premier martyre eut lieu dans la personne de saint Étienne [2] ; la première hérésie se déclara par Simon le magicien [3], et fut suivie de celle d'Apollonius de Tyane. Saul, de persécuteur qu'il étoit, devint l'apôtre des gentils sous le grand nom de Paul. Pilate envoya à Rome les actes du procès du fils de Marie ; Tibère proposa au sénat de mettre Jésus-Christ au nombre des dieux [4]. Et l'histoire romaine a ignoré ces faits.

Après Tibère, un fou et un imbécile, Caligula et Claude, furent suscités pour gouverner l'empire, lequel alloit alors tout seul et de

---

1. Et elegerunt Stephanum, virum plenum fide et spiritu sancto, et Philippum et Prochorum, et Nicanorem et Timonem, et Parmenam et Nicolaum advenam Antiochenum. (*Act. Apost. V. S.*, p. 289 ; Lyon, 1684.)

2. Et lapidabant Stephanum invocantem et dicentem : « Domine Jesu, suscipe spiritum meum. »

3. Simon, nimirum quidam Samaritanus, in vico cui Gitthon nomen est, natus sub Claudio Cæsare... propter magicas quas exhibuit virtutes deus habitus, et statua apud eos veluti deus honoratur : quæ statua in amne Tiberi, inter duos pontes est erecta, latinam hanc habens inscriptionem : *Simoni deo sancto* ; ac Samaritani prope omnes, ex aliis nationibus etiam perpauci, illum quasi primum deum esse confitentes, adorant quoque. (Juff., *Mart. Apol.*, t. II, p. 69.)

4. Pilato de christianorum dogmate ad Tiberium referente, Tiberius retulit ad senatum ut inter cætera sacra reciperetur. Verum, cum ex consultu patrum christianos eliminari urbe placuisset, Tiberius post edictum accusatoribus christianorum comminatus est mortem, scribit Tertullianus in *Apologetico*. (Euseb. Cæs. *Chron.*, an. Dom. xxxviii ; Bâle.)

lui-même, comme leur prédécesseur l'avoit monté, avec la servitude et la tyrannie.

Il faut rendre justice à Claude ; il ne vouloit pas la puissance : caché derrière une porte pendant le tumulte qui suivit l'assassinat de Caius, un soldat le découvrit et le salua empereur [1]. Claude, consterné, ne demandoit que la vie ; on y ajoutoit l'empire, et il pleuroit du présent.

Sous Claude commença la conquête de la Grande-Bretagne : né à Lyon, l'empereur introduisit les Gaulois dans le sénat.

Les Juifs persécutés à Alexandrie députèrent Philon à Caligula. Hérode Antipas [2] et Pilate furent relégués dans les Gaules. Corneille est le premier soldat romain qui reçut la foi.

Le nombre des disciples de l'Évangile s'accroît, les sept Églises de l'Asie Mineure se fondent. C'est dans Antioche que les disciples de l'Évangile reçoivent pour la première fois le nom de *chrétiens* [3]. Pierre, emprisonné à Jérusalem par Hérode Agrippa, est délivré miraculeusement. Ce prince d'une espèce nouvelle, dont les successeurs étoient appelés à monter sur le trône des césars, entra dans Rome [4], le bâton

---

1. Neque multo post, rumore cædis exterritus, processit ad solarium proximum, interque prætenta foribus vela se abdidit : latentem discurrens, forte gregarius miles, animadversis pedibus, e studio sciscitandi quisnam esset, agnovit, extractumque, et præ metu ad genua sibi accidentem, imperatorem salutavit. (*Vita Claudii*, cap. II, p. 202 ; édit. de 1761, par Ophelot de La Pause ; Paris.)

2. Anno Domini 38, — regnante Caligula, — Herodes Lugdunum Galliæ mittitur in exilium. (JOSEPH., 18-14.)

Interea Tiberius duobus et viginti circiter annis sui principatus exactis, vivendi finem fecit : postquam Caius imperium suscepit, et continuo Judæorum principatum tradidit. Agrippæ simul et Philippi ac Lysianæ tetrarchias, cum quibus et paulo post Herodis eidem pariter contulit. Ipsum vero Herodem qui vel in Johannis nece auctor exstiterat, vel in passione Domini interfuerat, multis excruc'atum modis, æterno damnat exilio : sicut Josephus in his quæ supra inseruimus scribit. (EUSEBII CÆS. *Historiæ*, lib. II, p. 482, édit. 1559 ; Basileæ, per Henricum Petri, in-4°.)

Voici le passage qu'Eusèbe, d'après Nicéphore et Josèphe (*Antiq. Jud.*), rapporte dans l'endroit indiqué :

In tantas et tam graves calamitates, ut fertur, incurrit ut, necessitate adductus, sibi propria manu mortem consciscereret, suorumque ipse scelerum vindex exsisteret. (EUSEB., *Hist. Eccles.*, lib. II, cap. VII.)

3. Et annum totum conversati sunt ibi in ecclesia, et docuerunt turbam multam, ita ut cognominarentur primum Antiochiæ discipuli christiani. (*Act. Apostolor.*, cap. XI, vers. XXVI, p. 295 ; Lugduni, 1684.)

4. Continuo namque in ipsis Claudii temporibus, clementia divinæ Providentiæ probatissimum omnium apostolorum et maximum fidei, magnificentiæ et virtutis merito primorum principem Petrum, ad urbem Romam, velut adversum humani generis communem perniciem repugnaturum deducit, ducem quemdam et magistrum militiæ suæ, scientem divina prælia gerere, et virtutum castra ducere, iste adve-

pastoral à la main, la seconde année du règne de Claude. Avant de se disperser pour annoncer le Messie, les apôtres composèrent à Jérusalem le symbole de la foi. Cette charte des chrétiens, qui devoit devenir la loi du monde, ne fut point écrite : Jésus-Christ n'écrivit rien ; sept de ses apôtres n'ont laissé que leurs œuvres ; il y en a d'autres, dont on ne sait pas même le nom : et la doctrine de ces inconnus a parcouru la terre! Jean enseigna dans l'Asie Mineure, et retira chez lui Marie, que le Sauveur lui avoit léguée du haut de la croix ; Philippe alla dans la haute Asie, André chez les Scythes, Thomas chez les Parthes, et jusqu'aux Indes où Barthélemy porta l'évangile de saint Matthieu, écrit le premier de tous les évangiles. Simon prêcha en Perse, Matthias en Éthiopie, Paul dans la Grèce; Marc, disciple de Pierre, rédigea son évangile à Rome, et Pierre envoya des missionnaires en Sicile, en Italie, dans les Gaules, et sur les côtes de l'Afrique. Saint Paul arrivoit à Éphèse lorsque Claude mourut, et il catéchisa lui-même dans la Provence et dans les Espagnes.

Nous apprenons par les épîtres de cet apôtre que les premiers chrétiens et les premières chrétiennes à Rome furent Epenitas, Marie, Andronic, Junia, Ampliat, Urbain, Stachys, Appelès. Paul salua encore les fidèles de la maison d'Aristobule et ceux de la maison de Narcisse[1], le fameux favori de Claude. Ces noms sont bien obscurs, et ne se trouvèrent point dans les documents fournis à Tacite ; mais il est assez merveilleux sans doute de voir, du point où nous sommes parvenus, le monde chrétien commencer inconnu dans la maison d'un affranchi que l'histoire a cru devoir inscrire dans ses fastes.

De même que tous les conquérants sont devenus des Alexandre, tous les tyrans ont hérité du nom de Néron. On ne sait trop pourquoi ce prince a joui de cet insigne honneur, car il ne fut ni plus cruel que Tibère, ni plus insensé que Caligula, ni plus débauché qu'Éliogabale : c'est peut-être parce qu'il tua sa mère, et qu'il fut le premier persécuteur des chrétiens. Peut-être encore son enthousiasme pour les arts donna-t-il à sa tyrannie un caractère ridicule qui a servi à la faire

---

niens ex orientis partibus, ut cœlestis quidam negotiator, mercimonia divini luminis, si quis sit comparare paratus, advexit, et salutaris prædicationis verbo primus in urbe Roma Evangelii sui clavibus januam regni cœlestis aperuit (Euseb. Cæs., *Hist. Eccles.*, lib. ii, p. 487, edit. Basileæ, per Henric. Petri ; 1559, in-4º.)

Petrus apostolus, natione Galilæus, christianorum pontifex, cum primum Antiochenam Ecclesiam fundasset, Romam proficiscitur, ubi Evangelium prædicans viginti quinque annis ejus urbis episcopus perseverat. (Eusebii Cæsaris *Chronicon*, D. Hieronymo interprete, anno Dom. 44, p. 77, edit. Basileæ, per Henricum Petri ; 1559.)

1. Salutate eos qui sunt ex Narcissi domo qui sunt in Domino. (*Ep.* 16 B. Pauli *ad Romanos*, vers. 11.)

remarquer. Le beau ciel de Baia et les fêtes étoient les tableaux où Néron aimoit à placer ses crimes.

Les sénateurs qui le condamnèrent à mort lui prouvèrent qu'un artiste ne vit pas partout, comme il avoit coutume de le dire, en chantant sur le luth[1]. Ces esclaves, qui jugèrent leur maître tombé, n'avoient pas osé l'attaquer debout : ils laissèrent vivre le tyran ; ils ne tuèrent que l'histrion.

L'incendie de Rome, dont on accusa les chrétiens, que l'on confondoit avec les Juifs, produisit la première persécution : les martyrs étoient attachés en croix comme leur *Maître,* ou revêtus de peaux de bêtes et dévorés par des chiens, ou enveloppés dans des tuniques imprégnées de poix, auxquelles on mettoit le feu[2] : la matière fondue couloit à terre avec le sang. Ces premiers flambeaux de la foi éclairoient une fête nocturne que Néron donnoit dans ses jardins : à la lueur de ces flambeaux il conduisoit des chars.

An de J.-C.
64.

Paul, accusé devant Félix et devant Festus, vient à Rome, où il prêche l'Évangile avec Pierre[3].

Hérésie des nicolaïtes, laquelle avoit pris son nom de Nicolas, un des premiers sept diacres. Saint Jacques, évêque de l'Église juive, avoit souffert le martyre. La guerre de Judée commençoit sous Sextus Gallus, et les chrétiens s'étoient retirés de Jérusalem.

Apollonius de Tyane, débarqué dans la capitale du monde pour voir, disoit-il, quel animal c'étoit qu'un tyran[4], s'en fit chasser avec les

---

1. Prædictum a mathematicis Neroni olim erat, fore ut quandoque destitueretur. Unde vox ejus celeberrima : τὸ τέχνιον πᾶσα γαῖα τρέφει. (SUET., *in Vit Neronis.*)

2.   Pone Tigellinum, tæda lucebis in illa
     Qua stantes ardent : qui fixo gutture fumant
     Et latum media sulcum deducit arena.
                    (Juv., *Sat.* I, vers. 139.)

Afflicti periculis christiani. (SUET., *in Vit. Neronis,* p. 251, cap. XVI.)

Nero, quæsitissimis pœnis adfecit, quos per flagitia invisos, vulgus *christianos* appellabat.

Et pereuntibus addita ludibria, ut ferarum tergis contecti, laniatu canum interirent, aut crucibus affixi, aut flammandi, atque ubi defecisset dies, in usum nocturni luminis uterentur. (TACIT., *Annal.,* lib. XV, édit. de Barbou.)

3. Cum autem venissemus Romam, permissum est Paulo manere sibimet cum custodiente se milite. (*Act. Apost.,* cap. XXVIII, vers. 16.)

Mansit autem biennio in suo conducto; et suscipiebat omnes qui ingrediebantur ad eum.

Prædicans regnum Dei, et docens quæ sunt de Domino Jesu-Christo, cum omni fiducia, sine prohibitione.

4. Præterea tantum qui peragraverim terrarum, quantum antea mortalium nemo, belluasque viderim Arabicas, Indicasque varii generis; hæc tamen bellua quam

autres philosophes. Pierre et Paul, enfermés dans la prison Mamertine au pied du Capitole, sont mis à mort : Paul a la tête tranchée, comme citoyen romain, auprès des eaux Salviennes, dans un lieu aujourd'hui désert, où l'on voit trois fontaines, à quelque distance de la basilique appelée Saint-Paul-hors-des-Murs, qu'un incendie a détruite au moment même de la mort de Pie VII. Pierre, réputé Juif et de condition vile, fut crucifié la tête en bas sur le mont Janicule, et enterré le long de la voie Aurelia, près du temple d'Apollon[1] : là s'élèvent aujourd'hui le palais du Vatican et cette église de Saint-Pierre qui lutte de grandeur avec les plus imposantes ruines de Rome. Néron ne savoit pas sans doute le nom des deux malfaiteurs de bas lieu, condamnés par les magistrats : et c'étoient après Jésus-Christ les fondateurs d'une religion nouvelle, d'une société nouvelle, d'une puissance qui devoit continuer l'éternité de la ville de Romulus.

Lin, dont il est question dans les épîtres de saint Paul, succéda à saint Pierre; saint Clément ou saint Clé, à saint Lin.

Le peuple romain aima Néron, il espéra le retrouver après sa mort dans des imposteurs; quelques chrétiens pensèrent que Néron étoit tyrannum vulgo vocant, neque quot capita habeat novi, neque utrum curvis unguibus serratisque sit dentibus.

Καὶ ἄλλως ἐπελθὼν γῆν, ὅσην οὔπω τις ἀνθρώπων, θηρία μὲν Ἀραβιά τε καὶ Ἰνδικὰ πάμπολλα εἶδον, τὸ δὲ θηρίον τοῦτο ὃ καλοῦσιν οἱ πολλοὶ τύραννον, οὔθ᾽ ὁπόσαι κεφαλαὶ αὐτῷ εἶδα, οὔτ᾽ εἰ γαμψώνυχόν τε καὶ καρχαρόδουν ἐστί. (Philost., *in Vit. Ap. Tyan.*)

[1]. Paulum proinde Romæ, eo regnante, securi percussum, et Petrum etiam suffixum cruci, historiarum monumentis proditum est : quinetiam insignis ac testata Petri ac Pauli inscriptio, quæ in cœmeteriis Romæ ad hoc usque tempus manet, hujus rei gestæ fidem facit; atque hæc ita se habere confirmat itidem vir ecclesiasticus, Caius nomine, qui Zephyrini pontificis Romani temporibus vixit, inque disputatione scriptis prodita !...

Ego, inquit, apostolorum tropæa perspicue possum ostendere; nam, si lubet in Vaticanum proficisci, aut in viam quæ Ostiensis dicitur, te conferre, tropæa eorum qui istam Ecclesiam suo sermone et virtute stabiliverunt, invenies Porro Dionysius, Corinthiorum episcopus, illos ambos martyrium eodem tempore pertulisse, sic ad Romanos scribens commemorat : Petrum et Paulum, qui Romanos et Corinthios primum in Ecclesiam Christi inseruerunt, prudenti quadam admonitione impulsi, in unum locum conclusistis... Nam ambo... eodem tempore pariter martyrium subierunt. (Eusebii *Hist. Eccles.*, lib. ii, p. 49.)

Petrus ad extremum cum Romæ versaretur, capite deorsum statuto, sic enim perpeti cupiebat, cruci suffixus est... Quid attinet de Paulo dicere... Nerone summam rerum administrante, martyrio occubuit. Ista ab Origene ad verbum tertio tomo Commentariorum quos scripsit in *Genesim* revera commemorata sunt. (*Ibid.*, lib. iii, cap. i, p. 51.)

Petrus ad terram capite verso cruci affixus est in Vaticano juxta viam Triumphalem sepultus... Paulus vero gladio animadversus et via Ostiensi sepultus. (Baron., *Martyr.*, p. 289.)

l'Antechrist, et qu'il reparoîtroit à la fin des temps[1]; le monde païen l'attendoit pour ses délices, le monde chrétien pour ses épreuves.

Ce fut encore sous le règne de Néron que saint Marc fonda l'Église d'Alexandrie qui commença surtout parmi les thérapeutes, secte juive, livrée à la vie contemplative[2], et qui servit de premier modèle aux ordres monastiques chrétiens. Les thérapeutes différoient des esséniens, qui ne se voyoient qu'en Palestine, et qui vivoient en commun du travail de leurs mains. L'école philosophique d'Alexandrie mêla aussi ses doctrines à celles du christianisme, subtilisa la simplicité évangélique, et produisit des hérésies fameuses.

La mort de Néron causa une révolution dans l'État. L'élection passa aux légions, et la constitution devint militaire. Jusque là la dignité impériale s'étoit maintenue dans la famille d'Auguste par une espèce de droit de succession; le sénat, il est vrai, et les prétoriens avoient plus ou moins ajouté de la force à ce droit, mais enfin l'élection étoit restée attachée à la ville éternelle et au sang du premier des césars. Usurpée par les régions, elle amena des choses considérables; elle multiplia les guerres civiles, et partant les causes de destruction; l'armée nommant son maître, et ne le recevant plus de la volonté des sénateurs et des dieux, méprisa bientôt son ouvrage. Les barbares introduits dans l'armée s'accoutumèrent à faire des empereurs : quand ils furent las de donner le monde, ils le gardèrent.

Dans le despotisme héréditaire il y a des chances de repos pour les hommes; il perd de son âpreté en vieillissant. Dans le despotisme électif, chaque chef surgit à la souveraineté avec la force du premier né de sa race, et se porte à l'oppression de toute l'ardeur d'un parvenu à la puissance : on a toujours le tyran dans sa vigueur élective,

---

1. Nero... Dignus exstitit qui persecutionem in christianos primus inciperet, nescio an postremus explerit : si quidem opinione multorum receptum sit, ipsum Ante-Christum venturum. (SULPITII SEVERI *Sacræ Hist.*, lib. II, p. 95, edit. Elzeveriana; Lugduni Batavorum, anno 1643.)

Cæterum cum ab eo de fine seculi quæreremus, ait nobis (S. Martinus) Neronem et Ante-Christum prius esse venturos : Neronem in occidentali plaga regibus subactis decem imperaturum, persecutionem autem ab eo hactenus exercendam, ut idola gentium coli cogat. (SULPITII SEVERI *Dialog.* II, p. 306, edit. ead.)

2. Aiunt Marcum primum in Ægyptum trajecisse... Atque tanta hominum et mulierum fidem christianam amplexantium ex prima aggressione et conatu, pergrave in primis, sanctum et severum ejus vivendi exemplum ibi cogebatur multitudo, ut Philo ipse eorum studia, exercitationes, mores, frequentes congressus, communem inter ipsos victus rationem, suis scriptis persequi, operæ pretium existimaret... Apud nos ἀσκηταί, id est monachi... appellati sunt... Ab Hebræis, ut videtur, ducebant originem. Propterea permulta vetera instituta, propius ad Judæorum consuetudinem accedentia, observabant. (EUSEB. *Hist. eccles.*, lib. II, p. 29.)

tandis que la nation, qui ne se renouvelle pas, reste dans sa servitude héréditaire. Et comme l'Empire Romain occupoit le monde connu, comme l'empereur pouvoit être choisi partout, de là cette diversité de tyrannies selon que le maître venoit de l'Afrique, de l'Europe ou de l'Asie. Toutes les variétés d'oppression répandues aujourd'hui dans les divers climats s'asseyoient par l'élection sur la pourpre, où chaque candidat arrivoit avec son caractère propre et les mœurs de son pays.

Séjan, qui, profitant de la jalouse vieillesse de Tibère, avoit empoisonné Drusus, amené la disgrâce et par suite la mort d'Agrippine et de ses deux fils aînés, n'atteignit point le troisième fils de Germanicus. Celui-ci fut Caius Caligula : Claude, son oncle, frère de Germanicus, proclamé empereur par les prétoriens, et surtout par les Germains de la garde, eut de Messaline l'infortuné Britannicus. Agrippine, sœur de Caligula et fille de la première Agrippine, femme de Germanicus, épousa en secondes noces son oncle Claude, et lui fit adopter Néron, qu'elle avoit eu de son premier mariage avec Domitius Ahenobarbus. Néron, par-venu à l'empire après s'être défait de Britannicus, fut contraint de se tuer. En lui s'éteignit la famille d'Auguste. Malgré les vices et les crimes qui l'ont rendue exécrable, cette famille eut dans ses manières quelque chose d'élevé et de délicat que donnent l'exercice du pouvoir, l'habitude des richesses, les souvenirs d'une lignée historique. La maison de Jules prétendoit remonter d'un côté à Énée, par les rois d'Albe, de l'autre à Clausus le Sabin, et à tous les Claudius, ses fiers descendants.

Galba, qui prit un moment la place de Néron, étoit encore de race aristocratique ; mais après lui commence une nouvelle sorte de princes. Toutes les fois qu'un grand changement dans la constitution d'un État s'opère, les anciennes familles disparoissent ; soit qu'elles s'épuisent et s'éteignent réellement, soit qu'obéissant ou résistant au nouveau pouvoir elles disparoissent dans le mépris qui s'attache à leur soumission, ou dans l'oubli qui suit leur fierté. Le despotisme étoit aristocratique par l'élection du sénat, il devint démocratique par l'élection de l'armée.

Remarquons sous la première année du règne de Néron la naissance de Tacite : il parut derrière les tyrans pour les punir, comme le remords à la suite du crime. Tite-Live étoit mort sous Tibère. Tite-Live et Tacite se partagèrent le tableau des vertus et des vices de Romains ; les exemples rappelés par le premier furent aussi inutiles que les leçons données par le second.

Pendant le règne de Néron la Grande-Bretagne se souleva, et fut écrasée ; les Parthes remuèrent, et furent contenus par Corbulon, les

Germains restèrent tranquilles, hors les Frisons et les Ansibares, qui voulurent occuper le long du Rhin le pays que les Romains laissoient inculte. Le vieux chef des Ansibares, repoussé par le général romain, s'écria : « Terre ne peut nous manquer pour y vivre ou pour y mourir¹. » Nous devons compter les Ansibares au nombre de nos ancêtres ; ils firent dans la suite partie de la ligue des Franks. Galba, Othon et Vitellius passèrent vite ; ils eurent à peine le temps de se cacher sous le manteau impérial. Galba avoit dit à Pison, dans le beau discours que lui prête Tacite, que l'élection remplaceroit pour le peuple romain la liberté : cette liberté ne fut que la décision de la force.

GALBA,
OTHON,
VITELLIU
emp.
CLET, CLÉMENT
papes.
An de J.-C.
68-69.

Quelques mots de Galba sont dignes de l'ancienne Rome dont il conservoit le sang. Des légionnaires sollicitoient une gratification nouvelle : « Je choisis des soldats, répondit-il, et ne les achète pas². »

Othon venoit de soulever les prétoriens; un soldat se présente à Galba l'épée nue, affirmant avoir tué Othon : « Qui te l'a ordonné? » dit le vieil empereur³.

Galba fut massacré sur la place publique. Entouré par les séditieux qu'avoit soulevés Othon, il tendit la gorge aux meurtriers en leur disant : « Frappez si cela est utile au peuple romain. » Sa tête tomba ; elle étoit chauve : un soldat pour la porter fut obligé de l'envelopper dans une étoffe⁴. Cette tête auroit dû mieux conseiller un vieillard de soixante-treize ans : étoit-ce la peine de mettre une couronne sur un front dépouillé ?

Othon avoit voulu l'empire ; il l'avoit voulu tout de suite, non comme un pouvoir, mais comme un plaisir. Trop voluptueux pour régner, trop foible pour vivre, il se trouva assez fort pour mourir. Ses soldats ayant été battus par les légions de Vitellius, il se couche, dort bien, se perce à son réveil de son poignard⁵, et s'en va à petit bruit, sans avoir lu le dialogue de Platon sur l'immortalité de l'âme, sans se

---

1. Deesse nobis terra in qua vivamus, in qua moriamur, non potest. (TACIT., Annal., lib. XIII, p. 236; apud Barbou, Parisiis 1779.)
2. Legere se militem, non emere consuesse. (SUETON., in Vit. Galb.)
3. Quo auctore? (Id., ibid.)
4. Suétone ajoute quelques circonstances à ce récit :
Jugulatus est ad lacum Curtii, ac relictus ita uti erat, donec gregarius miles, a frumentatione rediens, abjecto onere, caput ei amputavit ; et quoniam capillo præ calvitie arripere non poterat, in gremium abdidit : mox inserto per os pollice ad Othonem detulit. (Id. ; ibid., p. 298 et 299.)
5. Posthæc, sedata siti gelidæ aquæ potione, arripuit duos pugiones, et explorata utriusque acie, cum alterum pulvino subdidisset, foribus adopertis, arctissimo somno quievit : et circa lucem demum expergefactus, uno se trajicit ictu infra lævam papillam. (Id., in Vit. Othonis, p. 308.)

déchirer les entrailles. Mais Caton expira avec la liberté ; Othon ne quittoit que la puissance.

Vitellius, qui n'est guère connu que par ses excès de table, et dont le premier monument étoit un plat [1], Vitellius, successeur d'Othon, cassa les prétoriens, qui s'étoient déclarés contre lui. Bientôt il est attaqué par Primus, vainqueur au nom de Vespasien : on se bat dans Rome ; des Illyriens, des Gaulois, des Germains légionnaires, s'égorgent au milieu des festins, des danses et des prostitutions.

Vitellius fuit avec son cuisinier et son boulanger ; rentré dans son palais, il le trouve désert ; saisi de terreur, il court se cacher dans la loge d'un portier, près de laquelle étoient des chiens qui le mordirent [2]. Il bouche la porte de cette loge avec le lit et le matelas du portier ; les soldats arrivent, découvrent l'empereur, l'arrachent de son asile. Les mains liées derrière le dos, la corde au cou, les vêtements déchirés, les cheveux rebroussés, Vitellius demi-nu est traîné le long de la voie Sacrée. Son visage rouge de vin, son gros ventre, sa démarche chancelante comme celle d'un Silène [3], sont des sujets d'insulte et de risées. On l'appelle incendiaire, gourmand, ivrogne ; on lui jette des ordures ; on lui attache une épée sur la poitrine, la pointe sous le menton pour le contraindre à lever la tête, qu'il baissoit de honte ; on l'oblige de regarder ses statues renversées, et dont les inscriptions portoient qu'il étoit né pour le bonheur et la concorde des Romains [4]. Enfin, après l'avoir accablé d'outrages et de blessures, on l'achève ;

---

1. Hanc (cœnam fratris) quoque superavit dedicatione patriæ, quam, ob immensam magnitudinem, *Clypeum Minervæ*, αἰγίδα Πολιούχου dictitabat. (SUET., *in Vit. Aul. Vitell.*, p. 317.)

Hanc patinam, cum fictilis esse non posset propter magnitudinem, argenteam fecit : eaque diu permansit, veluti res Diis consecrata, quousque Adrianus eamdem conspicatus, conflari jussit. (DION., *Hist. Rom. de Vitell.*, lib. LXV, p. 735.)

2. Confugitque in cellulam janitoris, religato pro foribus cane. (SUET., *in Vit. Aul. Vitell.*, p. 321.)

Vitellius sordido attritoque sagulo amictus se abdit in obscurum locum ubi canes alebantur ; sed investigatus inventusque, pannis obsitus et sanguine perfusus, quod eum canes læserant, deprehenditur. (DION., *Hist. Rom.*, lib. LXVI.)

3. Religatis post terga manibus, injecto cervicibus laqueo, veste discissa, seminudus, in Forum tractus est inter magna rerum verborumque ludibria, per totum viæ Sacræ spatium, reducto coma capite, ceu noxii solent, atque etiam mento mucrone gladii subjecto, ut visendam præberet faciem neve submitteret ; quibusdam stercore et cœno incessentibus, aliis *incendiarium et patinarium* vociferantibus, parte vulgi etiam corporis vitia exprobrante : erat enim in eo enormis proceritas, facies rubida plerumque ex vinolentia, venter obesus, alterum femur subdebile. (SUET., *in Vit. Aul. Vitell.*, p. 322.)

4. Vitellium infestis mucronibus coactum, modo erigere os et offerre contumeliis,

son corps est jeté dans le Tibre, sa tête plantée au bout d'une pique. Vitellius s'assit à l'empire, qu'il avoit pris pour un banquet : ses convives le forcèrent d'achever le festin aux Gémonies.

Les Sarmates Rhoxolans furent battus pendant le court règne d'Othon. Tandis que Vespasien attaquoit Vitellius, les Daces attaquoient la Mésie, et furent repoussés par Mucien. Civilis fit révolter les Bataves, et les Germains, alliés de Civilis, insultèrent les frontières romaines.

La mort de Vitellius suspendit le cours de ces ignominieuses adversités. Quatre-vingts années de bonheur, interrompues seulement par le règne de Domitien, commencèrent à l'élévation de Vespasien. On a regardé cette période comme celle où le genre humain a été le plus heureux ; vrai est-il si la dignité et l'indépendance des nations n'entrent pour rien dans leurs félicités.

Les premiers tyrans de Rome se distinguèrent chacun par un vice particulier, afin qu'on jugeât ce que la société peut supporter sans se dissoudre ; les bons princes qui succédèrent à ces tyrans brillèrent chacun par une vertu différente, afin qu'on sentît l'insuffisance des qualités personnelles pour l'existence des peuples, quand ces qualités sont séparées des institutions.

Tout ce qu'on peut imaginer de mérites divers parut à la tête de l'empire : ceux qui possédèrent ces mérites pouvoient tout entreprendre : ils n'étoient gênés par aucune entrave : héritiers de la puissance absolue, ils étoient maîtres d'employer pour le bien l'arbitraire dont on avoit usé pour le mal. Que produisit ce despotisme de la vertu ? rétablit-il la liberté ? préserva-t-il l'empire de sa chute ? Non. Le genre humain ne fut ni amélioré ni changé. La fermeté régna avec Vespasien, la douceur avec Titus, la générosité avec Nerva, la grandeur avec Trajan, les arts avec Adrien, la piété avec Antonin, enfin la philosophie monta sur le trône avec Marc-Aurèle, et l'accomplissement de ce rêve des sages n'amena aucun bien solide. C'est qu'il n'y a rien de durable ni même de possible quand tout vient des volontés, et non des lois ; c'est

---

nunc cadentes statuas suas, plerumque rostra, aut Galbæ occisi locum contueri. (TACIT., *Histor.*, lib. IV, p. 476, édit. de Barbou.)

Statuæ equestres cum plurifariam ei ponerentur... laurea religiosissime circumdederat. (SUET., *in Vit. Vitell.*)

Solutum a latere pugionem, consuli primum, deinde, illo recusante, magistratibus ac mox singulis senatoribus porrigens, nullo recipiente quasi in æde Concordiæ positurus abscessit : sed quibusdam acclamantibus *ipsum esse concordiam*, rediit : nec solum se retinere ferrum affirmavit, verum etiam *Concordiæ* recipere cognomen. (*Id. : ibid.*)

que le paganisme survivant à l'âge poétique, n'ayant plus pour lui la jeunesse et l'austérité républicaines, transformoit les hommes en un troupeau de vieux enfants, sans raison et sans innocence.

Il y avoit dans l'empire des chrétiens obscurs, persécutés même par Marc-Aurèle, et ils faisoient avec une religion méprisée ce que ne pouvoit accomplir la philosophie ornée du sceptre : ils corrigeoient les mœurs et fondoient une société qui dure encore.

<small>VESPASIEN, TITUS emp. CLÉMENT pape. An de J.-C. 69-81.</small>

Vespasien mit fin à la guerre de Civilis et à la révolte d'où sortit la touchante aventure d'Éponine. Cette Gauloise doit être nommée dans une histoire des François.

Du petit nombre de ces hommes que la prospérité rend meilleurs, Titus ne fut point obligé de soutenir au dehors l'honneur de l'empire ; il n'eut à combattre que ses passions : il les vainquit pour devenir les délices du genre humain. On a voulu douter de sa constance pour la vertu, au cas que sa vie se fût prolongée[1] : pourquoi calomnier le néant d'un avenir si vain qu'il n'a pas même été ?

On appliqua à Titus et à Vespasien les prophéties qui annonçoient des conquérants venus de la Judée[2]. Le Messie devoit être un prince de paix : en conséquence Vespasien fit bâtir à Rome et consacrer à la Paix éternelle un temple qui vit toujours la guerre, et dont les fondements mis à nu aujourd'hui ont à peine résisté aux assauts du temps. Le véritable prince de paix étoit le roi de ce nouveau peuple qui croissoit et multiplioit dans les catacombes, sous les pieds du vieux monde passant au-dessus de lui.

Saint Clément écrivit aux Corinthiens pour les inviter à la concorde. Il raconte que saint Pierre avoit souffert plusieurs fois, que saint Paul, battu de verges et lapidé, avoit été jeté dans les fers[3] *à sept reprises différentes*. Il indique l'ordre dans le ministère ecclésiastique, les oblations, les offices, les solennités : Dieu a envoyé Jésus-Christ, Jésus-Christ les apôtres ; les apôtres ont établi les évêques et les diacres.

La religion accrut sa force sous les règnes de Vespasien et de Titus, par la consommation d'un des oracles écrits aux livres saints : Jérusalem périt.

La guerre de Judée avoit commencé sous Néron. La multitude des

---

1. DION., p. 754.
2. Pluribus persuasio inerat antiquis sacerdotum litteris contineri eo ipso tempore fore ut valesceret Oriens, profectique Judæa rerum potirentur : quæ ambages Vespasianum ac Titum prædixerant. (TACIT., *Hist.*, lib. v, cap. XIII.)
3. Petrus non unum aut alterum, sed plures labores sustulit... Paulus propter æmulationem in vincula septies conjectus, verberibus cæsus, lapidatus, patientiæ præmium reportavit. (CLEMENTIS *ad Corinth. Epist.*, p. 8.)

Juifs qui se trouva à Jérusalem l'an 66 de Jésus-Christ, pour la fête des azymes, fut comptée par le nombre des victimes pascales : il se trouva qu'on en avoit immolé deux cent cinquante-six mille cinq cents[1]. Dix et quelquefois vingt convives s'assembloient pour manger un agneau, ce qui donnoit, pour dix seulement, deux millions cinq cent cinquante-six mille assistants purifiés.

Des prodiges annoncèrent la destruction du Temple : une voix avoit été entendue qui disoit : *Sortons d'ici*. Jésus, fils d'Ananus, courant autour des murailles de la ville assiégée, s'étoit écrié : « *Malheur ! malheur sur la ville ! malheur sur le temple ! malheur sur le peuple ! malheur sur moi*[2] *!* » Famine, peste et guerre civile au dedans de la cité ; au dehors les soldats romains crucifioient tout ce qui vouloit s'échapper : les croix manquèrent, et la place pour dresser les croix. On éventroit les fugitifs pour fouiller dans leurs entrailles l'or qu'ils avoient avalé. Six cent mille cadavres de pauvres furent jetés dans les fossés, par-dessus les murailles. On changeoit les maisons en sépulcres, et quand elles étoient pleines on en fermoit les portes. Titus, après avoir pris la forteresse Antonia, attaqua le Temple le 17 juillet 70 de Jésus-Christ, jour où le sacrifice perpétuel avoit cessé, faute de mains consacrées pour l'offrir. Marie, fille d'Éléazar, rôtit son enfant et le mangea[3] dans la ville où une autre Marie avoit enseveli son fils. Jésus-Christ avoit dit aux femmes de Jérusalem après le prophète : « Un jour viendra où l'on dira : Heureuses les entrailles stériles et les mamelles qui n'ont point allaité ! »

Le Temple fut brûlé le 8 d'août de cette année 70, ensuite la ville basse incendiée, et la ville haute emportée d'assaut. Titus fit abattre ce qui restoit du Temple et de la ville, excepté trois tours ; on promena la charrue sur les ruines. Telle fut la grandeur du butin, que le prix de l'or baissa de moitié en Syrie. Onze cent mille Juifs moururent pendant le siége, quatre-vingt-dix-sept mille furent vendus[4] ; à peine

---

1. Hostiarum quidem ducenta et quinquaginta sex millia et quingentas numeravere. (Joseph., *Bell. Jud.*, lib. xii, cap. xvii, p. 960.)

2. Vocem audiere quæ diceret : *Migremus hinc.* Supra murum enim circumiens iterum : « Væ ! væ ! civitati, ac fano, ac populo, » voce maxima clamitabat : cum autem ad extremum addidit : *Væ etiam mihi !* lapis tormento missus eum statim peremit, animamque adhuc omnia illa gementem dimisit. (*Id.; ibid.*, lib. vii, p. 96.)

3. Mulier quædam... Maria nomine, de vico Vetezobra... vi animi de necessitate compulsa... raptoque filio quem lactentem habebat... occidit, coctumque medium comedit, adopertumque reliquum servavit. (*Id.; ibid.*, cap. viii, p. 954-55.)

4. Et captivorum quidem omnium qui toto bello comprehensi sunt, nonaginta et septem millia comprehensus est numerus, mortuorum vero per omne tempus obsidionis undecies centum millia. (*Id.; ibid.*, cap. xvii.)

trouvoit-on des acheteurs pour ce vil troupeau. A la fête de la naissance de Domitien, à celle de l'anniversaire de l'avénement de Vespasien à l'empire (24 octobre 70 et 1ᵉʳ juillet 71), plusieurs milliers de Juifs périrent par le feu et les bêtes, ou par la main les uns des autres, comme gladiateurs. A Rome, Titus et son père triomphèrent de la Judée : Jean et Simon, chefs des Juifs de Jérusalem, marchoient enchaînés derrière le char. Des médailles frappées en mémoire de cet événement représentent une femme enveloppée d'un manteau, assise au pied d'un palmier, la tête appuyée sur sa main, avec cette inscription : *la Judée captive*.

Les chrétiens trouvoient dans cette catastrophe d'autres sujets d'étonnement que la multitude païenne : il n'y avoit pas trois années que saint Pierre étoit enseveli au Vatican ; saint Jean, qui avoit vu pleurer Jésus-Christ sur Jérusalem, vivoit encore, peut-être même, selon quelques traditions, la mère du Fils de l'homme étoit encore sur la terre ; elle n'avoit point encore accompli son assomption en laissant dans sa tombe, au lieu de ses cendres, sa robe virginale ou une manne céleste [1].

Les Juifs furent dispersés : témoins vivants de la parole vivante, ils subsistèrent, miracle perpétuel, au milieu des nations. Étrangers partout, esclaves dans leur propre pays, ils virent tomber ce Temple dont il ne reste pas pierre sur pierre, comme mes yeux ont pu s'en convaincre. Une partie de leur population enchaînée vint élever à Rome cet autre monument où devoient mourir les chrétiens. Le ciseau sculpta sur un arc de triomphe qu'on admire encore les ornements qui brilloient aux pompes de Salomon, et dont sans ce hasard nous ignorerions la forme : l'orgueil d'un prince romain et le talent d'un artiste grec ne se doutaient guère qu'ils fournissoient une preuve de plus de la grandeur de la nation vaincue et de ses mystérieuses destinées. Tout devoit servir, gloire et ruine, à rendre éternelle la mémoire du peuple que Moïse forma et qui vit naître Jésus-Christ.

Le Capitole, incendié dans les désordres qui signalèrent la fin de Vitellius, étoit la proie des flammes presque au moment où le temple de Jérusalem brûloit. Domitien fit dans la suite la dédicace du nouveau Capitole : l'autel de la servitude y remplaça celui de la liberté ; on eut encore le malheur de n'y pouvoir rétablir l'image fameuse du chien, dont les gardiens répondoient sur leur vie. Soixante millions furent employés à la seule dorure de cet édifice. Jupiter, en vendant

---

1. Plurimi asseverant quia in sepulchro ejus non nisi manna invenitur quod scaturire cernitur. (*De Assumpt. B. Mariæ Sermo, tributus divo Hieronymo*, t. IX, p. 67.)

tout l'Olympe, disait Martial [1], n'auroit pu payer le vingtième de cette somme. Le dieu des Juifs avoit prononcé la destruction de son temple, et Julien essaya vainement de le relever.

La grande peste et l'éruption du Vésuve qui fit périr Pline le naturaliste sont de cette époque [2].

Ébion, Cérinthe, Ménandre, disciple de Simon, alloient prêchant leurs hérésies. Les philosophes furent de nouveau exclus de Rome. C'étoient Euphrate, Tyrien, d'abord ami et ensuite adversaire d'Apollonius de Tyane, Démétrius le cynique, Artémidore, Damis le pythagoricien, Épictète le stoïcien, Lucien l'épicurien, Diogène le jeune cynique, Héras et Dion de Pruse ; Musonius seul trouva grâce auprès de Vespasien.

Le pape Clément acheva de gouverner l'Église la soixante-dix-septième année de Jésus-Christ ; il céda sa chaire à saint Anaclet ou Clet, pour éviter un schisme [3]. On attribue à saint Clément les ouvrages les plus anciens après les livres canoniques.

ANACLET pape. An de J.-C. 77.

Jamais frère ne ressembla moins à son frère que Domitien à Titus. Sous Domitien, les peuplades du nord, pressées peut-être par le grand corps des Goths qui s'approchoit, remuèrent aux frontières de l'empire. Domitien fut battu par les Quades et les Marcomans en Germanie ; il acheta la paix de Décébale, chef des Daces, en lui payant une espèce de redevance annuelle. Ce premier exemple de foiblesse profita aux barbares : selon les temps et les circonstances, ils continuèrent à vendre aux empereurs une paix dont le prix leur servoit ensuite à recommencer la guerre.

DOMITIEN emp. ANACLET, SIXTE ÉVARISTE, papes. An de J.-C. 82-97.

1. Quantum jam superis, Cæsar, cœloque dedisti,
      Si repetas, et si creditor esse velis.
    Grandis in æthereo, licet auctio fiat Olympo
      Coganturque dei vendere quidquid habent,
    Conturbabit Atlas, et non erit uncia tota,
      Decidat tecum qua pater ipse deum.
    Pro capitolinis, quid enim tibi solvere templis,
      Quid pro Tarpeiæ frondis honore potero ?
    Quid pro culminibus geminis matrona Tonantis ?
      Pallada prætereo ; res agit illa tuas.
    Quid loquar Alcidem, Phœbumque, piosque Laconas,
      Addita quid Latio Flavia templa polo ?
    Exspectes, et sustineas, Auguste, necesse est :
      Nam tibi quod solvat non habet arca Jovis.
                    (MART., lib. IX, *Epigr.* 4.)

2. PLIN., lib. VI, epist. XVI.

3. Accepit impositionem manuum episcopatus, et eo recusato remoratus est (dicit enim in una epistola sua : Secedo, abeo, erigatur populus Dei...) Cletus constituitur. (EPIPHANIUS, *Contra Hæreses*, cap. VI.)

Domitien vaincu ne s'en décerna pas moins les honneurs du triomphe : il prit avec raison le surnom de *Dacique*. Il donna des jeux, se consacra des statues, et se traîna dans la gloire où d'autres empereurs s'étoient précipités.

Ses armes furent plus heureuses dans la Grande-Bretagne. Agricola battit les Calédoniens, et sa flotte tourna l'île au septentrion.

Un coup funeste fut porté à l'empire par l'augmentation de la paye des soldats; leur influence, déjà trop considérable, s'accrut; le gouvernement dégénéra en république militaire : il faut toujours que la liberté, d'elle-même impérissable, se retrouve quelque part.

Domitien persécuta les philosophes[1], que l'on confondoit avec les chrétiens : ils se retirèrent à l'extrémité des Gaules, dans les déserts de la Libye et chez les Scythes. Apollonius, interrogé par Domitien, montra du courage et une rude franchise.

On commença à voir de tous côtés la succession des évêques : à Alexandrie, Abilius succéda à saint Marc ; à Rome, saint Évariste à saint Clet; Alexandre Ier ou Sixte Ier à saint Évariste. Vers la fin de son règne, Domitien se jeta sur les fidèles. L'apôtre saint Jean, relégué dans l'île de Pathmos, eut sa vision. Flavius Clément, consul et cousin germain de l'empereur, qui destinoit les deux enfants de Clément à l'empire, avoit embrassé la foi, et fut décapité. L'Évangile faisoit des progrès dans les hauts rangs de la société.

Domitien assassiné, Nerva ne parut après lui que pour abolir le crime de lèse-majesté[2], punir les délateurs, et appeler Trajan à la pourpre : trois bienfaits qui lui ont mérité la reconnoissance des hommes.

Sous le règne de Trajan l'empire s'éleva à son plus haut point de prospérité et de puissance. Cet admirable prince n'eut que la foiblesse des grands cœurs : il aima trop la gloire. Vainqueur de Décébale, il réduisit la Dacie en province. Cette conquête, qui fut un sujet de triomphe, devoit être un sujet de deuil, car elle détruisit le dernier peuple qui séparoit les Goths des Romains. Trajan porta la guerre en Orient, donna un roi aux Parthes, prit Suze et Ctésiphon, soumit l'Arménie, la Mésopotamie et l'Assyrie, descendit au golfe Persique, vit la mer des Indes, se saisit d'un port sur les côtes de l'Arabie; après tout cela il mourut, et son successeur, soit sagesse, soit jalousie, abandonna ses conquêtes.

---

1. Philosophia autem adeo perterrita est, ut, habitu mutato, alii in extremam Galliam aufugerent, alii in Libyæ Scythiæque deserta. (Euseb., *Chron.*, ann. 92; Philost., *Vit. Apoll.*, lib. vii, cap. iv.)

2. Claude avoit tenté cette abolition.

Il faut placer à la dernière année du premier siècle de l'ère chrétienne la mort de saint Jean à Éphèse ; il ne se nommoit plus lui-même dans ses dernières lettres que le *vieillard* ou le *prêtre*, du mot grec *presbyteros*. « Mes enfants, aimez-vous les uns les autres. » Telles étoient ses seules instructions. Il avoit assisté à la passion soixante-six ans auparavant. Saint Jude, saint Barnabé, saint Ignace, saint Polycarpe se faisoient connoître par leurs doctrines. Les successions des évêques étoient toujours plus abondantes et plus connues : Ignace et Héron à Antioche, Cerdon et Primin à Alexandrie. Après le pape Évariste vinrent Alexandre, Sixte et Télesphore, martyr.

Les chrétiens souffrirent sous Trajan, non précisément comme chrétiens, mais comme faisant partie des sociétés secrètes. Une lettre de Pline le jeune, gouverneur de Bithynie, fixe l'époque où les chrétiens commencent à paroître dans l'histoire générale. « . . . . On a proposé un libelle[1] sans nom d'auteur, contenant les noms de plusieurs qui nient d'être chrétiens ou de l'avoir été. Quand j'ai vu qu'ils invoquoient les dieux avec moi, et offroient de l'encens et du vin à votre image, que j'avois exprès fait apporter avec les statues des dieux, et de plus qu'ils maudissoient le Christ, j'ai cru devoir les renvoyer ; car on dit qu'il est impossible de contraindre à rien de tout cela ceux qui sont véritablement chrétiens. . . . Voici à quoi ils disoient que se réduisoit leur faute ou leur erreur : qu'ils avoient accoutumé de s'assembler un jour avant le soleil levé, et de dire ensemble, à deux chœurs, un cantique en l'honneur du Christ comme d'un dieu ; qu'ils s'obligeoient par serment non à un crime, mais à ne commettre ni larcin, ni vol, ni adultère, ne point manquer à leur parole et ne point dénier un dépôt ; qu'ensuite ils se retiroient ; puis se rassembloient pour prendre un repas, mais ordinaire et innocent ; encore avoient-ils cessé de le faire depuis mon ordonnance, par laquelle, suivant vos ordres, j'avois défendu les assemblées. . . .
. . . . La chose m'a paru digne de consultation, principalement à cause du nombre des accusés ; car on met en péril plusieurs personnes de tout âge, de tout sexe et de toute condition. Cette superstition a infecté non-seulement les villes, mais les bourgades et la campagne, et il semble que l'on peut l'arrêter et la guérir. Du moins il est constant que l'on a recommencé à fréquenter les temples, presque abandonnés, à célébrer les sacrifices solennels après une grande interrup-

---

1. Pour ne pas refaire moi-même ce qui est très-bien fait, j'emprunte la traduction de Fleury, d'un style plus naturel et plus franc que l'élégante traduction de Sacy.

tion, et que l'on vend partout des victimes, au lieu que peu de gens en achetoient. D'où on peut aisément juger la grande quantité de ceux qui se corrigent, si on donne lieu au repentir. »

L'univers chrétien a depuis longtemps démenti les espérances de Pline. Mais quels rapides et étonnants progrès ! Les temples abandonnés ! on ne trouve déjà plus à vendre les victimes ! et l'évangéliste saint Jean venoit à peine de mourir !

Trajan, dans sa réponse au gouverneur, dit qu'on ne doit pas chercher les chrétiens, mais que s'ils sont dénoncés et convaincus, il les faut punir : quant aux libelles sans nom d'auteur, ils ne peuvent fournir matière à accusation ; les poursuivre seroit d'un très-mauvais exemple et indigne du siècle de Trajan [1].

L'histoire offre peu de documents plus mémorables que cette correspondance d'un des derniers écrivains classiques de Rome et d'un des plus grands princes qui aient honoré l'empire, touchant l'état des premiers chrétiens.

ADRIEN
emper.
ALEXANDRE
Ier,
SIXTE Ier,
TÉLESPHORE
papes.
An de J.-C.
118-138.

Adrien maintint la paix en l'achetant des barbares, peut-être parce que son prédécesseur avoit trouvé plus honorable et plus sûr d'employer le même argent à leur faire la guerre : naturellement envieux des succès, il ne pardonna pas plus à Apollodore l'architecte qu'à Trajan l'empereur. Voyageur couronné, grand administrateur, ami des arts, dont il renouvela le génie, il visita les lieux célèbres de son empire ; l'histoire a remarqué qu'il évita de passer à Italica, son obscure patrie. Il persécuta ses amis, quitta le monde en plaisantant sur son âme [2] et laissant aux Romains, dignes du présent, un dieu de plus, Antinoüs.

Ce prince avoit fait une divinité, et pensa lui-même être rejeté de l'Olympe : ce fut avec peine qu'Antonia obtint pour lui cette apothéose par qui les maîtres du monde prolongeoient l'illusion de leur puissance.

Les hérésies se multiplioient : Saturnin, Basilide, Carpocras, les gnostiques avoient paru. La calomnie croissoit contre les chrétiens ; ils occupoient fortement le gouvernement et l'opinion publique. Le peuple les accusoit de sacrifier un enfant, d'en boire le sang, d'en manger la chair, de faire, dans leurs assemblées secrètes, éteindre les flambeaux par des chiens et de s'unir dans l'ombre, au hasard, comme des bêtes.

---

1. EUSEB., lib. III, cap. XXXIII; PLIN., lib. X, *epist.* XCVII, XCVIII. Tertullien a très-bien fait remarquer ce qu'il y avoit de contradictoire et d'injuste dans le raisonnement et la décision de Trajan.

2. Animula vagula, blandula, etc.

Les philosophes, de leur côté, attaquoient le judaïsme et le christianisme, regardant le premier comme la source du second. Alors les fidèles commencèrent à écrire et à se défendre : Quadrat, évêque d'Athènes, présenta son apologie à Adrien ; et Aristide, autre Athénien, publia une autre apologie. Adrien fit suspendre la persécution. Eusèbe nous a conservé la lettre qu'il écrivit à Minutius Fondatus, proconsul d'Asie[1] : « Si quelqu'un accuse les chrétiens, disoit-il, et prouve qu'ils font quelque chose contre les lois, jugez-les selon la faute ; s'ils sont calomniés, punissez le calomniateur. »

Adrien établit des colons à Jérusalem, et bâtit parmi ses débris une ville nommée Elea Capitolina. Des Juifs assemblés dans cette cité nouvelle se révoltèrent encore, et furent exterminés. La Judée se changea en solitude ; on défendit aux Israélites dispersés d'entrer à Jérusalem, ni même de la regarder de loin, tant étoit insurmontable leur amour pour Sion ! Une idole de Jupiter fut placée au Saint-Sépulcre, une Vénus de marbre élevée sur le Calvaire, un bois planté à Bethléem : la consécration à Adonis de la crèche où Jésus étoit né profana ces lieux d'innocence[2].

L'hérésie de Valentin, le martyre de saint Symphorose et de ses sept fils à Tibur pour la dédicace des jardins et des palais d'Adrien terminèrent à l'égard des chrétiens le règne de cet empereur.

Antonin fut de tous les empereurs le plus aimé et le plus respecté des peuples voisins de l'empire. Grand justicier, il eut avec Numa quelques traits de ressemblance ; son caractère de piété le rendit plus propre au gouvernement que ne l'avoient été les Titus et les Trajan : la science des lois est liée à celle de la religion.

Antonin emp. Hygin, Pie Ier, Anicet, papes. An de J.-C. 139-162.

Sous Antonin les deux hérésiarques Marcion et Apelles parurent ; Justin, philosophe chrétien, publia sa première apologie, adressée à l'empereur, au sénat et au peuple romain. Il parla des mystères sans déguisement. Sainte Félicité confessa le Christ avec ses fils.

Marc-Aurèle aimoit la paix par caractère et philosophie, et il eut à soutenir de nombreuses guerres avec les barbares. Les Quades, qui se perdirent dans la ligue des Franks, menacèrent l'Italie d'une irrup-

Marc-Aurèle emp. Anicet, Sotère, Éleuthère papes. An de J.-C. 162-181.

---

1. Euseb., lib. IV, *Hist.*, cap. VIII et IX.
2. Ab Adriani temporibus usque ad imperium Constantini, per annos circiter centum octoginta, in loco resurrectionis simulacrum Jovis in crucis rupe, statua ex marmore Veneris a gentibus posita colebatur, existimantibus persecutionis auctoribus quia tollerent nobis fidem resurrectionis et crucis, si loca sancta per idola polluissent... Bethleem nunc nostram lucus inumbrabat Thamus, id est Adonidis, et in specu ubi quondam Christus parvulus vagiit, Veneris amasius plangebatur. (Hier., *ad Paulinum*, p. 102 ; Bâle, 1537.)

tion; les Marcomans, ou plutôt une confédération des peuples germains refoulés par les Goths, et d'autres peuples qui pesoient sur eux, cherchèrent des établissements dans l'empire : ils avoient profité du moment où les légions romaines étoient occupées à défendre l'Orient contre les Parthes. La grande invasion approchoit, et le monde commençoit à s'agiter. Marc-Aurèle ayant associé à l'empire son frère adoptif, Marcus Verrus, repoussa avec lui les agresseurs : les Marcomans et les Quades furent vaincus. A la suite de ces guerres, cent mille prisonniers furent rendus aux Romains, et des colonies de barbares formées dans la Dacie, la Pannonie, les deux Germanies, et jusqu'à Ravenne en Italie. Celles-ci se soulevèrent, et apprirent aux Romains ce qu'ils auroient à craindre de pareils laboureurs. Cent mille prisonniers rendus supposent déjà chez les nations septentrionales une puissance et une régularité de gouvernement auxquelles on n'a pas fait assez d'attention.

Les arts et les lettres brillèrent d'un dernier éclat sous les règnes de Trajan, d'Adrien, d'Antonin et de Marc-Aurèle : c'est le second siècle de la littérature latine, dans laquelle il faut comprendre ce que fournit le génie expirant de la Grèce soumise aux Romains. Alors parurent Tacite, les deux Pline, Suétone, Florus, Gallien, Sextus Empiricus, Plutarque, Ptolémée, Arien, Pausanias, Appien, Marc-Aurèle et Épictète, l'un empereur, l'autre esclave, et enfin Lucien, qui se rit des philosophes et des dieux.

Marc-Aurèle mourut sans avoir pu terminer complétement la guerre des barbares, et après avoir été obligé d'étouffer la révolte des colonies militaires. Il laissa l'empire à Commode son fils : faute de la nature que la philosophie auroit dû prévenir.

Si les Romains furent longtemps redevables du succès de leurs armes à la discipline, à l'organisation des légions, à la supériorité de l'art militaire, ils le durent encore à cette nécessité où se trouvoit le légionnaire de combattre dans tous les climats, de se nourrir de tous les aliments, de s'endurcir par de longues et pénibles marches. Les peuples de l'Europe moderne (la nation françoise exceptée, pendant les dernières conquêtes de sa dernière révolution), les peuples de l'Europe moderne, divisés en petits États, ont presque toujours combattu contre leurs voisins, ou sur le sol paternel à peu de distance de leurs foyers. Mais l'empire romain renfermoit dans son sein le monde connu; ses soldats passoient des rivages du Danube et du Rhin à ceux de l'Euphrate et du Nil, des montagnes de la Calédonie, de l'Helvétie et de la Cantabrie à la chaîne du Caucase, du Taurus et de l'Atlas, des mers de la Grèce aux sables de l'Arabie et aux campagnes des Numides.

On entreprend aujourd'hui de longs et périlleux voyages dans les pays que les légions parcouroient pour changer de garnison : ces entreprises d'outre-mer qui rendirent les croisades si célèbres n'étoient pour les Romains que le mouvement d'un corps de troupes qui, parti de la Batavie, alloit relever un poste à Jérusalem. Le général qui se transportoit sur des terrains si divers, qui, forcé d'employer les ressources du lieu, se servoit du chameau et de l'éléphant sous le palmier, du mulet et du cheval sous le chêne, accroissoit son expérience et son génie avec le vol de ses aigles.

Le monde romain n'offroit point un aspect uniforme : les peuples subjugués avoient conservé leurs mœurs, leurs coutumes, leurs langues, leurs dieux indigènes, leurs lois locales : au dehors on ne s'apercevoit de la domination étrangère que par les voies militaires, les camps fortifiés, les aqueducs, les ponts, les amphithéâtres, les arcs de triomphe, les inscriptions latines gravées aux monuments des républiques et des royaumes incorporés à l'empire; au dedans l'administration civile, fiscale et militaire, les préfets et les proconsuls, les municipalités et les sénats, la loi générale qui dominoit les justices particulières, annonçoient un commun maître. Les Romains n'avoient imposé à la terre domptée que leurs armes, leur code et leurs jeux.

Marc-Aurèle, stoïcien, n'aimoit pas les disciples de la croix, par une sorte de rivalité de secte : « Il faut être toujours prêt à mourir, dit-il dans une de ses maximes, en vertu d'un jugement qui nous soit propre, non au gré d'une pure obstination, comme les chrétiens. » Il y eut plusieurs martyrs sous son règne : Polycarpe à Smyrne, Justin à Rome après avoir publié sa seconde apologie, les confesseurs de Vienne et de Lyon, à la tête desquels brilla Pothin, vieillard plus que nonagénaire, remplacé dans la chaire de Lyon par Irénée.

A cette époque, les apologistes, tels qu'Athénagore, changèrent de langage, et d'accusés devinrent accusateurs : en défendant le culte du vrai Dieu, ils attaquèrent celui des idoles. D'une autre part, les magistrats ne furent pas les seuls promoteurs des persécutions; les peuples les demandèrent : le soulèvement des masses à Vienne, à Lyon, à Autun, multiplia les victimes dans les Gaules[1]; ce qui

---

[1]. (Epistolarum verba eorum citabo :) Servi Jesu-Christi, qui Viennam et Lugdunum Galliæ incolunt, fratribus in Asia et Phrygia... Pax, gloria a Deo patre... Magnitudinem afflictionis quæ hoc loco ingravescit, ingens gentilium odium, contra sanctos incitatum... neque exprimi neque comprehendi possunt... Ac primum cruciamenta quæ confertim erant, et tanquam cumulo a multitudine in illos coacervata... Vociferationes, plagas, violentos tractus, dilacerationes, lapidum projectiones, carceres, et quidquid denique ab agresti et furiosa multitudine contra nos, velut contra hostes et inimicos, fieri solet. (Euseb., *Hist. eccl.*, lib. IV, cap. I, p. 102.)

prouve que les chrétiens n'étoient plus une petite secte bornée à quelques initiés, mais des hommes nombreux, qui menaçoient l'ancien ordre social, qui armoient contre eux les vieux intérêts et les antiques préjugés. La légion Fulminante étoit en partie composée de disciples de la nouvelle religion ; elle fut la cause d'une victoire remportée en 174 sur les Sarmates, les Quades et les Marcomans ; victoire retracée dans les bas-reliefs de la Colonne Antonine : selon Eusèbe, Marc-Aurèle reconnut devoir son succès aux prières des soldats du Christ [1].

L'Évangile avoit fait de tels progrès que Méliton, évêque de Sardis en Asie, disoit à Marc-Aurèle, dans une requête : « On persécute à présent les serviteurs de Dieu... Notre philosophie étoit répandue auparavant chez les barbares : vos peuples sous le règne d'Auguste en reçurent la lumière, et elle porta bonheur à votre empire [2]. »

Un roi des Bretons, tributaire des Romains, écrivit, l'an 170, au pape Éleuthère, successeur de Soter, pour lui demander des missionnaires : ceux-ci portèrent la foi aux peuplades britanniques, comme le moine Augustin, envoyé par Grégoire le Grand, prêcha depuis l'Évangile aux Saxons vainqueurs des Bretons.

Marc-Aurèle avoit toutefois trop de modération pour s'abandonner entièrement à l'esprit de haine dont étoient animées les écoles philosophiques : il écrivit la dixième année de son règne, à la communauté du peuple de l'Asie Mineure assemblée à Éphèse une lettre de tolérance. Il alla même plus loin que ses devanciers, car il disoit : « Si un chrétien est attaqué comme chrétien, que l'accusé soit renvoyé absous, quand même il seroit convaincu d'être chrétien, et que l'accusateur soit poursuivi [3]. » Mais il étoit difficile à lui de lutter contre la superstition et la philosophie entrées dans une alliance contre nature pour détruire un ennemi commun.

Les marcionites, les montanistes, les marcosiens jetèrent une nouvelle confusion dans la foi.

Avec Marc-Aurèle finit l'ère du bonheur des Romains sous l'auto-

---

1. Eadem historia apud gentiles scriptores, qui longe a nostra religione dissentiunt... Nostrorum etiam Apollinarius qui affirmat legionem, cujus precibus miraculum edebatur, latino sermone *Fulmineam*, usque ab illo tempore appellatam : illudque nomen rei eventum scite exprimens, ab Aurelio cæsare ei tributum. (Euseb., *Hist. eccles.*, lib. v, p. 93.)

2. Multo magis te obsecramus ne tam aperto latrocinio nos spoliari permittas... Divina quam excolimus religio antea inter barbaros insigniter viguit : quæ cum apud gentes tuas, præclaro et eximio Augusti regno... floreret, ipsi imperio quo potiris, cumprimis fausto ac felici præsidio fuit. (*Id., ibid.*, cap. xxv, p. 108 et 109.)

3. *Chron. Alex.* ; Euseb., *Hist.*, iv, cap. xiii.

rité impériale, et recommencent des temps effroyables d'où l'on ne sort plus que par la transformation de la société. Un seul fait de cette histoire la peindra. Commode et ses successeurs jusqu'à Constantin périrent presque tous de mort violente. Quand Marc-Aurèle eut disparu, les Romains se replongèrent d'une telle ardeur dans l'abjection, qu'on les eût pris pour des hommes rendus nouvellement à la liberté : ils n'étoient affranchis que des vertus de leurs derniers maîtres.

Deux effets de la puissance absolue sur le cœur humain sont à remarquer.

Il ne vint pas même à la pensée des bons princes qui gouvernèrent le monde romain de douter de la légalité de leur pouvoir et de restituer au peuple des droits usurpés sur lui.

La même puissance absolue altéra la raison des mauvais princes ; les Néron, les Caligula, les Domitien, les Commode furent de véritables insensés : afin de ne pas trop épouvanter la terre, le ciel donna la folie à leurs crimes, comme une sorte d'innocence.

Commode, rencontrant un homme d'une corpulence extraordinaire, le coupa en deux pour prouver sa force et jouir du plaisir de voir se répandre les entrailles de la victime[1]. Il se disoit Hercule ; il voulut que Rome changeât de nom et prît le sien ; de honteuses médailles ont perpétué le souvenir de ce caprice. Commode périt par l'indiscrétion d'un enfant, par le poison que lui donna une de ses concubines et par la main d'un athlète qui acheva en l'étranglant ce que le poison avoit commencé[2].

<small>COMMODE emp. ÉLEUTHÈRE pape. An de J.-C. 181-192.</small>

Sous le règne de Commode paroît une nouvelle race de destructeurs, les Sarrasins, si funestes à l'empire d'Orient.

Pertinax succède à Commode ; il se montra digne du pouvoir : son ambition étoit de celles qu'inspire la conscience des talents qu'on a, et non l'envie des talents qu'on ne peut atteindre. Le nouvel empereur fit redemander à des barbares le tribut qu'on leur accordoit, et ils le rendirent : démarche vigoureuse ; mais les devanciers de Pertinax, en immolant à leurs foiblesses ou à leurs vices la dignité et l'indépendance romaines, avoient fait un mal irréparable. Pouvoit-on racheter l'honneur d'un État qui alloit être vendu à la criée ?

<small>PERTINAX, JULIANUS, empereurs VICTOR, pape. An de J.-C. 193.</small>

1. Obtunsi oneris pinguem hominem medio ventre dissecuit, ut ejus intestina subito funderentur. (*Hist. Aug.*, p. 128.)
2. Erat autem Commodo pusio quidam... sumpto in manus, qui supra lectulum jacebat, libello, foras processit... incidit in Marciam... quæ libellum pueri manu aufert... Agnita Commodi manu... ubi se primam peti intellexit... electum accersit... placitum rem veneno agi... cum evomisset... veriti illi... Narcisso cuidam, audaci strenuoque adolescenti, persuaserunt ut Commodum in cubiculo strangularet. (HERODIAN., *Vit. Commod.*, lib. I, p. 91-92.)

Pertinax étoit un soldat rigide; les prétoriens le massacrèrent. L'empire est proposé au plus offrant : il se trouva deux fripiers de tyrannie pour se disputer les haillons de Tibère. Didius Julianus l'emporte sur son compétiteur par une surenchère de douze cents drachmes [1]. Les prétoriens livrent la marchandise de cent vingt millions d'hommes à Didius. Celui-ci ne put fournir le prix de l'adjudication[2], et il fut menacé d'être exécuté pour dettes. Jadis le sénat avoit proclamé la vente d'un morceau du territoire de la république : c'étoit celle du champ où campoit Annibal.

Le sénat de Didius fut pourtant honteux; il eut peur surtout quand il apprit le soulèvement des légions; elles avoient élu trois empereurs. On se hâta de réparer une bassesse par une cruauté; au bout de soixante-six jours Didius déposé fut condamné à mort : « Quel crime ai-je commis[3]? » disoit-il en pleurant. Le malheureux n'avoit pas eu le temps d'apprendre la tyrannie; il ignoroit qu'avoir acheté l'empire et n'avoir ôté la vie à personne étoit une contradiction qui rendoit son règne impossible : homme commun, il étoit au-dessous de son crime.

On ne sait pourquoi Rome rougit de l'élévation de Didius Julianus, si ce n'est par un de ces mouvements de dignité naturelle qui reviennent quelquefois au milieu de l'abjection. Denys à Corinthe disoit à ceux qui l'insultoient : « J'ai pourtant été roi. » Un peuple dégénéré, qui ne songeoit jamais à se passer de maître quand il avoit le pouvoir de s'en donner un appela à l'empire Pescennius Niger, commandant en Orient; mais Septime Sévère avoit été choisi par les légions d'Illyrie, et Clodius Albinus par les légions britanniques. Alors recommencèrent les guerres civiles : Sévère, demeuré vainqueur de Niger en trois

1. Sed simul ad superiora vicena sestertia, altera quina adjecisset, eamque summam magno edito clamore in manibus ostendisset. (Dion., *Hist. rom.*, lib. LXXIII, p. 835.)

Sane cum vicena quina millia militibus promisisset, tricena dedit. (*Id., ibid.*, p. 64.)

Præterea militibus singulis, plus multo argenti daturum quam petere auderent, aut accepturos speraverant, neque in dando moram futuram. (Herodian., lib. II, p. 130 et 131.)

2. Sed spes militum fefellerat, nec implere fidem promissorum poterat. (*Id., ibid.*, p. 134.)

3. Is imbellem miserumque senem... inter fœdissimas complorationes trucidavit. (*Id., ibid.*, p. 170.)

Nihilque dixit percussoribus, nisi : Quid ergo peccavi? Quem interfeci? (Dion., lib. LXXIV, p. 839.)

Missi tamen a senatu quorum cura per militem gregarium in palatio idem Julianus occisus est, fidem cæsaris implorans, hoc est Severi. (*Hist. Aug.*, p. 63.)

combats en Asie, fut également heureux contre Albinus, à la bataille de Lyon[1]. Sous prétexte de punir les partisans de ce dernier, il fit mourir un grand nombre de sénateurs. Les fortunes des familles sénatoriales étoient énormes ; on ne les pouvoit atteindre avec l'impôt, mal entendu : le crime de lèse-majesté fut inventé comme une loi de finances : il entraînoit la confiscation des biens. On voit des princes en parvenant à l'empire annoncer qu'ils ne feront mourir aucun sénateur : c'étoit déclarer qu'ils ne lèveroient aucune nouvelle taxe.

Sévère étoit né à Leptis, sur la côte d'Afrique : il se trouva que le chef des Romains parloit la langue d'Annibal. Il avoit la cruauté et la foi puniques, et ne manquoit pas toutefois d'une certaine grandeur. A l'imitation de Vitellius, il cassa d'abord les gardes prétoriennes ; ensuite il les rétablit et les augmenta, en les composant des plus braves soldats des légions d'Illyrie : jusque alors on n'avoit admis dans ce corps que des hommes tirés de l'Italie, de l'Espagne et de la Norique, provinces depuis longtemps réunies à l'empire. Les barbares approchoient de plus en plus du trône ; nous les verrons s'élever au rang des favoris et des ministres, pour devenir empereurs.

<small>SEPTIME-SÉVÈRE empereur. VICTOR 1er, ZÉPHIRIN, papes. An de J.-C. 193-212.</small>

Sévère força les sénateurs à mettre Commode au rang des dieux : « Il leur convient bien, disoit-il, d'être difficiles ! valent-ils mieux que ce tyran ? » Il importoit à Sévère de ne pas laisser dégrader Commode, puisqu'il vouloit livrer le monde à Caracalla. Les empereurs cherchoient par le biais de l'association, et par les titres d'auguste et de césar, à rendre la pourpre héréditaire ; mais deux corps, l'armée et le sénat, leur opposoient des obstacles : dans l'un de ces corps étoit le fait, dans l'autre le droit ; et le fait et le droit, qui souvent se combattent, s'entendoient pour jouir de ce qu'ils s'étoient approprié en dépouillant le peuple romain.

Après avoir triomphé des Parthes, Sévère, sur la fin de sa vie, passa dans la Grande-Bretagne, battit les Calédoniens, et éleva pour les contenir la muraille qui porte son nom ; c'est l'époque de la fiction de Fingal.

L'empereur avoit épousé Julie Domna, née à Émèse en Syrie, femme de beauté, de grâce, d'instruction et de courage : il en eut deux fils, Caracalla et Geta, qui furent ennemis dès l'enfance. Caracalla, pressé de régner, voulut se débarrasser de son père, lorsque celui-ci étoit engagé dans la guerre de la Calédonie. Sévère, rentré dans sa tente, se couche, met une épée à côté de lui et fait appeler son fils. « Si tu veux me tuer, lui dit-il, prends cette épée, ou ordonne à Papi-

---

1. Dion., lib. LXXIV; Hérod., lib. VII; Spart., *Hist.*, p. 33.

nien ici présent de m'égorger; il t'obéira, car je te fais empereur[1]. »

Peu de temps après, Sévère, malade à York, et sentant sa fin venir, dit : « J'ai été tout, et rien ne vaut[2]. » L'officier de garde s'étant approché de sa couche, il lui donna pour mot d'ordre : « Travaillons[3]; » et il tomba dans le repos éternel.

Les règnes de Commode, de Pertinax, de Julianus et de Sévère virent éclater l'éloquence des premiers Pères de l'Église : parmi les Pères grecs, on trouve saint Clément d'Alexandrie (*Le Maître* et *Les Stromates* sont des ouvrages remplis de faits curieux); parmi les Pères latins, Tertullien est le Bossuet africain. Saint Irénée, bien qu'il écrivît en grec, déclare dans son traité contre les hérésies qu'habitant parmi les Celtes, obligé de parler et d'entendre une langue barbare, on ne doit point lui demander l'agrément et l'artifice du style. Il nous apprend que l'Évangile étoit déjà répandu par tout le monde; il cite les Églises de Germanie, de Gaule, d'Espagne, d'Orient, d'Égypte, de Libye, éclairées, dit-il, de la même foi comme du même soleil[4]. Il nomme les douze évêques qui succédèrent à Rome depuis Pierre jusqu'à Éleuthère. Il affirme qu'il avoit connu lui-même Polycarpe établi évêque de Smyrne par les apôtres, lequel Polycarpe avoit conversé avec plusieurs disciples qui avoient vu Jésus-Christ[5]. C'est un des témoignages les plus formels de la tradition.

En ce temps-là Pantenus, chef de l'école chrétienne d'Alexandrie, prêcha la foi aux nations orientales : il pénétra dans les Indes; il y trouva des chrétiens en possession de l'Évangile de saint Matthieu, écrit en langue hébraïque, et que cette Église tenoit de l'apôtre Barthélemy[6].

---

1. Si me cupis, inquit Severus, interficere, hic me interfice. Quod si id recusas aut times tua manu facere, adest tibi Papinianus præfectus, cui jubere potes ut me interficiat, nam is tibi quidquid præceperis, propterea quod sis imperator efficiet. (Dion., *Hist. Rom.*, lib. LXXVII, p. 868.)

2. Omnia fui, et nihil expedit. (Aurel. Vict.)

3. Laboremus. (*Hist. Aug.*, p. 364.)

4. Etenim Ecclesia... per universum orbem usque ad extremos terræ fines dispersa... Ac neque hæ quæ in Germaniis sitæ sunt Ecclesiæ aliter credunt aut aliter tradunt, nec quæ in Hispaniis aut Galliis, aut in Oriente, aut in Ægypto, aut in Africa, aut in Mediterraneis orbis regionibus sedem habent. Verum ut sol hic a Deo conditus, in universo mundo unus atque idem est. (S. Iræn., lib. I, cap. x, *Contra Hæreses*., p. 49.)

5. Et Polycarpus autem non solum ab apostolis edoctus et conversatus cum multis ex iis qui Dominum nostrum viderunt, sed etiam ab apostolis in Asia, etc. (*Id.*, *ibid.*, lib. III, cap. III, n° 4.)

6. Pantenus ille, quem ad Indos devexisse diximus, ubi (ut fertur) Evangelium Matthæi, quod ante ejus adventum ibi fuerat receptum, in manibus quorumdam qui

On voit par les deux livres de Tertullien à sa femme que les alliances entre les chrétiens et les païens commençoient à devenir fréquentes ; mais, selon l'orateur, c'étoient les plus méchants des païens qui épousoient des chrétiennes, et les plus foibles des chrétiennes qui se marioient à des païens [1]. Ce traité répand de grandes lumières sur la vie domestique des familles des deux religions.

Le nombre des disciples de l'Évangile s'augmenta beaucoup à Rome sous le règne de Commode, surtout parmi les familles nobles et riches. Apollonius, sénateur instruit dans les lettres et dans la philosophie, avoit embrassé le culte nouveau : dénoncé par un de ses esclaves, l'esclave subit le supplice de la croix, d'après l'édit de Marc-Aurèle qui défendoit d'accuser les chrétiens comme chrétiens [2]. Mais Apollonius fut condamné à son tour à perdre la tête, parce que tout chrétien qui avoit comparu devant les tribunaux, et qui ne rétractoit pas sa croyance, étoit puni de mort. Apollonius prononça en plein sénat une apologie complète de la religion.

Le pape Éleuthère mourut, et eut pour successeur Victor, qui gouverna l'Église de Rome pendant douze ans.

L'empereur Sévère aima d'abord les chrétiens, et confia l'éducation de son fils aîné à l'un d'eux, nommé Proculus ; il protégea les membres du sénat convertis à la foi, mais il changea de conseil dans la suite, et provoqua une persécution générale : elle emporta Perpétue, Félicité, et saint Irénée avec une multitude de son peuple. Tertullien écrivit l'éloquente et célèbre apologie où il disoit : « Nous ne sommes que d'hier, et nous remplissons vos cités, vos colonies, l'armée, le palais, le sénat, le forum : nous ne vous laissons que vos temples [3]. » Il publia son *Exhortation aux Martyrs*, ses traités des *Spectacles*, de *l'Idolâtrie*, des *Ornements des Femmes*, et son livre *Des Prescriptions* : admirable ouvrage, qui servit de modèle à Bossuet pour son chef-d'œuvre *Des Variations*. Tertullien tomba dans l'hérésie des montanistes, qui convenoit à la sévérité de son génie. Origène commençoit à paroître.

Sous la persécution de Sévère, les chrétiens cherchèrent à se mettre à l'abri à prix d'argent ; cet usage fut continué.

in illis locis Christum profitebantur, reperit : quibus Bartholomæum unum ex apostolis prædicasse, illisque Matthæi Evangelium, litteris hebraicis scriptum, reliquisse. (Euseb., *Hist. eccles.*, lib. v, p. 95.)

1. Igitur cum quasdam istis diebus nuptias de Ecclesia tolleret... (Tert., lib. ii, cap. ii, p. 167.)

Solis pejoribus placet nomen christianum... Pleræque genere nobiles... cum mediocribus... ad licentiam conjunguntur. (*Id., ibid.*, cap. viii, p. 171.)

2. Euseb., *in Chron.*, an. 171.

3. *Sola relinquimus templa.* (Tert., *Apolog.*)

CARACALLA emp.
ZÉPHIRIN pape.
An de J.-C.
212-217.

Sévère mort, Caracalla régna avec son frère Geta ; bientôt il le fit massacrer, dans les bas de sa mère. Un mot de Papinien est resté : invité par l'empereur à faire l'apologie du meurtre de Geta, le jurisconsulte, moins complaisant que le philosophe Sénèque, répondit : « Il est plus facile de commettre un parricide que de le justifier [1]. »

Avec Caracalla reparurent sur le trône la dépravation et la cruauté : des massacres eurent lieu à Rome, dans les Gaules, à Alexandrie. Cet empereur s'appela d'abord Bassianus, du nom de son aïeul, prêtre du soleil en Phénicie. Il quitta ce nom, par ordre de Sévère, pour celui de Marc-Aurèle Antonin. Les vices de Caracalla, en contraste avec les vertus sous le patronage desquelles on le vouloit mettre, ne servirent qu'à le rendre plus odieux. Le mépris du peuple fit évanouir des surnoms glorieux dans ce nom de *Caracalla,* emprunté d'un vêtement gaulois que le fils de Sévère affectoit.

Sévère avoit ébranlé l'État par l'introduction des barbares dans les gardes prétoriennes ; Caralla acheva le mal en étendant le droit du citoyen à tous ses sujets : le sang romain fut dégradé de noblesse, et par une sorte d'égalité démocratique tout sujet, barbare ou romain, fut admis à concourir à la tyrannie. Peu à peu les distinctions de villes libres, de colonies, de droit latin ou droit italique, s'effacèrent. En théorie c'étoit un bien, en pratique un mal ; il n'étoit pas question de liberté, mais d'argent ; il s'agissoit non d'affranchir les masses, mais de faire payer aux individus comme *citoyens* le vingtième sur les legs et héritages dont ils étoient exempts comme *sujets.* Les vieilles habitudes et l'homogénéité de la race se perdirent ; on troqua la force des mœurs contre l'uniformité de l'administration [2].

Caracalla eut, comme tant d'autres, la passion d'imiter Alexandre : ces copistes d'un héros oublioient que la pique du Macédonien fit éclore plus de cités qu'elle n'en renversa. Sur les bords du Rhin et du Danube, Caracalla rencontra par hasard deux peuples nouveaux, les *Goths* et les *Allamans.* Il aimoit les barbares ; on prétend même que dans des conférences particulières il leur dévoiloit le secret de la foiblesse de l'empire, secret que leur épée leur avoit déjà révélé.

Passé en Asie, Caracalla visita les ruines de Troie. Pour honorer et rappeler la mémoire d'Achille, dont il se prétendoit la vraie ressemblance, il voulut pleurer la mort d'un ami ; en conséquence, un poison fut donné à Festus, affranchi qu'il aimoit tendrement ; après quoi

---

1. Non tam facile parricidium excusari quam posse fieri. (*Hist. Aug.*, p. 88.)
2. L'édit de Caracalla, ou un édit semblable, est attribué par quelques glossateurs à Marc-Aurèle. J'ai suivi l'opinion pour laquelle il y a un plus grand nombre d'autorités.

il lui éleva un bûcher funèbre. Et comme Achille, le plus beau des Grecs, coupa sa chevelure blonde sur le bûcher de Patrocle, Caracalla, laid, petit et difforme, arracha deux ou trois cheveux que la débauche lui avoit laissés, excitant la risée des soldats qui le voyoient chercher et trouver à peine sur son front la matière du sacrifice à l'ami qu'il avoit fait empoisonner[1].

Caracalla étoit malade de ses excès ; son âme souffroit autant que son corps : ses crimes lui apparoissoient ; il se croyoit poursuivi par les ombres de son père et de son frère[2]. Il consulta Esculape, Apollon, Sérapis, Jupiter Olympien ; il ne fut point soulagé : on ne guérit point des remords.

Macrin, préfet du prétoire, menacé par Caracalla, le fit assassiner[3]. On croit que l'impératrice, accusée d'inceste avec Caracalla, son fils, mourut d'une mort douloureuse, volontaire ou involontaire[4]. Il ne resta rien de la famille de Sévère, dont les malheurs, malgré le dire des historiens, frappèrent peu les hommes. Dans les vieilles races, c'est la chute qui étonne ; dans les races nouvelles, c'est l'élévation : les premières en tombant sortent de leur position naturelle, les secondes y rentrent.

MACRIN emp.
ZÉPHIRIN pape.
An de J.-C.
217-218

Caracalla eut des temples et des prêtres. Macrin demanda des autels pour son assassiné. Les Romains débarrassés de leurs tyrans, ils en faisoient des dieux. Ces tyrans jouissoient ainsi de deux immortalités : celle de la haine publique, et celle de la loi religieuse qui consacroit cette haine.

Macrin revêtoit d'un extérieur grave et d'une apparence de courage un caractère frivole et timide : il désira l'empire, l'obtint, et s'en trouva embarrassé. Il avoit l'instinct du mal, il n'en avoit pas le génie ; impuissant à féconder ce mal, quand il avoit commis un crime il ne savoit plus qu'en faire : c'est ce qui arrive lorsque l'ambition dépasse

---

1. Quumque esset raro capillo, et crinem quæreret ut imponeret ignibus, deridiculo erat omnibus ; cæterum quos habuit capillos tamen totondit. (HERODIAN., lib. IV, p. 310-311.)

2. Fuit ægra corporis valetudine... Sed mente imprimis insana quibusdam visis sæpenumero agitari a patre fratreque gladios gestantibus, videbatur. (DION., *Hist. Rom.*, lib. LXXII, p. 877.)

Pater ei cum gladio astitit in somnis, et : Ut tu, inquit, fratrem tuum interfecisti, ita ego te interficiam. (*Id., ibid.*, lib. LXXVIII, p. 883.)

3. Macrinus Antoninum occidit. (*Hist. Aug.*, p. 88.)

4. Julia, cognita filii cæde, ita affecta est ut se percuteret, ac mortem sibi consciscere conaretur... Inedia consumpta moritur. Acceleravit ei mortem cancer, quem, cum jam multo tempore in mamma habuisset quiescentem, percusso pectore irritavit. (DION., lib. LXXVIII, p. 886.)

la capacité, qu'une haute fortune se trouve resserrée dans un espri
étroit et dans une âme petite, au lieu de s'étendre à l'aise dans une
large tête et dans un grand cœur. Après quatorze mois de règne,
l'armée ôta l'empire à Macrin aussi facilement qu'elle le lui avoit prêté.

Julie, femme de Septime Sévère et fille de Bassianus, avoit une
sœur, Julia Mæsa ; celle-ci, mariée à Julius Avitus, en eut deux filles :
Sœmis et la célèbre Mamée. Mamée mit au jour Alexandre Sévère, et
Sœmis fut mère d'Élagabale, plus connu sous le nom altéré d'Hélio-
gabale. Sœmis avoit épousé Varius Marcellus, mais on ne sait si elle
n'eut point un commerce secret avec Caracalla, et si Élagabale ne fut
point le fruit de ce commerce.

Après la mort de Caracalla, Mæsa, sœur de l'impératrice Julie, se
retira à Émèse avec ses deux filles, Sœmis et Mamée, toutes deux
veuves, et chacune ayant un fils : Élagabale avoit treize ans, Alexandre
neuf. Mæsa fit donner à Élagabale la charge de grand-prêtre du soleil.
Dans ses habits sacerdotaux il étoit d'une rare beauté; on le compa-
roit aux plus parfaites statues de Bacchus. Une légion le vit, en fut
charmée, et par les intrigues de Mæsa le proclama empereur. Qu'on
juge du caractère de l'armée : elle choisit Élagabale parce qu'il étoit
beau, parce qu'elle le crut fils de Caracalla et de Sœmis, c'est-à-dire
bâtard d'un monstre et d'une femme adultère.

Macrin dépêcha contre la légion un corps de troupes que commandoit Ulpius Julianus. Celui-ci, abandonné de ses troupes, périt par un
assassinat. Un soldat lui coupa la tête, l'enveloppa, en fit un paquet
qu'il cacheta avec le sceau de Julianus, et la présenta à Macrin comme
la tête d'Élagabale : Macrin déroula le paquet sanglant, et reconnut
que cette tête demandoit la sienne. Après avoir perdu une bataille
contre son rival, qui déploya de la valeur, il s'enfuit, fut arrêté et
massacré. Son fils, qu'il envoyoit au roi des Parthes, éprouva le même
sort.

Élagabale régna donc. Il falloit que toutes les passions et tous les
vices passassent sur le trône, afin que les hommes consentissent à y
placer la religion qui condamnoit tous les vices et toutes les passions.

Rome vit arriver un jeune Syrien, prêtre du soleil : le tour des
yeux peint, les joues colorées de vermillon, portant une tiare, un
collier, des bracelets, une tunique d'étoffe d'or, une robe de soie à la
phénicienne, des sandales ornées de pierres gravées, ce jeune Syrien,
entouré d'eunuques, de courtisanes, de bouffons, de chanteurs, de
nains et de naines dansant et marchant à reculons devant une pierre
triangulaire. Élagabale vint régner aux foyers du vieil Horace, rallu-

mer le feu chaste de Vesta, prendre le bouclier sacré de Numa et toucher les vénérables emblèmes de la sainteté romaine [1].

Au milieu de tant de règnes exécrables, celui d'Élagabale se distingue par quelque chose de particulier. Ce que l'imagination des Arabes a produit de plus merveilleux en fêtes, en pompes, en richesses, ne semble qu'une tradition confuse du règne du prêtre du soleil : vous verrez ces détails à l'article des mœurs des Romains. Le vice qui gouverna plus particulièrement le monde sous Élagabale fut l'impudicité : ce prince choisissoit les agents du pouvoir d'après les qualités qui les rendoient propres à la débauche [2]; dédaignant les distinctions sociales ou les avantages du génie, il plaçoit la souveraineté politique dans la puissance qui tient le plus de l'instinct et de la brute.

Il arriva qu'ayant pris plusieurs maris, il se donna pour maître tantôt un cocher du cirque, tantôt le fils d'un cuisinier [3]. Il se faisoit saluer du titre de *domina* et d'*impératrice;* il s'habilloit en femme, travailloit à des ouvrages en laine. Homme et femme, prostitué et prostituée, il n'auroit pas été plus pur quand il se fût consacré au culte de Cybèle, comme il en eut la pensée [4]. Il donna un siége à sa mère dans le sénat auprès des consuls, et créa un sénat de femmes qui délibéroient sur la préséance, les honneurs de cour et la forme des vêtements.

Élagabale n'étoit pas cependant dépourvu de courage. Le pressentiment d'une courte vie le poursuivoit : il avoit préparé pour se tuer,

---

1. Fuit autem Heliogabali, vel Jovis, vel Solis sacerdos, atque Antonini sibi nomen asciverat... Vultum præterea eodem quo Venus pingitur, schemate figurabat... Heliogabalum in Palatino monte, juxta ædes imperatorias, consecravit, eique templum fecit... et Vestæ ignem, et palladium, et ancilia, et omnia Romanis veneranda in illud transfert. (*Hist. Aug.*, lib. cii.)

In penum Vestæ, quod solæ virgines solique pontifices adeunt, irrupit, et pollutus ipse omni contagione morum, cum iis qui se polluerant. (*Ibid.*, p. 103.) Magorum genus aderat. (*Ibid.*)

At vero Antoninus, e Syria profectus... cultum patrii numinis celebrare supervacuis saltationibus, vestitum usurpans luxuriosum, purpura intextum atque auro, monilibusque et armillis redimitus, coronas sustinens ad tiaræ modum. (HERODIAN., lib. v, p. 376-377.)

Amphoras plurimas ante aras profundebat... chorosque circum aras agitabat, nullis non organis consonantibus, unaque mulieribus Phœnissis cursitantibus in orbem, cymbalaque inter manus habentibus aut tympana, omni circumstante senatu et equestri ordine. (*Id., ibid.*, p. 181.)

2. Ad honores reliquos promovit commendatos sibi pudibilium enormitate membrorum. (*Hist. Aug.*, p. 474.)

3. Nupsit et coit ut et pronubum haberet, clamaretque *concide, magire*, et eo quidem tempore quo Zoticus ægrotabat. (*Id.*, p. 472 ; DION, lib. LXXIX ; HERODIAN., lib. v.)

4. Jactavit autem caput inter præcisos fanaticos, et genitalia sibi devinxit.

à tout événement, des cordons de soie, un poignard d'or, des poisons renfermés dans des vases de cristal et de porphyre, une cour intérieure pavée de pierres précieuses sur lesquelles il comptoit se précipiter du haut d'une tour. Ces ressources lui manquèrent ; il vécut dans des lieux infâmes, et fut tué dans des latrines [1] avec sa mère. On lui coupa la tête ; son cadavre, traîné jusqu'à un égout, ne put entrer dans l'ouverture, trop étroite [2] ; ce hasard valut à Élagabale les honneurs du Tibre, d'où il reçut le surnom de *Tiberius*, équivoque qui signifioit *le noyé dans le Tibre* ou le *petit Tibère* : ainsi les Romains jouoient avec leur infamie. Quand le despotime descend si bas que sa dégradation lui ôte sa force, les esclaves respirent un moment : dans les temps d'opprobre, le mépris tient quelquefois lieu de liberté. N'oublions pas, afin d'être juste, qu'Élagabale étoit un enfant ; il n'avoit guère que vingt-deux ans quand il fut massacré, et il avoit déjà régné trois ans neuf mois et quatre jours : sa mère, son siècle et la nature du gouvernement dont il devint le chef le perdirent.

Les mêmes femmes dont l'ambition s'étoit trouvée mêlée au règne de Caracalla, de Macrin et d'Élagabale contribuèrent à la chute de ce dernier prince, et amenèrent l'inauguration de son successeur. Sœmis avoit déterminé son fils à créer auguste son cousin Alexandre. Élagabale, jaloux de la vertu d'Alexandre, essaya d'abord de le corrompre ; n'y pouvant réussir, il le voulut tuer ; Mamée pour le sauver le conduisit au camp des prétoriens. Une réconciliation eut lieu et dura peu. Élagabale massacré, son cousin reçut la pourpre.

Chaque empereur, en passant au trône, y laissoit quelque chose pour la destruction de l'empire : le luxe qu'Élagabale avoit exagéré dans les ameublements, les vêtements et les repas, resta. A dater de ce règne la profusion de la soie et de l'or, les largesses aux légions allèrent croissant. Le prince syrien avoit fait frapper des pièces d'or, les unes doubles et quadruples des anciennes, les autres ayant dix, cinquante, cent fois cette valeur : il distribuoit cette monnoie aux soldats, à l'exemple de ses prédécesseurs ; mais comme il comptoit par le nombre et non par le poids des pièces, il centuploit quelquefois le prix du présent : or, pour changer les mœurs d'un État il suffit d'en changer les fortunes.

L'*empereur* Élagabale n'étant plus, on renvoya en Syrie le *dieu* Élagabale, introduit à Rome avec son grand-prêtre. Un décret interdit à jamais l'entrée du sénat aux femmes. Les essais du despote d'Asie

---

1. Atque in latrina, ad quam confugerat, occisus. (*Hist. Aug.*, p. 478.)
2. Dion., lib. LXXIX ; Herodian., lib. V ; *Hist. Aug.*, p. 478.

n'en avilirent pas moins les antiques institutions : Jupiter Capitolin avoit cédé sa place au Soleil, et une femme avoit siégé dans des sénatus-consultes. La religion est si nécessaire à la durée des États que même lorsqu'elle est fausse elle entraîne en s'écroulant l'édifice politique. L'ancienne société périt avec le polythéisme ; mais dans son sein s'est élevé un autre culte, prêt à remplacer le premier et à devenir le fondement d'une société nouvelle.

Alexandre Sévère, prince économe et de bon sens, consacra presque tout son règne à des réformes : dans les vieux gouvernements, l'administration se perfectionne à mesure que les mœurs se détériorent : la civilisation passe de l'âme au corps. Malheureusement Alexandre ne put détruire le mal que le temps avoit fait : les légions, séditieuses et avides, ne pouvoient plus être réformées que par le fer des barbares. Sous la quatrième année du règne de ce prince on place une révolution en Orient.

ALEX. SÉVÈRE emp. URBAIN Ier, PONTIEN papes. An de J.-C. 222-235.

Après qu'Alexandre le Grand eut passé, et que les Romains, sans les couvrir, se furent répandus sur ses traces, la monarchie des Parthes se forma. Artaban, dernier rejeton de la dynastie des Arsacides, étoit encore sur le trône lorsque Alexandre Sévère fut mis à la tête du monde romain. Artaban avoit été ingrat envers un de ses sujets, qui ne fut pas assez généreux pour pardonner l'ingratitude : il se révolte contre son maître, le renverse, et s'assied dans sa place[1]. Il se nommoit Artaxerxès. Fils adultérin de la femme d'un tanneur et d'un soldat, il prétendit descendre des souverains de Babylone : on ne conteste point la noblesse des vainqueurs ; il fut ce qu'il voulut être. Proclamé l'héritier et le vengeur de Darius, il fit quitter à sa nation le nom des Parthes pour reprendre celui des Perses, établit un empire fatal à Rome, lequel, après avoir duré quatre cent vingt-cinq ans, fut renversé par les Sarrasins.

Non content d'avoir affranchi sa patrie, Artaxerxès redemanda aux Romains les provinces qu'ils occupoient dans l'Orient : vouloit-il se faire légitimer par la gloire? On ne sait si Alexandre Sévère vainquit Artaxerxès, mais il revint à Rome, et triompha[2]. De là il se rendit dans les Gaules. Les mouvements des Goths et des Perses, aux deux extrémités de l'empire, avoient obligé les Romains à porter leurs principales forces sur le Danube et sur l'Euphrate et à retirer cinq des huit légions qui gardoient les bords du Rhin.

1. Dion., lib. LXXX ; Herodian., lib. VII.
2. *Hist. Aug.*, p. 133 ; Herodian., lib. VI. M. de Saint-Martin, dans ses notes sur l'*Histoire du Bas-Empire*, de Le Beau, a jeté un nouveau jour sur l'histoire confuse des rois de Perse et d'Arménie.

L'invasion des chrétiens suivoit parallèlement celle des barbares. Mamée, mère d'Alexandre, professoit peut-être la religion nouvelle : du moins inspira-t-elle à son fils un grand respect pour cette religion. Il adoroit, dans une chapelle domestique, l'image de Jésus-Christ entre celle d'Apollonius de Thyane, d'Abraham et d'Orphée [1]. A l'exemple de la communauté chrétienne, qui publioit les noms des prêtres et des évêques avant leur ordination, il promulguoit les noms des gouverneurs de province [2], afin que le peuple pût blâmer ou approuver le choix impérial. Il prenoit pour règle de conduite la maxime : « Ne fais pas à autrui ce que tu ne veux pas qu'on te fasse. » Il avoit ordonné qu'elle fût gravée dans son palais et sur les murs des édifices publics. Quand le crieur châtioit un coupable, il lui répétoit la sentence favorite d'Alexandre [3] : une seule parole de l'Évangile créoit un prince juste au milieu de tant de princes iniques.

Mais les jurisconsultes placés dans les conseils et dans les charges de l'État, Sabin, Ulpien, Paul, Modestin, étoient ennemis des disciples de la croix; leur culte paroissoit à ces magistrats, amateurs et gardiens du passé, une nouveauté destructive des anciennes lois [4] et des vieux autels. Ulpien avoit formé le septième livre d'un traité sur *le devoir d'un consul,* des édits statuant les délits à punir et les peines à infliger aux chrétiens.

Ulpien, préfet du prétoire, égorgé de la main de ses soldats, avoit été disciple de Papinien. On compte ensuite Paul et Modestin : à ce

1. Primum ut si facultas esset, id est si non cum uxore cubuisset, matutinis horis in lararo suo, in quo et divos principes, sed optimos, electos, et animos sanctiores, in queis Apollonium et, quantum scriptor suorum temporum dicit, Christum, Abrahamum et Orpheum, et hujusmodi cæteros habebat. (Lamprid., *in Vit. Alex. Severi,* p. 328.)

2. Denique cum inter militares aliquid ageretur, multorum dicebat et nomina. — De promovendis etiam sibi annotabat, et perlegebat cuncta pittacia, et sic faciebat, diebus etiam pariter annotatis, et quis et qualis esset, et quo insinuante promotus. (*Id., Hist. Aug.,* p. 320.)

Ubi aliquos voluisset rectores provinciis dare, vel propositos facere, vel procuratores, id est rationales ordinare, nomina eorum proponebat, hortans populum ut si quis quid haberet criminis, probaret manifestis rebus : si non probasset, subiret pœnam capitis : dicebatque *grave esse, cum id christiani et judæi facerent in prædicandis sacerdotibus qui ordinandi sunt, non fieri in provinciarum rectoribus, quibus et fortunæ hominum committerentur et capita.* (*Id., ibid.,* p. 345.)

3. Clamabatque sæpius quod a quibusdam sive judæis, sive christianis, audierat et tenebat; idque per præconem, cum aliquem emendaret, dici jubebat : *Quod tibi fieri non vis, alteri ne feceris :* quam sententiam usque adeo dilexit, ut et in palatio et in publicis operibus præscribi juberet. (*Id., ibid.,* p. 350.)

4. At enim puniendi sunt qui destruunt religiones... (Lact., *Div. Inst.,* lib. v, p. 417.)

dernier s'éteint le flambeau de cette jurisprudence dont les oracles furent recueillis par Théodose le jeune et par Justinien. Au surplus si les belles lois attestent le génie d'un peuple, elles accusent aussi ses mœurs, comme le remède dénonce le mal. Au commencement les Romains n'eurent point de lois écrites : sous leurs trois derniers rois, une quarantaine de décisions furent recueillies sous le nom de code Papirien [1]. Les douze Tables composant en tout cent cinquante textes (soit qu'elles aient été ou non empruntées à la Grèce et expliquées par l'exilé Hermodore [2]) suffirent à la république tant qu'elle conserva la

1. C'est le plus ancien monument de la jurisprudence romaine. Sous Tarquin le Superbe, Sextus Papirius rassembla dans un seul volume les lois des rois, *qui leges regias in unum contulit*, dit Pomponius au sujet de la seconde loi du Digeste. Ces lois royales étoient écrites dans la vieille langue latine ou la langue osque, conservée dans l'inscription de la colonne de Duilius, sur la table de Scipion, fils de Barbatus, et dans le sénatus-consulte pour l'abolition des Bacchanales. Les voyelles *a, e, i, o, u*, prenoient un *d* à la fin d'un mot, quand ce mot surtout étoit à l'ablatif. L'*e* et l'*i* se mettoient souvent ensemble, ou l'un pour l'autre. L'*o* remplaçoit l'*e*, l'*u* s'écrivoit *ou*, ou simplement *o*, ou encore *uo*, ou enfin *oi*. Le *d* se prononçoit *du* et s'écrivoit *du*. La consonne *g* n'existoit pas, et étoit remplacée par le *c*; *fociunt* ou *fouciont*, ou *foicioint*, pour *fugiunt*, montre ces transformations. La consonne *m* se retranchoit souvent quand elle se trouvoit à la fin d'un mot, ou prenoit une voyelle : *urbe* pour *urbem*, *tama* pour *tam*. L'*r* se changeoit souvent en *s*, ou plutôt elle ne s'employoit qu'à la fin ou au commencement des mots. On a toujours dit *Roma* et non pas *Soma*; mais au milieu des mots l'*r*, que l'on surnommoit *canina*, pour exprimer sa rudesse, se prononçoit et s'écrivoit *s* : *asa* pour *ara*; *x, y, z* étoient des consonnes inconnues dans la langue osque. Les consonnes ne se redoubloient point. A l'exemple de Joseph Scaliger, Antoine Terrasson, dans son *Histoire de la Jurisprudence romaine*, a restitué quinze textes du droit papirien. Voici l'exemple du premier :

Jou' papeisianom.

Mensa. Deicatam. Asai. veice. peasestase. jous. estod. utei. endo Templod. Jounonei'. Poploniai. Aucousta. mensa. est.

Lisez :

Jus Papirianum.
I.

Mensam dedicatam aræ vicem præstare jus esto, ut in templo Junonis Populoniæ augusta mensa est.

2. Les anciens glossateurs du droit romain racontent sérieusement que les Grecs, avant de faire part de leurs lois aux députés romains, envoyèrent à Rome un philosophe pour savoir ce que c'étoit que Rome. Ce philosophe, arrivé dans cette ville inconnue, fut mis en rapport avec un fou qui, par de certains signes des doigts, lui indiqua la Trinité. Le philosophe rendit compte de sa mission aux Grecs, et les Grecs trouvèrent que les Romains étoient dignes d'obtenir les lois qui ont fait le fond des douze Tables. *Quemdam stultum ad disputandum cum Græco posuerunt, ut si perderet, tantum derisio esset. Græcus sapiens nutu disputare cœpit, et elevavit unum digi-*

vertu. Vinrent ensuite, toujours sous la république, le droit flavien et le droit ælien. Avec Auguste commença sous l'empire la loi *Regia* qu'on a niée, et successivement s'entassèrent les diverses constitutions des empereurs jusqu'aux codes grégorien et hermogénien. Alors les Romains corrompus n'eurent plus assez des *sénatus-consultes*, des *plébiscites*, des *édits des princes*, des *édits des préteurs*, des *décisions des jurisconsultes* et du *droit coutumier*. La famille en vieillissant multiplioit les cas de jurisprudence : l'esprit des tribunaux se subtilisoit à mesure que s'enchevêtroient les rapports des choses et des individus. Deux mille volumes, compilés par Tribonien, forment le corps du droit romain sous le nom de *Code*, de *Digeste* ou *Pandectes*, d'*Institutes* et de *Novelles*, sans parler du droit grec-romain, ou de la paraphrase de Théophile, et des sept volumes in-folio des *Basiliques*, ouvrage des empereurs Basile, Léon le Philosophe et Constantin Porphyrogénète : solide masse qui a survécu à Rome, mais qui n'a pu l'arc-bouter assez pour l'empêcher de crouler. La société vit plus par les mœurs que par les lois, et les nations qui ne sauvent pas leur innocence périssent souvent avec leur sagesse.

Pendant les règnes de Sévère, de Caracalla, de Macrin, d'Élagabale et d'Alexandre, le pape Zéphirin succéda à Victor martyr, Calixte à Zéphirin, Urbain à Calixte, et Pontien à Urbain. Minutius Felix écrivit son dialogue pour la défense du christianisme. Minutius se promène un matin au bord de la mer à Ostie avec Octavius, chrétien, et Cecilius, attaché au paganisme : les trois interlocuteurs regardent d'abord des enfants qui s'amusoient à faire glisser des cailloux aplatis sur la surface de l'eau ; ensuite Minutius s'assied entre ses deux amis. Cecilius, qui avoit salué une idole de Sérapis, demande pourquoi les chrétiens se cachent, pourquoi ils n'ont ni temples, ni autels, ni images ? Quel est leur Dieu ? d'où vient-il ? où est-il, ce Dieu unique, solitaire, abandonné, qu'aucune nation libre ne connoît, Dieu de si peu de puissance qu'il est captif des Romains avec ses adorateurs ? Les Romains sans ce Dieu règnent et jouissent de l'empire du monde. Vous, chrétiens, vous n'usez d'aucuns parfums, vous ne vous couronnez point de fleurs, vous êtes pâles et tremblants ; vous ne ressusciterez point comme vous le croyez, et vous ne vivez pas en attendant cette résurrection vaine.

Octavius répond que le monde est le temple de Dieu, qu'une vie

---

tum, unum Deum significans. Stultus, credens quod vellet eum uno oculo excæcare, elevavit duos, et cum eis elevavit etiam pollicem, sicut naturaliter evenit, quasi cæcare eum vellet utroque. Græcus autem credidit quod Trinitatem ostenderet.

pure et les bonnes œuvres sont le véritable sacrifice. Il réfute l'objection tirée de la grandeur romaine, et tourne à leur avantage le reproche de pauvreté adressé aux disciples de l'Évangile : Cecilius se convertit. Peu de dialogues de Platon offrent une plus belle scène et de plus nobles discours [1].

Origène, fils d'un père martyr, ouvrit à Alexandrie son école chrétienne ; il y enseignoit toutes sortes de sciences. Mamée, mère de l'empereur, le voulut voir ; les païens et les philosophes assistoient à ses cours, lui dédioient des ouvrages et le vantoient dans leurs écrits. Il avoit appris l'hébreu ; il étudioit encore l'Écriture dans la version des Septante et dans les trois versions grecques d'Aquila, de Théodotion et de Symmaque. Il composa un si grand nombre d'ouvrages, que sept sténographes étoient occupés à écrire chaque jour sous sa dictée [2] : on connoît sa faute et sa condamnation. Il eut le génie, l'éloquence et le malheur d'Abailard, sans le devoir à une passion humaine ; il n'eut de foiblesse que pour la science et la vertu. C'est dans Origène que s'opéra la transformation du philosophe païen dans le philosophe chrétien : sa méthode étoit d'une clarté infinie, sa parole d'un grand charme. D'autres écrivains ecclésiastiques se firent aussi remarquer alors, en particulier Hippolyte, martyr, et peut-être évêque d'Ostie : il inventa à l'effet de trouver le jour de Pâques un cycle de seize ans, qui nous est parvenu [3].

Vous avez vu Alexandre partir pour les Gaules, où trois légions seulement étoient restées. Le désordre s'étoit mis dans ces légions ; l'empereur s'efforça d'y établir la discipline ; elles se soulevèrent à l'instigation de Maximin. Le fils de Mamée avoit déjà régné treize ans, et promettoit de vivre ; c'étoit trop : les largesses que les gens de la pourpre faisoient au soldat à leur élection devinrent pour eux une nouvelle cause de ruine. L'empire étoit une ferme que le prince prenoit à bail, moyennant une somme convenue, mais avec une clause tacite, en vertu de laquelle il s'engageoit à mourir promptement.

Des assassins, suscités par Maximin, tuèrent Alexandre avec sa mère dans le bourg de Sécila, près de Mayence.

L'empire perdit le reste d'ordre dans lequel nous l'avons vu se survivre jusqu'ici : guerres civiles, invasion générale des barbares, territoire démembré, provinces saccagées, plus de cinquante princes élevés et précipités, tel est le spectacle qu'on a sous les yeux pendant un

---

1. Minut., *in Octav.*   2. Euseb., lib. vi, cap. 21, 23 et seq.
3. *Hier. Script.*

demi-siècle, jusqu'au règne de Dioclétien, où le monde se reposa dans d'autres malheurs. Un État qui renferme dans son sein le germe de sa destruction marche encore si personne n'y porte la main, mais au moindre choc il se brise : la science consiste à le laisser aller sans le toucher.

Maximin remplaça Alexandre.

Voici un premier barbare sur le trône, et de cette race même qui produisit le premier vainqueur de Rome. Il étoit né en Thrace ; son père se nommoit Micca, et étoit Goth ; sa mère s'appeloit Ababa, et descendoit des Alains. Pâtre d'abord, il devint soldat sous Septime Sévère, centurion sous Caracalla, tribun sous Élagabale, qu'il fut au moment de quitter par pudeur [1], et enfin le commandant des nouvelles troupes levées par Alexandre : cet ambitieux barbare sacrifia son bienfaiteur.

Il avoit huit pieds et demi de haut ; il traînoit seul un chariot chargé, brisoit d'un coup de poing les dents ou la jambe d'un cheval, réduisoit des pierres en poudre entre ses doigts, fendoit des arbres, terrassoit seize, vingt et trente lutteurs sans prendre haleine, couroit de toute la vitesse d'un cheval au galop, remplissoit plusieurs coupes de ses sueurs, mangeoit quarante livres de viande et buvoit une amphore de vin dans un jour [2]. Grossier et sans lettres, parlant à peine la langue latine, méprisant les hommes, il étoit dur, hautain, féroce, rusé, mais chaste et amateur de la justice ; il étoit brave aussi, bien qu'il ne fût pas, comme Alaric, de ces soldats dont l'épée est assez

---

1. Tum ille, ubi vidit infamem principem sic exorsum, a militia discessit... Fuit igitur Maximinus sub homine impurissimo tantum honore tribunatus, sed nunquam ad manum ejus accessit ; nunquam illum salutavit... ut de eo in senatu verba faceret Severus Alexander talia : *Maximinus, patres conscripti, tribunus, cui ego latum clavum addidi, ad me confugit qui sub impura illa bellua militare non potuit.* (Hist. Aug., p. 370.)

2. Erat præterea (ut refert Codrus) magnitudine tanta, ut octo pedes digito videretur egressus : pollice ita vasto, ut uxoris dextrocherio uteretur pro annulo. Jam illa prope in aure mihi sunt posita, quod hamaxas manibus attraheret, rhedam onustam solus moveret ; equo si pugnum dedisset, dentes solveret, si calcem, crura frangeret ; lapides tophicios friaret, arbores teneriores scinderet ; alii denique eum Crotoniatem Milonem, alii Herculem, Antæum alii vocarunt... Cum militibus ipse luctam exercebat, quinos, senos, et septenos ad terram prosternens... Sexdecim lixas uno sudore devicit... Volens Severus explorare quantus in currendo esset, equum admisit multis circuitionibus, et cum neque Maximinus, accurrendo permulta spatia desisset, ait ei... Bibisse illum sæpe in die vini capitolinam amphoram constat : comedisse et quadraginta libras carnis ; ut autem Codrus dicit, etiam sexaginta... Sudores sæpe suos excipiebat, et in calices vel in vasculum mittebat ; ita ut duos vel tres sextarios sui sudoris ostenderet. (*Ibid.*, p. 368, 369, 372.)

large pour faire une plaie qui marque dans le genre humain. On sent ici une nouvelle race d'hommes, laquelle avoit trop de ce que l'ancienne n'avoit plus assez. Dieu prenoit par la main l'enrôlé dans ses milices, pour le montrer à la terre et annoncer la transmission des empires. Il n'y avoit que treize années entre le règne d'Élagabale et celui de Maximin : l'un étoit la fin, l'autre le commencement d'un monde.

Ainsi une même génération de Romains eut pour maîtres en moins d'un quart de siècle un Africain, un Assyrien et un Goth ; vous allez bientôt voir passer un Arabe. De ces divers aventuriers candidats au despotisme qui affluoient à Rome, aucun ne vint de la Grèce; cette terre de l'indépendance se refusoit à produire des tyrans. En vain les Goths firent périr ses chefs-d'œuvre ; la dévastation et l'esclavage ne lui purent ravir ni son génie ni son nom. On abattoit ses monuments, et leurs ruines n'en devenoient que plus sacrées ; on dispersoit ces ruines, et l'on trouvoit au-dessous les tombeaux des grands hommes; on brisoit ces tombeaux, et il en sortoit une mémoire immortelle : patrie commune de toutes les renommées, pays qui ne manqua plus d'habitants, car partout où naissoit un étranger illustre là naissoit un enfant adoptif de la Grèce, en attendant la résurrection de ces indigènes de la liberté et de la gloire qui devoient un jour repeupler les champs de Platée et de Marathon !

Les Romains, revenus de leur surprise, se soulevèrent ; ils ne supportèrent pas l'idée d'être gouvernés par un Goth devenu *citoyen* en vertu du décret général de Caracalla : comme s'il étoit séant à ces esclaves de montrer quelque fierté.

Des conspirations éclatèrent, et furent punies : Maximin prétendoit réformer l'empire de la même façon qu'il avoit rétabli la discipline des légions, par des supplices. A la moindre faute, il faisoit jeter aux bêtes, attacher en croix, coudre dans des carcasses d'animaux nouvellement tués, les principaux citoyens. Il détestoit le sénat et ces patriciens, les plus vils et les plus insolents des hommes; il avoit la foiblesse de rougir de sa naissance devant ces nobles, qui oublioient trop lâchement leur origine pour avoir le droit de se remémorer la sienne. Des amis qui l'avoient secouru lorsqu'il étoit pauvre furent massacrés : il ne leur put pardonner leur souvenir[1]. Ce n'étoient pas les témoins de sa misère qu'il devoit tuer, c'étoient ceux de sa fortune. Il inspira une telle frayeur aux sénateurs, qu'on fit des prières publiques afin qu'il plût aux dieux de l'empêcher d'entrer dans Rome.

---

1. *Hist. Aug.*, p. 141; HERODIAN., lib. VII, p. 237.

On l'avoit appelé Hercule, Achille, Ajax, Milon le Crotoniate ; on le nomma Cyclope, Phalaris, Busiris, Sciron, Typhon et Gygès : peuple retombé par la corruption dans les fables, comme on retourne à l'enfance par la vieillesse.

Maximin battit les Sarmates et les Germains. Il mandoit au sénat : « Nous ne saurions vous dire ce que nous avons fait, pères conscrits ; mais nous avons brûlé les bourgs des Germains, enlevé leurs troupeaux, amassé des prisonniers et exterminé ceux qui nous résistoient. » Une autre fois : « J'ai terminé plus de guerres qu'aucun capitaine de l'antiquité, transporté dans l'empire romain d'immenses dépouilles et fait tant de captifs, qu'à peine les terres de la république pourroient les contenir[1]. »

Mais l'Afrique se soulevoit et proclamoit augustes les deux Gordien, le père et le fils.

Gordien le vieux, proconsul d'Afrique, descendoit des Gracques par sa mère, de Trajan par son père, de ce que Rome libre et esclave eut de plus illustre. Son père, son aïeul, son bisaïeul et lui-même avoient été consuls ; ses richesses ne se pouvoient compter : on citoit ses jeux, ses palais, ses bains, ses portiques ; c'étoient bien des prospérités pour mourir : il est vrai que l'empire l'atteignit malgré lui.

Un receveur du fisc ayant été massacré à Thysdrus en Afrique, les auteurs du meurtre, pour échapper à la vengeance de Maximin, revêtirent Gordien le vieux des insignes de la puissance. Il les repoussa, se roula par terre en pleurant : résistance inutile, on le condamna à la pourpre. Gordien le jeune fut salué auguste : ami des lettres, il déploroit les malheurs de sa patrie entre les femmes et les Muses.

Le sénat confirma l'élection des deux Gordien, et déclara Maximin ennemi de la république. L'empereur à cette nouvelle se heurta la tête contre les murs, déchira ses habits, saisit son épée, voulut arracher les yeux à son fils, but, et oublia tout. Le lendemain, il assemble ses troupes : « Camarades, les Africains ont trahi leurs serments ; c'est leur coutume. Ils ont élu pour maître un vieillard à qui le tombeau conviendroit mieux que l'empire. Le très-vertueux sénat, qui jadis assassina Romulus et César, m'a déclaré ennemi de la patrie tandis que je combattois et triomphois pour lui. Marchons contre le sénat et les Africains ; tous leurs biens sont à vous[2]. »

Lorsque Maximin tenoit ce discours, il n'avoit déjà plus rien à craindre des Gordien[3] : Capellien, gouverneur de la Numidie, fidèle

---

1. HERODIAN., lib. VII, *Hist. Aug.*   2. *Id., ibid.,*
3. Le vieux Gordien avoit régné trente-six jours.

à Maximin, gagna une bataille où le jeune Gordien perdit la vie. Le vieux Gordien s'étrangla avec sa ceinture, pour ne pas survivre à son fils et pour sortir librement des grandeurs où il étoit entré de force.

Le sénat désigna deux nouveaux empereurs, Maxime Papien, brave soldat, et Claude Balbin, orateur et poëte; il les choisit parmi les vingt commissaires qu'il avoit chargés de la défense de l'Italie. Petit-fils du vieux Gordien, et neveu ou fils du jeune, un troisième Gordien, âgé de treize ans, fut en même temps proclamé césar. Des messagers coururent de toutes parts, ordonnant aux habitants des campagnes de détruire les blés, de chasser les troupeaux, de se retirer dans les villes et d'en fermer les portes à Maximin.

Cependant un accident avoit fait éclater à Rome la guerre civile; il y eut des assauts, des combats, des incendies. La présence de l'enfant Gordien apaisa le tumulte : les deux partis se calmèrent à la vue de la pourpre ornée de l'innocence et de la jeunesse [1].

L'empereur n'avoit point communiqué son ardeur à ses soldats; sa rigueur à maintenir la discipline lui avoit enlevé l'amour des légions. Il mit le siége devant Aquilée : les habitants se défendirent; les femmes coupèrent leurs cheveux pour en faire des cordes aux machines de guerre. En mémoire de ce sacrifice, un temple fut élevé à Vénus la Chauve [2]. La fortune se retira de Maximin : on le massacra, lui et son fils.

Le courrier qui transmit à Rome le message de l'armée trouva le peuple au théâtre; c'étoit là qu'on étoit toujours sûr de le rencontrer. Ce peuple, tourmenté de grandeur et de misère, nourri dans les fêtes et les proscriptions, devina la nouvelle avant de l'avoir entendue. Il s'écria : « Maximin est mort! » Les jeux finissent, on court aux temples remercier les dieux : tradition et moquerie des grands hommes et des hauts faits de la liberté républicaine. La tête de l'auguste et celle du césar furent dépêchées au sénat. Le fils du géant Maximin avoit été instruit dans les lettres; ses goûts, ses manières, sa parure étoient élégants et recherchés; beaucoup de femmes l'avoient aimé. Au lieu

---

1. HERODIAN., lib. VII, *Hist. Aug.*

2. Tanta fide Aquileienses contra Maximinum pro senatu fuerunt, ut funes de capillis mulierum facerent, cum deessent nervi ad sagittas emittendas : quod aliquando Romæ dicitur factum. Unde in honorem matronarum templum Veneri Calvæ senatus dicavit. (*Id. ibid*, p. 398.)

Lactance raconte la même chose des femmes romaines.

Urbe a Gallis occupata, obsessi in Capitolio Romani cum ex mulierum capillis tormenta fecissent, ædem Veneri Calvæ consecrarunt. (LACT., *Div. Inst.*, p. 88, in-4º.)

de l'armure de fer de son père, il portoit une cuirasse d'or, un bouclier d'or, une lance dorée, un casque enrichi de pierreries [1]. Après sa mort son visage, meurtri, souillé de sang et de poussière, offroit encore des traits admirables. On avoit jadis appliqué au jeune césar les vers où Virgile compare la beauté du fils d'Évandre à l'étoile du matin sortant tout humide du sein de l'Océan [2]. Son sort attendrit un moment la populace, qui brûla dans le Champ de Mars, avec mille outrages, la tête charmante sur laquelle elle venoit de pleurer. Ainsi finirent ces deux Goths souverains à Rome avant Alaric, mais par la pourpre et non par l'épée.

Il faut fixer au règne de Maximin le commencement de cette succession d'empereurs militaires nés des circonstances, qui, demi-barbares, soutinrent l'empire contre les efforts des barbares. C'est aussi à cette époque qu'éclata la rivalité du sénat et de l'armée pour l'élection du prince : nouvelle cause de destruction ajoutée à toutes celles qui fermentoient dans l'État.

Ce sénat, d'ailleurs si abject, avoit jusque là conservé, par ses traditions de gloire, par son nom, par la richesse de ses membres et les dignités dont ils étoient revêtus, une sorte de puissance inexplicable : c'étoit au sénat que les empereurs rendoient compte de leurs victoires ; c'étoit le sénat qui gouvernoit dans les interrègnes. Les années se marquoient par consulats ; la religion et l'histoire se rattachoient à l'existence sénatoriale. On lisoit partout S. P. Q. R., lorsqu'il n'y avoit plus ni sénat ni peuple : Rome parloit encore de liberté, comme ces rois modernes qui inscrivent au protocole de leurs titres les souverainetés qu'ils ont perdues.

Jusqu'au règne de Maximin il y avoit eu sinon intelligence, du moins accord forcé entre les légions et le sénat ; mais pendant les

---

1. Usus est autem idem adolescens (Maximin. junior) et aurea lorica, exemplo Ptolemæorum ; usus est argentea, usus et clypeo gemmato inaurato, et hasta inaurata. Fecit et spathas argenteas, fecit etiam aureas... fecit et galeas gemmatas, fecit et bucculas. Quædam parens sua libros homericos omnes purpureos dedit, aureis litteris scriptos. (*Hist. Aug.*, p. 306.)

2. Usus est magistro græco litteratore Fabilio, cujus epigrammata multa exstant, maxime in imaginibus illius pueri, qui versus græcos fecit ex illis latinis Virgilii, cum ipsum puerum describeret :

> Qualis ubi Oceani perfusus Lucifer unda
> Extulit os sacrum cœlo tenebrasque resolvit,
> Talis erat juvenis primo sub nomine clarus [*].
>
> (*Id.*, p. 392.)

[*] Dans ce passage du huitième livre de l'*Énéide*, il y a un vers retranché et un vers interpolé.

troubles de ce règne les sénateurs ayant élu seuls trois maîtres furent si satisfaits de ce retour d'autorité qu'ils ne se purent empêcher de témoigner l'envie de la garder. Les légions s'en aperçurent, et ne se laissèrent pas dominer. Les empereurs proclamés dans les provinces par les armées s'habituèrent à considérer le sénat comme un ennemi de leur pouvoir et dont le suffrage ne leur étoit pas nécessaire ; ils s'éloignèrent de Rome, où ils ne résidèrent plus que rarement et malgré eux. La ville éternelle s'isola peu à peu au milieu de l'empire ; et tandis qu'on se battoit autour d'elle, elle s'assit à l'ombre de son nom, en attendant sa ruine.

Maximin persécuta la religion. On trouve dans cette persécution la première mention certaine de basiliques chrétiennes ; toutefois, il est question d'un lieu consacré au culte du Christ sous le règne d'Alexandre Sévère.

Quelques auteurs ont cru que la persécution avoit eu pour but principal en Orient d'atteindre Origène : le peuple et les philosophes auroient regardé comme un grand triomphe l'apostasie de ce défenseur de l'Église[1], qui, par l'ascendant de son génie avoit opéré une multitude de conversions.

D'autres écrivains ont pensé que la persécution prit naissance à l'occasion du soldat en faveur duquel Tertulien écrivit le livre *De la Couronne*. Je vous ai souvent dit qu'à l'élection d'un empereur l'usage étoit de faire des largesses aux soldats : ceux-ci pour les recevoir se couronnoient de laurier. Lors de l'avénement de Maximin, un légionnaire s'avança, tenant sa couronne à la main ; le tribun lui demanda pourquoi il ne la portoit pas sur la tête comme ses compagnons : « Je ne le puis, répondit-il, je suis chrétien. »

Tertullien approuve le légionnaire[2], le couronnement de laurier lui paraissant entaché d'idolâtrie.

Auprès des élections par le glaive se continuoient les élections paisibles de ces autres souverains qui régnoient par le roseau. Le pape Urbain étant mort avoit eu pour successeur Pontien, lequel, exilé dans l'île de Sardaigne, abdiqua. Autéros, qui le remplaça, ne vécut qu'un mois, et Fabien fut proclamé évêque de Rome.

La science, au milieu des guerres civiles et étrangères, brilloit dans les hautes intelligences chrétiennes. Théodose ou Grégoire de Pons, surnommé *le Thaumaturge*, paroissoit ; Africain écrivoit son *Histoire universelle*, qui, commençant à la création du monde, s'arrêtoit à l'an 221 de notre ère[3]. L'histoire y étoit traitée d'une manière jus-

11 janvier 236.

---

1. Oros., lib. vii, cap. xix.   2. Tertul., *De Cor.*
3. Euseb., lib. vi, *Hist.*, cap. xxxii ; Phot., *Bib.*, cod. xxxiv.

qu'alors inconnue; un chrétien obscur venoit dire à l'empire éclatant des césars qu'il étoit nouveau, que ses faits et ses fables n'avoient qu'un jour, comparés à l'antiquité du peuple de Dieu et de la religion de Moïse. A cette échelle devoit se mesurer désormais la vie des nations. La chronique d'Africain ne se retrouve plus que dans celle d'Eusèbe.

Origène publia l'ouvrage qui lui avoit coûté vingt-huit ans de recherches[1]; c'étoit une édition de l'Écriture à plusieurs colonnes, et qui prit le nom d'*Hexaple*, d'*Octaple* et de *Tetraple*, selon le nombre des colonnes. Dans les Hexaples, la première colonne contenoit le texte hébreu en lettres hébraïques; la seconde, le même texte en lettres grecques; la troisième, la version grecque d'Aquila; la quatrième, celle de Symmaque; la cinquième, celle des Septante; la sixième, le texte hébreu de Théodotion.

Les Octaples avoient deux colonnes de plus, composées de deux versions grecques, l'une trouvée à Jéricho, par Origène lui-même, l'autre à Nicopoli en Épire. L'idiome des maîtres du monde n'étoit pas employé dans cet immense travail. Quelques versions latines, faites sur la version des Septante, suffisoient aux besoins de l'Église de Rome et des autres Églises d'Occident. Les Grecs s'obstinoient à regarder la langue de Cicéron comme une langue barbare.

Les conciles se multiplioient, soit pour les besoins de la communauté chrétienne, soit pour régler la discipline et les mœurs, soit pour combattre l'hérésie. Cyprien, jeune encore, faisoit entendre sa voix à Carthage : homme dont l'éloquence fleurie devoit inspirer l'éloquence de Fénelon, comme la parole de Tertullien animer la parole de Bossuet.

Tout s'agitoit parmi les barbares : les uns s'assembloient sur les frontières, les autres s'introduisoient dans l'empire, ou comme vainqueurs, ou comme prisonniers, ou comme auxiliaires. Les chrétiens augmentoient également en nombre, et étendoient leurs conquêtes parmi les conquérants.

<small>MAXIME et BALBIN emp. FABIEN pape. An de J.-C. 238.</small>

Maxime et Balbin se trouvèrent empereurs après la mort de Maximin; le premier étoit environné d'un corps de Germains qui lui étoient attachés comme les Suisses et les gardes écossoises à nos rois. Les prétoriens en prirent ombrage; ils n'approuvoient point une élection uniquement due au sénat. Ils coururent aux armes dans le temps que la ville étoit occupée des jeux capitolins : les empereurs, arrachés de leurs palais, furent égorgés avec les outrages jadis prodigués à Vitellius. Il y avoit dans les archives de l'État des précédents pour toutes

---

1. EUSEB., lib. VI, *Hist.*, cap. XVI; EPIPH., *De Mens.*, n. 18, 19.

les espèces de meurtres et de vices. Maxime, fils d'un serrurier ou d'un charron, étoit un homme brave, habile dans la guerre, modéré, et si sérieux qu'on l'avoit surnommé *le Triste*. Balbin, d'une famille qui passoit pour noble, sans être ancienne, étoit doux et affable : on disoit du premier qu'il faisoit accorder ce qui étoit dû ; et du second, qu'il donnoit au delà. Le troisième Gordien, petit-fils de Gordien le vieux, avoit déjà été nommé césar : les prétoriens le saluèrent auguste ; le sénat et le peuple le reconnurent.

Ce prince régna trop peu : il eut pour beau-père son maître de rhétorique, Mysithée, qui l'arracha aux mains des eunuques[1]. Gordien fit de Mysithée son préfet du prétoire et son ministre. Mysithée avoit été un homme obscur avant de prendre les rênes de l'État ; condition nécessaire pour parvenir lorsqu'on est né avec des talents : dans la carrière politique on ne monte point au pouvoir avec une réputation faite.

La guerre sous Gordien III ne fut pas considérable, mais elle offrit de grands noms. Sapor, fils d'Artaxerxès, attaqua l'empire en Orient, et les Franks se montrèrent dans les Gaules. Aurélien, depuis empereur, commandoit alors une légion ; il battit les Franks près de Mayence, en tua sept cents et en fit trois cents prisonniers. Cela passa pour une victoire si importante, que les soldats improvisèrent deux méchants vers, qui sont restés :

> Mille Francos, mille Sarmatas semel occidimus ;
> Mille, mille, mille Persas quærimus [2].

Ainsi le nom de nos pères se trouve pour la première fois dans une chanson de soldats, qui exprime à la fois leur valeur et la frayeur des Romains.

Gordien III se prépare à repousser Sapor ; avant de sortir de Rome il ouvre le temple de Janus ; c'est la dernière fois qu'il est question de cette cérémonie dans l'histoire. On présume que le temple ne se ferma plus : ce fut comme un présage des destinées de l'empire. Gordien, passant par la Mésie et par la Thrace, défit les Goths, et fut moins heureux contre les Alains. Il remporta quelques avantages sur Sapor. Il dut son succès à Mysithée, que le sénat honora du nom de tuteur de la république. Gordien eut la candeur d'en convenir en rendant compte de ses victoires au sénat[3] : c'est être digne de la gloire que de la rendre à celui qui nous la donne.

---

1. *Hist. Aug.*, p. 161.   2. Vopisc., *in Vit. Aurelian.; Hist. Aug.*
3. *Hist. Aug.*; Aurel. Vict.

Rome caduque ne portoit qu'en souffrant un grand citoyen : quand par hasard elle en produisoit un, comme une mère épuisée elle n'avoit plus la force de le nourrir. Mysithée mourut, peut-être empoisonné par Philippe, qui lui succéda dans la charge de préfet du prétoire. Dès ce moment le bonheur abandonna Gordien : il y a des esprits faits pour paroître ensemble, et qui sont leur complément mutuel. Les sociétés à leur naissance réparent facilement la perte d'un homme habile ; mais quand elles touchent à leur terme, si des gens de mérite qui leur restent viennent à manquer, tout tombe.

Le nouveau préfet du prétoire était Arabe et fils d'un chef de brigands. Philippe, d'abord associé à Gordien, finit par l'immoler. Gordien s'abaissa à demander successivement le partage égal du pouvoir, le rang de césar, la charge de préfet du prétoire, le titre de duc ou de gouverneur de province, enfin la vie : le meurtrier lui refusa tout, excepté de petites funérailles. Le dernier descendant des Gracques comptoit à peine vingt-trois années : l'humble tombeau du jeune empereur romain s'éleva loin du Tibre, au confluent du Chaboras et de l'Euphrate, à quelque distance des ruines de cette Babylone qui vit pleurer Israel auprès des sépulcres des grands rois.

<small>PHILIPPE emp. FABIEN pape. An de J.-C. 244-249.</small>

Philippe, proclamé auguste, et son fils césar, conclurent la paix avec Sapor, et vinrent à Rome. Jugez de l'état où Rome étoit parvenue : on ne sait si l'on doit placer à l'époque de l'avénement de Philippe l'existence de deux empereurs, un Marcus, philosophe de métier, et un Severus Hostilianus. On ne connoît que les noms de ces deux titulaires du monde ; on ignore même s'ils ont régné.

C'est aussi à compter de cette époque qu'on nomme *tyrans*, pour les distinguer des *empereurs*, les prétendants à l'empire, lesquels, élus par les légions, n'étoient pas avoués du sénat. Il n'y avoit pourtant entre ces hommes également oppresseurs que l'inégalité de la fortune : on donnoit au succès le titre que l'on refusoit au malheur.

On est encore dans le doute sur la vérité d'un fait grave : Philippe étoit-il chrétien? Les preuves sont foibles, et nous aurons dans la suite d'assez méchants princes de la foi sans revendiquer celui-ci. Mais c'est une marche historique à signaler que la coïncidence de l'élévation à l'empire d'un Goth dans Maximin et peut-être d'un chrétien dans Philippe.

Philippe célébra les jeux séculaires (en 248, 21 avril) : Horace les avoit chantés sous Auguste ; jeux mystérieux, solennisés pendant trois nuits à la lueur des flambeaux au bord du Tibre[1], et qu'aucun

---

1. Zosim., lib. II.

homme ne voyoit deux fois dans sa vie : ils accomplissoient alors une période de mille ans pour l'ancienne Rome ; ils furent interrompus. Plus de mille autres années s'écoulèrent avant qu'un prince de la Rome nouvelle les rétablît, sous le nom de *jubilé*, l'an 1300 de l'ère vulgaire. Boniface VIII officia avec les ornements impériaux ; deux cent mille pèlerins se trouvèrent réunis à la fête. Clément VI, Urbain VI et Paul II fixèrent successivement le retour du jubilé, le premier à la cinquantième, le second à la trente-troisième, le dernier à la vingt-cinquième année : Clément, en considération de la brièveté de la vie ; Urbain, en mémoire du temps que Jésus-Christ a passé sur la terre ; Paul, pour la rémission plus prompte des fautes. Les esclaves et les étrangers n'assistoient point aux jeux séculaires de Rome idolâtre : les infortunés et les voyageurs étoient appelés au jubilé de Rome chrétienne.

Philippe fit la guerre aux Carpiens, peuples habitants des monts Carpathes, dans le voisinage des Goths. Ces derniers avoient commencé dès le règne d'Alexandre Sévère à recevoir un tribut des Romains : les Carpiens voulurent obtenir la même faveur, et furent vaincus.

Tout à coup s'élèvent deux nouveaux empereurs, Saturnien en Syrie, Marinus en Mésie. Dèce, dont le nom rappelle la première grande invasion des barbares, étoit né de parents obscurs ; élevé au consulat ou par ses talents ou par les révolutions qui faisoient surgir indistinctement le mérite et la médiocrité, le vice et la vertu, Dèce se trouva chargé de punir les partisans de Marinus : ils le forcèrent de prendre sa place, de marcher contre Philippe et de lui livrer bataille. Les crimes étoient tombés dans le droit commun, et les guerres civiles formoient le tempérament de l'État. Philippe fut vaincu et tué à Vérone[1], son fils égorgé à Rome.

On raconte de ce jeune homme que depuis l'âge de cinq ans il n'avoit jamais ri ; il ne monta point au trône, et perdit les joies de l'enfance : il les eût gardées s'il fût resté sous la tente de l'Arabe. Dans ces temps un prince ne périssoit presque jamais seul, ses enfants étoient massacrés avec lui. Cette leçon répétée ne corrigeoit personne : on trouvoit mille ambitieux, pas un père.

Tel étoit l'état des hommes et des choses à l'avénement de Dèce : tout hâtoit la dissolution de l'État.

Les barbares n'avoient rien devant eux, sauf le christianisme, qui les attendoit pour les rendre capables de fonder une société, en bénissant leur épée.

1. Zosim., lib. I; Zonard., lib. XII.

PREMIER DISCOURS

DEUXIÈME PARTIE.

DE DÈCE OU DECIUS A CONSTANTIN.

Decius emp.
Fabien, Corneille papes.
An de J.-C. 249-251.

La véritable histoire des barbares s'ouvre avec le règne de Dèce. On les va maintenant mieux connoître; ils vont donner un autre mouvement aux affaires; ils vont mêler les races, multiplier les malheurs, accomplir les destinées du vieux monde, commencer celles du monde nouveau. Aux courses rapides, aux incursions passagères que les Calédoniens faisoient dans la Grande-Bretagne, les Germains et les Franks dans les Gaules, les Quades et les Marcomans sur le Danube, les Perses et les Sarrasins en Orient, les Maures en Afrique, succéderont des invasions formidables : les Goths paroîtront; les autres barbares, campés sur les frontières, les pousseront, les suivront. Il semble déjà que le bruit des pas et les cris de cette multitude font trembler le Capitole.

Les Goths, peut-être de l'ancienne race des Suèves, et séparés d'elle par Cotualde, les Goths, fils des conquérants de la Scandinavie, dont ils avoient peut-être chassé les Cimbres, avoient étendu leur domination sur une partie des autres barbares, les Bastarnes, les Venèdes, les Saziges, les Rhoxolans, les Slaves, ou Vandales, ou Esclavons, les Antes et les Alains, originaires du Caucase [1]. Odin, leur premier législateur, fut aussi leur dieu de la guerre, à moins qu'on ne suppose

---

1. Consultez, pour cette histoire embrouillée des barbares, Bayer, Gatterer, Adelung, Schlœzer, Reineggs, Malte-Brun, etc., etc. Ces savants hommes ont des systèmes contradictoires : l'un ne voit en Germanie que des Suèves et des non-Suèves; l'autre veut que les Slaves soient les Vandales; celui-ci fait des Slaves des Venèdes, et reconnoît des Slaves mêlés et des Slaves proprement dits. Les Suèves deviennent des Allamans, les Allemands d'aujourd'hui, etc., etc. Au milieu de tout cela, il faut encore trouver place pour le système par la division des langues, la race finnoise, caucasienne, que sais-je? J'ai présenté ici au lecteur, et dans *l'exposition* de ce discours, ce qui m'a semblé le moins obscur. Je crois avoir été le premier à recueillir les noms et le nombre des hordes de l'Amérique septentrionale (*Voyage en Amérique*);

deux Odin : en le plaçant dans le ciel, ils ne firent qu'une seule et même chose de la loi et de la religion. Odin avoit un temple à Upsal, où l'on immoloit tous les neuf ans deux hommes et deux animaux de chaque espèce, si toutefois Odin, Upsal et son temple existoient dans ces temps reculés [1], ou si même ils ont jamais existé.

Dans le siècle des Antonins, au moment où l'empire romain arrivoit au plus haut point de sa puissance, les Goths firent leur premier pas, et s'établirent à l'embouchure de la Vistule. Les colonies des Vandales, ou sorties de leur sein, ou Slaves enrôlés à leur suite, se répandirent le long des rivages de l'Oder, des côtes du Mecklembourg et de la Poméranie. Les Goths séparés en Ostrogoths et en Visigoths, Goths occidentaux et Goths orientaux, se subdivisèrent encore par bandes ou tribus sous les noms d'Hérules, de Gépides, de Burgondes ou Bourguignons, de Lombards [2]. Si l'on ne veut pas que ces derniers soient d'origine gothique, il faudra du moins admettre qu'ils étoient devenus Goths par la conquête, et qu'ensuite détachés de la confédération gothique, quand celle-ci vint à se briser, ils fondèrent les monarchies des Burgondes et des Lombards.

malgré l'aridité et la confusion des traditions de ces sauvages, il est moins difficile de s'en faire une idée approximative que de répandre quelque clarté sur l'histoire des peuples germaniques. Les Romains, qui ignoroient les langues de ces peuples, ont tout confondu; et quand ces peuples se sont civilisés, déjà loin de leur origine, ils n'ont plus trouvé que quelques chansons et des traditions orales mélangées de fables et de christianisme. Malheureusement la grande *Histoire des Goths* de Cassiodore est perdue, et il ne nous en reste que l'abrégé de Jornandès. Grotius a donné une édition des écrivains goths. Agathias et surtout Procope offrent une des grandes sources de l'histoire gothique. Jornandès parle de quelques chroniques des Goths en vers, citées par Ablavius; et l'on a dans la traduction des quatre évangiles par Ulphilas le plus ancien monument de la langue teutonique. Il est du IVe siècle. Ulphilas avoit été obligé d'inventer des lettres inconnues pour exprimer certains sons de la langue des Goths. Cette traduction est antérieure de plus de quatre cent quatre-vingts années au serment de Charles, en allemand, dans Nithard (842), et de plus de cinq siècles au chant teutonique qui célèbre la victoire de Louis, fils de Louis le Bègue, sur les Normands, en 881. La chronique de Marius, qui commence à l'an 455 et finit à l'an 581, contient des renseignements sur les Goths et sur les Bourguignons. On a une généalogie des rois goths, publiée d'après un manuscrit du monastère de Moissac.

1. ADAM DE BRÊME, *Saxo grom.* Les *Eddas*, les *Saggas*, l'*Histoire de Suède*, etc.
2. On fait descendre les Burgondes ou Bourguignons des Vandales, Slaves ou Venèdes conquis par les Goths. Ils étoient ennemis des Allamans (AMMIEN MARCELLIN, liv. XXVIII; PLINE, *Hist. Nat.*, IV). Une tradition les faisoit venir des soldats romains qui gardoient vers les rives de l'Elbe les forteresses de Drusus (OROSE, liv. VII). Paul Warnefrid (le diacre) place le berceau des Goths et des Lombards dans la Scandinavie. Entre les règnes d'Auguste et de Trajan on trouve les Lombards établis sur l'Elbe et l'Oder (VELLEIUS PATERCULUS, II).

Les Goths levèrent leur camp, firent un second pas, se montrèrent sur les confins de la Dacie, et bientôt arrivèrent au Pont-Euxin. Le roi qui gouvernoit alors leur monarchie héréditaire se nommoit Amala; il prétendoit descendre des Anses [1] ou demi-dieux des Goths.

Trajan en subjuguant les Daces au delà du Danube rendit, sans le savoir, l'empire voisin de ses destructeurs. Les Goths ne furent connus sous leur véritable nom que pendant le règne de Caracalla : quand Rome l'eut appris, elle ne l'oublia plus.

Fiers de leurs conquêtes, grossis de toutes les hordes qu'ils s'étoient incorporées, les Goths, comme un torrent enflé par des torrents, se précipitèrent sur l'empire vers l'époque de la chute de Philippe et l'élévation de son successeur.

Conduits par leur roi Cniva, ils inondent la Dacie, franchissent le Danube, forcent Martianopolis à se racheter, se retirent, reviennent, assiègent Nicopolis, emportent Philippopolis d'assaut, égorgent cent mille habitants et emmènent une foule de prisonniers illustres [2]. Chemin faisant, ils s'amusent à donner un maître au monde; sauvages, demi-nus, ils accordent la pourpre à Priscus, frère de Philippe, qui la leur avoit demandée. Dèce accourt avec son fils pour s'opposer à leurs ravages; trahi par Gallus, qui veut aussi recevoir l'empire de la main des barbares, attiré dans un marais, il y reste avec son fils et son armée [3].

Dèce, prince remarquable d'ailleurs, qui vit commencer la grande invasion des barbares, s'étoit de même armé contre les chrétiens : impuissant à repousser les uns et les autres, il ne put faire face aux deux peuples à qui Dieu avoit livré l'empire. Cette persécution amena des chutes que saint Cyprien attribue au relâchement des mœurs des fidèles [4]. Dans l'amphithéâtre de Carthage, le peuple crioit : « Cyprien aux lions! » L'éloquent évêque se retira [5]. Denis d'Alexandrie fut sauvé; ses disciples le cachèrent. Grégoire le Thaumaturge invita ses néophytes à se mettre en sûreté et se tint lui-même à l'écart sur une colline déserte. L'exécution du prêtre Pionius à Smyrne, de Maxime en Asie, et de Pierre à Lampsaque, est restée dans les fastes de la

---

1. Proceres suos non puros homines, sed semideos, id est Anses vocavere. — Horum ergo, ut suis fabulis ferunt, primus fuit Gaapt, qui genuit Halmal, Halmal vero genuit Augis, Augis genuit eum qui dictus est Amala, a quo et origo Amalorum decurrit. (JORNAND., *De Reb. Getic.*, p. 607.)

2. AMMIEN. MARCEL., lib. XXXI, cap. V.

3. AUREL. VICTOR., cap. XXIX; JORNANDÈS, cap. XVIII; ZOSIME, lib. I; ZONARE, lib. XII; *Hist. Aug.*, p. 225.

4. Epist. 11.   5. Epist. 10, 20, 59, 60.

religion. Le pape Fabien confessa d'âme et de corps le 20 janvier 250. A compter de son martyre les années du pontificat romain deviennent certaines, comme l'ère du Christ est fixée à la croix. Alexandre, évêque de Jérusalem ; Babylas, évêque d'Antioche, qui avoit obligé l'empereur Philippe et sa mère à se mettre au rang des pénitents la nuit de Pâques, périrent dans les cachots : l'un, vieillard, étoit éprouvé pour la seconde fois; l'autre voulut être enterré avec ses fers [1]. Origène, cruellement torturé, résista.

Un jeune homme de la basse Thébaïde, nommé Paul, fuyant la persécution, trouva une grotte ombragée d'un palmier et dans laquelle couloit une fontaine qui donnoit naissance à un ruisseau. Paul s'enferma dans cette grotte, y vécut quatre-vingt-dix ans, et remporta cette gloire de la solitude qui a fait de lui le premier ermite chrétien [2].

Divers évêques fondèrent des églises dans les Gaules : Denis à Paris, Gatien à Tours, Strémoine à Clermont en Auvergne, Trophime à Arles, Paul à Narbonne, Martial à Limoges.

Après le martyre de Fabien, trois évêques proclamèrent pape Novatien, premier antipape, chef du premier schisme. Le clergé avoit élu de son côté Corneille, homme d'une grande fermeté. Il y eut vacance du siége pendant seize mois. On comptoit alors à Rome quarante-six prêtres, sept diacres, sept sous-diacres, quarante-deux acolytes, cinquante-deux exorcistes, lecteurs et portiers, quinze cents veuves et autres pauvres nourris par l'Église [3]. Seize évêques avoient concouru à l'ordination de Corneille, confirmée par le peuple. Les soldats de Jupiter faisoient des tyrans, les soldats du Christ des saints ; différence des deux empires.

Gallus proclamé auguste avec Hostilien, second fils de Dèce, s'engage à payer aux Goths un tribut annuel. Ils consentent, à ce prix, à respecter les terres romaines : on tient les conditions qu'on reçoit, non celles qu'on impose : les Goths manquent à leur parole. Une peste

1. ..... vinculis... cum quibus suum corpus sepeliri mandavit. (*Martyrol.*, 24 *jan.*)
2. Prudentissimus adolescens ad montium deserta fugiens tandem reperit saxeum montem. Ad cujus radicem haud procul erat grandis spelunca, quæ lapide claudebatur; quo remoto, avidius explorans, animadvertit intus grande vestibulum, quod, aperto desuper cœlo, patulis diffusa ramis vetus palma contexerat, fontem lucidissimum ostendens : cujus rivum tantummodo foras erumpentem statim modico foramine eadem quæ genuerat aquas terra sorbebat (HIERON., *in Vita Pauli eremitæ*, p. 338; Basileæ.)
3. In qua tamen non ignorabat (Novatus) presbyteros esse quadraginta sex, diaconos septem, acoluthos quadraginta duos, exorcistas et lectores una cum ostiariis quinquaginta duos, viduas et alios morbo atque egestate afflictos mille et quingentos. (EUSEB., *Hist.*, lib. VI, cap. XXXV, p. 178.)

effroyable se déclare. Gallus fait exécuter Hostilien, fils de Dèce, et le remplace par son propre fils. La persécution continue. Deux papes, Corneille et Lucius Ier, y succombèrent.

<small>Gallus, Émilien emp. Corneille, Lucius Ier papes. An de J.-C. 251-253.</small>

Émilien bat les Goths en Mésie et prend la pourpre. Gallus marche contre lui. Les troupes de Gallus se révoltent, le tuent, lui et son fils, et passent sous les aigles d'Émilien. Valérien amenoit au secours de Gallus les légions de la Gaule. Celles-ci, en apprenant la mort de l'empereur, proclament Valérien; Émilien est assommé à son tour par ses soldats [1]. Valérien partage la puissance avec son fils Gallien. Un tyran s'étoit élevé sous le règne de Dèce, un autre sous celui de Gallus.

<small>Valérien, Gallien emp. Étienne, Sixte II, Denis papes. An de J.-C. 253-360.</small>

Éprouvé dans les emplois militaires et civils, député des deux premiers Gordien au sénat, Valérien se trouva mêlé à toutes les affaires de son temps. La censure lui fut déférée d'une commune voix, lorsque les deux Decius rétablirent cette magistrature, réunie à la dignité impériale. « La vie de Valérien, disoit-on, censure perpétuelle, retraçoit les mœurs de la vénérable antiquité. » Pourtant Valérien n'étoit qu'un génie raccourci qui n'avoit pas la taille de sa fortune.

Gallien, que son père avoit fait auguste, alla commander dans les Gaules. Le père et le fils couroient de tous côtés pour s'opposer aux barbares : ils étoient aidés d'habiles capitaines, Posthume, Claude, Aurélien, Probus, qui se formoient à l'école des armes par des crimes et par la nécessité. Les Germains, peut-être de la ligue des Franks, envahirent la Gaule jusqu'aux Pyrénées, traversèrent ces montagnes, ravagèrent une partie de l'Espagne, et se montrèrent sur les rivages de la Mauritanie, étonnés de cette nouvelle race d'hommes [2]. Ils furent combattus et repoussés par Posthume sous les ordres de Gallien. Les Allamans, autres Germains, au nombre de trois cent mille, s'avancèrent en Italie jusque dans le voisinage de Rome. Gallien les força à la retraite. Les Goths, les Sarmates et les Quades trouvèrent Valérien en Illyrie, qui les contint, assisté de Claude, d'Aurélien et de Probus.

La Scythie vomissoit ses peuples sur l'Asie Mineure et sur la Grèce. Il est probable que ces Scythes Borans, qui se débordèrent alors, n'étoient autres qu'une colonne de Goths, vainqueurs du petit royaume du Bosphore. Ils s'embarquent sur le Pont-Euxin, dans des espèces de cabanes flottantes, se confiant à une mer orageuse et à des marins timides. Repoussés en Colchide, ils reviennent à la charge, attaquent le temple de Diane et la ville d'Oéta qu'immortalisèrent la fable et le génie des poëtes, emportent Pythionte, surprennent Trébizonde, rava-

---

1. Zonar., lib. xii; Eutrop., lib. ix, cap. vi.
2. Eutrop., lib. ix, cap. vi; Aurelius Victor.

gent la province du Pont, et, enchaînant les Romains captifs aux rames de leurs vaisseaux, retournent triomphants au désert[1].

D'autres Goths ou d'autres Scythes, qu'encourage cet exemple, font construire une flotte par leurs prisonniers, partent des bouches du Tanaïs, et voguent le long du rivage occidental du Pont-Euxin : une armée de terre marchoit de concert avec la flotte. Ils franchissent le Bosphore, abordent en Asie, pillent Chalcédoine, entrent dans Nicomédie, où les appeloit le tyran Chrysogonas, saccagent les villes de Lius et de Pouse, et se retirent à la lueur des flammes dont ils embrasent Nicée et Nicomédie[2].

Pendant ces malheurs, Valérien étoit allé à Antioche; il s'occupoit d'une autre guerre, à lui fatale. Sapor, invité par Cyriade, aspirant à l'empire, étoit entré en Mésopotamie : Nisibe, Carhes et Antioche devinrent sa proie. Valérien arrive, rétablit Antioche, veut secourir Édesse, que pressoient les Perses, perd une bataille et demande la paix. Sapor lui propose une entrevue; il l'accepte, et demeure prisonnier d'un ennemi sans foi. La simplicité n'est admirable qu'autant qu'elle est unie à la grandeur, autrement c'est l'allure d'un esprit borné. Valérien étoit un homme sincère, de même qu'il étoit un homme nul; ses vertus avoient le caractère de sa médiocrité.

En sa personne furent expiés la honte et le malheur de tant de rois humiliés au Capitole. Enchaîné et revêtu de pourpre, il prêtoit sa tête, son cou ou son dos en guise de marchepied à Sapor lorsque celui-ci montoit à cheval[3]. Sapor croyoit à tort fouler la puissance : l'empire persan ne s'étoit pas élevé; c'étoit l'empire romain qui s'étoit abaissé.

Valérien mort, sa peau, empaillée, tannée et teinte en rouge, resta suspendue pendant plusieurs siècles aux voûtes du principal temple de Perse[4]. Qu'est-ce que la vue de ce trophée fit au monde? Rien.

GALLIEN emp.
DENIS pape.
An de J.-C. 260-268.

1. ZOSIM., lib. I; GREG. THAUM, *Epist. ap. Masc.* 2. ZOSIM., lib. I.
3. Rex Persarum Sapores, qui cum ceperat, si quando libuerit aut vehiculum ascendere aut equum, inclinare sibi Romanum jubebat, ac terga præbere, imposito pede super dorsum ejus. (LACT., *De Morte Persecut.*, cap. V, p. 60.)

Valerianus scilicet in captivitatem ductus a Sapore, non gladio sed ludibrio, omnibus vitæ suæ diebus merita pro factis percepit, ita ut quotiescumque rex Sapores equum conscendere vellet, non manibus, sed incurvato dorso et in cervice ejus pede posito, equo membra levaret. (EUTROP., *in Vita Pontii manuscripta;* apud LACT., p. 60.)

4. Tandem a Sapore rege Persarum jussus excoriari, saleque conditus, in sempiternum tui infortunii tropæum ante omnium oculos statuisti. (EUSEB., *Orat. Const.*, p. 442.)

Direpta est ei cutis, et eruta visceribus pellis, infecta rubro colore ut in templo barbarorum deorum ad memoriam triumphi clarissimi poneretur. (LACT., *De Morte Persecut.*, cap. V, p. 59.)

Agathias fait entendre que Valérien fut écorché vif. Constantin, écrivant à Sapor II

Gallien lui-même, regardant le malheur comme une abdication, se contenta de dire : « Je savois que mon père étoit mortel[1]. » Il prit l'autre moitié de la pourpre que Valérien avoit laissée, comme on dérobe le linceul d'un mort.

Il existe de très-belles médailles de Valérien, représentant une femme couronnant l'empereur avec ces mots : *Restitutoris Orientis*. La fortune démentit l'effronterie de cette adulation. Gallien ne songea ni à racheter ni à venger son père ; il en fit un dieu[2] : cela coûtoit moins.

L'empire présente à cette époque un spectacle affreux, mais singulier ; c'étoit comme une scène anticipée du moyen âge. Jamais depuis les beaux jours de la république on n'avoit vu à la fois tant d'hommes remarquables : ces hommes, nés des événements qui forcent les talents à reprendre leur souveraineté naturelle, ne possédoient pas les vertus des Caton et des Brutus ; mais, fils d'un autre siècle, ils étoient habiles et aventureux. Rentrés malgré eux sous la tente, ces Romains de l'empire avoient repris quelque chose de viril par la fréquentation des mâles générations des barbares.

Trente ou plus sûrement dix-neuf tyrans parurent pendant les règnes de Valérien et de Gallien : en Orient, Cyriades, Macrien, Baliste, Odénat et Zénobie ; en Occident, Posthume, Lokien, Victorin et sa mère Victoria, Marius et Tetricus ; en Illyrie et sur les confins du Danube, Ingennus, Régilien et Auréole ; dans le Pont, Saturnin ; en Isaurie, Trébellien ; en Thessalie, Pison ; Valens en Grèce ; en Égypte, Émilien ; Celsus en Afrique. La plupart de ces prétendants qui défendirent l'empire contre les ennemis du dehors, et qui se le voulurent approprier, auroient été des princes capables.

Macrien, vieillard rusé, politique et hardi, étoit estropié[3] : il faisoit porter les ornements impériaux par ses deux fils, jeunes et vigoureux, au lieu de les traîner lui-même[4].

Odénat, qui repoussa Sapor et vengea Valérien, est encore plus connu par sa femme *Zénobie* et par le rhéteur Longin[5].

Baliste, Ingennus, étoient d'illustres capitaines.

---

en faveur des chrétiens, lui parle de l'horrible trophée que l'on voit encore, dit-il, dans son pays. (Euseb., *Vit. Const.*)

1. Ubi de Valeriano patre comperit quod captus esset, id quod philosophorum optimus de filio amisso dixisse fertur : *Sciebam me genuisse mortalem*, dixit ille, *Sciebam patrem meum esse mortalem*. (Gall., *in Hist. Aug.*)

2. Patrem inultum reliquit. (*Hist. Aug.*; p. 466.) Nec inter deos quidem, nisi coactus, retulit cum mortuum audisset. (*Ibid.*, p. 468.)

3. *Hist. Aug.*, p. 116, *Triginta Tyran.* 4. Zonar., p. 296.

5. *Hist. Aug.*, p. 215.

On donnoit à Calphurnius Pison le nom d'*homme*.

Régilien fut si renommé que le sénat lui décerna les honneurs du triomphe, malgré sa révolte contre Gallien [1].

Posthume, qui étendit sa domination sur les Gaules, l'Espagne et peut-être la Grande-Bretagne, eut du génie.

Son successeur Victorin possédoit de grands talents, mais avec la foiblesse qui souvent les accompagne, l'amour des femmes [2].

Victoria, mère de Victorin, qui se donnoit le titre d'auguste et de mère des armées, fut la Zénobie des Gaules; celle-ci disoit d'elle : « J'aurois voulu partager l'empire avec Victoria, qui me ressemble. » Il n'y eut pas jusqu'à l'armurier Marius, élevé au rang d'auguste par Victoria, qui ne se trouvât être un partisan de caractère. « Amis, dit-il à ses compagnons d'armes, devenus ses sujets, on me reprochera mon premier état : plaise aux dieux que je ne sois jamais amolli par le vin, les fleurs et les femmes! Qu'on me reproche mon état d'armurier, pourvu que les nations étrangères apprennent par leurs défaites que j'ai appris à manier le fer! Je dis ceci parce que la seule chose que pourra me reprocher Gallien, cette peste impudique, c'est que j'ai fabriqué des armes [3]. »

Marius fut tué par un soldat, jadis ouvrier dans sa boutique, qui lui passa son épée au travers du corps en lui disant: « C'est toi qui l'as forgée [4]. »

Après la mort de Marius, Victoria ne s'effraya point : cette Gauloise fit encore un empereur, Tetricus, gouverneur de l'Aquitaine, qui prit la pourpre à Bordeaux.

De ces divers tyrans un seul étoit sénateur, et Pison seul étoit noble. Il descendoit de Numa par ses pères; ses alliances lui donnoient le droit de décorer ses foyers des images de Crassus et de Pompée. Les Calphurniens avoient échappé aux proscriptions : on les retrouve con-

---

1. *Hist. Aug.*, p. 194.
2. *Id.*, p. 187. Cupiditas voluptatis mulierariæ sic perdidit.
3. Scio, commilitones, posse mihi objici artem pristinam, cujus mihi omnes testes estis. Sed dicat quisque quod vult : utinam semper ferrum exerceam! non vino, non floribus, non mulierculis, non popinis, ut facit Gallienus, indignus patre suo et sui generis nobilitate, depeream. Ars mihi objiciatur ferraria, dum me et exteræ gentes attrectasse suis cladibus recognoscant in Italia. Denique ut omnis Allemannia omnisque Germania cum cæteris quæ adjacent gentibus Romanum populum ferratam putent gentem, ut specialiter in nobis ferrum timeant. Vos tamen cogitetis velim fecisse vos principem qui nunquam quidquam sciverit tractare nisi ferrum. Quod idcirco dico quia scio mihi a luxuriosissima illa peste nihil opponi posse, nisi hoc quod gladiorum armorumque artifex fuerim. (*Id., Trig. Tyran.*, p. 500.)
4. *Hic est gladius quem ipse fecisti.* (*Id., ibid.*)

suls depuis Auguste jusqu'à Alexandre Sévère. Rome se couvroit de plantes nouvelles : quand ses vieilles souches poussoient quelques rejetons, ils se flétrissoient vite, et ne se renouveloient plus.

D'autres hommes de mérite, tels qu'Aurélien, Claude et Probus, servoient Gallien en attendant la souveraine puissance. Lui-même offroit un caractère sinon estimable, du moins peu commun.

Orateur et poëte [1], Gallien étoit indifférent à tout, même à l'empire. Lui apprenoit-on que l'Égypte s'étoit révoltée : « Eh bien, disoit-il, nous nous passerons de lin [2]. » La Gaule et l'Asie sont perdues : « Nous renoncerons à l'aphronitre, nous ne porterons plus de sagum d'Arras [3]. » Mais ne touchez pas aux plaisirs de Gallien ! Si le bruit d'une rébellion ou d'une invasion trop voisine menace sa paix, il court aux armes, déploie de la valeur, écarte le danger, et se replonge avec activité dans sa paresse. Féroce pour conserver son repos, il écrivoit à l'un de ses officiers après la révolte d'Ingennus, en Illyrie : « N'épargnez pas les mâles, quel que soit leur âge, enfants ou vieillards. Tuez quiconque s'est permis une parole contre moi [4]. » Il condamnoit à mort quatre ou cinq mille soldats rebelles, tout en bâtissant de petites chambres avec des feuilles de roses et des modèles de forteresses avec des fruits [5]. Un marchand avoit vendu des perles de verre à l'impératrice pour de vraies perles : Gallien le condamne à être jeté aux bêtes et fait lâcher sur lui un chapon [6].

---

1. Fuit enim (quod negari non potest) oratione, poemate atque omnibus artibus clarus. (*Hist. Aug.*, p. 469.)

2. Cum nuntiatum est ei Ægyptum dissecuisse, dixisse fertur : *Quid sine lino œgyptio esse non possumus?*

3. Cum autem vastatam Asiam... *Quid*, inquit, *sine aphronitris esse non possumus?*... Perdita Gallia... arrisisse et dixisse perhibetur : *Non sine Atrebatis sagis tuta republica est?* (*Id.*, p. 464.)

4. « Gallienus Veriano.

« Non mihi satisfacies si tantum armatos occideris, quos et fors belli interimere potuisset. Perimendus est omnis sexus virilis, si et senes atque impuberes, sine reprehensione nostra occidi possent. Occidendus est quicumque male voluit, occidendus est quicumque male dixit contra me, contra Valeriani filium, contra tot principum patrem et fratrem. Ingenuus factus est imperator. Lacera, occide, concide ; animum meum intelligere potes, mea mente irascere, quia hoc manu mea scripsi. » (Trebell. Poll., *Trig. Tyran., de Ingenno; Hist. Aug.*, p. 500.)

5. Terna millia et quaterna militum singulis diebus occidit (p. 476); cubicula de rosis fecit, de prunis castella composuit, uvas triennio servavit, hieme summa melones exhibuit; mustum quemadmodum toto anno haberetur docuit, etc., etc. (*Hist. Aug.*, p. 475.)

6. Idem, cum quidam gemmas vitreas pro veris vendidisset ejus uxori, atque illa, re prodita, vindicari vellet, surripi quasi ad leonem venditorem jussit, deinde e

A chaque nouvelle désastreuse, Gallien rioit, demandoit quels seroient les festins, les jeux du lendemain et de la journée [1]. Le monde périssoit, et il composoit des vers pour le mariage de ses neveux : « Allez, aimables enfants, soupirez comme la colombe, embrassez-vous comme le lierre, soyez unis comme la perle et la nacre [2]. » Il philosophoit aussi ; il accordoit à Plotin une ville ruinée de la Campanie pour y établir une république selon les lois de Platon [3]. Au milieu de la société croulante, couché à des banquets parmi les femmes [4], cet Horace impérial ne vouloit de la vie que le plaisir : tout fut troublé sous son règne [5], excepté sa personne ; il ne maintenoit le calme autour de lui et pour lui qu'à la longueur de son épée.

Représentez-vous l'État en proie aux diverses usurpations, les tyrans se battant entre eux, se défendant contre les troupes du prince légitime, repoussant les barbares ou les appelant à leur secours : Ingennus avoit un corps de Rhoxolans à sa solde, Posthume un corps de Franks. On ne savoit plus où étoit l'empire : Romains et barbares, tout étoit divisé, les aigles romaines contre les aigles romaines, les enseignes des Goths opposées aux enseignes des Goths. Chaque province reconnoissoit le tyran le plus voisin ; dans l'impossibilité d'être protégé par le droit, on se soumettoit au fait. Un lambeau de pourpre faisoit le matin un empereur, le soir une victime, l'ornement d'un trône ou d'un cercueil. Saturnin obligé d'accepter la souveraine puis-

---

cavea caponem emitti; mirantibusque cunctis rem tam ridiculam, per curionem dici jussit : *Imposturam fecit, et passus est.* (*Hist. Aug.*, p. 471.)

1. Sic de partibus mundi cum eas amitteret jocabatur (p. 464), nec ad talia movebatur..... Sed ab iis qui circa eum erant requirebat : *Ecquid habemus in prandio? ecquæ voluptates paratæ sunt? et qualis cras erit scena? quales circenses?* (*Id.*, p. 487.)

2. Jocari se dicebat cum orbem terrarum undique perdidisset (p. 475). Hujus est illud epithalamium... cum ille manus sponsorum teneret, sæpius ita dixisse fertur :

> Ite, ait, o pueri, pariter sudate medullis
> Omnibus inter vos : non murmura vestra columbæ,
> Brachia non hederæ, non vincant oscula conchæ.
> (*Id.*, p. 470.)

3. Gallienus et uxor ejus Plotinum honorabant: hic igitur eorum benevolentia fretus oravit ut dirutam quamdam olim in Campania civitatem philosophis aptam instauraret, regionemque circonfusam cultæ civitati donaret concederetque; civitatem habitaturis Platonis legibus gubernari atque ipsam civitatem *Platonopolim* appellari... Quod facile impetrasset, nisi quidam imperatoris familiares invidia vel indignatione acriter obstitissent. (Plotini vita ejus operibus præfixa auctore.)

4. Concubinæ in ejus tricliniis sæpe accubuerunt. (Porphyr., *Hist. Aug.*, p. 476.)

5. Orbem terrarum triginta prope tyrannis vastari fecit, ita ut etiam mulieres melius eo imperarent. (*Id.*, p. 475.)

sance s'écria : « Soldats, vous changez un général heureux pour faire un empereur misérable[1]. »

Et à travers tout cela des jeux publics, des martyrs, des sectes parmi les chrétiens, des écoles chez les philosophes, où l'on s'occupoit de systèmes métaphysiques au milieu des cris des barbares.

La peste, continuant ses ravages, emportoit dans la seule Rome cinq mille personnes par jour : disette, famine, tremblement de terre, météores, ténèbres surnaturelles, révolte des esclaves en Cilicie, rébellion des Isauriens, qui renouvelèrent la guerre des anciens pirates ; tumulte effroyable à Alexandrie : chaque édifice, dans cette immense cité, devint une forteresse, chaque rue un champ de bataille ; une partie de la population périt, et le Brachion resta vide. Et parmi ces calamités il faut encore trouver place pour la suite de la grande invasion des Goths.

Sapor, rentrant dans l'Asie romaine, reprit Antioche, s'empara de Tarse en Cilicie et de Césarée en Cappadoce. Des Goths se jetèrent sur l'Italie ; d'autres Goths ou d'autres Scythes sortirent une troisième fois du Pont-Euxin, assiégèrent Thessalonique, ravagèrent la Grèce [2], pillèrent Corinthe, Sparte, Argos, villes depuis longtemps oubliées, qui apparoissent dans ce siècle comme le fantôme d'un autre temps et d'une autre gloire. En vain Athènes avoit rétabli ses murailles, renversées par Lysander et Sylla : un Goth voulut brûler les bibliothèques, un autre s'y opposa : « Laissons, dit-il, à nos ennemis ces livres, qui leur ôtent l'amour des armes [3]. » La patrie de Thémistocle fut cependant délivrée par Dexippe l'historien, surnommé le second Thucydide [4] et le dernier des Grecs dans ces âges moyens et dégénérés. Athènes revoyoit les barbares : du temps des Perses, ses grands hommes la sauvèrent : ses chefs-d'œuvre n'ont point permis aux Goths de faire périr sa mémoire.

Enfin, les Goths allèrent brûler le temple d'Éphèse, sept fois sorti de ses ruines et toujours plus beau [5] : il ne se releva plus. Un conseil éternel amenoit des désastres irréparables ; il s'agissoit, non de la

---

1. Commilitones, bonum ducem perdidistis et malum principem fecistis. (*Hist. Aug., Trig. Tyran.*, p. 522.)

2. Les auteurs varient sur l'époque de cette invasion ; les uns la placent sous Valérien, d'autres sous Gallien, d'autres encore sous Claude, et même jusque sous Aurélien.

3. Zonar., lib. xii.

4. Il avoit écrit l'*Histoire des temps* depuis Alexandre Sévère jusqu'à Claude, l'*Histoire des Guerres de Scythie* et quatre livres de l'*Histoire des Successeurs d'Alexandre*. Il nous reste deux fragments des *Guerres de Scythie* dans les *Extraits des Ambassades*. (Phot., *Biblioth.*, cap. lxxxii. Voss., *De Hist. græc.*, p. 243.)

5. *Hist. Aug.*, p. 178. ; Jornand., cap. xx.

conservation des monuments, mais de la fondation d'une nouvelle société. Partout où le polythéisme avoit mis des dieux, un destructeur se présenta ; chaque temple païen vit un homme armé à ses portes ; la Providence n'arrêta la torche et le levier que quand la race humaine fut changée.

Toutefois, l'heure finale n'étant pas sonnée, il y eut repos. Odénat vainquit Sapor et soulagea l'Asie; Posthume contint les nations germaniques; les autres ennemis furent repoussés tantôt par les tyrans, tantôt par les généraux des empereurs. Les tyrans eux-mêmes s'entre-détruisirent; et lorsque Claude parvint au pouvoir, il ne trouva plus à combattre que Tetricus dans les Gaules et Zénobie en Orient. Elle s'étoit déclarée indépendante après qu'Odénat eut été massacré dans un festin.

Auréole ayant pris la pourpre en Italie, le bruit de cette usurpation pénétra jusqu'au fond du palais de Gallien, qui s'en importuna; il quitte ses délices, et assiège Auréole dans Milan ; une flèche, lancée en trahison, le tue, lorsqu'à peine armé il couroit à cheval, l'épée à la main, pour repousser une sortie.

Marcien, qui venoit de battre les Goths en Illyrie, étoit le principal chef de cette conspiration.

Une innovation de Gallien resta : il interdit aux sénateurs le service militaire, soit que l'usurpation de Pison l'eût plus alarmé que les autres, soit que le sénat, en repoussant un parti de barbares qui s'étoit avancé jusqu'à la vue de Rome, eût agi avec trop de vigueur. Alors s'établit la distinction d'homme de robe et d'homme d'épée. Les sénateurs formèrent un corps de magistrature, dont les membres, ignorés du soldat, perdirent toute influence sur l'armée. Ils murmurèrent d'abord, mais ensuite leur lâcheté regarda comme un honneur le droit qu'elle obtint de se cacher. L'édit de Gallien acheva de rendre militaire la constitution de l'empire, et prépara les grands changements de Dioclétien.

Claude II, désigné à la pourpre par Gallien, le remplaça. Les grandeurs avoient cessé d'imposer; tout étoit jugé, apprécié, connu; on tuoit les princes comme d'autres hommes, et cependant chacun vouloit être souverain : jamais on ne fut aussi rampant, aussi prosterné aux pieds du pouvoir qu'au moment où l'on n'y croyoit plus. Le sénat confirma l'élection de Claude, et se porta aux dernières violences contre les amis et les parents de Gallien.

Claude II emp.
Félix pape.
An de J.-C. 268-270.

Il ne faut pas croire que ces décisions du sénat fussent le résultat de raisons graves, mûrement examinées; ce n'étoient que les acclamations d'un troupeau d'esclaves qui se hâtoient de reconnoître leur servitude, comme si entre deux règnes ils eussent craint d'avoir un moment de liberté. Assemblés en tumulte au temple d'Apollon (ils ne se purent réunir assez longtemps au Capitole, à cause d'une fête de Cybèle), les sénateurs s'écrièrent [1] : « Auguste Claude, que les dieux vous conservent pour nous! » Cette acclamation fut répétée soixante fois. « Claude Auguste, c'est vous ou votre pareil que nous avions toujours souhaité! (Quarante fois). Claude Auguste, la république vous désiroit! (Quarante fois). Claude Auguste, vous êtes un père, un frère, un ami, un excellent sénateur, un empereur véritable! (Quatre-vingts fois). Claude Auguste, délivrez-nous d'Auréole! (Cinq fois). Claude Auguste, délivrez-nous de Zénobie et de Victoria! (Sept fois). »

Et c'étoient là les héritiers d'un sénat de rois! Claude [2] extermina, en Macédoine, une armée de Goths, et coula à fond leur flotte, composée de deux mille barques. Parmi les prisonniers il se trouva des rois et des reines. Les vaincus furent incorporés dans les légions ou condamnés à cultiver la terre [3].

Claude, surnommé *le Gothique,* ayant triomphé, mourut. Son frère Quintilius [4] prit la pourpre en Italie, et se tua au bout de dix-sept jours.

Aurélien, autre soldat de fortune, reçut l'empire à la recommanda-

<small>AURÉLIEN emp.
FÉLIX,
EUTICHIEN
papes.
An de J.-C.
270-275.</small>

1. Hæc in Claudium dicta sunt: Auguste Claudi, dii te nobis præstent! (dictum sexagies); Claudi Auguste, principem aut qualis tu es semper optavimus! (dictum quadragies); Claudi Auguste, te respublica requirebat! (dictum quadragies); Claudi Auguste, tu frater, tu pater, tu amicus, tu bonus senator, tu vere princeps! (dictum octuagies); Claudi Auguste, tu nos ab Aureolo vindica! (dictum quinquies); Claudi Auguste, tu nos a Zenobia et a Victoria libera! (dictum septies); Claudi Auguste, Tetricus nihil fecit! (dictum septies). (*Hist. Aug., in Vit. div. Claud.*, p. 544.)

2. Delevimus trecenta viginti millia Gothorum, duo millia navium mersimus; tecta sunt flumina scutis; spathis et lanceolis omnia littora operiuntur. Campi ossibus latent tecti, nullum iter purum est; ingens carrago deserta est. Tantum mulierum cepimus, ut binas et ternas mulieres victor sibi miles possit adjungere. (*Id., ibid.,* p. 545.)

3. Plerique capti reges; captæ diversarum gentium nobiles feminæ; impletæ barbaris servis senisbusque cultoribus romanæ provinciæ! factus miles barbarus et colonus ex Gotho. Nec ulla fuit regio quæ Gothum servum triumphali quodam servitio non haberet. (*Ib.*)

Quotquot autem incolumes evasere vel in ordines romanos recepti sunt, vel terram colendam nancti totos agriculturæ se dediderunt. (ZOSIM., *Hist.,* lib. I, p. 13; Basileæ.)

4. Quintillius inde, Claudii frater, dictus est imperator, qui ubi per paucos menses vixisset... Necessarii ejus auctores fuerunt ut mortem sibi consciscerent, ac multo meliori vero sponte sua de imperio cederet. Quod fecisse perhibetur a medico quodam, vena secta continuatoque fluxu sanguinis donec exaruisset. (*Id., ibid.*)

Quintillius, frater ejusdem, delatum sibi omnium judicio suscepit imperium... et septima decima die, quod se gravem et serium erga milites ostenderat... eo genere quo Galba, quo Pertinax interemptus est. (*Hist. Aug.*, p. 549.)

tion de Claude. Sa mère étoit prêtresse du soleil dans un village de l'Illyrie où son père étoit colon d'un sénateur romain. Passionné pour les armes et toujours à cheval, vif, ardent, cherchant querelle et aventure, ses camarades lui avoient donné le nom d'*Aurélien l'épée à la main*, pour le distinguer d'un autre Aurélien[1]. C'est le premier Romain, comme je vous l'ai dit, qui eut affaire aux Franks.

Aurélien, devenu chef souverain, rencontra deux ennemis redoutables, deux femmes : Victoria la Gauloise, Zénobie la Palmyrienne. Victoria mourut lorsque Aurélien passa dans les Gaules ; il ne trouva plus que son ouvrage, le tyran Tetricus, qui trahit ses soldats et se rendit à Aurélien.

Zénobie s'étoit emparée de l'Égypte : Aurélien marcha contre elle, la battit à Émèse, l'assiégea dans Palmyre, et la fit prisonnière lorsqu'elle fuyoit. Palmyre fut livrée au pillage, et le philosophe Longin condamné à mort pour le courage de ses conseils. Tous les tyrans détruits, l'Égypte soumise, la Gaule pacifiée, l'empereur voulut triompher à Rome. Avant de marcher en Orient, il avoit délivré l'Italie d'une espèce de ligue des Allamans, des Marcomans, des Juthongues et des Vandales.

Ce fut à l'occasion de ces courses de barbares qu'Aurélien fit relever ou plutôt bâtir les murailles de Rome. Jadis les sept collines, dans une circonférence de treize milles, avoient été fortifiées ; mais Rome, se répandant au dehors avec sa puissance, ajouta, par d'immenses et magnifiques faubourgs, plusieurs villes à l'antique cité[2]. Zosime écrit[3] que du temps d'Aurélien l'ancienne clôture étoit tombée : celle de cet empereur ne fut achevée que sous Probus[4], et il paroît qu'on y travailloit encore sous Dioclétien[5]. On voit aujourd'hui mêlés aux constructions subséquentes quelques restes des constructions d'Aurélien. Les murailles de Rome ont elles seules donné lieu à une curieuse histoire[6], où les infortunes de la ville éternelle sont comme tracées par son enceinte ; Rome s'est pour ainsi dire remparée de ses calamités. Un siècle et demi devoit encore s'écouler avant qu'elle subît le joug des barbares, et déjà Aurélien élevoit les inutiles bastions qu'ils devoient franchir.

Aurélien, dans son triomphe, outre une multitude de prisonniers goths, alains, allamans, vandales, rhoxolans, sarmates, suèves, franks, traînoit après lui Tetricus, sénateur romain, revêtu de la pourpre impériale, et Zénobie, reine de Palmyre. Elle étoit si chargée de

---

1. *Manus ad ferrum.* (*Hist. Aug.*, p. 211.) 2. Exspatiantia tecta multos addere urbes.
3. Zosim., lib. i, p. 665. 4. *Id., ibid.*
5. Boll., 20 jan., p. 278, *in Act. S. Sebast.*, ann. 287. 6. Nibbi.

perles, qu'elle pouvoit à peine marcher ; les grands de sa cour, captifs comme elle, la soulageoient du poids de ses chaînes d'or. Aurélien étoit monté sur un char traîné par quatre cerfs, autre espèce de dépouilles et de richesses d'un roi goth. Ce char alloit attendre Alaric au Capitole [1].

Aurélien donna à Tetricus le gouvernement de la Lucanie en échange de l'empire : Tetricus n'avoit pas le génie de Victoria : il se contenta d'être heureux.

Quant à Zénobie, vous savez qu'elle étoit peut-être Juive de naissance; Longin fut son maître de lettres grecques et de philosophie : elle avoit composé à son usage une histoire abrégée de l'Orient. Elle inclinoit aux sentiments des Hébreux touchant la nature de Jésus-Christ. On l'accuse d'avoir fait mourir le fils qu'Odénat avoit eu d'une autre femme, et peut-être Odénat lui-même. Elle eut trois filles et trois fils, dont l'un, Vaballath, devint roi d'un canton inconnu en Asie [2]. Ses trois filles, captives avec elle, se marièrent, et saint Zénobe, évêque de Florence, du temps de saint Ambroise, descendoit de la reine de Palmyre. Le courage de Zénobie se démentit avec la fortune ; elle demanda la vie en pleurant. La belle élève du magnanime Longin ne fut plus à Rome que la délatrice de quelques sénateurs entrés dans une conjuration vraie ou supposée contre Aurélien. Elle habitoit une maison de campagne à Tibur, non loin des jardins d'Adrien et de la retraite d'Horace, laissant, avec un nom célèbre, des ruines qu'on va voir au désert.

Aurélien étoit naturellement sévère ; la prospérité le rendit cruel. Il ne vouloit pas que le soldat prît une seule poule au laboureur; il disoit que les guerriers doivent faire couler le sang des ennemis et non les pleurs des citoyens [3] : beau sentiment et noble maxime! Il eut à soutenir une singulière guerre au sein même de Rome, la guerre des monnoyeurs, qui lui tuèrent sept mille soldats dans un combat sur le mont Cœlius [4]. Les châtiments que l'empereur faisoit infliger étoient affreux. Il méditoit une persécution générale contre les chrétiens [5] ; et lorsqu'il se rendit en Orient, dans le dessein de porter la guerre chez les Perses, il fut tué par les officiers de son armée, entre Héraclée et Byzance [6].

Le monde demeura sept mois sans maître : le sénat et l'armée se renvoyèrent le choix d'un empereur. L'un refusoit d'user de son droit,

---

1. *Aur. Vopisc. in Hist. Aug.*, p. 220 ; *Trig. Tyran.*, c. XXIII, XXIX.
2. Le canton des Ucrimes.   3. *Hist. Aug.*, p. 222.
4. *Suid.*, p. 494.   5. Euseb., *Chron.*
6. *Hist. Aug.*, p. 218.

l'autre de sa force¹. Les deux derniers souverains avoient tellement affermi l'État, que rien ne bougea ; mais Rome ne reprit pas sa liberté : qu'en eût-elle fait ?

Claudius Tacite, sénateur, âgé de soixante-quinze ans, fut enfin proclamé par le sénat. Telle est la souveraineté naturelle du génie : il n'y a point d'homme qui ne préférât aujourd'hui avoir été Tacite l'historien à Tacite l'empereur. Celui-ci sembla craindre la marque dont son aïeul avoit flétri les tyrans; il vécut sur la pourpre comme en présence et dans la frayeur du peintre de Tibère².

TACITE
emp.
EUTICHIEN
pape.
An de J.-C.
275-276.

L'empereur rendit au sénat quelques-unes de ses prérogatives ; et le sénat, dans sa décrépitude corrompue, crut voir renaître la chaste enfance de la république³. Tacite, allant se mettre à la tête de l'armée en Thrace, pour repousser une attaque des Alains, à qui les Romains avoient manqué de foi, mourut de fatigue ou fut tué à Tharse, ou à Tyanes, ou dans le Pont, selon les versions différentes des historiens⁴. Peu de temps avant sa mort, la tombe de son père s'étoit ouverte, et il avoit vu l'ombre de sa mère. Le tombeau de nos pères s'ouvre toujours pour nous ; mais il y a ici quelques souvenirs confus du sépulcre d'Agrippine : le génie de l'historien dominoit l'imagination de l'empereur.

Florien, frère de Tacite, se fit déclarer auguste en Asie, Probus en Orient. Une guerre civile de deux ou trois mois termina la lutte en faveur du dernier. La défaite des Franks, des Bourguignons, des Vandales, des Logions ou Lyges, qui s'étoient emparés des Gaules, signala le commencement du règne de Probus. Il tua quatre cent mille barbares, délivra et rétablit soixante-dix villes, transporta dans la Grande-Bretagne des colonies de prisonniers, soumit une partie de l'Allemagne, obligea les peuples vaincus à se retirer au delà du Necker et de l'Elbe, de payer aux Romains un tribut annuel en blé, vaches, brebis, et de prendre les armes pour la défense de l'empire contre des nations plus éloignées⁵ ; enfin il bâtit un mur de deux cents

PROBUS
emp.
EUTICHIEN
pape.
An de J.-C.
276-282.

---

1. Vopisc., *Hist. Aug.*, p. 222.
2. Dix copies des *Annales* et des *Histoires* devoient être placées annuellement, par ordre de Claudius Tacite, dans les bibliothèques publiques : si cet ordre avoit été exécuté, il est probable que nous posséderions entiers les chefs-d'œuvre que la main du temps a mutilés. Claudius Tacite étoit de la famille de Cornelius Tacite ; mais il n'est pas certain qu'il descendît en ligne directe de l'historien. (*Hist. Aug., Vit. Tac.*)
3. *Id., ibid.*
4. Victor. *jun.*; Aurel. Victor.; Euseb., *Chron.*
5. Prob., *Vit*, *Hist. Aug.*, p. 238 et seq.; Zos., lib. i; Bucharii *Hist. Belg.*, lib. iii, p. 1; Hier., *Chron.*

milles de longueur, depuis le Rhin jusqu'au Danube[1]. Probus conçut le plan régulier de défendre l'empire contre les barbares avec des barbares. Quand la république réunissoit des peuples à ses domaines, elle leur apportoit la vertu en échange de la force qu'elle recevoit d'eux. Que pouvoient les Romains du siècle de Probus pour les barbares ?

Une poignée de Franks auxiliaires, que Probus avoit relégués sur le rivage du Pont-Euxin, s'ennuyèrent ; ils s'emparèrent de quelques barques, franchirent le Bosphore, désolèrent les côtes de la Grèce, de l'Asie et de l'Afrique, prirent et pillèrent Syracuse, entrèrent dans l'Océan, et, après avoir côtoyé les Espagnes et les Gaules, vinrent débarquer dans leur patrie aux embouchures du Rhin[2], laissant le monde étonné d'une audace qui annonçoit un grand peuple.

Probus passa en Égypte, défit, dans la Thébaïde, les Blemmyes, sauvages d'Éthiopie, dont on ne sait presque rien ; de là il marcha contre les Perses. Assis à terre, sur l'herbe, au haut d'une montagne d'Arménie, mangeant dans un pot quelques pois chiches, habillé d'une simple casaque de laine teinte en pourpre, la tête couverte d'un chapeau, parce qu'il étoit chauve, sans se lever, sans discontinuer son repas, Probus reçut les ambassadeurs étonnés du grand roi. Il leur dit qu'il étoit l'empereur ; que si leur maître refusoit justice aux Romains, il rendroit la Perse aussi nue d'arbres et d'épis que sa tête l'étoit de cheveux ; et il ôta son couvre-chef. « Avez-vous faim ? » ajouta ce Popilius de l'empire, « partagez mon repas ; sinon, retirez-vous[3]. »

---

1. Limes inter Rhenum atque Danubium ab Hadriano imperatore ligneo muro munitus, a Germanis sub Aurelio eversus, a Probo restauratus, et muro lapideo fuit firmatus. (Danielis Schopflini *Alsat. Illust.*, t. 1, p. 223.)

2. Itidem cum Franci ad imperatorem accessissent, et ab eo sedes obtinuissent, pars eorum quædam defectionem molita, magnamque navium copiam nancta, totam Græciam conturbavit. In Siciliam quoque delata, et urbem Syracusanam adorta, magnam in ea cædem edidit. Tandem cum et in Africam adpulisset ac refecta fuisset, adductis Carthagine copiis, nihilominus domum redire nullum passa detrimentum potuit. (Zosim., lib. I, p. 20, edit. Basileæ.)

3. Quo in habitu deprehensum a legatis Carinum aiunt. Purpurea vestis humi per herbam jacebat ; cibus autem erat pridianum ex ipsis elixis pulmentum, in hisque frusta quædam et inveterata porcinarum carnium salsamenta. Eos ergo (Parthorum legatos) cum vidisset, neque surrexisse neque quidquam mutasse fertur, sed, e vestigio vocatis, dixisse se quidem illos scire ad sese venire, se enim Carinum esse, juvenique regi in eadem die renuntiarent jubere, ni saperet omnem ipsorum saltum, campumque omnem intra lunare spatium Carini capite fore nudiorem, simulque dicentem, detracto pileo, caput ostendisse nihilo galea adjacente villosius : ac si quidem esurirent, ut manum una in ollam immitterent permissurum, sin minus, jubere se eadem hora recedere.

Synesii episcopi Cyrenes de regno ad Arcadum imperat., interprete Dyonisio Peta-

Probus donna des terres en Thrace à cent mille Bastarnes (nation scythe ou gothique), qui s'attachèrent au sol. Il en avoit partagé d'autres aux Gépides, aux Juthongues, aux Vandales, aux Franks : tous ceux-ci se soulevèrent à divers intervalles.

On peut fixer au règne de Probus la fin de la première grande invasion des barbares, bien que les mouvements s'en fissent encore sentir sous Carus, Carin, Numérien, et qu'ils se prolongeassent sous Dioclétien jusqu'à l'avénement de Constantin à l'empire.

Probus, délivré des guerres étrangères, étouffa les révoltes de Saturnin, de Proculus et de Bonose. Dans le retour d'une si grande paix, il affirmoit qu'on n'auroit bientôt plus besoin d'armée. Il occupa les troupes oisives à planter des vignes dans la Pannonie, la Mésie et les Gaules, et, selon Vopiscus, jusque dans la Grande-Bretagne ; on croit que la Bourgogne lui est redevable de ses premières richesses. Probus, guerrier si digne du sceptre, n'en fut pas moins tué par ses soldats dans une guérite de fer, d'où il surveilloit les légions employées au desséchement des marais de Sirmich, sa patrie[1].

Carus, qui vint après Probus, étoit né à Narbonne, selon les deux Victor. Il se disoit originaire de Rome, et il n'est pas sûr qu'il vit jamais cette capitale du monde, dont il étoit souverain. Il fut foudroyé après des victoires remportées sur les Perses, non loin de Ctésiphon, qu'il avoit pris[2]. Quand la guerre, fatiguée, discontinuoit le meurtre de ses princes, le ciel s'en chargeoit.

Les fils de Carus, Carin et Numérien, reconnus empereurs, célébrèrent à Rome les *jeux romains*[3], que Calpurnius ou Calphurnius, poëte oublié comme ces jeux, a chantés [4].

Carus emp et ses deux fils Carin et Numérien Eutichien pape. An de J.-C. 282-283.

Carin et Numérien Ier empereurs Caius pape An de J.-C. 284.

vio Jesu Presbytero. (P. 18, Lutetiæ, 1633.) — On sait qu'il y a erreur dans le texte de Synesius, et qu'il faut rapporter à *Probus* ce qu'il attribue à *Carin*.

1. Vict., *Ep.*, Eut.

2. Ctesiphontem usque pervenit... ut alii dicunt morbo, ut plures fulmine interemptus est. Negari non potest eo tempore quo periit tantum fuisse subito tonitruum, ut multi terrore ipso exanimati esse dicantur : cum igitur ægrotaret atque in tentorio jaceret, ingenti exorta tempestate, immani coruscatione, immaniori, ut diximus, tonitru exanimatus est. (Carus, *Hist. Aug.*, p. 666.)

3. September habet dies 30. — 27. — Ludi romaniani. *Ægidii Bucherii*.

4.
      Venimus ad sedes, ubi pulla, sordida veste,
      Inter fæmineas spectabat turba cathedras.
      Nam quæcumque patent sub aperto libera cœlo
      Aut eques aut nivei loca densavere tribuni.
      .....Stabat defixus.....
      Tum mihi senior..... Quid
      Ad tantas miraris opes, qui, nescius auri,

188   ÉTUDES HISTORIQUES.

Numérien, revenant de la Perse, fut tué par Aper, préfet du prétoire, dont il avoit épousé la fille. Montesquieu remarque que les préfets du prétoire étoient à cette époque auprès des empereurs ce que sont les vizirs auprès des sultans[1]. Le jeune prince avoit versé tant de larmes sur la mort de son père, que sa vue en étoit affoiblie ; on le portoit dans une litière au milieu des légions. Aper, qui convoitoit la pourpre,

> Sordida tecta, casas et sola mapalia nosti?
> En ego..... et ista
> Factus in urbe senex, stupeo tamen.....
> Balteus en gemmis, en illita porticus auro
> Certatim radiant. Nec non ubi finis arenæ,
> Proxima marmoreo peragit spectacula muro :
> Sternitur adjunctis ebur mirabile truncis,
> Et coit in rotulam, tereti qua lubricus axis
> Impositos subita vertigine falleret ungues
> Excuteretque feras. Auro quoque tota refulgent
> Retia, quæ tortis in arenam dentibus exstant
> Dentibus æquatis.....
> .....Vidi genus omne ferarum,
> Hic niveos lepores et non sine cornibus apros,
> Menticoram.....
> Vidimus et tauros.....
> .....Æquoreos ego cum certantibus ursis
> Spectavi vitulos.....
> Ah ! trepidi quoties..... arenæ
> Vidimus in partes, ruptaque voragine terræ,
> Emersisse feras, et eisdem sæpe latebris
> Aurea cum croceo creverunt arbuta libro.
>
> (CALPURNII *egloga septima.*)

J'ai pris place sur des bancs, au milieu des siéges des femmes, d'où la populace, dans les sales habits de sa misère, regardoit les jeux ; car toute l'enceinte qui se trouve en plein air est occupée par les tribuns aux toges blanches ou par les chevaliers.
.....J'admirois..... Alors un vieillard :
Pourquoi t'étonner de tant de richesses, toi qui ne connois pas l'or et n'as jamais habité que sous un toit au hameau, puisque moi-même, que cette ville a vu vieillir, je suis ébloui ? . . . .
L'or resplendit au portique, et les pierreries au pourtour. Au bas du mur de marbre qui environnoit l'arène étoit une roue formée de morceaux d'ivoire rapportés avec art, qui, par son axe arrondi et par sa surface glissante, fuyoit subitement sous les ongles des bêtes féroces et empêchoit leur approche. Des filets dorés étoient enlacés sur l'arène à des dents d'éléphant toutes égales..... J'ai vu toutes sortes d'animaux, des lièvres blancs, des sangliers armés de cornes, une menticore (un phoque), des taureaux, des veaux marins combattant contre des ours.
Ah! combien de fois n'ai-je pas été saisi de frayeur, lorsque, l'arène s'entr'ouvrant, des bêtes sauvages sortoient du gouffre ! souvent aussi du brillant abîme poussoient des arbousiers aux tiges safranées.

1. *Grandeur et décadence des Romains.*

s'étoit trop hâté ; son forfait avoit devancé ses brigues ; le cadavre de Numérien, assassiné dans la litière fermée, tomba en pourriture avant que le meurtrier eût pu s'assurer du suffrage des soldats. La présence du crime et le néant des grandeurs humaines furent dénoncés par l'odeur qui s'en élevoit [1].

L'armée tint un conseil à Chalcédoine, afin d'élire le chef de l'État. Dioclétien, qui commandoit les officiers militaires du palais, fut choisi [2]. Tout aussitôt, descendant de son tribunal, il perce Aper de son épée, et s'écrie : « J'ai tué le sanglier fatal. » Une druidesse de Tongres lui avoit promis l'empire quand il auroit tué un *sanglier,* en latin *aper* [3]. A cette élection, du 17 septembre 284, commença l'ère fameuse dans l'Église connue sous le nom de l'ère de *Dioclétien* ou des Martyrs [4].

Dioclétien livra divers combats à Carin, dont les mœurs rappeloient celles des princes déréglés prédécesseurs des empereurs militaires. Carin triompha ; mais ses soldats victorieux lui ôtèrent la vie, à l'instigation d'un tribun dont il avoit déshonoré la couche. Ils se soumirent à Dioclétien.

Vous aurez à considérer plusieurs choses sous le règne des derniers empereurs, Gallus, Émilien, Valérien, Gallien, Claude, Aurélien, Tacite, Probus, Carus et ses fils, par rapport aux chrétiens.

Bien que tous les évêques portassent le nom de pape, l'unité de l'Église s'établissoit : un traité de saint Cyprien la recommande [5].

Gallus et Valérien excitèrent des persécutions : outre ces persécutions générales, il y en avoit de particulières. Les empereurs ayant publié des édits contradictoires au sujet de la religion nouvelle, et ces édits ne s'abrogeant pas mutuellement, il arrivoit que les délégués du pouvoir, selon leurs caractères, leurs principes et leurs préjugés, usoient de la tolérance ou de l'intolérance de la loi [6].

---

1. Patre mortuo, cum nimio fletu oculos dolere cœpisset..... dum lectica portaretur, factione Arrii Apri, soceri sui, qui invadere conabatur imperium, occisus est. Sed cum per plurimos dies de imperatoris salute quæreretur a milite, concionareturque Aper idcirco illum videri non posse, quod oculos invalidos a vento et sole subtraheret, fetore tamen cadaveris res esset prodita : omnes invaserunt Aprum, eumque ante signa et principia protraxere. (Flav. Vopisc., *Numerianus. Hist. Aug.*, p. 669.)
2. *Domesticus regens.* (Car., *Aug. Vit.*, p. 250.)
3. *Id. ibid.*, p. 252. Avant le meurtre d'Aper, il avoit coutume de dire qu'il tuoit toujours des sangliers, mais qu'un autre les mangeoit : *utitur pulpamento.*
4. Elle servit longtemps au comput de la fête de Pâques, et elle est encore employée par les Cophtes et les Abyssins.
5. De unitate Ecclesiæ catholicæ, vulgo de simplicitate prælatorum. (*Oper. Cyp.*, p. 206.)
6. Pagian., 252; *Catalog.* Buchen.

Les papes Corneille, Étienne, Sixte II, succombèrent. Celui-ci avoit transporté les corps de saint Pierre et de saint Paul dans les catacombes, qui servoient de temple et de tombeau aux chrétiens. En parlant des mœurs des fidèles, je vous raconterai quelque chose du martyre de saint Laurent.

Cyprien eut la tête tranchée à Carthage; trois cents chrétiens sans nom égalèrent, à Utique, la fermeté de Caton : ils furent précipités dans une fosse de chaux vive [1]. Théogène, évêque, souffrit à Hippone, Fructueux à Taragone, Paturin à Toulouse, Denis à Lutèce [2], première illustration de cette bourgade inconnue : comme un arbre dans le clos des morts, le christianisme poussoit vigoureusement dans le champ des martyrs. Grégoire le Thaumaturge, près d'expirer, demande s'il reste encore quelques idolâtres dans la ville épiscopale; on lui répond qu'il en reste dix-sept. « Je laisse donc à mon successeur autant d'infidèles que je trouvai de chrétiens à Néocésarée [3]. »

Les barbares en entrant dans l'empire étoient venus chercher des missionnaires : les envoyés de la miséricorde de Dieu allèrent au-devant des envoyés de sa colère pour la désarmer. Des évêques, la chaîne au cou, guérissoient les malades en prêchant la sainte parole. Les maîtres prenoient confiance dans ces esclaves médecins; ils se figuroient obtenir par eux la victoire et demandoient le baptême. Les prisonniers se changeoient en pasteurs; des Églises nomades commençoient au milieu des hordes guerrières rentrées dans leurs forêts comme sous leurs tentes. Ces diverses nations se combattoient les unes les autres, se formoient en confédérations, dissoutes et recomposées selon les succès et les revers; gens féroces, qui brisoient tous les jougs et se soumettoient au frein de quelques prêtres captifs.

De tous les corps de l'État, l'armée romaine étoit celui où le christianisme faisoit le moins de progrès. Les chrétiens répugnoient à l'enrôlement, parce qu'ils regardoient les festins, la *mesure* et la *marque* comme mêlés de paganisme. Maximilien, appelé au service, disoit au proconsul Dion, à Tebeste en Numidie : « Je ne recevrai point la marque; j'ai déjà reçu celle de Jésus-Christ [4]. » D'une autre part, le légionnaire attaché à ses aigles renonçoit difficilement à l'idolâtrie de la gloire.

Les hérésiarques et les philosophes continuèrent leur succession : Manès, avec sa doctrine des deux principes, Plotin et Porphyre, beaux esprits, ennemis du Christ.

---

1. Prudent. Peristeph., 12.   2. *Martyr.*, 14 mai.
3. Greg. Nyss., p. 1006. D.
4. Milita et accipe signaculum. — Non accipio signaculum. Jam habeo signum Christi Dei mei. (*Acta sincera Ruinartii*, p. 310.)

Dioclétien associa Maximien au pouvoir suprême, et nomma deux césars, Galère et Constance : l'Orient et l'Italie tomboient dans le département des augustes; les césars eurent la garde du Danube et du Rhin, en deçà desquels se plaçoient les provinces de l'Occident. La possession romaine se trouva divisée entre quatre despotats, ce qui prépara la séparation finale des deux empires d'Orient et d'Occident.

DIOCLÉTIEN et MAXIMIEN empereurs. CAIUS et MARCELIN papes. An de J.-C. 284-305.

L'armée, obéissant à quatre chefs, n'eut plus assez de force pour les créer; il n'y eut plus assez de trésors dans l'une des quatre divisions territoriales pour fournir à un usurpateur le moyen d'acheter l'élection. Dioclétien diminua le nombre des prétoriens, et leur opposa deux nouvelles cohortes, les joviens et les herculiens.

Mais ce qui fit la sûreté du prince causa la ruine de l'État : ces légions, qui choisissoient les empereurs, repoussoient en même temps les barbares; c'étoit une république militaire qui se donnoit des maîtres nationaux et n'en vouloit point d'étrangers. Lorsque Dioclétien eut opéré ses changements; lorsque Constantin, continuant la même politique, eut cassé les prétoriens; lorsque, au lieu de deux préfets du prétoire, il en eut nommé quatre; lorsqu'il eut rappelé les légions qui gardoient les frontières pour les mettre en garnison dans le cœur de l'empire, le règne des légions expira, le pouvoir domestique prit naissance. Le droit d'élection fut partagé entre les soldats et les eunuques[1] : la liberté romaine, qui avoit commencé dans le sénat, passé au forum, traversé l'armée, alla s'enfermer dans le palais avec des esclaves à part de la race humaine; geôliers de la liberté qui n'avoient pas même la puissance de perpétuer dans leur famille la servitude héréditaire.

Le sénat partagea l'abaissement des légions. Rome ne vit presque plus ses empereurs; ils résidèrent à Trèves, à Milan, à Nicomédie, et bientôt à Constantinople. Dioclétien modela sa cour sur celle du grand roi; il se donna le surnom de *Jupiter*; au lieu de la couronne de laurier, il ceignit le diadème, et ajouta au manteau de pourpre la robe d'or et de soie. Des officiers du palais de diverses sortes, et partagés en diverses *écoles*, furent constitués : les eunuques avoient la garde

---

1. Adrien de Valois remarque qu'autre chose étoit *milites* chez les Romains et autre chose *exercitus;* à l'appui de sa remarque il cite ce passage d'Idace : *Apud Constantinopolis Marcianus a* MILITIBUS *et ab* EXERCITU, *instante etiam sorore Theodosis, Pulcheria regina, efficitur imperator.* Le savant historien entend par *exercitu* la cour et les officiers du palais : il a raison. Grégoire de Tours et d'autres auteurs emploient la même distinction : la suite des faits démontre que l'élection étoit devenue double, c'est-à-dire qu'elle s'opéroit par le concours des officiers du palais et de ceux de l'armée. *Valesiana*, p. 79.

intérieure des appartements. Quiconque étoit introduit devant l'empereur se prosternoit et adoroit. Les successeurs de Dioclétien, et peut-être lui-même, se firent appeler *Votre Éternité*, et ils vécurent un jour [1]. Sachez néanmoins que les empereurs s'arrogèrent ce titre par une espèce de droit d'héritage. Rome se surnommoit la ville éternelle ; le peuple romain avoit vu dans l'immutabilité du dieu Terme le présage de la durée de sa puissance : en usurpant les pouvoirs politiques, les despotes usurpèrent aussi les forces religieuses. Toutefois cette transmission du sort de l'espèce au destin de l'individu n'étoit qu'une fausseté impie : les nations qui changent de mœurs, de lois, de nom, de sang, ne meurent point, il est vrai : mais est-il rien de plus vite et de plus mortel que l'homme ?

Ce ne fut guère que six ans après l'association de Maximien à l'empire que Dioclétien s'adjoignit les deux césars Galerius et Constance. On vit dans les Gaules, sous le nom de Bagaudes [2], une insurrection de paysans assez semblable à celles qui éclatèrent en France dans le moyen âge. OElianus et Amandus, chefs de ces paysans, prirent la pourpre. Leurs médailles nous sont parvenues [3], moins comme une preuve historique du pouvoir d'un maître que comme un monument de la liberté : on a cru qu'OElianus et Amandus étoient chrétiens [4]. Maximien soumit ces hommes rustiques, dont le nom reparut au Ve siècle. Salvien, à cette dernière époque, excuse leur révolte par leurs souffrances : la faction de la misère est enracinée.

Carausius dans la Grande-Bretagne, Aquilée en Égypte, furent vaincus, l'un par Constance, l'autre par Dioclétien, après une usurpation plus ou moins longue. Galerius, d'abord défait par les Perses, les défit à son tour.

Dioclétien, grand administrateur, homme fin et habile [5], répara et

---

1. Aur. Vict., p. 323 ; Eutrop., p. 586 ; Greg. Naz., or. 3 ; Ath., *Apolog. cont. Arian.*; Ammian. Marcel., lib. xv.

2. Aur. Vict., p. 524.

3. Eutrop., p. 585 ; Goltzii *Mes. rei. antiq.*, p. 12.

4. *Vit. S. Babol. in And. Du Ch. Hist. Fr. Scrip.*

5. J'ai tracé dans *Les Martyrs* les portraits de Dioclétien, de Galerius et de Constantin avec la fidélité historique la plus scrupuleuse : au lieu de les refaire, qu'il me soit permis de les rappeler.

« Dioclétien a d'éminentes qualités ; son esprit est vaste, puissant, hardi ; mais son caractère, trop souvent foible, ne soutient pas le poids de son génie. Tout ce qu'il fait de grand et de petit découle de l'une ou de l'autre de ces sources. Ainsi l'on remarque dans sa vie les actions les plus opposées : tantôt c'est un prince plein de fermeté, de lumières et de courage, qui brave la mort, qui connoît la dignité de son rang, qui force Galerius à suivre à pied le char impérial comme le dernier des soldats ; tantôt

augmenta les fortifications des frontières : battit, à l'aide de ses associés et de ses généraux, les Blemmyes en Égypte, les Maures en Afrique, les Franks, les Allamans, les Sarmates en Europe ; il sema la division parmi les Goths, les Vandales, les Gépides, les Bourguignons, qui se consumèrent en guerres intestines. Ceux des barbares du Nord que l'on avoit faits prisonniers furent ou distribués comme esclaves aux habitants des territoires de Trèves, de Langres, de Cambrai, de Beauvais et de Troyes, ou adoptés comme colons, nommément quelques tribus de Sarmates, de Bastarnes et de Carpiens.

c'est un homme timide, qui tremble devant ce même Galerius, qui flotte irrésolu entre mille projets, qui s'abandonne aux superstitions les plus déplorables, et qui ne se soustrait aux frayeurs du tombeau qu'en se faisant donner les titres impies de Dieu et d'Eternité. Réglé dans ses mœurs, patient dans ses entreprises, sans plaisirs et sans illusions, ne croyant point aux vertus, n'attendant rien de la reconnoissance, on verra peut-être ce chef de l'empire se dépouiller de la pourpre par mépris pour les hommes et afin d'apprendre à la terre qu'il étoit aussi facile à Dioclétien de descendre du trône que d'y monter.

« Soit foiblesse, soit nécessité, soit calcul, Dioclétien a voulu partager sa puissance avec Maximien, Constance et Galerius. Par une politique dont il se repentira peut-être, il a pris soin que ces princes fussent inférieurs à lui et qu'ils servissent seulement à rehausser son mérite. Constance seul lui donnoit quelque ombrage, à cause de ses vertus ; il l'a relégué loin de la cour, au fond des Gaules, et il a gardé près de lui Galerius. Je ne vous parlerai point de Maximien auguste, guerrier assez brave, mais prince ignorant et grossier, qui n'a aucune influence. Je passe à Galerius.

« Né dans les huttes des Daces, ce gardeur de troupeaux a nourri dès sa jeunesse, sous la ceinture du chevrier, une ambition effrénée. Tel est le malheur d'un État où les lois n'ont point fixé la succession au pouvoir ; tous les cœurs sont enflés des plus vastes désirs ; il n'est personne qui ne puisse prétendre à l'empire ; et comme l'ambition ne suppose pas toujours le talent, pour un homme de génie qui s'élève, vous avez vingt tyrans médiocres qui fatiguent le monde.

« Galerius semble porter sur son front la marque ou plutôt la flétrissure de ses services ; c'est une espèce de géant, dont la voix est effrayante et le regard horrible. Les pâles descendants des Romains croient se venger des frayeurs que leur inspire ce césar en lui donnant le surnom d'*Armentarius*. Comme un homme qui fut affamé la moitié de sa vie, Galerius passe les jours à table et prolonge dans les ténèbres de la nuit de basses et crapuleuses orgies. Au milieu de ces saturnales de la grandeur, il fait tous ses efforts pour déguiser sa première nudité sous l'effronterie de son luxe ; mais plus il s'enveloppe dans les replis de la robe du césar, plus on aperçoit le sayon du berger.

« Outre la soif insatiable du pouvoir et l'esprit de cruauté et de violence, Galerius apporte encore à la cour une autre disposition bien propre à troubler l'empire : c'est une fureur aveugle contre les chrétiens. La mère de ce césar, paysanne grossière et superstitieuse, offroit souvent, dans son hameau, des sacrifices aux divinités des montagnes. Indignée que les disciples de l'Evangile refusassent de partager son idolâtrie, elle avoit inspiré à son fils l'aversion qu'elle sentoit pour les fidèles. Galerius a déjà poussé le foible et barbare Maximien à persécuter l'Église ; mais il n'a pu vaincre encore la sage modération de l'empereur. »

Au moment de triompher, le christianisme eut à soutenir une persécution générale. Poussé par Galerius, qu'excitoit sa mère, adoratrice des dieux des montagnes, Dioclétien assembla un conseil de magistrats et de gens de guerre. Ce conseil fut d'avis de poursuivre les ennemis du culte public. L'empereur envoya consulter Apollon de Milet : Apollon répondit que les justes répandus sur la terre l'empêchoient de dire la vérité; la pythonisse se plaignoit d'être muette. Les aruspices déclarèrent que les justes dont parloit Apollon étoient les chrétiens. La persécution fut résolue. On en fixa l'époque à la fête des Terminales, dernier jour de l'année romaine [1], jour réputé heureux et qui devoit mettre fin à la religion de Jésus. Dioclétien et Galerius se trouvoient à Nicodémie.

L'attaque commença par la démolition de la basilique bâtie dans cette ville, sur une colline, et environnée de grands édifices [2]. On y chercha l'idole, qu'on n'y trouva point.

Le décret d'extermination portoit en substance : Les églises seront renversées et les livres saints brûlés; les chrétiens seront privés de tous honneurs, de toutes dignités, et condamnés au supplice sans distinction d'ordre et de rang; ils pourront être poursuivis devant les tribunaux, et ne pourront poursuivre personne, pas même en réclamation de vol, réparation d'injures ou d'adultère; les affranchis redeviendront esclaves [3].

C'est toujours par l'effet rétroactif des lois ou par leur déni que les grandes iniquités sociales s'accomplissent : le refus de justice est sur le point où l'homme se trouve plus éloigné de Dieu. Un édit particulier frappoit les évêques, ordonnoit de les mettre aux fers et de les forcer à abjurer.

La persécution, d'abord locale, s'étendit ensuite à toutes les provinces de l'empire. La maison de l'empereur fut particulièrement tourmentée. Valérie, fille de Dioclétien, et Prisca sa femme, accusées de christianisme, sacrifièrent; Dorothée, le premier des eunuques, Gorgonius, Pierre, Judes, Mygdonius et Mardonius, souffrirent. On mit du sel et du vinaigre dans les plaies de Pierre; étendu sur un gril, ses chairs furent rôties comme les viandes d'un festin [4]. On jeta pêle-mêle dans les bûchers femmes, enfants et vieillards; d'autres victimes, entassées dans des barques, furent précipitées au fond de la mer [5].

---

1. 23 février 301.   2. Eus., lib. vii, cap. ii.
3. Eus., lib. vii, cap. ii.
4. Lact., *De Morte Persec. martyr*. 26 déc.
5. Voici le tableau de cette persécution, encore emprunté des *Martyrs* : ce n'est

La bassesse, comme toujours, se trouva à point nommé pour faire l'apologie du crime : deux philosophes [1] écrivirent à la lueur des bûchers contre les chrétiens.

Le martyre de la légion thébéenne, massacrée par ordre de Maximien, est de cette époque. Nantes, dans l'Armorique, se consacra par le sang des deux frères Donatien et Rogatien [2].

Arnobe et Lactance défendirent le christianisme ; le dernier nous a

qu'un abrégé exact du long récit d'Eusèbe et de Lactance (Eus., cap. vi, vii, viii, ix, x, xi, lib. iv, Lact.) :

« La persécution s'étend dans un moment des bords du Tibre aux extrémités de l'empire. De toutes parts on entend les églises s'écrouler sous les mains des soldats ; les magistrats, dispersés dans les temples et dans les tribunaux, forcent la multitude à sacrifier ; quiconque refuse d'adorer les dieux est jugé et livré aux bourreaux ; les prisons regorgent de victimes ; les chemins sont couverts de troupeaux d'hommes mutilés qu'on envoie mourir au fond des mines ou dans les travaux publics. Les fouets, les chevalets, les ongles de fer, la croix, les bêtes féroces déchirent les tendres enfants avec leurs mères ; ici l'on suspend par les pieds des femmes nues à des poteaux, et on les laisse expirer dans ce supplice honteux et cruel ; là on attache les membres du martyr à deux arbres rapprochés de force : les arbres en se redressant emportent les lambeaux de la victime. Chaque province a son supplice particulier : le feu lent en Mésopotamie, la roue dans le Pont, la hache en Arabie, le plomb fondu en Cappadoce. Souvent, au milieu des tourments, on apaise la soif du confesseur et on lui jette de l'eau au visage, dans la crainte que l'ardeur de la fièvre ne hâte sa mort. Quelquefois, fatigué de brûler séparément les fidèles, on les précipite en foule dans le bûcher : leurs os sont réduits en poudre et jetés au vent avec leurs cendres.

. . . .

« Les villes sont soumises à des juges militaires, sans connoissances et sans lettres, qui ne savent que donner la mort. Des commissaires font les recherches les plus rigoureuses sur les biens et les propriétés des sujets ; on mesure les terres, on compte les vignes et les arbres, on tient registre des troupeaux. Tous les citoyens de l'empire sont obligés de s'inscrire dans le livre du cens, devenu un livre de proscription. De crainte qu'on ne dérobe quelque partie de sa fortune à l'avidité de l'empereur, on force par la violence des supplices les enfants à déposer contre leurs pères, les esclaves contre leurs maîtres, les femmes contre leurs maris. Souvent les bourreaux contraignent des malheureux à s'accuser eux-mêmes et à s'attribuer des richesses qu'ils n'ont pas. Ni la caducité, ni la maladie, ne sont une excuse pour se dispenser de se rendre aux ordres de l'exécuteur ; on fait comparoître la douleur même et l'infirmité ; afin d'envelopper tout le monde dans des lois tyranniques, on ajoute des années à l'enfance, on en retranche à la vieillesse : la mort d'un homme n'ôte rien au trésor de Galerius, et l'empereur partage la proie avec le tombeau. Cet homme, rayé du nombre des humains, n'est point effacé du rôle du cens, et il continue de payer pour avoir eu le malheur de vivre. Les pauvres, de qui on ne pouvoit rien exiger, sembloient seuls à l'abri des violences par leur propre misère ; mais ils ne sont point à l'abri de la pitié dérisoire du tyran : Galerius les fait entasser dans les barques et jeter ensuite au fond de la mer, afin de les guérir de leurs maux. » (*Martyrs*, lib. xviii.)

1. Pagi, an. 302, n. 13 ; Epiphan., *Hæres.*, 68.   2. *Act. sinc.*, p. 205.

peint la mort des persécuteurs et l'extinction de leur race [1] : Licinius, Galerius et Candidien son fils ; Maximien avec son fils âgé de huit ans, sa fille âgée de sept, sa femme noyée dans l'Oronte, où elle avoit fait noyer des chrétiennes ; Dioclétien, Valérie et Prisca, fugitives, cachées sous de misérables habits, reconnues, arrêtées, décapitées à Thessalonique et jetées dans la mer : victimes de la tyrannie de Licinius, elles n'étoient coupables que d'appartenir à un sang maudit.

Dioclétien et Maximien étoient venus triompher en Italie, l'un des Égyptiens, l'autre des peuples du Nord ; c'est le dernier triomphe authentique qu'ait vu Rome. L'empereur ne descendit du char de sa victoire que pour monter à Nicomédie sur le tribunal de son abdication. Cette scène eut lieu dans une plaine qu'inondoit la foule des grands, du peuple et des soldats. Dioclétien déclara qu'ayant besoin de repos, il cédoit l'empire à Galerius. En même temps il indiqua le césar qui devoit remplacer Galerius, devenu auguste : c'étoit Daïa ou Daza Maximin, fils de la sœur de Galerius. Il jeta son manteau de pourpre sur les épaules de ce pâtre [2], et Dioclétien, redevenu Dioclès, prit le chemin [3] de Salone, sa patrie.

Cet homme extraordinaire avoit les larmes aux yeux en déposant le pouvoir ; il avoit également pleuré lorsque Galerius, dans un entretien secret, lui signifia qu'il prétendoit être le maître, et que si lui, Dioclétien, ne vouloit pas s'éloigner, lui, Galerius, l'y sauroit contraindre. D'autres ont écrit que Dioclétien renonça au trône par mépris des grandeurs humaines [4]. Soit que ce prince ait quitté l'empire de gré ou de force, avec courage ou foiblesse, sa retraite à Salone a donné à sa vie un caractère de philosophie qui fait aujourd'hui sa principale renommée.

Dioclétien habitoit au bord de la mer une maison de campagne [5], que Constantin le Grand dit avoir été simple [6], et que Constantin Porphyrogénète [7] a crue magnifique. Maximien Hercule se dépouilla de l'autorité souveraine à Milan en faveur de Constance Chlore, et nomma césar Valerius Sévère, obscur favori de Galerius, le même jour que Dioclétien accomplissoit son sacrifice à Nicomédie. Maximien, ayant dans la suite ressaisi la pourpre, fit inviter Dioclétien à suivre son exemple. Dioclétien répondit : « Je voudrois que vous vissiez les beaux

---

1. *De Morte Persecut.*   2. Eutrop., p. 56, Vict., *Epit.*
3. *Rhedæ impositus*, dit le texte.
4. Eutrop., lib. ix, cap. xviii ; Aurel ; Vict., *Lumen Panegyr. vet.*, vii, 15.
5. Peut-être Spalatro.
6. *Ad cœtum sanct.*, cap. xxv ; Euseb.
7. *De Administ. imp. ad Rom. fil.*, p. 72, 85, 86.

choux que j'ai plantés, vous ne me parleriez plus de l'empire[1]. »
Paroles démenties par des regrets.

Pendant les neuf années que Dioclétien vécut à Salone, sa femme et sa fille périrent misérablement, et il ne put les sauver, obligé qu'il fut alors de reconnoître l'impuissance d'un prince auquel il ne reste d'autorité que celle des larmes. Menacé par Constantin et Licinius, peut-être même par le sénat[2], il résolut d'abréger sa vie. On est incertain du genre de sa mort; on parle de poison, d'abstinence, de mélancolie[3]. L'empereur sans empire ne dormoit plus, ne mangeoit plus : il soupiroit, il gémissoit; saint Jérôme laisse entendre qu'avant d'expirer il vomit sa langue rongée de vers[4].

La philosophie fut aussi inutile à Dioclétien pour mourir que la religion à Charles Quint : tous deux eurent des remords d'avoir abandonné le pouvoir; le premier, sur son lit et sur la terre, où il se rouloit au milieu de ses larmes[5]; le second, au fond du cercueil où il se plaça pour assister à la représentation de ses funérailles[6].

Dioclétien multiplia les impôts; il couvrit l'empire de monuments onéreux, qu'il faisoit souvent abattre et recommencer sur un plan

---

1. Vict., *Ep.*, p. 223; Eutrop., p. 587.   2. Lact., *De Morte Persecut.*
3. *Id., ibid.*; Euseb., lib. viii, cap. xvii; Vict., *Epit.*
4. Nos autem dicemus omnes persecutores qui afflixerunt Ecclesiam Domini, ut taceamus de futuris cruciatibus, etiam in præsenti seculo recepisse quæ fecerint. Legamus ecclesiasticas historias : quid Valerianus, quid Decius, quid Diocletianus, etc., passi sint, et tunc rebus probabimus etiam juxta litteram prophetiæ veritatem esse completam : quod computruerint carnes eorum, et oculi contabuerint, et lingua in pedorem et saniem dissoluta sit. (*Commentarior.* D. Hieron. *in Zachar.*, lib. iii, p. xiv, p. 370-h.; Romæ, in ædibus populi romani, 1571.)
5. Lact., *De Morte Persecut.*
6. He resolved to celebrate his own obsequies before his death. He ordered his tomb to be erected in te chapel of the monastery. His domestiks marched thither in funeral procession, with black tapers in their hands; he himself followed his shroud, he was laid in his coffin with much solemnity. The service for the dead was chanted, and Charles joined in the prayers which were offered up for the rest of his soul, mingling his tears with those which his attendants shed, as if they had been celebrating a real funeral. The ceremony closed with sparkling holy water on the coffin in the usual form, and at the assistants retiring, the doors of the chapel were shut. Then Charles arose out of the coffin. (Robertson's *Hist. of Charl. V*, vol. the third, p. 317; 1760.)
Sibi adhuc viventi suprema officia repræsentari suoque ipse funeri interesse voluit atratus. Itaque monachis immistus mortuale sacrum canentibus, æternam sibimet requiem tanquam deposito inter sedes beatas appreactus fuit, majori circumstantium luctu quam cantu; et genibus nixus summo rerum conditori animam suam humili precatione commendavit : inde inter gementium famulorum manus in cellam relatus. (Marianæ *Hist. Hisp. Continuatio ab Emmanuele Miniana*, lib. v, p. 216, t. IV.)

nouveau. La Providence a voulu qu'une salle des *thermes* du persécuteurs des chrétiens soit devenue, à Rome, l'église de *Notre-Dame-des-Anges*. Dans le cloître, jadis vaste cimetière de cet édifice, l'espace se trouve aujourd'hui trop grand pour la mort ; un petit retranchement, pratiqué au pied de trois ou quatre colonnes, suffit aux tombeaux diminuants de quelques chartreux, qui finissent aussi, et qui, dans leur abdication du monde, ne regrettent rien de la terre.

Les faits sont comme il suit après l'abdication de Dioclétien.

GALERIUS, CONSTANCE emp.
MARCELIN pape.
An de J.-C 306.

Constance gouvernoit les Gaules, l'Espagne et la Grande-Bretagne ; il étoit doux, juste, tolérant envers les chrétiens, et si dénué de fortune, qu'il étoit obligé d'emprunter de l'argenterie lorsqu'il donnoit un festin[1]. Suidas l'appelle *Constance le Pauvre*[2], un des plus beaux surnoms que jamais prince absolu ait portés.

Il eut d'Hélène, fille d'un hôtelier, sa femme légitime ou sa concubine, Constantin le Grand, et de Théodora, fille de la femme de Maximien Hercule, trois filles et trois garçons. On le força de répudier Hélène, comme étant d'une naissance trop inférieure.

Constantin avoit alors dix-huit ans : entraîné dans l'humiliation de sa mère, il fut attaché à Dioclétien, et porta les armes en Égypte et dans la Perse. Galerius, jaloux de la faveur dont le fils de Constance jouissoit auprès des soldats, se voulut défaire de lui en l'excitant à se battre, d'abord contre un Sarmate, ensuite contre un lion[3]. Constantin, sorti heureusement de ces épreuves, se déroba par la fuite aux complots de Galerius ; afin de n'être pas poursuivi, il fit couper de poste en poste les jarrets des chevaux dont il s'étoit servi[4]. Il rejoignit son père à Boulogne, au moment où celui-ci, vainqueur de Carausius, s'embarquoit pour la Grande-Bretagne. Constance mourut à York. Les légions, par un dernier essai de leur puissance, sans attendre l'élection du palais, proclamèrent Constantin empereur, au nom des vertus de son père. Galerius n'accorda à Constantin que le titre de césar, conférant à Valère celui d'auguste.

Galerius avoit ordonné un recensement des propriétés, afin d'asseoir une taxe générale sur les terres et sur les personnes ; il y voulut soumettre l'Italie : Rome se soulève, appelle à la pourpre Maxence,

---

1. EUT., p. 587. Adeo autem cultus modici, ut feriatis diebus, si cum amicis numerosioribus esset epulandum, privatorum ei argento ostiatim petito triclinia sternerentur. (EUTROP., *Rer. Romanar.* lib. II, p. 135 ; Basileæ, anno 1532.)

2. Pauper ita vocabatur Constantius. Παύπερ οὕτω ἐκάλειτο Κωνστάντιος. (SUIDÆ *Lexicon*, t. II ; Genevæ, 1690.)

3. PHOTII. *Bib.*, cap. LXII, *in Praxag.*; ZONAR., *Ann. Vitæ Diocl.*

4. ZOSIM., lib. II, et les deux VICTOR.

gendre de Galerius et fils de Maximien Hercule. Le vieil empereur abdiqué sort de sa retraite, se joint à son fils. Sévère, réfugié dans Ravenne, qu'il rend par capitulation à Maximien Hercule, est condamné à mort, et se fait ouvrir les veines.

Maximien s'allie avec Constantin, lui donne Fausta, sa fille, en mariage, et le nomme auguste. Galerius fond sur l'Italie avec une armée : parvenu jusqu'à Narni, et forcé de retourner en arrière, il élève Licinius, son ancien compagnon d'armes, au rang d'où la mort avoit précipité Sévère. Maximin Daïa, le césar qui gouvernoit l'Égypte et la Syrie, enflammé de jalousie, se décore aussi de la dignité d'auguste. Six empereurs (ce qui ne s'étoit jamais vu et ce qui ne se revit jamais) règnent à la fois : Constantin, Maxence et Maximien en Occident ; Licinius, Maximin et Galerius en Orient.

CONSTANTIN emp.
MARCELLUS,
EUSÈBE,
MELCHIADE,
SILVESTRE Ier
papes.
An de J.-C.
307-337.

La discorde éclate entre Maximien Hercule et Maxence, son fils. Maximien se retire en Illyrie, ensuite dans les Gaules, auprès de Constantin, son gendre. Il conspire contre lui, et, sur une fausse nouvelle de la mort de ce prince, s'empare d'un trésor déposé dans la ville d'Arles. Constantin, occupé au bord du Rhin à repousser un corps de Franks, revient, assiège son beau-père dans Marseille, le prend, et condamne à mort un vieillard dont l'ambition étoit tombée en enfance [1].

Galerius meurt à Sardique, d'une maladie dégoûtante [2], attribuée par les chrétiens à la vengeance céleste. Galerius avoit été le véritable auteur de la persécution. Maximin Daïa et Licinius se partagent ses États. Licinius fait alliance avec Constantin, Maximin avec Maxence. Constantin, vainqueur des Franks et des Allamans, livre leur prince aux bêtes dans l'amphithéâtre de Trèves [3].

Maxence, oppresseur de l'Afrique et de l'Italie, invente le don gratuit [4], que les rois et les seigneurs féodaux exigèrent dans la suite pour une victoire, une naissance, un mariage, et pour l'admission de leur fils à l'ordre de chevalerie : sous les Romains, il s'agissoit du consulat du jeune prince. Maxence immole les sénateurs et déshonore leurs femmes. Sophronie, chrétienne et femme du préfet de Rome, se poignarde afin de lui échapper [5].

Maxence médite d'envahir la Gaule. Constantin, décidé à prévenir son ennemi, voit dans les airs le labarum, et commence à s'instruire de la foi. Maxence avoit rétabli les prétoriens ; son armée se compo-

1. Il y a divers récits contradictoires de sa mort.
2. LACT., *De Morte Persecut.*; EUSEB.., cap. XVI. AUREL. VICT., *Epit.*
3. *Paneg. Orat. int. vet. paneg.* 4. AUREL. VICT., p. 526.
5. RUFIN., *Hist. eccles.*, p. 145.

soit de cent soixante-dix mille fantassins et de dix-huit mille cavaliers. Constantin ne craignit point d'attaquer Maxence avec quarante mille vieux soldats. Il passe les Alpes Cottiennes sur une de ces voies indestructibles qui n'existoient pas du temps d'Annibal ; il emporte Suse d'assaut, défait un corps de cavalerie pesante aux environs de Turin, un autre à Bresse ; Vérone capitule : la garnison captive est liée des chaînes forgées avec les épées des vaincus[1], Constantin marche à Rome, et gagne la bataille où Maxence perd l'empire et la vie.

Cette bataille est du petit nombre de celles qui, expression matérielle de la lutte des opinions, deviennent non un simple fait de guerre, mais une véritable révolution. Deux cultes et deux mondes se rencontrèrent au point Milvius ; deux religions se trouvèrent en présence, les armes à la main, au bord du Tibre, à la vue du Capitole. Maxence interrogeoit les livres sibyllins, sacrifioit des lions, faisoit éventrer des femmes grosses, pour fouiller dans le sein des enfants arrachés aux entrailles maternelles : on supposoit que des cœurs qui n'avoient pas encore palpité ne pouvoient recéler aucune imposture. Constantin, dans son camp, se contentoit de dire, ce qu'on grava sur son arc de triomphe, qu'il arrivoit par l'impulsion de la divinité et la grandeur de son génie[2]. Les anciens dieux du Janicule rangèrent autour de leurs autels les légions qu'ils avoient envoyées à la conquête de l'univers : en face de ces soldats étoient ceux du Christ. Le labarum domina les aigles, et la terre de Saturne vit régner celui qui prêcha sur la montagne : le temps et le genre humain avoient fait un pas.

Six mois après la victoire de Constantin, Maximin Daïa voulut enlever à Licinius la partie de l'empire qu'il gouvernoit ; vaincu auprès d'Héraclée, il alla mourir à Nicomédie. Des six empereurs il ne restoit plus que Constantin et Licinius.

Ceux-ci se brouillèrent. Une première guerre civile, suivie d'une seconde, amenèrent les batailles de Cibalis, de Mardie, d'Andrinople et de Chrysopolis, où Constantin fut heureux. Licinius, resté aux mains du vainqueur, fut exilé à Thessalonique. Quelque temps après, on lui demanda sa tête, sous prétexte d'une conspiration ourdie par lui dans les fers : ce moyen de crime, si souvent reproduit dans l'histoire, accuse de stérilité les inventions de la tyrannie.

Constantin, demeuré en possession du monde, résolut, vers la fin de sa vie, de donner une seconde capitale à ses États : Constantinople

---

1. Tu divino monitus instinctu, de gladiis eorum gemina manibus aptari claustra jussisti, ut servarent deditos gladii sui, quos non defenderant repugnantes. (Incerti *Panegyricus Constantino Augusto*, cap. II, p. 498, t. II ; Trajecti ad Rhenum, 1787.)
2. *Instinctu divinitatis, mentis magnitudine.*

s'éleva sur l'emplacement de Byzance, au nom de Jésus-Christ, comme Rome s'étoit élevée sur les chaumières d'Évandre, au nom de Jupiter [1]. Le fondateur de l'empire chrétien déclara qu'il bâtissoit la nouvelle cité par l'ordre de Dieu [2] : il racontoit qu'endormi sous les murs de Byzance, il avoit vu dans un songe une femme, accablée d'ans et d'infirmités, se changer en une jeune fille brillante de santé et de grâce, laquelle il lui sembloit revêtir des ornements impériaux [3]. Constantin, interprétant ce songe, obéit à l'avertissement du ciel : armé d'une lance, il conduit lui-même les ouvriers qui traçoient l'enceinte de la ville. On lui fait observer que l'espace déjà parcouru étoit immense : « Je suis, répondit-il, le guide invisible qui marche devant moi ; je ne m'arrêterai que quand il s'arrêtera [4]. »

La cité naissante fut embellie de la dépouille de la Grèce et de l'Asie : on y transporta les idoles des dieux morts et les statues des grands hommes, qui ne meurent pas comme les dieux. La vieille métropole paya surtout son tribut à sa jeune rivale, ce qui fait dire à saint Jérôme que Constantinople s'étoit parée de la nudité des autres villes [5]. Les familles sénatoriales et équestres furent appelées des rivages du Tibre à ceux du Bosphore, pour y trouver des palais semblables à ceux qu'elles abandonnoient. Constantin éleva l'église des Apôtres, qui vingt ans après sa dédicace étoit tombante ; et Constance bâtit Sainte-Sophie, plus célèbre par son nom que par sa beauté. L'Égypte demeura chargée de nourrir la nouvelle Rome aux dépens de l'ancienne.

Il y a des jugements que les historiens répètent sans examen ; vous aurez souvent lu que Constantin avoit hâté la chute de la puissance des césars en détruisant l'unité de leur siége : c'est, au contraire, la fondation de Constantinople qui a prolongé jusque dans les siècles

---

1. Cum muros, arcemque procul, et rara domorum
    Tecta vident, quæ nunc romana potentia cœlo
    Æquavit.   (VIRG.)

2. *Cod. Theod.*, lib. v.   3. SOZOMÈNE, p. 444, *Conq. de Const.*, lib. I.
4. PHILOSTORG., *Hist. eccles.*, lib. II, cap. IX.
5. *Constantinopolis dedicatur pene omnium urbium nuditate.* Chron., p. 181. *Nuditas*, qui n'est pas de la bonne latinité, ne peut être employé ici que dans le sens de la *Bible*. Les principaux objets d'art transportés à Constantinople furent les trois serpents qui soutenoient, à Delphes, le trépied d'or consacré en mémoire de la défaite de Xerxès, le Pan également consacré par toutes les villes de la Grèce et les Muses d'Hélicon. La statue de Rhée fut enlevée au mont de Dyndème ; mais, par une barbarie digne de ce siècle, on changea la position des mains de la déesse, pour lui donner une attitude suppliante, et on la sépara des lions dont elle étoit accompagnée.

modernes l'existence romaine. Rome demeurée seule métropole n'en eût pas été mieux défendue ; l'empire se seroit écroulé avec elle, lorsqu'elle succomba sous Alaric, si la nouvelle capitale n'eût formé une seconde tête à cet empire ; tête qui n'a été abattue que plus de mille ans [1] après la première, par le glaive de Mahomet II.

Mais ce qui fut favorable à la durée du pouvoir temporel tel que le créa Constantin devint contraire au pouvoir spirituel dont il se déclara le protecteur. Fixés dans l'Occident, sous l'influence de la gravité latine et du bon sens des races germaniques, les empereurs ne seroient point entrés dans les subtilités de l'esprit grec : moins d'hérésies auroient ensanglanté le monde et l'Église. Constantinople naquit chrétienne ; elle n'eut point, comme Rome, à renier un ancien culte, mais elle défigura l'autel que Constantin lui avoit donné.

1. Mille quarante-sept ans.

ÉTUDE DEUXIÈME

ou

DEUXIÈME DISCOURS

SUR

LA CHUTE DE L'EMPIRE ROMAIN, LA NAISSANCE ET LES PROGRÈS DU CHRISTIANISME
ET L'INVASION DES BARBARES.

PREMIÈRE PARTIE.

DE CONSTANTIN A VALENTINIEN ET VALENS.

En entrant dans cette seconde étude, vous rentrez avec moi dans l'unité du sujet. Je ne me trouve plus obligé de séparer les trois faits des nations païennes, chrétiennes et barbares : ces dernières, ou fixées dans le monde romain, ou préparant au dehors la décisive invasion, se sont déjà inclinées aux mœurs et à la nouvelle religion de l'empire.

D'un autre côté, le christianisme s'assied sur la pourpre; ses affaires ne sont plus celles d'une secte en dehors des masses populaires; son histoire est maintenant l'histoire de l'État. Bien que la majorité des populations soumises à la domination de Rome est et demeure encore longtemps païenne, le pouvoir et la loi deviennent chrétiens.

Des intérêts nouveaux, des personnages d'une nature jusque alors inconnue se révèlent. Depuis le règne de Néron jusqu'à celui de Constantin les dissentiments religieux n'avoient guère été parmi les fidèles que des démêlés domestiques, méprisés ou contenus par l'autorité; mais aussitôt que le fils de sainte Hélène eut levé l'étendard de la croix, les schismes se changèrent en querelles publiques : quand les persécutions du paganisme finirent, celles des hérésies commencèrent. A peine Constantin avoit-il pris les rênes du gouvernement qu'Arius divisa l'Église.

Avec Arius parurent ces grands évêques nourris aux écoles d'An-

Constantin emp.
Marcellin Eusèbe, Melchiade, Silvestre, Marc, Jules 1er papes.
An de J.-C. 307-337.

tioche, d'Alexandrie et d'Athènes, les Alexandre, les Athanase, les Grégoire, les Basile, les Chrysostome, lesquels, renouvelant la philosophie, l'éloquence et les lettres, poussèrent l'esprit humain hors des vieilles règles, le firent sortir des routines où il avoit si longtemps marché sous la domination des anciens génies et d'une religion tombée. Les Pères de l'Église latine, saint Paulin, saint Hilaire, saint Jérôme, saint Ambroise, saint Augustin conduisirent l'Occident à la même rénovation.

Les discours et les actions de ces prêtres attiroient l'attention principale du gouvernement; les généraux et les ministres furent relégués dans une classe secondaire d'intérêt et de renommée. Les conciles prirent la place des conseils, ou plutôt furent les véritables conseils du souverain, qui se passionna pour des vérités ou des erreurs que souvent il ne comprenoit pas. Le monde païen essayoit de lutter avec ses fables surannées et les systèmes discrédités de ses sages contre un siècle qui l'entraînoit.

Le christianisme avoit eu à supporter les persécutions du paganisme; les rôles changent : le christianisme va proscrire à son tour le paganisme. Mais étudiez la différence des principes et des hommes.

Les païens, comme les chrétiens, ne tinrent point obstinément à leur culte, ne coururent point au martyre : pourquoi? Parce que le polythéisme étoit à la fois l'idée fausse et l'idée décrépite, succombant sous l'idée vraie et rajeunie de l'unité d'un Dieu. L'ancienne société ne trouva donc pas pour se défendre l'énergie que la société nouvelle eut pour attaquer.

Jusque alors les mouvements du monde civilisé avoient été produits par les impulsions d'un culte corporel, les réclamations de la liberté, les usurpations du pouvoir, enfin par les passions politiques ou guerrières; un autre ordre de faits commence : on s'arme pour les vérités ou les erreurs du pur esprit. Ces subtilités métaphysiques, obscures, qui le seront toujours, qui firent couler tant de sang, n'en sont pas moins la preuve d'un immense progrès de l'espèce humaine. Plus l'homme s'éloigne de l'homme matériel pour se concentrer dans l'homme intelligent, plus il se rapproche du but de son existence; s'il ne perdait pas quelquefois le courage physique et la vertu morale en développant sa nature divine, il atteindroit avec moins de lenteur le perfectionnement auquel il est appelé.

Avec Constantin se forme l'*Église* propement dite. Alors prit naissance cette monarchie religieuse qui, tendant à se resserrer sous un seul chef, eut ses lois particulières et générales, ses conciles œcuméniques et provinciaux, sa hiérarchie, ses dignités, ses deux grandes divisions du clergé régulier et séculier, ses propriétés régies en vertu d'un droit différent du droit commun, tandis que, honorés des princes et chéris des peuples, les évêques, élevés aux plus hauts emplois politiques, remplaçoient encore les magistrats inférieurs dans les fonctions municipales et administratives, s'emparoient par les serments des principaux actes de la vie civile et devenoient les législateurs et les conducteurs des nations.

Remarquez deux choses peu observées, qui vous expliqueront la manière dont le christianisme parvint à dominer la société tout entière, peuples et rois.

L'*Église* se constitua en monarchie (élective et représentative), et la *communauté chrétienne* en république : tout étoit obéissance et distinction de rangs dans l'une, bien que le chef suprême fût presque toujours choisi dans les rangs populaires ; tout étoit liberté et égalité dans l'autre. De là cette double influence du clergé, qui d'un côté convenoit aux grands par ses doctrines de pouvoir et de subordination, et de l'autre satisfaisoit les petits par ses principes d'indépendance et de nivellement évangélique; de là aussi ce langage contradictoire, sans cesser d'être sincère : le prêtre étoit auprès des souverains le tribun de la république chrétienne, leur rappelant les droits égaux des enfants d'Adam, et la préférence que le Rédempteur de tous accorde aux pauvres et aux infortunés sur les riches et les heureux; et ce même prêtre étoit auprès du peuple le mandataire de la monarchie de l'Église, prêchant la soumission et ordonnant de rendre à César ce qui appartient à César.

Jamais la société religieuse ne s'altère que la société politique ne change : je vous ai déjà dit comment l'élection de l'empereur passa des camps au palais. Les révolutions se concentrèrent au foyer impérial ; les guerres civiles n'arrivèrent plus que rarement par les insurrections et les ambitions militaires; elles sortirent des divisions de la famille régnante, comme il advient dans les empires despotiques de l'Orient.

Sous Constantin on voit paroître, avec l'établissement de l'Église, cette espèce d'aristocatie à la façon moderne, qui ne remplaça jamais dans l'empire le patriciat auquel Rome dut sa première liberté. Constantin multiplia, s'il n'inventa pas, les titres de nobilissime, de clarissime, d'illustre, de duc, de comte (dans le sens honorifique de ces deux derniers mots). Ces titres, avec ceux de *baron* et de *marquis*, d'origine purement barbare, ont passé à la noblesse de nos temps. Ainsi à l'époque dont nous discourons une transfusion d'éléments se prépare : au premier autel de Constantinople, autel qui fut chrétien, se rattache un des premiers anneaux de la chaîne de la nouvelle société. Si les créations politiques de Constantin ne furent point l'effet immédiat du christianisme, elles en furent l'effet médiat. Tout tend à se mettre de niveau dans la cité : avancer sur un point et rester en arrière sur un autre ne se peut : les idées d'une société sont analogiques, ou la société se dissout.

Les institutions de la vieille patrie mouroient donc avec le vieux culte. Le paganisme depuis la disparition de l'âge religieux et de l'âge héroïque s'étoit rarement mêlé à la politique; il sanctifioit quelques actes de la vie du citoyen; il protégeoit les tombeaux; il présidoit à la dénonciation du serment; il consultoit le ciel touchant le succès d'une entreprise; il honoroit l'empereur vivant, lui offroit des libations, lui immoloit des victimes et couronnoit ses statues; il l'admettoit après sa mort au rang des dieux : là se bornoit à peu près l'action du paganisme. Les devins, astrologues et magiciens, venus d'Orient, ajoutèrent quelques fourberies aux mensonges des oracles réguliers.

Mais avec le ministre chrétien s'introduisit la sorte de puissance nationale que les brahmanes de l'Inde, les mages de la Perse, les druides des Gaules, les prêtres chaldéens, juifs, égyptiens, tous serviteurs d'une religion plus ou moins allégorique et mystique, avoient jadis exercée. Le sanctuaire réagit sur les idées du pouvoir en raison du plus ou moins d'immatérialité du dieu et de son plus grand rapprochement de la vérité religieuse. L'idolâtrie auroit mal servi et n'auroit jamais enfanté l'espèce d'aristocratie qu'impatronisa Constantin. Aussi, lorsque Julien essaya de revenir au polythéisme il dédaigna les titres et le régime nouveau de la cour. Il n'y eut après le règne de ce prince que l'aristocratie de fraîche invention qui se put soutenir, parce que l'ordre ecclésiastique dont elle dérivoit s'établit : ce qui retraçoit l'ancienne aristocratie disparut; les souvenirs ne surmontent point les mœurs; en voici la preuve.

Constantin avoit formé dans son autre Rome un patriciat à l'instar du corps fameux qu'immortalisèrent tant de grands citoyens. Cette noblesse ressuscitée acquit si peu de considération, qu'on rougissoit presque d'en faire partie. On proposa vainement de soutenir sa pauvreté par des pensions[1], de masquer par un langage, par des habits, des us et coutumes d'autrefois une naissance d'hier : les priviléges ne

---

1. ..... Nec a stultitia ulla re honor iste videretur..... Ac tunc quidem et latifundiorum et pecuniarum auctoramento illecti, munera hæc escam quamdam esse putabant, qua ad illic figendum domicilium attrahebantur. (THEMISTII *Orat.* III, p. 48; Parisiis, 1634.)

sont pas des ancêtres ; l'homme ne se peut ôter les jours qu'il a ni se donner ceux qu'il n'a pas. Les sénateurs de Constantin demeurèrent écrasés sous le nom antique et éclatant de *patres conscripti,* dont on outrageoit leur récente obscurité.

En embrassant le christianisme et fondant l'Église, en fixant les barbares dans l'empire, en établissant une noblesse titrée et hiérarchique, Constantin a véritablement engendré ce moyen âge [1] dont on place la naissance, je l'ai déjà dit, cinq siècles trop tard.

Ce prince ne monta point au Capitole après sa victoire sur Maxence, et sembla répudier avec les dieux la gloire de la ville éternelle. Il publia un édit favorable aux chrétiens, et plus tard un second édit pour les confesseurs et martyrs. Il accorda des immunités et des revenus aux églises et des privilèges aux prêtres. Il ne fit point aux papes la donation inventée au VIII° siècle par Isidore, mais il leur céda le palais de Latran, palais de l'impératrice Fausta, et il y bâtit l'édifice connu sous le nom de Basilique de Constantin [2].

Le supplice de la croix fut prohibé [3] ; la vacation du dimanche [4] et peut-être la sanctification du samedi ou du vendredi [5] devinrent cou-

---

1. Il faut entendre cette expression dans le sens général : le moyen âge proprement dit n'a guère commencé qu'à Robert, fils de Hugues Capet, et il a fini à Louis XI.

2. On croit que Constantin fit encore bâtir à Rome six autres églises : Saint-Pierre au Vatican, Saint-Paul hors des murs, Sainte-Croix-de-Jérusalem, Sainte-Agnès, Saint-Laurent hors des murs, Saint-Marcelin et Saint-Pierre, martyrs. Des domaines en Italie, en Afrique et dans la Grèce, formoient à l'église de Latran un revenu de 13,934 sous d'or. D'autres églises, à Ostie, à Albe, à Capoue, à Naples possédoient un revenu de 17,717 sous d'or. Ces églises avoient encore une redevance en aromates dans l'Égypte et l'Orient. L'église de Saint-Pierre étoit propriétaire de maisons et de terres à Antioche, à Tharse, à Tyr, à Alexandrie, et à Cyr, dans la province de l'Euphrate. Ces terres fournissoient du nard, du baume, du storax, de la cannelle et du safran, pour les lampes et les encensoirs. Toutes ces dotations se composoient des immeubles confisqués sur les martyrs, et dont il ne se trouvoit point d'héritiers, du revenu des temples détruits et des jeux abolis. Anastase le bibliothécaire, des compilations duquel nous tirons ces détails, donne un catalogue des vases d'or et d'argent employés au service de ces églises ; le voici :

Hic fecit in urbe Roma ecclesiam in prædio qui cognominabatur Equitius. Patenam argenteam pensantem libras viginti, ex dono Aug. Constantini. Donavit autem scyphos argenteos duos, qui pensaverunt singuli libras denas ; calicem aureum pensantem libras duas ; calices ministeriales quinque, pensantes singuli libras binas ; amas argenteas binas, pensantes singulæ libras denas ; patenam argenteam ; chrismalem auro clusum pensantem libras quinque ; phara coronata decem pensantia singula libras octonas ; phara ærea viginti pensantia singula libras denas ; canthara cerostrata duodecim ærea pensantia libras tricenas. (ANAST. *Bibliothec., De Vit. Pontificum Roman.,* p. 13.)

3. AUREL. VICT., p. 526.   4. *Cod. Just.,* lib. III, *De Fer.*

5. EUSEB., *Vit. Const.,* lib. IV, cap. XVIII ; SOZOM., lib. I, cap. XVIII.

tumières. L'idolâtrie fut condamnée, et toutefois la liberté du culte laissée aux idolâtres ; nonobstant quoi divers temples furent dépouillés et quelques-uns démolis [1]. Hélène renversa, à Jérusalem, le simulacre de Vénus, découvrit le Saint-Sépulcre et la vraie croix, bâtit l'église de la Résurrection, celle de l'Ascension, sur le mont des Oliviers, celle de la Crèche à Bethléem. Eutropia, mère de l'impératrice Fausta, remplaça par un oratoire chrétien, au chêne de Mambré, un autel profane. Constantine, Maïum, échelle ou port de Gaza, d'autres villes ou d'autres villages embrassèrent la religion du Christ [2]. Ne semble-t-on pas entrer dans le monde moderne, en reconnaissant les lieux et les noms familiers à nos yeux et à notre mémoire?

Des lois de Constantin rendent la liberté à ceux qui étoient retenus contre leur droit en esclavage [3], permettent l'affranchissement dans les églises devant le peuple, sur la simple attestation d'un évêque [4]; les clercs même avoient le pouvoir de donner la liberté à leurs esclaves par testament ou par concession verbale, ce qui, sans les désordres des temps, auroit affranchi tout d'un coup une nombreuse partie de l'espèce humaine. D'autres lois défendent les concubines aux personnes mariées [5], ordonnent la salubrité des prisons, interdisent les cachots [6], exceptent de la confiscation ce qui a été donné aux femmes et aux enfants avant le délit des maris et des pères, proscrivent des choses infâmes et les combats de gladiateurs [7]. Ces divers règlements n'eurent pas d'abord leur plein effet, mais ils signalent les premiers moments de l'établissement légal du christianisme par la condamnation de l'idolâtrie, de l'esclavage, de la prostitution et du meurtre.

Constantin eut à s'occuper des hérésies : dans l'Occident, celle des donatistes fut anathématisée à Arles; dans l'Orient, la doctrine d'Arius exigea la convocation du premier concile œcuménique. La question théologique intéresse peu aujourd'hui [8], mais le concile de Nicée est resté un événement considérable dans l'histoire de l'espèce humaine. On eut alors la première idée et l'on vit le premier exemple d'une

---

1. En particulier, les temples d'Aphaque sur le mont Liban, d'Héliopolis en Phénicie, et les temples d'Esculape et d'Apollon en Cilicie.
2. Socrat., lib. I, cap. xvii; Sozom., lib. ii, cap. i, iv; Euseb., *Vit. Const.*, lib. iv, cap. xxxvii.
3. *Cod. Theod.*, t. I. p. 447.
4. *Cod. Just.*, t. XIII, lib. i; *Cod. Theod.*, t. I, p. 354; Sozom., lib. i, cap. ix.
5. *Cod. Just.*, t. XXVI, p. 464.
6. *Cod. Theod.*, t. III, p. 33.
7. *Cod. Theod.*, t. V, p. 397; Euseb., *Vit. Const.*, lib. iv, cap. xxv; Socrat., lib. i, cap. xviii.
8. J'y reviendrai dans le tableau des hérésies.

société existant en divers climats, parmi les lois locales et privées, et néanmoins indépendante des princes et des sociétés sous lesquels et dans lesquelles elle étoit placée; peuple formant partie des autres peuples, et cependant isolé d'eux, mandant ses députés de tous les coins de l'univers à traiter des affaires qui ne concernoient que sa vie morale et ses relations avec Dieu. Que de droits tacitement reconnus par ce bris des scellés du pouvoir sur la volonté et sur la pensée !

Pour la première fois encore depuis les jours de Moïse, émancipateur de l'homme au milieu des nations esclaves de l'ignorance et de la force, se renouvela la manifestation divine du Sinaï; comme autour du camp des Hébreux, les idoles étoient debout autour du concile de Nicée, lorsque les interprètes de la nouvelle loi proclamèrent la suprême vérité du monde, l'existence et l'unité de Dieu. Les fables des prêtres, qui avoient caché le principe vivant, les mystères dans lesquels les philosophes l'avoient enveloppé s'évanouirent; le voile du sanctuaire fut déchiré avec la croix du Christ : l'homme vit Dieu face à face. Alors fut composé ce symbole que les chrétiens répètent, après quinze siècles, sur toute la surface du globe; symbole qui expliquoit celui dont les apôtres et leurs disciples se servoient comme de mot d'ordre pour se reconnoître : en les comparant, on remarque les progrès du temps et l'introduction de la haute métaphysique religieuse dans la simplicité de la foi.

« Nous croyons en un seul Dieu, père tout-puissant, créateur de toutes choses, visibles et invisibles, et en un seul Seigneur Jésus-Christ, fils unique de Dieu, engendré du Père, c'est-à-dire de la substance du Père, Dieu de Dieu, lumière de lumière, vrai Dieu de vrai Dieu, engendré et non fait, consubstantiel au Père, par qui toutes choses ont été faites au ciel et sur la terre... Nous croyons au Saint-Esprit[1]. »

Le concile de Nicée a fait ces choses immenses; il a proclamé l'unité de Dieu et fixé ce qu'il y avoit de probable dans la doctrine de Platon. Constantin, dans une harangue aux Pères du concile, déclare et approuve ce que ce philosophe admet : un premier Dieu suprême, source d'un second; deux essences égales en perfections, mais l'une tirant son existence de l'autre, et la seconde exécutant les ordres de la première. Les deux essences n'en font qu'une; l'une est la raison de l'autre, et cette raison étant Dieu est aussi fils de Dieu[2].

Et quels étoient les membres de cette convention universelle réunie pour reconnoître le monarque éternel et son éternelle cité ? Des héros

---

1. FLEURY., *Hist. ecclés.*, liv. II, p. 122.
2. CONST. MAG., *in Orat. sanctor. cœt.*, cap. IX.

du martyre, de doctes génies, ou des hommes encore plus savants par l'ignorance du cœur et la simplicité de la vertu. Spyridion, évêque de Trimithonte, gardoit les moutons et avoit le don des miracles [1] ; Jacques, évêque de Nisibe, vivoit sur les hautes montagnes, passoit l'hiver dans une caverne, se nourrissoit de fruits sauvages, portoit une tunique de poil de chèvre et prédisoit l'avenir [2]. Parmi ces trois cent dix-huit évêques, accompagnés des prêtres, des diacres et des acolytes, on remarquoit des vétérans mutilés à la dernière persécution : Paphnuce, de la haute Thébaïde et disciple de saint Antoine, avoit l'œil droit crevé et le jarret gauche coupé [3] ; Paul de Néocésarée, les deux mains brûlées [4] ; Léonce de Césarée, Thomas de Cysique, Marin de Troade, Eutychus de Smyrne, s'efforçoient de cacher leurs blessures, sans en réclamer la gloire. Tous ces soldats d'une immense et même armée ne s'étoient jamais vus ; ils avoient combattu sans se connoître, sous tous les points du ciel, dans l'action générale, pour la même foi.

Entre les hérésiarques se distinguoient Eusèbe de Nicomédie, Théognis de Nicée, Maris de Chalcédoine, et Arius lui-même, appelé à rendre compte de sa doctrine devant Athanase, qui n'étoit alors qu'un simple diacre attaché à Alexandre, évêque d'Alexandrie.

Des philosophes païens étoient accourus à ce grand assaut de l'intelligence. Vous venez de voir que Constantin même dans une harangue, s'expliqua sur la doctrine de Platon. Un vieillard laïque, ignorant et confesseur, attaqua l'un de ces philosophes fastueux, et lui dit tout le christianisme en peu de mots : « Philosophe, au nom de Jésus-Christ, écoute : Il n'y a qu'un Dieu, qui a tout fait par son Verbe, tout affermi par son Esprit. Ce verbe est le fils de Dieu ; il a pris pitié de notre vie grossière, il a voulu naître d'une femme, visiter les hommes et mourir pour eux. Il reviendra nous juger selon nos œuvres [5]. »

---

1. Hic pastor ovium etiam in episcopatu positus permansit. Quadam vero nocte, cum ad caulas fures venissent, et manus improbas quo aditum educendis ovibus facerent extendissent, invisibilibus quibusdam vinculis restricti, usque ad lucem velut traditi tortoribus permanserunt. (Ruff., lib. I, cap. v.)

2. JACOBUS enim, episcopus Antiochiæ Mygdoniæ, quam Syri vulgo et Assyri Nisibim appellant, plurima fecit miracula. (Theodor., lib. I, cap. III, p. 24.)

3. Paphnutius, homo Dei, episcopus ex Ægypti partibus confessor, ex illis quos Maximianus dexteris oculis effossis et sinistro poplite succiso, per metalla damnaverat. (Ruff., lib. I, cap. IV.)

4. Paulus vero, episcopus Neocæsareæ, ambabus manibus fuerat debilitatus, candente ferro eis admoto. (Theodor., lib. I, cap. VII, p. 25.)

5. Dialectici quibusdam sermonum prolusionibus... sese exercebant... Laicus quidam, ex confessorum numero, recto ac simplici præditus sensu, cum dialecticis con-

Constantin ouvrit en personne le concile, le 19 juin l'an 325. Il étoit vêtu d'une pourpre ornée de pierreries : il parut sans gardes et seulement accompagné de quelques chrétiens. Il ne s'assit sur un petit trône d'or au fond de la salle qu'après avoir ordonné aux Pères, qui s'étoient levés à son entrée, de reprendre leurs siéges. Il prononça une harangue en latin, sa langue naturelle et celle de l'empire ; on l'expliquoit en grec. Le concile condamna la doctrine d'Arius, malgré une vive opposition, promulgua vingt canons de discipline, et termina sa séance le vingt-cinquième d'août de cette même année 325.

Transportez-vous en pensée dans l'ancien monde pour vous faire une idée de ce qu'il dut éprouver lorsqu'au milieu des hymnes osbcènes, enfantines ou absurdes à Vénus, à Bacchus, à Mercure, à Cybèle, il entendit des voix graves chantant au pied d'un autel nouveau : « O Dieu, nous te louons ! ô Seigneur, nous te confessons ! ô Père éternel, toute la terre te révère ! » La prière latine composée pour les soldats n'étoit pas moins explicite que l'hymne de saint Ambroise et de saint Augustin [1].

L'esprit humain se dégagea de ses langes : la haute civilisation, la civilisation intellectuelle, sortie du concile de Nicée, n'est plus retombée au-dessous de ce point de lumière. Le simple catéchisme de nos enfants renferme une philosophie plus savante et plus sublime que celle de Platon. L'unité d'un Dieu est devenue une croyance populaire : de cette seule vérité reconnue date une révolution radicale dans la législation européenne, longtemps faussée par le polythéisme, qui posoit un mensonge pour fondement de l'édifice social.

Cependant (telle est la difficulté de se tenir dans les régions de la pure intelligence !) tandis que le polythéisme et la religion corporelle tendoient à sortir des nations, ils y rentroient par une double voie : les philosophes, pour se rendre accessibles au vulgaire, inventoient les *génies* ; et les chrétiens, pour envelopper dans des signes sensibles la haute spiritualité, honoroient les *saints* et les *reliques*.

---

greditur, hisque illos verbis compellavit. — Christus et apostoli non artem nobis dialecticam nec inanem versutiam tradiderunt, sed apertam ac simplicem sententiam, quæ fide bonisque actibus custoditur. Quæ cum dixisset, omnes qui aderant, admiratione perculsi, ei assenserunt. (SOCRAT., *Hist. eccles.*, lib. I, cap. VIII, p. 19.)

1. Te solum agnoscimus Deum, te regem profitemur, te adjutorem invocamus. Tui muneris est quod victorias retulimus, quod hostes superavimus : tibi ob præterita jam bona gratias agimus, et futura a te speramus. Tibi omnes supplicamus, utque imperatorem nostrum Constantinum, una cum piissimis ejus liberis, incolumem et victorem diutissime nobis serves, rogamus.

Hoc die solis a militaribus numeris fieri, et hæc verba interprecandum ab iis proferri præcipit. (EUSEB. PAMPH., *De Vit. Const.*, lib. IV, p. 443.)

On a conservé le catalogue des prélats qui portèrent les décrets du concile aux diverses Églises [1]. Les Germains et les Goths connoissoient la foi ; Frumence l'avoit semée en Éthiopie, une femme esclave l'avoit donnée aux Ibériens, et des marchands de l'Osroène à la Perse. Tiridate, roi d'Arménie, professa le christianisme avant les empereurs romains.

Au surplus, Constantin se mêla trop des querelles religieuses où l'entraînèrent quelques femmes de sa famille et les obsessions des évêques des deux partis. Après avoir exilé Arius, il le rappela, et bannit Athanase, qui remplaça Alexandre sur le siége d'Alexandrie. Arius expira tout à coup à Constantinople en rendant ses entrailles, lorsque Eusèbe de Nicomédie s'efforçoit de le ramener triomphant [2]. Le vieil évêque Alexandre avoit demandé à Dieu sa propre mort ou celle de l'hérésiarque, selon qu'il étoit plus utile à la manifestation de la vérité [3].

Constantin défit successivement les Sarmates et les Goths, et reçut des députations des Blemmyes, des Indiens, des Éthiopiens et des Perses. Il se déclara l'auxiliaire des Sarmates dans une guerre que ceux-ci eurent à soutenir contre les Goths ; puis il contracta une nouvelle alliance avec les derniers, qui s'engagèrent à lui fournir quarante mille soldats appelés *fœderati*, alliés [4]. Les Sarmates avoient armé leurs esclaves ; chassés par ces mêmes esclaves, ils sollicitèrent et obtinrent des terres dans l'empire [5].

Sapor II, alors assis sur le trône de la Perse, portoit un nom fatal aux empereurs romains. Son père, Hormisdas II, laissa en mourant sa

---

1. Hosius, episcopus Cordulæ, sanctis Dei ecclesiis quæ Romæ sunt, et in Italia et Hispania tota, et in reliquis ulterius nationibus usque ad Oceanum commorantibus, per eos qui cum ipso erant, romanos presbyteros Vitonem et Vincentium. (*Gelasii Cyziceni Act. Concil. Nicæn.*, lib. III, p. 807, *in Concil. gener. Eccles. cath.*, t. I; Romæ, 1608.)

2. Eusebianis satellitum instar eum stipantibus per mediam civitatem magnifice incedebat. (Socrat., *Hist. eccles.*, lib. I, cap. XXXVIII, p. 63.)

3. Cum orasset Alexander ac rogasset Dominum ut aut ipsum auferret... Votum sancti impletum est... nam Arius... crepuit. (Epiphan., *episc. Constantiæ*, *Opus contra octoginta hæreses*, lib. II, p. 321 ; Parisiis, 1564.)

Petitio Alexandri erat hujusmodi : ut si quidem recta esset Arii sententia, ipse diem disceptioni præstitutum nusquam videret ; sin vera esset fides quam ipse profiteretur, ut Arius impietatis pœnas lueret. (Socrat., lib. I, cap. XXXVII, p. 61.)

4. Nam et dum famosissimam et Romæ æmulam in suo nomine conderet civitatem, Gothorum interfuit operatio, qui, fœdere inito cum imperatore, XL suorum millia illi in solatia contra gentes varias obtulere ; quorum et numerus et millia usque ad præsens in republica nominantur, id est, fœderati. (Amm., p. 476 ; Aur. Vict., p. 527 ; Jorn., *De Reb. Get.*, p. 640, cap. CCXXI.)

5. Euseb., *Vit. Const.*, p. 529 ; Amm., p. 476 ; Jorn., p. 641.

femme enceinte. Les mages déclarèrent qu'elle accoucheroit d'un fils ; ils mirent la tiare sur le ventre de cette reine, et l'embryon roi, Sapor, fut couronné dans les entrailles de sa mère [1]. Ce fut à ce prince que Constantin écrivit une lettre en faveur des chrétiens, lui rappelant la catastrophe de Valérien, puni pour les avoir persécutés. Sapor se put souvenir de cette lettre lorsque Julien marcha contre lui. Le monarque des Perses avoit un frère aîné exilé, Hormisdas, que vous retrouverez à Rome.

Constantin, heureux comme monarque, n'échappa pas au malheur comme homme. Les calamités qui désolèrent la famille du premier auguste païen semblèrent se reproduire dans la famille du premier auguste chrétien.

De Minervine, sa première femme, Constantin avoit eu Crispus, prince de valeur et de beauté, élevé par Lactance. Soit que le fils de Minervine inspirât une passion à Fausta, sa marâtre, soit que Fausta fût jalouse pour ses propres enfants des grandes qualités de Crispus, elle l'accusa auprès de son mari [2], et renouvela la tragique aventure de Phèdre. Constantin fit mourir son fils, ainsi que le jeune Licinius son neveu, âgé de onze ans : Crispus eut la tête tranchée à Pôle, en Istrie [3]. Bientôt, instruit par sa mère, Hélène, de l'innocence de Crispus et des mœurs dépravées de Fausta, Constantin ordonna la mort de cette femme, qui fut étouffée dans un bain chaud [4]. Les chrétiens et les gentils jugèrent diversement ces actions : saint Chrysostome en conclut qu'il ne faut ni désirer la puissance ni chercher d'autre félicité que celle de la vertu et du ciel [5] ; le philosophe Sopâtre, consulté par Constantin, selon Zosime, déclara que la religion des Grecs n'avoit point d'expiation pour de pareils crimes [6]. Cependant l'idolâtrie avoit trouvé des dieux indulgents pour Néron et Tibère.

1. Qui, cum responderent masculam prolem parituram, nihil ultra morati sunt, sed, cidari utero imposita, embryum regem pronuntiarunt. (*Agathiæ scholast.*, lib. IV, p. 135 ; Paris, 1670.)

2. Crispum, filium cæsaris ornatum titulo, quod in suspicionem venisset quasi cum Fausta noverca consuesceret, nulla ratione juris naturalis habita sustulit. (ZOSIM., *Histor.*, lib. II, p. 31 ; Basileæ.)

3. HIER., *Chr. Eutr.*, p. 588 ; AMM., lib. XIV, p. 29.

4. Nam cum balneum accendi supra modum jussisset, eique Faustam inclusisset, mortuam inde extraxit. (ZOSIM., *Hist.*, lib. II, p. 31 ; Basileæ.)

5. Αὐτὸς δὲ ὁ νῦν κρατῶν, οὐχί ἐξ οὗ τὸ διάδημα περίεθετο ἐν πόνοις..... Ἀλλὰ οὐχ ἡ βασιλεία τοιαύτη τῶν οὐρανῶν.

Alter vero qui nunc rerum potitur, nonne ex quo diadema gestat perpetuo versatur in laboribus, molestiis, calamitatibus ?... At non hujusmodi cœlorum regnum. (S. J. CHRYSOSTOM., *ad Phelip.*, *homel.* XV, t. XI, p. 319.)

6. Ad flamines accedens, admissorum lustrationes poscebat, illis respondentibus

Est-il vrai que Constantin se repentit, qu'il passa quarante jours dans les larmes, qu'il éleva à Crispus une statue d'argent à tête d'or, avec cette inscription : « A mon fils malheureux, mais innocent[1]? » L'autorité sur laquelle repose ce fait est suspecte. Dieu ne demandoit point à Constantin une statue de Crispus; il lui demanda le reste de sa famille.

Constantin ne reçut le baptême que peu d'instants avant sa mort, à Achiron, près de Nicomédie. Il avoit témoigné le désir d'être baptisé dans les eaux du Jourdain, comme le Christ; le temps lui manqua. Dépouillé de la robe de pourpre pour quitter les royaumes de la terre, et revêtu de la robe blanche pour solliciter les grandeurs du ciel, le premier empereur chrétien expira à midi, le jour de la Pentecôte. Trois cent trente-sept ans s'étoient écoulés depuis que la religion chrétienne étoit née parmi les bergers dans une étable : Constantin la laissoit sur ce trône du monde, dont elle n'avoit pas besoin.

Constance emp. Jules Ier, Liberius papes. An de J.-C. 338-361.

Constantin avoit eu trois frères de père, par Théodora, belle-fille de Maximien Hercule; savoir : Dalmatius, Jules Constance, Annibalien.

Dalmatius mourut, et laissa un fils de son nom, fait césar, et un autre fils, Claudius Annibalien, nommé roi du Pont et de l'Arménie.

Jules Constance eut de Galla, sa première femme, Gallus, et de Basiline, sa seconde femme, Julien. On ignore la postérité d'Annibalien, ou l'on n'en sait rien de précis.

Les frères, les neveux et les principaux officiers de Constantin furent massacrés après sa mort, à l'exception des deux fils de Jules Constance. Les causes de cette conspiration spontanée de l'armée et du palais, que rien n'avoit semblé présager, ne sont pas clairement expliquées : l'authenticité de l'écrit posthume de Constantin, et dans lequel il déclaroit à ses trois fils avoir été empoisonné par ses deux frères, est à bon droit suspecte. Constance immola-t-il à la seule fureur de son ambition ses deux oncles, sept de ses cousins, le patricien Optatus et le préfet Ablavius? Mais il restoit à Constance des frères qui n'étoient pas alors en sa puissance. Julien, saint Athanase, saint Jérôme, Zosime, Socrate, autorités si contraires, se réunissent néanmoins pour charger

---

non esse traditum lustrationis modum qui tam fœda piacula posset cluere. (Zosim., *Hist.*, lib. II, p. 31; Basileæ.)

1. Tandem permotus, pœnitentia integros quadraginta dies illum luxit tanta animi ægritudine, ut nunquam lavaret corpus nec lecto recumberet. Præterea statuam ei posuit ex argento puro et ex parte inauratam præter caput, quod ex puro auro confectum erat, inscriptis in fronte his versibus : *Filius meus injuria affectus* (ὁ ἠδικημένος υἱός μοῦ). Georg. Codin.; *De Antiquitatibus Constantinopolitanis*, p. 34; Parisiis, 1650.

sa mémoire[1]. Il est probable que ces meurtres furent le fruit des diverses passions combinées avec la politique du despote, qui enseigne à chercher le repos dans le crime. Le paganisme, l'hérésie, la turbulence militaire, trouvèrent des satisfactions et des vengeances dans cette extermination de la famille impériale.

L'empire demeura partagé entre les trois fils de Constantin : Constantin, Constance et Constant. Constantin et Constant prirent les armes l'un contre l'autre ; Constantin périt auprès d'Aquilée[2], dès la première campagne ; Constant, seul maître de l'Occident, fut attaqué par les Franks ; et Libanius nous a laissé à l'occasion de cette guerre quelques détails sur les mœurs et le caractère de nos ancêtres[3].

Magnence, barbare d'origine et chef des joviens et des herculéens, salué auguste par ses amis, obligea Constant à prendre la fuite, et le fit assassiner au pied des Pyrénées. Ce prince ne trouva qu'un seul homme qui voulût s'associer à sa mauvaise fortune : c'étoit un Frank, nommé Laniogaise[4], plus fidèle au malheur des rois qu'à leur autorité.

L'unique fils de Constantin qui restât alors, Constance, après avoir mal combattu les Perses, après avoir dépouillé Vétranion, usurpateur de la pourpre en Illyrie, après avoir refusé de traiter avec Magnence, vainquit celui-ci à Murza[5] : bientôt après il le réduisit à se tuer.

Avant d'obtenir ce succès, une faute avoit été commise ; elle montre le degré de foiblesse et de misère auquel l'empire étoit déjà descendu : retenu en Orient par des affaires graves, Constance, lorsqu'il apprit la révolte des Gaules, invita les Allamans à passer le Rhin, afin d'arrêter les forces de Magnence. Les Allamans obéirent, et depuis la source du Rhin jusqu'à son embouchure ils occupèrent trente lieues de pays en largeur, sans compter celui qu'ils ravageoient.

Les panégyristes affirment que Constance, héritier de tous les États de son père, usa bien de sa victoire ; les historiens assurent qu'il ne put porter sa fortune. Durant ces discordes, on voit des capitaines franks et des corps franks servir différents partis, des évêques aller d'un camp à l'autre en qualité d'ambassadeurs ; à la bataille de Murza,

---

1. Julian., *ad Athen.*; Ath., *ad Solit.*, *Vit. Agent.*, t. I, p. 856 ; Hier., *Chr.* ; Zos., *Hist.*, p. 692 ; Socr., *Hist. eccles.*, lib. III, cap. I, p. 165.
2. Eutr., Aurel. Vict., *Epit.*
3. Liban., *Orat.* III, p. 138.
4. Zos., lib. II, p. 693 ; Vict., *Epit.* ; Eutr. ; Hier., *Chr.* ; Idac., *Chr.*, an. 350 ; Amm., lib. XV, cap. V. Laniogaiso... solum adfuisse morituro Constanti supra retulimus.
5. Il resta cinquante mille hommes sur le champ de bataille, selon Victor, et il prétend que les Romains ne se relevèrent jamais de cette perte.

l'empereur se retire dans une église pour prier ; il eût mieux fait de combattre : ce n'est déjà plus le monde antique.

On fixe au règne de Constance le règne des eunuques, jusque alors abîmés sous le poids des édits. Ces hommes (excepté trois ou quatre, doués du génie militaire), en butte au mépris public, se réfugièrent dans les sentines du palais : trop dégradés pour les affaires publiques, ils s'enfoncèrent aux intrigues de la cour, et se dédommagèrent par la virilité de leurs vices de l'impuissance de leurs vertus. Eusèbe, eunuque, chambellan et favori de Constance, dans son triple état de bassesse, fit prononcer la sentence de mort de Gallus.

Gallus et Julien, neveux de Constantin et cousins de Constance, avoient, le premier douze ans, et le second six quand arriva le massacre de la famille impériale. Marc, évêque d'Aréthuse, avoit sauvé Julien, qui fut caché dans le sanctuaire d'une église[1] : Gallus, épargné comme malade et près de mourir, ne sembla pas valoir la peine d'être tué.

L'enfance de ces deux princes fut environnée de soupçons et de périls ; ils demeurèrent six ans enfermés dans la forteresse de Marcellum, ancien palais des rois de Cappadoce. Gallus à vingt-cinq ans, honoré du titre de césar par Constance, épousa la princesse Constantina, fille de Constantin le Grand et veuve d'Annibalien, roi du Pont et de l'Arménie. Il établit sa résidence à Antioche, d'où il gouverna ce qu'on appeloit alors les cinq diocèses de la préfecture orientale.

Passé de la solitude à la puissance, Gallus transporta l'inquiétude et l'âpreté de la première dans la placidité et la modération nécessaires à la seconde : il devint un tyran bas et cruel, livré aux espions, espion lui-même. Il s'en alloit déguisé dans les lieux publics : son travestissement ne l'empêchoit pas d'être reconnu, car Antioche étoit éclairée la nuit d'une si grande quantité de lumières, qu'on y voyoit comme en plein jour[2], ce qui rappelle la police des villes modernes. Constantina, femme de Gallus, étoit encore plus que lui altérée de sang et de

---

1. Naz., *Orat.* III, p. 90 ; Roll., XXII ; Mart. gr., p. 16.
2. *Ubi pernoctantium luminum claritudo dierum solet imitari fulgorem.* (Amm., lib. XIV, cap. I.) De quelle manière Antioche étoit-elle éclairée ? Le texte de l'historien ne l'explique pas. Ammien Marcellin, qui décrit minutieusement les machines de guerre, n'a pas cru devoir entrer dans le détail d'un usage journalier. Comme il est sujet à l'enflure du style, il ne faut pas prendre trop à la lettre la grande clarté dont il fait ici mention. Saint Jérôme (epist. XIV) parle des feux qu'on allumoit sur les places publiques, à la lueur desquels on se rassembloit et l'on disputoit sur les intérêts du moment. *Dum audientiam et circulum lumina jam in plateis accensu solverent, et inconditam disputationem nox interrumperet.*

rapine : on l'accusoit de prendre en secret le titre d'*augusta*[1], dans l'intention de donner publiquement celui d'auguste à son mari.

Mandé à la cour de Milan après le massacre de deux ministres que lui avoit envoyés l'empereur, Gallus eut l'imprudence d'obéir[2]. La lettre qui l'appeloit étoit pleine de protestations d'amitié et de services. Il fut arrêté à Pettau, conduit à Flone en Istrie, dépouillé de la chaussure des césars, interrogé par l'eunuque Eusèbe, condamné à mort et exécuté non loin de Pôle, où vingt-huit ans auparavant Crispus avoit été décapité[3]. Que de têtes, l'effroi des peuples, furent abattues par le bourreau[4] !

Les Isaures et les Sarrasins désoloient l'Asie[5]; les Franks et les autres Germains continuoient leurs courses transrhénanes; Rome se soulevoit pour du vin au milieu de ses débauches et de ses spectacles[6]. Constantin et Constance singulièrement attachés aux barbares, et les ayant promus à presque toutes les charges d'État, il se trouva que Silvain, fils de Bonit, chef frank, commandoit l'infanterie romaine dans les Gaules : c'étoit un homme doux et de mœurs polies, quoique né d'un père barbare; *il savoit même souffrir,* dit l'histoire en parlant de lui. On l'accusa d'aspirer à la pourpre, et il étoit fidèle; la calomnie en fit un traître : il prit l'empire comme un abri. Vingt-huit jours après son usurpation, obligé de chercher un plus sûr asile, il n'eut pas le temps d'y entrer : il fut tué par ses compagnons lorsqu'il essayoit de se réfugier dans une église[7].

Alors les Franks, les Allamans, les Saxons, se précipitèrent de nouveau sur les Gaules, dévastèrent quarante villes le long du Rhin, se saisirent de Cologne, et la ruinèrent[8]. Les Quades et les Sarmates pilloient la Pannonie et la haute Mésie[9]; les généraux de Sapor troubloient la Mésopotamie et l'Arménie : ce fut l'époque de l'élévation de Julien.

Jusqu'à l'âge de quinze ans Julien reçut sa première éducation

---

1. Philostorg., *Hist. eccles.*, lib. III, cap. CCXXII.
2. Constantina mourut en route à Cène, village de Bithynie.
3. Amm., lib. XIV, cap. XI.
4. *Quot capita, quæ horruere gentes, funesti carnifices absciderunt !*
5. Amm., lib. XIV, p. 3 et seq.
6. *Id., ibid.*
7. *Id.*, lib. XV, cap. V; Aur. Vict., *Epit.*; Eutr., *Hier. chr.* Selon Ammien, Silvain étoit déjà retiré dans une petite chapelle chrétienne ; on l'en arracha tout tremblant pour le massacrer. *Silvanum extractum ædicula, quo exanimatus confugerat, ad conventiculum ritus christiani tendentem, densis gladiorum ictibus trucidarunt.*
8. Zos., lib. III, p. 702; Amm., lib. XV.
9. Zoz., lib. III, p. 702.

d'Eusèbe, évêque de Nicomédie, qui menoit à la cour l'intrigue arienne, et de l'eunuque Mardonius, personnage grave, Scythe de nation, grand admirateur d'Hésiode et d'Homère. Le futur apostat fut ensuite réuni à Gallus dans la forteresse de Marcellum : il apprit de bonne heure à se contraindre, et parut se plaire aux vérités de la foi. Lorsque Gallus eut été nommé césar, Julien obtint la permission de suivre ses études à Constantinople, sous la surveillance d'Hérébole, d'abord chrétien, puis infidèle avec son élève, puis chrétien encore après la mort de celui-ci[1]. Julien visita les écoles de l'Ionie : Constance même favorisoit les exercices de son cousin, dans l'espoir que les livres lui feroient oublier l'empire; mais bientôt la supériorité de l'écolier, même dans les lettres, l'alarma.

Après la mort de Gallus, Julien, conduit à Milan, étroitement gardé pendant sept mois, fut enfin relégué à Athènes. Il y rencontra, avec saint Basile et saint Grégoire de Nazianze, une foule de rhéteurs qui achevèrent de le gagner à leurs doctrines : il prit toutes les allures du philosophe. Universellement instruit, sa mémoire égaloit son intelligence : il pensoit et il écrivoit en grec, mais il se servoit aussi du latin[2]. Les Gaules étant désolées par les Franks et les Allamans, l'impératrice Eusébie décida Constance à créer Julien césar, afin de l'opposer aux barbares. Le disciple de Platon reçut la lettre qui l'appeloit au rang suprême comme un arrêt de mort : il leva les mains vers ce temple dont les admirables ruines ne semblent avoir été conservées qu'afin d'attester la beauté de l'ancienne liberté grecque à cette liberté renaissante. Julien monte à la citadelle, embrasse les colonnes du Parthénon, les mouille de ses larmes, implore la protection de la déesse. Il s'éloigne ensuite de l'immortelle cité, où des déclamateurs et des sophistes fouloient les cendres de Démosthène et de Socrate, mais où Minerve régnoit encore par le génie de Phidias et de Périclès.

Arrivé à Milan, il traça ces mots pour l'impératrice : « Puisses-tu avoir des enfants! que Dieu t'accorde ce bonheur et d'autres prospérités! mais, je t'en conjure, laisse-moi retourner à mes foyers[3]. » C'étoit ainsi que Julien appeloit la Grèce. Le billet écrit, il n'osa l'envoyer, arrêté qu'il fut, dit-il, par les menaces des dieux : l'apostat prit la voix de l'ambition pour l'ordre du ciel.

Les officiers du palais s'emparèrent de l'étudiant d'Athènes, le dépouillèrent du manteau et de la barbe du philosophe, et le revêti-

---

1. Amm., lib. xv, cap. xii.
2. Epist. ix, LVI, or. iii; Eutrop., lib. xv; Eunap., *Vit. Max.*, Liban., or. x; Socrat., lib. iii.
3. *Ad Ath.*

rent de l'habit du soldat. Il a peint lui-même sa gaucherie dans ce nouvel accoutrement, son embarras à la cour et les railleries des eunuques[1]. La dernière partie de l'éducation de Julien avoit été populaire; il assistoit aux cours des rhéteurs à Constantinople, comme les autres élèves : en se plongeant dans les mœurs publiques, il y puisa des enseignements qui manquent à l'éducation privée des princes.

Constance, le sixième jour de novembre l'an de Jésus-Christ 335, ayant assemblé à Milan les légions, proclama Julien césar. L'orphelin dans la pourpre, au milieu des meurtriers de sa famille, répétoit tout bas un vers d'Homère : « La mort *pourprée* et son invincible destin l'enlevèrent. »

Après avoir épousé Hélène, sœur de l'empereur, Julien partit pour son gouvernement des Gaules, auquel on avoit ajouté la Grande-Bretagne, et peut-être l'Espagne[2]. Eusébie lui donna des livres, ses conseillers; Constance, des valets, ses maîtres[3]. Tenu dans une tutelle jalouse, il ne pouvoit ni prendre seul une résolution, ni intimer un ordre, ni changer un domestique : tout étoit réglé dans son intérieur par les ordres de Constance, jusqu'aux mets de sa table; aucune lettre ne lui parvenoit qu'elle n'eût été lue : il se sevroit de la compagnie de ses amis dans la crainte de les compromettre et de s'exposer lui-même à sa perte. A peine mit-on à sa disposition quelques soldats[4]. Sa seule consolation en entrant dans le pays ravagé que l'on confioit à son inexpérience fut de rencontrer une vieille femme aveugle, qui le salua du nom de restaurateur des temples[5].

Durant les cinq années que Julien gouverna les Gaules, il courut d'une ville à l'autre, d'Autun à Auxerre, d'Auxerre à Troyes, de Troyes à Cologne, de Cologne à Trèves, de Trèves à Lyon : on le voit assiégé dans la ville de Sens; on le voit passant le Rhin cinq fois, gagnant la bataille de Strasbourg sur les Allamans, faisant prisonnier Chrodomaire, le plus puissant de leurs rois, rétablissant les cités, punissant les exacteurs, diminuant les impôts, et enfin, ce qui nous intéresse par les liens du sang, soumettant les Camaves et les Franks Saliens : on commence à vivre avec les Franks au milieu de la future France. Julien avoit écrit ses guerres des Gaules : cet ouvrage, que l'on mettoit auprès des *Commentaires* de César, est malheureusement perdu; il auroit jeté une vive lumière sur l'histoire obscure de nos aïeux au IVe siècle.

---

1. Julian., *Ad Ath.*   2. Ammian., lib. xx; Zosim., lib. iii.
3. Julian., *Ad Ath.*, or. iii.
4. Amm., lib. xvii, xx, xxi, xxii; Zosim., lib. iii; Liban., or. xii; Julian., *Ad Ath.*
5. Tunc anus quædam orba luminibus, cum, percontando quinam esset ingressus, Julianum Cæsarem comperisset, exclamavit hunc deorum templa reparaturum.

Julien passa au moins à Lutèce les deux hivers de 358 et de 359. Il aimoit cette bourgade, qu'il appeloit sa *chère Lutèce*[1], et où il avoit rassemblé, autant qu'il avoit pu au milieu de ses entreprises militaires, des savants et des philosophes. Oribase le médecin, dont il nous reste quelques travaux, y rédigea son *Abrégé* de Galien : c'est le premier ouvrage publié dans une ville qui devoit enrichir les lettres de tant de chefs-d'œuvre.

On se plaît à rechercher l'origine des grandes cités, comme à remonter à la source des grands fleuves : vous serez bien aise de relire le propre texte de Julien :

« Je me trouvois pendant un hiver à ma chère Lutèce[2] (c'est ainsi qu'on appelle dans les Gaules la ville des Parisii). Elle occupe une île au milieu d'une rivière; des ponts de bois la joignent aux deux bords. Rarement la rivière croît ou diminue ; telle elle est en été, telle elle demeure en hiver : on en boit volontiers l'eau, très-pure et très-riante à la vue[3]. Comme les Parisii habitent une île, il leur seroit difficile de se procurer d'autre eau. La température de l'hiver est peu rigoureuse, à cause, disent les gens du pays, de la chaleur de l'Océan, qui, n'étant éloigné que de neuf cents stades, envoie un air tiède jusqu'à Lutèce : l'eau de mer est en effet moins froide que l'eau douce. Par cette raison, ou par une autre que j'ignore, les choses sont ainsi[4]. L'hiver est donc fort doux aux habitants de cette terre; le sol porte de bonnes vignes; les Parisii ont même l'art d'élever des figuiers[5] en les enve-

---

1. Φίλην Λευκετίαν, *caram Lutetiam.*
2. ΜΙΣΟΠΩΓΩΝ Η ΑΝΤΙΟΧΙΚΟΣ. Julian., *Op.*, p. 340. D.; Lipsiæ, 1696.
3. Tout cela s'accorde peu avec ce que nous voyons aujourd'hui, excepté ce qui concerne la salubrité de l'eau. Même à l'époque dont parle Julien, les débordements de la Seine étoient assez fréquents. Si Julien étoit né à Rome, ou même s'il eût jamais vu le Tibre, la Seine auroit pu lui paroître limpide en comparaison de ce fleuve (*flavus Tiberinus*). Il est vrai que dans l'Ionie Julien n'avoit rencontré que l'Hermus (*turbidus Hermus*); il n'avoit trouvé à Athènes que deux ruisseaux ; et l'Éridan, dans la Lombardie, laissoit encore l'avantage à la Seine pour la clarté de l'eau. Mais enfin Julien avoit habité les rives du lac de Cosme ; il avoit vu les autres fleuves de la Gaule, les rivières de la Cappadoce ; il écrivoit le *Misopogon* aux bords de l'Oronte, et bientôt ses cendres devoient reposer sur ceux du Cydnus : comment donc la Seine lui paroissoit-elle si limpide ? La Marne, comme on l'a cru, couloit-elle au-dessous de Paris ?
4. L'observation des Gaulois-Romains étoit juste : les hivers sont plus humides, mais moins froids aux bords de la mer que dans l'intérieur des terres.
5. On voit que le climat de Paris n'a guère changé. Il y a longtemps que l'on cultive la vigne à Surênes. Julien ne se piquoit pas de se connoître en bon vin; il préféroit, dit-il, les Nymphes à Bacchus. Quant aux figuiers, on les enterre et on les empaille encore à Argenteuil.

loppant de paille de blé comme d'un vêtement, et en employant les autres moyens dont on se sert pour mettre les arbres à l'abri de l'intempérie des saisons.

« Or, il arriva que l'hiver que je passois à Lutèce fut d'une violence inaccoutumée : la rivière charrioit des glaçons comme des carreaux de marbre. Vous connoissez les pierres de Phrygie : tels étoient par leur blancheur ces glaçons bruts, larges, se pressant les uns les autres, jusqu'à ce que, venant à s'agglomérer, ils formassent un pont [1]. Plus dur à moi-même, et plus rustique que jamais, je ne voulus point souffrir que l'on échauffât à la manière du pays, avec des fourneaux, la chambre où je couchois [2]. »

Julien raconte qu'il permit enfin de porter dans sa chambre quelques charbons dont la vapeur faillit l'étouffer.

Il y avoit à Lutèce des thermes construits sur le modèle de ceux de Dioclétien à Rome : on croit que Julien et Valentinien Ier y demeurèrent : Ammien en parle assez souvent. Il est probable que ces thermes étoient bâtis avant l'arrivée de Julien dans les Gaules, peut-être du temps de Constantin ou de Constance Chlore. D'autres ont pensé mal à propos que Julien occupoit dans l'île un palais élevé sur le terrain où fut construit depuis le palais de nos rois. On voyoit encore à Lutèce un champ de Mars et des arènes : celles-ci devoient se trouver du côté de la porte Saint-Victor ; c'est ce qui résulte de quelques titres du XIIIe siècle [3]. La flotte chargée de garder la Seine étoit stationnée chez les Parisii ; elle avoit vraisemblablement pour bassin l'espace que couvre aujourd'hui la nef gothique de Notre-Dame [4].

Tandis que Julien habitoit la petite et naissante Lutèce, Constance visitoit la grande et mourante Rome, que n'avoit jamais vue cet empereur des Romains.

1. Julien peint très-bien ce que nous avons vu ces derniers hivers. Les glaçons que la Seine laisse sur ses bords, après la débâcle, pourroient être pris pour des blocs de marbre.
2. Ces fourneaux étoient apparemment des poêles. Il faudroit aussi conclure du charbon que Julien fit porter dans sa chambre que l'on n'échauffoit pas les appartements avec du bois, soit qu'il fût rare dans les environs de Paris, ou qu'on préférât l'usage des fourneaux. Les Romains, comme on peut s'en assurer par ce qui nous reste de leurs constructions domestiques, avoient porté l'art d'échauffer leurs maisons au plus haut degré de raffinement.
3. D.-T. DU PLES., *Nouv. Ann. de Paris*; BREUL., *Ant. de Paris*.
4. *Præfectus classis Andericianorum Parisiis*. Notit. Imper. Mézerai, dont la lecture et la critique doivent être suivies avec précaution, conjecture que cette flotte se tenoit à Andresy, vers le confluent de l'Oise et de la Seine, parce que les matelots qui montoient cette flotte sont nommés dans la Notice *Andericiens*. On jugera de la force de l'argument. (*Histoire de France avant Clovis*, liv. III.) J'ai suivi l'opinion de l'abbé Dubos.

Il existoit sans doute à Rome quelque vieillard à qui, dans son enfance, son aïeul avoit raconté l'entrée d'un prêtre de Syrie, Élagabale, sautant avec la pourpre au milieu des eunuques et des danseuses devant une pierre triangulaire consacrée au soleil : voici venir dans une pompe triomphale pour un succès obtenu sur des Romains [1], voici venir une espèce d'idole chrétienne, Constance, pareillement environnée d'eunuques, mais immobile sur un haut char éclatant de pierreries, les yeux fixes, ne se remuant ni pour cracher, ni pour se moucher, ni pour s'essuyer le front; baissant seulement quelquefois sa courte stature afin de passer sous de hautes portes [2]. Autour de lui flottoient, au bout de longues piques dorées, des étendards de pourpre découpés en forme de dragons, dont les queues effilées siffloient dans les vents. Des gardes superbement armés, des cavaliers couverts de fer, ressemblant non à des hommes, mais à des statues polies par la main de Praxitèle [3], l'environnoient. En approchant de Rome, Constance rencontra les patriciens, le sénat, qu'il ne prit pas comme Cinéas pour une assemblée de rois, mais pour le conseil du monde [4] : il crut en voyant les flots de la foule que le genre humain étoit accouru à Rome [5].

Lorsqu'il eut pénétré jusqu'aux Rostres, il demeura stupéfait au souvenir de l'ancienne puissance du Forum [6]. De là l'auguste oriental alla descendre à l'ancien palais d'Octave, qui n'avoit ni marbre ni colonne, et dans lequel le fondateur de l'empire, l'ami d'Horace, habita quarante ans la même chambre hiver et été [7].

Ammien Marcellin, dont ces détails sont empruntés, nous peint

1. La défaite de Magnence.
2. *Corpus perhumile curvabat portas ingrediens celsas, et velut collo munito rectam aciem luminum tendens, nec dextra vultum, nec læva flectebat, tanquam figmentum hominis : non cum rota concuteret nutans, nec spuens, aut os aut nasum tergens vel fricans, manumve agitans visus est nunquam.* (AMM., lib. XVI, cap. X.)
3. *Limbis ferreis cincti, ut Praxitelis manu polita crederes simulacra, non viros.* (AMM., lib. XVI, cap. X.)
4. *Non ut Cineas ille, Pyrrhi legatus, in unum coactam multitudinem regum, sed asylum mundi totius adesse existimabat.* (Id., ibid.)
5. *Stupebat qua celeritate omne quod ubique est ominum genus confluxerit Romam.* (Id., ibid.)
6. *Proinde Romam ingressus, imperii virtutumque omnium larem, cum venisset ad Rostra, perspectissimum priscæ potentiæ Forum obstupuit.* (Id., ibid.)
7. Ammien a seulement *in palatium receptus*. Je me range à l'opinion de Gibbon, qui veut que ce soit l'ancien palais d'Auguste, dont Suétone dit :
Ædibus modicis neque laxitate neque cultu conspicuis, ut in quibus porticus breves essent, albanarum columnarum, et sine marmore ullo, aut insigni pavimento conclavia, ac per annos amplius quadraginta eodem cubiculo hieme et æstate mansit. (C. SUETON. TRANQ. *Octav.*, p. 109 ; Antuerpiæ.)

ensuite deux choses considérables : une partie des édifices de Rome, tels qu'ils existoient de son temps, l'étonnement de Constance à la vue de ces édifices. Que d'événements étoient survenus, que de jours s'étoient écoulés, pour que le maître de l'empire romain ne fût qu'un étranger dans la capitale de cet empire? pour qu'il demeurât muet d'admiration au milieu des ouvrages de tant de génies, de tant de fortunes, de tant de siècles, de tant de liberté et d'esclavage, comme un voyageur qui rencontreroit aujourd'hui Rome tout entière dans un désert! Mais ces monuments des mœurs vivantes d'un peuple ne vivent point eux-mêmes ; leurs masses insensibles ne purent s'émerveiller de la petitesse de Constance, comme il s'ébahissoit de leur grandeur.

Il est un certain travail du temps qui donne aux choses humaines le principe d'existence qu'elles n'ont point en soi ; les hommes cessent, et ne sont rien par eux-mêmes, mais leurs vies mises bout à bout, leurs tombeaux rangés à la file, forment une chaîne dont la force augmente en raison de la longueur. De ces néants réunis se compose l'immortalité des empires. Le nom de Rome étoit la seule puissance qui restât à vaincre aux barbares. Rome, quoique habitée d'une foule innombrable, n'étoit plus réellement defendue que par les souvenirs de quelques vieux morts. Constance visita curieusement cette cité, dont il empruntoit l'autorité qu'on vouloit bien encore passer à sa pourpre. Il harangua le sénat et le peuple. Qu'eût répondu Marius, s'il eût mis la tête hors de sa tombe?

En parcourant les sept collines, couvertes de monuments sur leurs pentes et sommets, l'empereur se figuroit à chaque pas que l'objet qu'il venoit de voir étoit inférieur à celui qu'il voyoit[1]. Le temple de Jupiter Tarpéien, les bains, pareils à des villes de province, la masse de l'amphithéâtre, bâti de pierres tiburtines et dont les regards se fatiguoient à mesurer la hauteur, la voûte du Panthéon suspendue comme le ciel, les colonnes couronnées des statues des empereurs, et dans lesquelles on montoit par des degrés, la place et le temple de la Paix, le théâtre de Pompée, l'Odéon, le Stade, magnifiques ornements de la ville éternelle[2]. Mais au forum de Trajan, Constance s'arrêta

---

1. *Deinde intra septem montium culmina, per acclivitates planitiemque posita, urbis membra collustrans et suburbana, quidquid viderat primum, id eminere inter cuncta sperabat.* (Amm.)

2. *Jovis Tarpeii delubra, quantum terrenis divina præcellunt; lavacra in modum provinciarum exstructa; amphitheatri molem solidatam lapidis tiburtini compage, ad cujus summitatem ægre visio humana conscendit ; Pantheum velut regionem teretem, speciosa celsitudine fornicatam; elatosque vertices qui scansili suggestu consurgunt, priorum principum imitamenta portantes, et urbis templum, forumque*

confondu, promenant ses regards sur ces constructions gigantesques que, dans leur ineffable beauté, l'historien déclare ne pouvoir décrire[1].

Le grand roi, le monarque légitime de la Perse, le frère aîné de ce Sapor II, si funeste à Julien et à l'empire romain, Hormisdas, étoit réfugié dans cet empire. Il accompagnoit Constance dans sa visite de Rome. L'empereur, se tournant vers son hôte, lui dit : « Si je ne puis reproduire en entier ce forum, j'espère du moins faire imiter le cheval de la statue équestre du prince. » — « Tu le peux, dit Hormisdas ; mais bâtis d'abord une semblable écurie, afin que ton cheval y soit à l'aise comme celui que nous voyons[2]. »

Ce même exilé, interrogé sur ce qu'il pensoit de Rome : « Ce qui m'y plaît, répondit-il, c'est que les hommes y meurent comme ailleurs[3]. »

Hormisdas suivit Julien dans son expédition contre les Perses, et s'entendit appeler traître par un officier de Sapor, lequel Sapor occupoit contre le droit le trône de son frère. Hormisdas vit mourir Julien ; il avoit vu passer Constantin et Constance : il laissa un fils, que Théodose Ier chargea de conduire une troupe de Goths en Égypte. Le dernier successeur du héros macédonien qui renversa l'ancien empire de Cyrus, Persée, détrôné, vint mourir greffier parmi ses vainqueurs ; l'héritier du nouvel empire des Perses, rétabli sur celui d'Alexandre, vint chercher un abri dans les palais croulants des césars. Au lieu d'assister à l'histoire de son propre pays, Hormisdas fut un témoin des Parthes, envoyé pour assister à l'inventaire des monuments romains mis à l'encan des nations, et pour certifier véritable la chute de Rome. Vous ne savez pas tout : Hormisdas, nourri par les mages, étoit chrétien. Ainsi vont les choses et les hommes dans l'enchaînement des conseils éternels[4].

Constance déclara que la renommée, coutumière de mensonge, de malignité, et toujours d'exagération, étoit restée dans ce qu'elle

---

Pacis, et Pompei theatrum. et Odeum, et Stadium aliaque inter hæc decora urbis æternæ. (AMM., lib. XVI, cap. X.)

1. *Ut opinamur .. nec relatu ineffabiles, nec rursus mortalibus appetendos.* (Id., ibid., cap. X.)

2. *Ante, imperator, stabulum tale condi jubeto, si vales; equus quem fabricare disponis, ita late succedat ut iste quem videmus.* (Id., ibid.)

3. *Id tantum sibi placuisse quod didicisset ibi quoque homines mori* (Id., ibid.)

4. J'ai suivi particulièrement Zosime pour l'histoire d'Hormisdas ; mais Zonare, Agathias et Albufarage (*ex arabico latine reddita Historia*) ; diffèrent de Zosime en plusieurs points.

racontoit de Rome fort au-dessous de la vérité[1]. Il y voulut laisser quelques traces de son passage; mais, sentant sa propre impuissance, il emprunta à la terre des tombeaux une parure funèbre pour la reine expirante du monde. L'obélisque du temple d'Héliopolis, que Constantin avoit projeté de transporter à Constantinople, fut envoyé du Nil au Tibre et élevé à Rome dans le grand cirque. Depuis, Sixte Quint en décora la place de Saint-Jean-de-Latran. On peut voir encore aujourd'hui debout ce monument d'un pharaon, d'un empereur et d'un pape également tombés [2].

Constance, auquel il manquoit, selon Libanius, le cœur d'un prince et la tête d'un capitaine; ce souverain, qui passa son règne dans les transes des discordes civiles et d'une guerre peureuse contre Sapor, se donnoit encore l'embarras des querelles ecclésiastiques. Sa cour étoit arienne : dans les conciles de Séleucie et de Rimini, il embrassa lui-même le parti des ariens. A la sollicitation de Constant, son frère, il avoit d'abord rappelé Athanase de son premier exil; il le maintint encore sur son siège, après la déposition prononcée au concile arien d'Antioche; mais il l'abandonna au troisième concile de Milan. Il y eut des évêques bannis, intrus, catholiques, ariens, semi-ariens. Le premier concile de Paris ou de Lutèce se tint alors [3], et se déclara catholique sous la protection de Julien, qui méditoit au même lieu le rétablissement du paganisme. Saint Hilaire de Poitiers, exilé en Orient, trouva les mêmes désordres en rentrant dans son église. Il écrivit contre l'empereur Constance : « Vous saluez les évêques du baiser par lequel Jésus-Christ fut trahi; vous courbez la tête pour recevoir leur bénédiction, et vous foulez aux pieds leur foi. » Lucifer de Cagliari,

---

1. *Imperator de fama querebatur ut invalida vel maligna, quod augens omnia semper in majus, erga hæc explicanda quæ Romæ sunt obsolescit.* (Amm., lib. xvi, cap. x.)

2. Constance avoit voulu faire transporter à Constantinople un autre obélisque; Julien reprit ce projet : il en écrivit aux Alexandrins, leur proposant, en échange de l'obélisque, une statue colossale qui venoit d'être achevée, et qui vraisemblablement étoit la sienne. Julien ajoute que des solitaires se tenoient sur la pointe de cet obélisque, que d'autres personnes y dormoient au milieu des immondices et y commettoient des infamies. Il veut donc, dit-il, détruire à la fois cette superstition et cette honte : il prétend que les Alexandrins auront un grand plaisir à reconnoître de loin, en arrivant à Constantinople, le présent dont ils auront embelli la ville natale de l'apostat. On croit que cet obélisque, transporté à Constantinople par Julien ou par Valens, fut élevé par Théodose dans l'Hippodrome. L'édition allemande dont je me sers n'a point la fin de cette lettre aux Alexandrins, sous le n° 58. Cette fin, retrouvée par Muratori, a été transportée des *Anecdotes grecques* dans la *Bibliothèque grecque* de Fabricius.

3. Hier., *De Scriptor. eccles.*; Rufin., *pro Orig.*; Hilarii *Fragmenta, a Pithæo ed.*

plus hardi encore, menace du glaive de Matathias et de Phinées Constance infidèle. Saint Martin, qui commençoit à paroître, servit d'abord comme soldat dans les troupes de l'apostat, et donna naissance au premier monastère des Gaules, Lulugiacum ou Ligugé, à deux lieues de Poitiers. Pacôme, Hilarion, Macaire, avoient succédé à saint Antoine et à saint Paul, et saint Basile méditoit déjà la règle qui devoit gouverner dans l'Orient un peuple de solitaires.

La turbulence et la légèreté de Constance ruinoient l'empire en convocations de conciles, transports d'évêques par les voitures et les chevaux des postes impériales [1]. Ses profusions augmentoient sa convoitise; il portoit des sentences injustes, et la torture arrachoit des mensonges qu'il transformoit en vérités [2]. Au lieu d'employer son autorité à éteindre les disputes religieuses, il les enflammoit par sa manie d'argumenter et par les rêveries mystiques des femmes et des eunuques.

Les papes Jules et Libère s'étoient déclarés successivement à Rome pour saint Athanase, bien que Libère eût d'abord été foible, et que saint Hilaire l'eût anathématisé. Libère, persécuté, se cacha dans les cimetières autour de la ville, fut enlevé, conduit à Milan, où l'empereur l'interrogea. Il défendit Athanase, et répondit à Constance qui l'accusoit de soutenir seul un impie: « Quand je serois seul, la foi ne succomberoit pas [3]. » Exilé à Bérée, dans la Thrace, il refusa l'argent que l'empereur, l'impératrice et l'eunuque Eusèbe lui offroient. « Tu as rendu désertes les églises du monde, dit-il au dernier, et tu m'offres une aumône comme à un criminel [4]! » Félix, archidiacre de l'Église romaine, devint l'antipape arien.

Le séjour de Constance à Rome eut lieu à l'époque de la plus grande chaleur des partis attachés à Félix et à Libère. Les matrones romaines catholiques se présentèrent à l'empereur dans la magnificence accoutumée de leur parure, le suppliant de rendre au troupeau leur pasteur absent. L'empereur consentit à rappeler Libère, pourvu qu'il gouvernât l'Église en commun avec Félix. Cette résolution fut lue dans le Cirque au peuple assemblé: les deux factions païennes, qui se distinguoient par leurs couleurs, dirent, en se moquant, qu'elles auroient chacune leur pasteur; puis la foule chrétienne fit entendre cette accla-

---

1. Amm. Marcell., lib. xxi, cap. xvi.   2. *Id., ibid.*
3. Imperator Liberio dixit : Quota pars es orbis terrarum, ut tu solus homini impio suffragari velis?... Liberius dixit : Etiamsi solus sim, fidei causa non idcirco minuitur. (Parisiis, 1683; Theodor., *Hist. eccles.*, lib. ii, cap. xvi, pag. 94.)
4. Ecclesias orbis terrarum vacuas ac desertas fecisti, et mihi tanquam noxio eleemosynam adfers! (*Id.*, pag. 95.)

mation : Un Dieu ! un Christ ! un évêque [1] ! Naguère cette même foule s'écrioit : Les chrétiens aux bêtes !

Au milieu de cette confusion, Constance, retourné en Orient [2] et devenu jaloux des triomphes de Julien, songea à l'affoiblir en lui demandant la plus grande partie de son armée, sous le prétexte de continuer la guerre contre Sapor. Julien pressa ses troupes ou feignit de les presser de partir. C'est la première grande scène militaire dont Paris ait été témoin.

Assis sur un tribunal élevé aux portes de Lutèce, Julien invite les soldats à obéir aux ordres d'Auguste : les soldats gardent un silence morne, et se retirent à leur camp. Julien caresse les officiers, leur témoigne le regret de se séparer de ses compagnons d'armes sans les pouvoir récompenser dignement. A minuit les légions se soulèvent, sortent en tumulte du banquet donné pour leur départ, environnent le palais, et, tirant leurs épées à la lueur des flambeaux, s'écrient : Julien auguste [3] !

Il avoit ordonné de barricader les portes ; elles furent forcées au point du jour. Les soldats se saisissent du césar, le portent à son tribunal aux cris mille fois répétés de Julien auguste ! Julien prioit, conjuroit, menaçoit ses violents amis, qui à leur tour lui déclarèrent qu'il s'agissoit de la mort ou de l'empire : il céda. Une acclamation le salua maître ou compétiteur du monde. Il fut élevé sur un bouclier [4] comme un roi frank, et couronné comme un despote asiatique : le collier militaire d'un hastaire [5] lui servit de diadème, car il refusa d'user à cette fin (étant chose de mauvais augure) d'un collier de femme [6] ou d'un ornement de cheval que lui présentoient les soldats.

Afin qu'il ne manquât rien d'extraordinaire à l'avénement du restaurateur de l'idolâtrie, Julien écrivit au peuple et au sénat athénien (*Ad S. P. Q. Ath.*) la relation de ce qui s'étoit passé à Lutèce. Il adressa des lettres explicatives à Constance, lui demanda la confirmation du titre d'auguste. Pour trouver un second exemple d'un empereur proclamé à

---

1. Unus Deus, unus Christus, unus Episcopus. (THEODORET, lib. II, pag. 96.)
2. Je ne parle point de l'autel de la Victoire, que Constance fit ôter du sénat et qui y fut replacé vraisemblablement par Julien. Il en sera question sous Théodose Ier.
3. *Augustum Julianum horrendis clamoribus concrepabant.* (AMM., lib. XX, chap. IV.)
4. Impositusque scuto pedestri. (*Id., ibid.*) Libanius s'écrie : *O felix scutum, in quo solemnis inaugurationis mos peractus est, omni tibi tribunali convenientius !*
5. Il se nommait *Maurus*.
6. Le texte parle aussi en particulier d'une parure de tête de sa femme : *Uxoris colli vel capitis.*

Paris, il faut passer de Julien à Napoléon. Après des négociations inutiles, Constance rejeta les prières de son rival; il lui enjoignit de quitter la pourpre, non sans le traiter d'ingrat : « Rappelle-toi que je t'ai protégé alors que tu étois orphelin. » — « Orphelin ! dit Julien dans sa réponse à Constance ; le meurtrier de ma famille me reproche d'avoir été orphelin [1] ! »

Julien rassemble à Lutèce le peuple et l'armée, leur communique les messages venus d'Orient, et leur demande s'il doit abdiquer le titre d'auguste. Un grand bruit s'élève avec ces paroles : « Sans Julien auguste, la puissance est perdue pour les provinces, les soldats et la république [2]. »

Le questeur Léonas fut chargé de porter la réponse publique à son maître, avec une lettre particulière remplie de la colère et du mépris de Julien.

Décidé à marcher sur l'Orient, Julien part avec trois mille soldats ; il étoit à peine suivi de trente mille autres. Tout s'épouvante : Taurus, préfet d'Italie, s'enfuit ; Florent, préfet de l'Illyrie, s'enfuit ; Nebridius, préfet du prétoire en Occident, demeure seul fidèle à Constance ; il perd une main d'un coup d'épée, et Julien refuse de serrer la noble main qui reste à Nebridius [3].

Le nouvel auguste descend le Danube, tantôt côtoyant ses bords, tantôt s'abandonnant à son cours ; Sirmium, capitale de l'Illyrie occidentale, le reçoit : il se saisit du pas de Suques, entrée de la Thrace, et s'arrête pour attendre son armée [4].

Il tourne alors le visage au passé et le dos à l'avenir, et, se préparant la triste gloire d'avoir été le premier prince apostat, il abjure publiquement le christianisme ; il déclare qu'il confie sa vie et sa cause aux dieux immortels, efface l'eau du baptême par la cérémonie du taurobole : une seule des divinités évoquées apparut un moment à la fumée des sacrifices de Julien, la Victoire.

Les soldats qui l'accompagnoient, brandissant leurs épées au-dessus de leurs têtes, ou tournant la pointe de ces épées contre leurs poitrines, avoient juré de mourir pour lui : cependant plusieurs d'entre eux étoient chrétiens ; mais Julien les avoit trompés. Avant de quitter les Gaules, il étoit entré le jour de l'Épiphanie dans l'église de Vienne,

---

1. JULIAN., *Orat. ad S. P. Q. Athen.*; LIBAN., *Orat. parent.*; ZONAR., lib. XIII.
2. *Auguste Juliane ut provincialis et miles, et reip. decrevit auctoritas.* (AMM., lib. XX, chap. XI.)
3. AMM., lib. XXI; LIBAN., *Orat. parent.*
4. MAMERT., *Paneg.*; LIBAN., *Orat.*

et y avoit fait sa prière. Ammien Marcellin affirme qu'en ce moment même il professoit secrètement le paganisme [1]. Qu'est-ce donc que le parjure avoit dit à Vienne au Dieu des chrétiens?

Constance se préparoit à repousser l'invasion : il meurt à Mopsucrène, en Cilicie, après avoir été baptisé par Euzoïus, de la communion arienne.

Le sénat de la nouvelle capitale se range du côté de la fortune ; Julien entre dans sa ville natale, que Constance, dit-il, aimoit comme sa sœur, et que lui Julien aimoit comme sa mère [2]. Constantinople chrétienne reçoit l'idolâtrie ainsi que Rome païenne avoit reçu l'Évangile.

JULIEN emp.
DUMAS pape.
An de J.-C. 362-363.

Une commission établie à Chalcédoine jugea les ministres de Constance : Paul, Apodème et l'eunuque Eusèbe furent justement punis ; d'autres subirent injustement la mort et l'exil.

La cour éprouva une réforme totale : on congédia des milliers de cuisiniers et de barbiers. Un de ces derniers se présente superbement vêtu pour couper les cheveux au successeur de Constance : « Je n'ai pas demandé un trésorier, dit Julien, mais un barbier [3]. » Les *agents*, au nombre de plus de dix mille, furent réduits à dix-sept, les *curieux* et autres espions abolis.

Maintenant il convient de connoître plus intimement l'homme qui a pris dans l'histoire une place tout à part, en opposant son génie et sa puissance à la transformation sociale dont les peuples modernes sont sortis.

1. *Adhærere cultui christiano fingebat a quo jampridem occulte desciverat.* (Lib. xx.)
2. Ὁ μὲν γὰρ αὐτὴν ὡς ἀδελφὴν, ἐγὼ δὲ ὡς μητέρα φιλῶ. (JULIAN., epist. 58.)
3. *Ego non rationalem jussi, sed tonsorem acciri.*

DEUXIÈME DISCOURS.

DEUXIÈME PARTIE.

DE JULIEN A THÉODOSE Ier.

Lorsque Julien fut relégué à Athènes par Constance, saint Basile et saint Grégoire de Nazianze s'y trouvoient. Le dernier nous a laissé un portrait de l'apostat où se reconnoît l'inimitié du peintre. « Il étoit de médiocre taille, le cou épais, les épaules larges, qu'il haussoit et remuoit souvent, aussi bien que la tête. Ses pieds n'étoient point fermes ni sa démarche assurée. Ses yeux étoient vifs, mais égarés et tournoyants ; le regard furieux, le nez dédaigneux et insolent, la bouche grande, la lèvre d'en bas pendante, la barbe hérissée et pointue ; il faisoit des grimaces ridicules et des signes de tête sans sujet ; rioit sans mesure et avec de grands éclats ; s'arrêtoit en parlant, et reprenoit haleine ; faisoit des questions impertinentes et des réponses embarrassées l'une dans l'autre, qui n'avoient rien de ferme et de méthodique[1]. »

Ammien Marcellin, qui voyoit Julien en beau, conserve pourtant dans le portrait de ce prince quelques traits de celui de Grégoire de Nazianze[2] ; et Julien lui-même, dans le *Misopogon,* semble attester la fidélité malveillante du pinceau chrétien.

---

1. Cette traduction n'est pas tout à fait exacte, et n'a pas surtout l'âpreté de l'original ; mais il y a quelque chose de si simple, de si naturel, de si grave dans le style de Fleury, que je n'ai pas eu la témérité d'entreprendre de refaire ce qu'il a fait. Fleury et Tillemont sont deux hommes qui ne permettent pas qu'on retouche ce qu'ils ont touché. Le dernier a du génie à force de savoir, de conscience et d'exactitude. Il est en présence des faits et des hommes comme un chrétien des premiers siècles en présence de la vérité : il aimeroit mieux mourir que de faire un mensonge. Son style incorrect, sauvage et nu, est mêlé de choses qui étonnent. C'est ainsi que, peignant les derniers moments de Julien, il dit, dans le langage des Pères de l'Église : « Il mourut dans la disgrâce de Dieu et des hommes. »

2. *Mediocris erat staturæ, capillis tanquam pexisset mollibus, hirsuta barba in acutum desinente vestitus, venustate oculorum micantium flagrans, qui mentis ejus angustias indicabant, superciliis decoris et naso rectissimo, ore paulo majore, labro*

« La nature, comme je le présume, n'a pas donné beaucoup d'agréments à mon visage, et moi, morose et bizarre, je lui ai ajouté cette longue barbe pour lui infliger une peine, à cause de son air disgracieux. Dans cette barbe, je laisse errer des insectes[1], comme d'autres bêtes dans une forêt. Je ne puis boire ni manger à mon aise, car je craindrois de brouter imprudemment mes poils avec mon pain. Il est heureux que je ne me soucie ni de donner ni de recevoir des baisers...

« Vous dites qu'on pourroit tresser des cordes avec ma barbe : je consens de tout mon cœur que vous en arrachiez les brins ; prenez garde seulement que leur rudesse n'écorche vos mains molles et délicates.

« N'allez pas vous figurer que vos moqueries me désolent : elles me plaisent ; car enfin, si mon menton est comme celui d'un bouc, je pourrois en le rasant le rendre semblable à celui d'un beau garçon ou d'une jeune fille sur qui la nature a répandu sa grâce et sa beauté. Mais vous autres, de vie efféminée et de mœurs puériles, vous voulez jusque dans la vieillesse ressembler à vos enfants : ce n'est pas comme chez moi, aux joues, mais à votre front ridé, que l'homme se fait reconnoître.

« Cette barbe démesurée ne me suffit pas : ma tête est sale ; rarement je la fais tondre ; je coupe mes ongles rarement, et j'ai les doigts noircis par ma plume.

« Voulez-vous connoître mes imperfections secrètes ? Ma poitrine est horrible et velue comme celle du lion, roi des animaux. Je n'ai jamais voulu la peler, tant mes habitudes sont brutes et abjectes. Je n'ai jamais poli aucune partie de mon corps : franchement, je vous dirois tout, quand j'aurois même un poireau comme Cimon[2]. »

---

inferiore demisso, opima et incurva cervice, humeris vastis et latis, ab ipso capite usque unguium summitates lineamentorum recta compagine, unde viribus valebat et cursu. (Amm., lib. xxv, cap. iv.) D'après ce portrait, Julien avoit les cheveux doux, les sourcils charmants, le nez tout à fait grec ; la beauté de ses yeux étincelants annonçoit que son âme étoit mal à l'aise dans l'étroite prison de son corps. Si on lit *argutias* au lieu d'*angustias* dans le texte, on retrouveroit les yeux vifs, mais *égarés et tournoyants*, qu'attribue à Julien saint Grégoire de Nazianze.

1. *Discurrentes in ea pediculos.*
2. Spanheim a traduit le *Misopogon*; La Bletterie en a donné une autre traduction avec celle des *Césars* et de quelques lettres choisies ; le marquis d'Argens a traduit, sous le nom de *Défense du Paganisme*, ce que saint Cyrille d'Alexandrie nous a conservé de l'ouvrage de Julien contre les chrétiens ; enfin, M. Tourlet a publié une traduction complète des œuvres de cet empereur. Je me suis aidé des excellents travaux de mes devanciers, sans adopter tout à fait leur version. La traduction du *Misopogon* de La Bletterie, que M. Tourlet a conservée en la corrigeant, est élégante,

Et c'est le maître du monde qui parle de lui de cette façon! Mais cette humilité brutale est l'orgueil de la puissance.

Julien avoit des vertus, de l'esprit et une grande imagination : on a rarement écrit et porté une couronne comme lui. Il détestoit les jeux, les théâtres, les spectacles; il étoit sobre, laborieux, intrépide, éclairé, juste, grand administrateur, ennemi de la calomnie et des délateurs. Il aimoit la liberté et l'égalité autant que prince le peut; il dédaignoit le titre de seigneur ou de maître. Il pardonna dans les Gaules à un eunuque chargé de l'assassiner.

Un jour on lui signala un citoyen qui, disoit-on, aspiroit à l'empire, parce qu'il faisoit préparer en secret une chlamyde de pourpre. Julien chargea l'officieux ami du prince légitime de porter à l'usurpateur une paire de brodequins ornés de pourpre, afin qu'il ne manquât rien au vêtement impérial [1]. La loi défendoit sous peine de mort de fabriquer pour les particuliers une étoffe de pourpre; un usurpateur étoit réduit, dans le premier moment de son élection, à voler la pourpre des enseignes militaires et des statues des dieux.

Maris, évêque arien de Chalcédoine, insultoit Julien, qui sacrifioit dans un temple de la Fortune. Julien lui dit : « Vieillard, le Galiléen ne te rendra pas la vue. » Maris étoit aveugle. « Je le remer-

---

mais elle ne dit pas tout l'original. La Bletterie, d'ailleurs homme d'esprit, de raison, d'instruction et de talent, est resté dans l'ironique; il n'a pas osé aborder le sardonique; il a eu peur de l'effronterie des mots : je ne parle pas du collectif *messieurs* adressé aux habitants d'Antioche, petite politesse de notre bonne compagnie, qu'il étoit aisé de faire disparoître. La Bletterie croit que Julien calomnie sa barbe, je le pense aussi; il est probable qu'il répétoit les railleries des Antiochiens, ou qu'enchérissant lui-même sur ces railleries, il exagéroit ses défauts pour tomber de plus haut sur les vices contraires de ses détracteurs. Nous voyons Julien se baigner dans une maison de campagne, se faire couper les cheveux en arrivant à Constantinople : cela n'annonce pas un homme si indifférent au soin de sa personne. Saint Augustin, dont la philosophie n'étoit pas, il est vrai, celle de Julien, pense que la propreté est une demi-vertu.

M. Tourlet a réuni plusieurs fragments de Julien qui ne se trouvent pas dans les anciennes éditions de ses œuvres. Il a rendu ainsi un véritable service aux lettres; mais la grande découverte à faire seroit celle de l'*Histoire des Guerres de Julien dans les Gaules*. Cet ouvrage est perdu, tandis que des discours assez insignifiants se sont conservés. Cela vient en partie de l'esprit du siècle où vivoit Julien : on attachoit une extrême importance aux écrits dogmatiques de l'apostat pour les admirer ou les combattre, et l'on se soucioit peu de ce qui étoit en dehors des controverses religieuses. C'est ainsi que Cyrille d'Alexandrie, dans ses dix livres *Pro sancta christianorum Religione adversus libros athei Juliani*, nous a transmis une grande partie de l'ouvrage de cet empereur contre la religion chrétienne.

1. *Jubet periculoso garritori pedum tegmina dari purpurea ad adversarium perferenda.* (AMM.)

cie, répondit l'évêque, de m'épargner la douleur de voir un apostat comme toi[1]. » L'empereur supporta cet accablant reproche.

Delphidius, célèbre avocat de Bordeaux, plaidoit devant Julien contre Numerius, accusé de concussion dans le gouvernement de la Gaule Narbonnoise ; Numerius nioit les faits. « Qui ne sera innocent, s'écria l'avocat, s'il suffit de nier ? » — « Qui sera innocent, repartit Julien, s'il suffit d'être accusé[2] ? »

D'autres avocats louoient Julien : « Je me réjouirois de vos éloges, leur dit-il, si vous aviez le courage de me blâmer[3]. »

Un certain Thalassius étoit dénoncé par le peuple d'Antioche comme exacteur et comme ancien ennemi de Gallus et de Julien. « Je reconnois, dit l'empereur, qu'il m'a offensé ; c'est ce qui doit suspendre vos poursuites jusqu'à ce que j'aie tiré raison de mon ennemi. » Il pardonna à l'accusé[4].

Un homme vint se prosterner à ses pieds dans un temple, criant merci pour sa vie. « C'est Théodote, lui dit-on, chef du conseil d'Hiéraple, qui jadis demandoit votre tête à Constance. » — « Je savois cela depuis longtemps, répondit l'empereur. Retourne en paix à tes foyers, Théodote. J'ai à cœur de diminuer le nombre de mes ennemis et d'augmenter celui de mes amis[5]. »

Une femme plaidoit contre un domestique militaire renvoyé du palais ; elle n'avoit osé l'assigner tant qu'il avoit été en faveur. Celui-ci se présente à l'audience impériale avec la ceinture de son emploi ; la femme se croit perdue, présumant que son adversaire est rentré en grâce : « Femme, dit Julien, soutiens ton accusation ; le défendeur n'a mis sa ceinture que pour marcher plus vite dans la boue ; elle ne peut rien contre ton droit[6]. »

La publication du *Misopogon* tient à la même élévation de nature :

1. *Illum (Julianum) graviter objurgavit, impium et apostatam vocans et religionis expertem. At ille conviciis reddens convicia cœcum eum appellavit : Neque vero, inquit, Deus tuus galilæus te unquam sanaturus est. Gratias, inquit Maris, ago Deo, qui me luminibus orbavit, ne viderem vultum tuum, qui in tantam prolapsus es impietatem.* (Socrat., *Hist. eccles.*, lib. II, cap. XII, pag. 150.)

2. *Ecquis innocens esse poterit, si accusasse sufficiet?* (Amm.)

3. *Gaudebam plane præ meque ferebam si ab his laudarer quos et vituperasse posse adverterem, si quid factum sit secus aut dictum.* (Id.)

4. *Agnosco quem dicitis offendisse me justa de causa ; et silere vos interim consentaneum est dum mihi inimico potiori faciat satis.* (Id.)

5. *Abi securus ad lares, exutus omni metu, clementia principis qui, ut prudens definivit, inimicorum minuere numerum augereque amicorum sponte sua contendit ac libens.* (Amm.)

6. *Prosequere, mulier, si quid te læsam existimas : hic enim sic cinctus est ut expeditius per lutum incedat ; at parum nocere tuis partibus potest.* (Id.)

à part l'orgueil cynique de cet ouvrage, un homme investi du pouvoir absolu, environné d'une armée de barbares dévoués à ses ordres, un prince qui pouvoit d'un seul signe faire exterminer ses insolents détracteurs, et qui se contente de tirer raison d'un libelle par un pamphlet, est un exemple unique dans l'histoire des peuples et des rois. César, dans l'*Anti-Caton,* n'eut à se venger que de la vertu, et il ne la put vaincre, même en joignant les armes à la satire.

Les Césars sont encore plus extraordinaires que le *Misopogon*. Quel souverain a jamais jugé ses prédécesseurs avec autant de rigueur et de supériorité? Jules César entre le premier au banquet des dieux : Silène avertit Jupiter que ce convive pourroit bien songer à le détrôner, et Jupiter trouve que la tête de ce mortel ne ressemble pas mal à la sienne. Vient Auguste, dont les couleurs du visage changent comme celles du caméléon; Tibère, à la mine fière et terrible et au dos couvert de lèpre; Caligula, monstre sur-le-champ précipité dans le Tartare; Claude, pauvre prince qui n'est rien sans Pallas, Narcisse et Messaline; Néron, une couronne de laurier sur la tête, une lyre à la main, et qu'Apollon jette dans le Cocyte; ensuite des gens de toutes sortes, les Galba, les Othon, les Vitellius; Vespasien, qui accourt pour éteindre le feu mis aux temples[1]; Titus, qu'on envoie à la Vénus publique; Domitien, qu'on enchaîne auprès du taureau de Phalaris; Nerva, à propos duquel Silène s'écrie : « Vous autres dieux, vous laissez quinze années un monstre sur le trône, et ce vieillard affable et juste n'a pas régné un an entier! » Jupiter apaise Silène en lui annonçant que des princes vertueux vont suivre Nerva.

Trajan paroît : aussitôt Silène recommande à Jupiter de veiller sur celui qui verse à boire aux immortels. Que cherche Adrien! son Antinoüs? Il n'est point dans l'Olympe. Antonin, modéré, excepté en amour, s'arrêteroit à couper en portions égales un grain de cumin. A la vue de Marc-Aurèle, Silène déclare qu'il n'a rien à lui reprocher.

Survient un débat entre Alexandre et César, jouteurs de gloire. César affirme qu'il a effacé les grands hommes ses contemporains et les grands hommes de tous les siècles et de tous les pays. Que prétend Alexandre avec sa conquête de la Perse? Peut-il opposer quelque chose à la journée de Pharsale? Quel étoit le capitaine le plus habile de Pompée ou de Darius? Où étoient les meilleurs soldats? « Toi, Alexandre, tu as égorgé les citoyens de Thèbes, incendié les villes des malheureux Grecs; moi, César, j'ai conquis les Gaules, passé le Rhin,

---

1. Allusion à l'incendie du temple de Jérusalem et du Capitole.

franchi l'Océan, sauté sur le rivage des Bretons. Tu as vaincu dix mille Grecs : j'ai défait cent cinquante mille Romains. »

Alexandre, qui commençoit à entrer en fureur, apostrophe Jupiter, et lui demande quand enfin ce babillard romain cessera de se donner des éloges. Il a triomphé de Pompée ! Pompée, pauvre homme qui profita des triomphes de Lucullus ! on lui donna le nom de grand par flatterie ; mais pouvoit-on le comparer à Marius, aux deux Scipion, à Camille ? « Tu as battu Pompée, César ? Pompée, si amoureux de sa coiffure qu'il ne s'osoit gratter la tête que du bout du doigt ! Tu ne soumis les Gaulois et les Germains que pour asservir ta patrie : fut-il jamais rien de plus impie et de plus détestable ! Ne traite pas avec tant de dédain les dix mille Grecs que je me vis forcé d'accabler. Vous, Romains, qui à peine avez pu vous rendre maîtres de la Grèce dans sa décadence, vous qui vous êtes épuisés à soumettre un petit État presque ignoré aux beaux jours de l'Hellénie, que seriez-vous devenus s'il vous eût fallu combattre les Grecs unis et florissants ? Il vous sied bien de parler avec mépris de ma conquête de la Perse, fameux conquérants qui, après trois siècles de guerre, êtes parvenus, à la sueur de votre front, à vous emparer de quelques villages au delà du Tigre ! Moins de dix ans ont suffi à Alexandre pour dompter la Perse et les Indes. » La satire continue de cette manière impitoyable, haute et juste, jusqu'à Constantin, outrageusement traité par le restaurateur de l'idolâtrie : il le livre à la déesse de la mollesse, qui l'embrasse, le revêt d'une robe de femme de diverses couleurs, et le conduit par la main à la Luxure. Auprès d'elle Constantin trouve un de ses fils (Crispus), qui crioit incessamment : « Corrupteurs de femmes, homicides, sacriléges, scélérats, vous tous qui avez besoin d'expiation, approchez ! avec un peu d'eau je vous rendrai purs. Si vous retombez dans vos fautes, frappez-vous la poitrine, battez-vous la tête : tout vous sera remis[1]. »

Ici il y a triple calomnie et haine atroce : on ne reconnoît plus le souverain supérieur qui condamne les mauvais princes, et le grand homme qui juge ses pairs.

Julien étoit musicien et poëte de talent : nous avons de lui deux

---

1. Ὅστις φθορεύς, ὅστις μιαιφόνος, ὅστις ἐναγής καὶ βδελυρὸς, ἴτω θαρρῶ· ἀποφανῶ γὰρ αὐτὸν τουτεὶ τῷ ὕδατι λούσας, αὐτίκα καθαρόν. Κἄν πάλιν ἔνοχος τοῖς αὐτοῖς γένηται, δώσω τὸ στῆθος πλήξαντι, καὶ τὴν κεφαλὴν πατάξαντι καθαρῷ γενέσται. Quisquis mulierum corruptor, quisquis homicida est, quisquis piaculo aut exsecrando scelere se obstrinxit, fidenter huc adito. Etenim simul atque hac aqua ablutus fuerit, illico ego eum purum reddam. Quod si iisdem rursus se flagitiis contaminarit, efficiam uti, tunso pectore et capite percusso, expietur. (*In Cæsar.*, pag. 336. B.)

épigrammes élégantes, l'une contre la bière, l'autre où l'orgue est décrit à peu près tel que nous le connoissons [1]. Ses lettres sont instructives, quoique d'un style peu naturel [2]; en voici une où il y a trop de Néréides, de Grâces, de Nymphes, de lieux communs de mythologie, et qui ressemble assez à ces épîtres toutes fleuries de lis et de roses que le grand Frédéric écrivoit à des gens de lettres la veille d'une bataille; mais le sujet en est touchant et les descriptions agréables; elle nous apprend quelque chose d'intime de la vie et de la jeunesse de Julien.

L'aïeule maternelle de Julien lui avoit laissé une petite terre en

[1]. Il existe en manuscrit, dit-on, un poëme de Julien sur le soleil et quelques harangues non publiées. D'une grande quantité de lettres sorties de la plume féconde de Julien, on n'en connoît guère plus de soixante-quatre. Vossius assure que *Les Césars* étoient intitulés dans les anciens manuscrits *Les Saturnales et le Banquet*; mais Suidas distingue *Les Césars* des *Saturnales*, et cite de ce dernier ouvrage des choses qui ne se trouvent point dans *Les Césars*. Suidas indique encore deux ouvrages perdus de Julien, l'un sur *Les trois Figures*, l'autre sur *L'Origine du mal, contre les ignorants*. Eunape, dans ses Vies des Sophistes, parle souvent de Julien; il en avoit écrit l'histoire; peut-être faisoit-elle partie de son *Histoire des Empereurs depuis Alexandre Sévère*. On croit que celle-ci se retrouve en partie dans les deux livres de Zosime, qui se seroit contenté de retoucher le travail d'Eunape; Calliste, au rapport de Socrate, avoit mis en vers la vie de Julien. On présumoit dans le xviie siècle que l'histoire politique d'Eunape étoit dans les bibliothèques d'Italie. Le monde littéraire doit au savant M. Boissonade une édition grecque d'Eunape, dont M. Cousin, juge compétent, parle ainsi; son suffrage sera d'un tout autre poids que le mien : « Personne en effet n'étoit mieux préparé à donner une édition critique d'Eunape que M. Boissonade, qui a déjà si bien mérité de la philosophie néoplatonicienne en publiant une nouvelle édition de la Vie de Proclus par Marinus et le commentaire inédit de Proclus sur le *Cratyle*. Et comme si ses propres ressources ne lui suffisoient point, sa modestie lui a fait un devoir de se procurer tous les matériaux amassés par ses devanciers. Le *specimen* de Carpzow le mettoit en possession des notes de Fabricius, et par l'intermédiaire de Schœfer, Erfurt, entre les mains duquel étoient tombés les travaux inédits de Wagner, les a obligeamment communiqués à M. Boissonade, avec des notes de Reinesius. Pour la vie de Libanius, il a eu les notes inédites de Valois; et deux exemplaires d'Eunape qui avoient appartenu à Walckenaër lui ont fourni quelques corrections heureuses déposées sur les marges par Walckenaër, ou par lui recueillies sur l'exemplaire de Vossius conservé à la bibliothèque de Leyde, sans compter les conjectures de l'illustre évêque d'Avranches, Huet, que contient un des exemplaires de la bibliothèque de Paris, et d'autres secours qu'il seroit trop long d'énumérer, et qui tous disparoissent devant la vaste collection de remarques de toutes espèces dont Wyttenbach a enrichi l'ouvrage de notre savant compatriote : de sorte que les deux volumes dont se compose cette édition d'Eunape présentent les travaux des maîtres de différents pays et de différents siècles, habilement employés par un des maîtres du siècle présent. »

[2]. Libanius prétend avoir atteint la perfection du style épistolaire, et il accorde la seconde place à Julien. Pline le jeune offre le modèle de ce bel esprit élégant et recherché imité par Julien et les Grecs de son temps.

Bithynie : l'empereur écrit à un ami dont on ignore le nom, pour lui en faire présent. Quel est le roi d'une province de l'empire romain qui ne croiroit aujourd'hui déroger à sa puissance, démembrer le domaine de sa couronne, et compromettre la dignité de son sang, en offrant d'aussi bonne grâce l'héritage de sa grand'mère à un ami ?

« La maison n'est pas à plus de vingt stades de la mer, mais on n'y est point étourdi par le marchand, ou par le matelot criard ou querelleur. Cependant on y jouit des présents des Néréides, et l'on peut y avoir le poisson frais et palpitant. Si tu montes sur un tertre peu éloigné de la maison, tu verras la Propontide, ses îles et la ville qui porte le noble nom d'un empereur. Là tu ne seras point au milieu des algues, des mousses et des autres plantes désagréables et inconnues que la mer jette sur ses grèves, mais au milieu des saules, parmi le thym et les herbes parfumées. Couché, un livre à la main, après une lecture attentive, tu pourras reposer tes yeux fatigués : la mer et les vaisseaux te seront un charmant spectacle. Dans mon enfance, ce lieu me plaisoit, parce que j'y trouvois des fontaines qui n'étoient pas à mépriser, des bains assez propres, un potager et des arbres. Lorsque je devins homme, je désirai ardemment de revoir ce lieu ; j'y suis maintes fois retourné en compagnie de quelques amis. Je m'y suis même assez occupé d'agriculture pour y laisser, comme un monument, une petite vigne qui donne un vin suave et parfumé. Tu verras dans mon clos Bacchus et les Grâces : la grappe pendante au cep, ou portée au pressoir, exhale l'odeur des roses ; la liqueur dans le tonneau est déjà du nectar, si nous en croyons Homère. Tu me demanderas peut-être, puisque les vignes viennent si bien dans ce sol, pourquoi je n'en ai pas planté davantage. Mais d'abord je ne suis pas un cultivateur bien habile ; ensuite les Nymphes tempèrent pour moi la coupe de Bacchus : je ne voulois de vin qu'autant qu'il en falloit pour moi et mes convives, dont tu sais que le nombre n'est pas grand. Accepte donc ce présent, ô tête chérie[1] ! Il est petit sans doute ; mais ce qui va d'un ami à un ami, de la maison à la maison, est très-doux, comme le dit le sage poëte Pindare[2]. »

Les discours de Julien ont les défauts de la littérature de son temps ; mais celui qu'il adresse aux Athéniens, en partie purgé de ces défauts, montre avec quelle gravité il avoit pu écrire l'histoire des guerres des Gaules et de la Germanie. Il est fâcheux que l'apostat, dans deux panégyriques, ait si bien loué Constance, son persécuteur,

---

[1]. Φίλη κεφαλή ! *O carum caput !* Horace a transporté ce tour dans le latin, et Racine dans le françois.

[2]. Epist. XLVI.

et qu'il ait été si froid dans l'éloge d'Eusébie, sa bienfaitrice, et peut-être quelque chose de plus [1].

Grand admirateur du passé, Julien a voulu faire remonter le vocabulaire dont il s'est servi aux jours classiques de la Grèce : assez souvent il habille à l'antique des idées modernes; on peut se faire une idée de ce contraste par un exemple en sens opposé. L'auteur des *Vies des grands Hommes* a écrit en grec dans un idiome complet et vieilli, et il a été traduit en françois dans un idiome incomplet et naissant, d'où il est arrivé une chose assez extraordinaire : le génie de Plutarque étoit naïf, et sa langue ne l'étoit plus; Amyot est venu, et il a donné à Plutarque la langue qui manquoit à son génie. Mais Amyot échoue dans les *morales* : le gaulois, qui s'étoit si bien prêté aux récits du biographe, n'a pu rendre les idées complexes et les expressions métaphysiques du philosophe.

De grandes imperfections balançoient dans Julien ses éminentes qualités : il gâtoit son caractère original en copiant d'autres grands hommes, et sembloit n'avoir de naturel que sa perpétuelle imitation. Il s'étoit surtout donné pour modèles Alexandre et Marc-Aurèle; sa mémoire envahissoit ses actions; il avoit fait entrer son érudition dans sa vie. Lorsqu'il renvoya aux évêques le traité de Diodore de Tarse, en faveur du christianisme, avec ces trois mots : *anegnôn, egnôn, categnôn* : Ἀνέγνων, ἔγνων, κατέγνων : *J'ai lu, j'ai compris, j'ai condamné*, il rappeloit mal le *veni, vidi, vici*, de César. Ses actes de clémence étoient peu méritoires, le dédain y ayant plus de part que la générosité. Léger, railleur, pétulant, questionneur sans dignité, d'une loquacité intarissable, il eût été cruel s'il se fût laissé aller à son penchant [2]. Dans des emportements involontaires, il s'abaissoit jusqu'à frapper de la main et du pied les gens du peuple qui se présentoient à ses audiences [3]. On pourroit soupçonner sa pudicité : bien que Mamertin assure que son lit étoit plus chaste que celui d'une

---

1. Cette princesse, aussi belle qu'humaine, dit Julien (*Paneg. Eus.*), est représentée comme aimant les lettres et pleine de compassion pour les malheureux : *in culmine tam celso humana*. On la voit protéger Julien, le défendre contre ses ennemis, lui fournir des livres, prendre pour lui tous les soins de la puissance et de la tendresse; ensuite on la voit donner un breuvage à Hélène pour la faire délivrer de son fruit avant terme. Comment Eusébie, qui avoit élevé Julien à la pourpre, et qui conséquemment ne sembloit pas craindre son ambition, vouloit-elle le priver de postérité? Eusébie étoit stérile; Hélène n'étoit pas jeune, mais elle étoit féconde. Ces contradictions s'expliqueroient par la folie d'une passion. Dans cette hypothèse, Eusébie auroit désiré placer Julien sur le trône du monde, mais elle n'auroit pu souffrir qu'une femme, plus heureuse qu'elle, fût la mère des enfants de Julien.

2. Socrat., lib III, cap. XXI.   3. Naz., pag. 121.

vestale, il est probable, s'il n'est certain, qu'il eut des enfants naturels [1]. Telle est la puissance d'un mot : le nom d'Apostat, donné à Julien, suffit pour flétrir sa mémoire, même aujourd'hui que nous sommes séparés de ce prince par quatorze siècles, et que tombent les institutions qu'il proscrivoit.

L'antipathie de Julien pour le culte des chrétiens se fortifia de la haine que lui inspira le prince qui massacra son père, livra son frère au bourreau et menaça longtemps sa vie : les anciens autels étant devenus les autels persécutés, Julien s'y attacha comme un caractère généreux s'attache à la patrie, à la foiblesse et au malheur; il voulut croire à des absurdités que sa raison condamnoit; il employa son génie, comme les philosophes de son temps, à expliquer par des allégories le culte de ces divinités, personnifications des objets de la nature ou passions matérialisées. La beauté des cérémonies du paganisme enchantoit son imagination poétique, nourrie des songes de la Grèce : à la renaissance des lettres, au XVIe siècle, quelques écrivains de la France et de l'Italie, ravis des belles fables, devinrent de véritables païens, et firent abjuration entre les mains d'Homère et de Virgile. Julien attribuoit son salut à sa piété envers les dieux, qui l'avoient excepté seul de la juste condamnation prononcée contre la maison impie de Constantin.

Son aversion pour le christianisme se put augmenter encore du spectacle qu'offroit la société lorsqu'il parvint à l'empire. L'hérésie d'Arius avoit tout divisé et subdivisé; ce n'étoient qu'anathèmes lancés et reçus; les catholiques mêmes ne s'entendoient plus; les évêques se disputoient des siéges, et le schisme ajoutoit ses désordres à ceux de l'hérésie. Julien avoit remarqué que les chrétiens sont plus cruels entre eux que les bêtes ne le sont aux hommes [2] (c'est un auteur païen qui l'affirme). Athanase fait la même remarque sur les ariens [3]. Ces querelles dans toutes les villes, dans tous les villages, dans tous les hameaux, affoiblissoient l'empire au dehors, paralysoient le pouvoir au dedans, rendoient l'administration périlleuse et difficile. Les juges et les gouverneurs n'étoient occupés qu'à réprimer les délits et les séditions des chrétiens. Le fameux Georges, évêque arien d'Alexandrie, persécuteur des païens et des catholiques, avoit désolé l'Égypte par ses rapines et ses cruautés. Diodore, un de ses adhérents, coupoit de sa propre autorité la chevelure des enfants, chevelure que l'idolâtrie

---

1. Julian., epist. XI. *Educator meorum liberorum.*
2. Nullas infestas hominibus bestias, ut sunt sibi ferales plerique christianorum expertus. (Amm., lib. XII, cap. V.)
3. Ariani Scythis ipsis crudeliores. (Ath., *Hist. Arian.*)

maternelle laissoit croître en l'honneur de quelque divinité protectrice. Le peuple, lassé, se souleva, massacra Georges, pilla sa bibliothèque, dont Julien recommanda au préfet d'Égypte de rassembler soigneusement les débris. La folie des Galiléens, dit le même prince dans sa lettre à Artabius, a presque tout perdu[1].

Julien, qui n'auroit pu reconnoître la vérité chrétienne parmi des hommes qui ne s'entendoient pas sur la nature du Christ, put donc croire qu'il supprimeroit à la fois tous les maux en étouffant toutes les sectes sous l'ancien culte : erreur d'un juge préoccupé, qui prit les effets pour la cause; qui ne vit que l'extérieur des troubles, qui ne fut frappé que du mouvement à la surface, et n'aperçut pas l'idée immobile reposant au fond de ces troubles. Une révolution étoit accomplie, un changement opéré dans l'espèce humaine.

Cependant l'éducation d'enfance du grand ennemi de la croix avoit été toute chrétienne; il avoit disputé de dévotion à Macellum avec son frère Gallus; il paroît même qu'après avoir été *lecteur* dans l'église de Nicomédie, il s'étoit fait tondre pour se faire moine[2]; intention qu'on a voulu attribuer à l'hypocrisie, et qu'il est plus équitable de regarder comme le mouvement d'une âme exaltée. Julien ne pouvoit être ni chrétien ni philosophe à demi; la nature ne lui avoit laissé que le choix du fanatisme.

Quoi qu'il en soit, aussitôt que ce prince fut séparé de Gallus, il s'abandonna à la passion de l'étude, que lui avoit inspirée Mardonius, son premier maître. Il visita à Pergame Edesius, dont l'école jetoit un grand éclat.

Chef du néoplatonisme, dont Plotin étoit le fondateur, Edesius, disciple et successeur de Jamblique, étoit un vieillard dont l'esprit vigoureux s'élevoit vers le ciel à mesure que son corps se penchoit vers la terre. Julien vouloit en tirer toute la science, mais le vieillard lui dit : « Aimable poursuivant de la sagesse, mon corps est un édifice en ruine prêt à tomber : interrogez mes enfants[3]. »

Ces enfants d'Edesius étoient ses disciples : Maxime, Priscus, Eusèbe et Chrysanthe. Julien s'adressa d'abord aux deux derniers. Eusèbe ne croyoit point à la théurgie, et parloit à Julien contre les opérateurs de prodiges; il lui raconta que Maxime avoit fait sourire devant lui, au moyen d'un grain d'encens purifié et d'un hymne chanté à voix basse, la statue de la déesse au temple d'Hécate : qu'ensuite les flambeaux

---

1. *Etenim Galilæorum amentia propemodum omnia afflixit ac perdidit.* (JULIAN., epist. VII.)
2. *Et ad cutem usque tonsus monasticam vitam simulavit.* (SOCRAT.)
3. EUNAP., *Vit. Jambl., Vit. Max.*

s'étoient allumés d'eux-mêmes [1]. Aussitôt Julien, transporté de curiosité, ne voulut plus écouter les raisonnements d'Eusèbe, et s'empressa d'aller chercher Maxime à Éphèse.

Maxime, d'un âge approchant de la vieillesse, portoit une longue barbe blanche ; son éloquence étoit entraînante ; le son de sa voix se marioit si bien avec l'expression de ses regards, qu'on ne lui pouvoit résister [2]. Pressé par Julien, il fit venir Chrysanthe, et tous les deux l'instruisirent. Maxime conduisit le jeune prince dans le souterrain d'un temple : après les évocations on entendit un grand bruit, et des spectres de feu apparurent. Julien, saisi de frayeur, fit involontairement et par habitude le signe de la croix : tout s'évanouit. Julien ne se pouvoit empêcher d'admirer la puissance du signe des chrétiens, lorsque le philosophe lui dit d'une voix sévère : « Croyez-vous avoir fait peur aux dieux? Ils se sont retirés parce qu'ils ne veulent pas avoir de relations avec des profanes tels que vous [3]. »

On ignore le reste de cette initiation ; mais on assure que Maxime prédit l'empire à Julien s'il juroit d'abolir le christianisme et de rétablir l'ancien culte.

Au surplus, quels que fussent les nuages dont le néoplatonisme environnoit sa doctrine, on sait qu'il admettoit des puissances subordonnées avec lesquelles on commerçoit par la science de la cabale. Comme les philosophes ne pouvoient justifier les folies du polythéisme pris dans le sens absolu, ils composoient un système d'allégories dans lesquelles ils renfermoient les vérités de la physique, de la morale et de la théologie. Ils admettoient un Dieu-Principe dont les attributs devenoient des divinités inférieures. Les astres, la terre, la mer, les royaumes, les villes, les maisons, de même que les vertus et les arts, avoient leurs génies : ceux qui tout à la fois rougissoient et se glorifioient des anciennes superstitions chargeoient ainsi l'imagination d'inventer, pour les justifier, un système digne d'elles.

Le fond de l'ancienne doctrine platonicienne subsistoit : l'intervalle incommensurable qui sépare l'homme de Dieu étant rempli par des êtres plus ou moins sublimes à mesure qu'ils sont plus voisins de Dieu ou de l'homme, notre âme, selon le degré de sa vertu, remonte cette longue chaîne de héros, de génies et de dieux, et va s'abîmer dans le sein du grand Être, beauté, vérité, souverain bien, science complète.

Plutôt alléché aux mystères que rassasié de secrets, Julien alla cher-

---

1. Eunap., *Vit. Jambl., Vit. Max.*
2. Eunap., *ibid.*; Liban., *Paneg.*, 175.
3. Theodor., lib. III, cap. III; Greg. Naz., or. III, pag. 71.

cher jusqu'au fond de la Grèce un vieux prêtre d'Éleusis, qui passoit pour ne rien ignorer. Si nous en croyons Eunape, seule autorité pour ce récit, Julien, au moment de rompre avec Constance, appela ce prêtre dans les Gaules, et lui fit part du projet qu'il n'avoit révélé qu'à Oribase, son médecin, et à Évhémère, son bibliothécaire.

Julien étoit versé dans la théurgie et les deux divinations : ses croyances se composoient d'un mélange de néoplatonisme et de quelque souvenir de sa première éducation chrétienne, le tout enveloppé dans l'hellénisme ou les mythes homériques. Le néoplatonisme joignoit à la doctrine de Platon des idées empruntées aux écoles pythagoricienne, stoïcienne et péripatéticienne. En vertu de la loi de la métempsychose, Julien pensoit avoir hérité de l'âme d'Alexandre : superstition naturelle du courage, du génie et de la gloire.

Libanius compare la vérité rentrant dans l'esprit de Julien, purifiée du christianisme, à la statue des dieux replacée dans un temple autrefois profané. Selon le même Libanius, des divinités amies éveilloient le disciple impérial en touchant doucement ses mains et ses cheveux[1]; il distinguoit la voix de Jupiter de celle de Minerve, et ne se trompoit point sur la forme d'Hercule ou d'Apollon : platonicien par l'esprit, stoïcien par le caractère, cynique par quelques habitudes extérieures, Julien prioit et jeûnoit en l'honneur d'Isis, de Pan ou d'Hécate, comme les Pères du désert ses contemporains jeûnoient et prioient aux jours de vigiles et d'abstinence. Si à cette époque la philosophie affectoit des austérités et prétendoit opérer des prodiges, c'est qu'elle avoit été conduite à opposer quelque chose aux vertus et aux merveilles des chrétiens.

En effet, peu de temps après le règne de Julien une persécution s'éleva contre les hommes accusés de magie; cette magie n'étoit que la réaction et la contre-partie des miracles. Le christianisme avoit forcé l'hellénisme à l'imitation pour maintenir sa puissance. La cérémonie du taurobole ou du criobole, qui se rattachoit dans son principe à la plus haute antiquité, étoit devenue une simple parodie du baptême. Au bord d'une fosse couverte d'une pierre percée, le sacrificateur égorgeoit un taureau ou un bélier; le sang de la victime couloit au travers des trous, sur le prosélyte placé au fond de la fosse, et les taches de ce pécheur se trouvoient effacées au moins pour vingt ans. Les philosophes étoient les *solitaires* de la religion de Jupiter; comme les ermites du christianisme, ils s'attribuoient un pouvoir surnaturel. Plotin évoquoit, à l'aide d'un Égyptien, son propre démon; quand il

---

1. Liban., *Paneg.*

mourut, un dragon sortit de dessous son lit et traversa une muraille. Jamblique s'élevoit en l'air, et tout son corps paroissoit resplendissant : au son d'une parole il fit un jour sortir les génies de l'amour, Éros et Antéros, du fond d'un bain. Edesius forçoit les dieux à descendre, et il en recevoit des oracles en vers hexamètres[1]. Vous venez de voir les jongleries de Maxime et Chrysanthe. Simon le magicien, Apollonius de Tyane avoient eu les mêmes prétentions aux vertus théurgiques. Celse avoit opposé aux miracles de Jésus-Christ les prestiges d'Esculape, d'Apollon, d'Aristes et d'Abaris. Les philosophes affectoient un tel air de ressemblance avec les ascètes, que Julien, dans un moment d'humeur contre les cyniques, les compare aux moines galiléens[2]. Vous allez bientôt voir ce prince essayant de régler la police des temples d'après la discipline des églises. Enfin, les idolâtres réformés avoient placé une Trinité à la tête de leurs dieux : vaincu de toutes parts, le paganisme étoit, pour ainsi dire, obligé de se faire chrétien.

Toutefois, dans cette transfusion du sang social, dans l'accomplissement de la plus grande révolution de l'intelligence, on doit aussi remarquer, afin d'être juste et sincère, ce que le christianisme pouvoit avoir admis de la philosophie et du paganisme.

Le christianisme a-t-il reçu de la philosophie les dogmes de la Trinité, du Logos ou du Verbe?

J'ai déjà eu l'occasion de traiter ailleurs cette matière : j'ai fait observer[3] que la Trinité pouvoit avoir été connue des Égyptiens, comme le prouvoit l'inscription grecque du grand obélisque du Cirque Majeur, à Rome; j'ai cité un oracle de Sérapis, rapporté par Héraclides de Pont et Porphyre[4], lequel oracle exprime nettement le dogme de la Trinité[5].

Les mages avoient une espèce de Trinité dans leur Metris, Oromasis

---

1. Eunap., *Vit. Soph.*; Bruker., *Hist. Philosoph.*; Julian., apud S. Cyril., lib. VI.
2. Julian., *Contra imperitos canes*, or. VI.
3. *Génie du Christianisme*, page 13.
4. Porphyre appartient au néoplatonisme, postérieur à la prédication de l'Évangile : sous ce rapport, son témoignage est suspect.
5. La belle découverte de la lecture des hiéroglyphes a pu jeter de nouvelles lumières sur le système religieux des Égyptiens. Je dois à M. Charles Le Normant, qui a suivi M. Champollion en Égypte, la note savante qu'on va lire. L'auteur, en traitant de la triade égyptienne, dit aussi quelques mots du taurobole. (Voyez la Préface de ces *Études historiques*.)

« La triade égyptienne, identiquement semblable à la triade hindoue, repose sur une croyance panthéistique : les deux principes fondamentaux (Ammon-Ra et *Mouth*, la grande mère, dans la forme la plus élevée) représentent l'esprit et la matière; ils

et Arimanis, ou Mitra, Oromase et Arimane. Platon semble indiquer la trinité dans le Timée, l'Épinomis; et dans une lettre à Denis le jeune il énonce le Verbe de la manière la plus claire. Selon lui le

ne sont pas même corrélatifs, car il est dit qu'Ammon est *le mari de sa mère* *, ce qui veut dire que l'esprit est une émanation de la matière préexistante, du chaos. Dans le *Rituel funéraire* **, la pièce capitale et le résumé de la théologie égyptienne, Ammon dit à Mouth : *Je suis l'esprit; toi, tu es la matière;* plus loin, dans la prière adressée à *Mouth*, sous la forme secondaire de Neith, on lit ces mots : *Ammon est l'esprit divin, et toi, tu es le grand corps, Neith, qui préside dans Saïs.* De leur union provient *Chons*, la plus haute manifestation de l'esprit, la troisième personne de la triade thébaine. Chons est tellement le même que le *Logos* de l'Inde, et même de la Perse, de Platon et de saint Jean, qu'à Thèbes, dans le temple qui lui est dédié ***, il est nommé *Chons Toth*, c'est-à-dire *parole*. Cette triple unité de Dieu se retrouve ainsi dans toutes les dégradations du théisme égyptien, jusqu'à la triple manifestation corporelle de Dieu dans les personnes d'Osiris, d'Isis et d'Horus. Puis vient un personnage complémentaire, un résumé des formes multiples de la Divinité, *Ammon-Horus* ou *Horus-Ammon*, qui réunit les deux anneaux opposés de cette chaîne immense, et renferme l'unité panthéistique du monde concentrée dans les trois personnes de l'esprit, de la matière et du verbe. Ammon-Horus est le *Pan* des Grecs.

« La Trinité chrétienne est fondée sur l'existence d'un Dieu préexistant à la matière, qui a tiré le monde du néant ; ce Dieu se manifeste incessamment dans son fils ; l'esprit est l'intermédiaire de cette manifestation, qui dans la triplicité constitue l'unité de Dieu. On voit donc que pour établir un rapport de cette trinité à la triade égyptienne il faudrait supposer dans cette dernière l'abstraction du principe féminin et la division de l'esprit en principe générateur et en esprit proprement dit. La différence fondamentale des deux doctrines a pour base l'opinion différente que les panthéistes et les chrétiens professent sur l'origine du mal : l'optimisme panthéistique le plus exalté ne peut détruire l'inhérence du mal à la matière éternelle, et par conséquent la nécessité du mal; Nephtis, la sœur d'Isis, partage sa couche entre Osiris et Typhon.

« Les premiers apologistes ont aussi attribué au désir de contre-balancer l'influence des cérémonies chrétiennes l'usage fréquent des sacrifices taurobolitiques, à compter de la dernière moitié du second siècle de notre ère. Mais il est plus que probable que ces sacrifices avoient une autre source que l'imitation des rites d ubaptême, ou même que l'idée de réhabilitation d'où la cérémonie baptismale est dérivée. La purification expiatoire par le sang est universelle dans les cultes de l'Orient ; on en

---

* Sur le Pylone du temple de *Chons* à Karnak, appelé le *grand temple du sud*, dans le grand ouvrage d'Égypte.

** Troisième partie, section III, traduction communiquée par M. Champollion.

*** Le même que ci-dessus; le dernier signe, qui est l'Ibis, est le symbole du dieu *Toth*, et se résout phonétiquement dans le mot...... *toi*, qui commence tous les discours des dieux.. *parole d'Ammon-Ra, roi des dieux*, etc. (Renseignement communiqué par M. Champollion.)

Verbe très-divin a arrangé l'univers et l'a rendu visible¹. Platon avoit emprunté le dogme de la Trinité de Timée de Locres, qui le tenoit de l'école italique. Les pythagoriciens avouoient l'excellence du ternaire : le TROIS n'est point engendré et engendre toutes les autres fractions, d'où il prenoit dans l'école pythagoricienne la qualification de nombre sans *mère*. Les stoïciens professoient la même théologie, ainsi que le témoigne Tertullien, qui cite Zénon et Cléanthes².

Aux Indes et au Thibet proprement dit, les livres sacrés mentionnent le Verbe et la Trinité. Enfin, les missionnaires anglois croient avoir retrouvé la Trinité jusque dans la religion des sauvages d'Otaïti³.

Les principaux Pères de l'Église, presque tous sortis de l'école platonicienne, ont avoué que leur ancien maître s'étoit quelquefois approché de la pure doctrine : c'est ce qu'on voit dans Origène, dans Tertullien, dans saint Justin, saint Athanase⁴ et dans saint Augustin. Ce dernier raconte qu'ayant lu les traités des platoniciens, il y découvrit

retrouve la trace jusque dans le Lévitique : *Et sanguinem qui erat in altari aspersit super Aaron et vestimenta ejus, et super filios illius ac vestes eorum* (VIII, 30). Tous les témoignages anciens s'accordent à rattacher les tauroboles au culte phrygien de Cybèle. Or, ce culte, bien qu'introduit à Rome deux cent sept ans avant Jésus-Christ, ne fut longtemps que toléré, et ne passa tout à fait dans la chose publique que sous le règne d'Antonin. M. de Boze * a très-bien rappelé les causes de la vénération superstitieuse de cet empereur pour les mystères de Cybèle ; il a montré en même temps que Faustine la mère étoit la première impératrice qui eût pris sur les médailles le nom de *mère des dieux*. Or, le plus ancien taurobole que nous trouvions constaté par une inscription se rapporte à l'an 160 de Jésus-Christ, et a été célébré pour la conservation des jours d'Antonin et de sa famille ** ; la plupart des monuments de ce genre ont, comme le précédent, une couleur politique. Que les idées de régénération répandues par le christianisme dans tout le monde aient contribué à étendre l'usage des sacrifices tauroboliques, c'est ce qu'il est difficile de nier ; mais les apologistes eux-mêmes montroient la différence de principe, et par conséquent d'origine, qui existoit entre le baptême et le taurobole : Le sang du taureau, disoit Firmicus ***, ne rachète pas, il souille. C'est qu'effectivement l'idée de réhabilitation purifiante et celle d'expiation sanglante appartiennent à deux systèmes opposés, dont le second a été aboli par le sacrifice de la grande victime du christianisme. S'il étoit permis d'assigner une origine encore plus ancienne que les mystères de Cybèle au sacrifice taurobolique, nous en retrouverions la trace dans le mythe persan de Mithra et dans l'immolation du taureau, qui en est le symbole principal ; or, on sait que la religion de la mère des dieux n'est en grande partie qu'une émanation des doctrines persanes. »

1. PLAT., t. II, p. 986, in Epinomid.
2. TERTULL., *Apologet.*
3. *Génie du Christianisme*, page 15.
4. S. JUSTIN, *Apologet.*; ORIGEN. *Contr. Cels.*; TERTULL., *Apolog.*; ATHAN., *De Incarn. Verbi Dei*, p. 83.

* T. II, *Mém. de l'Acad. des Inscript.*   ** Mémoire précité.   *** Cité par M. de Boze.

les vérités de la foi relatives au verbe de Dieu, telles qu'elles sont énoncées dans le premier chapitre de l'Évangile de saint Jean. Il fait observer que plusieurs platoniciens ayant entendu parler du christianisme convinrent que le Messie étoit l'Homme-Dieu, en qui la Vérité permanente, l'immuable Sagesse s'étoit incarnée [1]. Platon avoit déclaré que si le Juste venoit sur la terre, il seroit méconnu et crucifié. Une tradition confuse des incarnations du dieu indien s'étoit répandue à travers la Perse jusqu'au fond de l'Occident.

Constantin, dans la harangue que j'ai rappelée, signale Platon comme le premier philosophe qui attira les hommes à la contemplation des choses divines [2].

Qu'un homme du génie de Platon ait approché de la vérité révélée par la force de sa pénétration, rien de plus naturel : les vérités de l'intelligence, comme toutes les autres vérités, nous sont plus ou moins accessibles, selon le plus ou le moins de supériorité de notre esprit. Mais la philosophie de Platon est mêlée de tant d'obscurités, de contradictions et d'erreurs, qu'il est difficile d'en tirer le système des chrétiens. Ensuite Aristobule, Joseph, saint Justin, Origène, Eusèbe de Césarée [3], ont avancé et prouvé que Platon avoit eu connoissance des livres hébreux, qu'il y avoit puisé cette partie de sa philosophie, si peu ressemblante à ce qui lui appartient en propre, ou plutôt à Pythagore : les exemplaires des idées et de l'harmonie des sphères.

Mais aucune induction raisonnable ne peut être tirée des doctrines qui ont eu cours après l'avénement du Christ : le néoplatonisme, au lieu d'avoir donné aux chrétiens la trinité, la lui auroit plutôt dérobée : Plotin et Porphyre ont rajusté leur système confus de triade sur le système positif et clair de la nouvelle religion. Alors parut le dogme trinitaire païen plus nettement énoncé, les trois dieux, les trois entendements, les trois rois réunis dans l'unité demiurgique. Les philosophes avoient une grande admiration pour ces premières paroles de l'Évangile selon saint Jean : « *Au commencement étoit le Verbe, et le*

---

1. Aug. *Confess.*, lib. vii; id., *epist.* cxviii.
2. Constant. Mag. in *Orat. Sanctor. cœl.*, cap. ix.
3, Aristobul., *apud Euseb.*, lib. xiii; *Præp. Evang.*, cap. xii; Joseph., lib. ii, *Contra Appion.*; S. Just., *Apologet.*; Orig., lib. xii, *Cont. Cels.*; Euseb., lib. xi, *Præp. Evang. in proœmio*. La version des Septante est postérieure au voyage de Platon en Égypte ; mais il est prouvé par Aristobule (*apud Euseb.*, lib. xiii, *Præp. Evang.*, cap. xii) et par Démétrius (*in epist. ad Plorem. Eg. Reg. apud Joseph. Arist. et Euseb.*) que des parties considérables des livres hébreux étoient traduites en grec longtemps avant la version complète des Septante. (Voyez *Défense des SS. Pères accusés de platonisme*, liv. iv, p. 618 et suiv.) Baltus sur ce point a complétement raison contre Leclerc.

Verbe étoit en Dieu, et le Verbe étoit Dieu; » ils disoient qu'il falloit les écrire en lettres d'or au frontispice des temples [1]; saint Basile [2] assure qu'ils étoient allés jusqu'à s'emparer de ces paroles et à les insérer, comme leur appartenant, dans leurs ouvrages. Amelius, disciple de Plotin, est atteint et convaincu par Eusèbe de Césarée, Théodoret et saint Cyrille d'Alexandrie, d'être un plagiaire de l'Évangile de saint Jean, de cet apôtre qu'Amelius appelle dédaigneusement un barbare [3]. Théodoret compare les néoplatoniciens, imitateurs des fidèles (et en particulier Porphyre), à des singes et à la corneille d'Ésope [4].

Je ne puis que vous indiquer, dans ces *Études,* des sujets qui demanderoient un développement considérable. Il conviendroit d'examiner si avant le christianisme révélé il n'y a pas eu un christianisme obscur, universel, répandu dans toutes les religions et dans tous les systèmes philosophiques de la terre; si l'on ne retrouve pas partout une idée confuse de la Trinité, du Verbe, de l'Incarnation, de la Rédemption, de la chute primitive de l'homme; si le christianisme ne fit pas sortir du fond du sanctuaire les doctrines mystérieuses qui ne se transmettoient que par l'initiation; si, portant en lui sa propre lumière, il n'a pas recueilli toutes les lumières qui pouvoient s'unir à son essence; s'il n'a pas été une sorte d'éclectisme supérieur, un choix exquis des plus pures vérités.

Il y a longtemps qu'on s'est enquis du degré d'influence que la philosophie a pu exercer sur la doctrine des Pères de l'Église : d'un côté, on a soutenu qu'ils avoient transformé le christianisme moral des apôtres dans le christianisme métaphysique du concile de Nicée; de l'autre, on a combattu cette assertion [5].

Ceux qui vouloient défendre les Pères accusés de platonisme auroient pu faire valoir l'autorité même de Julien, qui prétend prouver la fausseté du système des chrétiens en lui opposant celui du chef de l'Académie : dans un passage d'une grande beauté de style et d'une grande élévation de pensée, il compare la création racontée par Moïse à la création telle que l'a supposée Platon. Le dieu de Moïse, dit-il, n'a

---

1. *Solebamus audire aureis litteris conscribendum et... in locis eminentissimis proponendum esse dicebat.* (Aug., *De Civit. Dei,* lib. x, cap. xxix.)
2. Basil., *Hom.* 16, *in verba illa : In principio erat Verbum.*
3. Euseb., *Præp. Evang.,* lib. xi, cap. xix; Theod., *Sermo* xi, *ad Græc.;* Cyrill. Alex., lib. viii, *in Julian.*
4. Theodor., *Serm.* vii, *ad Græc.*
5. Les lecteurs qui seroient curieux de connoître à fond cette controverse peuvent lire *La Défense des saints Pères accusés de platonisme,* par Baltus, 1 vol. in-4°, Paris, 1711; Mosheim., *De turbata per Platonicos Ecclesia,* ap. Cudworth., *System. intell.,* tom. II; Lugd. Batav., 1783.

créé, ou plutôt n'a *arrangé* que la nature matérielle, le *monde des corps* : il n'avoit aucune puissance pour engendrer la nature spirituelle, le *monde animé*; tandis que le dieu de Platon enfante d'abord des êtres intelligents, les puissances, les anges, les génies, lesquels créent ensuite, par délégation du Dieu suprême, les formes ou la nature visible qui les représente, les cieux, le soleil et les sphères qui sont les vêtements ou les images des puissances, des anges et des génies.

Le principe essentiel de l'âme est un des mystères sur lesquels on s'est fixé le plus tard; les Pères hésitent et présentent différentes opinions : dans les IXe, Xe et XIe siècles, le champ des discussions étoit encore resté ouvert sur ce point aux écrivains ecclésiastiques.

Tout ceci ne fait rien à la question fondamentale : fût-il possible de prouver que les doctrines du christianisme ont été plus ou moins connues antérieurement à son ère, il n'auroit rien à perdre à cette preuve. Je vous l'ai déjà dit : Des esprits puissants ont pu atteindre à des vérités mères avant que ces vérités eussent été acquises au genre humain par une révélation directe. Loin de détruire la foi, ce seroit un nouvel et merveilleux argument en sa faveur; car alors il seroit démontré qu'elle est conforme à la religion naturelle des plus hautes intelligences.

Telles sont les relations qui existoient entre la philosophie et le christianisme. Quant au paganisme, le christianisme a pris quelques formules applicables à toute religion, quelques rites, quelques prières, quelques pompes qui n'avoient besoin que de changer d'objet pour être véritablement saintes : l'encens, les fleurs, les vases d'or et d'argent, les lampes, les couronnes, les luminaires, le lin, la soie, les chants, les processions, les époques de certaines fêtes, passèrent des autels vaincus à l'autel triomphant. Le paganisme essaya d'emprunter au christianisme ses dogmes et sa morale; le christianisme enleva au paganisme ses ornements : le premier étoit incapable de garder ce qu'il déroboit; le second sanctifioit ce qu'il avoit ravi.

L'apostasie du cousin de Constance, d'abord soigneusement cachée à la foule, fut donc connue d'un petit nombre de philosophes et de prêtres qui attendoient la réhabilitation des anciens jours, comme des hommes, étrangers au monde où ils vivent, rêvent parmi nous l'impossible retour du passé. Cependant, le secret du changement de Julien ne put être si bien gardé, qu'il n'en transpirât quelque chose au dehors. Il nous reste une lettre de Gallus, de l'an 351 ou 352, dans laquelle le césar fait mention des bruits répandus dans Antioche. « On prétendoit, écrit-il à Julien, alors en Ionie, que vous aviez abandonné la religion de nos *ancêtres* pour embrasser l'hellénisme, mais j'ai été promptement détrompé. Œtius m'a dit que vous étiez au contraire plein de zèle pour bâtir des oratoires, et que vous vous plaisiez aux tombeaux des martyrs. » Gallus appelle le christianisme la religion de ses *ancêtres* : saint Grégoire de Nazianze le nomme *l'ancienne religion*. Que le monde romain étoit changé ! combien avoit été rapide la conquête de l'Évangile !

Mais si le christianisme avoit fait de pareils progrès extérieurs, le développement de sa puissance intérieure n'étoit pas moins étonnant. Déjà l'on pouvoit reconnoître son caractère universel, non-seulement dans le sens de sa diffusion parmi les peuples, mais dans le sens de sa convenance avec les diverses facultés de l'homme : le voilà expliquant, à l'aide du plus beau langage, les idées les plus sublimes, ce christianisme qui fut prêché par des esprits obtus, de grossiers compagnons sans éducation et sans lettres. Comment Pierre le pêcheur avoit-il produit Grégoire le poëte, Basile le philosophe, Jean Bouche d'Or l'orateur ? C'est que Jésus le Christ étoit derrière Pierre l'apôtre, et que le Verbe incréé contenoit la vertu de la parole humaine ; fils de Dieu, source de toutes lumières et de tous biens, il les distribuoit à ses serviteurs en proportion des besoins successifs de la société, donnant à propos la simplicité et l'éloquence, la force des mœurs ou les clartés de l'esprit. De cette croix si rude, de ce bois qui ne présenta d'abord à l'adoration de l'univers qu'un gibet et un condamné, découlèrent graduellement les perfections de l'Essence divine.

Julien, parvenu à l'empire, publia un édit de tolérance universelle. Les évêques et les prêtres, à quelque communion qu'ils appartinssent, ariens, donatistes, novatiens, eunomiens, macédoniens, catholiques, furent également protégés par celui qui les méprisoit tous, et qui espéroit les affoiblir en les divisant. Néanmoins, il fait lui-même observer qu'il rappela les évêques exilés à leurs *foyers*, non à leurs *siéges*. Il assembloit les chefs des sectes, et quand ils s'emportoient, il leur crioit : « Écoutez-moi ! les Franks et les Allamans m'ont bien écouté[1]. » Dans ses lettres il recommande la modération envers les chrétiens, mais c'est en grimaçant qu'il conserve l'impartialité philosophique ; sa haine perce à travers sa tolérance affectée, et lui arrache des mots sanglants.

Athanase, par une préférence méritée, fut excepté de l'amnistie de Julien. « Il seroit dangereux, » dit l'apostat dans sa lettre aux habitants d'Alexandrie, « de laisser à la tête du peuple un intrigant, non

---

[1]. *Audite me, quem Alamanni audierunt et Franci.* (Amm.)

pas un homme, mais un petit avorton sans valeur qui s'estime d'autant plus grand qu'il appelle plus de dangers sur sa tête [1]. » Et dans une lettre à Ecdicius, préfet d'Égypte, Julien ajoute : « Les dieux sont méprisés. Chassez le scélérat Athanase ; il a osé, sous mon règne, conférer le baptême à des femmes grecques d'une naissance illustre [2]. »

Eunape ne nous laisse aucun doute sur la sincérité religieuse de Julien : il suffit d'ailleurs de lire ce qui nous reste des ouvrages de cet empereur, aussi singulier comme homme qu'extraordinaire comme prince, pour se convaincre qu'il étoit païen de bonne foi. Il avoit pris dans les initiations et les sociétés secrètes un degré d'enthousiasme qui alloit jusqu'à interpréter les songes et à croire aux apparitions.

Au lever et au coucher du soleil, il immoloit une victime à Apollon, sa divinité favorite : il croyoit à la trinité des platoniciens ; le soleil étoit pour lui le *Logos,* le fils du Père souverain, le Verbe brûlant qui inspire la vie à l'univers. La nuit, Julien honoroit la lune et les étoiles, auxquelles s'unissent les âmes des héros. Dans les grandes solennités, il aimoit à jouer le rôle de sacrificateur et d'aruspice.

« Le beau spectacle que de voir l'empereur des Romains fendre le bois, égorger les victimes, consulter leurs entrailles, souffler le feu des autels en présence de quelques vieilles femmes, les joues bouffies, excitant la risée de ceux-là même dont il désiroit s'attirer les louanges ! » Aux fêtes de Vénus, il marchoit entre deux troupes de prostitués de l'un et de l'autre sexe, affectant la gravité au milieu des éclats de rire de la débauche, élargissant ses épaules, portant en avant sa barbe pointue, allongeant de petits pas pour imiter la marche d'un géant. Saint Chrysostome [3] doute que la postérité veuille croire à son récit ; il adjure de la vérité de ses paroles les vieillards qui l'écoutoient, et qui pouvoient avoir été témoins de ces indignités.

L'empereur faisoit toutes ces choses comme souverain pontife, dignité attachée chez les Romains à la souveraineté politique. Il épuisoit l'État pour les frais d'un culte que rien ne pouvoit rétablir. Il offroit en holocauste des oiseaux rares, cent bœufs étoient quelquefois assommés à un seul autel dans un seul jour. Les peuples disoient que s'il revenoit vainqueur des Perses, il détruiroit la race des taureaux. Il ressembloit en cela, selon la remarque d'Ammien Marcellin, au césar

---

1. Ἀλλ' ἀνθρωπίσκος εὐτελής. *Quod si ne ille quidem vir est, sed contemptus homuncio.* (JULIAN., epist. LI.)

2. *Quis ausus est in meo regno feminas Græcorum illustres ad baptismum impellere.* (JULIAN., epist. VI.)

3. C'est à Antioche que Chysostome parloit ainsi. Ammien lui-même dit à peu près la même chose, lib. XXII, cap. XIV.

Marcus, à qui les bœufs blancs avoient écrit ce billet : « Les bœufs blancs au césar Marcus, salut : c'est fait de nous si vous triomphez¹. »

De magnifiques présents étoient prodigués par Julien aux sanctuaires célèbres, à Dodone, à Delphes, à Délos. En arrivant à Antioche, son premier soin fut de sacrifier sur la cime du mont Cassius. Il apprit avec une sainte joie que le gouverneur de l'Égypte avoit retrouvé le bœuf Apis. Il fit déboucher, à Daphné, la fontaine Castalie ; mais en visitant ce lieu renommé par sa beauté il eut un grand sujet de douleur : le bois de lauriers et de cyprès n'étoit plus qu'un cimetière chrétien ; Gallus y avoit déposé le corps de saint Babylas. « Je me figurois d'avance, dit Julien, une pompe magnifique : je ne rêvois que victimes, libations, parfums, chœurs de beaux enfants, dont l'âme étoit aussi pure que leur robe étoit blanche. J'entre dans le temple, je n'y trouve ni encens, ni gâteaux, ni victimes... J'interroge le prêtre, je demande ce que la ville sacrifiera aux dieux dans cette fête solennelle. » — « Voici une oie que j'apporte de ma maison, » me répondit-il ².

Les temples détruits par le temps ou par les chrétiens furent réparés. Julien fut le Luther païen de son siècle ; il entreprit la réformation de l'idolâtrie sur le modèle de la discipline des chrétiens. Plein d'admiration pour la fraternité évangélique, il désiroit que les païens se liassent ainsi d'un bout de la terre à l'autre ; il vouloit que les prêtres de l'hellénisme eussent la vertu des prêtres de la croix, qu'ils fussent comme eux irréprochables, que comme eux ils prêchassent la pitié, la charité, l'hospitalité. Il ordonna des prières graves et régulières à heures fixes, chantées à deux chœurs dans les temples ; enfin, il se proposoit de fonder des monastères d'hommes et de femmes et des hôpitaux. « Ne devons-nous pas rougir que les Galiléens, ces impies, après avoir nourri leurs pauvres, nourrissent encore les nôtres, laissés dans un dénûment absolu³ ? » Saint Grégoire de Naziance remarque que ces imitateurs des chrétiens ne se pouvoient appuyer de l'exemple

---

1. Le texte de cette plaisanterie est en grec dans Ammien. (Voir la note des savants éditeurs, Amm., in-fol., Lugd. Batav., 1693.) On a appliqué cette épigramme à Marc-Aurèle.
2. *Misopogon.*
3. *Sed quid est causæ cur in hisce, perinde ac si nihil amplius opus esset, conquiescamus, ac non potius convertamus oculos ad ea quibus impia christianorum religio creverit, id est ad benignitatem in peregrinos, ad curam ab illis in mortuis sepeliendis positam, et ad sanctimoniam vitæ quam simulant. . . . . Nam turpe profecto est, cum nemo ex Judæis mendicet, et impii Galilæi non suos modo, sed nostros quoque alant, ut nostri auxilio, quod a nobis ferri ipsis debeat, destituti videantur.* (Julian, epist. xlix.)

de leurs dieux, et qu'il y avoit contradiction entre leur morale et leur foi.

Le zèle que Julien avoit pour le paganisme, il l'avoit pour la philosophie : il aimoit un rhéteur de la même tendresse qu'il chérissoit un augure. Lors de sa rupture avec Constance, il s'étoit flatté que Maxime accourroit dans les Gaules. Il revenoit de sa dernière expédition d'outre-Rhin ; il demandoit partout, chemin faisant, si quelque philosophe n'étoit point arrivé : il avise de loin un cynique ; il le prend pour Maxime : il est ravi de joie ; ce n'étoit qu'un autre philosophe, ami de Julien [1]. Ne croit-on pas voir un empereur chrétien humiliant sa pourpre devant un anachorète ou un chevalier de la croisade baisant la manche de Pierre l'Ermite ?

Mais Julien ne fut pas plus heureux avec les philosophes qu'avec les prêtres : ils se corrompirent à la cour. Maxime et quelques autres sophistes acquirent des fortunes scandaleuses ; ils démentirent par leurs mœurs la rigidité de leurs doctrines : Chrysanthe, Libanius et Aristomène se tinrent seuls dans une louable réserve. Julien avoit eu saint Basile pour compagnon d'études à Athènes ; il essaya de l'attirer auprès de lui : le philosophe chrétien, dans sa solitude, repoussa l'amitié du philosophe païen sur le trône.

« Aussitôt, dit saint Chrysostome (rudement traduit par Tillemont), aussitôt que Julien eut publié son édit pour le rétablissement de l'idolâtrie, on vit accourir de toutes les parties du monde les magiciens, les enchanteurs, les devins, les augures, et tous ceux qui faisoient métier d'imposture et d'illusion : de sorte que tout le palais se trouvoit plein de gens sans honneur et de vagabonds. Ceux qui depuis longtemps étoient réduits à la dernière misère, ceux qui pour leurs sorcelleries et maléfices avoient langui dans les prisons et dans les minières, ceux qui traînoient à peine une misérable vie dans les

---

1. Ce détail se trouve dans une lettre au philosophe Maxime. Julien nous fait connoître Besançon dans cette lettre, comme Paris dans le *Misopogon*.
Ad Gallos revertens, circumspiciebam, et percontabar de omnibus qui illinc venirent, num quis philosophus, num quis scholasticus aut pallio penulave indutus, eo appulisset. Cum autem Vesontionem (Βισεντίωνα, Besançon) *appropinquarem (est autem oppidulum nunc refectum, magnum tamen olim, et magnificis templis ornatum, mœnibus firmissimis, et loci natura munitum, propterea quod cingitur Dubi* (Δανούβις, Doubs) *; estque, ut in mari, rupes excelsa, propemodum ipsis avibus inaccessa, nisi qua flumen ambiens tanquam littora quædam habet projecta); cum, inquam, prope abessem ab hac urbe, vir quidam cynicus cum pera et baculo mihi occurrit. Eum ego cum eminus aspexissem, teipsum esse putavi : cum accessit propius, a te omnino illum venire suspicatus sum. Est autem mihi quidem ille amicus, multum tamen infra exspectationem meam.* (JULIAN, epist. XXXVIII.)

emplois les plus bas et les plus honteux, tous ces gens érigés en prêtres et en pontifes se trouvoient en un instant comblés d'honneurs. L'empereur, laissant là les généraux et les magistrats, et ne daignant pas seulement leur parler, menoit avec lui par toute la ville des jeunes gens perdus de débauches et des courtisanes qui ne faisoient que sortir des lieux infâmes de leurs prostitutions. Le cheval de l'empereur et ses gardes ne le suivoient que de fort loin, pendant que cette troupe infâme environnoit sa personne et paroissoit avec le premier rang d'honneur, au milieu des places publiques, disant et faisant tout ce qu'on peut attendre de gens de cette profession. »

L'apostasie conduisit Julien au fanatisme, et du fanatisme à la persécution : quand l'homme a commis une faute qu'il suppose irréparable, l'orgueil lui fait chercher un abri dans cette faute même. Julien essaya deux choses difficiles : réchauffer le zèle des idolâtres pour un culte éteint ; provoquer des chutes parmi les chrétiens. Embaucheur de la cupidité et de la foiblesse, il offroit de l'or et des honneurs à l'apostasie : il échoua contre la foi fervente et contre la foi tiède. Lui-même se plaint de ne trouver presque personne disposé à sacrifier ; il avoue que son discours hellénique au sénat chrétien de Berée, loué pour la forme, n'eut aucun succès pour le fond ; il gourmande les habitants d'Alexandrie d'abandonner les dieux d'Alexandre pour un Verbe que ni eux ni leurs pères n'ont jamais vu[1]. Chrysanthe usa de modération envers les chrétiens, prévoyant que leur culte ne tarderoit pas à triompher. L'ancien monde et le monde nouveau repoussèrent Julien : l'un, dans sa décrépitude, eût vainement essayé de se redresser comme un jeune homme ; l'autre, adolescent vigoureux, ne se put rabougrir en vieillard.

La mission du césar apôtre auprès des soldats eut le sort qu'elle devoit avoir dans les camps. Il ordonna aux officiers de quitter la foi ou l'épée : Valentinien déposa la dernière, qui lui laissa la main libre pour saisir la couronne. Quant aux légions, celles de l'Occident, composées de Gaulois et de Germains, s'accommodèrent fort du vin, des hécatombes et des bœufs gras[2] ; on laissa aux légions de l'Orient le labarum, mais on effaça le monogramme du Christ : l'idolâtrie se trouva cachée dans une confusion lâche et habile des emblèmes de la guerre et de la royauté.

L'empereur résolut de rebâtir le temple de Jérusalem, afin de con-

---

1. Hunc vero quem neque vos, neque patres vestri videre, Jesum Deum esse Verbum creditis oportere. (JULIAN., epist. LI.)
2. Petulantes ante omnes et Celtæ... Augebantur cerimoniarum ritus immodice cum impensarum amplitudine ante hac inusitata et gravi. (AMM.)

fondre une prophétie sur laquelle les chrétiens s'appuyoient. Des globes de feu, s'élançant du sein de la terre, dispersèrent les ouvriers. L'entreprise fut abandonnée [1] ; elle étoit peu digne d'un esprit philosophique. Dernier témoin de l'accomplissement des paroles du maître, j'ai vu Jérusalem : *Non relinquetur lapis super lapidem.*

Enfin Julien défendit aux fidèles d'enseigner les belles-lettres ; c'étoit surtout par les enfants que l'Évangile s'emparoit des pères : « Laissez les petits venir à moi ! — « Ou n'expliquez point, disoit l'empereur dans son édit, les écrivains profanes, si vous condamnez leurs doctrines ; ou, si vous les expliquez, approuvez leurs sentiments. Vous croyez qu'Homère, Hésiode et leurs semblables sont dans l'erreur : allez expliquer Matthieu et Luc dans les églises des Galiléens [2]. »

Les maîtres chrétiens, privés des chaires d'éloquence et de belles-lettres, eurent recours à un moyen ingénieux pour prouver qu'ils

---

[1]. Le texte d'Ammien Marcellin que je vais citer a fort embarrassé Gibbon, et avant lui Voltaire : un miracle affirmé par un païen étoit en effet une chose fâcheuse : il a donc fallu avoir recours à la physique. « Julien, dit judicieusement l'abbé de La Bletterie, et les philosophes de sa cour mirent sans doute en œuvre ce qu'ils savoient de physique pour dérober à la Divinité un prodige si éclatant. La nature sert la religion si à propos qu'on devroit au moins la soupçonner de collusion. » M. Guizot, dans son excellente édition françoise de l'ouvrage de Gibbon, indique aussi quelques lois de la physique par lesquelles on pourroit expliquer jusqu'à un certain point l'apparition des feux qui chassèrent les ouvriers de Julien. M. Tourlet, par un calcul chronologique, établit que le phénomène arrivé à Jérusalem ne fut que le même tremblement de terre qui menaça Constantinople et dévasta Nicée et Nicomédie pendant le troisième consulat de Julien, en 362. Je suis trop ignorant pour disputer rien aux faits, et n'ai pas assez d'autorité pour les interpréter ou les combattre ; je les rapporte comme je les trouve. Sozomène, Rufin, Socrate, Théodoret, Philostorge, saint Grégoire de Nazianze, saint Chrysostome et saint Ambroise confirment le récit d'Ammien Marcellin. Julien lui-même avoue qu'il avoit voulu rétablir le temple : *Templum illud tanto intervallo a ruinis excitare voluerim.* En creusant les fondements du temple nouveau, on acheva de détruire les fondements de l'ancien temple, et l'on confirma les oracles de Daniel et de Jésus-Christ par la chose même qu'on faisoit pour les convaincre d'imposture. Au rapport de Philostorge (lib. vii, cap. iv), un ouvrier travaillant aux fondements du temple trouva sous une voûte au haut d'une colonne environnée d'eau, l'Évangile de saint Jean. Rien de plus positif que le texte d'Ammien ; le voici : *Ambitiosum quondam apud Hierosolymam templum, quod post multa et interneciva certamina, obsidente Vespasiano posteaque Tito, ægre est expugnatum, instaurare sumptibus cogitabat immodicis; negotiumque maturandum Alypio dederat Antiochensi, qui olim Britannias curaverat pro præfectis. Cum itaque rei idem fortiter instaret Alypius juvaretque provinciæ rector, metuendi globi flammarum prope fundamenta crebris assultibus erumpentes, fecere locum, exustis aliquoties operantibus, inaccessum, hocque modo elemento destinatius repellente, cessavit inceptum.* (Amm., lib. xxiii, cap. i.)

[2]. *Si in Deos sanctissimos putant ab illis auctoribus peccatum esse, eant in Galilæorum ecclesias, ibique Matthæum et Lucam interpretentur.* (Julian., epist. xlii.)

n'étoient point des rustres, obligés de se tenir dans la barbarie de leur origine, comme disoit Julien. Ils composèrent (et l'usage en fut continué) sur des thèmes de morale et de théologie, et sur des sujets tirés de l'histoire sainte, des hymnes, des idylles, des élégies, des odes, des tragédies, et même des comédies. Il nous reste bon nombre de ces poëmes, qui ouvrent des routes nouvelles au talent, appliquent l'art des vers aux aspérités de la haute métaphysique, et plient la langue des Muses aux formes des idées, comme elle l'avoit été de tout temps à celle des images [1].

Ce coup fut pourtant rude aux chrétiens : les beaux génies qui combattoient alors pour la foi auroient mieux aimé subir une persécution sanglante : ils ne s'en peuvent taire, ils reviennent sans cesse sur cette iniquité ; et comme le siècle au milieu des barbares armés étoit philosophique et littéraire, les païens mêmes n'applaudirent pas à l'ordre de Julien ; Ammien le traite d'injuste [2].

Les controverses religieuses ou politiques commencent ordinairement par les écrits et finissent par les armes ; il en fut autrement lors de la révolution qui a fait voir le premier et l'unique exemple d'un changement complet dans la religion nationale d'un grand peuple civilisé. On tua d'abord les chrétiens dans dix batailles rangées, les dix persécutions générales, et les chrétiens livrèrent leur tête sans essayer de se défendre par la force ; mais ils sentirent de bonne heure la nécessité d'écrire, pour affirmer leur innocence et assurer leur foi. C'est au christianisme que l'on doit la liberté de la pensée écrite ; elle coûta cher à ceux qui en firent la conquête : on dédaigna d'abord de leur répondre autrement qu'avec des griffes de fer et les ongles des lions. Quand l'Évangile eut gagné la foule, le polythéisme, obligé de renoncer à la guerre de l'épée, accepta celle de la plume : l'idolâtrie se réfugia aux deux extrémités opposées de la société, les ignorants et les gens de lettres. Les philosophes, les rhéteurs, les poëtes, les gram-

---

1. Saint Grégoire de Nazianze seul a composé plus de trente mille vers. Trois de ses poëmes sont sur *la virginité*, plusieurs sur *sa vie* et sur *les maux qu'il a soufferts*; quelques-uns accusent les mœurs du clergé et le luxe des femmes ; d'autres font l'éloge des moines. Les poëmes intitulés *Des calamités de mon âme, De la Grandeur et de la Misère de l'homme, Les secrets de saint Grégoire* sont admirables par la hauteur du sujet et la beauté de l'expression : il y a aussi beaucoup de vers sur le respect dû aux tombeaux. Les deux Apollinaires, le père et le fils, se signalèrent par leur combat poétique contre l'édit de Julien. Le premier mit en vers héroïques l'histoire sainte jusqu'au règne de Saül ; il prit pour modèles de ses comédies, de ses tragédies et de ses odes pieuses Ménandre, Euripide et Pindare ; le second expliqua, dans des dialogues à la manière de Platon les évangiles et la doctrine des apôtres.

2. Lib. XXII, cap. X.

mairiens, tinrent ferme au paganisme avec les hommes rustiques, les premiers par orgueil de la science, les autres par la privation de tout savoir. Depuis le troisième siècle de l'ère chrétienne jusqu'à l'abolition complète de l'idolâtrie, vous n'ouvrez pas un livre de philosophie, de religion, de science, d'histoire, d'éloquence, de poésie, où vous ne trouviez le combat des deux religions. Sous Julien vous rencontrez Libanius, Edesius, Priscus, Maxime, Sopâtre, orateurs et sophistes; Andronic et Delphide, poëtes; Ammien Marcellin et Aurelius Victor, historiens; Mamertin, panégyriste; Oribase, médecin, et Julien lui-même, orateur, poëte et historien; tous combattant contre Athanase, Basile, les deux Grégoire de Nysse et de Nazianze, Diodore de Tarse, orateurs, philosophes, poëtes, historiens; Cesarius, médecin et frère de Grégoire de Nazianze; Proheresius, rhéteur, lequel aima mieux abandonner sa chaire à Athènes que d'être excepté de l'édit qui défendoit aux chrétiens d'enseigner.

Julien préluda aux persécutions qu'il méditoit par une espèce d'apologie du paganisme : en innocentant ses dieux et en condamnant le Dieu qu'il avoit quitté, il justifioit indirectement son apostasie. Au milieu des soins qu'exigeoit de lui son empire, il trouva le temps de dicter l'ouvrage dont saint Cyrille nous a conservé une partie dans la réfutation qu'il en a faite.

Julien remonte jusqu'à Moïse, compare son système sur la création du monde à celui de Platon, et donne la préférence au dernier.

Dieu, après avoir fait l'homme, dit : « Il n'est pas bon que l'homme soit seul : » et il crée la femme, qui perd l'homme.

Que penser du serpent qui parle? Dans quelle langue parlait-il? Comment se moquer après cela des fables populaires de la Grèce?

Dieu interdit à nos premiers parents la connoissance du bien et du mal; il leur défend de toucher à l'arbre de vie dans la crainte qu'ils viennent à vivre toujours : blasphèmes contre Dieu, ou allégories. Alors pourquoi rejeter les mythes philosophiques?

Dieu choisit pour son peuple les Hébreux. Comment un Dieu juste a-t-il abandonné toutes les autres nations? Chez les Grecs, le Dieu créateur est le roi et le père commun des hommes.

Julien remarque qu'il y a peu de nations dans l'Occident propres à l'étude de la philosophie et de la géométrie : les temps sont bien changés.

Vous voulez que nous croyions à la tour de Babel, et vous ne voulez pas croire aux géants d'Homère, qui entassèrent trois montagnes les unes sur les autres pour escalader le ciel.

Le Décalogue ne contient que des préceptes vulgaires; le Dieu des

Hébreux est un Dieu jaloux, qui n'en souffre point d'autre. Galiléens, vous donnez un prétendu fils à ce Dieu, qui ne le connut jamais.

Quel est ce Dieu toujours en courroux qui voulant punir quelques hommes coupables fait périr cent mille innocents [1]? Comparez le législateur des Hébreux aux législateurs de la Grèce et de Rome, aux grands hommes de l'Égypte et de la Babylonie.

Qu'est-ce que ce Jésus suborneur des plus vifs d'entre les Juifs, et qui n'est connu que depuis trois cents ans, ce Jésus qui n'a rien fait dans le cours de sa vie, si ce n'est de guérir quelques boiteux et quelques démoniaques? Esculape est un tout autre sauveur de l'humanité.

L'inspiration divine envoyée par les dieux n'a qu'un temps; les oracles fameux cessent dans la révolution des âges.

Les Galiléens n'ont pris des Hébreux que leur fureur et leur haine contre l'espèce humaine : ils ont renoncé au culte d'un seul Dieu pour adorer des hommes misérables; comme la sangsue, ils ont sucé le sang le plus corrompu des Juifs, et leur ont laissé le plus pur.

Jésus et Paul n'ont pu prévoir les chimères que se formeroient un jour les Galiléens; ils ne pouvoient deviner le degré de puissance où ceux-ci parviendroient un jour. Tromper quelques servantes, quelques esclaves ignorants, Paul et Jésus n'avoient pas d'autre prétention.

Peut-on citer sous le règne de Tibère et de Claude des chrétiens distingués par leur naissance ou leur mérite?

L'eau du baptême n'ôte point la lèpre et les dartres, ne guérit ni la goutte ni la dyssenterie, mais elle efface l'adultère, la rapine, et nettoie l'âme de tous les vices.

Si le Verbe est Dieu, venant de Dieu, comment Marie, femme mortelle, a-t-elle enfanté un Dieu?

Ni Paul, ni Mathieu, ni Luc, ni Marie, n'ont osé dire que Jésus fût un Dieu; mais quand dans la Grèce et dans l'Italie un grand nombre de personnes l'eurent reconnu pour tel, qu'elles eurent commencé à honorer les tombeaux de Pierre et de Paul, alors Jean déclara que le Verbe s'étoit fait chair, et qu'il avoit habité parmi nous. Cependant, quand il nomme Dieu et le Verbe, il ne nomme ni Jésus ni Christ. Jean doit être regardé comme la source de tout le mal.

Viennent après ceci quelques considérations sur le sacrifice d'Abraham.

Plusieurs choses vous auront frappé dans cet ouvrage tronqué de

---

[1]. Il est curieux de trouver dans les arguments de Julien tous les arguments de Voltaire.

Julien. Les miracles de Jésus-Christ y sont avoués, les hommages rendus aux tombeaux de saint Pierre et de saint Paul reconnus, le silence des oracles attesté. Saint Jean, y est-il dit, *a fait tout le mal.* Cela signifie qu'il a énoncé la doctrine du Verbe, et qu'il n'y a pas moyen de soutenir que cette doctrine, établie par le disciple bien aimé, a été empruntée deux siècles plus tard à l'école d'Alexandrie : du reste l'attaque est foible. Julien ne veut voir ni ce qu'il y a de sublime dans les livres de Moïse ni d'ineffable dans l'Évangile ; ses raisonnements tournent à la gloire de ce qu'il prétend ravaler. Comment se fait-il que sous Claude et sous Tibère, à la naissance même de l'ère chrétienne, le christianisme comptât à peine pour néophytes quelques servantes et quelques esclaves, et qu'immédiatement après l'apôtre Jean voit la Grèce et l'Italie couvertes de chrétiens et honorant les tombeaux de Pierre et de Paul? Julien ne s'aperçoit pas qu'il prête par ce rapprochement une nouvelle force au miracle de l'établissement du christianisme. La cause humaine de la propagation étonnante de la foi, c'est que la première de toutes les vérités, la vérité qui enfante toutes les autres, la vérité de l'unité d'un Dieu, étoit venue détrôner le premier de tous les mensonges, le mensonge qui engendre toutes les erreurs, le mensonge de la pluralité des dieux. Une fois cette vérité répandue dans la foule après une absence de plusieurs milliers d'années, elle agit sur les esprits avec son essentielle et négative énergie.

Julien, persécuteur d'une nouvelle sorte, affecta de substituer au nom de chrétien celui de galiléen, dont s'étoient déjà servis Épictète et quelques hérésiarques. Joignant la moquerie à l'injustice, il dépouilloit les disciples de l'Évangile en disant : « Leur admirable loi leur enjoint de renoncer aux biens de la terre afin d'arriver au royaume des cieux; et nous, voulant gracieusement leur faciliter le voyage, ordonnons qu'ils soient soulagés du poids de tous les biens. » Quand les chrétiens s'osoient plaindre, il répondoit : « La vocation d'un chrétien n'est-elle pas de souffrir? »

Beaucoup d'édifices païens avoient été détruits sous le règne de Constance, d'autres changés en églises. Julien força le clergé de rendre les uns et de relever les autres : les intérêts acquis, se trouvant attaqués, produisirent des désordres. Marc, évêque d'Aréthuse, à la tête de son troupeau, avoit renversé un temple : trop pauvre pour en restituer la valeur, on saisit le prélat en vertu de la loi romaine qui livre aux créanciers la personne du débiteur insolvable. Battu de verges, la barbe arrachée, le corps nu et frotté de miel, le vieillard, suspendu dans un filet, fut exposé, sous les rayons d'un soleil ardent, à la piqûre des mouches. Marc avoit dérobé Julien enfant aux fureurs de

Constance, comme Joad avoit soustrait Joas aux mains d'Athalie : il fut traité de même que Joad par le prince, ingrat envers le pontife et infidèle au Dieu qui l'avoient sauvé.

Décidé à rendre au temple et au bois de Daphné son ancienne pompe, Julien fit enlever les reliques de saint Babylas du cimetière chrétien ; le peuple se mutina ; le temple d'Apollon fut brûlé. L'empereur, irrité, ordonna à son oncle Julien, comte d'Orient, et apostat comme lui, de fermer la cathédrale d'Antioche et de confisquer ses revenus. Le comte mit en interdit les autres églises, souilla les vases sacrés, et condamna à mort saint Théodoret. Gaza, Ascalon, Césarée, Héliopolis, la plupart des villes de Syrie, se soulevèrent contre les chrétiens, non par ardeur religieuse, mais par cupidité, haine et envie. Après avoir déterré les morts on tua les vivants ; on traîna dans les rues des corps déchirés : les cuisiniers perçoient les victimes avec leurs broches, les femmes avec leurs quenouilles ; les entrailles des prêtres et des recluses furent dévorées par des cannibales ou jetées mêlées d'orge aux pourceaux. Quelques serviteurs du Christ périrent égorgés sur les autels des dieux [1]. Mais il est une chose difficile à croire, même sur le témoignage de deux saints et de deux hommes illustres [2] : le lit de l'Oronte, des puits, des caves, des fossés, des étangs demeurèrent encombrés, disent-ils, par les corps des martyrs nuitamment exécutés, ou par ceux des nouveau-nés et des vierges que l'empereur immoloit dans ses opérations magiques. Les premiers chrétiens avoient été accusés de sacrifier des enfants : la calomnie étoit renvoyée à Julien.

Théodoret raconte que Julien, marchant sur la Perse, vint à Carrhes, où Diane avoit un temple ; il se renferma dans ce temple avec quelques-uns de ses confidents les plus intimes ; lorsqu'il en sortit, il en fit sceller les portes, y mit des gardes, et défendit de laisser pénétrer personne dans l'intérieur de l'édifice jusqu'à son retour : il ne revint point. On rouvrit le temple ; qu'y trouva-t-on ? Une femme pendue par les cheveux, les mains déployées et le ventre fendu. Julien, en cherchant l'avenir dans le sein de cette victime, y avoit fait entrer la mort : elle y resta pour lui [3].

Le sincère fanatisme de ce prince et la familiarité des Romains avec le meurtre, qu'autorisoit l'ancien droit paternel, le droit de l'esclavage, le pouvoir du glaive et celui du juge souverain dans le chef absolu de l'empire, donnent de la vraisemblance au récit de Théodoret : Am-

---

1. Sozomen., lib. v ; Theodor., lib. ix ; Greg. Naz., or. ix.
2. Chrysost., *Cont. gent.* ; Greg. Naz., *ibid.* ; Theod., *ibid.*
3. Theod., lib. iii, cap. xxi.

mien, admirateur de Julien, l'accuse d'avoir été plus superstitieux que religieux. Auguste et Claude avoient défendu les sacrifices humains; mais dans la législation du despotisme ce qui est interdit au peuple est permis au tyran : le prince qui crée le crime, qui fait la loi et l'applique est au-dessus de l'un et de l'autre.

Julien méditoit contre les chrétiens un plan de persécution digne d'un sophiste; il en avoit remis l'exécution à son retour de la guerre des Perses : il lui falloit un triomphe pour faire de l'injustice avec de la gloire. Exclusion des Galiléens de tous les emplois, interdiction des tribunaux, nécessité d'offrir de l'encens aux idoles afin de conserver le droit de plaider ou même d'acheter du pain [1] : tel étoit le dessein que la haine philosophique, la jalousie littéraire et l'amour-propre blessé avoient inspiré à l'apostat. Un trait caractéristique de l'histoire du peuple qui nous occupe est cette privation de la justice toujours ordonnée, comme la plus grande peine qu'on pût infliger à un citoyen. La société chez cette nation magistrale étoit pénétrée de la loi et incorporée avec elle : les fastes de l'empire étoient un grand recueil de jurisprudence, le monde romain un grand tribunal.

Julien régna vingt mois seize ou vingt-trois jours depuis la mort de Constance. Enflé de ses succès contre les Franks, fier des ambassadeurs qu'il recevoit des peuples les plus éloignés, tels que ceux de la Taprobane, il refusa la paix que lui offroit Sapor. Ce roi des rois, que la tiare avoit coiffé jusque dans la nuit du sein maternel, ce frère du Soleil et de la Lune [2] poursuivoit avec acharnement les chrétiens, peut-être par animosité contre le frère aîné dont il avoit usurpé le trône, Hormisdas, l'exilé et le chrétien : on a évalué à deux cent quatre-vingt-dix mille le nombre des victimes immolées dans les États de Sapor. Celui qui vouloit détruire les disciples de l'Évangile par la loi et celui qui les livroit à l'épée alloient en venir aux mains : la Providence armoit l'apostat contre le persécuteur. Julien se croyoit si sûr de la victoire qu'il refusa l'alliance des Sarrasins; il traita avec hauteur Arsace, roi d'Arménie, dont il réclamoit néanmoins l'assistance : Arsace professoit le christianisme. Une grande famine, augmentée encore par une fausse mesure sur les blés, avoit régné à Antioche; le rassemblement d'une nombreuse armée accrut le fléau. Quelque chose sembloit pousser Julien, et dans une entreprise militaire d'une si haute importance on ne reconnoissoit plus ses talents accoutumés. Il avoit dédaigné d'attaquer les Goths; c'étoit la Perse qu'il se flattoit

---

1. THEODOR., lib, III, cap. XXIII; SOZOM., lib. IV; GREG. NAZ., or. III.
2. Frater Solis et Lunæ.

de conquérir comme Alexandre ; il n'eut que la gloire d'y mourir, comme Socrate : toujours en présence de ses souvenirs, ses actions les plus nobles ne paroissoient que de hautes imitations. Il lioit de grands projets pour l'empire, et surtout contre la croix, à cette conquête espérée : l'homme dans ses desseins oublie de compter l'heure qu'il ne verra pas.

Julien s'avança dans le pays ennemi, et, comme s'il eût craint que sa philosophie n'eût fait soupçonner son courage, il s'exposoit sans ménagement. Il se laissa tromper par des transfuges, brûla sa flotte sur le Tigre, hésita sur le chemin qu'il avoit à prendre, car il vouloit voir la plaine d'Arbelles : bientôt, manquant de vivres, harcelé par la cavalerie des Perses, il est obligé de commencer la retraite. Près de succomber avec son armée, il donnoit encore à l'étude et à la contemplation les heures les plus silencieuses de la nuit : dans une de ces heures solitaires, comme il lisoit ou écrivoit sous la tente, le génie de l'empire, qu'il avoit déjà vu à Lutèce avant d'avoir été salué auguste, se montra à lui : il étoit pâle, défiguré, et s'éloigna tristement en couvrant d'un voile sa tête et sa corne d'abondance[1]. Julien se lève, s'empresse d'offrir une libation aux dieux : il aperçoit une étoile qui traverse le ciel et s'évanouit[2] ; le pieux serviteur de l'Olympe croit reconnoître dans ce météore l'astre menaçant du dieu Mars. Le lendemain, lorsqu'il combattoit sans cuirasse à la tête de ses soldats, une javeline lui rase le bras, lui perce le côté droit, et pénètre dans la partie inférieure du foie : il tombe de cheval, défaille, et quand il rouvre les yeux, il juge, malgré les soins de l'habile Oribase, que sa blessure est mortelle.

Un général atteint au champ de bataille expire sur des drapeaux, noble lit, mais que l'honneur accorde souvent à ses fidèles. Ici se présente un spectacle sans exemple : Julien, étendu sur une natte recouverte d'une peau, sa couche ordinaire, est entouré de soldats et de sophistes ; sa mort est la mort d'un héros, ses paroles sont celles d'un sage. « Amis, dit-il, le temps est venu de quitter la vie : ce que la nature me redemande, débiteur de bonne foi, je le lui rends allègrement. Toutes les maximes des philosophes m'ont appris combien l'âme est d'une substance plus fortunée que le corps. Je sais aussi

---

1. *Vidit squalidius, ut confessus est proximis, speciem illam genii publici quam cum ad augustum surgeret culmen conspexit in Galliis, velata cum capite cornucopia per aulæa tristius discedentem.* (Amm., lib. XXV, cap. II.)

2. *Flagrantissimam facem cadenti similem visam, aeris parte sulcata evanuisse existimavit, horroreque perfusus est ne ita aperte minax Martis apparuerit sidus.* (Id., ibid.)

que les immortels ont souvent envoyé la mort à ceux qui les révèrent, comme la plus grande récompense. Les douleurs insultent aux lâches et cèdent aux courageux. J'espère avoir conservé sans tache la puissance que j'ai reçue du ciel et qui en découle par émanation. Je remercie le Dieu éternel de m'enlever du monde au milieu d'une course glorieuse. Celui qui désire la mort lorsque le temps n'en est pas venu, ou qui la redoute lorsqu'elle est opportune, manque également de cœur...

« Je n'ai plus la force de parler. Je m'abstiens de désigner un empereur, dans la crainte de me tromper sur le plus digne, ou d'exposer celui que j'aurois jugé le plus capable, si mon choix n'étoit pas suivi : en fils tendre et en homme de bien, je souhaite que la république trouve après moi un chef intègre [1]. »

Après avoir ainsi parlé d'une voix tranquille, il disposa de ses biens de famille en faveur de ses intimes, et s'enquit d'Anatolius, maître des offices. Le préfet Salluste répondit qu'Anatolius étoit *heureux* [2] : Julien comprit qu'il avoit été tué, et il déplora la mort d'un ami, lui si indifférent à la sienne! Ceux qui l'entouroient fondoient en larmes. Julien les réprimanda, disant qu'il ne convenoit pas de pleurer une âme prête à se réunir au ciel et aux astres. On fit silence, et il continua de discourir de l'excellence de l'âme avec les philosophes Maxime et Priscus. Sa blessure se rouvrit; il demanda un peu d'eau froide, et expira sans efforts au milieu de la nuit [3]. Il n'étoit âgé que de trente-trois ans; il avoit été vingt ans chrétien [4].

S'il est vrai, comme on l'a voulu faire entendre, et comme le caractère de l'homme porteroit à le soupçonner, que Julien, calculant les événements de sa vie, avoit préparé d'avance son discours de mort, on n'a jamais si bien répété un si grand rôle; l'acteur égaloit le personnage qu'il représentoit. Les deux religions en présence luttèrent de prodiges dans les versions opposées des derniers moments de l'empereur. Théodoret, Sozomène, le compilateur des actes du martyre de saint Théodoret, prêtre d'Antioche, disent que Julien blessé reçut son sang dans ses mains, et le lança vers le ciel en s'écriant : « Tu as vaincu, Galiléen [5] ! » D'autres prétendent qu'il se vouloit précipiter

---

1. Amm., lib. xxv, cap. iii.
2. Beatum fuisse. . . Intellexit occisum. (*Id., ibid.*)
3. *Medio noctis horrore vita facilius est absolutus.* (*Id., ibid.*)
4. Julian., epist. li. La Bletterie ne lui en donne que trente-et-un, et se trompe avec l'historien Socrate.
5. Aiunt illum, vulnere accepto, statim haustum manu sua sanguinem in cœlum jecisse, hæc dicentem : Vicisti, Galilæe! (Soz., lib. iii, cap. xxv, pag. 147.)

dans une rivière, afin de disparoître comme Romulus et de se faire passer pour un dieu. D'après les actes de Théodoret, ce ne furent point des Perses, mais des anges sous la figure des Perses, qui combattirent Julien [1].

La manière dont il périt devint encore un objet de controverse : les Romains assuroient que la javeline avoit été lancée par un Perse, les Perses par un Romain. Libanius avance, dans un de ses ouvrages, que l'empereur fut tué en trahison comme Achille [2]; dans un autre il semble accuser le chef des chrétiens, qui, selon Gibbon, ne pouvoit être que saint Athanase [3]. La vie de saint Basile et la Chronique d'Alexandrie contiennent l'histoire d'une vision de ce saint, de laquelle il résulteroit que Mercure, martyr de Cappadoce, avoit frappé Julien par ordre de Jésus-Christ [4]. Didyme, célèbre aveugle, Julien Sabbas, fameux solitaire, eurent des révélations de la même nature. Didyme aperçut en songe des guerriers montés sur des chevaux blancs courant dans l'air, et qui s'écrioient : « Dites à Didyme qu'aujourd'hui, à cette heure même, Julien a été tué [5]. » Sabbas entendit une voix qui prononçoit ces mots : « Le sanglier sauvage qui ravageoit la vigne du Seigneur est étendu mort [6]. » Libanius, demandant à un chrétien d'Antioche :

---

1. Et cum omnia se obtinuisse putasset, subito ei irruit multitudo exercitus angelorum. (Passion. S. Theodor. presbyt.)

2. Dolo enim mortuus est, sicut Achilles. (Lib. pro Templis, pag. 24; Genevæ, 1634.)

3. Gibbon suit l'opinion de La Bletterie : le dernier remarque qu'on avoit, d'après une phrase de Libanius, soupçonné saint Basile et saint Grégoire de Nazianze, mais que cette phrase désigneroit plutôt saint Athanase. Seize ans après la mort de Julien, Libanius ne craignit point de renouveler une accusation, qui d'ailleurs étoit sans preuve, dans un discours adressé à l'empereur Théodose. Sozomène (lib. vi, cap. ii) fait honneur à quelques chrétiens zélés de la mort de Julien, et compare ces héros inconnus à ces Grecs généreux qui se dévouoient autrefois pour la patrie. Libanius est si peu d'accord avec lui-même, qu'il dit positivement dans un autre discours (orat. 11, pag. 258) que Julien avoit été tué par un Aquemenide, un Perse.

4. Per nocturnam speciem, Basilius, Cæsareæ episcopus, vidit cœlos apertos et Christum Salvatorem in solio pro tribunali sedentem magnoque clamore vocantem : Mercuri, abi, occide Julianum imperatorem, illum hostem christianorum. Sanctus ergo Mercurius stans coram Domino loricam ferream indutus, accepto a Domino mandato, evanuit : rursus visus adstare ad tribunal Domini exclamavit : Julianus imperator expiravit uti imperasti, Domine. (*Chronicon Alexandrinum*, pag. 693-694.)

5. Equos candidos per aerem discurrentes sibi videre visus est, virosque ipsis insidentes ita clamantes audire : Nuntiate Didymo hodie Julianum hac ipsa hora peremptum esse. (Sozom., *Histor eccles.*, lib. vi, cap. ii, pag. 518.)

6. Suem agrestem, vastatorem vineæ domini. . . . . . mortuum jacere. (Theodor., lib. iii, cap. xix, pag. 657; Lutetiæ Parisiorum, 1642.)

« Que fait aujourd'hui le fils du charpentier? » — « Un cercueil, » répondit le chrétien [1].

La plupart de ces faits sont contestés et très-contestables; mais il s'agit moins de la critique historique à cette époque que de la peinture du mouvement des esprits.

Les païens furent consternés en apprenant la fin prématurée du restaurateur de l'idolâtrie. « Je me souviens, dit saint Jérôme, qu'étant encore enfant et étudiant la grammaire, lorsque toutes les villes fumoient des feux des sacrifices, la nouvelle de la mort de Julien se répandit tout à coup. Un philosophe s'écria : « Les chrétiens déclarent que leur Dieu est patient, et rien n'est aussi prompt que sa colère [2]! »

Grégoire de Nazianze commence et termine ses invectives contre Julien par une sorte d'hymne où respire une joie aussi féroce qu'éloquente :

« Peuples, écoutez! soyez attentifs, vous tous qui habitez l'univers! j'élève de ce lieu, comme du haut d'une montagne, un cri immense. Écoutez, nations! écoutez, vous qui êtes aujourd'hui, et vous qui viendrez demain! Anges, puissances, vertus, écoutez! La destruction du tyran est votre ouvrage. Le dragon, l'apostat, le grand et redoutable génie, l'ennemi du genre humain, qui répandoit partout la terreur, qui vomissoit des blasphèmes contre le ciel, celui dont le cœur étoit encore plus souillé que la bouche n'étoit impure, est tombé! Cieux et terre, prêtez l'oreille au bruit de la chute du persécuteur.

« Venez aussi, généreux athlètes, défenseurs de la vérité, vous qui avez été donnés en spectacle à Dieu et aux hommes! approchez, vous qui fûtes dépouillés de vos biens; accourez, vous qui, injustement bannis de votre patrie terrestre, avez été arrachés des bras de vos femmes et de vos enfants; enfin, je convoque à ces réjouissances tous ceux qui confessent un seul Dieu, souverain maître de toutes choses. C'est ce Dieu qui a exercé un jugement si éclatant, une vengeance si prompte; c'est le Seigneur qui a percé la tête de l'impie. Dans les saints transports qui m'animent, il n'est point de paroles qui répondent à la grandeur du bienfait. Nous verrons un jour combien les

---

1. Iste fabri filius arcam ei ligneam parat ad tumulum. (Sozomen., *Hist. eccles.*; Julian., cap. II, pag. 519.) L'histoire de saint Mercure, dont on a fait un chevalier Mercure, est devenue le sujet d'un drame du moyen âge.

2. Dum adhuc essem puer, et in grammaticæ ludo exercerer, omnesque urbes victimarum sanguine polluerentur, ac subito in ipso persecutionis ardore Juliani nuntiatus esset interitus, eleganter unus de ethnicis : Quomodo, inquit, christiani dicunt Deum suum esse patientem. . . nihil iracundius, nihil hoc furore præsentius ! (S. Hieron., *Comment.*, lib. II, cap. III, in Habacuc, pag. 243-244.)

supplices de Julien damné sont au-dessus de ce que l'esprit humain se peut figurer de tourments. O homme, qui te disois le plus prudent et le plus sage des hommes, voilà l'oraison funèbre que Grégoire et Basile prononcent sur ton cercueil! O toi, qui nous avois interdit l'usage de la parole, comment es-tu tombé dans le silence éternel [1]? »

Si Antioche se réjouit par des festins et des danses; si la victoire de la croix fut non-seulement célébrée dans les églises, mais sur les théâtres; si l'on s'écrioit : Où sont vos oracles, insensé Maxime [2]? à Carrhes, le courrier porteur du fatal message fut lapidé [3]; quelques villes placèrent l'image de Julien parmi celles des dieux, et lui rendirent les honneurs divins [4].

Libanius se voulut percer de son épée [5], et se résolut à vivre pour travailler à l'apologie d'un prince dont Grégoire de Nazianze devoit écrire la satire : la louange est plus à l'aise que le blâme sur un tombeau. Tel est l'emportement du fanatisme, qu'un saint, un Père de l'Église, un homme supérieur par ses talents, n'a pas craint d'avancer que Julien avoit fait empoisonner Constance.

Le corps de Julien, transporté à Tarse, fut enterré en face du monument de Maximin Daïa : le chemin qui conduit aux défilés du mont Taurus séparoit les sépulcres des deux derniers persécuteurs des chrétiens [6].

Les funérailles eurent lieu selon les rites du paganisme : des bouffons chantoient des airs funèbres; un personnage représentoit le mort, et les baladins prenoient plaisir, au milieu de leurs danses et de leurs lamentations, à se moquer de la défaite et de l'apostasie de l'ennemi des théâtres [7].

1. GREG. NAZ., *Or. cont. Julian*. Ce beau mouvement, *Venez aussi, généreux athlètes*, a été visiblement imité par Bossuet dans l'admirable apostrophe qui termine l'Oraison funèbre du grand Condé.
2. Nec in ecclesiis solum ac martyriis, cuncti tripudiabant, sed in ipsis etiam theatris victoriam crucis prædicabant... Omnes siquidem juncti simul clamabant : Ubinam sunt vaticinia tua, Maxime stulte? (THEODOR., lib. III, cap. XXVIII, p. 147.-148.)
3. Et Carrheni tantum percepere dolorem morte Juliani nuntiata, ut eum qui nuntium hunc adtulerat lapidibus obruerint. (ZOSIM., lib. III, p. LIX; Basileæ.)
4. Pleræque urbes illum deorum figuris repræsentarunt, atque ut divos honorant. (LIB., *Orat*. X, t. I, p. 330; Lutetiæ, 1637.)
5. In ensem oculos conjeci, quasi vita acerbior omni jugulatione mihi futura esset. (LIB., *Vit.*, p. 45.)
6. Porro cadaver Juliani, cum Merobaudes, et qui cum illo erant, in Ciliciam deportassent, non consulto, sed casu quodam, e regione sepulchri in quo Maximini ossa erant condita deposuerunt, via publica duntaxat loculos eorum a se invicem separante. (PHILOSTORG., *Hist. ecclesiast.*, lib. VIII, p. 511; Parisiis, 1673.)
7. Mimi et histriones eum ducebant probris a scena petitis, ac ludibriis incesse-

Le chrétien Grégoire de Nazianze plaint la ville de Tarse, condamnée à garder la poussière de l'adorateur des démons; poussière qui s'agitoit, et que la terre rejeta.[1]

Le philosophe Libanius eût désiré saluer la dépouille mortelle de Julien auprès de celle du divin Platon dans les jardins de l'Académie[2].

Le soldat Ammien Marcellin souhaitoit que les cendres de son général fussent baignées non par le Cydnus, mais par le Tibre, qui traverse la ville éternelle et embrasse les monuments des anciens césars[3]. Toutefois, la tombe de Julien aux bords du Cydnus, si renommé par la fraîcheur de ses ondes, devint une espèce de temple; une main amie y grava cette épitaphe : *Ici repose Julien, tué au delà du Tigre. Excellent empereur, vaillant guerrier*[4]. Le polythéisme en étoit à son tour réduit aux reliques et à pleurer dans ses sanctuaires abandonnés.

En dédaignant le faste de la cour de Constance, en recevant d'une armée mutinée le titre d'auguste, Julien avoit rendu momentanément le droit d'élection aux seuls soldats : ils s'assemblèrent après sa mort; pressés de se donner un chef, ils offrirent la pourpre au préfet Salluste, qui rejeta cet honneur. Vous avez pu remarquer que l'on commençoit à refuser assez fréquemment l'autorité suprême : jusqu'au règne de Commode, l'empire étoit la possession de tous les plaisirs dans le repos; mais après ce règne le césar ne fut plus qu'un soldat courant les armes à la main du Rhin à l'Euphrate, et du Nil au Danube, combattant ou repoussant l'ennemi, domestique ou étranger. Le pouvoir, qui cessoit d'être une jouissance, devint un fardeau : la médiocrité étoit toujours prompte à le mettre sur ses épaules, le mérite à le secouer.

Au défaut de Salluste, les légions élurent empereur Jovien, primicère des gardes, dont le nom avoit été prononcé par hasard. Il étoit

bant, eique fidei abjurationem et cladem vitæque finem exprobrantes. (S. Gregor. Theologi *Orat.* 5, t. I, p. 159; Lutetiæ, 1778.)

1. Ut mihi quispiam narravit nec ad sepulturum assumptum, sed a terra quæ ipsius causa turbata fuerat excussum, æstuque vehementi projectum. (Id., orat. xxi, pag. 408.)

2. Atque eum quidem Tarsi in Cilicia recepit suburbanum : at potiori jure in Academia, proximo Platonis sepulchro, fuisset tumulatus. (Liban., *Orat. Parental.*, cap. clvi, p. 377.)

3. Cujus suprema et cineres, si quis tunc juste consuleret, non Cydnus videre deberet, quamvis gratissimus amnis et liquidus : sed ad perpetuandam gloriam recte factorum præterlambere Tiberis, intersecans urbem æternam divorumque veterum monumenta præstringens. (Amm., lib. xxv, cap. x.)

4. Amm., lib. xxv, cap. x, p. 340, n. z. Voyez aussi *Vie de Julien*, par La Bletterie, *ad fin.*

chrétien et catholique comme Valentinien ; il avoit préféré comme lui sa foi à son épée ; mais Julien, qui le redoutoit peu, consentit à lui laisser l'une et l'autre. Jovien s'étoit trouvé chargé de conduire à Constantinople le corps de Constance, mort à Mopsucrène : assis dans le char funèbre, il avoit partagé les honneurs impériaux rendus à la poussière de son maître ; on en augura sa grandeur future : on y auroit pu trouver le présage de son second et prochain voyage sur le même char.

Jovien signa une paix de vingt-neuf ou de trente ans, et conclut un traité honteux avec Sapor : il céda aux Perses cinq provinces transtigritaines [1], la colonie romaine de Singare et la ville de Nisibe, malgré ses larmes, malgré son dernier siége, retracé éloquemment par Julien dans l'un de ses deux panégyriques de Constance. Obligés de livrer à Sapor les murs qu'ils avoient si vaillamment défendus contre lui avec Jacques leur évêque, les Nisibiens, chassés de leurs foyers, dépouillés de leurs biens, offrirent encore à l'auteur de leur exil la couronne d'or que chaque ville étoit dans l'usage de présenter aux nouveaux empereurs : exemple touchant d'une fidélité qui ne se croyoit pas affranchie de ses devoirs par l'ingratitude [2].

Jovien emp.
Damas Ier pape.
An de J.-C. 364.

Jovien rendit la paix à l'Église, et rappela saint Athanase.

Ainsi s'évanouirent tous les projets de Julien : il entreprit d'abattre la croix, et il fut le dernier empereur païen.

L'hellénisme retomba de tout le poids des âges dans la poudre d'où l'avoit soulevé à peine une main mal guidée. Les philosophes se rasèrent, jetèrent leur robe, et se contentèrent d'enseigner en silence ou de gémir sur les générations qui leur échappoient : on craignoit tellement d'être pris pour l'un d'eux, que les citoyens qui portoient des manteaux à franges les quittèrent.

Julien s'étoit porté à la conquête des Perses, afin de revenir dompter les chrétiens : cette guerre, qui devoit renverser le trône du grand roi, amena le premier démembrement de l'empire des césars.

Il a fallu vous rappeler en détail cette dernière épreuve de l'Église, parce qu'elle fait époque et qu'elle se distingue des autres : elle tient d'une civilisation plus avancée : elle a un air de famille avec l'impiété littéraire et moqueuse qu'un esprit rare répandit au xviiie siècle. Mais l'impiété de l'empereur, qui pouvoit ordonner des supplices, ne laissa aux chrétiens que des couronnes, et l'impiété du poëte, qui n'avoit pas la puissance du glaive, leur légua des échafauds.

La persécution de Julien ne sortit point du paganisme populaire ;

---

1. Par rapport aux Perses. 2. Amm., lib. xxv.

elle vint du paganisme philosophique, demeuré seul sur le champ de bataille, ayant pour chef un cynique à manteau de pourpre, qui portoit le vieux monde dans sa tête et l'empire dans sa besace. Mais, dans la lice où les deux partis cherchoient à s'enlever des champions, les hommes de talent passèrent successivement avec leur génie et leur vertu au christianisme, comme les soldats qui désertent avec armes et bagages à l'ennemi : l'autre camp ne voyoit arriver personne.

Constantin étoit un prince inférieur à Julien, et pourtant il a attaché son nom à l'une des plus mémorables révolutions de l'ordre social : c'est qu'abstraction faite de ce qu'il peut y avoir de surnaturel dans l'établissement de la religion chrétienne, il se mit à la tête des idées de son temps, marcha dans le sens où l'espèce humaine marchoit, et grandit avec les mœurs croissantes qui le poussoient.

Julien au contraire se fit écraser par les générations qu'il prétendoit retenir ; elles le jetèrent par terre malgré sa force, et lui passèrent sur la poitrine. Eût-il vécu, il auroit ralenti le mouvement, il ne l'eût pas arrêté : le calvaire nu, par où l'esprit de l'homme alloit maintenant chercher la vérité de Dieu, devoit dominer tous les temples. Les soins inutiles que se donna une vaste intelligence, un monarque absolu, un guerrier redoutable, pour rétablir l'ancien culte, prouvent qu'il n'est pas plus possible de ressusciter les siècles que les morts. Cent cinquante ans auparavant, Pline le jeune avoit aussi pensé qu'on pouvoit extirper le christianisme. La tentative rétrograde de Julien, événement unique dans l'histoire ancienne [1], n'est pas sans exemple dans l'histoire moderne : toutes les fois qu'ils ont voulu rebrousser le cours du temps, ces navigateurs en amont, bientôt submergés, n'ont fait que hâter leur naufrage.

Jovien ramena du désert des soldats sans vêtements, mendiant leur pain : le légionnaire qui avoit conservé un morceau de sa pique ou de son bouclier, ou qui rapportoit un de ses brodequins sur son épaule, magnifioit son courage : ainsi auroient été les Perses si Julien avoit vécu, dit Libanius. La fin de la retraite de l'armée fut le terme de la vie de Jovien : sa femme venoit au-devant de lui pour partager sa pourpre ; elle rencontra son convoi. Les officiers civils et militaires, les eunuques et l'armée voulurent décerner le diadème à Salluste, qui le refusa une seconde fois. L'élection, après la proposition de divers candidats, s'arrêta sur Valentinien, confesseur de la foi sous Julien ;

---

1. Léonidas à Sparte, sur un plus petit théâtre, se trompa et se perdit comme Julien.

il étoit sans lettres, mais avoit une naturelle éloquence. Trente jours après son élévation, il associa son frère Valens à l'empire ; nom fatal, qui rappelle la dernière et définitive invasion des barbares.

Alors eut lieu, et pour toujours, la division de l'empire d'Orient et de l'empire d'Occident. Valentinien établit sa cour à Milan, Valens à Constantinople. Les deux frères quittèrent le château de Médiana, à trois milles de Naïsse, où s'étoit accompli le partage du monde romain ; ils allèrent ensemble à Sirmium : là, ils s'embrassèrent, se séparèrent, et ne se revirent plus [1].

1. Amm., lib. xxvi ; Philostorg., p. 114. Théodose Ier ne fut un moment maître de tout l'empire que pour le partager entre ses deux fils.

ETUDE TROISIÈME

ou

TROISIÈME DISCOURS

SUR

LA CHUTE DE L'EMPIRE ROMAIN, LA NAISSANCE ET LES PROGRÈS DU CHRISTIANISME
ET L'INVASION DES BARBARES.

PREMIÈRE PARTIE.

DE VALENTINIEN 1ᵉʳ ET VALENS A GRATIEN ET A THÉODOSE 1ᵉʳ.

<small>VALENTINIEN, VALENS emp.
FÉLIX, DAMAS papes.
An de J.-C. 364-376.</small> Pour éviter la confusion des sujets, vous aimerez mieux voir séparément ce qui se passoit aux empires d'Orient et d'Occident, sans toutefois perdre de vue leur connexité et ce qu'il y avoit de commun dans les événements, les mœurs et les lois des deux grandes divisions du monde romain.

L'Occident, dévolu à Valentinien, comprenoit l'Illyrie, l'Italie, les Gaules, la Grande-Bretagne, l'Espagne et l'Afrique; l'Orient, laissé à Valens, embrassoit l'Asie, l'Égypte, la Thrace et la Grèce.

La résidence particulière de Valentinien étoit à Milan, celle de Valens à Constantinople; mais les deux empereurs se transportoient là où leur présence étoit nécessaire.

Dans l'Occident, Valentinien eut à combattre les Allamans, qui se jetèrent sur la Gaule, et il fortifia de nouveau la ligne du Rhin. On voit paroître les Bourguignons, issus des Vandales qui habitoient les bords de l'Elbe. Leur roi étoit connu sous le nom générique d'Hendinos, et leur grand-prêtre sous celui de Sinistus [1]. Ennemis des Alla-

---

1. Apud hos generali nomine rex appellatur Hendinos... Sacerdos omnium maximus vocatur Sinistus. (AMM. MARCELL., lib. XXVIII, cap. V, p. 539; 1671.)

mans, les Bourguignons s'allièrent avec Valentinien, et s'engagèrent à lui fournir une armée de quatre-vingt mille hommes.

Les Saxons et les Franks reparurent sur les côtes de la Gaule et de la Grande-Bretagne ; les Pictes et les Scots désolèrent cette dernière province. Théodose, général de Valentinien, les refoula au fond de la Calédonie.

Les peuples de la Gétulie, de la Numidie et de la Mauritanie ravagèrent l'Afrique : Théodose fut envoyé pour les repousser et punir l'avidité de Romanus, commandant militaire de cette province : il réussit dans la première partie de sa mission.

Valens et Valentinien poursuivirent avec toute la rigueur des lois romaines leurs sujets accusés de magie. Les victimes furent nombreuses à Rome et à Antioche. Maxime, si fameux sous Julien, et d'autres philosophes succombèrent ; Jamblique s'empoisonna ; Libanius échappa avec peine à l'accusation [1].

Valens étoit tyran par foiblesse, Valentinien par colère. Deux ourses, l'histoire en dit le nom, *Inoffensive* et *Paillette dorée*, avoient leurs loges auprès de la chambre à coucher de Valentinien ; il les nourrissoit de chaire humaine. *Inoffensive*, bien méritante, fut rendue à ses forêts [2].

L'empereur d'Occident gâtoit de grandes qualités par un tempérament cruel : il ordonnoit le feu pour les moindres fautes. Milan eut des victimes qui prirent de leur injuste condamnation le nom d'*innocents*. Tout débiteur insolvable étoit mis à mort. Le prévenu récusoit-il un juge, c'étoit à ce juge qu'on le renvoyoit [3].

Vous êtes frappés de cet arbitraire de supplices qui souille les annales de Rome ; le genre de peines à appliquer semble abandonné au caprice des magistrats et des particuliers : la loi criminelle chez les Romains étoit fort inférieure à la loi civile. Nous ne faisons pas assez d'attention aux améliorations évidemment apportées dans les lois par la mansuétude du Christ. Accoutumés que nous sommes à lire des faits atroces, quand nous voyons des hommes déchirés avec des ongles de fer, exposés nus et frottés de miel à la piqûre des mouches, torturés comme les prisonniers de guerre des Iroquois par l'ordre d'un

---

1. Primus ex nobilibus philosophis interfectus est Maximus, et post illum oriundus ex Phrygia Hilarius, qui ambiguum quoddam oraculum clarius fuisset interpretatus. Secundum hunc Simonides, et patricius Lydus et Andronicus e Caria. (Zosim., *Histor.*, lib. IV, p. 65 ; Basileæ.)

2. Micam auream et Innocentiam : cultu ita curabat enixo, ut carum caveas prope cubiculum suum locaret... Innocentiam denique, post multas quas ejus laniatu cadaverum viderat sepulturas, ut bene meritam in sylvas abire dimisit. (Amm. Marcell., lib. XXIX, cap. III.)

3. Amm. Marcell., lib. XXVII, cap. VII ; lib. XXIX, cap. III ; lib. XXX, cap. VIII.

juge ou la vengeance d'un simple créancier, nous ne nous demandons pas comment cela arrivoit chez les nations civilisées de l'ancien monde, et comment cela n'arrive plus chez les nations civilisées du monde moderne. Le progrès si lent de la société ne suffit pas pour rendre compte de ces changements; il faut reconnoître une cause plus prompte, plus efficace, plus générale : cette cause est l'esprit du christianisme.

Le sang des empereurs païens se retrouve dans les cruautés de Valentinien; le caractère des empereurs chrétiens dans les lois qui ordonnent des médecins pour les pauvres, et qui défendent l'exposition des enfants[1] : honneur à la bénignité évangélique à qui l'on doit l'abolition d'une coutume qu'autorisoient les législations les plus fameuses de l'antiquité !

Parmi les lois de Valens et de Valentinien, je dois vous signaler encore l'institution des écoles, modèles de nos universités : l'éducation publique expira avec la liberté publique; les colléges modernes eurent leur origine lointaine dans les siècles de décadence et d'esclavage de l'empire romain.

Valentinien donna aux villes des défenseurs officieux[2], sorte de magistrats élus par le peuple[3] : d'où il arriva que les Églises, devenues des espèces de municipes, eurent à leur tour des défenseurs qui se transformèrent en champions dans le moyen âge. La liberté politique s'étoit changée en privilége de bourgeoisie : on voit partout les empereurs adresser des lettres et des rescrits aux *communes* des diverses provinces de l'Europe, de l'Afrique et de l'Asie.

En suivant la série des institutions le Code à la main, on remarque, avec une admiration reconnoissante, que le travail des princes chrétiens tend surtout à l'adoucissement des inflictions criminelles et à la réforme des mœurs : les enfants des suppliciés retrouvent les biens paternels; des règlements améliorent le sort des pauvres et des esclaves, multiplient les cas de liberté; les vices abominables chantés par les poëtes, et protégés des magistrats, sont punis. En un mot, c'est dans le recueil des lois romaines qu'il faut chercher la véritable histoire du christianisme, bien plus que dans les fastes de l'empire.

Valentinien accorda le libre exercice du culte à ses sujets, et ne prit aucun parti dans les querelles religieuses[4] : il se crut d'autant plus autorisé à cette tolérance, qu'il s'étoit montré chrétien indépendant

---

1. *Cod. Theod.*, t. III, lib. VIII, p. 34.
2. *Id.*, t. IX, lib. I, p. 197.
3. *Cod. Just.*, t. IV, lib. I et II, p. 166.
4. Bav., ann. 371; Symm., lib. x, epist. 54.

sous Julien. Cependant il défendit aux païens les sacrifices, et les assemblées aux manichéens et aux donatistes. Il mit aussi des bornes à l'accroissement des richesses de l'Église et à la multiplication des ordres monastiques : il fut défendu au clergé d'admettre à la cléricature les propriétaires hommes du peuple et les décurions des villes, à moins que ceux-ci n'abandonnassent leurs biens ou à la municipalité dont ils étoient membres ou à quelques-uns de leurs parents [1]. Il fut également défendu au même clergé d'accepter des legs testamentaires. Déjà le pouvoir et la fortune avoient amené la corruption : Damas disputa le siége de Rome à Ursin; on en vint aux mains [2]; cent trente-sept morts furent trouvés le matin dans la basilique de Sicinius, aujourd'hui Sainte-Marie-Majeure.

Valentinien avoit eu de sa première femme, Severa, un fils nommé Gratien, qu'il éleva à Amiens, le 24 août 367, au rang d'auguste, sans le créer d'abord césar, selon l'usage. On a cherché la raison de cette innovation : elle est évidente. Il y avoit maintenant deux empires ; Gratien, âgé de huit ans, n'étoit plus un césar ou un général nommé pour défendre une partie de l'État, c'étoit un héritier qui devoit succéder à la souveraineté de son père.

Valentinien répudia Severa et épousa Justine, Sicilienne d'origine; elle auroit, selon Zosime, été mariée d'abord au tyran Magnence. Justine étoit arienne, mais elle ne déclara son hérésie qu'après la mort de Valentinien. Elle donna à l'empereur un fils, qui fut Valentinien II, et trois filles, Justa, Grata et Galla; celle-ci devint la seconde femme de Théodose le Grand.

Les Quades et les Sarmates, justement irrités de la trahison des Romains, qui après avoir attiré leur roi Gabinus à une entrevue l'avoient massacré, ravageoient l'Illyrie ; Valentinien accourt avec les forces de la Gaule; il meurt subitement à Bergetion [3], d'un accès de colère, dans une audience qu'il donnoit aux députés des Quades suppliants.

Mallobaud ou Mellobaud, chef d'une tribu de Franks, avoit obtenu un commandement sous Valentinien, et s'étoit distingué par ses gestes militaires : à la mort de l'empereur il entreprit avec Equitius, comte d'Illyrie, de faire prévaloir les droits de Valentinien, fils de Justine,

---

1. *Cod. Theod.*, t. I, lib. LIX, p. 405.
2. Damasius et Ursinus, supra humanum modum ad rapiendam episcopatus sedem ardentes, scissis studiis asperrime conflictabantur, adusque mortis vulnerumque discrimina adjumentis utriusque processis... Uno die centum tringenta septem reperta cadavera peremptorum. (AMM. MARCELL., lib. XXVII, cap. III, p. 481; Parisiis, 1677.)
3. 17 novembre 375.

sur ceux de Gratien, fils de Severa. Valentinien II fut en effet proclamé empereur, mais son frère Gratien, déjà auguste, au lieu de s'en offenser, reconnut l'élection. Valentinien eut dans son partage l'Italie, l'Illyrie et l'Afrique ; Gratien garda les Gaules, l'Espagne et l'Angleterre, peut-être même n'y eut-il pas de véritable partage. Ce qu'il y a de certain, c'est que Gratien gouverna seul l'Occident jusqu'à sa mort, Valentinien n'étant encore qu'un enfant sous la tutelle de sa mère.

Valens n'approuvoit pas ces arrangements paisibles entre ses jeunes neveux ; mais les mouvements des Goths arrêtèrent son intervention dans des affaires d'une moindre importance.

Mis en possession de l'empire d'Orient par Valentinien Ier, Valens avoit eu dès les premiers jours de son règne des épreuves à subir. Procope, commandant de l'armée de Mésopotamie, prit la pourpre dans Constantinople même, par l'autorité de deux cohortes gauloises. Voulant légitimer son usurpation, il épousa Faustine, veuve de l'empereur Constance ; elle avoit une fille âgée de cinq ans, dans laquelle les légions voyoient le dernier rejeton de la race de Constantin. La révolte de Procope dura peu ; ses soldats l'abandonnèrent à la voix de leurs capitaines, qui gardèrent leur foi. Procope, trahi, fut traîné au camp de l'empereur d'Orient et décapité.

Valens soutint foiblement contre Sapor les rois d'Arménie et d'Ibérie. On remarque dans cette guerre les aventures de Para, roi d'Arménie, monarque fugitif comme tant d'autres, protégé d'abord des Romains, ensuite égorgé par eux dans un repas.

Les Goths, restés fidèles à la famille de Constantin, s'étoient déclarés contre Valens en faveur de Procope, mari de la veuve de Constance. Valens remporta quelques avantages sur ces barbares. Une paix fut le résultat de ces avantages, et six ans après les Huns précipitèrent les Goths sur l'empire.

L'arianisme étoit la religion de Valens : il persécuta les catholiques, qu'il appeloit les athanasiens ; saint Basile étoit devenu leur chef après la mort de saint Athanase. A ce grand homme de solitude et de charité est due la fondation du premier de ces monuments élevés aux misères humaines ; monuments qui font la gloire éternelle du christianisme. Les moines, presque tous catholiques, s'étoient accrus par l'esprit et le malheur de leur temps. Valens les fit enlever à main armée ; on les força de s'enrôler dans les légions, et quand ils résistèrent on les massacra.

Nous arrivons au fameux événement qui hâta la chute de l'ancien monde.

Depuis leurs expéditions maritimes, les Goths, en paix avec les

Romains, s'étoient multipliés dans les forêts : ils avoient assujetti autour d'eux les autres peuplades barbares. Hermanric, roi des Ostrogoths et de la noble race des Amali, devint conquérant à l'âge de quatre-vingts ans ; à cent dix ans il alloit encore au combat, et restoit le seul contemporain de sa gloire [1]. Il conquit les Hérules et les Venèdes. Sa puissance s'étendoit dans les bois et sur les hordes des bois, du Pont-Euxin, de la Baltique, derrière les tribus saxonnes, allamanes, frankes, bourguignonnes et lombardes, plus rapprochées des rives du Rhin : le Danube séparoit l'empire sauvage des Goths de l'empire civilisé des Romains. Les Visigoths, réunis aux Ostrogoths, leur avoient cédé la prééminence ; leurs chefs, parmi lesquels se distinguoient Athanaric, Fritigern et Alavius, avoient quitté le nom de rois pour descendre ou pour monter à celui de juges [2].

Telles étoient devenues les nations gothiques aux frontières de l'empire d'Orient, lorsque tout à coup un bruit se répand : on raconte qu'une race inconnue a traversé les Palus-Méotides. La présence des Huns fut annoncée par un tremblement de terre qui secoua presque tout le sol du monde romain et fit pencher sur la tête d'Hermanric sa couronne séculaire. Les Huns étoient la dernière grande nation mandée à la destruction de Rome ; les autres nations avoient fait une halte pour les attendre ; ils venoient de loin. A peine avoient-ils paru, qu'on entendit parler des Lombards, dernier flot de cet océan.

Un nouveau système historique fait descendre les Huns des peuples ouralo-finnois. Dans ce système, fondé sur une meilleure critique, une connoissance plus avancée des peuples et des langues de l'Asie et de l'Europe septentrionale, on suit cependant avec moins de facilité la marche et les progrès des soldats futurs d'Attila.

Dans l'ancien système, que Gibbon a adopté, il est plus aisé de se reconnoître. En rejetant de la primitive monarchie des Huns la partie confuse et romanesque, laissant de côté ce qu'ont pu faire ou ne pas faire les Huns au nord de la muraille de la Chine, 1210 ans avant l'ère vulgaire, négligeant leur invasion de la Chine, leur défaite par l'empereur Voulé, de la dynastie des Huns, on trouve qu'au temps de la mission du Christ deux divisions des Huns s'avancèrent dans l'Occident, l'une vers l'Oxus, l'autre vers le Volga : celle-ci se fixa au bord oriental de la mer Caspienne, et fut connue sous le nom des Huns blancs ; ils eurent de fréquents démêlés avec les Perses.

L'autre division des Huns pénétra avec difficulté au Volga, conserva ses mœurs en augmentant sa force par des alliances volontaires, des

---

[1]. JORN., cap. XXII.   [2]. *Id. ibid.*

adjonctions de peuples conquis, et par l'habitude des combats : cette division subjugua les Alains : la plus grande partie des vaincus entra dans les rangs des vainqueurs, tandis qu'une colonie indépendante des premiers alla se mêler aux races germaniques et s'associer à leur guerre contre l'empire [1].

Les Huns parurent effroyables aux barbares eux-mêmes : quand ils eurent franchi les Palus-Méotides, ils se trouvèrent en présence des tributaires de la puissance d'Hermanric. Les deux monarchies des Huns et des Goths, l'une composée de sauvages à cheval, l'autre de sauvages à pied, c'est-à-dire les deux races scythe et tartare, se heurtèrent. Les Goths étoient divisés ; Hermanric, abusant du pouvoir, avoit fait écarteler la femme d'un chef rhoxolan qui s'étoit retiré de lui [2]. Les frères de cette femme la vengèrent en poignardant Hermanric, vainement cuirassé d'un siècle, et à qui cent dix années avoient encore laissé du sang dans le cœur : il ne resta pas sous le coup. Balamir, roi des Huns, profita de cet événement ; il attaqua les Ostrogoths, qui furent abandonnés des Visigoths ; Hermanric, impatient de la douleur que lui causoit sa blessure, et encore plus tourmenté de la ruine de son empire, mit fin à des jours que la mort avoit oubliés [3]. Withimer, chargé après lui du gouvernement, en vint avec les Huns et les Alains à une bataille dans laquelle il fut tué [4]. Saphrax et Alathæus sauvèrent le jeune roi des Ostrogoths, Witheric, et conduisirent les débris indépendants de leurs compatriotes sur les bords du Niester.

Cependant les Visigoths, séparés des Ostrogoths, s'étoient retirés chez les Gépides, leurs alliés ; ils y furent poursuivis par les Huns. Un corps de cavalerie tartare passa le Niester à gué pendant la nuit, au clair de la lune : Athanaric, juge des Visigoths, qui défendoit les bords de la rivière, parvint à gagner des hauteurs avec son armée ; il s'y vouloit fortifier, mais les Visigoths se précipitent vers le Danube, envoient des ambassadeurs à Valens, et le conjurent de leur accorder la Mésie inférieure pour asile : ils offroient d'embrasser la religion

1. DEGUIGNES, GIBBON, JORNANDÈS, AMMIEN MARCELLIN, etc.
2. Dum enim quamdam mulierem Sanielh nomine, pro mariti fraudulento discessu, rex, furore commotus, equis ferocibus illigatam, incitatisque cursibus per diversa divelli præcepisset, fratres ejus, Sarus et Ammius, Germanæ obitum vindicantes, Ermanarici latus ferro petierunt. (JORNAND., *De Reb. Geticis,* cap. XXIV, p. 70-71 ; Lugduni Batavorum.)
3. Inter hæc Ermanaricus, tam vulneris dolorem quam etiam incursiones Hunnorum non ferens, grandævus et plenus dierum, centesimo decimo anno vitæ suæ defunctus est. (JORN., cap. XXIV.)
4. AMM. MARCELL., lib. XXXI, cap. III.

chrétienne. « Valens, dit Jornandès, dépêcha des évêques hérésiarques aux Visigoths, et fit de ces suppliants des sectateurs d'Arius au lieu de disciples de Jésus-Christ. Les Visigoths communiquèrent le venin aux Gépides leurs hôtes, aux Ostrogoths leurs frères ; ils se répandirent dans la Dacie, la Thrace, la Mésie supérieure, et tous les Goths se trouvèrent ariens[1]. »

L'historien se trompe : tous les Goths sans doute n'étoient pas encore chrétiens en 376, mais ils avoient déjà reçu les semences de la foi. Théophile, au concile de Nicée, est appelé l'évêque des Goths[2] ; ceux-ci avoient un petit sanctuaire catholique à Constantinople. Vers l'an 325, Audius, chef d'un schisme, fut banni par Constantin en Scythie ; il pénétra chez les Goths, y prêcha l'Évangile, et établit dans leur pays des vierges, des ascètes et des monastères[3]. Les Goths mêmes avoient exercé de grandes cruautés dans la persécution arienne de 372, et ce fut le célèbre évêque Ulphilas que ce peuple fugitif députa, en 376, à Constantinople[4].

Fritigern et Alavivus commandoient les Visigoths qui tendoient les mains à Valens : Athanaric, suivi de quelques compagnons, ne voulut point paroître sur les terres de l'empire en qualité de parjure ou de suppliant, et se retira dans les forêts de la Transylvanie.

Valens, bigot sectaire, se croyoit un profond politique ; il asquiesça à la demande des Visigoths ; il se félicitoit de cantonner sur les frontières de ses États des guerriers qui promettoient de le défendre et de se faire ariens. Il les voulut tous, même ceux qui pouvoient être attaqués d'une maladie mortelle[5] ; mais il attacha deux conditions à son bienfait : les Visigoths eurent ordre de livrer leurs enfants et leurs armes ; leurs enfants comme otages, et leurs armes comme vaincus. Et Valens prétendoit que ces bras désarmés se lèveroient pour protéger sa tête ! Les Visigoths se soumirent.

Le Danube étoit enflé par des pluies. On assembla une multitude de

---

1. Et ut fides uberior illis haberetur, promittunt se, si doctores linguæ suæ donaverit, fieri christianos..... Sic quoque Vesegothæ a Valente imperatore ariani potius quam christiani effecti. De cætero, tam Ostrogothis quam Gepidis parentibus suis, per affectionis gratiam evangelizantes, hujus perfidiæ culturam edocentes, omnem ubique linguæ hujus nationem ad culturam hujus sectæ invitavere. Ipsi quoque (ut dictum est) Danubium transmeantes Daciam, ripensem Mœsiam, Thraciasque permissu principis insedere. (JORN., cap. XXV.)
2. SOCRAT., lib. II, cap. XVI.
3. SULP. SEV., lib. XVI, n. 42 ; EPIPH., *Hær.*, LXX, n. 9, 14.
4. SOZOM., lib. VI, cap. XXXVII.
5 Et navabatur opera diligens, ne qui romanam rem eversurus derelinqueretur vel quassatus morbo letali. (AMM. MARCELL., lib. XXXI, cap. IV.)

barques, de radeaux, de troncs d'arbres creusés, et l'on vit, par la permission de Dieu, les Romains occupés nuit et jour à transporter dans l'empire les destructeurs de l'empire. Des commissaires désignés à cet effet essayèrent de compter les barbares à leur passage d'une rive du Danube à l'autre; mais ils furent obligés de renoncer au dénombrement[1]. Ammien Marcellin, citant deux vers de Virgile, prétend qu'on auroit plutôt compté les sables que le vent du midi soulève sur les rivages de la Libye. Une évaluation moins poétique porte l'émigration des Visigoths à un million d'individus.

Les enfants mâles des familles les plus distinguées furent séparés de leurs pères; on les distribua dans différentes provinces : les habitants de ces provinces étoient étonnés des brillantes parures et de la beauté martiale des jeunes exilés.

Quant aux armes, elles ne furent point livrées; les Visigoths arrivoient avec les tributs qu'ils avoient jadis reçus et les anciennes richesses qu'ils avoient enlevées aux Romains; on les crut opulents parce qu'ils étoient chargés de dépouilles; pour garder du fer, ils soûlèrent la cupidité des officiers de Valens avec des tapis, des tissus précieux, des esclaves et des troupeaux. A ceux qui préférèrent un autre lucre, ils prostituèrent leurs filles[2]; ils vendirent leur honneur pour acheter un empire, sûrs qu'avec leurs épées ils feroient bientôt passer les filles des césars dans le lit des Goths.

Les Ostrogoths, conduits par Saphrax et Alathæus, qui avoient sauvé Witheric, se présentèrent à leur tour sur la rive septentrionale du Danube, et sollicitèrent inutilement la faveur obtenue par leurs compatriotes : la peur commençoit chez les Romains.

Les Visigoths s'avancèrent dans les Thraces. On s'étoit chargé de les nourrir; on ne les nourrit point : on leur fournit de la chair infecte de chien et d'autres animaux morts de maladie; un pain coûtoit un esclave, un agneau six livres d'argent. Après leurs esclaves ils n'eurent plus à livrer que le reste de leurs enfants[3]. On fit (parce qu'enfin

---

1. Proinde permissu imperatoris transeundi Danubium copiam colendique adepti Thraciæ partes, transfretabantur in dies et noctes, navibus ratibusque et cavatis arborum alveis agminatim impositi... Ita turbido instantium studio orbis romani pernicies ducebatur. Illud sane neque obscurum est neque incertum, infaustos transvehendi barbaram plebem ministros numerum ejus comprehendere calculo sæpe tentantes, conquievisse frustratos. (AMM. MARCELL., lib. XXXI, cap. IV.)

2. ZOSIM.

3. Cœperunt duces (avaritia compellente) non solum ovium boumque carnes, verum etiam canum et immundorum animalium, morticina eis pro magno contradere : adeo ut quodlibet mancipium in unum panem aut decem libras in unam carnem mercarentur. (JORN., cap. XXVI.)

Rome devoit périr) d'un million d'alliés un million d'opprimés : la reconnoissance finit où l'injustice commence.

Les Ostrogoths, cessant de prier, passèrent le Danube, et se trouvèrent ennemis et indépendants sur le territoire romain. Fritigern, chef des Visigoths, forma des liaisons secrètes avec les nouveaux émigrants, et s'efforça de réunir les Goths dans le même intérêt.

Maxime et Lupicinus, généraux de Valens, avoient alors le commandement dans les Thraces : ils étoient, par leur avarice et leur foiblesse, la première cause de tous ces malheurs. La discorde éclata à Marcianopolis, capitale de la basse Mésie, à soixante-dix milles du Danube : Lupicinus avoit invité les chefs des Goths à un repas, dans le dessein de les faire assassiner; les gardes de ces chefs, restés aux portes de la ville, se prirent de querelle avec les soldats romains; leurs clameurs pénétrèrent jusqu'à la salle du festin. Fritigern et ses amis tirent leurs épées, s'ouvrent un passage à travers la foule, sortent de la ville et ont le bonheur d'échapper [1]. « Ce jour-là, dit Jornandès, ôta la faim aux Goths et la sûreté aux Romains : les premiers ne se regardèrent plus comme des vagabonds et des étrangers, mais comme des citoyens et comme des seigneurs de l'empire [2]. »

Lupicinus, se fiant à la discipline des légions et à la supériorité de leurs armes, attaqua les Goths : ceux-ci déployant leur bannière firent entendre le lamentable son de cette corne célèbre dans le récit de leurs combats, et à la ronflée de laquelle devoit s'écrouler le Capitole [3]; les Romains furent vaincus.

Une troupe de Goths, avant la migration générale de ces peuples, étoit entrée au service de Valens, sous la conduite de Suérid et de Colias; attaquée par les habitants mutinés d'Andrinople, elle les repoussa, et alla rejoindre le grand corps de ses compatriotes. Fritigern franchit l'Hémus, et mit le siége devant Andrinople, qu'il ne put prendre. Les ouvriers employés aux mines du Rhodope se révoltent, se réfugient chez les barbares, et leur servent ensuite de guides aux réduits les plus secrets des Romains. Les Goths délivrent leurs enfants captifs [4], qui leur racontent ce qu'ils ont à souffrir de la lubricité et

---

1. Amm. Marcell., lib. xxxi; Jorn., cap. xxvi.
2. Illa namque dies Gothorum famem Romanorumque securitatem ademit : cœperuntque Gothi jam non ut advenæ et peregrini, sed ut cives et domini, possessoribus imperare. (Jorn., cap. xxvi.)
3. Rauca cornua (Claudian., *in Ruf.*) Auditisque triste sonantibus. (Amm. Marcell., lib. xxxi.)
4. Eo maxime adjumento præter genuinam erecti fiduciam, quod confluebat ad eos in dies ex eadem gente multitudo, dudum a mercatoribus venumdati, adjectis pluri-

de la cruauté de leurs maîtres. Une partie des Huns et des Alains font alliance avec les Goths.

Alors Valens songe à porter remède au mal qu'il avoit fait; il retire les légions d'Arménie, et demande des secours au jeune empereur Gratien, qui venoit de succéder à Valentinien, son père : Richomer, comte des domestiques, est dépêché à Valens avec les légions gauloises. Une première armée romaine, sous les ordres de Trajan et Profuturus, s'approcha des Visigoths campés vers l'embouchure méridionale du Danube, à soixante milles au nord de Tôme, exil d'un poëte : Fritigern fait élever des feux pour rappeler ses bandes répandues dans le plat pays. Les Visigoths se lient d'un serment terrible, et entonnent les chants à la gloire de leurs aïeux; les Romains y répondirent par le *barritus*, cri militaire commencé presque à voix basse, allant toujours grossissant, et finissant par une explosion effroyable [1]. La bataille de Salices, qui a pris son nom des arbres paisibles sous lesquels elle fut donnée, dura la journée entière, et la victoire resta indécise. Les Visigoths rentrèrent dans leur camp. Les Romains n'osèrent renouveler le combat, et résolurent d'enfermer les barbares dans ce coin de terre entre le Danube, la mer Noire et le mont Hémus. Les Ostrogoths et le parti des Huns et des Alains avec lequel Fritigern s'étoit ménagé une alliance les dégagèrent.

Valens, suspendant sa guerre contre les moines, partit enfin d'Antioche avec une seconde armée. Arrivé à Constantinople, il maltraita le général Trajan, ami de saint Basile. Au bout de quelques jours il sortit de la capitale de l'Orient, chassé par le mépris populaire et les clameurs de la foule, qui le pressoit de marcher à d'autres ennemis [2].

Le moine Isaac sort de sa cellule, voisine des chemins où passoit l'empereur; il s'avance, au devant de lui, et lui crie : « Où vas-tu? Tu as fait la guerre à Dieu, il n'est plus pour toi. Cesse ton impiété, ou ni toi ni ton armée ne reviendront. » L'empereur dit: « Qu'on le mette en prison. Faux prophète, je reviendrai, et je te ferai mourir. » Isaac répondit: « Fais-moi mourir si tu me trouves en mensonge. » Le moine [3]

---

mis quos primo transgressu necati inedia, vino exili vel panis frustis mutavere vilissimis. (Amm. Marcell., lib. xxxi, cap. vi.)

1. Et Romani quidem voci undique martia concinentes, a minore solita ad majorem protolli, quam gentilitate appellant barritum, vires validas erigebant. (Amm. Marcell., lib., xxxi, cap. vii.)

2. Venit Constantinopolim, ubi moratus paucissimos dies, seditione popularium pulsatus, etc. (Amm., lib. xxxi, p. 689; Parisiis, 1677.)

3. Quo pergis, imperator, qui Deo bellum intulisti, nec eum habes adjutorem?

chrétien remplaçoit le philosophe cynique : il n'en différoit que par les mœurs.

Les Goths, après avoir encore une fois saccagé la Thrace et franchi l'Hémus, inondoient les environs d'Andrinople. Frigerid, général de Gratien, avoit défait quelques alliés des Goths, entre autres les Taïfales, barbares débauchés dont les prisonniers furent transportés sur les terres abandonnées de Parme et de Modène [1]. Sébastien, maître général de l'infanterie de Valens, s'étoit occupé à rétablir la discipline dans un corps particulier; ce corps avoit eu l'avantage sur un nombreux parti d'ennemis. Enivré de ses succès, Valens s'apprête à triompher des peuples gothiques, et s'établit dans un camp fortifié sous les murs d'Andrinople.

Richomer, accouru de l'Occident, vient annoncer à Valens que son neveu, vainqueur des Allamans, s'avance pour le soutenir.

En même temps un évêque envoyé par Fritigern, politique aussi rusé que général habile, se présente chargé d'humbles paroles et de soumissions. Il proteste publiquement de la fidélité des Goths, qui, selon lui, ne demandent qu'à paître leurs troupeaux dans la Thrace déserte; mais par des lettres secrètes Fritigern presse l'empereur de marcher [2], l'assurant que la seule terreur de son nom obligera les Goths à se soumettre. Valens, jaloux de la renommée de Gratien, ne veut point attendre un jeune prince qui pourroit ravir ou partager l'honneur de la victoire : il lève son camp le 9ᵉ d'août l'an 378. Le trésor militaire et les ornements impériaux furent laissés dans Andrinople.

A huit milles de cette ville on découvrit rangés en cercle les chariots des barbares. Les Romains firent tristement leurs dispositions militaires, aux lugubres clameurs des Goths [3] : les Goths, pareillement étonnés du bruit des armes et du retentissement des boucliers que

---

Desine ergo bellum inferre ei..... Nam neque reverteris, et exercitum præterea amittes.....

Ad hæc imperator, ira percitus :

Revertar, inquit, teque interficiam, et falsi vaticinii pœnas a te exigam.

Tum ille, minas neutiquam reformidans : Interfice, inquit, si in verbis meis mendacium fuerit deprehensum. (THEODOR. EPISCOP.; CYR., *Eccles. hist.*, lib. IV, p. 195; Parisiis, 1673.)

1. Cum... trucidasset omnes ad unum... vivos omnes circa Mutinam, Regiumque et Parmam, italica oppida, rura culturos exterminavit. (AMM. MARCELL., lib. XXXI, cap. IX.)

2. *Id. ibid.*, cap. XII.

3. Atque, ut mos est, ululante barbara plebe ferum et triste, Romani duces aciem struxere. (*Id., ibid.*)

frappoient les légionnaires, envoyèrent proposer la paix ; leur cavalerie, sous la conduite d'Alathæus et de Saphrax, n'étoit point encore arrivée. Valens s'obstine à ne vouloir entendre que des négociateurs d'un rang élevé : le soldat romain s'épuise sous la chaleur du jour qu'augmentoit un vaste embrasement : le feu avoit été mis aux herbes et aux bois desséchés des campagnes [1]. Fritigern demande à son tour pour traiter un homme de distinction ; Richomer s'offre, et part du consentement de Valens, à qui le cœur commençoit à faillir. A peine approchoit-il des retranchements ennemis, que les sagittaires et les scutaires engagent le combat. La cavalerie des Goths revenoit alors renforcée d'un corps d'Alains : sans laisser le temps à Richomer de remplir sa mission, elle se précipite sur les troupes impériales.

Les deux armées se choquèrent ainsi que des proues de vaisseaux, dit Ammien [2]. L'aile gauche des légions poussa jusqu'aux chariots ; mais, abandonnée de sa cavalerie, elle fut accablée sous le nombre des barbares, qui tombèrent sur elle comme un énorme éboulement de terre [3]. Les soldats romains s'arrêtent ; serrés les uns contre les autres, ils manquent d'espace pour tirer l'épée ; jamais plus grand danger ne menaça leurs têtes sous un ciel où la splendeur du jour étoit éteinte [4].

Dans ce chaos, Valens, saisi de frayeur, saute par-dessus des monceaux de morts, et se réfugie dans les rangs des lanciers et des matiaires, qui se défendoient encore. Les généraux Trajan et Victor cherchent vainement la réserve formée des soldats bataves : les chemins étoient obstrués des cadavres des chevaux et des hommes. L'empereur, à l'approche de la nuit, fut tué d'une flèche ; d'autres disent qu'il fut porté blessé avec quelques eunuques dans la maison d'un paysan. Les Goths survinrent ; trouvant cette maison barricadée, et ignorant qui elle renfermoit, ils l'incendièrent [5]. Valens périt au milieu des flammes. « Il fut brûlé avec une pompe royale, dit Jornandès, par ceux qui lui avoient demandé la vraie foi, et qu'il avoit

---

1. Miles fervore calefactus æstivo, siccis faucibus commarceret relucente amplitudine camporum incendiis, quos lignis nutrimentisque aridis subditis, ut hoc fieret, iidem hostes urebant. (Amm. Marcill., lib. xxxi, cap. xii.)

2. Deinde collisæ in modum rostrorum navium acies. (Id., c. xiii.)

3. Sicut ruina aggeris magni oppressum atque dejectum est. (Id., ib.)

4. Diremit hæc nunquam pensabilia damna (quæ magno rebus stetere romanis) nullo splendore lunari nox fulgens. (Id., ibid.)

5. Unde quidam de candidatis per fenestram lapsus, captusque a barbaris, prodidit factum, et eos mœrore afflixit, magna gloria defraudatos quod romanæ rei rectorem non cepere superstitem. (Id., ibid.)

trompés, leur donnant le feu de la gehenne au lieu du feu de la charité[1]. »

Les deux généraux Trajan et Sébastien; Valérien, grand-écuyer; Equitius, maire du palais; Potentius, tribun des Promus; trente-cinq autres tribuns et les deux tiers de l'armée romaine restèrent sur la place. Selon l'auteur déjà cité, l'histoire n'offre point de bataille où le carnage ait été aussi grand, excepté celle de Cannes[2].

Les Goths livrèrent l'assaut à Andrinople, qu'ils manquèrent : descendus jusqu'à Constantinople, ils admirèrent les édifices pyramidant au-dessus des murailles qui mettoient la ville à l'abri : leur destin fut de voir Constantinople et de prendre Rome; entre ces deux bornes, le monde civilisé étoit la lice ouverte à leurs courses. Épouvantés de l'action d'un Sarrasin[3], ils rebroussèrent vers l'Hémus, forcèrent le pas de Suques, et se répandirent sur un pays fertile jusqu'au pied des Alpes Juliennes. Les lieux d'où s'étoit écoulée cette multitude n'offrirent plus que l'aspect d'une grève déserte et ravagée, quand le flux qui avoit apporté des tempêtes et des vaisseaux s'est retiré.

Libanius composa l'oraison funèbre de Valens et de son armée : « Les pluies du ciel ont effacé le sang de nos soldats, mais leurs ossements blanchis sont restés, témoins plus durables de leur courage. L'empereur lui-même tomba à la tête des Romains. N'imputons pas la victoire aux barbares; la colère des dieux est la seule cause de nos malheurs. » Libanius se souvenoit de Julien.

Ammien, qui termine son ouvrage à la mort de Valens, cherche à rassurer les Romains sur les succès des Goths : il rappelle les différentes invasions des barbares depuis celle des Cimbres, afin de prouver qu'elles n'ont jamais réussi : cette digression de l'historien montre mieux que tout ce que je pourrois dire la frayeur des peuples et les pressentiments de l'avenir.

Ce même Ammien raconte (et ce sont presque les dernières lignes de ce soldat grec de la ville d'Antioche, qui écrivoit en latin ses souvenirs dans la ville de Rome), ce même Ammien raconte que le duc Julien, commandant au delà du Taurus, ordonna, par lettres secrètes, de massacrer à jour fixe et heure marquée les Goths dispersés dans les provinces de l'Asie. « Par ce prudent artifice, l'Orient fut délivré

---

1. Cum regali pompa crematus est, haud secus quam Dei prorsus judicio, ut ab ipsis igne combureretur quos ipse veram fidem petentes in perfidiam declinasset et ignem charitatis ad gehennæ ignem detorsisset. (JORN., cap. XXVI.)
2. AMM. MARCELL., *ib.*
3. J'en parlerai ailleurs.

sans bruit et sans combat d'un grand danger[1]. » La leçon venoit de Mithridate : elle ne profita ni au royaume de Pont ni à l'empire romain. Gratien vengea mieux Valens en élevant à la pourpre Théodose.

1. Quo consilio prudenti sine strepitu vel mora completo orientales provinciæ discriminibus ereptæ sunt magnis. (AMM. MARCELL., lib. XXXI, cap. XVI.)

TROISIÈME DISCOURS.

DEUXIÈME PARTIE.

La famille de Théodose étoit espagnole comme celle de Trajan et d'Arien. Théodose ne sollicita point la puissance : il n'eut pour intrigue que sa renommée, pour protecteur que la nécessité. Il étoit exilé, et fils d'un père, grand général, injustement décapité à Carthage[1] ; il désiroit paix et peu, et il eut guerre et richesse ; un empereur qui n'avoit pas dix-neuf ans le fit son collègue.

GRATIEN,
VALENTINIEN I
THÉODOSE Ier
emp.
DAMAS Ier,
SIRICIUS
papes.
An de J.-C.
379-395.

Sous Théodose, successeur de Valens en Orient, les Goths se divisèrent et se soumirent. Les Visigoths furent établis dans la Thrace, les Ostrogoths dans la Phrygie et dans la Lydie : introduits dans l'empire, ils n'en sortirent plus. Un parti, celui de Fravitta, païen de religion, vouloit rester fidèle aux Romains ; un autre parti, celui de Priulphe ou d'Ériulphe, soutenoit qu'on n'étoit pas obligé de garder la foi à des maîtres lâches et perfides. L'inimitié des deux chefs éclata dans un festin où Théodose les avoit invités : Fravitta suivit Priulphe, qui quittoit de table, et lui plongea son épée dans le ventre[2].

Gratien gouvernoit l'Occident, tandis que son frère, Valentinien II, encore enfant, résidoit en Italie. Le poëte Ausone, qui professoit l'hellénisme, avoit eu part à l'éducation de Gratien[3], et saint Ambroise avoit composé pour ce prince, qu'il appelle *très-chrétien*[4], une instruction sur la Trinité. Gratien refusa de prendre la robe pontificale des idoles[5], publia, ensuite rappela un édit de tolérance[6], et exempta les femmes chrétiennes de monter sur le théâtre[7]. Le christianisme étoit un droit futur à la liberté et un privilége actuel de vertu.

Gratien, préférant la chasse à tout autre plaisir, donnoit sa confiance aux Alains de sa garde, particulièrement distingués comme

---

1. OROSE, p. 219.
2. EUNAPE, p. 21, c. d.; Zos., p. 755 et 777.
3. AUSONE, p. 405.
4. Christianissime. (AMBR., *De Fide*, t. IV, p. 110.)
5. Zos., lib. IV, p. 771, d.
6. Loi du 17 octobre 378, datée de Constantinople ; loi du 3 d'août 379, datée de Milan. (*Cod. Theod.*)
7. *Cod. Theod.*, XV, tit. VII, lib. IV, p. 365.

chasseurs : les autres barbares à son service en conçurent une profonde jalousie. Mellobaudes, roi d'une tribu des Franks (ce Mellobaudes qui avoit voulu faire reconnoître Valentinien II pour régner sous le nom d'un enfant), étoit devenu, à force de souplesse, le favori de Gratien. Alors Maxime, soldat ambitieux, se laissa proclamer auguste dans la Grande-Bretagne. Il fondit sur les Gaules, accompagné de trente mille soldats et suivi d'une population nombreuse qui se fixa en partie dans l'Armorique. Gratien, qui séjournoit à Paris, prend la fuite, est arrêté par le gouverneur du Lyonnois, livré à Andragathius, général de la cavalerie de Maxime, et tué. Mellobaudes partagea le sort du maître qu'il avoit peut-être trahi [1]. L'empereur d'Orient toléra l'usurpation de Maxime.

Théodose rendit en faveur de la religion catholique un édit fameux : cet édit ordonne de suivre la religion enseignée par saint Pierre aux Romains, de croire à la divinité du Père, du Fils et du Saint-Esprit, autorisant ceux qui professoient cette doctrine à se nommer catholiques [2].

Cependant l'arianisme triomphoit aux rives mêmes du Bosphore : Rome et Alexandrie repoussoient depuis quarante ans la communion des évêques et des princes de Constantinople; la controverse occupoit cette ville entière. « Priez un homme de vous changer une pièce d'argent, il vous apprendra en quoi le fils diffère du père; demandez à un autre le prix d'un pain, il vous répondra que le fils est inférieur au père; informez-vous si le bain est prêt, on vous dira que le fils a été créé de rien [3]. »

Saint Grégoire de Nazianze essaya de fonder à Constantinople une église catholique : il y fut attaqué, et la discorde divisa son troupeau.

Théodose, après avoir reçu le baptême et publié son édit, enjoignit à Démophile, évêque arien, de reconnoître le symbole de Nicée ou de céder Sainte-Sophie et les autres églises à des prêtres de la foi orthodoxe. Grégoire fut installé dans la chaire épiscopale par Théodose en personne, au milieu de ses gardes. Mais les sanctuaires étoient vides, et la population arienne poussoit des cris [4]. Cette résistance amena la proscription de l'arianisme dans tout l'Orient, et un synode convoqué à Constantinople, l'an 382, confirma le dogme de la consub-

---

1. Socr., lib. v; Zos., lib. vii; Pacat., *Panegyr. ad Theod.*
2. Loi du 28 de février 380, datée de Thessalonique. (*Cod. Theod.*, xvi, tit. i, lib. ii, p. 4 et 5.)
3. Jortin, *Remarques sur l'histoire ecclésiastique*, t. IV, p. 71 (5 vol. in-8°; 1673), et Gibbon.
4. Greg. Naz., *De Vita sua*, p. 21.

stantialité. L'intervention du pouvoir politique n'empêcha point saint Grégoire, fatigué, d'abdiquer son siége et d'aller mourir dans la retraite[1].

Maxime, usurpateur des Gaules, aussi orthodoxe que Théodose, fut le premier prince catholique qui répandit le sang de ses sujets pour des opinions religieuses. Priscillien, évêque d'Avila, en Espagne, fondateur de la secte de son nom, fut exécuté à Trèves avec deux prêtres et deux diacres[2]. Le poëte Latronien et Euchrocia, veuve de l'orateur Delphidius, subirent le même sort. Les priscilliens étoient accusés de magie, de débauche et d'impiété. Saint Ambroise et saint Martin de Tours condamnèrent ces cruautés.

Je vous ai dit que l'impératrice Justine, seconde femme de Valentinien Ier et mère de Valentinien II, étoit arienne. Elle entreprit d'ouvrir à Milan une église de sa confession; Ambroise s'y opposa : des troubles s'ensuivirent. Le saint qui les avoit excités par son zèle les calma par son autorité. Néanmoins, condamné à l'exil, il refusa d'obéir, et le peuple prit sa défense. La liberté individuelle commençoit à renaître sous la protection de la liberté religieuse. Saint Augustin se trouvoit parmi les disciples de saint Ambroise.

Maxime, qui avoit enlevé à Gratien les Gaules, la Grande-Bretagne et les Espagnes, entreprend de dépouiller Valentinien des provinces de l'Italie; il trompe la cour de Milan, malgré la clairvoyance de saint Ambroise, et franchit les Alpes avant que Justine se doutât de ses projets; elle n'eut que le temps de se sauver avec son fils. La population de Milan étoit catholique; elle renonça facilement à la fidélité jurée à une princesse et à un enfant ariens. Saint Ambroise refusa toute communication avec Maxime[3].

Justine, arrivée à Thessalonique, implore le secours de Théodose; il le lui promet, en lui faisant observer que le ciel lui infligeoit le châtiment dû à son hérésie[4]. Valentinien avoit une sœur appelée Galla; cette sœur confirma dans le cœur de Théodose la résolution que lui inspiroit la reconnoissance envers la famille de Gratien Ier. Théodose épouse Galla, et marche à la tête d'une armée de Romains, de Huns, d'Alains et de Goths, contre une armée de Romains, de Germains, de Maures et de Gaulois. Maxime, vaincu sur les bords de la Save, ne montra ni courage ni talent. Il se réfugia dans Aquilée, y fut pris, dépouillé des ornements impériaux, conduit au camp

---

1. GREC. NAZ., *De Vita sua*, p. 21.
2. SULP. SEV., lib. II; OROS., lib. VII, cap. XXXIV.
3. ZOS., lib. IV, p. 767; THEODOR., lib. V, cap. XIV, p. 724.
4. THEODOR., lib. V, cap. XV, p. 724.

de Théodose, où sa tête tomba peu d'instants après sa couronne[1].

Un an avant la victoire de Théodose sur Maxime, la sédition d'Antioche avoit eu lieu ; Libanius et saint Chrysostome nous en ont conservé le double récit. Théodose, bien qu'il eût prononcé une sentence terrible, se laissa toucher et pardonna : trois ans plus tard il ne montra pas la même indulgence pour Thessalonique. A Antioche on avoit renversé les statues de l'empereur, de son père Théodose, de sa première femme Flacilla, de ses deux fils Arcadius et Honorius; à Thessalonique le peuple avoit égorgé Botheric, commandant de la garnison, en vindicte de l'emprisonnement d'un infâme cocher du cirque, épris de la beauté d'un jeune esclave de Botheric. Théodose donna l'ordre d'exterminer ce peuple ; ordre qu'il révoqua quand il étoit exécuté. La foule, appelée aux jeux du cirque, fut assaillie par des troupes cachées dans les édifices environnants. Un marchand avoit conduit ses deux fils au spectacle; entouré de meurtriers, il leur offre sa vie et sa fortune pour la rançon de ses fils : les soldats répondent qu'ils sont obligés de fournir un certain nombre de têtes, mais ils consentent à épargner une des deux victimes, et pressent le marchand de désigner celle qu'il veut sauver. Tandis que le père regarde en pleurant ses deux fils et qu'il hésite, les impatients barbares épargnent à sa tendresse l'horreur du choix : ils égorgent les deux enfants[2].

Saint Ambroise apprend à Milan le massacre de Thessalonique; il se retire à la campagne, et refuse de venir à la cour. Il écrit à l'empereur : « Je n'oserois offrir le sacrifice, si vous prétendez y assister. Ce qui me seroit interdit pour le sang répandu d'un seul homme me seroit-il permis par le meurtre d'une foule d'innocents[3] ? »

Théodose n'est point retenu par cette lettre ; il veut entrer dans l'église ; il trouve sous le portique un homme qui l'arrête; c'est Am-

---

1. Pacat., *Panegyr. ad Theod.*, pag. 280, *inter veteres Panegyricos duodecimus.*

2. Mercator quidam, pro duobus filiis qui comprehensi fuerant semetipsum offerens, rogabat ut ipse quidem necaretur, filii vero abirent incolumes : et pro hujus beneficii mercede quidquid habebat auri militibus pollicebatur. Illi calamitatem hominis miserati, pro altero ex filiis quem vellet supplicationem ejus admiserunt. Utrumque vero dimittere haud quaquam sibi tutum fore dixerunt, eo quod numerus deficeret. Verum pater cum ambos aspiceret flens et gemens neutrum ex duobus eximere valuit. Sed dubius ancepsque animi quoad interficerentur permansit, utriusque amore ex æquo flagrans. (Sozomeni *Hist. eccles.*, lib. VII, pag. 747; Parisiis, 1678.)

3. Offerre non audeo sacrificium, si volueris assistere : an quod in unius innocentis sanguine non licet in multorum licet? (Ambr., epist. LI, n. 11.)

broise : « Tu as imité David dans son crime, s'écrie le saint, imite-le dans son repentir[1]. »

Huit mois s'écoulèrent ; l'empereur n'obtenoit point la permission de pénétrer dans le saint lieu. « Le temple de Dieu, répétoit-il, est ouvert aux esclaves et aux mendiants, et il m'est fermé ! » Ambroise demeuroit inexorable ; il répondoit à Rufin, qui le pressoit : « Si Théodose veut changer sa puissance en tyrannie, je lui livrerai ma vie avec joie[2]. » Enfin, touché du repentir de l'empereur, l'évêque lui accorda l'expiation publique ; mais en échange de cette faveur il obtint une loi suspensive des exécutions à mort pendant trente jours, depuis le prononcé de l'arrêt : belle et admirable loi, qui donnoit le temps à la colère de mourir et à la pitié de naître ! sublime leçon qui tournoit au profit de l'humanité et de la justice ! Si trente jours s'étoient écoulés entre la sentence de Théodose et l'accomplissement de cette sentence, le peuple de Thessalonique eût été sauvé[3].

Dépouillé des marques du pouvoir suprême, l'empereur fit pénitence au milieu de la cathédrale de Milan. Prosterné sur le pavé, il implora la merci du ciel avec sanglots et prières[4]. Saint Ambroise, lui prêtant le secours de ses larmes, sembloit être pécheur et tombé avec lui[5]. Cet exemple, à jamais fameux, apprenoit au peuple que les crimes font descendre au dernier rang ce qu'il y a de plus élevé ; que la cité de Dieu ne connoît ni grand ni petit ; que la religion nivelle tout et rétablit l'égalité parmi les hommes. C'est un de ces faits complets, rares dans l'histoire, où les trois vérités, religieuse, philosophique et politique, ont agi de concert. A quelle immense distance le paganisme est ici laissé ! L'action de saint Ambroise est une action féconde, qui renferme déjà les actions analogues d'un monde à venir :

---

1. Secutus es errantem, sequere corrigentem. (Paul., *in Vita Ambrosii*, in t. I Operum, pag. 62.)

2. Quod si imperium mutarit in tyrannidem, cædem quidem lubens excipiam. (Theod., lib. v, cap. xviii.)

3. Ambr., *De Ob. Theod.*, cap. xxxiv ; Aug., *De Civit. Dei*, lib. v, cap. xxvi. Il y a dans le code Théodosien (lib. xiii, *De Pœn.*) une loi semblable qui porte le nom de Gratien, datée du consulat d'Antoine et de Syagrius, 18 août 382. Ce ne peut être celle rendue en 390 par Théodose, sur la demande de saint Ambroise. Apparemment que la loi de Gratien n'étoit point exécutée.

4. In templum ingressus, non stans, Dominum precatus est, nec genibus flexis, sed pronus humique abjectus, versum illum Davidis recitavit : « Adhæsit pavimento anima mea, vivifica me secundum verbum tuum. » (Theod., lib. v, *Hist.*, cap. xiv.)

5. Si quidem quotiescunque illi aliquis ad percipiendam pœnitentiam lapsus suos confessus esset, ita flebat ut illum flere compelleret ; videbatur enim sibi cum jacente jacere. (Paul., *in Vita Ambrosii*, pag. 65.)

c'est la révélation d'une puissance engendrée dans la décomposition de toutes les autres.

Théodose rétablit Valentinien III dans la possession de l'empire d'Occident, et retourna à Constantinople. Justine mourut.

Arbogaste, élevé aux grandes charges militaires, s'empara de la maison du jeune prince : on a pu voir, à propos de Mellobaudes, que les Franks s'introduisirent dans toutes les affaires du palais et de l'État. Retenu quasi prisonnier à Vienne dans les Gaules par son hautain sujet, Valentinien fit connoître sa position à saint Ambroise et à Théodose ; mais il n'eut pas la patience d'attendre. Il mande Arbogaste, le reçoit assis sur son trône, et lui remet l'ordre qui le destitue de ses emplois. « Tu ne m'as pas donné le pouvoir, tu ne me le peux ôter, » dit le Frank en jetant le papier à terre[1]. Valentinien saisit l'épée d'un de ses gardes pour s'en frapper ou pour en percer Arbogaste[2]. On le désarma : quelques jours après il fut trouvé étouffé dans son lit[3].

Arbogaste dédaigna de revêtir la pourpre ; il en emmaillotta un Romain, jadis son secrétaire, Eugène, professeur de rhétorique latine, et devenu garde-sac, place du palais[4]. Théodose se prépare deux années entières à venger Valentinien ; il envoie consulter Jean, solitaire de la Thébaïde, qui lui promet la victoire[5]. Stilicon rassemble les légions avec Timasius ; les barbares auxiliaires joignent l'armée ; Alaric, le destructeur de Rome, se trouvoit parmi les recrues de Théodose : la plupart des personnages qui devoient voir tomber la ville éternelle étoient maintenant sur la scène.

Le soldat frank Arbogaste attendit sur les confins de l'Italie, avec son empereur Eugène, le soldat goth Alaric, qui venoit avec son empereur Théodose. Premier choc sous les murs d'Aquilée ; dix mille Goths périssent avec Bacurius, général des Ibères. Théodose passa la nuit retranché sur les montagnes ; au lever du jour, il s'aperçut que sa retraite était coupée : il eut recours à un expédient souvent employé auprès des barbares, peu soucieux et de la cause et des maîtres pour lesquels ils versoient leur sang ; il entama des négociations avec Arbi-

---

1. Nec imperium mihi dedisti, ait, nec auferre poteris ; discerptoque libello et in terram abjecto, discedebat. (Zos., pag. 83 ; Basileæ.)

2. Gladio ducem confodere voluit, et sibi ipsi manus inferre Valentinianus finxit. (Philost., lib. xi, cap. i, pag. 144 et 145.)

3. Imperatori dormienti gulam fregerunt. (Socr., lib. v, c. xxv ; pag. 294. Zos., lib. vii, cap. xxii, pag. 739.)

4. Grammaticus quidam, qui, cum litteras latinas docuisset, tandem in palatio militavit et magister scriniorum imperatoris factus est. — Ce n'est pas le *scrinii magister* de la chancellerie. (Socr., lib. v, pag. 240.)

5. Ruf., pag. 191 ; Theodor., pag. 738.

trion, chef des troupes qui lui barroient le chemin. Un traité fut conclu et écrit à la hâte (le papier et l'encre manquant) sur les tablettes [1] impériales.

Théodose mène aussitôt ses récents alliés à l'attaque du camp d'Eugène. Il marche en avant des bataillons, fait le signe de la croix et s'écrie : « Où est le Dieu de Théodose [2] ? » Une tempête s'élève et jette la terreur parmi les Gaulois : Eugène, trahi, est saisi, lié, garrotté, conduit à Théodose, tué prosterné à ses pieds.

Arbogaste erra deux jours parmi les rochers, et se donna de son coutelas dans le cœur : la vie et la mort d'un Frank n'appartenoient qu'à lui. Saint Ambroise n'avoit point voulu reconnoître Eugène ; il eut le plaisir d'embrasser vainqueur son illustre pénitent. L'évêque de Milan [3], Rufin [4], Orose [5] et saint Augustin, qui semblent autorisés par Claudien même [6], disent que les *apôtres Jean et Philippe combattirent à la tête des chrétiens dans un tourbillon*. Théodose avoit tant pleuré la veille de la bataille, afin d'obtenir l'assistance du ciel, que l'on suspendit à un arbre, pour les sécher, ses habits trempés de larmes [7] ; trophée de l'humilité, qui devint celui de la victoire. Jean le solitaire de la Thébaïde fut instruit de cette victoire à l'heure même où elle s'accomplit [8]. Un possédé, à Constantinople, ravi en l'air au moment du combat, s'écria, en apostrophant le tronc décollé de saint Jean-Baptiste : « C'est donc par toi que je suis vaincu ; c'est donc toi qui ruines mon armée [9] ! » Voilà les temps comme ils sont.

Théodose fit abattre les statues de Jupiter placées sur la pente des Alpes ; les foudres en étoient d'or : les soldats disoient qu'ils voudroient

---

1. Tum vero imperator, cum chartam et atramentum quæsitum non reperisset, acceptis tabulis quas quidam ex astantibus forte gerebat, honoratæ et convenientis ipsis militiæ proscripsit gradum. (Soz., pag. 742, a, b, c.)
2. Ubi est Theodosii Deus ? (Amb., *In obitu Theodosii imp. Serm.*, tom. V, p. 117.
3. Ambr., *De Spiritu Sancto*, 36, pag. 692.
4. Fracto adversariorum animo, seu potius divinitus expulso. (Ruf., lib. II, cap. xxxiii, pag. 192.)
5. Oros., pag. 220, b.
6. A Theodosii partibus in adversarios vehemens ventus ibat. Unde poeta (Claudianus) :

    O nimium dilecte Deo, cum fundit ab antris
    Eolus armatas hiemes cui militat æther,
    Et conjurati veniunt ad classica venti.
        (Aug., *De Civ. Dei*, lib. IV, cap. xxvi.)

7. Oros., lib. VII, cap. xxxv, pag. 220.
8. Ruf., *De Vitis Patrum*, cap. I, pag. 457.
9. A dæmone in sublimem raptum Joanni Baptistæ conviciatum esse eumque quas capite truncatum probris appetiisse, ita vociferando : « Tu me vincis, et exercitui meo insidiaris! » (Soz., pag. 743.)

être frappés de ces foudres ; l'empereur leur livra le dieu tonnant [1].

Les nombreuses réminiscences d'un autre ordre de choses, qui fourmillent dans ces récits, ne vous auront point échappé. Les fictions de l'hellénisme vivoient au fond des esprits convertis à l'Évangile ; ils s'en accusoient, ils s'en défendoient comme du crime de magie, mais ils en étoient obsédés. Les poëmes d'Homère et de Virgile étoient comme des temples défendus par un démon puissant : les évêques, les prêtres, les solitaires ne les osoient brûler ; mais ils déroboient à ces édifices merveilleux tout ce qu'ils pouvoient convertir à un saint usage. Reine détrônée, régnant encore par ses charmes, la mythologie s'empara non-seulement de la littérature chrétienne, mais de l'histoire : il fallut que les nations scandinaves et germaniques descendissent des Grecs et des Troyens, que *L'Iliade* et *L'Énéide* devinssent les premières chroniques des Franks. Les barbares du Nord se reconnurent enfants d'Homère, comme les Arabes veulent être fils d'Abraham ; miraculeux pouvoir du génie, qui donnoit pour père à la vérité le père des fables !

Nous voyons sous Théodose les destructeurs de l'empire établis dans l'empire ; des Huns et des Goths au service des princes qu'ils alloient exterminer ; des Franks, officiers du palais, faisant et défaisant des empereurs ; des Calédoniens, des Maures, des Sarrasins, des Perses, des Ibériens cantonnés dans les provinces : l'occupation militaire du monde romain précéda de cinquante années le partage de ce monde. Les hommes mêmes qui défendoient encore le trône des césars, craquant sous les pas de tant d'ennemis, ne procédoient pas de la lignée des Sylla et des Marius : Stilicon étoit du sang des Vandales, Ætius du sang des Goths. L'empire latin-romain n'étoit plus que l'empire romain-barbare : il ressembloit à un camp immense que des armées étrangères avoient pris en passant pour une espèce de patrie commune et transitoire. Il ne manquoit à l'achèvement de la conquête que quelques destructions, le mélange momentané des races, et ensuite leur séparation.

L'invasion morale s'étoit tenue à la hauteur de l'invasion physique ou matérielle ; les chrétiens avoient créé des empereurs comme les barbares, et ils avoient soumis les barbares eux-mêmes : « Nous voyons, dit saint Jérôme, affluer sans cesse à Jérusalem des troupes de religieux qui nous arrivent des Indes, de la Perse, de l'Éthiopie. Les Arméniens déposent leurs carquois, les Huns commencent à chanter des psaumes. La chaleur de la foi pénètre jusque dans les froides régions de la Scythie ; l'armée des Goths, où flottent des chevelures

---

[1]. Eorumque fulmina quod aurea fuissent... se ab illis fulminari velle dicentibus hilariter benigniterque donavit. (Aug., *De Civit. Dei*, lib. v, cap. xxvi, p. 110.)

blondes et dorées, porte des tentes qu'elle transforme en églises[1].

Des règnes de Théodose et de Gratien date la grande ruine du paganisme : ces princes frappèrent à la fois l'idolâtrie et l'hérésie.

Gratien s'empare des biens appartenant au collége des prêtres, à la congrégation des Vestales : il fit aussi enlever à Rome l'autel de la Victoire du lieu où les sénateurs avoient coutume de s'assembler; Constance l'avoit déjà abattu, et Julien restauré. Le sénat chargea Symmaque de solliciter le rétablissement de cet autel et la restitution des biens saisis. Le préfet de Rome plaida la cause du monde païen, l'évêque de Milan celle du monde chrétien. On est toujours obligé de rappeler le passage si connu du discours de Symmaque.

Rome, chargée d'années, s'adresse aux empereurs Théodose, Valentinien II et Arcadius : « Très-excellents princes, pères de la patrie, respectez les ans où ma piété m'a conduite ; laissez-moi garder la religion de mes ancêtres; je ne me repens pas de l'avoir suivie. Que je vive selon mes mœurs, puisque je suis libre. Mon culte a rangé le monde sous mes lois; mes sacrifices ont éloigné Annibal de mes murailles et les Gaulois du Capitole. N'ai-je donc tant vécu que pour être insultée au bout de ma longue carrière? J'examinerai ce que l'on prétend régler ; mais la réforme qui arrive dans la vieillesse est tardive et outrageuse[2]. »

Symmaque demande où seront jurées les lois des princes, si l'on détruit l'autel de la Victoire[3]. Il soutient que la confiscation du revenu des temples, inique en fait, ajoute peu au trésor de l'État. Les adversités des empereurs, la famine dont Rome a été affligée, proviennent du délaissement de l'ancienne religion : le sacrilége a séché l'année[4].

Saint Ambroise répond à Symmaque. Rome, s'exprimant par la voix d'un prêtre chrétien, déclare « que ses faux dieux ne sont point la cause de sa victoire, puisque ses ennemis vaincus adoroient les mêmes dieux : la valeur des légions a tout fait. Les empereurs qui se livrèrent à l'idolâtrie ne furent point exempts des calamités inséparables de la nature humaine : si Gratien, qui professoit l'Évangile, a éprouvé des malheurs, Julien l'Apostat a-t-il été plus heureux? La religion du

---

1. Hieron., epist. vii, pag. 54.
2. Romam huc putemus assistere, atque his vobiscum agere sermonibus : Optimi principes, patres patriæ, reveremini annos meos, in quos me pius ritus adduxit. Utar cerimoniis avitis, neque enim me pœnitet. Vivam more meo, quia libera sum. Hic cultus in leges meas orbem redegit. Hæc sacra Annibalem a mœnibus, a Capitolio Senonas repulerunt. Ad hoc ergo servata sum, ut longæva reprehendar? Videro quale sit quod instituendum putatur. Sera tamen et contumeliosa est emendatio senectutis. (Symm., lib. x, epist. liv, pag. 287, etc., et Ambr., tom. II, pag. 828.)
3. Ubi in leges vestras et verba jurabimus ? (Id., ibid.)
4. Sacrilegio annus exaruit. (Id., ibid.)

Christ est l'unique source de salut et de vérité. Les païens se plaignent de leurs prêtres, eux qui n'ont jamais été avares de notre sang! Ils veulent la liberté de leur culte, eux qui sous Julien nous ont interdit jusqu'à l'enseignement et la parole! Vous vous regardez comme anéantis par la privation de vos biens et de vos priviléges? C'est dans la misère, les mauvais traitements, les supplices, que nous autres chrétiens nous trouvons notre accroissement, notre richesse et notre puissance. Sept vestales dont la chasteté à terme est payée par de beaux voiles, des couronnes, des robes de pourpre, par la pompe des litières, par la multitude des esclaves, et par d'immenses revenus [1], voilà tout ce que Rome païenne peut donner à la vertu chaste! D'innombrables vierges évangéliques d'une vie cachée, humble, austère, consument leurs jours dans les veilles, les jeûnes et la pauvreté. Nos églises ont des revenus! s'écrie-t-on. Pourquoi vos temples n'ont-ils pas fait de leur opulence l'usage que nos églises font de leurs richesses? Où sont les captifs que ces temples ont rachetés, les pauvres qu'ils ont nourris, les exilés qu'ils ont secourus? Sacrificateurs! on a consacré à l'utilité publique des trésors qui ne servoient qu'à votre luxe, et voilà ce que vous appelez des calamités [2]! »

Dix-huit ou vingt ans après saint Ambroise, Prudence se crut obligé de réfuter de nouveau Symmaque : il redit à peu près, dans les deux chants de son poëme, ce qu'avoit dit l'évêque de Milan ; mais il emploie un argument qui semble emprunté à notre siècle et qu'on oppose aujourd'hui aux hommes amateurs exclusifs du passé. Symmaque regrettoit les institutions des ancêtres; Prudence répond que si la manière de vivre des anciens jours doit être préférée, il faut renoncer à toutes les choses successivement inventées pour le bienêtre de la vie, il faut rejeter les progrès des arts et des sciences et retourner à la barbarie [3]. Quant aux vestales, Prudence nie leur chasteté et leur bonheur ; selon le poëte, « La pudeur captive est conduite à l'autel stérile. La volupté ne périt pas dans les infortunées parce

---

1. Quot tamen illis virgines præmia promissa fecerunt, vix septem vestales capiuntur puellæ. En totus numerus, quem infulæ vittati capitis, purpuratarum vestium murices, pompa lecticæ ministrorum circumfusa comitatu, privilegia maxima, lucra ingentia, præscripta denique pudicitiæ tempora coegerunt. Non est virginitas, quæ prætio emitur, non virtutis studio possidetur. (AMBR., libel. II, Contr. relat. Symm.)

2. Je n'ai pu traduire littéralement le texte diffus et prolixe des deux lettres de saint Ambroise. Je me suis contenté d'en donner la substance et d'en resserrer les arguments.

3. . . . . Placet damnare gradatim
Quicquid posterius successor repperit usus.
(PRUD., Cont. Symm., lib. II, v. 280 et seq.)

qu'elles la méprisent, mais parce qu'elle est retranchée de force à leur corps, demeuré intact ; leur âme n'est pas également restée entière. La vestale ne trouve point de repos dans sa couche ; une invisible blessure fait soupirer cette femme sans noces pour les torches nuptiales [1]. »

Prudence se livre ensuite à des moqueries sur la permission accordée aux vestales de se marier après quarante ans de virginité : « La vieille en vétérance, désertant le feu et le travail divin auxquels sa jeunesse fut consacrée, se marie : elle transporte ses rides émérites à la couche nuptiale et enseigne à attiédir dans un lit glacé un nouvel hymen [2]. »

Si les plaidoyers de Symmaque et de saint Ambroise n'étoient que les amplifications de deux avocats jouant au barreau, l'histoire dédaigneroit de s'y arrêter ; mais c'étoit un procès réel, et le plus grand qui ait jamais été porté au tribunal des hommes : il ne s'agissoit de rien moins que de la chute d'une religion et d'une société, et de l'établissement d'une société et d'une religion. La cause païenne fut perdue aux yeux des empereurs ; elle l'étoit devant les peuples.

Théodose, dans une assemblée du sénat, posa cette question : « Quel Dieu les Romains adoreront-ils, le Christ ou Jupiter [3] ? » La majorité du sénat condamna Jupiter. Les prêtres le regrettoient peut-être, mais les enfants préférèrent le Dieu d'Ambroise au dieu de Symmaque. La prospérité de l'empire n'émanoit point de ces simulacres auxquels des mœurs pures ne communiquoient plus une divinité innocente : l'autel de la Victoire n'avoit eu de puissance que lorsqu'il étoit placé auprès de celui de la vertu.

Prudence nous a laissé le récit de la conversion de Rome :

« Vous eussiez vu les pères conscrits, ces brillantes lumières du monde, se livrer à des transports, ce conseil de vieux Catons tressaillir

---

1.   Captivus pudor ingratis addicitur aris,
    Nec contempta perit miseris, sed adempta voluptas
    Corporis intacti ; non mens intacta tenetur.
    Nec requies datur ulla toris quibus innuba cæcum
    Vulnus, et amissas suspirat femina tædas.
        (Prud., *Cont. Symm.*, lib. II, v. 280 et seq.)

2.   Nubit anus veterana, sacro perfuncta labore,
    Desertisque focis quibus est famulata juventus,
    Transfert emeritas ad fulcra jugalia rugas,
    Discit et in gelido nova nupta tepescere lecto.
        (*Id.*, v. 1081-1084.)

3. Orationem habuit qua eos hortabatur ut missum facerent errorem (sic enim appellabat), quem hactenus secuti fuissent et christianorum fidem amplecterentur. (Zosim., *Histor.*, lib. IV ; Basileæ.)

en revêtant le manteau de la piété, plus éclatant que la toge romaine, et en déposant les enseignes du pontificat païen. Le sénat entier, à l'exception de quelques-uns de ses membres, restés sur la roche Tarpéienne, se précipite dans les temples purs des nazaréens ; la tribu d'Évandre, les descendants d'Énée accourent aux fontaines sacrées des apôtres. Le premier qui présenta sa tête fut le noble Anitius... Ainsi le raconte l'auguste cité de Rome. L'héritier du nom et de la race divine des Olybres saisit, dans son palais orné de trophées, les fastes de sa maison, les faisceaux de Brutus, pour les déposer aux portes du temple du glorieux martyr, pour abaisser devant Jésus la hache d'Ausonie. La foi vive et prompte des Paulus et des Bassus les a livrés subitement au Christ. Nommerai-je les Gracques, si populaires ? Dirai-je les consulaires qui, brisant les images des dieux, se sont voués avec leurs licteurs à l'obéissance et au service du crucifié tout-puissant ? Je pourrois compter plus de six cents maisons de race antique rangées sous ses étendards. Jetez les yeux sur cette enceinte : à peine y trouverez-vous quelques esprits perdus dans les rêveries païennes, attachés à leur culte absurde, se plaisant à demeurer dans les ténèbres, à fermer les yeux à la splendeur du jour[1]. »

[1].
Exsultare patres videas, pulcherrima mundi
Lumina, conciliumque senum gestire Catonum ;
Candidiore toga niveum pietatis amictum
Sumere et exuvias deponere pontificales.
Jamque ruit, paucis Tarpeia in rupe relictis,
Ad sincera virum penetralia nazareorum
Atque ad apostolicos Evandria curia fontes,
Anniadum soboles...
Fertur enim ante alios generosus Anitius urbis
Illustrasse caput : sic se Roma inclyta jactat.
Quin et Olibriaci generisque et numinis hæres,
Adjectis factis, palmata insignis ab aula,
Martyris ante fores, Bruti submittere fasces
Ambit et Ausoniam Christo inclinare securim.
Non Paulinorum, non Bassorum dubitavit
Prompta fides dare se Christo...
Jam quid plebicolas percurram carmine Gracchos ;
Jure potestatis fultos, et in arce senatus
Præcipuos simulacra Deum jussisse revelli ?
Cumque suis pariter lictoribus omnipotenti
Suppliciter Christo se consecrasse regendos ?
Sexcentas numerare domos de sanguine prisco
Nobilium licet, ad Christi lignacula versas.
. . . .
Respice ad illustrem, lux est ubi publica, cellam :
Vix pauca invenies gentilibus obsita nugis

Ne croiroit-on pas, à ces vers de Prudence, que Rome existoit au commencement du v*e* siècle, avec ses grandes familles et ses grands souvenirs? Il écrivoit l'an 403. Sept ans après Alaric remuoit et balayoit cette vieille poussière des Gracques et des Brutus dont se couvroit l'orgueil de quelques nobles dégénérés.

Théodose étendit la proscription du paganisme aux diverses provinces de l'empire. Une commission fut nommée pour abolir les priviléges des prêtres, interdire les sacrifices, détruire les instruments de l'idolâtrie et fermer les temples. Le domaine de ces temples fut confisqué au profit de l'empereur, de l'Église catholique et de l'armée. « Nous défendons, dit le dernier édit de Théodose, à nos sujets, magistrats ou citoyens, depuis la première classe jusqu'à la dernière, d'immoler aucune victime innocente en l'honneur d'aucune idole inanimée. Nous défendons les sacrifices de la divination par les entrailles des victimes. »

Les fils de Théodose, Arcade et Honorius, et leurs successeurs, multiplièrent ces édits : on peut voir toutes ces lois dans le Code[1] ; mais, plus comminatoires qu'expresses, elles étoient rarement exécutées; quelquefois même elles étoient suspendues ou rappelées selon les besoins et les fluctuations de la politique. Le pape Innocent, à l'occasion du premier siége de Rome par Alaric (408), permit les sacrifices, *pourvu qu'ils se fissent en secret*. Les princes, agissant contradictoirement à leurs édits, conservoient des païens dans les hautes charges de l'État et donnoient des titres aux pontifes des idoles. Aucune loi ne défendoit aux gentils d'écrire contre les chrétiens et leur religion ; aucune loi n'obligeoit un païen à embrasser le christianisme sous peine d'être recherché dans sa personne ou dans ses biens. Il y a plus, nombre d'édits de cette époque (j'en ai déjà cité quelques-uns) s'opposant aux envahissements du clergé par voie de testament ou de donation, retirent des immunités accordées, règlent ce nouveau genre de propriétés de mainmorte introduit avec l'Église, interdisent l'entrée des villes aux moines et fixent le sort des religieuses. Bien que le pouvoir politique fût chrétien, il étoit déjà inquiet de la lutte; il craignoit d'être entraîné : n'ayant plus rien à craindre du paganisme, il commençoit à se mettre en garde contre les entreprises de l'autre

> Ingenia, obstrictos ægre retinentia cultus,
> Et quibus exactas placeat servare tenebras
> Splendentemque die medio non cernere solem.
> (Aurel. Prudentius, vir consularis, Contra Symmachum, præfectum urbis, *Corpus poetarum*, t. IV, p. 785, v. 128-161.)

1. Au titre *De pagan's Sacrificiis et templis*.

culte. Les mœurs brisèrent ces foibles barrières, et le zèle alla plus loin que la loi.

De toutes parts on démolit les temples : perte à jamais déplorable pour les arts ; mais le monument matériel succomba, comme toujours, sous la force intellectuelle de l'idée entrée dans la conviction du genre humain.

Saint Martin, évêque de Tours, suivi d'une troupe de moines, abattit dans les Gaules les sanctuaires, les idoles et les arbres consacrés. L'évêque Marcel entreprit la destruction des édifices païens dans le diocèse d'Apamée, capitale de la seconde Syrie. Le temple quadrangulaire de Jupiter présentoit sur ses quatre faces quinze colonnes de seize pieds de circonférence ; il résista : il fallut en produire l'écroulement à l'aide du feu. Plus tard, à Carthage, des chrétiens moins fanatiques sauvèrent le temple devenu céleste, en le convertissant en église, comme, depuis, Boniface III sauva le Panthéon à Rome.

Le renversement du temple de Sérapis à Alexandrie est demeuré célèbre. Ce temple, où l'on déposoit le Nilomètre, étoit bâti sur un tertre artificiel ; on y montoit par cent degrés ; une multitude de voûtes éclairées de lampes le soutenoient ; il y avoit plusieurs cours carrées environnées de bâtiments destinés à la bibliothèque, au collége des élèves, au logement des desservants et des gardiens. Quatre rangs de galeries, avec des portiques et des statues, offroient de longs promenoirs. De riches colonnes ornoient le temple proprement dit : il étoit tout de marbre, trois lames de cuivre, d'argent et d'or, en revêtoient les murs. La statue colossale de Sérapis, la tête couverte du mystérieux boisseau, touchoit de ses deux bras aux parois de la Celle, et à un certain jour le rayon du soleil venoit reposer sur les lèvres du dieu[1].

Les païens ne consentirent pas facilement à abandonner un pareil édifice : ils y soutinrent un véritable siége, animés à la défense par le philosophe Olympius[2], homme d'une beauté admirable et d'une éloquence divine. Il étoit plein de Dieu, et avoit quelque chose du prophète[3]. Deux grammairiens, Hellade et Ammone, combattoient sous ses ordres : le premier avoit été pontife de Jupiter, et le second

---

1. Ruf., lib. xxii, p. 192. Socr., p. 276, lib. vii, cap. xx ; *Expositio totius mundi*, Geogr. minor., t. III, p. 8.

2. Ad postremum grassantes in sanguine civium ducem sceleris et audaciæ suæ diligunt Olympium quemdam, nomine et habitu philosophum, quo antesignano arcem defenderent et tyrannidem tenerent. (Ruf., lib. xx-xxii.)

3. Οὕτω δὲ ἦν Ὀλυμπος πλήρης τοῦ Θεοῦ ὥστε. Olympus autem adeo plenus erat Deo ut, etc. (Suidas, in voce Ὀλυμπος.)

d'un singe [1]. Théophile, archevêque d'Alexandrie, armé des édits de Théodose et appuyé du préfet d'Égypte, remporta la victoire. Hellade se vantoit d'avoir tué neuf chrétiens de sa main [2]. Olympius s'évada après avoir entendu une voix qui chantoit *alleluia* au milieu de la nuit dans le silence du temple [3]. L'édifice fut pillé et démoli. « Nous vîmes, dit Orose, malgré son zèle apostolique, les armoires vides des livres; dévastations qui portent mémoire des hommes et du temps [4]. » La statue de Sérapis, frappée d'abord à la joue par la hache d'un soldat, ensuite jetée à bas et rompue vive, fut brûlée pièce à pièce, dans les rues et dans l'amphithéâtre. Une nichée de souris [5] s'étoit échappée de la tête du dieu, à la grande moquerie des spectateurs.

Les autres monuments païens d'Alexandrie furent également renversés, les statues de bronze fondues [6]. Théodose avoit ordonné d'en distribuer la valeur en aumônes; Théophile s'en enrichit, lui et les siens [7].

On mit rez-pied, rez-terre, le temple de Canope, fameuse école des lettres sacerdotales, où se voyoit une idole symbolique dont la tête reposoit sur les jambes : peu auparavant, Antonin le philosophe y avoit enseigné avec éclat la théurgie et prédit la chute du paganisme : Sosipatre, sa mère, passoit pour une grande magicienne. Des religieuses et des moines prirent à Canope la place des dieux et des prêtres égyptiens [8].

Ainsi périt encore, sur les confins de la Perse, un temple immense qui servoit de forteresse à une ville. « Sérapis s'étant fait chrétien, dit

---

1. Ἑλλάδιος μὲν οὖν ἱερεὺς τοῦ Διὸς εἶναι ἐλέγετο, Ἀμμώνιος δὲ Πιθήκου. Helladius quidem Jovis, Ammonius vero simiæ sacerdos esse dicebatur. (Socr., lib. v, cap. xvi, pag. 275.)

2. Helladius vero apud quosdam gloriatus est quod novem homines sua manu in conflictu interemisset. (Socr., *Id., ibid.*)

3. Olympius vero, sicut a quibusdam accepi, nocte intempesta quæ illum diem præcesserat quemdam in Serapio *alleluia* canentem audivit. (Zos., p. 588, c. d.)

4. Nos vidimus armaria librorum, quibus direptis, exinanita; ea a nostris hominibus, nostris temporibus memorant. (Oros., lib. vi, cap. xv, p. 421.)

5. Ubi caput truncatum est, murium agmen ex internis eripuit. (Theodor., *Hist. eccles.*, lib. v, p. 229 ; Parisiis, 1673.)

6. Ac templa quidem disturbata sunt. Statuæ vero in lebetes et alios Alexandrinæ ecclesiæ usus conflatæ. (Socr., p. 275.)

7. Cultus numinis et Serapidis delubrum Alexandriæ disturbata dissipataque fuere... Imperante tunc Theodosio prætorii præfecto, piaculari homine, et Eurymedonte quopiam... templi qui dona vix manus hostiliter injecerunt. (Eunap., p. 83; Antuerpiæ, 1568.)

8. Monacos Canopi quoque collocarunt. (Eunap., p. 85.)

saint Jérôme, le dieu Marnas pleura enfermé dans son temple à Gaza : il trembloit, attendant qu'on le vînt abattre [1]. »

Le sang chrétien que répandirent les mains philosophiques d'Hellade fut trop expié plusieurs années après par celui d'Hypatia [2]. Fille de Théon le géomètre, d'un génie supérieur à son père, elle étoit née, avoit été nourrie et élevée à Alexandrie. Savante en astronomie, au-dessus des convenances de son sexe, elle fréquentoit les écoles et enseignoit elle-même la doctrine d'Aristote et de Platon : on l'appeloit *le philosophe*. Les magistrats lui rendoient les honneurs; on voyoit tous les jours à sa porte une foule de gens à pied et à cheval qui s'empressoient de la voir et de l'entendre [3]. Elle étoit mariée, et cependant elle étoit vierge : il arrivoit assez souvent alors que deux époux vivoient libres dans le lien conjugal [4], unis de sentiments, de goûts, de destinée, de fortune, séparés de corps. L'admiration qu'inspiroit Hypatia n'excluoit point un sentiment plus tendre : un de ses disciples se mouroit d'amour pour elle; la jeune platonicienne employa la musique à la guérison du malade, et fit rentrer la paix par l'harmonie dans l'âme qu'elle avoit troublée [5]. L'évêque d'Alexandrie, Cyrille, devint jaloux de la gloire d'Hypatia [6]. La populace chrétienne ayant à sa tête un *lecteur*, nommé Pierre [7], se jeta sur la fille de Théon, lorsqu'elle entroit un jour dans la maison de son père : ces forcenés la traînèrent à l'église Cæsareum, la mirent toute nue, et la déchiquetèrent avec des coquilles tranchantes; ils brûlèrent ensuite sur la place Cinaron [8] les membres de la créature céleste qui vivoit dans la société des astres, qu'elle égaloit en beauté et dont elle avoit ressenti les influences les plus sublimes.

Le combat des idées anciennes contre les idées nouvelles à cette époque offre un spectacle que rend plus instructif celui auquel nous

---

1. Hier., epist. vii, p. 54, d.
2. La ruine du temple de Sérapis est de l'année 391, et la mort d'Hypatia est de l'année 415.
3. Suidas, voce Ὑπατία.
4. Isidori philosophi conjux, sed ita ut conjugii usu abstineret. (Fabric., *Bibl. gr.*, lib. v, cap. xxii.)
5. Hypatiam ope musicæ illum a morbo isto liberasse.
6. Suidas, v. Ὑπατία, p. 533.
7. Quorum dux erat Petrus quidem lector. (Socr., *Hist. eccles.*, lib. vii, cap. xv; Parisiis, 1678.)
8. Eamque e sella detractam ad ecclesiam quæ Cæsareum cognominatur rapiunt, et vestibus exutam testis interemerunt. Cumque membratim eam discerpsissent, membra in locum quem Cinaronem vocant comportata incendio consumpserunt. (See *Hist. eccles.*, lib. vii, cap. xv, p. 352.)

assistons[1]. Ce n'étoit plus, comme au temps de Julien, un mouvement rétrograde, c'étoit, au contraire, une course sur la pente du siècle ; mais de vieilles mœurs, de vieux souvenirs, de vieilles habitudes, de vieux préjugés disputoient pied à pied le terrain : en abandonnant le culte des aïeux, on croyoit trahir les foyers, les tombeaux, l'honneur, la patrie. La violence, exercée en opposition avec l'esprit de la loi, rendoit le conflit plus opiniâtre ; on reprochoit aux chrétiens d'oublier dans la fortune les préceptes de charité qu'ils recommandoient dans le malheur.

Hommes de guerre et hommes d'État, sénateurs et ministres, prêtres chrétiens et prêtres païens, historiens, orateurs, panégyristes, philosophes, poëtes, accouroient à l'attaque ou à la défense des anciens et des modernes autels.

Théodose est un empereur violent et foible, livré au plaisir de la table, selon Zosime[2] : c'est un saint qui règne dans le ciel avec Jésus-Christ aux yeux de saint Ambroise[3].

Les temples s'écroulent à la voix et sous les mains des moines et des évêques ; ils tombent aux chants de victoire de Prudence : le vieux Libanius ranime sa piété philosophique pour attendrir Théodose en faveur de ces mêmes temples.

« Celui, dit-il à l'empereur, celui qui, lorsque j'étois encore enfant (Constantin), abattit à ses pieds le prince qui l'avoit traité avec outrage (Maxence), croyant qu'il lui convenoit d'adopter un autre Dieu, se servit des trésors et des revenus des temples pour bâtir Constantinople ; mais il ne changea rien au culte solennel : si les maisons des dieux furent pauvres, les cérémonies demeurèrent riches. Son fils (Constance) s'abandonna aux mauvais conseils de faire cesser les sacrifices. Le cousin de ce fils (Julien), prince orné de toutes les vertus, les rebâtit. Après sa mort, l'usage des anciens sacrifices subsista quelque temps : il fut aboli, il est vrai, par deux frères (Valentinien et Valens), à cause de quelques novateurs ; mais on conserva la coutume de brûler des parfums. Vous avez vous-même toléré cette coutume, en sorte que nous avons autant à vous remercier de ce que vous nous avez accordé qu'à nous plaindre de ce dont on nous prive. Vous avez permis que le feu sacré demeurât sur les autels, qu'on y brûlât de l'encens et d'autres aromates.

« Et voilà pourtant qu'on renverse nos temples ! Les uns travaillent

---

1. Nous n'y assistons plus ; il est fini. Je corrige le 13 août 1830 ces épreuves, tirées avant le 27 juillet. Insensés qui êtes placés à la tête des États, profiterez-vous de cette rapide et terrible leçon ?

2. Zos., lib. IV.   3. Ambr., t. V, *Sermo de diversis*, p. 122, f.

à cette œuvre avec le bois, la pierre, le fer; les autres emploient leurs mains et leurs pieds : proie de Mysiène (proverbe grec qui signifie *conquête facile*). On enfonce les toits, on sape les murailles, on enlève les statues, on renverse les autels. Pour les prêtres, il n'y a que deux partis à prendre : se taire ou mourir. D'une première expédition on court à une seconde, à une troisième; on ne se lasse pas d'ériger des trophées injurieux à vos lois.

« Voilà pour les villes : dans les campagnes c'est bien pis encore! Là se rendent les ennemis des temples; ils se dispersent, se réunissent ensuite, et se racontent leurs exploits : celui-là rougit qui n'est pas le plus criminel. Ils vont comme des torrents sillonnant la contrée et bondissant contre la maison des dieux. La campagne privée de temples est sans dieux; elle est ruinée, détruite, morte; les temples, ô empereur! sont la vie des champs; ce sont les premiers édifices qu'on y ait vus, les premiers monuments qui soient parvenus jusqu'à nous à travers les âges; c'est aux temples que le laboureur confie sa femme, ses enfants, ses bœufs, ses moissons...

« Voilà la conduite des chrétiens : ils protestent qu'ils ne *font la guerre qu'aux temples*; mais cette guerre est le profit de ces oppresseurs : ils ravissent aux malheureux les fruits de la terre, et s'en vont avec les dépouilles, comme s'ils les avoient conquises et non volées.

« Cela ne leur suffit pas : ils attaquent encore les possessions particulières, parce que, au dire de ces brigands, *elles sont consacrées aux dieux*. Sous ce prétexte, un grand nombre de propriétaires sont privés des biens qu'ils tenoient de leurs ancêtres, tandis que leurs spoliateurs, qui à les entendre *honorent la Divinité par leurs jeûnes*, s'engraissent aux dépens des victimes. Va-t-on se plaindre au *pasteur* (nom qu'on affecte de donner à un homme qui n'a certainement pas la douceur en partage), il chasse les réclamants de sa présence, comme s'ils devoient s'estimer heureux de n'avoir pas souffert davantage. . . . .

« On prétend que nous avons violé la loi qui défend les sacrifices. Nous le nions. On répond que si aucun sacrifice n'a eu lieu on a égorgé des bœufs au milieu des festins et des réjouissances : cela est vrai; mais il n'y avoit pas d'autels pour recevoir le sang; on n'a brûlé aucune partie de la victime; on n'a point offert de gâteaux; on n'a point fait de libation. Or, si un certain nombre de personnes pour manger un veau ou un mouton se sont rencontrées dans quelque maison de campagne; si, couchées sur le gazon, elles se sont nourries de la chair de ce veau ou de ce mouton, après l'avoir fait bouillir ou rôtir, je ne vois pas quelles lois ont été transgressées; car, ô divin empereur ! vous n'avez pas prohibé les réunions domestiques. Ainsi, bien qu'on ait chanté un hymne en l'honneur des dieux et qu'on les ait invoqués, on n'a point violé votre édit, à moins que vous ne vouliez transformer en crime l'innocence de ces festins.

« Nos persécuteurs se figurent que par leur violence ils nous amènent à la pratique de leur religion ; ils se trompent : ceux qui paroissent avoir varié dans leur culte sont restés tels qu'ils étoient. Ils vont avec les chrétiens aux assemblées ; mais lorsqu'ils font semblant de prier, ils ne prient point, ou ce sont leurs anciens dieux qu'ils adjurent. . . . .

« En matière de religion, laissez tout à la persuasion, rien à la force. Les chrétiens n'ont-ils pas une loi conçue en ces termes : *Pratiquez la douceur ; tâchez d'obtenir tout par elle ; ayez horreur de la nécessité ou de la contrainte.* Pourquoi donc vous précipitez-vous sur nos temples avec tant de fureur ? Vous transgressez donc aussi vos lois ? . . . .

« . . . Mais puisque les chrétiens allèguent l'exemple de celui qui le premier a dépouillé les temples (Constantin), j'en vais parler à mon tour. Je ne dirai rien des sacrifices : il n'y toucha pas ; mais qui fut jamais plus rigoureusement puni que le ravisseur des trésors sacrés ? De son vivant, il vengea les dieux sur lui-même, sur sa propre famille ; après sa mort, ses enfants se sont égorgés.

« Les chrétiens s'autorisent encore de l'exemple du fils de ce prince (Constance) ; il démolit les temples avec d'aussi grands travaux qu'il en eût fallu pour les reconstruire (tant il étoit difficile de séparer ces pierres liées ensemble par un fort ciment) ; il distribuoit les édifices aux favoris dont il étoit entouré de la même manière qu'il leur eût donné un cheval, un esclave, un chien, un bijou. Eh bien, ces présents devinrent funestes à celui qui les accordoit comme à ceux qui les acceptoient. . . . .

« De ces favoris, les uns moururent dans l'infortune, sans postérité, sans testament ; les autres laissèrent des héritiers, mais qu'il eût mieux valu pour eux n'en avoir point ! Nous les voyons aujourd'hui, ces enfants qui habitent au milieu des colonnes arrachées aux temples ; nous les voyons couverts d'infamie et se faisant une guerre cruelle[1]. »

Cette citation, trop instructive pour être abrégée, offre un tableau presque complet du IVᵉ siècle : usage et influence des temples dans les campagnes ; fin de ces temples ; commencement de la propriété du clergé chrétien par la confiscation de la propriété du clergé païen ;

---

1. LIBAN., *Pro Templis*.

cupidité et fanatisme des nouveaux convertis, qui s'autorisent des lois en les dénaturant pour commettre des rapines et troubler l'intérieur des familles ; et, de même que Lactance a raconté la mort funeste des persécuteurs du christianisme, Libanius raconte les désastres arrivés aux persécuteurs de l'idolâtrie. Mais, quoi qu'il en soit, Dieu, qui punit l'injustice particulière de l'individu, n'en laisse pas moins s'accomplir les révolutions générales calculées sur les besoins de l'espèce.

Les moines furent les principaux ouvriers de la démolition des temples : aussi les outrages et les éloges leur sont-ils également prodigués.

Sozomène assure que les Pères du désert pratiquent une philosophie divine.

« Les religieux, dit saint Augustin, ne cessent d'aimer les hommes, quoiqu'ils aient cessé de les voir, s'entretenant avec Dieu et contemplant sa beauté [1]. »

Saint Chrysostome, au sujet de la sédition d'Antioche, compare la conduite des philosophes et des moines. « Où sont maintenant, s'écrie-t-il, ces porteurs de bâtons, de manteaux, de longues barbes, ces infâmes cyniques, au-dessous des chiens, leurs modèles ? Ils ont abandonné le malheur ; ils se sont allés cacher dans les cavernes. Les vrais philosophes (les moines des environs d'Antioche) sont accourus sur la place publique ; les habitants de la ville ont fui au désert, les habitants du désert sont venus à la ville. L'anachorète a reçu la religion des apôtres ; il imite leur vertu et leur courage. Vanité des païens ! foiblesse de la philosophie ! on voit à ses œuvres qu'elle n'est que fable, comédie, parade et fiction [2]. »

« Quels sont les destructeurs de nos temples ? dit à son tour Libanius. Ce sont des hommes vêtus de robes noires, qui mangent plus que des éléphants, qui demandent au peuple du vin pour des chants et cachent leur débauche sous la pâleur artificielle de leur visage [3]. »

« Il y a une race appelée *moines,* dit pareillement Eunape ; ces moines, hommes par la forme, pourceaux par la vie, font et se permettent d'abominables choses. . . . . Quiconque porte une robe noire et présente au public une sale figure a le droit d'exercer une autorité tyrannique [4]. »

---

1. Aug., *Lib. Retractat.*, cap. xxi.   2. Chrysost., *Hom.* xvii, p. 196, c.
3. Liban., *Pro templis.*
4. Monacos sic dictos, homines quidem specie, sed vitam turpem porcorum more exigentes, qui in propatulo infinita atque infanda scelera committebant... Nam ea tempestate quivis atram vestem indutus, quique in publico sordido habitu spectari non abnuebat, is tyrannicam obtinebat auctoritatem. (Eunap., *in Vita Ædesii*, p. 84; Antuerpiæ, 1568.)

Sur la haute mer (c'est le poëte Rutilius qui parle) s'élève l'île de Capraria, souillée par des hommes qui fuient la lumière. Eux-mêmes se sont appelés *moines*, parce qu'ils aspirent à vivre sans témoins. Ils redoutent les faveurs de la fortune, parce qu'ils n'auroient pas la force de braver ses dédains ; ils se font malheureux, de peur de l'être. Rage stupide d'une cervelle dérangée! s'épouvanter du mal et ne pouvoir souffrir le bien ! Leur sort est de renfermer leurs chagrins dans une étroite cellule et d'enfler leur triste cœur d'une humeur atrabilaire [1]. »

Après avoir passé Capraria, petite île entre la côte de l'Étrurie et celle de la Corse, Rutilius aperçoit une autre île, la Gorgone : « Là s'est enseveli vivant, au sein des rochers, un citoyen romain. Poussé des furies, ce jeune homme, noble d'aïeux, riche de patrimoine, et non moins heureux par son mariage, fuit la société des hommes et des dieux. Le crédule exilé se cache au fond d'une honteuse caverne ; il se figure que le ciel se plaît aux dégoûtantes misères : il se traite avec plus de rigueur que ne le traiteroient les dieux irrités. Dites-moi, je vous prie, cette secte n'a-t-elle pas des poisons pires que les breuvages de Circé? Alors se transformoient les corps ; à présent se métamorphosent les âmes [2]. »

1.   Processu pelagi jam se Capraria tollit.
            Squalet lucifugis insula plena viris.
         Ipsi se monachos grajo cognomine dicunt,
            Quod soli nullo vivere teste volunt.
         Munera fortunæ metuunt, dum damna verentur ;
            Quisquam sponte miser, ne miser esse queat.
         Quænam perversi rabies tam stulta cerebri !
            Dum mala formides, nec bona posse pati !
         Sive suas repetunt ex fato ergastula pœnas,
            Tristia seu nigro viscera felle tument :
         Sic nimiæ bilis morbum adsignavit Homerus
            Bellerophonteis sollicitudinibus ;
         Nam juveni offenso, sævi post tela doloris,
            Dicitur humanum displicuisse genus.

                        (RUTILII *Itinerarium*, lib. I, p. 105.)

2.   Adversus scopulos, damni monumenta recentis,
            Perditus hic vivo funere civis erat.
         Noster enim nuper juvenis, majoribus amplis,
            Nec censu inferior conjugiove minor,
         Impulsus furiis, homines divosque reliquit,
            Et turpem latebram credulus exul agit.
         Infelix, putat illuvie cœlestia passi,

Les foiblesses et les jongleries des prêtres du paganisme étoient exposées par le clergé chrétien à la risée de la multitude. Ils se servoient de l'aimant pour opérer des prodiges, pour suspendre un char de bronze attelé de quatre chevaux [1], ou faire monter un soleil de fer à la voûte d'un temple [2]. Ils s'enfermoient dans des statues creuses adossées contre des murailles, et ils rendoient des oracles.

Fleury a osé rappeler dans l'*Histoire ecclésiastique* [3] une anecdote racontée avec moins de pudeur par Rufin [4]. « Un prêtre de Saturne nommé Tyran abusa ainsi de plusieurs femmes des principaux de la ville : il disoit au mari que Saturne avoit ordonné que sa femme vînt passer la nuit dans le temple. Le mari, ravi de l'honneur que ce dieu lui faisoit, envoyoit sa femme parée de ses plus beaux ornements et chargée d'offrandes. On l'enfermoit dans le temple devant tout le monde ; Tyran donnoit les clefs des portes, et se retiroit ; mais pendant la nuit il venoit par sous terre et entroit dans l'idole. Le temple étoit

> Seque premit, læsis sævior ipse deis.
> Non, rogo, deterior Circæis secta venenis ?
> Tunc mutabantur corpora, nunc animi.
> (RUTILII *Itinerarium*, lib. I, v. 517-526.)

Saint Augustin parle avec estime de ces moines de l'île de Capraria si décriés par Rutilius. Il raconte que Mascerel descendit dans cette île, qu'il en emmena avec lui deux religieux, Eustathe et André, aux prières desquels il dut en Afrique sa victoire sur Gildon, son frère. (*Epist.* LXXXI, p. 142.)

1. PROSPERII, lib. III, cap. XXXVIII, p. 150.
2. RUF., p. 135.
3. Tom. IV, liv. XIX, p. 628.
4. Sacerdos erat apud eos Saturni, Tyrannus nomine. Hic, quasi ex responso numinis, adorantibus in templo nobilibus quibusque et primariis viris, quorum sibi matronæ ad libidinem placuissent, dicebat Saturnum præcepisse ut uxor sua pernoctaret in templo. Tum is qui audierat, gaudens quod uxor sua dignatione numinis vocaretur, exornatam comptius insuper et donariis onustam, ne vacua scilicet repudiaretur, conjugem mittebat ad templum. In conspectu omnium conclusa intrinsecus matrona, Tyrannus, clausis januis et traditis clavibus, discedebat. Deinde, facto silentio, per occultos et subterraneos aditus, intra ipsum Saturni simulacrum patulis erepebat cavernis. Erat autem simulacrum illud a tergo excisum, et parieti diligenter annexum. Ardentibusque intra ædem luminibus intentæ, supplicantique mulieri vocem subito per simulacrum oris concavi proferebat, ita ut pavore et gaudio infelix mulier trepidaret, quod dignam se tanti numinis putaret alloquio. Posteaquam vero quæ libitum fuerat vel ad consternationem majorem, vel ad libidinis incitamentum, deseruisset numen impurum, arte quadam linteolis obductis, repente lumina exstinguebantur universa. Tum descendens obstupefactæ et consternatæ mulierculæ adulterii fucum profanis commentationibus inferebat. Hoc cum per omnes miserorum matronas multo jam tempore gereretur, accidit quamdam pudicæ mentis feminam horruisse facinus, et attentius designantem cognovisse vocem Tyranni, ac domum regressam viro de fraude sceleris indicasse. (RUF., *Hist. eccl.*, lib. II, p. 245.)

éclairé, et la femme, attentive à sa prière, ne voyant personne et entendant tout d'un coup une voix sortir de l'idole, étoit remplie d'une crainte mêlée de joie. Après que Tyran, sous le nom de Saturne, lui avoit dit ce qu'il jugeoit à propos pour l'étonner davantage ou la disposer à le satisfaire, il éteignoit subitement toutes les lumières, en tirant des linges disposés pour cet effet. Il descendoit alors, et faisoit ce qui lui plaisoit à la faveur des ténèbres. Après qu'il eut ainsi trompé des femmes pendant longtemps, une, plus sage que les autres, eut horreur de cette action ; écoutant plus attentivement, elle reconnut la voix de Tyran, retourna chez elle, et découvrit la fraude à son mari. Celui-ci se rendit accusateur. Tyran fut mis à la question, et convaincu par sa propre confession, qui couvrit d'infamie plusieurs familles d'Alexandrie en découvrant tant d'adultères et rendant incertaine la naissance de tant d'enfants. Ces crimes publiés contribuèrent beaucoup au renversement des idoles et des temples. »

Une aventure à peu près pareille avoit eu lieu à Rome sous le règne de Tibère [1] ; elle rappeloit encore celle de ce jeune homme qui, jouant le rôle du fleuve Scamandre, abusa de la simplicité d'une jeune fille [2]. On étaloit, à la honte de l'idolâtrie, les poupées empaillées, les simulacres ridicules, obscènes ou monstrueux, les instruments de magie, et jusqu'aux têtes coupées de quelques enfants dont on avoit doré les lèvres [3] ; toutes divinités trouvées dans les sanctuaires les plus secrets des temples abattus.

Les païens tenoient ferme, et rendoient mépris pour mépris ; ils insultoient le culte des martyrs : « Au lieu des dieux de la pensée, les moines obligent les hommes à adorer les esclaves de la pire espèce ; ils ramassent et salent les os et les têtes des malfaiteurs condamnés à mort pour leurs crimes ; ils les translatent çà et là, les montrent comme des divinités, s'agenouillent devant ces reliques, se prosternent à des tombeaux couverts d'ordure et de poussière. Sont appelés martyrs, ministres, intercesseurs auprès du ciel, ceux-là qui, jadis esclaves infidèles, ont été battus de verges et portent sur leur corps la juste marque de leur infamie ; voilà les nouveaux dieux de la terre [4].

Au milieu de ces combattants animés, des hommes plus justes et plus modérés, dans l'un et l'autre parti, reconnoissoient ce qu'il pouvoit y avoir à louer ou à blâmer parmi les disciples des deux religions. Ammien Marcellin, parlant du pape Damase, remarque que les chrétiens avoint de bonnes raisons pour se disputer, même à main armée,

---

1. JOSEPH., *Ant.*, lib. VIII, cap. I͞V.   2. LUCIAN.
3. RUF., p. 188.   4. EUNAP., *in Vita Ædes.*

le siége épiscopal de Rome : « Les candidats préférés sont enrichis par les présents des femmes ; ils sont traînés sur des chars et vêtus d'habits magnifiques ; la somptuosité de leurs festins surpasse celle des tables impériales. Ces évêques de Rome, qui étalent ainsi leurs vices, seroient plus révérés s'ils ressembloient aux évêques de province, sobres, simples, modestes, les regards baissés vers la terre, s'attirant l'estime et le respect des vrais adorateurs du Dieu éternel [1]. »

« Faites-moi évêque de Rome, disoit le préfet Pretextus à Damase, et je me fais chrétien [2]. »

Saint Jérôme, souvent raisonnable à force d'être passionné, écrit : « Voici une grande honte pour nous : les prêtres des faux dieux, les bateleurs, les personnes les plus infâmes peuvent être légataires ; les prêtres et les moines seuls ne peuvent l'être ; une loi le leur interdit, et une loi qui n'est pas faite par des empereurs ennemis de notre religion, mais par des princes chrétiens. Cette loi même, je ne me plains pas qu'on l'ait faite, mais je me plains que nous l'ayons méritée : elle fut inspirée par une sage prévoyance, mais elle n'est pas assez forte contre l'avarice : on se joue de ses défenses par de frauduleux fidéicommis [3]. »

Le même Père dit ailleurs : « Il y en a qui briguent la prêtrise ou le diaconat, pour voir les femmes plus librement. Tout leur soin est de leurs habits, d'être chaussés proprement, d'être parfumés. Ils frisent leurs cheveux avec le fer, les anneaux brillent à leurs doigts; ils marchent du bout du pied ; vous les prendriez pour de jeunes fiancés plutôt que pour des clercs. Il y en a dont toute l'occupation est de savoir les noms et les demeures des femmes de qualité et de connoître leurs inclinations : j'en décrirai un qui est maître en ce métier. Il se lève avec le soleil; l'ordre de ses visites est préparé; il cherche les chemins les plus courts; et ce vieillard importun entre presque dans les chambres où elles dorment. S'il voit un oreiller, une ser-

---

1. Neque ego abnuo, ostentationem rerum considerans urbanarum, hujus rei cupidos ob imperandum quod appetunt omni contentione laterum jurgari debere : cum id adepti, futuri sint ita securi, ut ditentur oblationibus matronarum procedantque vehiculis insidentes, circumspecte vestiti, epulas curantes profusas, adeo ut eorum convivia regales superent mensas. Qui esse poterant beati revera, si magnitudine urbis despecta cum vitiis, ad imitationem antistitum quorumdam provincialium viverent : quos tenuitas edendi potandique parcissime, vilitas etiam indumentorum, et supercilia humum spectantia, perpetuo numini verisque ejus cultoribus ut puros commendant et verecundos. (Amm. Marcell., lib. xxvii, cap. iv.)

2. Facite me Romanæ urbis episcopum, et ero protinus christianus. (Hieron, t. ii, p. 165.)

3. J'emprunte l'élégante imitation de M. Villemain. (*Mél. hist. et littér.*)

viette, ou quelque autre petit meuble à son gré, il le loue, il en admire la propreté, il le tâte, il se plaint de n'en avoir point de semblable, et l'arrache plutôt qu'il ne l'obtient[1]. »

Grégoire de Nazianze parle des chars dorés, des beaux chevaux, de la suite nombreuse des prélats ; il représente la foule s'écartant devant eux comme devant des bêtes féroces[2].

Ces controverses avoient lieu partout ; elles passoient les mers ; elles se continuoient par lettres de la grotte de Bethléem à Hippone, du désert de la Thébaïde à Alexandrie, d'Antioche à Constantinople, de Constantinople à Rome. Tous les esprits étoient émus dans tous les rangs, à mesure que la catastrophe approchoit ; mais, par un effet naturel, ceux qui s'attachoient à la cause perdue afin de parvenir à la puissance n'y trouvoient que leur ruine.

Photius nous a conservé un fragment de Damascius dans lequel ce philosophe fait l'énumération des personnages qui entreprirent inutilement de ressusciter le culte des Hellènes. Julien est nommé le premier. Lucius, capitaine des gardes à Constantinople, voulut tuer Théodose pour ramener l'idolâtrie ; mais il ne put tirer son épée, effrayé qu'il fut d'une femme au regard terrible, qui se tenoit derrière l'empereur et l'entouroit de ses bras. Marsus et Illus perdirent la vie dans une entreprise de la même nature ; Ammonius, après avoir conspiré, déserta à un évêque ; Severianus ourdit une nouvelle trame, mais il fut trahi par Americhus, qui découvrit le complot à Zénon, empereur d'Orient[3].

Eugène, empereur d'Arbogaste, met l'image d'Hercule dans ses bannières, rend aux temples leurs revenus[4] et ordonne de rétablir à Rome l'autel de la Victoire. Dans cette même Rome qui avoit tant de peine à renoncer au dieu Mars, un oracle s'étoit répandu : des vers grecs annonçoient que le christianisme subsisteroit pendant trois cent soixante-cinq ans : Jésus étoit innocent de son culte ; mais Pierre, versé dans les arts magiques, avoit conservé pour ce nombre fixe d'années la religion du Christ[4]. Or, à compter de la résurrection, cette

---

1. Fleury, *Hist. eccles.*, t. IV, lib. xviii, p. 493. Molière a imité quelque chose de ce tableau dans le *Tartufe*.
2. Greg. Naz., *Orat.* xxxii, p. 526.
3. Vid. et Voss., *De Histor. gr.*, lib. ii, cap. xxi.
4. Cum enim viderent nec tot tantisque persecutionibus eam potuisse consumi, sed his potius mira incrementa sumpsisse, excogitaverunt nescio quos versus græcos, tanquam consulenti cuidam divino oraculo effusos, ubi Christum quidem ab hujus tanquam sacrilegii crimine faciunt innocentem. Petrum autem maleficiis fecisse subjungunt, ut coleretur Christi nomen per trecentos sexaginta quinque annos ; deinde

période expiroit sous le consulat d'Honorius et d'Eutychianus, l'an 398 de l'ère chrétienne. Les païens, pleins de joie, attendoient l'abolition complète et immédiate de la loi évangélique, et ce même an les temples de l'Afrique furent renversés ou fermés par les ordres d'Honorius[1].

Une autre espérance survint : Radagaise, païen et barbare, ravageoit l'Italie et menaçoit Rome. Comment, disoient les pieux idolâtres, pourrons-nous résister à un homme qui offre soir et matin d'agréables victimes à ces dieux que nous abandonnons[2]? » Et Radagaise fut vaincu, tandis qu'Alaric, barbare aussi, mais chrétien, entra dans Rome. Eucher, fils de Stilicon, étoit l'objet de vœux secrets; il professoit le paganisme.

Attale même, ce jouet des Goths, eut des partisans; il avoit distribué les principaux offices de l'État à des polythéistes, et Zosime remarque que la famille chrétienne des Anices s'affligeoit seule *du bonheur public*[3]. La passion ne pouvoit aller plus loin.

Enfin, un des derniers fantômes d'empereur créés par Ricimer, Anthemius, donna une dernière palpitation au cœur des vieux hellénistes : il inclinoit aux idoles; il avoit promis à Sévère, tout livré à l'ancien culte, de rétablir la ville éternelle dans sa première splendeur et de lui rendre les dieux auteurs de sa gloire. Le pape Hilaire traversa ce dessein en faisant promettre à Anthemius d'écarter de lui un certain Philothée[4], de la secte des Macédoniens, qui plaçoit Anthemius entre le paganisme et l'hérésie; Alaric et Genseric avoient déjà pillé Rome, et Odoacre, roi d'Italie, étoit au moment de remplacer l'empereur d'Occident.

Le paganisme alla s'ensevelir dans les catacombes d'où le christianisme étoit sorti : on trouve encore aujourd'hui parmi les chapelles et les tombeaux des premiers chrétiens les sanctuaires et les simulacres des derniers idolâtres[5]. Non-seulement les restes de la religion grecque se conservèrent en secret, mais elle domina publiquement quelque partie du nouveau culte : saint Boniface, dans le VIIIe siècle, s'en plaint à la cour de Rome[6].

completo memorato numero annorum sine mora sumeret finem. (*De Civit. Dei*, lib. XVIII, cap. LIII.)

1. *Id., ibid.* 2. *Id.*, lib. V, cap. XXIII, p. 63.
3. Zosim., lib. V, p. 827. 4. Phot., cap. CCLXII, 1040.
5. D'Agincourt, *Monuments du moyen âge à Rome.*
6. Bonif., *Epist. ad Serran.*, et D. Mart., *Thes. Anecd.*

TROISIÈME DISCOURS.

TROISIÈME PARTIE.

Le combat moral et intellectuel se termina de la même manière que le combat politique. Après le sac de Rome, l'idolâtrie accusa les fidèles d'être la cause de toutes les calamités publiques, accusation qu'elle avoit souvent reproduite et qu'elle renouveloit à sa dernière heure. Des chrétiens foibles joignoient leurs voix à celles des païens, et disoient : « Pierre, Paul, Laurent, sont enterrés à Rome, et cependant Rome est saccagée [1]. » Pour réfuter cet argument rebattu, saint Augustin composa le grand ouvrage *De la Cité de Dieu*. Son but en relevant la beauté, la vérité et la sainteté du christianisme, est de prouver que les Romains n'ont dû leur perte qu'à la corruption de leurs mœurs et à la fausseté de leur religion. Il les poursuit leur histoire à la main.

« Vous dites proverbialement : Il ne pleut pas, les chrétiens en sont la cause. » Vous oubliez donc les fléaux qui ont désolé l'empire avant qu'il se soumît à la foi ? Vous vous confiez en vos dieux : quand vous ont-ils protégés ? Les barbares, respectant le nom de Jésus-Christ, ont épargné tout ce qui s'étoit réfugié dans les églises de Rome : les guerres des païens n'offrent pas un seul exemple de cette nature ; les temples n'ont jamais sauvé personne. Au temps de Marius le pontife Mutius Scevola fut tué au pied de l'autel de Vesta, asile réputé inviolable, et son sang éteignit presque le feu sacré. Rome idolâtre a plus souffert de ses discordes civiles que Rome chrétienne du fer des Goths ; Sylla a fait mourir plus de sénateurs qu'Alaric n'en a dépouillé.

« La Providence établit les royaumes de la terre ; la grandeur passée de l'empire ne peut pas plus être attribuée à l'influence chimérique des astres qu'à la puissance des dieux impuissants. La théologie naturelle des philosophes ne sauroit être opposée à son tour à la théologie divine des chrétiens, car elle s'est souvent trompée. L'école italique que fonda Pythagore, l'école ionique que Thalès institua sont

[1.] Aug., *Serm.*, p. 1200.

tombées dans des erreurs capitales. Thalès, appliqué à l'étude de la physique, eut pour disciple Anaximandre; celui-ci instruisit Anaximène, qui fut maître d'Anaxagore et Anaxagore de Socrate, lequel rapporta toute la philosophie aux mœurs. Platon vint après Socrate, et s'approcha beaucoup des vérités de la foi.

« Mais comment est-il que les chrétiens, tout en prétendant n'adorer qu'un seul Dieu, élèvent des temples aux martyrs? Le fait n'est point exact. Notre respect pour les sépulcres des confesseurs est un hommage rendu à des hommes témoins de la vérité jusqu'à mourir : mais qui jamais entendit un prêtre officiant à l'autel de Dieu sur les cendres d'un martyr prononcer ces mots : « Pierre, Paul et Cyprien, « je vous offre ce sacrifice? »

« Les païens se glorifient des prodiges opérés par leur religion : Tarquin coupe une pierre avec le rasoir; un serpent d'Épidaure suit Esculape jusqu'à Rome; une vestale tire une galère avec sa ceinture; une autre puise de l'eau dans un crible : sont-ce là des merveilles à comparer aux miracles de l'Écriture? Le Jourdain, suspendant son cours, laisse passer les Hébreux; les murs de Jéricho tombent devant l'arche sainte. Ah! ne nous attachons point à la cité de la terre; tournons nos pas vers la cité du ciel, qui prit naissance avant la création du monde visible.

« Les anges sont les premiers habitants de cette cité divine; ils tiennent du ciel et de la lumière, car au commencement Dieu fit le ciel, et il dit : *Que la lumière soit faite*. Dieu ne créa qu'un seul homme; nous étions tous dans cet homme. Il répandit en lui une âme douée d'intelligence et de raison, soit qu'il eût déjà créé cette âme auparavant, soit qu'il la communiquât en soufflant contre la face de l'homme, dont le corps n'étoit que limon. Il donna à l'homme une femme pour se reproduire; mais comme toute la race humaine devoit venir de l'homme, Ève fut formée de l'os, de la chair et du sang d'Adam.

« L'homme à qui le Seigneur avoit dit : « Le jour que vous mangerez du fruit défendu, vous mourrez, » mangea du fruit défendu, et mourut. La mort est la peine attachée au péché. Mais si le péché est effacé par le baptême, pourquoi l'homme meurt-il à présent? Il meurt afin que la foi, l'espérance et la vertu ne soient pas détruites.

« Deux amours ont bâti les deux cités: l'amour de soi-même jusqu'au mépris de Dieu a élevé la cité terrestre; l'amour de Dieu jusqu'au mépris de soi-même a édifié la cité céleste. Caïn, citoyen de la cité terrestre, bâtit une ville; Abel n'en bâtit point : il étoit citoyen de la cité du ciel, et étranger ici-bas. Les deux cités peuvent s'unir par le mariage des enfants des saints avec les filles des hommes, à cause de leur beauté : la beauté est un bien qui nous vient de Dieu.

« Les deux cités se meuvent ensemble : la cité terrestre, depuis les jours d'Abraham, a produit les deux grands empires des Assyriens et des Romains ; la cité céleste arrive, par le même Abraham, de David à Jésus-Christ. Il est venu des lettres de cette cité sainte dont nous sommes maintenant exilés ; ces lettres sont les Écritures. Le roi de la cité céleste est descendu en personne sur la terre pour être notre chemin et notre guide.

« Le souverain bien est la vie éternelle ; il n'est pas de ce monde : le souverain mal est la mort éternelle, ou la séparation d'avec Dieu. La possession des félicités temporelles est une fausse béatitude, une grande infirmité. Le juste vit de la foi.

« Lorsque les deux cités seront parvenues à leurs fins au moyen du Christ, il y aura pour les pécheurs des supplices éternels. La peine de mort sous la loi humaine ne consiste pas seulement dans la minute employée à l'exécution du criminel, mais dans l'acte qui l'enlève à l'existence : le juge éternel retranche le coupable de la vivante éternité, comme le juge temporel retranche le coupable du temps vivant. L'Éternel peut-il prononcer autre chose que des arrêts éternels ?

« Par la même raison, le bonheur des justes sera sans terme. L'âme toutefois ne perdra pas la mémoire de ses maux passés : si elle ne se souvenoit plus de son ancienne misère, si même elle ne connoissoit pas la misère impérissable de ceux qui auront péri, comment chanteroit-elle sans fin les miséricordes de Dieu, ainsi que nous l'apprend le Psalmiste ? Dans la cité divine cette parole sera accomplie : « *Demeurez en repos ; reconnoissez que je suis Dieu ;* » c'est-à-dire qu'on y jouira de ce sabbat, de ce long jour qui n'aura point de soir, et où nous reposerons en Dieu. »

Cet ouvrage du Platon chrétien est empreint de la mélancolie la plus profonde : on y sent une âme tendre, inquiète, regrettant peut-être des illusions, et dont les vagues sentiments passent à travers un esprit abstrait et une imagination mystique. Celui qui jeune encore s'étoit confessé avec tant de charme d'avoir demandé la pureté, *mais pas trop tôt*[1], d'avoir désiré d'aimer[2] ; celui qui avoit dit : « Lorsque vous m'aurez connu tel que je suis, priez pour moi[3] ; » le père d'Adéodat répand sur les pages échappées à sa vieillesse ce dégoût de la terre, bonheur des saints et partage des infortunés. Le spectacle des

---

1. *Confes.*, lib. VIII, cap. VII, num. XVII.
2. *Id., ibid.*, lib. III et IV.   3. *Id.*, Epist. CCXXXI, num VI.

calamités publiques contribuoit sans doute à attrister le génie d'Augustin : quel temps pour écrire que les années qui séparent Alaric de Genseric, second destructeur de Rome et de Carthage ; que les années qui s'écoulèrent entre le sac de la ville éternelle par les Goths et le sac d'Hippone par les Vandales !

Volusien, homme d'une famille puissante à Carthage, avoit mandé à saint Augustin qu'un de ses amis manifestoit le désir de trouver un chrétien capable de résoudre certaines difficultés relatives au nouveau culte. Saint Augustin, dans une réponse affable et polie, lui envoie une sorte d'abrégé *De la Cité de Dieu*.

Le même Père entretient une correspondance avec la population païenne de Madaure : « Réveillez-vous, peuples de Madaure, mes parents ! mes frères[1] !... Puisse le vrai Dieu vous convertir à la foi, vous délivrer des vanités de ce monde ! » Un évêque, un controversiste ardent, saint Augustin, appelle des idolâtres ses *parents*, ses *frères*.

Quelques années auparavant il avoit eu un commerce de lettres avec Maxime, grammairien dans cette même ville de Madaure : Maxime l'avoit prié de laisser de côté son éloquence et les subtiles arguments de Chrysippe, pour lui dire quel étoit le Dieu des chrétiens. « Et à présent, homme excellent[2] qui as abandonné ma communion, cette lettre sera jetée au feu ou détruite d'une autre manière. S'il en est ainsi, un peu de papier périra, mais non ma doctrine... Puissent les dieux te conserver ! les dieux par qui les peuples de la terre adorent en mille manières différentes, dans un harmonieux discord, le père commun de ces dieux et des hommes[3]. » Voici le païen qui appelle à son tour les bénédictions du ciel sur la tête d'un chrétien.

Longinien écrit ces mots à saint Augustin : « Seigneur et honoré Père, quant au Christ, en qui tu crois, et l'Esprit de Dieu par qui tu espères aller dans le sein du vrai, du souverain, du bienheureux auteur de toutes choses, je n'ose ni ne puis exprimer ce que je pense ; il est difficile à un homme de définir ce qu'il ne comprend pas ; mais tu es digne du respect que je porte à tes vertus[4]. »

Saint Augustin répond : « J'aime ta circonspection à ne rien nier,

---

1. Expergiscimini aliquando, fratres mei et parentes mei Madaurenses. (Epist. CCXXXII.)

2. Vir eximie.

3. Dii te servent, per quos et eorum atque cunctorum mortalium communem patrem, universi mortales quos terra sustinet mille modis concordi discordia veneramur et colimus ! (*Ap.* Augustin., ep. XVI, al. XLIII, t. II.)

4. Ut autem me cultorem tuarum virtutum dignatus es. (Augustin., ep. CCXXXIII, n. 3.).

à ne rien affirmer touchant le Christ; c'est une louable réserve dans un païen [1]. »

L'illustre évêque d'Hippone expira à soixante-seize ans, dans sa ville épiscopale assiégée, en plein exercice des devoirs d'un pasteur courageux et charitable. « Il mourut, » dit l'élégant auteur que vous aimerez encore à retrouver, « il mourut les yeux attachés sur cette cité céleste dont il avoit écrit la merveilleuse histoire [2] ».

Mais avant ces lettres d'Augustin on trouve peut-être un monument encore plus extraordinaire de la tolérance religieuse entre des esprits supérieurs : ce sont les lettres de saint Basile à Libanius, et de Libanius à saint Basile. Le sophiste païen avoit été le maître du docteur chrétien à Constantinople. « Quand vous fûtes retourné dans votre pays, écrit Libanius à Basile, je me disois : Que fait maintenant Basile? Plaide-t-il au barreau? enseigne-t-il l'éloquence? J'ai appris que vous aviez suivi une meilleure voie : que vous ne vous étiez occupé qu'à plaire à Dieu, et j'ai envié votre bonheur [3]. »

Basile envoie de jeunes Cappadociens à l'école de Libanius sans crainte de les infecter du venin de l'idolâtrie. « Il suffira, lui mande-t-il, qu'avant l'âge de l'expérience ces jeunes gens soient comptés parmi vos disciples [4]. » — « Basile est mon ami, s'écrie Libanius dans une autre lettre, Basile est mon vainqueur, et j'en suis ravi de joie [5]. » — « Je tiens votre harangue, dit Basile; je l'ai admirée : ô Muses! ô Athènes! que de choses vous enseignez à vos élèves [6]! »

Est-ce bien l'ennemi de Julien, l'ami de Grégoire de Nazianze, le fondateur de la vie cénobitique; est-ce bien l'ardent sectateur de Julien, le violent adversaire des moines, l'orateur qui défendoit les temples; sont-ce bien ces deux hommes qui ont ensemble un pareil commerce de lettres?

Synesius, de la colonie lacédémonienne fondée en Afrique dans la Cyrénaïque, descendoit d'Eurysthène, premier roi de Sparte de la race dorique : il étoit philosophe; comme saint Augustin dans sa jeunesse, il partageoit ses jours entre la lecture et la chasse. Le peuple de Ptolémaïde, en Libye, le demande pour évêque. Synesius déclare qu'il ne se reconnoît point la pureté de mœurs nécessaire à un si saint état; que Dieu lui a donné une femme, qu'il ne veut ni la quitter ni s'approcher d'elle furtivement comme un adultère; qu'il souhaite

---

1. Proinde quod de Christo nihil tibi negandum vel affirmandum putasti, hoc in pagani animo temperamentum non invitus acceperim. (Epist. ccxxxv.)
2. Traduct. de M. Villemain, *Mél. hist. et litt.*
3. Ep. cccxxxvi. — Edit. Bened. 4. Ep. cccxxxvii.
5. Ep. cccxxxviii. 6. Ep. ccclii.

avoir un grand nombre d'enfants, beaux et vertueux. Il ajoutoit : « Je ne dirai jamais que l'âme soit créée après le corps ; je ne croirai jamais que le monde doit périr en tout ou en partie : la résurrection me paroît une chose fort mystérieuse, et je ne me rends point aux opinions du vulgaire [1]. » On lui laissa sa femme et ses opinions, et on le fit évêque. Quand il fut ordonné, il ne put pendant sept mois se résoudre à vivre au milieu de son troupeau ; il pensoit que sa charge étoit incompatible avec sa philosophie; il vouloit s'expatrier et passer en Grèce [2]. On lui laissa sa philosophie, et il resta à Ptolémaïde.

Synesius avoit été disciple d'Hypathia, à Alexandrie. Les lettres qu'il lui écrit sont ainsi suscrites : *Au philosophe. Au philosophe Hypathia* [3]. Dans une de ces lettres (et il étoit alors évêque), il l'appelle sa mère, sa sœur, sa maîtresse [4]. Il lui trouve une âme très-divine [5]. Il félicite Herculien de lui avoir fait connoître cette femme extraordinaire, qui révèle les mystères de la vraie philosophie [6]. Ces relations paisibles s'entretenoient dans un coin du monde, l'an 410 de J.-C., l'année même qui vit entrer Alaric dans la ville éternelle. Cinq ans auparavant, les Macètes et d'autres peuples barbares avoient assiégé Cyrène [7]. La main de Dieu se montroit dans la nue ; sous cette main, les siècles, les empires, les monuments s'abîmoient, et les hommes poursuivoient le cours ordinaire de leur destinée : en ce temps-là il y avoit beaucoup de vie, parce qu'il y avoit beaucoup de mort.

Il n'est pas jusqu'aux poëtes des deux cultes qui ne gémissent de ne pouvoir chanter aux mêmes fontaines et sur la même montagne. Ausone, de la religion d'Homère, écrit à Paulin, de la religion du Christ : « Muses, divinités de la Grèce, entendez cette prière, rendez un poëte aux Muses du Latium ! » Le poëte de la croix répond : « Pourquoi rappelles-tu en ma faveur les Muses que j'ai répudiées? Un plus grand Dieu subjugue mon âme... Rien ne t'arrachera de ma mémoire... Cette âme ne peut t'oublier, puisqu'elle ne peut mourir [8]. »

Le temps, comme vous le voyez, avoit usé la violence des partis : les hommes supérieurs, le moment de l'action passé, ne tardent pas à s'entendre ; il est entre ces hommes une paix naturelle qu'on pourroit appeler la paix des talents, semblable à cette paix de Dieu qu'une religion commune établissoit entre les vaillants et les forts. Aussi vers

---

1. *Syn.*, Ep. LVII. — CV. 2. Ep. XCV. — *Ad Olymp.*
3. Τῇ φιλοσόφῳ. Τῇ φιλοσόφῳ Ὑπαθίᾳ. Ep. XV, p. 172 ; ep. X, p. 170.
4. Μῆτερ, καὶ ἀδελφή, καὶ διδάσκαλε. Ep. XVI, p. 173.
5. Τῆς θεοτάτης σοῦ ψυχῆς. Ep. X, p. 170.
6. Ep. CXXXVI, p. 272. 7. Ep. CCLXV. — CCLXIX.
8. VILLEMAIN, *Mél. hist. et litt.*, p. 449.

la fin du ivᵉ siècle et dans les deux siècles suivants la tendance que les philosophes des deux religions ont à se rapprocher est visible : la haine a disparu ; il ne reste que les regrets. Les contentions n'existent plus que parmi les chrétiens des différentes sectes.

Néanmoins quelques caractères rigides, instruits aux rudes enseignements apostoliques, désapprouvoient ces ménagements : ils condamnoient orateurs et poëtes, et méprisoient la délicatesse du langage. Saint Jérôme confesse avec larmes son penchant pour les auteurs profanes ; il expie d'avance par le jeûne, les veilles et les prières, la lecture qu'il se prépare à faire de Cicéron et de Platon. Rufin accuse Jérôme d'un crime énorme : d'avoir occupé certains religieux du mont des Oliviers à copier les dialogues de Cicéron et d'avoir, dans sa grotte de Bethléem, expliqué Virgile à des enfants chrétiens.

Les philosophes, après le règne de Julien, avoient cessé de se distinguer de la foule par les habits et les mœurs ; mais la suite des doctrines et la succession des maîtres se prolongèrent bien au delà du règne de l'Apostat. Dans le vᵉ et dans le viᵉ siècle les chaires publiques à Athènes étoient encore occupées par des païens [1] : Syrannius fut le prédécesseur de Proclus, qui transmit le doctorat à Marinus, converti du judaïsme samaritain à l'hellénisme. Proclus étoit auteur d'un double commentaire sur Homère et sur Hésiode, de deux livres de théurgie, de quatre livres sur la *République* de Platon, de dix livres sur les Oracles, de plusieurs autres traités, et de dix-huit arguments contre les chrétiens, réfutés par Philoponus [2]. Marinus nous a laissé la biographie de son maître : alors un saint écrivoit la vie d'un saint, un philosophe la vie d'un philosophe ; ils se partageoient la gloire du ciel et de la terre.

Marinus attribue à Proclus une vertu surnaturelle de bienfaisance : il en apporte en preuve la guérison miraculeuse de la jeune Asclépigénie, fille d'Archiades et de Plutarcha. Il remarque que la maison de Proclus touchoit au temple d'Esculape ; car, dit-il, Athènes étoit encore assez heureuse pour conserver dans son entier le temple du *Sauveur*. Platon étoit pauvre (c'est toujours Marinus qui parle) ; il n'avoit qu'un jardin dans l'enceinte de l'Académie et un revenu de la valeur de trois pièces d'or ; mais du temps de Proclus le revenu de l'Académie s'élevoit à plus de mille [3].

Marinus nous donne encore l'époque certaine de la perte de la

---

1. Iontius donne le catalogue de la succession des philosophes athéniens. P. 301 et 302 : *De Scriptoribus hist. philosophicæ.*
2. Suidas. *Lex.*, vcce *Procl.* ; Fabric., *De Procli script. edit.*, p. 80.
3. Phot., *cod.* ccxlii, p. 1054 ; Damasc., *in Vit. Isidor.*

fameuse statue de Phidias, la Minerve du Parthénon : échappée aux ravages des Goths, elle n'échappa point à ceux des chrétiens. « Minerve, dit-il, manifesta le grand attachement qu'elle avoit pour Proclus, quand la statue de cette déesse, qui jusque alors étoit restée au Parthénon, fut enlevée par ceux *qui touchent aux choses qui ne devroient pas être touchées*. Quand donc Minerve eut été chassée de son temple, une femme d'une beauté exquise apparut en songe à Proclus; elle lui commanda de parer ses foyers, en lui disant : « Minerve veut habiter et dormir avec toi [1]. »

Marinus date la mort de Proclus de l'an 124 à partir de celle de Julien [2] : c'étoit une ère à l'usage des regrets et de la reconnoissance philosophiques. Les chrétiens comptoient ainsi de l'époque des martyrs.

Plus tard encore, vers l'an 550, nous trouvons Damascius le stoïcien lié d'amitié avec Simplicius et Eulanius. L'aventure de ces derniers philosophes du monde romain mérite d'être racontée.

Damascius de Syrie, Simplicius de Cilicie, Eulianus de Phrygie, Ermias et Diogène de Phœnicie, Isidore de Gaza, accablés du triomphe de la croix, résolurent de s'expatrier et d'aller vivre chez les Perses. Arrivés dans la contrée des mages, ils trouvèrent que le roi n'étoit pas un philosophe, que les nobles étoient pleins d'orgueil, que le peuple, rusé et voleur, ne valoit pas mieux que le peuple romain. Ils furent surtout révoltés du spectacle de la polygamie, impuissante même à prévenir l'adultère : ils se repentirent et désirèrent rentrer dans leur pays. Chosroès, qui négocioit alors un traité avec la cour de Constantinople, y fit généreusement insérer une clause en faveur de ses hôtes : on ne les inquiéta point à leur retour, et ils jouirent en paix à leurs foyers de la liberté de conscience [3].

Dans cette agonie d'une société prête à passer, l'assimilation de lan-

---

1. Marin., *in Vit. Procli*, cap. xxx, p. 62. Nous devons à M. Boissonade une excellente édition de la Vie de Proclus par Marinus, et du commentaire inédit de Proclus sur le Cratyle.

Je ne sais si, par rapport à l'histoire de l'art, ce passage a jamais été remarqué. Il m'avoit échappé dans mon mémoire sur l'histoire de Sparte et d'Athènes, dans l'introduction à l'*Itinéraire de Paris à Jérusalem*. M. Quatremère de Quincy ne le cite point dans son *Jupiter Olympien*. Il y avoit deux statues de Minerve à Athènes de la main de Phidias : celle de la *citadelle* : elle étoit de bronze, et l'on apercevoit l'aigrette de son casque du cap Sunium ; celle du *Parthénon* : elle étoit d'or et d'ivoire. Marinus parle évidemment de la dernière.

2. Marin., *in Vit. Procli*, cap. xxxvi, p. 73.

3. Agathias, lib. ii, p. 69 et seq.; Suidas, voce Πρέσβεις; Brucker, *Hist. crit. de la Philosoph.*, t. II, p. 451.

gage, d'idées et de mœurs étoit presque complète entre les hommes supérieurs des deux religions; mêmes principes de morale, mêmes expressions de *salut*, de *grâce* divine, mêmes invocations au Dieu unique, éternel, au Dieu *Sauveur*. Quand on lit Synesius et Marinus, Fulgence et Damascius, et les autres écrivains religieux et moraux de cette époque, on auroit peine à déterminer la croyance à laquelle ils appartiennent, si les uns ne s'appuyoient de l'autorité homérique, les autres de l'autorité biblique.

Boëce dans l'Occident, Simplicius dans l'Orient, terminèrent cette série des beaux génies qui s'étoient placés entre le ciel et la terre : ils virent entrer la solitude dans les écoles où le christianisme avoit été nourri, et dont il chassa l'auditoire : ils fermèrent avec honneur les portes du Lycée et de l'Académie des sages. Justinien supprima les écoles d'Athènes quarante-quatre ans après la mort de Proclus[1]. Boëce, chrétien et persécuté, étoit un philosophe; Simplicius, philosophe et heureux, avoit le caractère d'un chrétien. « O Seigneur, » dit-il (dans la prière qui termine son commentaire de l'*Enchiridion* d'Épictète) : « O Seigneur, père, auteur et guide de notre raison, permets que nous n'oubliions jamais la dignité dont tu décoras notre nature! Fais que nous agissions comme des êtres libres; que purifiés de toutes passions déréglées nous sachions, si elles s'élèvent, les combattre et les gouverner! Guidé par la lumière de la vérité, que notre jugement nous attache aux choses véritablement bonnes! Je te supplie, ô mon Sauveur! de dissiper les ténèbres qui couvrent les yeux de nos âmes, afin que nous puissions, comme le dit Homère, distinguer et l'homme et Dieu. »

Boëce enfermé dans un cachot à Ticinum (Pavie) se plaint du changement de sa fortune et des malheurs de sa vieillesse : les Muses l'environnent dans des vêtements de deuil. Tout à coup une femme majestueuse se montre à lui; ses regards sont perçants, ses couleurs brillantes. Elle est jeune, et pourtant on voit que sa naissance a précédé celle des hommes du siècle : tantôt elle ne paroît pas s'élever au-dessus de la taille commune; tantôt son front touche aux nues et se cache aux regards des mortels. Un tissu d'une matière incorruptible forme sa robe; l'éclat de cette robe est légèrement adouci par une espèce de teinte semblable à celle que le temps répand sur les vieux tableaux. Cette femme tient un livre dans sa main droite, un sceptre dans sa main gauche. Dès qu'elle aperçoit les Muses dictant des vers à la douleur de Boëce, elle chasse ces courtisanes, qui, loin de fermer

---

1. Joan. Matt., t. II, p. 187; Aleman., p. 106.

les blessures, les tiennent ouvertes avec un poison subtil. Ensuite elle s'assied sur le lit du prisonnier, et lui adresse ces paroles : « Est-ce donc toi que j'ai nourri de mon lait, que j'ai élevé avec un si tendre soin? toi dont j'avois fortifié l'esprit et le cœur, tu te serois laissé vaincre à l'adversité! Me reconnois-tu? Tu gardes le silence! » La Divinité essuie avec un pan de sa robe les larmes qui roulent dans les yeux de Boëce : aussitôt il reconnoît la mère féconde des vertus, son amie céleste, la Philosophie. Elle donne ses dernières leçons à son élève ; elle lui répète que le souverain bien ne se trouve qu'en Dieu, et comme Simplicius, la Philosophie, ou plutôt Boëce, s'écrie : « Être infini! source de tous les biens! Dieu Sauveur! élevez nos âmes jusqu'au séjour que vous habitez! répandez sur nous cette lumière qui seule peut donner à nos yeux la force de vous contempler! »

Y a-t-il rien de plus beau et en même temps de plus semblable que ces derniers accents de Simplicius et de Boëce? A cette époque le christianisme étoit philosophique ; il rétrograda ; il devint monacal par l'ignorance et les malheurs répandus sur la terre : c'est précisément ce qui fit sa force. Le temps de la barbarie couva les germes de la société moderne, et son incubation fut d'une énergie prodigieuse. Le christianisme, philosophique trop tôt à la suite d'une vieille civilisation qui n'étoit pas née de lui, se seroit épuisé; il falloit qu'il traversât des siècles de ténèbres, qu'il fût lui-même l'auteur de la civilisation nouvelle, pour arriver à son âge philosophique *naturel*, âge qu'il atteint aujourd'hui.

Entre Platon et saint Augustin, entre Socrate et Boëce, s'accomplit une des grandes périodes de l'histoire de l'esprit humain. Les maîtres de la sapience païenne remirent, en se retirant, le style et les tablettes aux maîtres de la science évangélique. Le principe de la philosophie ne périt point, parce qu'aucun principe ne se détruit, parce que la philosophie est à la fois la langue de l'esprit et la haute région où l'âme habite à part de son enveloppe. La théologie s'assit sur les bancs que la philosophie abandonnoit, et la continua. Les systèmes d'Aristote et de Platon, la forme et l'idée, divisèrent toujours les intelligences, jusqu'au temps où les ouvrages du Stagyrite, rapportés à l'Europe par les Arabes, renouvelèrent la doctrine des péripatéticiens et enfantèrent la scolastique. La branche gourmande du christianisme, l'hérésie, qui ne cessa de pousser avec vigueur, reproduisit de son côté le fruit philosophique dont le germe l'avoit fait naître.

En lisant le récit de la spoliation des temples sous le règne de Théodose, vous aurez cru assister à la destruction des églises perpétrée de nos jours. Mais l'écroulement de nos églises n'a point amené la chute de la religion du Christ, tandis que la religion de Jupiter, ruinée d'ailleurs, disparut avec ses temples. La vérité ne tient point à une pierre, elle subsiste indépendamment d'un autel : l'erreur ne peut vivre si elle n'est enfoncée dans les ténèbres d'un sanctuaire. Le christianisme au temps de Théodose et de ses fils se trouvoit prêt à remplacer le paganisme : le christianisme n'a point d'héritier dans notre siècle. La philosophie humaine qui se présenteroit pour succéder à la foi, ainsi qu'elle s'offrit pour tenir lieu de l'idolâtrie, qu'auroit-elle à nous donner? Une théurgie? Qui l'admettroit? Et cette théurgie, que cacheroit-elle sous ses voiles, sinon ces mêmes vérités de l'essence divine que les enseignements publics de l'Église ont mises à la portée du vulgaire? Les mystères des initiations sont révélés à la foule dans le symbole que répète aujourd'hui l'enfant du peuple.

Si l'on imaginoit d'établir autre chose que les vérités reçues de la foi, le panthéisme, par exemple, le pourroit-on? Le christianisme est la synthèse de l'idée religieuse : il en a réuni les rayons ; le panthéisme est l'analyse de la même idée : il en disperse les éléments. Chacun aura-t-il à ses foyers une petite fraction de la vérité divine, dont il se fera un dieu pour sa consommation particulière? Les pénates, les fétiches, les manitous, les énones, les génies ressusciteroient-ils? L'idolâtrie reviendroit-elle encore une fois par cette route fausser la société? Y auroit-il autant d'autels que de familles, autant de prêtres, de cérémonies, de rites, que d'imaginations pour les inventer? La pluralité des religions privées remplaceroit-elle l'unité de la religion publique? Auroit-elle le même effet sur l'homme? Quel chaos que le mouvement et l'exercice de ces cultes infinis et divers! toutes les bizarreries, tous les désordres d'esprit et de mœurs qui ont décrédité les sectes philosophiques et les hérésies revivroient; toutes les aberrations sur la nature de Dieu renaîtroient. Qu'est-il, ce Dieu? Est-il éternel? a-t-il créé la matière? existe-t-il à part auprès d'elle? est-il d'une source d'où sortent et où rentrent les intelligences? La matière même existe-t-elle? L'univers est-il en nous? hors de nous? Qu'est-ce que l'esprit, effet ou cause? Ira-t-on jusqu'à supposer, dans un nouveau système, que Dieu n'est pas encore complet, qu'il se forme chaque jour par la réunion des âmes dégagées des corps; de sorte que ce ne seroit plus Dieu qui auroit formé l'homme, mais les hommes qui seroient les créateurs de Dieu? Et comment revêtirez-vous d'une forme sacrée, pour remplacer la forme chrétienne, ces allégories, ces mythes, ces rêveries, ces vapeurs des esprits défectueux, nébuleux et vagues, qui cherchent la religion et qui n'en veulent pas? Le mysticisme, l'éclectisme ou le choix des vérités dans chaque système, peuvent-ils devenir un culte? Ces vérités sont-elles évidentes, et tous les esprits consentent-ils aux mêmes abstractions métaphysiques?

Enfin, tout système philosophique, en s'implantant dans les ruines du christianisme, ne trouveroit plus pour véhicule populaire le moyen qui se rencontra autrefois : la prédication de la morale universelle. L'Évangile eut à développer ces grands principes de liberté et d'égalité qui, connus de quelques génies privilégiés, étoient ignorés des nations et combattus par les lois. Aujourd'hui l'ouvrage est accompli : la philosophie peut recommander une réforme, mais elle n'a aucun enseignement nouveau à propager. Comment alors, sans la ressource d'une morale à établir, déterminerez-vous les hommes à changer les mystères chrétiens contre d'autres mystères, aussi difficiles à comprendre?

Ces choses étant impossibles, on n'aperçoit réellement derrière le christianisme que la société matérielle; société bien ordonnée, bien réglée, jusqu'à un certain point exempte de crimes, mais aussi, bien bornée, bien enfantine, bien circonscrite aux sens polis et hébétés. Lorsque dans la société matérielle on pousseroit les découvertes physiques et les inventions des machines jusqu'aux miracles, cela ne produiroit que le genre de perfectionnement dont la machine même est susceptible. L'homme privé de ses facultés divines est indigent et triste ; il perd la plus riche moitié de son être : borné à son corps, qu'il ne peut ni rajeunir ni faire vivre, il se dégrade dans l'échelle de l'intelligence. Nous deviendrions, par l'absence de religion, des espèces d'Indiens ou de Chinois. La Chine et l'Inde, l'une par le matérialisme, l'autre par une philosophie pétrifiée, sont de véritables nations-momies : assises depuis des milliers de siècles, elles ont perdu l'usage du mouvement et la faculté de progression, semblables à ces idoles muettes et accroupies, à ces sphinx couchés et silencieux qui gardent encore le désert dans la Thébaïde.

Religieusement parlant, on est obligé de conclure de ces investigations impartiales qu'il n'y a rien après le christianisme.

Mais si le christianisme tombe comme toute institution que l'homme a touchée, et à laquelle il a communiqué la défaillance de sa nature, si le temps de cette religion est accompli, qu'y faire? Le mal est sans remède? Je ne le pense pas. Le christianisme intellectuel, philosophique et moral, a ses racines dans le ciel, et ne peut périr ; quant à ses relations avec la terre, il n'attend pour se renouveler qu'un grand génie. On aperçoit très-bien aujourd'hui la possibilité de la fusion des diverses sectes dans l'unité catholique; mais la première condition pour arriver à la recomposition de l'unité, c'est l'affranchissement complet des cultes. Tant que la religion catholique sera une religion soldée, dépendante de l'autorité politique et de la forme variable des gouvernements, tant qu'elle continuera d'être gênée dans ses mouvements, entravée dans ses assemblées particulières et générales, contaminée dans ses chaires et ses écoles par l'argent du fisc; en un mot, tant qu'elle ne retournera pas au pied et à la liberté de la croix, elle languira dégénérée.

Le tableau de la chute du polythéisme et de la destruction des écoles philosophiques auroit été mal aperçu s'il s'étoit déroulé lentement dans l'ordre chronologique du récit : le triomphe complet de la religion chrétienne, sous le règne de Théodose, indiquoit la place où ce tableau devoit être exposé. Reprenons la suite des faits politiques et militaires.

ÉTUDE QUATRIÈME

ou

QUATRIÈME DISCOURS

SUR

LA CHUTE DE L'EMPIRE ROMAIN, LA NAISSANCE ET LES PROGRÈS DU CHRISTIANISME
ET L'INVASION DES BARBARIS.

PREMIÈRE PARTIE.

D'ARCADE ET HONORIUS A THÉODOSE II ET VALENTINIEN III.

<small>ARCADE,
HONORIUS
emp.
SIRICIUS,
ANASTASE Ier,
INNOCENT Ier
papes.
An de J.-C.
395-408.</small>

Théodose ne survécut que trois mois à sa victoire sur Eugène : il mourut à Milan ; son corps fut transporté à Constantinople. Il laissa deux fils, Arcade et Honorius. Arcade avoit été déclaré auguste par son père, la cinquième année du règne de ce dernier ; Honorius fut revêtu de la même dignité après la mort de Valentinien II et lorsque Théodose se préparoit à marcher contre Eugène. Arcade hérita de l'empire d'Orient, Honorius de celui d'Occident ; Arcade s'ensevelit dans le palais de Constantinople, Honorius dans les murs de Ravenne. Arcade étoit petit, mal fait, laid, noir et bête ; il avoit les yeux à demi endormis, comme un serpent [1] ; Honorius étoit fainéant et léger [2]. Rufin se chargea de tromper et d'avilir les deux empereurs, Stilicon de les trahir et de les défendre. Arcade subissoit le joug des eunuques et de sa femme ; Honorius élevoit une poule appelée Rome, et Alaric prenoit la cité de Romulus.

Rufin fut le ministre d'Arcade, comme Stilicon le ministre d'Honorius. Originaire d'Éause, dans les Gaules, Rufin avoit obtenu sous Théodose, qui le favorisa trop, les charges de grand-maître du palais, de consul et de préfet du prétoire. Il est accusé d'ambition, de per-

---

1. PHILOST., *Hist. eccles*, lib. XI, cap. III ; PROCOP., *De Bell. Persic.*, lib. I, cap. II.
2. PROCOP., *De Bell. Vandal.*, lib. I, cap. II ; PHOT., cap. LXXX.

fidie, de cruauté et surtout d'avarice, par Claudien, Suidas, Zosime, Orose, saint Jérôme et Symmaque[1], lequel louant tout le monde ne louoit personne, ainsi qu'on l'a remarqué.

Déclaré préfet d'Orient, aspirant secrètement à l'empire, Rufin avoit une fille qu'il prétendoit donner en mariage à Arcade. Eutrope l'eunuque déjoua ce projet, et Arcade mit dans le lit impérial Eudoxie, fameuse par ses démêlés avec saint Jean Chrysostome; elle étoit fille de Bauton, vaillant chef frank, devenu comte et général romain.

Stilicon gouvernoit l'Occident sous Honorius; c'étoit un grand capitaine, de race vandale[2]. Il avoit épousé Serène, nièce de Théodose. Cette alliance enfloit le cœur du demi-barbare[3]; il prétendoit que son oncle Théodose lui avoit laissé la tutelle de ses deux fils, et ne supportoit qu'avec impatience l'autorité dont Rufin jouissoit en Orient.

Celui-ci, trompé dans ses projets par le mariage d'Eudoxie, craignant les entreprises de Stilicon, qui levoit des soldats, déchaîna les barbares sur l'empire; il invita les Huns à se précipiter sur l'Asie, et il livra l'Europe aux Goths[4]. Ces derniers étoient commandés par Alaric.

Alaric étoit né dans l'île de Peucé, à l'embouchure du Danube, au sein même de la barbarie. Claudien appelle poétiquement le Danube le dieu paternel d'Alaric. Cet homme, un des cinq ou six hommes millenaires ou fastiques, n'étoit pas de la famille des *Amales*, la première de la nation des Goths, mais de la seconde, la famille des *Balthes*. Son courage lui avoit fait donner parmi ses compatriotes le surnom de Balt, qui signifie le hardi ou le vaillant.

Tout jeune encore, Alaric avoit passé le Danube en 376, avec les Visigoths, lorsqu'ils fuyoient devant les Huns. Il s'étoit trouvé aux combats qui précédèrent et amenèrent la défaite et la mort de Valens[5]. Il fit la paix avec Théodose, et le suivit en qualité d'allié dans l'expédition contre Eugène.

Rufin alla déterrer, pour venger sa querelle domestique, l'homme que Dieu avoit destiné pour venger la querelle du monde. Afin que le Goth ne rencontrât aucun obstacle, le favori d'Arcade plaça deux traîtres, Antioque et Géronce, l'un à la garde des Thermopyles, l'autre à celle de l'isthme de Corinthe[6] : ces deux portiers de la Grèce la devoient ouvrir aux barbares.

---

1. *In Ruf.*; Suid., p. 690; Zosim., lib. v; Oros., p. 221; Hier., epist. iii; Symm., lib. vi, epist. xv.
2. Oros., lib. vii, cap. xxxviii.   3. Hier., ep. xxi.   4. Hier., ep. iii, xxx, xx, p. 783.
5. Claud., *De Sext. Hon. consul.*, p. 117; id., *De Bell. Get.*, p. 170; Symm., lib. ii; Jornand., cap. xiv, xxix.
6. Zos., p. 782.

Alaric, feignant donc quelque mécontentement de la cour d'Arcade, marauda tout le pays entre la mer Adriatique et le Pont-Euxin. Les Goths promenoient avec eux quelques troupes des Huns qui l'hiver d'antan avoient passé le Danube sur la glace. Les barbares butinèrent jusque sous les murs de Constantinople, d'où Rufin sortit en habit goth pour parlementer avec eux [1].

Stilicon, sous prétexte de secourir l'Orient, se mit en marche avec l'armée que Théodose avoit employée contre Eugène.

Alors arrive un ordre d'Arcade qui redemande à Stilicon l'armée de Théodose et lui défend de passer outre de sa personne : Stilicon obéit : il remet le commandement de l'armée à Gaïnas, capitaine goth qui servoit sous lui, et le charge secrètement de tuer Rufin; entreprise dans laquelle il ne manqua pas d'être assisté par l'eunuque Eutrope [2].

Rufin se flattoit d'être proclamé empereur par les soldats qui lui apportoient une autre pourpre ; il alla avec Arcade au-devant d'eux : Gaïnas le fit envelopper, et tout aussitôt massacrer aux pieds d'Arcade. Sa tête, détachée de son corps, fut portée à Constantinople au bout d'une pique et promenée par les rues; sa main droite coupée accompagnoit sa tête ; on présentoit cette main de porte en porte [3]. Un caillou introduit dans la bouche du mort la tenoit ouverte, et les lèvres entre-bâillées étoient censées demander l'aumône que la main [4] attendoit; satire populaire d'une effrayante énergie contre l'exaction et le pouvoir. On ne gagna rien au changement du ministère : Eutrope prit la place de Rufin.

Alaric et ses Goths, n'ayant plus rien à piller ni à combattre, passèrent le défilé des Thermopyles, qui n'étoit défendu que par le tombeau de Léonidas. Des pâtres avoient enseigné aux Perses le sentier

---

1. CLAUD., *in Ruf.*, p. 22.
2. Zos., p. 785; PHILOST., lib. II, cap. III.
3. Data a Gaine tessera simul universi Rufinum circumdatum gladiis feriunt. Et hic quidem ei dexteram adimebat, ille manum alteram procidebat. Alius a cervice revulso capite recedebat consuetos victoriæ Pœanas accinens... et manum ejus ubique per urbem circumgestarent et ab occurrentibus peterent insatiabili pecuniam darent. (Zos., *Hist.*, lib. v, p. 89.)

Rufinus quidem etiam imperatorium nomen ad se ipsum trahere omni arte studebat.... Milites, in loco qui Tribunal dicitur, ad ipsos imperatoris pedes gladiis contrucidarunt... Eo ipso die quo ii qui militum delectum agebant, purpuram ipsi circumdaturi erant. (PHILOSTORG., *Hist. eccl.*, lib. IX, p. 528.)

4. Porro milites cum Rufino caput amputassent, lapidem ori ejus immiserunt, hastæque infixum circumferentes quaqua versum discurrere cœperunt. Dextram quoque ejusdem præcisam gestantes, per singulas officinas urbis circumtulerunt, hæc addentes : Date stipem insatiabili. Magnamque auri vim hujusmodi postulatione collegerunt. (*Id., ibid.*)

de la montagne; des *robes noires* (ce qui dans le langage d'Eunape signifie des moines) le découvrirent aux Goths[1]. Quel prodigieux changement dans les temps! Quelle révolution parmi les hommes!

Les murailles de Thèbes la protégèrent[2]; les souvenirs de cette ville venoient d'Œdipe, passoient par Épaminondas et Alexandre. Alaric épargna Athènes, qui n'étoit plus qu'une université, moins fameuse par sa philosophie que par son miel[3]. Il accepta un repas, et se baigna dans la cité de Périclès et d'Aspasie pour montrer qu'il n'étoit pas étranger à la civilisation[4]. Mais l'Attique fut livrée aux flammes. On voit encore aujourd'hui cette Athènes qui ressemble, comme elle ressembloit au temps des Goths, à la peau vide et sanglante d'une victime dont la chair avoit été offerte en sacrifice[5]. On affirmoit que Minerve avoit remué sa lance; que l'ombre d'Achille avoit effrayé Alaric[6]. Des esprits débilités par des fables sont bien petits dans les réalités des empires : la Grèce, conservée et comme embaumée dans ses fictions, opposoit puérilement les mensonges du passé aux terribles vérités du présent.

Alaric continua sa marche vers le Péloponèse : Cérès périt à Éleusis avec ses mystères; plusieurs philosophes moururent de douleur ou par l'épée des barbares, entre autres Protère, Hilaire et Priscus, si chéri de Julien[7]. Corinthe, Argos et Sparte virent leur gloire foulée aux pieds. Alors périt aussi peut-être ce Jupiter Olympien qui n'avoit d'immortel que sa statue. Malheureusement il étoit d'or et d'ivoire; s'il eût été de marbre, quelque espoir resteroit de le retrouver sous les buissons de l'Élide, à moins que la pensée broyée de Phidias ne fût devenue la chaux d'une cahute ou d'un minaret.

Stilicon débarque avec une armée sur les côtes de la Grèce; il enferme Alaric dans le mont Pholoé, et le laisse ensuite échapper[8]. Sorti du Péloponèse, Alaric, par un soudain changement de fortune, est déclaré maître général de l'Illyrie orientale, au nom de l'empereur Arcade. Ce prince prétendoit qu'Honorius n'avoit pas eu le droit de le secourir,

---

1. Eunap., cap. vi, p. 93, *in Vita Philosoph.*   2. Zos., 783.

3. Athenæ vero quondam civitas fuit, sapientum domicilium, nunc eam mellatores celebrant; quibus pars illud sapientum plutarcheorum adjice, qui non orationum suarum fama juvenes in theatris congregant, sed mellis ex Hymeto amphoris. (Synes., epist. cxxxv, *Ad fratrem*, p. 272.)

4. Zos., p. 784.

5. Nihil enim jam Athenæ splendidum habent, præter celeberrima locorum nomina. Ac velut ex hostia consumpta sola pellis superest animalis, quod olim aliquando fuerat indicium. (Synes., *Ad fratrem*, ep. cxxxv, p. 272.)

6. Zos., p. 784.   7. Eunap., cap. vi, p. 93-94.

8. Zos., p. 784.

parce que la Grèce étoit du ressort de l'empire d'Orient[1] : Arcade ne vouloit rien perdre de la légitimité de sa couardise. Il crut gagner Alaric en l'investissant du commandement d'une province, et ne fit que le rendre plus redoutable. Une éternelle justice punit la lâcheté : Alaric venoit d'égorger les fils ; on lui donna la puissance sur les pères : on ne règne point par de pareils moyens.

Les Goths déclarent Alaric roi, sous le nom de roi des Visigoths : ils envahissent l'Italie, la première année même de ce ve siècle, fameux par la destruction de l'empire d'Occident et la fondation des royaumes barbares. Stilicon rassemble une armée ; Alaric se retire ; Honorius va triompher à Rome. Je ne vous parle de ce ridicule triomphe qu'afin de rappeler le véritable triomphateur : c'étoit un moine qui portoit un nom voué à l'immortalité : Télémaque, sorti tout exprès de la solitude de l'Orient, étoit venu à Rome sans autre autorité que celle de son froc, pour accomplir ce que les lois de Constantin n'avoient pu faire. Il se jette dans l'amphithéâtre au milieu des gladiateurs, et s'efforce de les séparer avec ses mains pacifiques. Les spectateurs, enivrés de l'esprit du meurtre, le massacrèrent[2] ; vrai martyr de l'humanité, il racheta de son sang le sang répandu au spectacle de la mort. De ce jour les combats des gladiateurs furent définitivement abolis.

Stilicon, dont Honorius épousa successivement les deux filles, avoit traité avec les Franks aux bords du Rhin. Marcomir et Sunnon, frères, régnoient sur ces peuples. L'un fut banni en Toscane, l'autre tué par ses compatriotes. On veut que Marcomir ait été père de Pharamond[3].

Saint Ambroise étoit mort dès l'année 397. Stilicon regarda sa mort comme la ruine de l'Italie[4]?

Guidon se révolta en Afrique, et fut défait par son frère Marcezel. « L'incertitude des choses de ce siècle est si grande, écrivoit alors saint Augustin, on voit si souvent tomber les princes de la terre, que ceux qui mettent en eux leurs espérances y trouvent leur ruine[5]. »

---

1. Claud., *De Bell. Get.*
2. Telemachus, monasticæ vitæ deditus. Hic ab Orientis partibus profectus, ejusq rei causa Romam ingressus... Ipse quoque in amphitheatrum venit. Et in arenam descendens, gladiatores qui inter se pugnabant compescere conabatur. Sed cruentæ cædis spectatores eum ægre ferentes, et dæmonis qui eo sanguine oblectabatur furorem animis suis concipientes, pacis autorem lapidibus obruerunt. (Theod. episcop.; Cyri *Hist. eccl.*, lib. v, cap. xxvi, p. 234; Parisiis, 1673.)
3. Adrian. Val. *Rer. Fr.* lib. iii.
4. Ambr., *Vit. P.*, cap. xlv.
5. Deus noster refugium et virtus; sunt quædam refugia quo quisque cum fugerit magis infirmatur quam confirmetur. Confugis, verbi gratia, ad aliquem in seculo magnum... Tanta hujus seculi incerta sunt et ita potentum ruinæ quotidianæ crebres-

Marcezel fut jeté dans une rivière près de Milan, par ordre de Stilicon, jaloux.

Les Scots et les Pictes ravagèrent l'Angleterre. Alaric sorti d'Italie y rentra vers la fin de l'an 402. L'histoire confuse de cette époque ne laisse pas voir les causes de ces mouvements divers. Les partis s'accusent mutuellement : tantôt c'est Alaric représenté comme un chef sans foi, se jouant des serments qu'il prête tour à tour aux deux empereurs Arcade et Honorius ; tantôt c'est Stilicon soupçonné de vouloir faire tomber la couronne sur la tête d'Eucher, son fils, et suscitant à dessein les barbares. Mais cette fièvre à redoublements n'étoit que l'effet de la décomposition du corps social dans sa maladie de mort. L'Italie fut consternée à la seconde irruption d'Alaric. Rome répara les murailles d'Aurélien ; Honorius, prêt à fuir, trembloit dans les marais de Ravenne. Stilicon attaque les Goths à Pollence, sur les confins de la Ligurie, et remporte une victoire chèrement achetée[1]. Les Goths avoient d'abord refusé le combat, à cause de la célébration des fêtes de Pâques (403). La femme et les enfants d'Alaric demeurèrent prisonniers entre les mains de Stilicon, et pour les délivrer Alaric consentit à évacuer ses conquêtes. Dieu avoit au milieu de l'Empire Romain deux armées de Goths investies de ses justices : l'une conduite par un Goth chrétien, Alaric, l'autre par un Goth païen, Radagaise, ou Rhodogaise, selon la forme grecque. L'armée de celui-ci étoit composée de toute la race gothe trans-danubienne et trans-rhénane. Il menoit aux batailles deux cent mille soldats.

Radagaise monta à son tour en Italie (405), comme une haute marée remplace celle qui est descendue. Stilicon rassemble des Alains, des Huns et d'autres Goths commandés par Sarus. Les ennemis pénètrent jusqu'à Florence. Saint Ambroise apparoît à un chrétien dont jadis il avoit été l'hôte dans cette ville, et lui promet une délivrance subite. Le lendemain Stilicon, par force ou par famine, contraint la multitude barbare à fuir ou à se rendre. Radagaise est pris, chargé de chaînes, et enfin exécuté ; ses compagnons, parqués en troupeaux, sont vendus un écu pièce. Ils moururent presque tous à la fois : ce qu'on avoit épargné en les achetant fut dépensé pour creuser leurs fosses.

Un an après la défaite de Radagaise (406), les Alains, les Vandales et les Suèves envahirent les Gaules, toujours, supposoit-on, excités

---

cunt, ut, cum ad tale refugium perveneris, plus tibi timere incipias. (Aug., *Enarrationes in Psalmos*, XLV, v. 2, p. 299, IV.)

1. Claud., *De Bell. Get.*, p. 173 ; Prud., *in Sym.*, lib. II ; Oros., lib. VII, cap. XXXVII ; Jorn., p. 653. Pollence est encore un petit village dans le Piémont, sur le Tanaro.

par Stilicon, qui renversoit les barbares par ses batailles et les relevoit par ses intrigues.

Les Bourguignons et les Franks suivirent les Alains, les Vandales et les Suèves dans les Gaules, en 407, et n'en sortirent plus.

Les légions de la Grande-Bretagne élurent cette même année pour empereur Marcus, qu'ils massacrèrent, et ensuite un soldat nommé Constantin. Celui-ci passa dans le continent, battit ce qu'il rencontra, et s'établit à Arles. Il fut reconnu ou toléré par Honorius, qui faisoit paisiblement des lois assez bonnes pour des sujets qu'il n'avoit plus. Il proscrivit les priscillianistes et les donatistes.

Constant, fils de ce Constantin, empereur d'Arles, d'abord moine, ensuite césar et auguste, se rendit maître de l'Espagne. Il en ouvrit la porte aux barbares, en retirant la garde des Pyrénées aux fidèles et braves paysans chargés de les défendre [1].

Honorius épouse, en 408, Thermancie, seconde fille de Stilicon. Alaric traite avec Stilicon par députés : il obtient la qualité de général des armées d'Honorius, dans l'Illyrie occidentale. Aetius, donné en otage à Alaric, passa trois ans auprès de lui.

Alaric, non encore satisfait, s'avança vers l'Italie, et demanda quatre mille livres pesant d'or, que Stilicon lui fit accorder.

Honorius commençoit à se défier de Stilicon, à la fois son oncle et son beau-père, et accusé de songer à la pourpre pour Eucher, son fils, ouvertement attaché au paganisme.

Un camp réuni à Pavie, secrètement travaillé par Olympe, favori d'Honorius, donna le signal de la révolte. Stilicon apprend cette révolte à Bologne, en devine la cause, et se retire à Ravenne. Deux ordres d'Honorius arrivent, l'un pour arrêter, l'autre pour tuer le sauveur de l'empire, déclaré ennemi public : il eut la tête tranchée le 23 août 408 ; c'étoit Rome qui portoit sa tête sur l'échafaud. Héraclien exécuta Stilicon de sa propre main, et fut fait comte d'Afrique : par une vertu d'extraction, le sang d'un grand homme anoblissoit son bourreau. Eucher, qui vouloit les temples et qui chercha à Rome un abri dans les églises, fut tué ; Thermancie, femme d'Honorius, eut le même sort. Olympe hérita de la faveur dont avoit joui Stilicon.

Durant ces troubles de l'Occident, l'Orient avoit été gouverné par Arcade, successivement gouverné lui-même par Rufin et par Eutrope ; l'un mauvais favori, qui se croyoit haï à cause de sa fortune, et ne l'étoit que pour sa personne ; l'autre hideux, eunuque, devenu consul, d'esclave d'un palefrenier qu'il avoit été, avide publicain qui

---

1. Orose, p. 223.

prenoit tout, même des femmes, qui vendoit tout par habitude, se souvenant d'avoir été vendu[1]. Vous avez vu la mort de Rufin.

Eutrope, pour défendre sa bassesse, inventa des lois qui restent dans le Code comme un monument de la honte humaine[2]. Ces lois appliquent le crime de lèse-majesté à ceux qui conspirent contre les personnes dévouées à l'empereur; elles punissent la pensée, et s'appesantissent jusque sur les enfants des coupables de lèse-favoris. Ces lois, qui ne mirent pas même leur auteur à l'abri, firent trembler des esclaves et n'arrêtèrent pas les Goths. Tribigilde, chef d'une colonie d'Ostrogoths établie par Théodose dans la Phrygie, se révolta à l'instigation de Gaïnas, cet autre Goth, meurtrier de Rufin. Tribigilde, opprimé tant qu'il fut ami, fut respecté quand il devint ennemi; on reconnut qu'il avoit été fidèle lorsqu'il cessa de l'être. L'eunuque régnant, accusé de ces désordres, les paya de sa chute. Il avoit osé insulter l'impératrice Eudoxie. Saint Chrysostome, qui devoit le siége épiscopal de Constantinople à Eutrope, eut le courage de défendre son bienfaiteur; s'il ne put le sauver du glaive de la loi, il l'arracha du moins aux fureurs populaires; il le peignit trop vil pour être égorgé, et réclama en sa faveur l'inviolabilité du mépris. Eutrope, tout tremblant, la tête couverte de poussière, s'étoit réfugié dans l'église à laquelle il avoit retiré le droit d'asile. « Elle lui ouvrit son sein, dit Chrysostome, elle l'admit au pied de l'autel, elle le cacha des mêmes voiles qui couvroient le lieu sacré : elle ne permit pas qu'on l'arrachât du sanctuaire dont il embrassoit les colonnes[3]. »

Eutrope fut banni dans l'île de Chypre, ramené à Pantique et décapité. Cet homme, qui avoit possédé plus de terre qu'on n'en pouvoit mesurer, obtint à peine le peu qu'il en falloit pour couvrir son cadavre[4].

Saint Chrysostome sauva la vie à Aurélien et à Saturnin, que Gaïnas accusoit d'être les auteurs des troubles de l'Orient. Gaïnas, trompé dans ses projets de vengeance, conspira ouvertement. Les Goths qu'il commandoit, et à l'aide desquels il vouloit surprendre Constantinople, furent massacrés, et lui-même, après avoir été défait par Fravitas, trouva la mort chez les Huns, de l'autre côté du Danube, dans l'ancienne patrie des Goths.

1. Claud., *in Eutrop. eun.*, lib. I, p. 94 et seq.
2. *Cod. Th.*, loi du 4 septembre 397.
3. *Homelia* IV, p. 60.
4. Ac tantum telluris possedit quantum nec facile nominare qui nunc exigua conditur humo, et quantulum ei non nemo miseratione motus imperties. (Chrys., t. IV, p. 481, a, d.)

Eudoxie, proclamée augusta, ordonna d'honorer ses images. Une statue d'argent élevée à cette femme ambitieuse, assez près de l'église de Sainte-Sophie, excita le zèle de saint Chrysostome, et devint la principale cause de l'exil de ce grand prélat. Il sortit de Constantinople le 20 juin 404. Eudoxie succomba le sixième jour d'octobre : *une fausse couche termina sa vie, son règne, sa fierté, son animosité et tous ses crimes* [1].

> Honorius,
> Théodose II
> emp.
> Innocent Ier,
> Zosime,
> Boniface Ier,
> Célestin Ier
> papes.
> An de J.-C.
> 409-423.

Arcade mourut le 1er mai de l'année 408, quelques mois avant la fin tragique de Stilicon ; il laissa un fils unique, Théodose II. Anthemius, préfet d'Orient, fut son tuteur. Les Huns et les Squières envahirent la Thrace.

Pulchérie, sœur aînée de Théodose, devint dès l'âge de quinze ans l'institutrice de son frère. Le palais se changea en monastère. Théodose se levoit de grand matin avec ses sœurs pour chanter à deux chœurs les louanges de Dieu. Jamais ce prince ne vengea une injure ; il laissa rarement exécuter un criminel à mort. Il disoit : « Il est aisé de faire mourir un homme, mais Dieu seul lui peut rendre la vie. » Un jour le peuple demandoit un athlète pour combattre les bêtes féroces ; Théodose, qui étoit présent, répondit : « Ne savez-vous pas qu'il n'y a rien de cruel et d'inhumain dans les combats où nous avons accoutumé d'assister [2] ? »

Ce prince doux avoit inventé une lampe perpétuelle, afin que ses domestiques ne fussent pas obligés de se lever la nuit pour la rallumer [3]. Instruit [4], aimant les arts jusqu'à peindre et à modeler de sa propre main, il écrivoit si bien, qu'on lui avoit donné le surnom de *Calligraphe*. Du reste, il manquoit de grandeur d'âme, avoit peu de cœur, n'aimoit point la guerre, achetoit la paix des barbares, et particulièrement d'Attila. Il mettoit son seing au bas de tous les papiers qu'on lui présentoit sans les lire, tant il avoit aversion des affaires [5]. Il signa de la sorte l'acte de l'esclavage de l'impératrice [6]. Ce fut Pul-

---

1. Tillemont, *Hist. des Emp.*, t. v, p. 472.
2. Populus vociferari cœpit : Cum fera bestia audax quidam bestiarius pugnet! Quibus ille ita respondit :
Nescitis nos cum humanitate et clementia spectaculis interesse solitos? (Socr., p. 362.)
3. Soz., *Prolegom.*, p. 396.
4. Semper lectitandis libris occupatus. (*Constantini Manassis Compendium*, p. 55.)
5. Si quis ei chartam offerret, rubris et in ea litteris nomen imperatorium subscribebat, non inspectis prius eis quæ essent in ea præscriptis. (*Id., ibid.*)
6. Quamobrem divinis exornata dotibus Pulcheria fratrem ab hoc vitio revocare studens, singulari diligentia imperatorem monebat... Litteras fingit in quibus perscriptum foret imperatorem Pulcheriæ sorori conjugem suam veluti mancipium

chérie qui essaya de le corriger par cette innocente leçon. Saint Augustin remarque que cet empereur auroit été un saint dans la solitude[1].

Théodose étoit livré aux eunuques, qui débauchoient la virilité du prince ; Antioque, grand-chambellan du palais, conduisoit tout. Théodose se mêla trop des affaires ecclésiastiques ; il favorisa l'hérésie d'Eutychès et appuya les violences de Dioscore.

Je dois vous faire remarquer sous Théodose quelques lois caractéristiques du temps : lois contre les hérésiarques de toutes les sortes : manichéens, pépuzéniens, phrygiens, priscillianistes, ariens, macédoniens, tunoniens, novatiens, sabastiens ; lois pour les professeurs des lettres à Constantinople ; dix professeurs latins pour les humanités, dix grecs, trois latins pour la rhétorique ; cinq grecs appelés sophistes : un pour les secrets de la philosophie ; deux pour le droit : c'étoit le sénat qui choisissoit les professeurs publics : ils subissoient un examen ; lois pour défendre d'enseigner (419) aux barbares la construction des vaisseaux, et qui prononcent la peine de mort contre les délinquants ; lois qui accordent à chacun le droit de fortifier ses terres et ses propriétés[2]. Ce droit est tout le moyen âge.

En 421 Théodose épouse Eudocie, fille d'Héraclide, philosophe d'Athènes, ou de Léonce, sophiste ; elle s'appeloit Athénaïde avant d'être baptisée. Athènes, qui n'avoit pas fourni un tyran à l'empire romain, lui donnoit pour reine une muse : Eudocie étoit poëte ; elle mit en vers cinq livres de Moïse, Josué, les Juges et la touchante églogue de Ruth.

Il ne faut pas confondre Eudocie avec Eudoxie, nom de sa belle-mère et nom aussi de la fille qu'elle eut de Théodose, et qui fut mariée à Valentinien III, l'an 437.

Revenons aux affaires de l'Italie.

Honorius s'étant privé du secours de Stilicon auroit pu donner le commandement des troupes romaines à Sarus le Goth, homme de guerre ; mais il le rejeta parce que Sarus étoit païen. Alaric proposoit la paix à des conditions acceptables ; on les refusa : il vint mettre le siége devant Rome[3]. Serène, veuve de Stilicon, étoit dans cette ville ; le sénat la crut d'intelligence avec Alaric, et la fit étouffer, par le conseil de Placidie, sœur d'Honorius.

donasse. Hanc chartam fratri offert, rogat hanc scripturam litteris imperatoriis munire ac subsignare velit. Imperator precibus sororis annuit, mox calamum prehendit manu, et exaratis purpurei coloris litteris, chartam confirmat. (*Constantini Manassis Compendium*, p. 5ʳ.)

1. *Epist.*   2. *Cod. Th.*   3. An. 408.

Alaric ferma le Tibre : la famine et la peste désolèrent les assiégés [1]. Alaric consentit à s'éloigner moyennant une somme immense [2]. On dépouilla les statues des richesses dont elles étoient ornées, entre autres celles du Courage et de la Vertu [3].

Honorius, renfermé dans Ravenne, ne ratifioit point le traité conclu. Le sénat lui députa Attale, intendant des largesses, Cécilien et Maximien : ils n'obtinrent rien de l'empereur, dominé par Olympe.

Alaric se rapprocha de Rome, et battit Valens, qui la venoit secourir.

Olympe, disgracié, puis rétabli, puis disgracié encore, eut les oreilles coupées, et on l'assomma. Jove succéda à Olympe; il avoit connu Alaric en Épire; il étoit païen et versé dans les lettres grecques et latines. La nécessité des temps avoit amené une tolérance momentanée; une loi d'Honorius, de 409, accorde la liberté de religion aux païens et aux hérétiques.

Alaric assiège de nouveau la ville éternelle; l'habile et dédaigneux barbare, voulant trancher les difficultés qu'il avoit avec l'empereur, change le chef de l'empire; il oblige les Romains à recevoir pour auguste Attale, devenu préfet de Rome. Attale plaisoit aux Goths parce qu'il avoit été baptisé par leur évêque.

Attale nomme Alaric général de ses armées. Il va coucher une nuit au palais, et prononce un discours pompeux devant le sénat.

Il marche ensuite contre Honorius, son digne rival. Honorius envoie des députés à Attale, et lui offre la moitié de l'empire d'Occident. Attale propose la vie à Honorius et une île pour lieu d'exil. Jove trahit à la fois Honorius et Attale. Alaric, qui tient Ravenne bloquée, et qui commence à se dégoûter d'Attale, lui soumet néanmoins toutes les villes de l'Italie, Bologne exceptée [4]. Ces scènes étranges se passent en 409.

En Espagne, Géronce se soulève contre Constantin, l'usurpateur qui régnoit à Arles, et communique la pourpre à Maxime.

L'Angleterre, que Rome ne défend plus, se met en liberté. Dans les Gaules, les provinces armoricaines se forment en républiques fédératives [5]. Les Alains, les Vandales et les Suèves entrent en Espagne

---

1. Portas undique concluserat, et occupato Tiberi flumine, subministrationem commeatus e porta impediebat... Famem pestis comitabatur. (ZOSM., *Hist.*, lib. v, p. 105; Basileæ.)

2. Omne aurum quod in urbe foret et argentum. (*Id.*, p. 106.)

3. Non ornamenta duntaxat sua simulacris ademerunt, verum etiam nonnulla ex auro et argento facto conflarunt : quorum erat in numero Fortitudinis quoque simulacrum quam Romani Virtutem vocant.

Quod sane corrupto quidquid fortitudinis atque virtutis apud Romanos superabat extinctum fuit. (ZOSM., *Hist.*, lib. v, p. 107; Basileæ.)

4. ZOSM., p. 829 et seq.   5. *Id., ibid.*

(409, 28 septembre). Les Vandales avoient pour roi Gonderic, et les Suèves Ermeric. Les provinces ibériennes sont tirées au sort : la Galice échoit aux Suèves et aux Vandales de Gonderic ; la Lusitanie et la province de Carthagène sont adjugées aux Alains, la Bœtique tombe en partage à d'autres Vandales, dont elle prit le nom de *Vandalousie*. Quelques peuples de la Galice se maintinrent libres dans les montagnes [1].

En 410, sur des négociations entamées avec Honorius, Alaric dégrade Attale ; il le dépouille publiquement des ornements impériaux à la porte de Rimini [2]. Attale et son fils Ampèle restent sur les chariots de leur maître. Alaric gardoit aussi dans ses bagages Placidie, sœur d'Honorius, demi-reine, demi-esclave. Il essaye de conclure la paix avec le frère de cette princesse, auquel il envoie le manteau d'Attale. Honorius hésite ; Alaric reprend son empereur parmi ses valets, remet la pourpre sur le dos d'Attale, et marche à Rome. L'heure fatale sonna le vingt-quatrième jour d'août, l'an 410 de Jésus-Christ.

Rome est forcée ou trahie : les Goths, élevant leurs enseignes au haut du Capitole, annoncent à la terre les changements des races [3].

Après six jours de pillage, les Goths sortent de Rome comme effrayés ; ils s'enfoncent dans l'Italie méridionale : Alaric meurt : Ataulphe, son beau-frère, lui succède.

Dans les années 411 et 412 il n'y eut plus de consul, comme il n'y avoit plus de monde romain : du moins on ne trouve pas leurs fastes dans ces deux années. Il s'éleva pourtant alors un général de race latine. Constance étoit de Naïsse, patrie de Constantin ; il s'étoit fait connoître du temps de Théodose ; il avoit le titre de comte lorsque Honorius songea à l'employer. Si l'on ne connoissoit l'orgueil humain, on ne comprendroit pas qu'Honorins pardonnât moins à un chétif compétiteur qui lui disputoit le diadème, qu'aux barbares qui le lui arrachoient : Constance eut ordre d'aller attaquer Constantin, tyran des Gaules.

Géronce, qui avoit proclamé Maxime auguste en Espagne, tenoit Constantin assiégé dans Arles : il fut abandonné de son armée aussitôt que Constance parut. Maxime tomba avec Géronce, et vécut parmi les barbares dans la misère.

Constantin, délivré de Géronce, se remit lui et son fils Julien entre les mains du général d'Honorius : il s'étoit fait ordonner prêtre avant

---

1. Aug., ep. 122 ; Pros., *Chr.* ; Zos., p. 814 ; Idat., *Chr.*, p. 10.
2. Zos., p. 830.
3. Les détails se trouveront à l'article des *Mœurs des barbares*.

de se rendre¹, par Héros, évêque d'Arles; précaution qui ne le sauva pas : il fut envoyé avec son fils en Italie; on les décapita à douze lieues de Ravenne.

Édobic ou Édobinc, chef frank et général de Constantin, avoit essayé de le secourir. Constance et Ulphilas, capitaine goth qui commandoit sa cavalerie, défirent Édobic sur les bords du Rhône. Édobic se réfugia chez Ecdice, seigneur gaulois auquel il avoit jadis rendu des services². Ecdice coupa la tête à son hôte, et la porta à Constance³. « L'empire, dit Constance en recevant le présent, remercie Ulphilas de l'action d'Ecdice⁴; » et Constance chassa de son camp, comme y pouvant attirer la colère du ciel, ce traître à l'amitié et au malheur⁵.

Jovin prit la pourpre à Mayence dans l'année 412.

Les Goths, après avoir évacué l'Italie, étoient descendus dans la Provence. Ataulphe s'allie avec Jovin, lequel avoit nommé auguste Sébastien son frère : il se brouille bientôt avec eux, et les extermine⁶. Les généraux d'Honorius s'étoient joints aux Goths dans cette expédition.

L'an 413, Héraclien se révolte en Afrique. Il aborde en Italie, et repoussé, s'enfuit à Carthage, et va mourir inconnu dans le temple de Mnémosyne.

Honorius avoit une qualité singulière : c'étoit de n'entendre à aucun arrangement; il opposoit son ignominieuse lâcheté à tout comme une vertu. Lui offroit-on la paix lorsqu'il n'avoit aucun moyen de se défendre, il chicanoit sur les conditions, les éludoit, et finissoit par s'y refuser. Sa patience usoit l'impatience des barbares; ils se fatiguoient de le frapper, sans pouvoir l'amener à se reconnoître vaincu. Mais admirez l'illusion de cette grandeur romaine qui imposoit encore même après la prise de Rome!

Ataulphe désiroit ardemment épouser Placidie, toujours captive; il

1. Post hanc victoriam... Constantinus cognita Edonici cæde, purpuram et reliqua imperii insignia deposuit.

Cumque ad ecclesiam venisset, illic presbyter ordinatus est. (Soz., lib. ɪx, cap. xv, p. 816, d.)

2. Profugit ad Ecdicium, qui, multis olim beneficiis ab Edobico affectus, amicus illi esse putabatur. (*Id., ibid.*)

3. Verum Ecdicius caput Edobici amputatum ad Honorii duces detulit. (*Id., ibid.*)

4. Constantius vero caput quidem accipi jussit, dicens rempublicam gratias agere Ulfilæ ob facinus Edicii. (*Id., ibid.*)

5. Sed cum Ecdicius apud eum manere vellet, abscedere eum jussit, nec sibi, nec exercitui commodam fore ratus consuetudinem hujus viri, qui tam male hospites suos exciperet. (*Id., ibid.*)

6. Oros., p. 224; Idat., *Chr.*

la demandoit toujours en mariage à son frère, qui la refusoit toujours. Pendant ces négociations, cent fois interrompues et renouées, le successeur d'Alaric s'empara de Narbonne et peut-être de Toulouse ; il échoua devant Marseille : il y fut repoussé et blessé par le comte Boniface ; Bordeaux lui ouvrit ses portes.

Les Franks, dans l'année 413, brûlèrent Trèves. Les Burgondes ou Bourguignons [1] s'établirent définitivement dans la partie des Gaules à laquelle ils donnèrent leur nom.

Las du refus d'Honorius, Ataulphe résolut de prendre à femme celle dont il eût pu faire sa concubine par le droit de victoire. Le mariage avoit peut-être eu lieu à Forli [2], en Italie ; il fut solemnisé à Narbonne, au mois de janvier l'an 414. Ataulphe étoit vêtu de l'habit romain, et cédoit la première place à la grande épousée : on la voyoit assise sur un lit orné de toute la pompe de l'impératrice. Cinquante beaux jeunes hommes, vêtus de robes de soie, eux-mêmes partie de l'offrande, déposèrent aux pieds de Placidie cinquante bassins remplis d'or et cinquante remplis de pierreries [3]. Attale, qui d'empereur étoit devenu on ne sait quelle chose à la suite des Goths, entonna le premier épithalame [4]. Ainsi un roi goth, venu de la Scythie, épousoit à Narbonne Placidie, son esclave, fille de Théodose et sœur d'Honorius, et lui donnoit en présent de noces les dépouilles de Rome ; à ces noces dansoit et chantoit un autre Romain, que les barbares faisoient histrion, comme ils l'avoient fait empereur, comme ils le firent ambassadeur auprès d'un aspirant à l'empire, comme il leur plut de lui jeter de nouveau la pourpre.

Finissons-en avec Attale. Après le mariage de Placidie, ce maître du monde, qui n'avoit ni terre, ni argent, ni soldats, nomme intendant de son domaine le poëte Paulin, petit-fils du poëte Ausone [5]. Abandonné par les barbares, Attale, qui avoit suivi les Goths en Espagne, s'embarque pour aller on ne sait où : il est pris sur mer et conduit enchaîné à Ravenne. A la nouvelle de cette capture, Constantinople se répandit en actions de grâces [6] et s'épuisa en réjouissances publiques.

---

1. Il y a aussi les Burugondes, qu'il ne faut pas confondre avec les Burgondes ou Bourguignons.
2. JORNAND., cap. XXXI.
3. Inter alia nuptiarum dona, donatur Adulphus etiam quinquaginta formosis pueris, serica veste indutis, ferentibus singulis utraque manu ingentes discos binos, quorum alter auri plenus, alter lapillis pretiosis, vel pretii inæstimabilis, quæ ex romanæ urbis direptione Gothi deprædati fuerant. (IDAT., *Chron.*, an. 414. Voyez aussi OLYMP. *apud Photium*.)
4. IDAT., *Chron.*, an. 414 ; OLYMP., *ap. Phot.*
5. PAULIN., *Pœnit. Euchar.*, poem., p. 287.
6. *Chron. Alex.*, p. 708.

Honorius, dans une espèce de triomphe à Rome, en 417, fit marcher devant son char le formidable vaincu, le contraignit ensuite de monter sur le second degré de son trône, afin que Rome, déshonorée par Alaric, pût contempler et admirer l'illustre victoire du grand césar de Ravenne. Le prisonnier eut la main droite coupée, ou tous les doigts, ou seulement un doigt de cette main[1] : on ne craignoit pas qu'elle portât l'épée, mais qu'elle signât des ordres ; apparemment qu'il y avoit encore quelque chose au-dessous d'Attale pour lui obéir. Il acheva ses jours dans l'île de Lipari, qu'il avoit jadis proposée à Honorius ; et comme il étoit possédé de la fureur de vivre, il est probable qu'il fut heureux. On avoit vu un autre Attale, chef d'un autre empire : c'étoit ce martyr de Lyon à qui on fit faire le tour de l'amphithéâtre, précédé d'un écriteau portant ces mots : *Le chrétien Attale.*

Honorius avoit conclu la paix avec Ataulphe, son beau-frère ; celui-ci s'engageoit à évacuer les Gaules et à passer en Espagne. Placidie accoucha d'un fils, qu'on nomma Théodose, et qui vécut peu. Retiré au delà des Pyrénées, Ataulphe est tué d'un coup de poignard par un de ses domestiques, à Barcelone (415). Les six enfants qu'il avoit eus d'une première femme sont tués après lui.

Les Visigoths mettent sur le trône Sigeric, frère de Sarus ; Sigeric est massacré le septième jour de son élection. Son successeur fut Vallia : Vallia traite avec Honorius, et lui renvoie Placidie, redevenue esclave, pour une rançon de six cent mille mesures de blé[2].

Constance, général des armées d'Occident, épousa la veuve d'Ataulphe malgré elle : elle lui donna une fille, Justa Grata Honoria, et un fils, Valentinien III.

L'année qui précéda l'éclipse de 418 marque le commencement du règne de Pharamond[3].

En 418, Vallia extermina les Silinges et les Alains en Espagne. Les Goths revinrent dans les Gaules, où Honorius leur céda la seconde Aquitaine, tout le pays depuis Toulouse jusqu'à l'Océan[4].

Le royaume des Visigoths prenoit la forme chrétienne sous les évêques ariens[5]. Théodoric porta la couronne après Vallia. Vallia laissa une fille, mariée à un Suève, dont elle eut ce Ricimer[6] qui devoit

---

1. Oros., p. 224 ; Philost., lib. xii, cap. v ; Zos., lib. vi.
2. Pros., *Chron.* ; Phot. ; Zos., lib. ix, cap. ix ; Philost., lib. xii, cap. iv, p. 534 ; Oros., p. 224.
3. Valesii *Rer. Franc.*, lib. iii, p. 118. 4. *Id., ibid.*, p. 115.
5. Sid. Ap.. *Carm.*, ii, p. 300.
6. Dom. Bouq., *Rer. Gall. et Franc. Script.* ; Sid. Ap.

achever la ruine de l'empire d'Occident. Une constitution d'Honorius et de Théodose, adressée l'an 418 à Agricola, préfet des Gaules, lui enjoint d'assembler les états généraux des trois provinces d'Aquitaine et de quatre provinces de la Narbonnaise. Les empereurs décident que, selon un usage déjà ancien, les états se tiendront tous les ans dans la ville d'Arles, des ides d'août aux ides de septembre (du 15 août au 15 septembre). Cette constitution est un très-grand fait historique, qui annonce le passage à une nouvelle espèce de liberté.

Constance, père d'Honoria et de Valentinien III, est fait auguste, et meurt.

Honorius oblige sa sœur Placidie, qu'il aimoit trop peut-être [1], à se retirer à Constantinople avec sa fille Honoria et son fils Valentinien. Au bout d'un règne de vingt-huit ans, qui n'a d'exemple pour le fracas de la terre que les trente dernières années où j'écris, Honorius expire à Ravenne, douze ans et demi après le sac de Rome, attachant son petit nom à la traîne du grand nom d'Alaric.

Cette époque compte quelques historiens; elle eut aussi des poëtes. Ceux-ci se montrent particulièrement au commencement et à la fin des sociétés : ils viennent avec les images; il leur faut des tableaux d'innocence ou de malheurs; ils chantent autour du berceau ou de la tombe, et les villes s'élèvent ou s'écroulent au son de la lyre. Une partie des ouvrages d'Olympiodore, de Frigerid, de Claudien, de Rutilius, de Macrobe sont restés.

Honorius publia (414) une loi par laquelle il étoit permis à tout individu de tuer des lions en Afrique, chose anciennement prohibée. « Il faut, dit le rescrit d'Honorius, que l'intérêt de nos peuples soit préféré à notre plaisir. »

1. Phot., cap. lxxx, p. 197, voce *Olymp.*

QUATRIÈME DISCOURS.

DEUXIÈME PARTIE.

DE THÉODOSE II ET VALENTINIEN III A MARCIEN, AVITUS, LÉON Ier, MAJORIEN, ANTHÊME, OLYBRE, GLYCERIUS, NEPOS, ZÉNON ET AUGUSTULE.

Théodose II, Alentinien III, Marcien, Avitus, Léon Ier, Majorien, Anthême, Olybre, Glycerius, Nepos, Zénon et Augustule emp.
Célestin Ier, Sixte III, Léon Ier, Hilaire et Simplicius papes.
An de J.-C. 423-476.

L'empereur d'Occident, Valentinien III, étoit à Constantinople avec sa mère Placidie lorsque Honorius décéda. Jean, premier secrétaire, profita de la vacance du trône, et se fit déclarer auguste à Rome. Pour soutenir son usurpation il sollicita l'alliance des Huns. Théodose défendit les droits de son cousin. Ardaburius passa en Italie avec une armée. Jean, abandonné des siens, fut pris : on le promena sur un âne au milieu de la populace d'Aquilée; on lui avait déjà coupé une main[1]; on lui trancha bientôt la tête. Ce prince d'un moment décréta la liberté perpétuelle des esclaves[2] : les grandes idées sociales traversent rapidement la tête de quelques hommes, longtemps avant qu'elles puissent devenir des faits : c'est le soleil qui essaye de se lever dans la nuit.

Valentinien avoit six ans lorsqu'on le proclama auguste sous la tutelle de sa mère. L'Illyrie occidentale fut abandonnée à l'empire d'Orient. Un édit déclara qu'à l'avenir les lois des deux empires cesseroient d'être communes.

Deux hommes jouissoient à cette époque d'une réputation méritée : Aetius et Boniface ont été surnommés les derniers Romains de l'empire, comme Brutus est appelé le dernier Romain de la république : malheureusement ils n'étoient point, ainsi que Brutus, enflammés de l'amour de la liberté et de la patrie; cette noble passion n'existoit plus. Brutus aspiroit au rétablissement de l'ancienne liberté affranchie de la tyrannie domestique : qu'auroient pu rêver Aetius et Boniface? Le rétablissement du vieux despotisme délivré du joug étranger. Ce

---

1. Philost., c. 538; Procop., *De Bell. Vand.*, lib. I, cap. III.
2. *Cod. Theod.*, t. III, p. 938.

résultat ne pouvoit avoir pour eux la force d'une vertu publique : aussi combattoient-ils avec des talents personnels pour des intérêts privés nés d'un autre ordre de choses. Il se mêloit à leurs actions un sentiment d'honneur militaire; mais l'indépendance de leur pays, s'ils l'avoient conquise, n'eût été qu'un accident de leur gloire.

La défaite d'Attila a immortalisé Aetius; la défense de Marseille contre Ataulphe et la reprise de l'Afrique sur les partisans de l'usurpateur Jean ont fait la renommée de Boniface : il est devenu plus célèbre pour avoir livré l'Afrique aux barbares que pour l'avoir délivrée des Romains. Dans les titres d'illustration de Boniface, on trouve l'amitié de saint Augustin. Placidie devoit tout à ce grand capitaine : il lui avoit été fidèle au temps de ses malheurs; Aetius, au contraire, avoit favorisé la révolte de Jean et négocié le traité qui faisoit passer soixante mille Huns des bords du Danube aux frontières de l'Italie.

Aetius étoit fils de Gaudence, maître de la cavalerie romaine et comte d'Afrique : élevé dans la garde de l'empereur, on le donna en otage à Alaric vers l'an 403, et ensuite aux Huns, dont il acquit l'amitié. Aetius avoit les qualités d'un homme de tête et de cœur; un trait particulier le distinguoit des gens de sa sorte : l'ambition lui manquoit, et pourtant il ne pouvoit souffrir de rival d'influence et de gloire. Cette jalouse foiblesse le rendit faux envers Boniface, quoiqu'il eût de la droiture : il invita Placidie à retirer à Boniface son gouvernement d'Afrique, et il mandoit à Boniface que Placidie le rappeloit dans le dessein de le faire mourir[1]. Boniface s'arme pour défendre sa vie, qu'il croit injustement menacée; Aetius représente cet armement comme une révolte qu'il avoit prévue. Poussé à bout, Boniface a recours aux Vandales répandus dans les provinces méridionales de l'Espagne.

Gonderic, roi de ces barbares, venoit de mourir; son frère bâtard Genseric, ou plus correctement Gizerich, avoit pris sa place. Sollicité par Boniface, il fait voile avec son armée et aborde en Afrique, au mois de mai 429 : trois siècles après, le ressentiment et la trahison d'un autre capitaine devoient appeler d'Afrique en Espagne des vengeurs d'une autre querelle domestique : les Maures s'embarquèrent où les Vandales avoient débarqué; ils traversèrent en sens contraire ce détroit, dont les tempêtes ne purent défendre le double rivage contre les passions des hommes.

Les troubles que produisoit en Afrique le schisme des donatistes facilitèrent la conquête de Genseric; ce prince étoit arien : tous ceux qu'opprimoit l'Église orthodoxe regardèrent l'étranger comme un libé-

---

1. Procop., *De Bell. Vand.*, lib. i, cap. iii, p. 183.

rateur[1]. Les Vandales, assistés des Maures, furent bientôt devant Hippone, où mourut saint Augustin.

Boniface et Placidie s'étoient expliqués : la fourberie d'Aetius avoit été reconnue. Boniface, repentant, essaya de repousser l'ennemi : on répare le mal qu'un autre a fait, rarement le mal qu'on fait soi-même. Boniface, vaincu dans deux combats, est obligé d'abandonner l'Afrique, quoiqu'il eût été secouru par Aspar, général de Théodose[2] : Placidie le reçut généreusement, l'éleva au rang de patrice et de maître général des armées d'Occident. Aetius, qui triomphoit dans les Gaules, accourt en Italie avec une multitude de barbares. Les deux généraux, comme deux empereurs, vident leur différend dans une bataille : Boniface remporta la victoire (432), mais Aetius le blessa avec une longue pique qu'il s'étoit fait tailler exprès[3]. Boniface survécut trois mois à sa blessure; par une magnanimité que réveilloient en lui les malheurs de la patrie, il conjura sa femme, riche Espagnole, veuve bientôt, de donner sa main à Aetius[4]. Placidie déclare Aetius rebelle, l'assiège dans les forteresses, où il essaye de se défendre, et le force de se réfugier auprès de ces Huns qu'il devoit battre aux champs catalauniques.

Après avoir négocié un traité de paix avec Valentinien III, pour se donner le temps d'exterminer ses ennemis domestiques, Genseric s'approcha de Carthage, surnommée la Rome africaine; il y entra le 9 octobre 439. Cinq cent quatre-vingt-cinq ans s'étoient écoulés depuis que Scipion le jeune avoit renversé la Carthage d'Annibal.

L'année de la prise de la Carthage romaine par un Vandale fut celle du voyage d'Eudocie, l'Athénienne, femme de Théodose II, à Jérusalem. Assise sur un trône d'or, elle prononça, en présence du peuple et du sénat, un panégyrique des Antiochiens[5], dans la ville dont Julien avoit fait la satire. De Jérusalem, elle envoya à Pulchérie, sa belle-sœur, le portrait de la Vierge, fait, disoit-on, de la main de saint Luc[6]. La tradition de cette image arriva, par la succession des peintres, jusqu'au pinceau de Raphael : la religion, la paix et les arts marchent inaperçus à travers les siècles, les révolutions, la guerre et la barbarie. Eudocie, soupçonnée d'un attachement trop vif pour Paulin, retourna à Jérusalem, où elle mourut. Une pomme que Théodose avoit

---

1. Gibb., *Fall of the Rom. Emp.*
2. Procop., *De Bell. Vand.*, lib. I, cap. III.
3. Idat., *Chron.*; Marcel., *Chron.*; *Excerp. Hist. ex Goth.*; Prisc.
4. Marcel., *Chron.*
5. *Chron. Alex.*, p. 732; Le Sag., *De Hist. eccles.*, p. 227.
6. Nicephor., lib. XIV, cap. II, p. 44, b, c.

envoyée à Eudocie, et qu'Eudocie donna à Paulin, découvrit un mystère dont l'ambition de Pulchérie profita[1].

Maintenant que je vous ai retracé l'invasion des Goths et des divers peuples du Nord, il me reste à vous parler de celle des Huns, qui engloutit un moment toutes les autres.

Lorsque les Huns passèrent les Palus-Méotides, ils avoient pour chef Balamir ou Balamber; on trouve ensuite Uldin et Caraton[2]. Les ancêtres d'Attila avoient régné sur les Huns, ou, si l'on veut, ils les avoient commandés. Munduique ou Mundzucque, son père, avoit pour frères Octar et Rouas, ou Roas, ou Rugula, ou Rugilas, et il étoit puissant. Les Huns multiplièrent leurs camps entre le Tanaïs et le Danube[3] : ils possédoient la Pannonie et une partie de la Dacie lorsque Rouas mourut[4]; il eut pour successeurs ses deux neveux, Attila et Bléda, qui pénétrèrent dans l'Illyrie. Attila tua Bléda, et resta maître de la monarchie des Huns[5]. Il attaqua les Perses en Asie, et rendit tributaire le nord de l'Europe; la Scythie et la Germanie reconnoissoient son autorité; son empire touchoit au territoire des Franks et s'approchoit de celui des Scandinaves; les Ostrogoths et les Gépides étoient ses sujets; une foule de rois et sept cent mille guerriers marchoient sous ses ordres[6].

On veut aujourd'hui, sur l'autorité des *Nibelungen*, poëme allemand de la fin du xiie siècle ou du commencement du xiiie, que le nom original d'Attila ait été *Etzel* : je n'en crois rien du tout. Dans tous les cas il n'est guère probable que le nom d'Etzel fasse oublier celui d'Attila[7].

Vainqueur du monde barbare, Attila tourna ses regards vers le monde civilisé. Genseric, craignant que Théodose II n'aidât Valentinien III à recouvrer l'Afrique, excita les Huns à envahir de préférence l'empire d'Orient[8]. Vous remarquerez combien les barbares étoient rusés, astucieux, amateurs des traités, combien les intérêts des diverses cours leur étoient connus, avec quel art ils négocioient en Europe, en Afrique, en Asie, au milieu des événements les plus divers et les plus compliqués. Une querelle pour une foire au bord du Danube fut le prétexte de la guerre entre Attila[9] et Théodose (407 ou 408).

Le débordement des Huns couvrit l'Europe dans toute sa largeur,

---

1. *Chron. Pascal. seu Alex.*, p. 315-16.
2. JORNAND., cap. xxiv-xlviii; VALES., *Rer. Franc.* lib iii; PHOT., cap. lxxx.
3. AMM. MARCEL., lib. xxxi.   4. PRISC., p. 47; PROSP. TIS., *Chron.*
5. PROSP.; MARCEL.   6. PRISC., p. 64; PROSP., *Chron.*; JORNAND.
7. Voyez les *Éclaircissements*, page 472.
8. PRISC., p. 40.   9. *Id.*, p. 33.

depuis le Pont-Euxin jusqu'au golfe Adriatique. Trois batailles perdues par les Romains amenèrent Attila aux portes de Constantinople. Une paix ignominieuse termina ces premiers ravages. Attila en se retirant emporta un lambeau de l'empire d'Orient : Théodose lui donna six mille livres d'or, et s'engagea à lui payer un tribut annuel du sixième ou des deux sixièmes de cette somme [1].

A la suite de ces événements le roi des Huns avoit envoyé à Constantinople (449) une députation dont faisoit partie Oreste, son secrétaire, qui fut père d'Augustule, dernier empereur romain. Ces guerres prodigieuses, ces changements étranges de destinée, nous étonnoient plus il y a un demi-siècle qu'ils ne nous frappent aujourd'hui : accoutumés au spectacle de petits combats renfermés dans l'espace de quelques lieues et qui ne changeoient point les empires, nous étions encore habitués à la stabilité héréditaire des familles royales. Maintenant que nous avons vu de grandes et subites invasions; que le Tartare, voisin de la muraille de la Chine, a campé dans la cour du Louvre, et est retourné à sa muraille; que le soldat françois a bivouaqué sur les remparts du Kremlin ou à l'ombre des pyramides; maintenant que nous avons vu des rois de vieille ou de nouvelle race mettre le soir dans leurs porte-manteaux leurs sceptres vermoulus ou coupés le matin sur l'arbre, ces jeux de la fortune nous sont devenus familiers : il n'est ni monarque si bien apparenté qui ne puisse perdre dans quelques heures le bandeau royal du trésor de Saint-Denis; il n'est si mince clerc ou gardeur de cavales qui ne puisse trouver une couronne dans la poussière de son étude ou dans la paille de sa grange.

L'eunuque Chrysaphe, favori de Théodose, essaya de séduire Édécon, un des négociateurs d'Attila, et crut l'avoir engagé à poignarder son maître. Édécon de retour au camp des Huns révéla le complot. Attila renvoya Oreste à Constantinople avec des preuves et des reproches, demandant pour satisfaction la tête du coupable. Les patrices Anatole et Nomus furent chargés d'apaiser Attila avec des présents [2]; Priscus les accompagnoit; il nous a laissé le récit de sa mission et de son voyage. Ce même Priscus avoit vu Mérovée, roi des Franks, à Rome [3].

Sur ces entrefaites Théodose mourut à Constantinople, l'an 450, d'une chute de cheval [4]; il étoit âgé de cinquante ans. Le code qui porte son nom a fait la seule renommée de ce prince; monument

---

1. Evag., *De Hist. eccles.*, p. 62; Marcel., *Chron.*; Jorn., *Rer. Goth.* cap. xliv; Prisc., p. 44; Théoph., *Chron.*, p. 88.
2. Prisc., *De Leg.*, p. 34 et seq.   3. *Id., ibid.,* p. 40.   4. Theodor., p. 55.

composé des débris de la législation antique, semblable à ces colonnes qu'on élève avec l'airain abandonné sur un champ de bataille ; monument de vie pour les barbares, de mort pour les Romains, et placé sur la limite de deux mondes.

Les historiens ecclésiastiques sont de cette époque ; les rappeler, c'est reconnoître la position de l'esprit humain : Sozomène, Socrate, Théodoret, Philostorge, Théodore, auteur de l'*Histoire Tripartite*, Philippe de Side, Priscus et Jean l'orateur.

Pulchérie, depuis longtemps proclamée *augusta*, plaça la couronne de son frère Théodose sur la tête de Marcien : pour mieux assurer les droits de ce citoyen obscur, moitié homme d'épée, moitié homme de plume, elle l'épousa et demeura vierge (451)[1]. Cette élection ne fut contestée ni du sénat, ni de la cour, ni de l'armée ; prodigieux changement dans les mœurs. Ici commence un esprit inconnu à l'antiquité, et qui fait pressentir ce moyen âge où tout étoit aventures : des femmes disposoient des empires ; Placidie, sœur d'Honorius et captive d'un Goth, passe dans le lit de ce Goth, qui aspire à la pourpre ; Pulchérie, sœur de Théodose II, porte l'Orient à Marcien ; Honoria, sœur de Valentinien III, veut donner l'Occident à Attila ; Eudoxie, fille de Théodose II et veuve de Valentinien III, appelle Genseric à Rome ; Eudoxie, fille de Valentinien III, épouse Hunneric, fils de Genseric. C'est par les femmes que le monde ancien s'unit au monde nouveau : dans ce mariage, dont nous sommes nés, les deux sociétés se partagèrent les sexes : la vieille prit la quenouille, et la jeune l'épée.

Marcien étoit digne du choix de Pulchérie ; il possédoit ce mérite qu'on ne retrouve que dans les classes inférieures au temps de la décadence des nations. Il a été loué par saint Léon le Grand[2] : on dit qu'il avoit le cœur au-dessus de l'argent et de la crainte. Il apaisa les troubles de l'Église par le concile de Chalcédoine ; il répondit à Attila qui lui demandoit le tribut : « J'ai de l'or pour mes amis, du fer pour mes ennemis[3]. » Lorsque Aspar, général de Théodose, attaqua l'Afrique, Marcien l'accompagnoit en qualité de secrétaire ; Aspar fut défait par les Vandales, et Marcien se trouva au nombre des prisonniers de Genseric : attendant son sort, il se coucha à terre et s'endormit dans la cour du roi. La chaleur étoit brûlante ; un aigle survint, se plaça entre le visage de Marcien et le soleil, et lui fit ombre de ses ailes. Genseric l'aperçut, s'émerveilla, et, s'il en faut croire cette ingénieuse

---

1. Evag., lib. i, cap. i.
2. Leo., ep. lxxxix, p. 616 ; ep. xciv, p. 628.
3. Prisc., p. 39.

fable, il rendit la liberté au prisonnier, dont il préjugea la grandeur [1].

La fière réponse de Marcien à Attila blessa l'orgueil de ce conquérant : le Tartare hésitoit entre deux proies ; du fond de sa ville de bois, dans les herbages de la Pannonie, il ne savoit lequel de ses deux bras il devoit étendre pour saisir l'empire d'Orient ou l'empire d'Occident, et s'il arracheroit Rome ou Constantinople de la terre.

Il se décida pour l'Occident, et prit son chemin par les Gaules. Aetius étoit rentré en grâce auprès de Placidie : on a vu qu'il avoit été l'hôte et le suppliant des Huns.

Le royaume des Visigoths, dans les provinces méridionales des Gaules, s'étoit fixé sous le sceptre de Théodoric, que quelques-uns ont cru fils d'Alaric. Clodion, le premier de nos rois, avoit étendu ses conquêtes jusqu'à la Somme; Aetius le surprit et le repoussa [2] ; mais Clodion finit par garder ses avantages. Clodion mort, ses deux fils se disputèrent son patrimoine; l'un d'eux, peut-être Mérovée, qui tout jeune encore étoit allé en ambassade à Rome [3], implora le secours de Valentinien, et son frère aîné rechercha la protection d'Attila [4].

Honoria, sœur de Valentinien, rigoureusement traitée à la cour de son frère, avoit été aimée d'Eugène, jeune Romain attaché à son service [5]. Des signes de grossesse se manifestèrent ; l'impératrice Placidie fit partir Honoria pour Constantinople. Au milieu des sœurs de Théodose et de leurs pieuses compagnes, Honoria, qui avoit senti les passions, ne put goûter les vertus : de même que Placidie, sa mère, étoit devenue l'épouse d'un compagnon d'Alaric, elle résolut de se jeter dans les bras d'un barbare : elle envoya secrètement un de ses eunuques porter son anneau au roi des Huns : Attila étoit horrible, mais il étoit le maître du monde et le fléau de Dieu [6].

Armé de l'anneau d'Honoria, le chef des Huns réclamoit la dot de sa haute fiancée, c'est-à-dire une portion des États romains : on lui répondit que les filles n'héritoient pas de l'empire. Attila se prétendoit encore attiré par des intérêts que mettoit en mouvement une autre

---

1. Illi sub dium coacti circiter meridiem, cum a sole quippe æstivo languescerent, sederant, inter quos Marcianus, negligenter stratus, ducebat somnum ; quadam interim, ut perhibent, aquila supervolante, quæ passis alis ita se librabat, eodemque in aere locum insistebatur, umbra blandiretur uni Marciano. Rem Gizericus e superiori contemplatus ædium parte, atque, ut erat sagacissimus vir ingenio, divinum ostentum interpretatus... Deus illi destinasset imperium. (Procop., *De Bell. Vand.*, lib. i, p. 185 et 186.)
2. Idat., *Chron.*, p. 19; Vales., *Rer. Franc.* lib. iii.
3. Prisc., *Leg.*, p. 40.   4. Sid., *Carm.* vii ; Greg. Tur., lib. ii.
5. Marcel., *Chron.*
6. Jornandès place plus tôt l'envoi de cet anneau; mais il confond les temps.

femme. Théodoric avoit marié sa fille unique à Hunneric, fils de Genseric : sur un soupçon d'empoisonnement, Genseric la renvoya à son père, après lui avoir fait couper le nez et les oreilles. Les Visigoths menaçoient les Vandales de leur vengeance, et Genseric appeloit Attila son allié pour retenir Théodoric son ennemi [1].

Trois causes ou trois prétextes amenoient donc Attila en Gaule : la réclamation de la dot d'Honoria, l'intervention réclamée dans les affaires du royaume des Franks, la guerre contre les Visigoths, en vertu d'une alliance existant entre les Huns et les Vandales. Arbitre des nations, défenseur d'une princesse opprimée, le ravageur du monde, devancier de la chevalerie, se prépara à passer le Rhin au nom de l'amour, de la justice et de l'humanité.

Des forêts entières furent abattues; le fleuve qui sépare les Gaules de la Germanie se couvrit de barques [2] chargées d'innombrables soldats, comme ces autres barques qui transportent aujourd'hui, le long du Pénée, les abeilles nomades des bergers de la Thessalie [3]. Saint Agnan, évêque d'Orléans, saint Loup, évêque de Troyes, sainte Geneviève, gardeuse de moutons à Nanterre, s'efforcèrent de conjurer la tempête : vous verrez l'effet et le caractère de leur intervention quand je vous parlerai des mœurs des chrétiens.

Aetius n'avoit rien négligé pour combattre ses anciens amis : les Visigoths s'étoient, non sans hésitation, joints à ses troupes; beaucoup de négociations avoient eu lieu entre Théodoric, Attila et Valentinien [4]. Aetius marcha au devant des Huns, et les rencontra occupés et retardés devant Orléans, dont la destinée étoit de sauver la France ; Attila se retira dans les plaines catalauniques, appelées aussi mauritiennes, longues de cent lieues, dit Jornandès, et larges de soixante-dix [5] : il y fut suivi par Aetius et Théodoric.

1. Hujus ergo mentem ad vastationem orbis paratam comperiens Gizericus, rex Vandalorum, quem paulo ante memoravimus, multis muneribus ad Vesegotharum bella præcipitat, metuens ne Theodoricus, Vesegotharum rex, filiæ ulcisceretur injuriam, quæ Hunnerico, Gizerici filio, juncta, prius quidem tanto conjugio lætaretur : sed postea, ut erat ille et in sua pignora truculentus, ob suspicionem tantummodo veneni ab ea parati, eam, amputatis naribus, spolians decore naturali, patri suo ad Gallias remiserat, ut turpe funus miseranda semper offerret, et crudelitas, qua etiam moverentur externi, vindictam patris efficacius impetraret. (JORNAND., *De Reb. Get.*, cap. XXXVI.)

2. . . . . Cecidit cito secta bipenni
Hercynia in lintres, et Rhenum texuit alno.
(SID. AP., *Carm.* VII, p. 97.)

3. POUQUEVILLE, *Voyage en Grèce.* 4. JORNAND., cap. XXXVI.
5. c leugas, ut Galli vocant, in longum tenentes, et LXX in latum. (*Id., ibid.*)

Les deux armées se mirent en bataille. Une colline qui s'élevoit insensiblement bordoit la plaine ; les Huns et leurs alliés en occupoient la droite ; les Romains et leurs alliés la gauche. Là se trouvoit rassemblée une partie considérable du genre humain [1], comme si Dieu avoit voulu faire la revue des ministres de ses vengeances au moment où ils achevoient de remplir leur mission : il leur alloit partager la conquête et désigner les fondateurs des nouveaux royaumes. Ces peuples, mandés de tous les coins de la terre, s'étoient rangés sous les deux bannières du monde à venir et du monde passé, d'Attila et d'Aetius. Avec les Romains marchoient les Visigoths, les Lœti, les Armoricains, les Gaulois, les Bréonnes, les Saxons, les Bourguignons, les Sarmates, les Alains, les Allamans, les Ripuaires et les Franks soumis à Mérovée ; avec les Huns se trouvoient d'autres Franks et d'autres Bourguignons, les Rugiens, les Érules, les Thuringiens, les Ostrogoths et les Gépides. Attila harangua ses soldats :

« Méprisez ce ramas d'ennemis désunis de mœurs et de langage, associés par la peur. Précipitez-vous sur les Alains et les Goths, qui font toute la force des Romains : le corps ne se peut tenir debout quand les os en sont arrachés. Courage ! que la fureur accoutumée s'allume ! Le glaive ne peut rien contre les braves avant l'ordre du destin. Cette foule épouvantée ne pourra regarder les Huns en face. Si l'événement ne me trompe, voici le champ qui nous fut promis par tant de victoires. Je lance le premier trait à l'ennemi : quiconque oseroit devancer Attila au combat est mort [2]. »

Cette bataille (453) fut effroyable, sans miséricorde, sans quartier. Celui qui pendant sa vie, dit l'historien des Goths, fut assez heureux pour contempler de pareilles choses et qui manqua de les voir, se priva d'un spectacle miraculeux [3]. Les vieillards du temps de l'enfance de Jornandès se souvenoient encore qu'un petit ruisseau, coulant à travers ces champs héroïques, grossit tout à coup non par les pluies, mais par le sang, et devint un torrent. Les blessés se traînoient à ce ruisseau pour y étancher leur soif, et buvoient le sang dont ils l'avoient

---

1. Fit ergo area innumerabilium populorum pars illa terrarum. (JORN., cap. XXXVI.)
2. Adunatas despicite dissonas gentes. Judicium pavoris est, societate defendi... Alanos invadite, in Vesegothas incumbite... Nec potest stare corpus cui ossa substraxerit. Consurgant animi, furor solitus intumescat... Victuros nulla tela conveniunt, morituros et in ocio fata præcipitant... Non fallor eventu, hic campus est quem nobis tot prospera promiserant. Primus in hostes tela conjiciam. Si quis potuerit Attila pugnante ocium ferre, sepultus est. (JORNAND., cap. XXXVI.)
3. Ubi talia gesta referuntur, ut nihil esset, quod in vita sua conspicere potuisset egregius, qui hujus miraculi privaretur aspectu. (*Id.*, cap. XL.)

formé¹. Cent soixante-deux mille morts couvrirent la plaine ; Théodoric fut tué, mais Attila vaincu. Retranché derrière ses chariots pendant la nuit, il chantoit en choquant ses armes ; lion rugissant et menaçant à l'entrée de la caverne où l'avoient acculé les chasseurs².

L'armée triomphante se divisa, soit par l'impatience ordinaire des barbares, soit par la politique d'Aetius, qui craignit qu'Attila passé ne laissât les Visigoths trop puissants. Comme je marque à présent tout ce qui finit, la victoire catalaunienne est la dernière grande victoire obtenue au nom des anciens maîtres du monde. Rome, qui s'étoit étendue peu à peu jusqu'aux extrémités de la terre, rentroit peu à peu dans ses premières limites ; elle alloit bientôt perdre l'empire et la vie dans ces mêmes vallées des Sabins où sa vie et son empire avoient commencé ; il ne devoit rester de ce géant qu'une tête énorme, séparée d'un corps immense.

Attila s'attendoit à être attaqué ; il ne s'aperçut de la retraite des vainqueurs qu'au long silence des campagnes³ abandonnées aux cent soixante-deux mille muets de la mort. Échappé contre toute attente à la destruction et rendu à sa destinée, il repasse le Rhin. Plus puissant que jamais, il entre l'année suivante en Italie, saccage Aquilée et s'empare de Milan. Valentinien quitte sa cache de Ravenne pour se recacher dans Rome, avec l'intention d'en sortir à l'approche du péril : la peur le faisoit fuir, la lâcheté le retint ; également indigne de l'empire en l'abandonnant ou en le vendant. Deux consuls, Avienus et Trigesius, et le pape saint Léon, viennent traiter avec Attila. Le Tartare consent à se retirer, sur la promesse de ce qu'il appeloit toujours la dot d'Honoria : une raison plus intérieure le toucha ; il fut arrêté par une main qui se montroit partout alors, au défaut de celles des hommes : cela sera dit en son lieu.

Attila se jette une seconde fois sur les Gaules, d'où Thorismond, successeur de Théodoric, le repousse. Le Hun rentre encore dans sa ville de bois, méditant de nouveaux ravages : il y disparoît. Le héros

1. Nam si senioribus credere fas est, rivulus memorati campi humili ripa prolabens, peremptorum vulneribus sanguine multo provectus, non auctus imbribus, ut solebat, sed liquore concitatus insolito, torrens factus est cruoris augmento. Et quos illic coegit in aridam sitim vulnus inflictum, fluenta mixta clade traxerunt : ita constricti sorte miserabili sordebant, potantes sanguinem quem fudere sauciati. (JORNAND., cap. XL.)

2. Strepens armis tubis canebat, incussionemque minabatur : velut leo venabulis pressus, speluncæ aditus obambulans. (*Id., ibid.*)

3. Sed ubi hostium absentia sunt longa silentia consecuta, erigitur mens ad victoriam, gaudia præsumuntur, atque potentis regis animus in antiqua fata revertitur. (*Id.,* cap. XLI.)

de la barbarie meurt, comme le héros de la civilisation, dans l'enivrement de la gloire et les débauches d'un festin ; il s'endormit une nuit sur le sein d'une femme, et ne revit plus le soleil ; une hémorragie l'emporta : le conquérant creva du trop de sang qu'il avoit bu et des voluptés dont il se gorgeoit. Le monde romain se crut délivré ; il ne l'étoit pas de ses vices ; châtié, il n'étoit pas averti.

L'invasion d'Attila en Italie donna naissance à Venise. Les habitants de la Vénétie se renfermèrent dans les îlots voisins du continent. Leurs murailles étoient des claies d'osier ; ils vivoient de poisson ; ils n'avoient pour richesse que leurs gondoles et du sel, qu'ils vendoient le long des côtes. Cassiodore les compare à des oiseaux aquatiques qui font leur nid au milieu des eaux [1]. Voilà cette opulente, cette mystérieuse, cette voluptueuse Venise, de qui les palais rentrent aujourd'hui dans le limon dont ils sont sortis.

La Grande-Bretagne, malgré ses larmes et ses prières, avoit été abandonnée des Romains.

Quand l'épée d'Attila fut brisée, Valentinien, tirant pour la première fois la sienne, l'enfonça dans le cœur du dernier Romain : jaloux d'Aetius, il tua celui qui avoit retardé si longtemps la chute de l'empire [2]. Valentinien viole la femme de Maxime, riche sénateur de la famille Anicienne [3] ; Maxime conspire ; Valentinien, dernier prince de la famille de Théodose, est assassiné en plein jour par deux barbares, Transtila et Optila, attachés à la mémoire d'Aetius [4]. Maxime est élu à la place de Valentinien ; son règne fut de peu de jours, et il le trouva trop long. « Fortuné Damoclès ! s'écrioit-il, regrettant l'obscurité de sa vie, ton règne commença et finit dans un même repas [5]. »

Maxime, devenu veuf, avoit épousé de force Eudoxie, veuve de Valentinien et fille de Théodose II. Eudoxie cherche un vengeur, et n'en voit point de plus terrible que Genseric. Les Vandales étoient devenus des pirates habiles et audacieux ; ils avoient dévasté la Sicile,

---

1. Aquatilium avium more domus est. (VARIAR., lib. XII, ep. XXIV.)
Voyez aussi *Verona illustrata* de MAFFEI, et l'*Histoire de Venise*, par M. DARU.
2. PROSP. IDAT., an. 454.
3. Maximus quidam erat senator romanus... Uxorem habebat singulari continentia et forma, commendatissimæ famæ præditam... Huic nactæ concubitu, obscœni libidine ardens Valentinianus... vim attulit obluctanti. (PROCOP., *De Bell. Vand.*, lib. II, cap. IV, p. 187.)
4. *Id., ibid.*; EVAG., lib. II, cap. VII.
5. Dicere solebat vir litteratus atque ob ingenii merita quæstorius Fulgentius, se ex ore ejus frequenter audisse, cum perosus pondus imperii veterem desideraret securitatem : Felicem te, Damocles, qui non uno longius prandio regni necessitatem toleravisti! (SID. AP., ep. XIII, lib. II, p. 166.)

pillé Palerme, ravagé les côtes de la Lucanie et de la Grèce. Genseric, appelé par Eudoxie[1], ne refuse point la proie; ses vaisseaux jettent l'ancre à Ostie. Maxime se veut échapper; il est arrêté par le peuple, qui le déchire. Saint Léon essaye de sauver une seconde fois son troupeau, et n'obtient point de Genseric ce qu'il avoit obtenu d'Attila : la ville éternelle est livrée au pillage pendant quatorze jours et quatorze nuits. Les barbares se rembarquent; la flotte de Genseric apporte à Carthage les richesses de Rome, comme la flotte de Scipion avoit apporté à Rome les richesses de Carthage. Le chantre de Didon sembloit avoir prédit Genseric dans Annibal. Parmi le butin se trouvèrent les ornements enlevés au temple de Jérusalem : quel mélange de ruines et de souvenirs! Tous les vaisseaux arrivèrent heureusement, excepté celui qui étoit chargé des statues des dieux[2]. Ces nouvelles calamités n'étonnèrent pas : Alaric avoit tué Rome; Genseric ne fit que dépouiller le cadavre.

Avitus, d'une famille puissante de l'Auvergne, beau-père de Sidoine Apollinaire et maître général des forces romaines dans les Gaules, remplaça Maxime. Il reçut la pourpre des mains de Théodoric II, roi des Visigoths, régnant à Toulouse. Ce Théodoric étoit frère de Thorismond, fils de Théodoric Ier, tué aux champs catalauniques. Il soumit le reste des Suèves en Espagne; mais tandis qu'il avoit l'air de combattre pour la gloire de l'empereur, son ouvrage, Avitus étoit déjà tombé : il fut dégradé par le sénat de Rome, qui sembloit puiser ce pouvoir d'avilir dans sa propre dégradation. Ricimer ou Richimer, fils d'un Suève et de la fille du roi goth Vallia, comme je vous l'ai déjà dit, fut le principal auteur de cette chute. Ce chef des troupes barbares à la solde des Romains en Italie donna une double marque de sa puissance en nommant l'empereur déposé (16 octobre 456) évêque de Plaisance[3] : la tonsure alloit devenir la couronne des rois sans couronne. On ne sait trop comment finit Avitus : privé de l'empire, il le fut aussi de la vie, dit pourtant un historien[4].

Ricimer passa la pourpre à Majorien, ancien compagnon d'Aetius. Majorien étoit un de ces hommes que le ciel montre un moment à la terre dans l'abâtardissement des races : étrangers au monde où ils viennent, ils ne s'y arrêtent que le temps nécessaire pour empêcher la prescription contre la vertu[5]. Majorien ranima la gloire romaine en

---

1. Procop., *De Bell. Vand.*, p. 188.
2. Navibus Giserici unam qua simulacra vehebantur periisse ferunt. (*Id. ibid.*, lib. II, p. 189.)
3. Vict. Tun.   4. Idat., *Chron.*
5. Sid. Ap., *Carm.* v, p. 312; Procop., *De Bell. Vand.*, lib. I, cap. VII.

attaquant les Franks et les Vandales avec les vieilles bandes sans chef d'Attila et d'Alaric. On a de lui plusieurs belles lois. Ricimer ne l'avoit placé sur le trône que parce qu'il le croyoit sans génie ; quand il s'aperçut de sa méprise, il fit naître une sédition, et Majorien abdiqua. On croit qu'il fut empoisonné [1] (7 août 461). Le faiseur et le défaiseur de rois (à cette époque de révolutions, cela ne supposoit ni talents supérieurs ni grands périls) remit le diadème à Libius Sévère : il prit garde cette fois que le prince ne fût pas un homme, et il y réussit. On ne connoît guère que le titre impérial de ce Libius Sévère : l'excès de l'obscurité pour les rois a le même résultat que l'excès de la gloire ; il ne laisse vivre qu'un nom.

Deux hommes, fidèles à la mémoire de Majorien, refusèrent de reconnoître la créature de Ricimer ; Marcellin, sous le titre de patrice de l'Occident, resta libre dans la Dalmatie ; Ægidius, maître général de la Gaule, conserva une puissance indépendante ; ce fut lui que les Bretons implorèrent et que les Franks nommèrent un moment leur chef, quand ils chassèrent Childeric.

L'Italie continua d'être livrée aux courses des Vandales ; chaque année, au printemps, le vieux Genseric y rapportoit la flamme. Par un renversement de l'ordre du destin, dit Sidoine, la brûlante Afrique versoit sur Rome les fureurs du Caucase [2].

Léon Ier, surnommé le Grand ou le Boucher, ou plus souvent Léon de Thrace, avoit été élu empereur d'Orient après la mort de Marcien, arrivée vers la fin de janvier l'an 457. Constantinople, échappée aux barbares, obtenoit sur Rome la prééminence, non la supériorité, que donne le bonheur sur l'infortune. L'empire d'Occident, sur son lit de mort, ressembloit à un guerrier ou à un roi dont on pille la tente ou le palais tandis qu'il expire, ne lui laissant pas un linceul pour l'ensevelir. Léon, qui voyoit donner des maîtres à Rome, lui accorda Anthême (468) en qualité d'empereur, sur la demande du sénat. Ricimer empoisonna Libius Sévère, et épousa la fille d'Anthême. Il y eut de grandes réjouissances ; tout parut consolidé dans une ruine.

Vous avez vu qu'Anthême pensoit à rétablir le culte des idoles [3]. Les deux empires, et surtout celui d'Orient, préparèrent un puissant

---

1. Selon une autre version, Majorien fut déposé par Ricimer, qui le fit tuer cinq jours après sa déposition.

2. . . . . convérsosque ordine fati
Torrida caucaseos infert mihi Byrsa furores.
(Sidon. Apoll.)

3. Ci-dessus, p. 310.

armement contre les Vandales. Le commandement en fut donné à Basilisque, qui laissa brûler sa flotte devant Carthage, réduit à la nécessité de passer pour un traître, afin de conserver la réputation d'un grand général. Sauvé de ce danger, Genseric reprit ses courses, et s'empara de la Sicile.

Théodoric II avoit rompu ses traités avec Rome à la mort de l'empereur Majorien; il réunit Narbonne à son royaume. Euric, son frère, qui l'assassina, acheva la conquête des Espagnes sur les Romains et sur les Suèves : ceux-ci reconnurent son autorité, en restant en possession de la Galice. Dans les Gaules, Euric ne fut pas moins heureux : il étendit sa domination, d'un côté depuis les Pyrénées jusqu'au Rhône, de l'autre jusqu'à la Loire. En ce temps les Bourguignons étoient alliés de Rome et se déchiroient entre eux; il en étoit ainsi des Franks et des Saxons.

Cependant Ricimer se brouille avec Anthême, son beau-père, et se détermine à changer encore le maître titulaire de l'Occident. Il appelle à la pourpre Olybre, qui avoit épousé Placidie, fille de Valentinien III. Il en résulte une guerre civile. Rome est saccagée une troisième fois, dit le pape Gélase, et les misérables restes de l'empire sont foulés aux pieds. Anthême est tué (11 juillet 472), Olybre meurt, et Ricimer le précède dans la tombe où il avoit précipité cinq empereurs, tous faits de sa main [1].

Gondivar ou Gondibalde, neveu de Ricimer, et élevé à la dignité de patrice par Olybre, pousse Glicerius à s'emparer du pouvoir. Gondibalde est peut-être le célèbre roi des Bourguignons. A Constantinople, on proclama Julius Nepos empereur d'Occident. Il surprit son compétiteur Glycerius, le fit raser et ordonner évêque de Salone [2]. Julius Nepos céda l'Auvergne à Euric, roi des Visigoths, croyant qu'on pouvoit sacrifier ses amis à ses ennemis. Les troupes que Nepos tenoit à sa solde se révoltent; il fuit, traînant dans sa retraite en Dalmatie un titre que lui seul reconnoissoit : il retrouva à Salone son rival impérial, qu'il avoit fait évêque [3]. Nepos ne valoit pas la peine d'un coup de poignard, et fut assassiné pourtant [4]. Les Ostro-

---

1. Valois s'appuie de l'auteur anonyme, conforme pour ces temps obscurs à ce que l'on trouve dans les Fastes consulaires d'Onuphre, dans les Actes des Conciles, dans Cassiodore, dans Victor de Tunne, dans la Chronique d'Alexandrie, etc., etc. (VALES. *Rer. Franc.*)

2. PHOT., cap. LXXVIII, p. 372; ONUPH.; JORN., *De Reg. ac. temp. Suc.*, p. 654.

3. Quo comperto, Nepos fugit in Dalmatias, ibique defecit privatus regno, ubi jam Glycerius, dudum imperator, episcopatum Salonitanum habebat. (VALES. *Rer. Franc.*, p. 227; *Id. in not.* AMM. MARCEL.)

4. ONUPH., p. 477; MARC., *Chron.*, XVI.

goths pendant l'apparition de Glycerius s'étoient montrés en Italie.

Les autres barbares, qui opprimoient plus qu'ils ne défendoient ce malheureux pays, avoient alors pour chef Oreste, ce secrétaire d'Attila dont je vous ai déjà parlé. A la mort du roi des Huns, il passa au service des empereurs d'Occident, sous lesquels il devint patrice et maître général des armées ; il avoit eu un fils d'une mère inconnue, ou peut-être de la fille de ce comte Romulus que Valentinien envoya en ambassade auprès d'Attila. Ce fils est Romulus Auguste, surnommé Augustule : humiliez-vous, et reconnoissez le néant des empires !

Oreste refusa la pourpre que lui offroient ses soldats, et en laissa couvrir son fils[1]. Les Scyres, les Alains, les Rugiens, les Hérules, les Turcilinges, qui composoient ces défenseurs redoutables des misérables Romains, enflammés par l'exemple de leurs compatriotes établis en Afrique, dans les Espagnes et dans les Gaules, sommèrent Oreste de leur abandonner le tiers des propriétés de l'Italie ; il leur crut pouvoir résister. Odoacre (peut-être fils d'Édécon, ancien collègue d'Oreste dans sa mission à Constantinople), Odoacre, après diverses aventures, se trouvoit investi d'une charge éminente dans les gardes de l'Italie ; il se met à la tête des séditieux, assiège Oreste dans Pavie, emporte la place, le prend et le tue[2]. Le 23 août de l'an 476, Odoacre, arien de religion, est proclamé *roi d'Italie*. L'empire romain avoit duré cinq cent sept ans moins quelques jours, depuis la bataille d'Actium ; on comptoit douze cent vingt-neuf ans de la fondation de Rome.

Quand Augustule, dernier successeur d'Auguste, quitta les marques de la puissance, Simplicius, quarante-septième pontife depuis saint Pierre, occupoit la chaire de l'apôtre dont l'empire avoit commencé sous l'héritier immédiat d'Auguste; les successeurs de Simplicius, après treize cent cinquante-quatre ans, règnent encore dans les palais des césars.

Odoacre établit son siége à Ravenne. Le sénat romain renonça au droit d'élire son maître ; satisfait d'être esclave à merci, il déclara que le Capitole abdiquoit la domination du monde, et renvoya, par une ambassade solennelle, les enseignes à Zénon, qui gouvernoit l'Orient. Zénon[3] reçut à Constantinople les ambassadeurs avec un front sévère ; il reprocha au sénat le meurtre d'Anthême et le bannissement de Nepos : « Nepos vit encore, dit-il aux ambassadeurs ; il sera, jusqu'à sa mort, votre vrai maître. » Ce brevet de tyran honoraire, délivré par Zénon à Nepos, est le dernier titre de la légitimité des césars.

---

1. Augustulo a patre Oreste in Ravenna imperatore ordinato. (Jornand., cap. xlv.)
2. Ennodii Ticin. *Vit. Epiph.*, p. 387.
3. Malchno., *Excerpt. de Leg.*, p. 93.

Augustule, trouvé à Ravenne par Odoacre, fut dégradé de la pourpre[1]. L'histoire ne dit rien de lui, sinon qu'il étoit beau[2]. Le premier roi d'Italie accorda au dernier empereur de Rome une pension de 6,000 pièces d'or ; il le fit conduire à l'ancienne *villa* de Lucullus[3], située sur le promontoire de Mycènes, et convertie en forteresse depuis les guerres des Vandales ; elle avoit d'abord appartenu à Marius ; Lucullus l'acheta[4].

Ainsi la Providence assignoit pour prison au fils du secrétaire d'Attila, à un prince de race gothique, revêtu de la pourpre romaine par les derniers barbares qui renversoient l'empire d'Occident, la Providence assignoit, dis-je, pour prison à ce prince une maison où fut portée la dépouille des Cimbres, premiers barbares du Septentrion qui menacèrent le Capitole. C'est là qu'Augustule passa sa jeunesse et sa vie inconnues, sans se douter de tout ce qui s'attachoit à son nom, indifférent aux leçons que donnoit sa présence, étranger aux souvenirs que rappeloient les lieux de son exil.

Ajoutons ceci, attentif que nous sommes à l'immutabilité des conseils éternels et à la vicissitude des choses humaines : les reliques de saint Séverin succédèrent à la personne d'Augustule dans la demeure que Marius décora de ses proscriptions et de ses trophées, Lucullus de ses fêtes et de ses banquets : elle se changea en une église[5]. Odoacre, n'étant encore qu'un obscur soldat, avoit visité saint Séverin dans la Norique. Le solitaire à l'aspect de ce barbare d'une haute taille, qui se courboit pour passer sous la porte de la cellule, lui dit : « Va en Italie ; tu es maintenant couvert de viles peaux de bêtes ; un temps viendra que tu distribueras des largesses[6]. »

Enfin, le Dieu qui d'une main abaissoit l'empire romain élevoit de l'autre l'empire françois. Augustule déposoit le diadème l'an 476 de Jésus-Christ, et l'an 481 Clovis, couronné de sa longue chevelure, régnoit sur ses compagnons.

---

1. Non multum post, Odovacer, Turcilingorum rex, habens secum Scyros, Herulos, diversarumque gentium auxiliarios, Italiam occupavit, et Oreste interfecto, Augustulum, filium ejus, de regno pulsum. (JORNAND., cap. XLVI.)

2. Pulcher erat. ANON. VALES.

3. Deposuit (Odovacer) Augustulum de regno... Tamen donavit ei reditum sex millia solidos. (*Id.*, *ibid.*, p. 706.) In Lucullano Campaniæ castello exilii pœna damnavit. (JORNAND., cap. XLVI.)

4. PLUT., *In Mario et in Lucull.*

5. EUGIP., *In Vit. S. Severin.*

6. Vade ad Italiam, vade vilissimis nunc pellibus coopertus, sed multis cito plurima largiturus. (ANON. VAL., p. 717.)

ÉTUDE CINQUIÈME

ou

CINQUIÈME DISCOURS

SUR

LA CHUTE DE L'EMPIRE ROMAIN, LA NAISSANCE ET LES PROGRÈS DU CHRISTIANISME
ET L'INVASION DES BARBARES.

PREMIÈRE PARTIE.

MŒURS DES CHRÉTIENS. AGE HÉROÏQUE.

Arrêtons-nous pour contempler les vastes ruines que nous venons de traverser. Ce n'est rien que de connoître les dates de leur éboulement, rien que d'avoir appris les noms des hommes employés à cette destruction : il faut entrer plus profondément, plus intimement dans les mœurs, dans la vie des trois peuples chrétien, païen et barbare, qui se confondirent pour donner naissance à la société moderne. Elle va paroître, cette société, puisque l'empire d'Occident est détruit ; voyons ce que fut le monde ancien dans les quatre siècles qui précédèrent sa mort, et ce qu'il étoit devenu lorsqu'il expira. Commençons par les chrétiens.

Le christianisme naquit à Jérusalem, dans une tombe que j'ai visitée au pied de la montagne de Sion : son histoire se lie à celle de la religion des Hébreux.

Pendant la durée du premier Temple, tout fut renfermé dans la lettre de la loi de Moïse ; quand le roi, le peuple, ou quelque partie du peuple, se livroient à l'idolâtrie, le glaive les châtioit.

Sous le second Temple, la pureté de la loi s'altéra par le mélange des dogmes exotiques : la synagogue se forma.

La conquête d'Alexandre introduisit à son tour la philosophie grecque dans le système hébraïque. Des écoles juives se constituèrent ; ces écoles, répandues dans la Médie, l'Élymaïde, l'Asie Mineure, l'Égypte, la Cyrénaïque, l'île de Crète, et jusque dans Rome, subirent l'influence des religions, des lois, des mœurs et de la langue même de ces divers pays. Les livres des Machabées se scandalisent de ces nouveautés.

« En ce temps-là il sortit d'Israel des enfants d'iniquité, qui donnèrent ce conseil à plusieurs : Allons, et faisons alliance avec les nations qui nous environnent...

« Et ils bâtirent à Jérusalem un collége à la manière des nations[1].

« Les prêtres mêmes... ne faisoient aucun état de ce qui étoit en honneur dans leur pays, et ne croyoient rien de plus grand que d'exceller en tout ce qui étoit en estime parmi les Grecs[2]. »

Il se forma bientôt quatre sectes principales : celle des pharisiens, celle des saducéens, celle des samaritains, celle des esséniens.

Les pharisiens altéroient le dogme et la loi en reconnoissant une sorte de destin impuissant, qui n'ôtoit point la liberté à l'homme ; ils se divisoient en sept ordres. Livrés à des imaginations bizarres, ils jeûnoient et se flagelloient ; ils prenoient soin en marchant de ne pas toucher les pieds de Dieu, qui ne s'élèvent que de quarante-huit pouces au-dessus de terre. Ils mettoient surtout un grand zèle à propager leur doctrine.

Ce qui distingue les sectes juives des sectes grecques, c'est précisément cet esprit de propagation. La sagesse hellénique se réduisoit en général à la théorie, la sagesse juive avoit pour fin la pratique ; l'une formoit des *écoles,* l'autre des *sociétés.* Moïse avoit imprimé une vertu législative au génie des Hébreux, et le christianisme, juif d'origine, retint et posséda au plus haut degré cette vertu.

Les saducéens s'attachoient à la lettre écrite ; ils rejetoient la tradition et conséquemment la science cabalistique : ne trouvant rien sur l'âme dans les livres de Moïse, ils étoient matérialistes et préféroient Épicure à Zénon.

Les samaritains n'adoptoient que le Pentateuque, et remontoient à la religion patriarcale.

Les esséniens de la Judée (qui produisirent les thérapeutes de l'Égypte, secte plus contemplative encore) repoussoient la tradition comme les saducéens, et croyoient à l'immortalité de l'âme comme les pharisiens. Ils fuyoient les villes, vivoient dans les campagnes, renonçoient au commerce et s'occupoient du labourage. Ils n'avoient point d'esclaves et n'amassoient point de richesses : ils mangeoient ensemble, portoient des habits blancs, qui n'appartenoient en propre à

---

1. Machab., lib. i, cap. i.   2. *Id.,* lib. ii, cap. iv.

personne et que chacun prenoit à son tour. Les uns demeuroient dans une maison commune, les autres dans des maisons particulières, mais ouvertes à tous. Ils s'abstenoient du mariage, et élevoient les enfants qu'on leur confioit. Ils respectoient les vieillards, ne mentoient point, ne juroient jamais. Ils promettoient le silence sur les *mystères* : ces mystères n'étoient autres que la morale écrite dans la loi.

Les premiers fidèles prirent des esséniens cette simplicité de vie, tandis que les thérapeutes donnèrent naissance à la vie monastique chrétienne.

Mais, d'une autre part, l'essénianisme étoit la seule secte juive qui n'attendît point le Messie et qui condamnât le sacrifice, en quoi les chrétiens ne la suivirent pas. Une opinion commune reposoit au fond de la société israélite : le sauveur de la race de David, de tous temps promis, étoit espéré de siècle en siècle, d'année en année, de jour en jour, d'heure en heure; homme et Dieu, roi-conquérant pour les sadducéens, les caraïtes ou scripturaires; sage ou docteur pour les samaritains.

Il y avoit encore chez ce peuple un fait qui n'appartenoit qu'à ce peuple, je veux dire la grande école poétique des prophètes : commençant auprès du berceau du monde, elle erra quarante ans avec l'arche dans le désert; école que n'interrompirent point la captivité d'Égypte et celle de Babylone, la conquête d'Alexandre, l'oppression des rois de Syrie, la domination romaine, la monarchie des Hérodes, qui implantèrent de force et improvisèrent en Judée une éducation étrangère. Cette école de l'avenir, évoquant le passé et dédaignant le présent, ne manqua de maîtres ni dans la prospérité ni dans le malheur, ni sur les rivages du Nil ni sur les bords du Jourdain, ni sur les fleuves de Babylone ni sur les ruines de Tyr et de Jérusalem. Et quels maîtres! Moïse, Josué, David, Salomon, Isaïe, Jérémie, Ézéchiel, Daniel et le Christ, en qui s'accomplirent toutes les phophéties, et qui fut lui-même le dernier prophète.

Lorsqu'il eut paru, les Juifs le méconnurent : ils le regardèrent comme un séducteur. Les deux commentaires de la Mishna, le Talmud babylonien et le Talmud de Jérusalem donnent de singulières notions du Christ[1].

---

1. La Mishna est un recueil des traditions juives, fait vers le milieu du second siècle de l'ère chrétienne, par le rabbin Juda, fils de Simon, appelé *le Saint* à cause de la pureté de sa vie, et chef de l'école hébraïque à Tibériade, en Galilée.

« Ea omnia secundum certa doctrinæ capita disposuit, et in unum volumen redegit, cui nomen hoc *Mishna*, hoc est δευτέρωσις, imposuit. » Tela ignea Satanæ. (WAGEMEIL, pr., p. 55.)

« Un certain jour, lorsque plusieurs docteurs étoient assis à la porte de la ville, deux jeunes garçons passèrent devant eux : l'un couvrit sa tête, l'autre passa la tête découverte. Éliézer, voyant l'effronterie de celui-ci, le soupçonna d'être un enfant illégitime ; il alla trouver la mère, qui vendoit des herbes au marché, et il apprit que non-seulement l'enfant étoit illégitime, mais qu'il étoit né d'une femme impure[1]. »

Marie est appelée plusieurs fois dans le Talmud une coiffeuse de femmes.

Des Juifs composèrent deux histoires du Christ sous le titre de *Sepher toldos Jeschu,* livre des générations de Jésus. Joseph Pandera, de Bethléem, se prend d'amour pour une jeune coiffeuse nommée Mirjan (Marie), fiancée à Jochanan. Pandera abuse de Mirjan ; elle accouche d'un fils, appelé Jehoscua (Jésus). Jehoscua, élevé par Elchanan, devient habile dans les lettres. Les sénateurs que Jehoscua ne voulut pas saluer à la porte de la ville firent publier, au son de trois cents trompettes, que sa naissance étoit impure. Il s'enfuit en Galilée, revient à Jérusalem, se glisse dans le peuple, apprend et dérobe le nom de Dieu, l'écrit sur une peau[2], s'ouvre la cuisse sans douleur, et cache son larcin dans cette incision. Avec l'ineffable nom Schemhamephoras, il accomplit une foule de prodiges. Jehoscua, condamné à mort par le sanhédrin, est couronné d'épines, fouetté et lapidé ; on le vouloit pendre à du bois, mais tous les bois se rompirent parce qu'il les avoit enchantés. Les sages allèrent chercher un grand chou[3], et l'on y attacha Jehoscua.

Telle est une des misérables histoires que les Juifs opposoient à la majesté du récit évangélique.

La première Église juive se composa des trois mille convertis. Ces convertis écoutoient les instructions des apôtres, prioient ensemble

---

1. Cum aliquando seniores sederent in porta (urbis), præterierunt ante ipsos duo pueri, quorum alter caput texerat, alter detexerat. Et de eo quidem qui caput proterve, et contra bonos mores, detexerat, pronuntiavit R. Elieser quod esset spurius. . . . . Abiit ergo ad matrem pueri istius, quam cum videret sedentem in foro et vendentem legumina. . . . . Unde apparuit puerum istum esse non modo spurium, sed et menstruatæ filium.

2. Venit itaque Jesus Nazarenus, et ingressus templum didicit litteras illas, et scripsit in pergameno ; deinde scidit carnem cruris sui, et in incisione illa inclusit dictam chartulam, et dicendo nomen, nullum sensit dolorem, et rediit cutis continuo sicut ante erat.

3. Ipse quippe per Schemhamephoras adjuraverat omnia ligna ne susciperent eum. Abierunt itaque, et adduxerunt stipitem unius caulis qui non est de lignis, sed de herbis, et suspenderunt eum super eum.

et faisoient dans les maisons particulières la fraction du pain. Ils mettoient leurs biens en commun, et vendoient leurs héritages pour en distribuer le prix à leurs frères. Leur vie, comme je l'ai dit plus haut, étoit à peu près celle des esséniens.

Cette simplicité se conserva longtemps. Domitien, ayant appris que certains chrétiens juifs se prétendoient issus de la race royale de David, les fit venir à Rome. Questionnés sur leurs richesses, ils répondirent qu'ils possédoient trente-neuf plèthres de terre, environ sept arpents et demi, qu'ils payoient l'impôt et vivoient de leurs champs ; ils montrèrent leurs mains endurcies par le travail. L'empereur leur demanda ce que c'étoit que le royaume du Christ ; ils répliquèrent qu'il n'étoit pas de ce monde : on les renvoya. Ces deux laboureurs étoient deux évêques. Ils vivoient encore sous Trajan [1].

En faisant l'histoire de l'Église, on a confondu les temps ; il est essentiel de distinguer deux âges dans le premier christianisme : l'âge héroïque ou des martyrs, l'âge intellectuel ou l'âge philosophique : l'un commence à Jésus-Christ et finit à Constantin ; l'autre s'étend de cet empereur à la fondation des royaumes barbares. C'est de l'âge héroïque que je vais d'abord parler. Je vous le vais montrer tel qu'il s'est peint lui-même et tel que l'ont représenté les païens.

« Chez nous, dit un apologiste, vous trouverez des ignorants, des ouvriers, de vieilles femmes, qui ne pourroient peut-être pas montrer par des raisonnements la vérité de notre doctrine ; ils ne font pas de discours, mais ils font de bonnes œuvres. Aimant notre prochain comme nous-mêmes, nous avons appris à ne point frapper ceux qui nous frappent, à ne point faire de procès à ceux qui nous dépouillent : si l'on nous donne un soufflet, nous tendons l'autre joue ; si l'on nous demande notre tunique, nous offrons encore notre manteau. Selon la différence des années, nous regardons les uns comme nos enfants, les autres comme nos frères et nos sœurs ; nous honorons les personnes plus âgées comme nos pères et nos mères. L'espérance d'une autre vie nous fait mépriser la vie présente et jusqu'aux plaisirs de l'esprit. Chacun de nous, lorsqu'il prend une femme, ne se propose que d'avoir des enfants, et imite le laboureur qui attend la moisson en patience. Nous avons renoncé à vos spectacles ensanglantés, croyant

---

1. Nec sibi in pecunia subsistere, sed in æstimatione terræ, quod eis esset in quadraginta minus uno jugeribus constituta, quam suis manibus excolentes, vel ipsi alerentur vel tributa dependerent. Simul et testes ruralis et diurni operis, manus labore rigidas et callis obduratas præferebant. Interrogati vero de Christo, quale sit regnum ejus... responderunt, quod non hujus mundi regnum. (HEGESIP., *ap. Euseb.*, (lib. III, cap. XX.)

qu'il n'y a guère de différence entre regarder le meurtre et le commettre. Nous tenons pour homicides les femmes qui se font avorter, et nous pensons que c'est tuer un enfant que de l'exposer. Nous sommes égaux en tout, obéissant à la raison sans la prétendre gouverner[1]. »

Remarquez que ce n'est pas là une *école,* une *secte,* mais une *société,* fondée sur la morale universelle, inconnue des anciens.

Les repas se mesuroient sur la nécessité, non sur la sensualité : les frères vivoient plutôt de poisson que de viande, d'aliments crus, de préférence aux aliments cuits; ils ne faisoient qu'un seul repas, au coucher du soleil, et s'ils mangeoient quelquefois le matin, c'étoit un peu de pain sec. Le vin, défendu aux jeunes gens, étoit permis aux autres personnes, mais en petite quantité. La règle prohiboit les riches ameublements, la vaisselle, les couronnes, les parfums, les instruments de musique. Pendant le repas on chantoit des cantiques pieux : le rire bruyant, interdit, laissoit régner une gravité modeste.

Après le repas du soir on louoit Dieu du jour accordé, puis on se retiroit pour dormir, sur un lit dur : on abrégeoit le sommeil afin d'allonger la vie. Les fidèles prioient plusieurs fois la nuit, et se levoient avant l'aube.

Leurs habits blancs, sans mélange de couleurs, ne devoient point traîner à terre, et se composoient d'une étoffe commune : c'étoit une maxime reçue que l'homme doit valoir mieux que ce qui le couvre. Les femmes portoient des chaussures par bienséance; les hommes alloient pieds nus, excepté à la guerre; l'or et les pierreries n'entroient jamais dans leurs parures : déguiser sa tête sous une fausse chevelure, se farder, se teindre les cheveux ou la barbe, sembloit chose indigne d'un chrétien. L'usage du bain n'étoit permis que pour santé et propreté.

Cependant quelques ornements étoient laissés aux femmes comme un moyen de plaire à leurs maris. Point d'esclaves, ou le moins possible; point d'eunuque, de nains, de monstres, aucune de ces bêtes que les femmes romaines nourrissoient aux dépens des pauvres.

Pour entretenir la vigueur du corps dans la jeunesse, les hommes s'exerçoient à la lutte, à la paume, à la promenade, et se livroient surtout au travail manuel : le ménage et le service domestique occupoient les femmes. Les dés et les autres jeux de hasard, les spectacles du cirque, du théâtre et de l'amphithéâtre, étoient défendus, comme une source de corruption. On alloit à l'église d'un pas mesuré, en silence, avec une charité sincère. Le baiser de paix étoit le signe de

---

1. ATHENAGOR., *Apolog.,* trad. de FLEURY. (*Hist. eccl.,* lib. III, t. I, p. 389.)

reconnoissance entre les chrétiens ; ils évitoient pourtant de se saluer dans les rues, de peur de se découvrir aux infidèles. Toutes ces règles étoient visiblement faites en opposition avec la société romaine et établies comme une censure de cette société.

La virginité passoit pour l'état le plus parfait, et le mariage pour être dans l'intention du Créateur. Les vieillards disoient à ce sujet : « Il n'y a point, dans les maladies et dans le long âge, de soins pareils à ceux que l'on reçoit de sa femme et de ses enfants. Attachez-vous à l'âme ; ne regardez le corps que comme une statue dont la beauté fait songer à l'ouvrier et ramène à la beauté véritable. » On reconnoissoit que la femme est susceptible de la même éducation que l'homme, et que l'on pouvoit philosopher sans lettres le Grec, le barbare, l'esclave, le vieillard, la femme et l'enfant : c'étoit l'espèce humaine rendue à sa nature.

Le chrétien honoroit Dieu en tout lieu, parce que Dieu est partout. « La vie du chrétien est une fête perpétuelle ; il loue Dieu en labourant, en naviguant, dans les divers états de la société. » Néanmoins il y avoit des heures plus particulièrement consacrées à la prière, comme tierce, sexte et none. On prioit debout, le visage tourné vers l'orient, la tête et les mains levées au ciel. En répondant à l'oraison finale, on levoit aussi symboliquement un pied, comme un voyageur prêt à quitter la terre [1].

Dieu pour les disciples du Sauveur étoit sans figure et sans nom : quand ils l'appeloient Un, Bon, Esprit, Père, Créateur, c'étoit par indigence de la langue humaine. L'âme seule, qui est chrétienne d'extraction, trouve intuitivement le vrai nom de Dieu, lorsqu'elle est laissée à son libre témoignage : toutes les fois qu'elle se réveille, elle s'exprime de cette façon dans son for intérieur : « *Ce qui plaira à Dieu. Dieu me voit. Je le recommande à Dieu. Dieu me le rendra.* » Et l'homme dont l'âme parle ainsi ne regarde pas le Capitole, mais le ciel [2].

Le pasteur avoit la simplicité du troupeau ; l'évêque, le diacre et le prêtre, dont les noms signifioient président, serviteur et vieillard, ne se distinguoient point par leurs habits du reste de la foule. Médiateurs à l'autel, arbitres aux foyers, il leur étoit recommandé d'être tendres, compatissants, pas trop crédules au mal, pas trop sévères, parce que nous sommes tous pécheurs [3]. S'ils étoient mariés ils devoient n'avoir

---

1. Clem. Alex., *Pedag.*, lib. I, II, III; Id. *in Strom.*
2. Quod Deus dederit. Deus videt, et Deo commendo, et Deus mihi reddet... Denique pronuntians hoc, non ad Capitolium, sed ad cœlum respicit. (Tertull., *Apologeticus*, cap. XVII, p. 64; Parisiis, 1657.)
3. S. Polyc., Epist.

eu qu'une femme; ils devoient être en réputation de bonnes mœurs, de pères de famille exemplaires, et jouir d'une renommée sans tache, même parmi les païens. « Sous les épreuves, disoit saint Ignace, qu'ils demeurent fermes comme l'enclume frappée[1]. » Ce même saint dans les fers écrivoit à l'Église de Rome : « Je ne serai vrai disciple de Jésus-Christ que quand le monde ne verra plus mon corps. Priez, afin que je me change en victime. Je ne vous donne pas des ordres comme Pierre et Paul; c'étoient des apôtres, je ne suis rien; ils étoient libres, je suis esclave[2]. »

Les évêques étoient choisis dans toutes les conditions de la vie : on voit des évêques laboureurs, bergers, charbonniers. Les diocèses, sorte de républiques fédératives, élisoient leurs présidents selon leurs besoins; éloquents et instruits pour les grandes cités, simples et rustiques pour les campagnes, guerriers même, quand il le falloit, pour défendre la communauté. Aussi fuyoit-on ces honneurs à grandes charges; c'étoit dans les cavernes, au fond des bois, sur les montagnes, que le peuple chrétien alloit chercher et enlever ces princes de la foi. Ils se cachoient, ils se déclaroient indignes, ils répandoient des larmes; quelques-uns même mouroient de frayeur.

Gérès, petite ville d'Égypte, à cinquante stades de Péluse, avoit élu pour évêque un solitaire nommé Nilammon : il demeuroit dans une cellule dont il avoit muré la porte, et s'obstinoit à refuser l'épiscopat. Théophile, évêque d'Alexandrie, s'efforça de le persuader : « Demain, mon père, dit l'ermite, vous ferez ce qu'il vous plaira. » Théophile revint le lendemain, et dit à Nilammon d'ouvrir. « Prions auparavant, » répondit le solitaire du fond de son rocher. La journée se passe en oraison. Le soir on appelle Nilammon à haute voix : il garde le silence; on enlève les pierres qui bouchoient l'entrée de l'ermitage : le solitaire gisoit mort aux pieds d'un crucifix[3].

Les premières églises étoient des lieux cachés, des forêts, des catacombes, des cimetières, et les autels une pierre ou le tombeau d'un martyr; pour ornements on avoit des fleurs, des vases de bois, quelques cierges, quelques lampes, à l'aide desquels le prêtre lisoit l'Évangile dans l'obscurité des souterrains; on avoit encore des boîtes à

---

1. Sta firmus velut incus quæ verberatur. (IGNAT. *ad Polyc.*, 206; Genevæ, 1623.)
2. Tunc ero verus Jesu Christi discipulus cum mundus nec corpus meum viderit. Deprecemini Dominum pro me, ut per hæc instrumenta Deo efficiar hostia. Non ut Petrus et Paulus hæc præcipio vobis : illi apostoli Jesu Christi, ego vero minimus; illi liberi utpote servi Dei, ego vero etiamnum servus. (IGNATII *Epistola ad Romanos*, p. 247; Genevæ, 1623.)
3. In oratione spiritum Deo reddidit. (*Martyr.*, 6 janvier.)

secret, pour y cacher le pain du voyageur, que l'on portoit au fidèle dans les mines, dans les cachots, au milieu des lions de l'amphithéâtre.

Tels étoient les chrétiens de l'âge héroïque.

Les païens les considéroient autrement.

Selon eux, ces sectaires grossiers, ignorants, fanatiques, populace demi-nue, prenoient plaisir à s'entourer de jeunes niais et de vieilles folles pour leur conter des puérilités[1]. Ils prétendoient que les Galiléens ne vouloient ni donner ni discuter les raisons de leur culte, ayant coutume de dire : « Ne vous enquérez pas[2] ; la sagesse de cette vie est un mal, et la folie un bien. » — « Votre partage, » écrivoit Julien[3], apostrophant les disciples de l'Évangile, « est la grossièreté. Toute votre sagesse consiste à répéter stupidement : Je crois. » La religion du Christ étoit appelée par les latins *insania*[4], *amentia*[5], *dementia*[6], *stultitia, furiosa opinio*[7], *furoris insipientia*[8]. Les fidèles eux-mêmes étoient surnommés des *demi-morts,* à cause de leurs longs jeûnes et de leurs veilles[9].

Lucien, ou plutôt un auteur inconnu antérieur à Lucien, a peint, dans le dialogue satirique *Philopatris,* une assemblée de ces premiers chrétiens.

Critias. « J'étois allé dans une des rues de la ville : j'aperçus une troupe de gens qui chuchotoient, et qui pour mieux entendre colloient leur oreille sur la bouche de celui qui parloit. Je regardois ces hommes, afin d'y découvrir quelqu'un de connoissance ; j'aperçus le politique Craton, avec qui je suis lié depuis l'enfance. »

Tricphon. « Je ne sais qui tu veux dire : est-ce celui qui est préposé à la répartition des tributs? Qu'arriva-t-il? »

Critias. « Je m'approchai de lui après avoir fendu la presse ; et l'ayant salué, j'entr'ouïs un petit veillard tout cassé, nommé Caricène, qui commença à dire d'une voix grêle et en parlant du nez, après avoir bien toussé et craché : *Celui-ci dont je viens de parler payera le reste des tributs, acquittera toutes les dettes, tant publiques que particulières, et recevra tout le monde sans s'informer de la profession.*

« Caricène ajouta plusieurs autres futilités, également applaudies par

---

[1]. Qui de ultima fæce collectis inferioribus et mulieribus credulis... plebem profanæ conjurationis instituunt... miseri .. ipsi semi nudi... maxime indocti. (Theop. Antioch., lib. ii; Minut. Felix, *Apol.*)

[2]. Nihil perquiras, sed duntaxat credito... humanam hanc sapientiam pro noxia esse habendam, et pro bona frugique stultitiam..... Malam esse in vita sapientiam. (Orig. Cont. Cels., lib. i.)

[3]. *Apud* Greg. Naz. [4]. S. Cyp., lib. *ad Demet.* [5]. Plin., *epist. ad Traj.*
[6]. Tert., *Ap.*, cap. i. [7]. Minut. Fel. [8]. Ac. Proc. *Mart. Scill.*
[9]. Greg. Naz., *Cont. Julian.*

ceux qui étoient présents, et que la nouveauté des choses rendoit attentifs. Un autre frère, nommé Clévocarme, sans chapeau ni souliers, et couvert d'un manteau en loques, marmottoit entre ses dents : un homme mal vêtu, venant des montagnes, et qui avoit la tête rase, me le montra. . . . . Alors un des assistants, à l'œil farouche, me tira par le manteau, croyant que j'étois des siens, et me persuada à la malheure de me trouver au rendez-vous de ces magiciens. . . . .

« Nous avions déjà passé le *seuil d'airain* et les *portes de fer*, comme dit le poëte, lorsque, après avoir grimpé au haut d'un logis par un escalier tortu, nous nous trouvâmes, non dans la salle de Ménélas, toute brillante d'or et d'ivoire : aussi n'y vîmes-nous pas Hélène ; mais dans un méchant galetas j'aperçus des gens pâles, défaits, courbés contre-terre. Ils n'eurent pas plus tôt jeté les regards sur moi, qu'ils m'abordèrent joyeux, me demandant si je n'apportois pas quelques mauvaises nouvelles ; ils paroissoient désirer des événements fâcheux, et, semblables aux furies, ils se gaudissoient des malheurs.

« Après s'être parlé à l'oreille, ils me demandèrent qui j'étois, quelle ma patrie, quels mes parents. . . . .

« Ces hommes, qui marchent dans les airs, m'interrogèrent ensuite sur la ville et sur le monde. Je leur dis : « Le peuple entier est dans la « jubilation, et y sera de même à l'avenir. » Eux, fronçant le sourcil, me répondirent qu'il n'en iroit pas ainsi, et qu'il se couvoit un mal que l'on verroit bientôt éclore. . . . .

« Là-dessus, comme s'ils eussent eu cause gagnée, ils commencèrent à débiter les choses où ils se plaisent : que les affaires alloient changer de face ; que Rome seroit troublée par des divisions ; que nos armées seroient défaites. Ne pouvant plus me contenir et tout enflammé de colère, je m'écriai : O misérables !.... que les maux par vous annoncés retombent sur vos têtes, puisque vous aimez si peu votre patrie. ». . . . .

Tricphon. « Que répliquèrent ces hommes à tête rase, et qui ont l'esprit de même ? »

Critias. « Ils passèrent cela doucement, et eurent recours à leurs échappatoires ordinaires ; ils prétendirent qu'ils voyoient ces choses en songe, après avoir jeûné dix soleils et dépensé les nuits à chanter leurs hymnes. . . . . Alors, avec un faux sourire, ils se penchèrent hors des lits chétifs sur lesquels ils se reposoient[1]. »

---

1. *Philopat.*, et, dans Bull., *Hist. de l'Établiss. du Christ.*, tirée des seuls auteurs juifs et païens, p. 261.
Lardner, *Jewish and heathen testimonies*, etc., t. II, p. 366. J'ai conservé la version

Cette assemblée, peinte par un ennemi, diffère étrangement du concile de Nicée. Les chrétiens étoient si méprisés à l'époque où fut écrite cette satire, qu'on les mettoit au-dessous des juifs. C'étoient pourtant ces hommes cachés dans un galetas, ces gueux que l'on traînoit au supplice aussitôt qu'ils étoient reconnus, ces coupables, non de crimes, mais de naissance, ces créatures dégradées à qui l'on ne reconnoissoit pas même le droit des plus vils serfs; c'étoient ces esclaves mis hors la loi qui devoient rendre au genre humain ses lois et ses libertés.

L'embarras des chrétiens devant leurs pères païens offre une ressemblance singulière avec ce qui se passe de nos jours entre les anciennes générations et les générations nouvelles : les premières ne comprennent point et ne comprendront pas ce qui est clair et accompli pour les secondes[1]. Le christianisme, véritable liberté sous tous les rapports, paroissoit aux vieux idolâtres nourris au despotisme politique et religieux une nouveauté détestable; ce progrès de l'espèce humaine étoit dénoncé comme une subversion de tous les principes sociaux. « Dans les maisons particulières on voit, dit Celse, des hommes grossiers et ignorants, des ouvriers en laine qui se taisent devant les vieillards et les pères de famille. Mais rencontrent-ils à l'écart quelques enfants, quelques femmes, ils les endoctrinent; ils leur disent qu'il ne faut écouter ni leurs pères ni leurs pédagogues; que ceux-ci sont des radoteurs, incapables de connoître et de goûter la vérité. Ils excitent ainsi les enfants à secouer le joug; ils les engagent à se rendre au gynécée, ou dans la boutique d'un foulon, ou dans celle d'un cordonnier, pour apprendre ce qui est parfait[2]. »

Les vertus, conséquence nécessaire du premier christianisme, faisoient haïr ceux qui les patiquoient, parce qu'elles étoient un reproche aux vices opposés. Un mari chassoit sa femme, devenue sage depuis qu'elle étoit devenue chrétienne; un père désavouoit un fils autrefois prodigue et volontaire, transformé par le changement de religion en enfant soumis et ordonné[3]. Les accusations portées contre les chrétiens étoient l'histoire même de leur innocence : « J'en prends à témoin vos registres, disoit Tertullien, vous qui jugez les criminels :

---

de Bullet, en faisant disparoître des contre-sens, des négligences et des obscurités de style; le texte est lui-même fort embarrassé, et n'a aucun rapport avec l'élégance de Lucien. Le *Philopatris* a été aussi traduit par d'Ablancourt et par Blin de Saint-Maure.

1. Tout ceci étoit écrit longtemps avant les journées des 27, 28 et 29 juillet.
2. Orig., *Cont. Cels.*
3. Uxorem jam pudicam maritus non jam zelotypus ejicit. Filium subjectum pater retro patiens abdicavit. (Tertull. *Apologet.*, cap. iii, t. II, p. 16 ; Parisiis, 1648.)

y en a-t-il un seul qui soit chrétien? L'innocence est pour nous une nécessité, l'ayant apprise de Dieu, qui est un maître accompli. On nous reproche d'être inutiles à la vie, et pourtant nous allons à vos marchés, à vos foires, à vos bains, à vos boutiques, à vos hôtelleries. Nous faisons le commerce, nous portons les armes, nous labourons [1]. Il est vrai que les trafiquants des femmes perdues, que les assassins, les empoisonneurs, les magiciens, les aruspices, les devins, les astrologues, n'ont rien à gagner avec nous [2]. »

On accusoit les chrétiens d'être une faction, et ils répondoient : « La faction des chrétiens est d'être réunis dans la même religion, dans la même morale, la même espérance. Nous formons une conjuration pour prier Dieu en commun et lire les divines Écritures. Si quelqu'un de nous a péché, il est privé de la communion, des prières et de nos assemblées jusqu'à ce qu'il ait fait pénitence. Ces assemblées sont présidées par des vieillards dont la sagesse a mérité cet honneur. Chacun apporte quelque argent tous les mois, s'il le veut ou le peut. Ce trésor sert à nourrir et à enterrer les pauvres, à soutenir les orphelins, les naufragés, les exilés, les condamnés aux mines ou à la prison pour la cause de Dieu. Nous nous donnons le nom de frères ; nous sommes prêts à mourir les uns pour les autres. Tout est en commun entre nous, hors les femmes. Notre souper commun s'explique par son nom d'Agape, qui signifie *charité* [3]. »

La congrégation apostolique embrassoit alors le monde civilisé comme une immense société secrète qui s'avançoit vers son but, en dépit des proscriptions et de la folle inimitié de la terre. Dès l'âge héroïque du christianisme, on entrevoit les changements radicaux que cette religion alloit apporter dans les lois : c'étoit la philosophie mise en pratique. En attendant l'abolition de l'esclavage par des transformations graduelles, l'émancipation du sexe féminin commençoit.

Les femmes parurent seules au pied de la croix ; Jésus-Christ pendant sa vie pardonna à leur foiblesse, et ne dédaigna pas leur hommage : il les affranchit dans la personne de Marie, sa divine mère.

Des femmes suivoient les apôtres pour les servir, comme Madeleine

---

1. Itaque non sine foro, non sine macello, non sine balneis, tabernis, officinis, stabulis, nundinis vestris, cæterisque commerciis cohabitamus hoc seculum. Navigamus et nos vobiscum, et rusticamur et mercamur. (Tertull., *Apologetic.*, p. 343, cap. xlii, t. II.)

2. Plane confitebor, si forte vere de sterilitate christianorum conqueri possunt. Primi erunt lenones, perductores, aquarioli. Tum sicarii, venenarii, magi. Item aruspices, arioli, mathematici. His infructuosos esse magnus fructus est. (Tertull., *Apologetic.*, cap. xliii, p. 356.)   3. Tertull., *Apologetic.*

et les autres Marie avoient suivi le Christ[1]. Saint Paul salue à Rome les femmes de la maison de Narcisse.

Les femmes eurent une relation immédiate avec l'Église, en vertu de l'institution des diaconesses. La diaconesse devoit être chaste, sobre et fidèle. Les veuves choisies pour cette fonction ne pouvoient compter moins de soixante ans ; elles devoient avoir nourri leurs enfants, exercé l'hospitalité, lavé les pieds des voyageurs, consolé les affligés[2].

Les instructions des apôtres et des premiers Pères montrent de quelle importance étoient les femmes à la naissance même de la société chrétienne. Tertullien écrit deux livres sur leurs ornements et l'usage de leur beauté. « Rejetez le fard, les faux cheveux, les autres parures ; vous n'allez point aux temples, aux spectacles, aux fêtes des gentils. Vos raisons pour sortir sont sérieuses : visiter les frères malades, assister au saint sacrifice, écouter la parole de Dieu[3]. Secouez les délices pour ne pas être accablées des persécutions. Des mains accoutumées aux bracelets supporteroient mal le poids des chaînes ; des pieds ornés de bandelettes s'accommoderoient peu des entraves ; une tête chargée de perles et d'émeraudes ne laisseroit pas de place à l'épée[4]. »

Les vierges ne devoient paroître à l'église que voilées jusqu'à la ceinture ; une pension leur étoit accordée ainsi qu'aux veuves.

Dans le traité *Ad Uxorem*, on voit paroître la femme toute différente de la femme de l'antiquité, et telle qu'elle est aujourd'hui. C'est en même temps un tableau véritable de ce qui se passoit alors dans la communauté générale et dans la famille privée des chrétiens.

Tertullien invite sa femme à ne pas se remarier s'il venoit à mourir, surtout à ne pas épouser un infidèle. Le christianisme, conforme à la

---

1. 55. Erant autem ibi mulieres multæ a longe, quæ secutæ erant Jesum a Galilæa, ministrantes ei.
56. Inter quas erat Maria Magdalena, et Maria Jacobi et Josephi mater... (*Evang. secundum Matthæum*, cap. xxvii, v. 55-56.)

2. 9. Vidua eligatur non minus sexaginta annorum, quæ fuerit uxor unius viri.
10. In operibus bonis testimonium habens si filios educavit, si hospitio recepit, si sanctorum pedes lavit, si tribulationem patientibus subministravit. (*Epist. B Pauli ad Thimoth.*, cap. v, v. 9-10.)

3. Nam nec templa circuitis, nec spectacula postulatis, nec festos dies gentilium nostis. Nulla est strictius prodeundi causa, nisi imbecilis aliquis ex fratribus visitandus, aut sacrificium affertur, aut Dei verbum administratur. (TERTULL., *De Cultu feminar.*, lib. ii, p. 315 ; Parisiis, 1568.)

4. Discutiendæ enim sunt deliciæ quarum mollitia et fluxu fidei virtus effeminari potest. Cæterum nescio an manus spathalio circumdari solita in duritia catenæ stupescere sustineat. Nescio an crus de periscelio in nervum se patiatur arctari. Timeo cervicem, ne margaritarum et smaragdorum laqueis occupata locum spathæ non det. (*Id., ibid.*)

nature et à l'ordre, condamnoit la polygamie des nations orientales et le divorce admis par les Grecs et les Romains.

« La femme chrétienne, dit Tertullien, rendra à son mari païen les devoirs de païenne : elle aura pour lui beauté, parure, propreté mondaine, caresses honteuses. Il n'en est pas ainsi chez les saints : tout s'y passe avec retenue sous les yeux de Dieu [1].

« Comment pourra-t-elle (l'épouse chrétienne) servir le ciel ayant à ses côtés un esclave du démon chargé de la retenir? S'il faut aller à l'église, il lui donnera rendez-vous aux bains plus tôt qu'à l'ordinaire ; s'il faut jeûner, il commandera un festin pour le même jour ; s'il faut sortir, jamais les serviteurs n'auront été plus occupés [2]. Ce mari souffrira-t-il que sa femme visite de rue en rue les frères dans les réduits les plus pauvres ? souffrira-t-il qu'elle se lève d'auprès de lui, afin d'assister aux assemblées de nuit? souffrira-t-il qu'elle découche à la solennité de Pâques? La laissera-t-il se rendre à la table du Seigneur, si décriée parmi les païens? Trouvera-t-il bon qu'elle se glisse dans les prisons, pour baiser la chaîne des martyrs, pour laver les pieds des saints, pour offrir avec empressement aux confesseurs la nourriture [3] ? S'il vient un frère étranger, comment sera-t-il logé ? dans une maison étrangère ? S'il faut donner quelque chose, le grenier, la cave, tout sera fermé.

« Quand le mari païen consentiroit à tout, c'est un mal d'être obligé de lui faire confidence des pratiques de la vie chrétienne. Vous cacherez-vous de lui en faisant le signe de la croix sur votre lit, sur votre corps, en soufflant pour chasser quelque chose d'immonde ? Ne croira-t-il pas que c'est une opération magique? Ne saura-t-il point ce que vous prenez en secret, avant toute nourriture? Et s'il sait que c'est du pain, ne supposera-t-il pas qu'il est tel qu'on le dit [4] ?

« Que chantera dans un festin la femme chrétienne avec son mari

---

1. Tanquam sub oculis Dei modeste et moderate transiguntur. (TERTULL., *Ad Uxor.*, lib. II, cap. IV, p. 332.)

2. Ut statio facienda est, maritus de die condicat ad balneas. Si jejunia observandà sunt, maritus eadem die convivium exerceat. Si procedendum erit, nunquam magis familiæ occupatio adveniat. (*Id., ibid.*)

3. Quis denique in solemnibus Paschæ abnoctantem securus sustinebit? Quis ad convivium dominicum illud quod infamat sine sua suspicione dimittet? Quis in carcerem ad osculanda vincula martyris reptare patietur? aquam sanctorum pedibus offerre? (TERTULL., *Ad Uxor.*, lib. II.)

4. Il s'agit de l'Eucharistie, et toujours de l'histoire de l'enfant que devoient manger les chrétiens.

Cum aliquid immundum flatu exspuis, non magiæ aliquid videberis operari? Non sciet maritus quid secreto ante omnem cibum gustes? Et si sciverit panem, non illum credet esse qui dicitur? (*Id., ibid.*, p. 333.)

païen? Elle entendra des hymnes de théâtre : il n'y aura ni mention de Dieu¹, ni invocation de Jésus-Christ, ni lecture des Écritures, ni salutation divine.

« L'Église dresse le contrat du mariage chrétien, l'oblation le confirme, la bénédiction en devient le sceau, les anges le rapportent au Père céleste, qui le ratifie. Deux fidèles portent le même joug : ils ne sont qu'une chair, qu'un esprit ; ils prient ensemble ; ils jeûnent ensemble ; ils sont ensemble à l'église et à la table de Dieu, dans la persécution et dans la paix ². »

Les femmes chrétiennes devinrent des missionnaires à leurs foyers, des intelligences du ciel au sein des familles païennes. Vous venez de voir qu'elles étoient chargées de soigner les malades et les pauvres : c'étoit surtout dans les temps de persécution qu'elles prodiguoient les trésors du zèle. Elles se glissoient dans les prisons, portoient les messages, distribuoient l'argent, pansoient les plaies des torturés, et mouroient elles-mêmes avec un héroïsme au-dessus de tout ce qu'on raconte des femmes de Sparte et de Rome. Dans leurs vertus, et jusque dans leurs foiblesses, étoit un charme pour adoucir les persécuteurs : la nourrice de Caracalla et la maîtresse de Commode étoient chrétiennes.

Plus tard, dans l'âge philosophique du christianisme, les femmes, mères, épouses et filles d'empereur, étendirent la puissance évangélique, tandis que d'autres femmes, emmenées en esclavage par les barbares, convertissoient des nations entières : ainsi vous l'ai-je dit à propos des Ibériens. Vous avez également appris comment les Hélène et les Eudoxie renversèrent des temples et élevèrent des églises.

Plus tard encore, les vierges unies à Dieu dans les monastères se signalèrent par tous les genres de sacrifices et de dévouement. Saint Jérôme nous a fait connoître Marcelle, Aselle sa sœur, et leur mère Albine ; Principia, fille de Marcelle ; Paule, amie de Marcelle ; Pauline, Eustochie, Léa, Fabiole, qui vendit son patrimoine pour fonder le premier hôpital que Rome ait opposé aux monuments de sang et de prostitution : dans cette maison de miséricorde les descendantes des consuls servoient les pauvres et les étrangers, avant de venir mourir pauvres et étrangères dans la grotte de Bethléem. Accomplissement

---

1. Quid maritus suus illi, vel marito quid illa cantabit? quæ Dei mentio? quæ Christi invocatio? (TERTULL., *Ad Uxor.*, p. 333.)

2. Ecclesia conciliat, et confirmat oblatio. Obsignatum angeli renuntiant, pater rato habet. . . . . duo in carne una, ubi et una caro, unus et spiritus. Simul orant, simul jejunia transigunt. In ecclesia Dei pariter, in connubio Dei pariter, in angustiis, in refrigerii. (*Id., ibid.*)

des choses! les femmes qui adorèrent les premières au fond des catacombes remplissent les dernières ces églises où elles amenèrent les pères, où elles ne peuvent retenir les fils. Elles pleurèrent au pied du Calvaire qui vit expirer la grande victime ; elles pleurent encore au pied de ce Calvaire, mais celui qu'elles mirent au tombeau est remonté au ciel : il n'y a plus rien sur la croix, rien au saint sépulcre.

L'émancipation de la femme n'est pas encore totalement achevée, surtout en ce qui regarde l'oppression des lois : elle le sera dans la rénovation chrétienne qui commence.

L'ère des martyrs offre un spectacle extraordinaire : chez un même peuple des hommes et des femmes couroient aux jeux publics dans l'éclat du luxe et de l'enivrement des plaisirs ; et d'autres hommes et d'autres femmes, consacrés à tous les devoirs, faisoient en répandant leur sang partie essentielle de ces jeux. L'âge héroïque du paganisme eut ses hercules guerriers ; l'âge héroïque du christianisme enfanta ses hercules pacifiques, qui domptèrent une autre espèce de monstres, les vices, les passions, les erreurs : héros dont la victoire étoit non de tuer, mais de mourir.

De tous les grands fondateurs de religion, Jésus est le seul qui n'ait point été puissant par la naissance, les armes, la politique, la poésie ou la philosophie ; il n'avoit ni sceptre, ni épée, ni plume, ni lyre ; il fut pauvre, ignoré, calomnié et le premier martyr de son culte. Ses apôtres souffrirent après lui ; leur supplice forma la chaîne qui unit la passion aux passions particulières renouvelées pendant quatre siècles. L'hostie spirituelle étoit venue remplacer l'hostie matérielle ; mais l'effusion du sang chrétien (qui étoit le sang même du Christ) ne se dut arrêter que quand l'holocauste païen disparut. Cela explique, d'après les fondements de la foi, la longueur des persécutions : il y eut des victimes chrétiennes à l'amphithéâtre tant qu'il y eut des victimes païennes dans les temples ; l'immolation des premières continua en proportion de celle des secondes : Constantin et ses fils abolirent le sacrifice, et le martyre cessa ; Julien rétablit le sacrifice, et le martyre recommença.

Rendus habiles par le malheur, les chrétiens avoient perfectionné l'art de secourir : point de ruses que la charité n'inventât pour pénétrer dans les cachots, pour corrompre les geôliers, c'est-à-dire pour les faire chrétiens et les conduire avec leurs prisonniers à la mort. L'histoire du philosophe Pérégrin, qui se brûla à son de trompe et à jour marqué, nous a transmis une preuve inattendue de l'activité évangélique.

Pérégrin, en voyageant, s'étoit donné comme néophyte ; arrêté en

Palestine, les chrétiens se hâtèrent de l'environner. Dès le matin des femmes, des veuves, des enfants, assiégeoient la prison ; la nuit, quelque prêtre s'introduisoit à prix d'argent auprès du philosophe. De toutes les cités de l'Asie affluoient des frères qui, par ordre de la communauté, venoient encourager le prisonnier. « C'est une chose inouïe, dit Lucien, que l'empressement de ces hommes : quand quelques-uns d'entre eux sont tombés dans le malheur, ils n'épargnent rien. Ces misérables se figurent qu'ils vivront après leur vie. Ils méprisent la mort, et plusieurs s'abandonnent volontairement aux supplices [1]. »

Dix batailles générales, les dix grandes persécutions, furent livrées, sans compter une multitude d'actions particulières : les femmes brillèrent dans ces combats. Symphorien étoit conduit au martyre à Autun, dans les Gaules ; sa mère lui crioit du haut des murailles de la ville : « Mon fils, mon fils, Symphorien, élève ton cœur en haut ; on ne te ravit pas la vie, on te la change pour une vie meilleure [2]. »

Blandine, esclave, fut la dernière couronnée parmi les confesseurs de Lyon : elle subit les fouets, les bêtes, la chaise de fer embrasée : elle alloit à la mort comme au lit nuptial, comme au festin des noces [3].

Il y avoit en Égypte une autre esclave d'une rare beauté, nommée Potamienne ; son maître, devenu amoureux d'elle, voulut d'abord la séduire, et ensuite la ravir de force : repoussé par la vertueuse fille, il la livra au préfet Aquila, comme chrétienne. Le préfet invita Potamienne à céder aux désirs de son maître ; sur son refus, il la condamna à être plongée dans une chaudière de poix bouillante, et la menaça de la faire violer par les gladiateurs. Potamienne dit : « Par la vie de l'empereur, je vous supplie de ne pas me dépouiller et de ne pas m'exposer nue. Que l'on me descende peu à peu dans la chaudière avec mes habits. » Cette grâce lui fut accordée, et Marcelle, sa mère, subit le supplice du feu [4].

La dérision qui se mêloit à la cruauté débauchée n'ôtoit rien à la gravité du malheur. Les sept vierges d'Ancyre, abandonnées à l'insolence de quelques jeunes hommes avant d'être noyées, ont effacé par

---

1. Lucian., *In Pereg.*
2. Nate, nate, Symphoriane. . . . . Sursum cor suspende, fili ; hodie tibi vita non tollitur, sed mutatur in melius. (*Act. Martyr. in Symphor.*, p. 72 ; Parisiis, 1689.)
3. Beata vero Blandina ultima omnium... festinat, exsultans, ovans, velut ad thalamum sponsi invitata et ad nuptiale convivium. (Euseb., lib. iv, cap. iii, p. 539.)
4. Cum venerabili matre, Marcella, ignis suppliciis consummata est. (*Id.*, lib. vi, cap. v.)

un seul mot ce qui se pouvoit attacher d'étrange à l'infortune de leur vieillesse. La plus âgée ôta son voile, et montrant sa tête chenue au jeune homme : « Tu as peut-être une mère *blanchie* comme moi. Laisse-nous nos larmes, et prends pour toi l'espérance¹. »

Félicité, matrone romaine d'un rang illustre, fut jugée à mort avec ses sept fils, qu'elle encouragea à confesser hardiment.

Symphorose, de Tibur, avoit également sept fils. Adrien l'appela devant lui, et l'exhorta à sacrifier ; elle répondit : « Getulius, mon mari, et son frère Amantius, étoient vos tribuns, et ils ont préféré la mort à vos idoles. » Symphorose, pendue par les cheveux, fut précipitée dans ces cascades qui avoient baigné les courtisanes et rafraîchi le vin d'Horace. Les sept fils suivirent leur mère².

Un des quarante martyrs de Sébaste avoit résisté à la double épreuve de la glace et du feu : les bourreaux, l'oubliant à dessein et le laissant sur la place, espéroient qu'il abjureroit : sa mère le mit de ses propres mains dans le tombereau : « Va, dit-elle, mon fils ! achève ton heureux voyage avec tes compagnons, afin que tu ne te présentes pas à Dieu le dernier³. »

Il n'est rien de plus célèbre dans les *Actes sincères* que le martyre de Perpétue et de Félicité à Carthage. Perpétue, femme noble, étoit âgée de vingt-deux ans ; son père et sa mère vivoient ; elle avoit deux frères ; elle étoit mariée, et nourrissoit un enfant : Félicité étoit esclave et enceinte.

Le père de Perpétue, païen zélé, engageoit sa fille à sacrifier. « Après avoir été quelques jours sans voir mon père (c'est Perpétue qui écrit elle-même la relation du commencement de son martyre), j'en rendis grâces au Seigneur, et son absence me soulagea. Ce fut dans ce peu de jours que nous fûmes baptisés : je ne demandai, au sortir de l'eau, que la patience dans les peines corporelles. Peu de jours après, on nous mit en prison ; j'en fus effrayée, car je n'avois jamais vu de telles ténèbres. La rude journée⁴ ! Un grand chaud à cause de la foule. Les soldats nous poussoient. Enfin, je mourois d'inquiétude pour mon enfant. Alors les bienheureux diacres, Tertius et Pompone, qui nous

1. Velum raptim discerpens ostendebat ei capitis sui caniciem : et hæc inquit : Reverere, fili, nam et tu forsitan matrem jam canam habes. Et nobis quidem miseris relinque lacrymas ; tibi vero spem habe. (*Act. Mart. sincera*, p. 360 ; Parisiis, 1689.)
2. Alia vero die jussit Adrianus imperator simul omnes septem filios ejus sibi præsentari et ad trochleas extendi. (*Id.*, p. 29.)
3. O nate ! inquit, perfice cum tuis contubernalibus iter beatum, ne unus desis illorum choro, ne reliquis serius Domino præsenteris. (*Act. sinc.*, p. 469 ; Veron., 1731.)
4. O diem asperum !

assistoient, obtinrent, pour de l'argent, que nous pussions sortir et passer quelques heures en un lieu plus commode dans la prison. Nous sortîmes ; chacun pensoit à soi : je donnois à téter à mon enfant[1], je le recommandois à ma mère ; je fortifiois mon frère ; je séchois de douleur de voir celle que je leur causois : je passai plusieurs jours dans ces angoisses. . . . .
. . « Le bruit se répandit que nous devions être interrogés. Mon père vint de la ville à la prison, accablé de tristesse ; il me disoit : Ma fille, prends pitié de mes cheveux blancs ! aie pitié de moi[2] ! Si je suis digne que tu m'appelles ton père, si je t'ai moi-même élevée jusqu'à cet âge, si je t'ai préférée à tes frères, ne me rends pas l'opprobre des hommes ! Regarde ta mère, regarde ton fils, qui ne pourra vivre après toi : quitte cette fierté, de peur de nous perdre tous, car aucun de nous n'osera plus parler s'il t'arrive quelque malheur.

« Mon père s'exprimoit ainsi par tendresse, me baisant les mains, se jetant à mes pieds, pleurant, ne me nommant plus sa fille, mais *sa dame*[3]. Je le plaignois, voyant que de toute ma famille il seroit le seul à ne se pas réjouir de notre martyre. Je lui dis pour le consoler : Sur l'échafaud, il arrivera ce qu'il plaira à Dieu : car sachez que nous ne sommes point en notre puissance, mais en la sienne[4]. Il se retira contristé.

« Le lendemain, comme nous dînions, on vint nous chercher pour être interrogés. Le bruit s'en répandit aussitôt dans les quartiers voisins ; il s'amassa un peuple infini. Nous montâmes au tribunal. . . . . Le procureur Hilarien me dit : Épargne la vieillesse de ton père, épargne l'enfance de ton fils ; sacrifie pour la prospérité des empereurs. — Je n'en ferai rien, répondis-je. — Es-tu chrétienne ? me dit-il. Et je répliquai : Je suis chrétienne[5]. Comme mon père s'efforçoit de me tirer du tribunal, Hilarien commanda qu'on l'en chassât, et il reçut un coup de baguette ; je le sentis comme si j'eusse été frappée moi-même, tant je souffris de voir mon père maltraité dans sa vieillesse[6] ! Alors Hilarien prononça notre sentence, et nous condamna tous à être exposés aux bêtes. Nous retournâmes joyeux à la prison. Comme mon enfant avoit été accoutumé de me téter et de demeurer avec moi, j'envoyai aussitôt le diacre Pompone pour le

---

1. Ego infantem lactabam. (*Act. sinc.*, p. 81.)
2. Miserere, filia, canis meis ; miserere patri ! (*Id.*, p. 82.)
3. Et lacrymis non filiam, sed dominam vocabat.
4. Scito enim nos non in nostra potestate esse constitutos, sed Dei.
5. Christiana sum. (*Id.*, p. 82 et 83.)
6. Sic dolui pro senecta ejus misera !

demander à mon père : mais il ne le voulut pas donner[1], et Dieu permit que l'enfant ne demandât plus la mamelle et que mon lait ne m'incommodât plus. »

La relation de Perpétue finit à la troisième des visions qu'elle eut dans son cachot.

« Félicité étoit grosse de huit mois, et voyant le jour du spectacle si proche, elle étoit fort affligée, craignant que son martyre ne fût différé, parce qu'il n'étoit pas permis d'exécuter les femmes grosses avant leur terme. Les compagnons de son sacrifice étoient sensiblement tristes de leur côté, de la laisser seule dans le chemin de leur commune espérance[2]. Ils se joignirent donc tous ensemble à prier et à gémir pour elle, trois jours avant le spectacle. Aussitôt après leur prière les douleurs la prirent : et comme l'accouchement est naturellement plus difficile dans le huitième mois, son travail fut rude, et elle se plaignoit. Un des guichetiers lui dit : Tu te plains, que feras-tu quand tu seras exposée aux bêtes[3]? Elle accoucha d'une fille, qu'une femme chrétienne éleva comme son enfant. . . . .
Les frères et les autres eurent la permission d'entrer dans la prison et de se rafraîchir avec eux. Le concierge de la prison étoit déjà converti. Le jour de devant le combat on leur donna, suivant la coutume, le dernier repas que l'on appeloit le *souper libre*[4], et qui se faisoit en public, mais les martyrs le convertirent en une agape. Ils parloient au peuple avec leur fermeté ordinaire. . . . .
Remarquez bien nos visages, disoient-ils, afin de nous reconnoître au jour du jugement[5].

« Celui du combat étant venu, les martyrs sortirent de la prison pour l'amphithéâtre comme pour le ciel, gais, plutôt émus de joie que de crainte. Perpétue suivoit d'un visage serein et d'un pas tranquille, comme une personne chérie de Jésus-Christ, baissant les yeux pour en dérober aux spectateurs la vivacité[6]. Félicité étoit ravie de se bien porter de sa couche, pour combattre les bêtes. Étant arrivés à la porte, on les voulut obliger, suivant la coutume, à prendre les ornements de ceux qui paroissoient à ce spectacle. C'étoit pour les hommes un manteau rouge, habit des prêtres de Saturne[7]; pour les femmes une ban-

---

1. Sed dare pater noluit.
2. Ne tam bonam sociam quasi comitem solam in via ejusdem spei relinquerent.
3. Quid facies objecta bestiis? (*Act. sinc.*, p. 86.)
4. Illa cœna ultima quam liberam vocant.
5. Ut cognoscatis nos in die illo judicii.
6. Vigorem oculorum dejiciens. (*Id.*, p. 87.)
7. Viri quidem sacerdotum Saturni.

delette autour de la tête, symbole des prêtresses de Cérès. Les martyrs refusèrent ces livrées de l'idolâtrie. . . . .
. . . .

« Perpétue et Félicité furent dépouillées et mises dans des filets pour être exposées à une vache furieuse. Le peuple en eut horreur[1], voyant l'une si délicate et l'autre qui venoit d'accoucher : on les retira, et on les couvrit d'habits flottants. Perpétue fut secouée la première, et tomba sur le dos : elle se mit en son séant, et voyant son habit déchiré par le côté, elle le retira pour se couvrir la cuisse, plus attentive à la pudeur qu'à la souffrance[2]. Elle renoua ses cheveux épars, pour ne pas paroître en deuil, et voyant Félicité toute froissée, elle lui donna la main afin de l'aider à se relever[3]. Elles allèrent ainsi vers la porte Sana-Vivaria, où Perpétue fut reçue par un catéchumène nommé Rustique. Alors elle s'éveilla comme d'un profond sommeil, et commença à regarder autour d'elle, en disant : Je ne sais quand on nous exposera à cette vache. On lui dit ce qui s'étoit passé : elle ne le crut que lorsqu'elle vit sur son corps et sur son habit des marques de ce qu'elle avoit souffert[4]. Elle fit appeler son frère, et s'adressant à lui et à Rustique, elle leur dit : Demeurez fermes dans la foi ; aimez-vous les uns les autres, et ne soyez point scandalisés de nos souffrances. . . . .
Le peuple demanda qu'on les ramenât au milieu de l'amphithéâtre. Les martyrs y allèrent d'eux-mêmes, après s'être donné le baiser de paix[5]. Félicité tomba en partage à un gladiateur maladroit qui la piqua entre les os, et la fit crier ; car ces exécutions des bestiaires demi-morts étoient l'apprentissage des nouveaux gladiateurs. Perpétue conduisit elle-même à sa gorge la main errante du confecteur[6]. »

Dans cette même Carthage, qui rappeloit tant d'autres souvenirs, Cyprien remporta la palme due à son éloquence et à sa foi ; ce premier Fénelon eut la tête tranchée : il se banda lui-même les yeux ; Julien, prêtre, et Julien, diacre, lui lièrent les mains ; ses néophytes étendirent des linges pour recevoir son sang.

Longtemps avant lui, Polycarpe, qui gouvernoit l'église de Smyrne

---

1. Horruit populus.
2. Ad velamentum femorum adduxit, pudoris potius memor quam doloris.
3. Sed manum ei tradidit, et sublevavit illam.
4. Quando, inquit, producimur ad vaccam, nescio... Non prius credidit nisi quasdam notas vexationis in corpore et habitu suo recognovisset. (*Act. sinc.*, p. 590.)
5. Osculati invicem, ut martyrium per solemnia pacis consummarent.
6. Inter costas puncta exululavit... et errantem dexteram tirunculi gladiatoris ipsa in jugulum suum posuit. (*Id.*, p. 88.)

depuis soixante-dix ans, et qui avoit été placé par l'apôtre Jean, fit, d'après l'ordre du consul, son entrée sur un âne dans sa ville épiscopale, comme le Christ dans Jérusalem. Le peuple crioit : « C'est le docteur de l'Asie, le père des chrétiens, le destructeur de nos dieux; qu'on lâche un lion contre Polycarpe! Cela ne se put, parce que les combats des bêtes étoient achevés. Alors le peuple cria tout d'une voix : « Que Polycarpe soit brûlé vif! »

Le bûcher préparé, Polycarpe ôta sa ceinture et se dépouilla de ses habits. On le vouloit clouer au bûcher comme son maître à la croix; il déclara que cette précaution étoit inutile, et qu'il demeureroit ferme; il fut donc simplement attaché : il ressembloit à un bélier choisi dans le troupeau comme un holocauste agréable et accepté de Dieu[1]. Le vieillard regarda le ciel, et dit :

« Dieu de toutes les créatures, je te rends grâces! Je prends part au calice de la passion de ton Christ pour ressusciter à la vie éternelle. Je te bénis, je te glorifie par le pontife Jésus-Christ, ton fils bien aimé, à qui gloire soit rendue, à toi et à l'Esprit saint, dans les siècles à venir! Amen[2]. »

Quand il eut dit, le feu fut mis au bûcher; les flammes se déployèrent autour de la tête du martyr comme une voile de vaisseau enflée par le vent[3]. Ses actes portent qu'il ressembloit à de l'or ou de l'argent éprouvé au creuset[4], et qu'il exhaloit une odeur d'encens ou d'un parfum vital[5]. Le confecteur chargé d'achever les bêtes blessées perça Polycarpe; il sortit tant de sang des veines du vieillard qu'il éteignit le feu[6].

Pothin, évêque de Lyon, âgé de plus de quatre-vingt-dix ans, foible et infirme, fut battu, foulé aux pieds, traîné dans l'arène et rejeté dans la prison, où il rendit l'esprit. Ses compagnons de souffrance sembloient, au milieu des supplices, se guérir d'une plaie par une

---

1. Tanquam aries insignis ex immenso grege delectus, ut holocaustum gratum et acceptum Deo.

2. Deus totius creaturæ, tibi gratias ago. In calice passionis Christi tui particeps fiam in resurrectionem vitæ æternæ! Te laudo, te benedico, te glorifico per Jesum Christum, dilectum tuum filium pontificem : gloria nunc et in secula seculorum! Amen. (Euseb., *Hist. eccles.*, lib. IV, p. 73.)

3. Tanquam velum navigii ventorum flatibus turgescens, caput martyris undique obvallat. (*Id.*)

4. Tanquam aurum et argentum in camino ignis ardore probatum. (*Id.*)

5. Fragrantem odorem inde hauriebamus, velut ex thure odorifero, aut quovis vitali aromate. (*Id.*)

6. Tanta cruoris copia effluxit ut ignem prorsus exstingueret. (*Id.*, lib. IV, cap. XV, p. 72.)

plaie nouvelle ; les exécuteurs en les tourmentant avoient moins l'air de bourreaux qui font des blessures que de médecins qui les pansent, tant ces confesseurs étoient joyeux. Plusieurs d'entre eux, du fond des cachots où on les replongea avant de leur donner le coup de la mort, écrivirent en grec le récit de leur martyre. La lettre portoit cette suscription : *Les serviteurs de Jésus-Christ, qui demeurent à Vienne et à Lyon, en Gaule, aux frères d'Asie et de Phrygie qui ont la même foi et la même espérance dans la rédemption : paix, grâce et gloire de la part de Dieu le Père, et de Jésus-Christ notre Seigneur* [1].

Je ne vous parlerai point du martyre de séduction employé après l'inutilité des menaces et des douleurs : dignités, honneurs, fortune, voluptés même essayées par de belles femmes, furent sans succès comme les lions et le feu.

Il y a de la puissance dans le sang : ces générations de l'âge héroïque chrétien, qui subjuguèrent les classes industrielles, enfantèrent les générations de l'âge philosophique chrétien, qui conquirent à leur tour les hommes de l'intelligence. Cet âge philosophique n'est pas séparé brusquement de l'âge héroïque; il prend naissance dans celui-ci; ses premiers génies enseignent et meurent sur l'échafaud, mais leur doctrine règne et triomphe dans leurs successeurs, quand l'heure des confesseurs est passée. Le christianisme philosophique ne détruisit pas non plus le christianisme héroïque, mais les sacrifices s'accomplirent d'une autre façon dans les combats contre les hérésiarques ou sous le fer des barbares.

---

1. Servi J.-C. qui Viennam et Lugdunum Galliæ incolunt fratribus in Asia et Phrygia qui eamdem nobiscum redemptionis fidem et spem habent : pax, gratia et gloria, a Deo Patre et Christo Jesu Domino nostro, sit vobis. (Euseb., *Hist.*, lib. v, cap. i, p. 84.)

CINQUIÈME DISCOURS.

DEUXIÈME PARTIE.

SUITE DES MŒURS DES CHRÉTIENS. AGE PHILOSOPHIQUE. HÉRÉSIES.

Dans ce second âge du christianisme, la grandeur des mœurs publiques et la sublimité intellectuelle remplacent la vertu des mœurs privées et la beauté morale évangélique. Ce n'est plus l'Église militante, esclave, démocratique dans les cachots et dans le sang; c'est l'Église triomphante, libre, royale, à la tribune et sur la pourpre. Les docteurs succèdent aux martyrs : ceux-ci n'avoient eu que leur foi, ceux-là ont leur foi et leur génie. La partie choisie du monde païen, qui n'avoit cédé ni à la simplicité apostolique ni à l'autorité des bûchers, écoute, s'étonne, et bientôt se rend en retrouvant dans la bouche des Pères les systèmes des sages plus clairement et plus éloquemment expliqués.

Les hautes écoles chrétiennes ressembloient aux écoles philosophiques; les chaires comptoient une suite non interrompue de professeurs comme à Athènes. Rodon hérite de Tatien, et Maxime, successeur de Rodon, examine la question de l'origine du mal et de l'éternité de la matière [1]. Clément d'Alexandrie, qui remplace Panthenus, s'étoit nourri des ouvrages de Platon ; il cite, dans ses *Stromates,* les maîtres sous lesquels il avoit étudié : un en Grèce, un en Italie, deux en Orient : « Mon maître en Palestine, dit-il, étoit une abeille, qui, suçant les fleurs de la prairie apostolique et prophétique, déposoit dans l'esprit de ses auditeurs un doux et immortel trésor. »

Dans son traité *Du vrai Gnostique* (celui qui connoît), Clément fait le portrait du sage même des philosophes : « Le gnostique n'est plus sujet aux passions; rien dans cette vie n'est fâcheux pour lui : il a

---

1. Rodon... eruditus a Tatiano, libros quam plurimos et contra Marcionis hæresim scripsit. (Euseb., *Hist.,* lib. v, cap. xiii.)

reçu la lumière inaccessible ; il ne fait pas sortir son corps volontairement de la vie, parce que Dieu le lui défend, mais il retire son âme des passions [1]. Le gnostique use de toutes les connoissances humaines [2]. C'est foiblesse de craindre la philosophie des païens ; la foi qu'elle ébranleroit seroit bien fragile [3]. Le gnostique se sert de la musique pour régler les mœurs ; il vit libre, ou, s'il est marié et s'il a des enfants, il regarde sa femme comme sa sœur, puisque sa femme ne sera plus pour lui qu'une sœur quand elle sera dans le ciel. Les sacrifices agréables à Dieu sont les vertus et l'humilité avec la science. »

La renommée d'Origène étoit répandue dans tout le monde romain, et les polythéistes mêmes admiroient le docteur chrétien. Étant un jour entré dans l'école de Plotin, au moment où celui-ci faisoit sa leçon, Plotin rougit, interrompit son discours, et ne le continua qu'à la sollicitation de son illustre auditeur, dont il fit un pompeux éloge en reprenant la parole [4].

Plotin, fondateur du néoplatonisme, n'en étoit pas l'inventeur ; c'étoit Ammonius Saccas qui avoit enseigné mystérieusement sa doctrine à Plotin et à Origène. Origène trahit le secret.

Ces Pères de l'Église, la plupart sortis des écoles philosophiques et nés de familles païennes, furent non-seulement des professeurs éloquents, mais encore des hommes politiques : alors brillèrent ces évêques qui bravoient la puissance des empereurs et la brutalité des rois barbares. Athanase livre ses combats contre les ariens : cité au concile de Tyr, déposé à celui de Jérusalem, il est exilé à Trèves par Constantin. Il revient ; les peuples accourent sur son passage ; il rentre en triomphe dans sa ville épiscopale. Quatre-vingt-dix évêques ariens, ayant à leur tête Eusèbe de Nicomédie, le condamnent de nouveau à Antioche : cent évêques orthodoxes le déclarent innocent dans Alexandrie : le pape Jules confirme cette sentence à Rome. Le prélat remonte sur son siége ; il en est chassé par ordre de Constance, qui met à exécution les décrets ariens des conciles d'Arles et de Milan. Athanase célébroit une fête solennelle dans l'église de Saint-Théon à Alexandrie ; comme il chantoit le psaume du triomphe d'Israel sur

---

1. Seipsum quidem a vita non educit, non est enim ei permissum, sed animam abducit a motibus et affectionibus. (CLEMENT. ALEXAND., *Stromatum* lib. VI, p. 652 ; Lutetiæ Parisiorum, 1641.)

2. Sive judaicas, sive philosophorum discit scripturas... communem facit veritatem. (*Id., ibid.*, p. 941.)

3. Multi autem, non secus ac pueri larvas, timent græcam philosophiam, dum verentur ne eos abducat... Veritas enim est insuperabilis, dissolvitur autem falsa opinio. (*Id.*, p. 655.)

4. EUSEB., *Hist. eccles.*, lib. VI, cap. XIX.

Pharaon, le peuple répétant à la fin de chaque verset : « La miséricorde du Seigneur est éternelle, » des soldats enfoncent les portes : le peuple fuit, Athanase reste à l'autel entouré des prêtres et des moines qui le dérobent à la perquisition des soldats. Il se réfugie dans les lieux écartés de l'Égypte; les religieux qui lui donnent asile sont inquiétés : ce génie enthousiaste s'enfonce plus avant dans la solitude, comme un glaive ardent dans le fourreau. Un serviteur qui lui reste va chaque jour, au péril de sa vie, chercher la nourriture de son maître. Que fait Athanase parmi les sables? Il écrit. Les sépulcres des princes de Tanis, les puits où dorment les momies des persécuteurs de Moïse, sont les bibliothèques de ce seul vivant; c'est là qu'il trace les pages qui du fond du désert remuent les passions du monde. A la mort de Constance, Athanase reparoît au milieu de son peuple. Julien le force à rentrer dans la Thébaïde; il revient quand Julien est passé. Valens le proscrit, et il se cache au tombeau de son père. Enfin il émerge une dernière fois de l'ombre, et, torrent calmé, achève paisiblement sa course. Sur les quarante-six années de l'épiscopat d'Athanase, vingt s'étoient écoulées dans l'exil.

Grégoire de Nazianze, nommé évêque orthodoxe de Constantinople, dont il ne fut d'abord que le missionnaire, eut à soutenir les outrages des ariens : Théodose, qui l'avoit intronisé à main armée, l'abandonna. Grégoire, obligé de s'arracher à l'église de sa création et de son amour, lui fit ces adieux pathétiques qui ont retenti jusqu'à nous. Il passa la fin de ses jours dans sa retraite de Cappadoce, chantant, car il étoit poëte, l'inconstance des amitiés humaines, la fidélité du commerce de Dieu et la beauté qui fait oublier toutes les autres, celle de la vertu.

Basile, archevêque de Césarée, mérita le surnom de Grand. Il donna des règles en Orient à la vie cénobitique. On a de lui plus de trois cent cinquante lettres, des homélies et un panégyrique des quarante martyrs. Ces ouvrages nous apprennent une infinité de choses; ils sont écrits d'un grand style : saint Basile est peut-être, avec saint Éphrem, un des Pères qui s'éloignent le plus du génie antique et se rapprochent le plus du génie moderne. Il excelle dans les descriptions de la nature. Je ne citerai point, parce qu'elle est trop connue, sa lettre à Grégoire de Nazianze sur la solitude que lui, Basile, avoit choisie dans le Pont [1]; ses neuf homélies sur l'*Hexaméron*, ou l'œuvre de six jours, sont une espèce de cours d'histoire naturelle; il les prêchoit pendant le jeûne du carême,

---

1. Voyez encore les nouveaux *Mélanges historiques et littéraires* de M. Villemain, p. 322 et suiv. Il en existe aussi deux autres traductions.

le matin et le soir, et lorsqu'il reprenoit la parole, il renvoyoit ses auditeurs à ce qu'il avoit dit la veille. La physique de l'*Hexaméron* n'est pas bonne, mais les détails en sont charmants. L'orateur s'applique à faire sortir de l'histoire des plantes et des animaux les instructions de la morale. Un jour, parlant des reptiles et des quadrupèdes, il passoit sous silence les oiseaux [1]; aussitôt la rustique assemblée de lui indiquer son oubli par des signes. Le naturaliste chrétien, naïvement interrompu, reconnoît son tort; il change de sujet et décrit l'instinct des oiseaux avec un bonheur extraordinaire; il tire même un enseignement religieux d'une erreur : selon lui il est des oiseaux chastes qui se reproduisent sans s'unir : de là la virginité de Marie [2].

Valens voulut contraindre Basile à embrasser l'arianisme : il lui envoya Modeste, préfet d'Orient, avec l'ordre de l'effrayer par des menaces. Modeste s'étonna de la fermeté de Basile. « Apparemment, lui dit le saint, que vous n'avez jamais rencontré d'évêque. » Après sa mort, Basile fut en si grande renommée, qu'on cherchoit à l'imiter jusque dans ses défauts : on affectoit sa pâleur, sa barbe, sa démarche, sa lenteur à parler, car il étoit pensif et recueilli. On s'habilloit comme lui, on se couchoit comme lui; on se nourrissoit de choses dont il aimoit à se nourrir. Cet évêque universel a fondé les premiers hôpitaux de l'Asie.

Flavien et Jean Chrysostome furent encore plus mêlés que Basile à la politique. Dans la sédition d'Antioche, Chrysostome, alors simple prêtre, sema des consolations par ses discours, et Flavien, malgré son grand âge, se rendit à Constantinople. Arrivé au palais de l'empereur, introduit dans ses appartements, il se tint debout sans parler, baissant la tête, se cachant le visage comme s'il eût été seul coupable du crime de son peuple. Théodose s'approcha de lui, et lui reprocha l'ingratitude des Antiochiens. Alors l'évêque, fondant en larmes : « Vous pouvez en cette occasion orner votre tête d'un diadème plus brillant que celui que vous portez. On a renversé vos statues, élevez-en de plus précieuses dans le cœur de vos sujets.

« Quelle gloire pour vous quand un jour on dira : Une grande ville étoit coupable; gouverneurs et juges épouvantés n'osoient ouvrir la bouche; un vieillard s'est montré, il a touché le prince! Je ne viens pas seulement de la part du peuple, je viens de la part de Dieu vous

---

1. Et sermo hujusmodi nobis cum avibus evolaverat. (S. Ambr., *Hexameron*, lib. v, p. 90, t. I; Parisiis, 1586.)

2. Impossibile putatur in Dei matre quod in vulturibus possibile non negatur. Avis sine masculo parit, et nullus refellit; et quia virgo Maria peperit, pudori ejus quæstionem faciunt. (*Id.*, *ibid.*, lib. v, cap. xx, p. 97.)

déclarer que si vous remettez aux hommes leurs fautes, votre père céleste vous remettra vos péchés. D'autres vous apportent de l'or, de l'argent, des présents; moi je ne vous offre que les saintes lois, vous exhortant à imiter notre maître; ce maître nous comble de ses biens, quoique nous l'offensions tous les jours. Ne trompez pas mes espérances; si vous pardonnez à notre ville, j'y retournerai plein de joie; si vous la condamnez, je n'y rentrerai jamais. »

En entendant ce discours, Théodose s'écria : « Serions-nous implacables envers les hommes, nous qui ne sommes que des hommes, lorsque le maître des hommes a prié sur la croix pour ses bourreaux ! ? » Le christianisme étoit à la fois un principe et un modèle : on ne sauroit croire combien cet exemple du pardon du Christ, incessamment rappelé pendant les siècles de barbarie et de despotisme, a été salutaire à l'humanité.

Saint Chrysostome avoit pratiqué quatre ans la vie ascétique sur les montagnes; il passa deux années entières dans une caverne sans se coucher et presque sans dormir : il avoit fui, parce qu'on avoit songé à le faire évêque. Si dans l'âge héroïque chrétien, quand il s'agissoit d'être le premier martyr, ce n'étoit pas un léger fardeau que l'épiscopat, ce fardeau n'étoit pas moins pesant dans l'âge philosophique du christianisme : il falloit avoir le talent de la parole, la science de l'homme de lettres, l'habileté de l'homme d'État, la fermeté de l'homme de bien. Plus tard, lors de l'invasion des barbares, toutes les tribulations des temps tomboient à la charge des prélats. Jean Bouche d'Or, devenu évêque de Constantinople, corrigea le clergé, gouverna par ses conseils les églises de la Thrace et de l'Asie, et résista aux entreprises du Goth Gaïnas. Quelquefois il étoit obligé de quitter l'autel, ayant l'esprit trop agité pour offrir le sacrifice. On conspira contre lui; on l'accusa d'orgueil, d'injustice, de violence, d'amour des femmes : afin de se justifier de cette dernière foiblesse, il offrit d'exposer l'état où l'avoient réduit les austérités de sa jeunesse. Condamné au concile du Chênes, chassé de Constantinople et bientôt rappelé, il osa braver Eudoxie, qui jura sa mort. Ce fut alors qu'il prononça le fameux discours où il disoit : « Hérodiade est encore furieuse, elle danse encore, elle demande encore la tête de Jean. » Précipité, comme Démosthène, de la tribune dont il étoit la gloire, enlevé de l'autel où il avoit donné un asile à Eutrope, Chrysostome reçoit l'ordre de quitter Constantinople. Il dit aux évêques, ses amis : « Venez, prions; prenons congé de l'ange de cette église. » Il dit aux diaconesses : « Ma fin approche; vous ne reverrez plus mon

---

1. CHRYSOST., *Homel.*

visage. » Il descendit par une route secrète aux rives du Bosphore pour éviter la foule, s'embarqua et passa en Bithynie. Exilé à Cucuse, les peuples, les moines, les vierges, accouroient à lui, tous s'écrioient : « Mieux vaudroit que le soleil perdît ses rayons que Bouche d'Or ses paroles. »

Tout banni qu'il étoit, les ennemis de Chrysostome le redoutoient encore, et sollicitèrent pour lui un exil plus lointain. Il fut enjoint au confesseur de se transporter à Pytionte, sur le bord du Pont-Euxin. Le voyage dura trois mois : les deux soldats qui conduisoient Chrysostome le contraignoient de marcher sous la pluie ou à l'ardeur du soleil, parce qu'il étoit chauve. Quand ils eurent passé Comane, ils s'arrêtèrent dans une église dédiée à saint Basilisque, martyr. Le saint se trouva mal ; il changea d'habits, se vêtit de blanc, communia (il étoit à jeun), distribua aux assistants ce qui lui restoit, prononça ces mots qu'il avoit ordinairement à la bouche : « Dieu soit loué de tout ; » puis, allongeant les pieds, il dit le dernier *amen*[1].

Rien de plus complet et de plus rempli que la vie des prélats du IVe et du Ve siècle. Un évêque baptisoit, confessoit, prêchoit, ordonnoit des pénitences privées ou publiques, lançoit des anathèmes ou levoit des excommunications, visitoit les malades, assistoit les mourants, enterroit les morts, rachetoit les captifs, nourrissoit les pauvres, les veuves, les orphelins, fondoit des hospices et des maladreries, administroit les biens de son clergé, prononçoit comme juge de paix dans des causes particulières, ou arbitroit des différends entre des villes ; il publioit en même temps des traités de morale, de discipline et de théologie, écrivoit contre les hérésiarques et contre les philosophes, s'occupoit de science et d'histoire, dictoit des lettres pour les personnes qui le consultoient dans l'une et l'autre religion, correspondoit avec les églises et les évêques, les moines et les ermites, siégeoit à des conciles et à des synodes, étoit appelé aux conseils des empereurs, chargé de négociations, envoyé à des usurpateurs ou à des princes barbares pour les désarmer ou les contenir : les trois pouvoirs religieux, politique et philosophique, s'étoient concentrés dans l'évêque. Saint Ambroise va en ambassade auprès de Maxime, fait sortir Théodose du sanctuaire, réclame les cendres de Gratien, ne peut sauver Valentinien II, et refuse de communiquer avec Eugène. Au milieu de ces grandes occupations, il compose tous ces ouvrages qui nous res-

---

1. Candidas vestes requirit, exutisque prioribus eas sibi jejunus induit, omnibus ad calceamenta usque mutatis, atque reliquas præsentibus distribuit ; et cum dixisset more suo : *Gloria Dei propter omnia*, et ultimum *Amen* obsignasset, extendit pedes. (PALLAD., *Dialog. de Vit. S. Chrysost.*, p. 101.)

tent, introduit la musique dans les églises d'Occident, et laisse des chants si renommés que dans les siècles suivants le mot *hymne* et le mot *ambrosianum* devinrent synonymes.

Les travaux de saint Augustin ne sont point surpassés par ceux de saint Ambroise. Quatre-vingt-treize ouvrages en deux cent trente-deux livres, sans compter ses lettres, attestent la fécondité et la variété du génie du fils de Monique. « Si je pouvois, dit-il dans une lettre à Marcellin, vous rendre compte de mon temps et des ouvrages auxquels j'ai été obligé de mettre la main, vous seriez surpris et affligé de la quantité d'affaires qui m'accablent. . . . .

. . . . Quand j'ai un peu de relâche de la part de ceux qui ont recours à moi, je ne manque pas d'autre travail ; j'ai toujours quelque chose à dicter qui me détourne de suivre ce qui seroit plus de mon goût dans les courts intervalles de repos que m'accordent les besoins et les passions des autres [1]. » Augustin écrit contre les donatistes ; ceux-ci veulent le tuer : il intercède pour eux ; il a un démêlé avec saint Jérôme ; il s'occupe d'arbitrage ; il reçoit les fugitifs après le sac de Rome. Son amitié et ses liaisons avec le comte Boniface sont célèbres : la lettre qu'il écrivit à cet homme offensé, pour le rappeler à l'amour de la patrie, lui fait grand honneur. « Jugez vous-même : si l'empire romain vous a fait du bien, ne lui rendez pas le mal pour le bien ; si l'on vous a fait du mal, ne rendez pas le mal pour le mal. » Augustin étoit propre, mais simple dans ses vêtements. « Il faut, disoit-il, que mes habits soient tels que je les puisse donner à mes frères s'ils n'en ont point ; il faut qu'ils conviennent par leur modestie à ma profession, à un corps cassé de vieillesse et à mes cheveux blancs [2]. » Il étoit chaussé, et disoit à ceux qui alloient pieds nus : « J'aime votre courage ; souffrez ma foiblesse. » Aucune femme n'entroit dans sa maison, pas même sa sœur ; s'il étoit absolument obligé de communiquer avec des femmes, il ne leur parloit qu'en présence d'un prêtre : il se souvenoit de sa chute. Il mourut dans Hippone assiégée, sans faire de testament, car dans son extrême pauvreté il n'avoit rien à laisser à personne.

1. Si autem rationem omnium dierum et lucubrationum aliis necessitatibus impensarum tibi possem reddere, graviter contristatus mirareris quanta me distendant... Cum enim ab eorum hominum necessitatibus aliquantulum vaco, qui me sic angariant, non desunt quæ dictanda propono... Tales ergo mihi necessitates dictanti aliquid, quod me ab eis dictationibus impediat quibus magis inardesco, deesse non possunt; cum paululum spatii vix datur inter acervos occupationum, quibus nos alienæ vel cupiditates vel necessitates angariatæ trahunt. (Aug., epist., p. 139.)

2. Vestes ejus vel lectualia ex moderato et competenti habitu erant, nec nitida nimium nec abjecta plurimum. (Posid., *in vit. Aug.*, cap. XXII.)

Saint Jérôme est une autre grande figure de ces temps, mais d'une tout autre nature : orageux, passionné, solitaire, regrettant le monde dans le désert, le désert dans le monde ; voyageur qui cherche partout un abri et qui se surcharge de travaux comme il se couvre de sable, pour étouffer ce qu'il ne sauroit étouffer ; matelot naufragé, pèlerin sauvage et nu qui apporte ses douleurs aux lieux des douleurs du Fils de l'Homme, et qui, courbé sous le poids des jours, peut à peine rester au pied de la croix.

Augustin et Jérôme appartiennent aux temps modernes ; on reconnoît en eux un ordre d'idées, une manière de sentir, ignorés de l'antiquité. Le christianisme a fait vibrer dans ces cœurs une corde jusque alors muette ; il a créé des hommes de rêverie, de tristesse, de dégoût, d'inquiétude, de passion, qui n'ont de refuge que dans l'éternité.

Le clergé régulier formoit une partie considérable de l'organisation chrétienne : dans le monde civilisé romain, les moines étoient des hommes de la nature, comme ils furent des hommes de la civilisation dans le monde barbare. On distinguoit trois sortes de religieux : les reclus enfermés dans leurs cellules, les anachorètes dispersés dans les déserts, les cénobites qui vivoient en communauté. Les règles de quelques ordres monastiques étoient des chefs-d'œuvre de législation. Trois causes générales peuplèrent les cloîtres : la religion, la philosophie et le malheur ; on se mit à part de la société, quand elle eut perdu le pouvoir de protéger. Les couvents devinrent par cela même une pépinière d'hommes de talent et d'indépendance.

L'occupation manuelle des cénobites étoit de faire des cordes, des paniers, des nattes, du papier ; ils transcrivoient aussi des livres [1] ; travaux dont saint Éphrem se plaît à tirer des leçons.

Paul ermite, Antoine, Pacôme, Hilarion, Macaire, Siméon Stylite, sont des personnages inconnus à l'hellénisme : leurs vêtements, leurs palmiers, leurs fontaines, leurs corbeaux, leurs lions, leurs montagnes, leurs grottes, leurs vieux tombeaux, les ruines où les démons les tentoient, les colonnes qui leur élevoient dans les airs une autre solitude, appartiennent à la puissance de l'imagination orientale chrétienne.

Les ascètes erroient en silence sur le Sinaï comme les ombres du peuple de Dieu. Ces aspirants du ciel exerçoient un grand pouvoir sur la terre : les empereurs les envoyoient consulter. Constantin adresse

---

1. Funiculos efficis...? In mente habeto illos qui per mare navigant. Sportulas exiguas operaris? Quæ nuncupatur malaccia cogita..... Pulchre et eleganter scribis? Odiorum fabricatores cogita. (*S. patris Ephræm. Syri Parænesis quadragesima septima*, p. 337 ; Antuerpiæ, 1619.)

une lettre à saint Antoine et l'appelle son père ; saint Antoine assemble ses moines, et leur dit : « Ne soyez pas surpris qu'un empereur nous écrive, ce n'est qu'un homme : étonnez-vous plutôt de ce que Dieu ait écrit une loi pour les hommes [1]. » Antoine se refuse à toute réponse ; ses disciples le pressent; alors il mande à Constantin et à ses deux fils : « Méprisez le monde, songez au jugement dernier, souvenez-vous que Jésus-Christ est le seul roi véritable et éternel; pratiquez l'humanité et la justice [2]. »

Dans la sédition d'Antioche, les moines descendirent de leurs montagnes et s'établirent à la porte du palais, implorant la grâce des coupables. Un d'entre eux, Macedonius, surnommé le Critophage, rencontre dans la ville deux commissaires de l'empereur; il en saisit un par le manteau, et leur ordonne à tous deux de descendre de cheval : la hardiesse de ce petit vieillard couvert de haillons indigne les commissaires ; mais ayant appris qui il étoit, ils lui embrassent les genoux. « Amis, s'écrie l'ermite, intercédez pour le sang des coupables ; dites à l'empereur que ses sujets sont aussi des hommes faits à l'image de Dieu ; que s'il s'irrite pour des statues de bronze, une image vivante et raisonnable est bien préférable à ces statues. Quand celles-ci sont détruites, d'autres peuvent être faites : mais qui donnera un cheveu à l'homme qu'on a fait mourir [3]? » Ainsi renaissoient la liberté et la dignité de l'homme par le christianisme : ces ermites, exténués de jeûnes, retrouvoient dans l'indépendance et le mépris de la vie les droits que la société avoit perdus dans le luxe et l'esclavage.

Les leçons n'étoient pas épargnées aux empereurs : Lucifer, de Caliari, apostrophe Constance au sujet d'Athanase : « Si tu étois tombé entre les mains de Mathatias ou de Phinées, ils t'auroient frappé du glaive ; et moi, parce que je blesse de ma parole ton esprit trempé du sang chrétien, je te fais injure ! Que ne te venges-tu d'un mendiant ? Devons-nous respecter ton diadème, tes pendants d'oreille, tes bra-

---

1. Ne miremini si ad nos scribat imperator, homo cum sit ; sed miramini potius quod legem hominibus scripserit Deus. (*S. Anastasii archiepiscop.*, *S. Antonii Vita*, t. II, p. 856 ; Parisiis, 1698.)

2. Sed potius diei judicii recordarentur, scirentque Christum solum et æternum esse imperatorem. Rogabat ut humanitati studerent ac curam justitiæ pauperumque gererent. (*Id., ibid.*)

3. Ad principes ipsos accedentes cum fiducia loquebantur pro reis, et omnes sanguinem effundere parati erant et capita deponere, ut captos ab exspectatis tribulationibus eriperent. . . . . Statuæ quidem defectæ rursum erectæ fuerunt; si autem vos Dei imaginem occideretis, quomodo rursum poteritis peremptum revocare? etc. (S. J. Chrysost., *Hom.* xvii, p. 173, t. II; Parisiis, 1718.

celets, les riches habits, au mépris du Créateur ? Tu m'accuses d'outrages : à qui t'en plaindras-tu ? A Dieu, que tu ne connois pas ? A toi-même, homme mortel, qui ne peux rien contre les serviteurs de Dieu ! Si tu nous fais mourir, nous arriverons à une meilleure vie. Nous te devons obéissance, mais seulement pour les bonnes œuvres, non pour les mauvaises et pour condamner un innocent [1]. »

Lucifer étoit légat du pape Libère : on voit déjà poindre l'esprit véhément et dominateur des futurs Grégoire VII.

Des vices s'étoient glissés à travers les vertus : les passions privées se nourrissent dans le silence de la retraite ; les passions publiques naissent au bruit du monde. Saint Grégoire de Nazianze, saint Chrysostome, saint Jérôme, saint Augustin, Salvien, plusieurs autres Pères, se plaignent de l'ambition des prélats, de la cupidité des prêtres et des mœurs des moines. Vous avez déjà vu des exemples à l'appui de ces reproches, et j'ai rappelé les lois qui s'opposent aux empiétements du clergé : que l'homme triomphe par les vertus ou par les armes, la victoire le corrompt. Ce fut surtout dans les sectes séparées de l'unité de l'Église qu'eurent lieu les plus grands désordres : les hérésies furent au Christianisme ce que les systèmes philosophiques furent au paganisme, avec cette différence que les systèmes philosophiques étoient les vérités du culte païen, et les hérésies les erreurs de la religion chrétienne.

Les hérésies sortoient presque toutes des écoles de la sagesse humaine. Les philosophies des Hébreux, des Perses, des Indiens, des Égyptiens, des Grecs, s'étoient concentrées dans l'Asie sous la domination romaine : de ce foyer allumé par l'étincelle évangélique jaillit une multitude d'hérésies, aussi diverses que les mœurs des hérésiarques étoient dissemblables. On pourroit dresser un catalogue des systèmes philosophiques et placer à côté de chaque système l'hérésie qui lui correspond. Tertullien l'avoit reconnu : « La philosophie, dit-il, qui entreprend témérairement de sonder la nature de la divinité et de ses décrets, a inspiré toutes les hérésies. De là viennent les *Éones* et je ne sais quelles formes bizarres, et la trinité humaine de Valentin, qui avoit été platonicien ; de là le Dieu bon et indolent de Marcion, sorti des stoïciens ; les épicuriens enseignent que l'âme est mortelle. Toutes les écoles de philosophie s'accordent à nier la résurrection des corps. La doctrine qui confond la matière avec Dieu est la doc-

---

1. Subditos nos debere esse in bonis operibus, non in malis. An bonum est opus si eum quem innocentem scimus... interimamus?.. (De non parcendo in Deum delinquentibus. — *Luciferi, episcopi Calaritani, ad Constantium. Constantini Magni imp. aug. Opuscula*, p. 299; Parisiis, 1568.)

trine de Zénon. Parle-t-on d'un Dieu de feu, on suit Héraclite. Les philosophes et les hérétiques traitent les mêmes sujets, s'embarrassent dans les mêmes questions : *D'où vient le mal, et pourquoi est-il? D'où vient l'homme, et comment?* Et ce que Valentin a proposé depuis peu : *Quel est le principe de Dieu?* A l'entendre, c'est la pensée et un avorton [1]. »

Saint Augustin comptoit de son temps quatre-vingt-huit hérésies, en commençant aux simoniens et finissant aux pélagiens, et il avoue qu'il ne les connoissoit pas toutes. Comme l'esprit ne fait souvent que se répéter, il n'est pas inutile de remarquer que le mot *hérésie* signifie *choix*, et c'est aussi ce que veut dire le mot *éclectisme* si fort en vogue aujourd'hui : l'éclectisme est l'hérésie des hérésies ou le choix des choix philosophiques.

Ainsi, au moment de la destruction de l'empire romain en Occident le Christianisme marchoit avec douze persécutions générales [2], les persécutions de Néron, de Domitien, de Trajan, de Marc-Aurèle, de Sévère, de Maximin, de Decius, de Valérien, d'Aurélien, de Dioclétien, de Constance (persécution arienne), de Julien; avec trois schismes de l'Église romaine, les schismes des antipapes Novatien, Ursien et Eulalius; avec plus de cent hérésies. Par schisme il faut entendre ce qu'on entendoit alors, le dissentiment sur les personnes; par hérésie, les différences dans les doctrines.

Les hérésies du premier siècle furent de trois sortes : les premières appartenoient à des fourbes, qui prétendoient être le véritable Messie ou tout au moins une intelligence divine ayant la vertu des miracles; les secondes sortirent de ces esprits creux qui recouroient au système des émanations pour expliquer les prodiges des apôtres; les troisièmes furent les imaginations de certains rêveurs, qui voyoient en Jésus-Christ un génie sous la forme d'un homme, ou un homme dirigé par un génie : ils disoient encore que Jésus-Christ avoit enseigné deux doctrines, l'une publique, l'autre secrète; ils mutiloient les livres du Nouveau Testament, composoient de faux évangiles et fabriquoient des lettres des apôtres. Dans ces trois classes d'hérésiarques on trouve Simon, Dosithée, Ménandre, Théodote, Gorthée, Cléobule, Hymenée, Philète, Alexandre, Hermogène, Cérinthe, les Ébionistes et les Nazaréens. Presque toutes les hérésies du Ier siècle furent juives d'extraction.

1. *Præscrip. cont. hæret.* FLEURY.
2. Les *Actes des Apôtres* démontrent qu'il y avoit eu des persécutions particulières, même avant la persécution de Néron. S. Luc en fait foi, et les *Actes des Apôtres*, quoi qu'on en ait dit, sont authentiques.

Au IIe siècle les hérésies devinrent grecques et orientales. Plusieurs philosophes de l'Asie avoient embrassé le christianisme; ils y apportèrent les idées spéculatives dont ils étoient nourris : la doctrine des deux principes, la croyance des génies, les émanations chaldéennes, en un mot tout l'abstrait de l'Orient modifié par la philosophie grecque, pétrie et repétrie dans l'école d'Aleaxndrie. Il y eut aussi des réformateurs du christianisme, qu'ils trouvoient déjà altéré : Montan, Praxéas, Marcion, Saturnin, Hermias, Artémon, Basilide, Hermogène, Apelle, Talien, Héracléon, Cerdon, Sévère, Bardesanes, Valentin, furent les plus célèbres hérétiques de cette époque.

Praxéas, de l'hérésie de Montan, soutenoit que Dieu le Père étoit le même que Jésus-Christ, et qu'en conséquence il avoit souffert. Les disciples de Praxéas furent appelés *patropassiens*, parce qu'ils attribuoient au Père comme au Fils la passion et la croix [1].

Valentin, suivant le génie grec, qui personnifioit tout, transformoit les *noms* en *personnes :* les siècles, qui dans l'Écriture portent le nom d'Éones ou d'Aiones, devenoient des êtres ayant chacun leur nom. Le premier Éone se nommoit *Proon*, préexistant, ou *Bythos*, profondeur : il avoit vécu longtemps inconnu avec *Ennoia*, la pensée, ou *Charis*, la grâce, ou *Sigé*, le silence. *Bythos* engendra avec *Sigé Nous*, ou l'intelligence, son fils unique. *Nous* devint le père de toutes choses. *Nous* enfanta deux autres Éones, *Logos* et *Zoé,* le verbe et la vie; de *Logos* et de *Zoé* naquirent *Anthropos* et *Ecclesia*, l'homme et l'Église. Enfin, après trente Éones, qui formoient le *Pleroma,* ou la plénitude, se trouvoit la vertu du *Pleroma*, *Horos* ou *Stauros*, le terme ou la croix [2]. Cette théologie s'étendoit beaucoup plus loin ; mais l'esprit humain a des folies trop nombreuses pour les suivre dans toutes leurs modifications.

Au IIIe siècle la philosophie grecque continua ses ravages dans le christianisme : les hommes qui passoient incessamment des écoles d'Athènes et d'Alexandrie à la religion évangélique cherchoient à rendre celle-ci *naturelle*, c'est-à-dire qu'ils s'efforçoient d'expliquer les mystères, afin de répondre aux objections des païens. Cette fausse honte de l'esprit produisit les erreurs de Sabellius, de Noët, d'Hiérax, de Bérylle, de Paul de Samosate ; on compte aussi celles des ophites, des caïnites, des séthiens et des melchisédéciens.

Manès, dont l'hérésie éclata vers l'an 277, étoit un esclave appelé Coubric, surnommé Manès, ce qui signifioit en persan l'art de la parole ; Manès y prétendoit exceller. Il eut pour disciple Thomas, et

---

1. *Append. ad Tertul. Præscrip., in fin.* 2. TERTULL., *adv. Valent.*

rapporta de la Perse l'ancienne doctrine des deux Principes : le bon Principe est la lumière; le mauvais Principe, les ténèbres. Le monde étoit l'invasion du mauvais Principe, ou du principe ténébreux, dans le bon Principe, ou le principe lumineux. Manès infiltroit sa doctrine dans le christianisme par l'histoire de la tentation de l'homme, produite de Satan, et par la mission de Jésus-Christ envoyé du bon Principe pour détruire l'action de Satan, ou du mauvais Principe [1].

Les hérétiques cherchoient assez souvent à rentrer dans le sein de l'Église ; on ne s'y refusoit pas, mais on différoit sur les conditions de leur réintégration : autre source de schisme au IIIe siècle; celui des novatiens est un des plus connus.

Le IVe siècle se distingue par la grande hérésie d'Arius. Le monde philosophique à cette époque étoit devenu néoplatonicien; le néoplatonisme ne trouvoit plus de contradicteurs, et se rapprochoit de la théologie chrétienne, à laquelle il s'étoit assimilé. La puissance politique ayant passé du côté des chrétiens, les hérésies affectèrent le caractère de la domination et les mœurs du palais; elles voulurent régner, et montèrent en effet sur le trône avec Constance; elles servirent de marchepied au paganisme pour reprendre un moment la pourpre avec Julien. Constance ayant divisé la doctrine orthodoxe par l'arianisme, il parut tout simple que la religion changeât dans Julien, comme elle avoit changé dans Constance, et que l'un forçat ses sujets d'adopter sa communion, ainsi que l'autre les y avoit obligés.

Sabellius avoit établi la distinction des personnes trinitaires ; Marcion et Cerdon reconnoissoient trois substances incréées; Arius voulut concilier ces opinions en faisant de la Trinité trois substances, mais posant en principe que le Père seul étant incréé, le Verbe devenoit une créature ; Macédonius nia depuis la divinité du Saint-Esprit. Le mot *consubstantiel* fut inventé pour écarter les subtilités des ariens; mot latin qui ne traduisoit pas exactement le fameux mot grec *homoousios* employé par les Pères de Nicée. Eusèbe et Theognis usèrent de supercherie en souscrivant le symbole [2]; ils introduisirent un iota dans le mot *homoousios* et écrivirent *homoiousios, semblable en substance* au lieu de *même substance*. On chicana sur cet iota, qui causa bien des persécutions et fit couler beaucoup de sang. Saint Hilaire, avec la droiture et la raison des peuples occidentaux, admit les deux

---

1. Beausobre, *Histoire de Manech.*; Herbelot, Theodor. *Hæret.*; *Acta disput. Arch.*; *Monum. eccl.*, grec et lat., *ap.* Vales. et D. Cel.
2. Philost., lib. I, cap. IX.

expressions, disant que rien ne pouvoit être semblable selon la nature qui ne fût de même nature[1]. L'arianisme divisé en plusieurs branches, eusébien, demi-arien, etc., passa des Romains aux Goths ; son caractère se mélangeoit de faste, de violence et de cruauté. Arius, son fondateur, étoit pourtant un homme doux, quoique obstiné : l'antagoniste d'Arius fut, vous le savez, le fameux Athanase.

Avec Arius, dans le IVe siècle, vinrent aussi les réformateurs qui attaquèrent la discipline de l'Église et du culte de la Vierge : par l'austérité des mœurs, ils arrivoient à la dépravation. On compte Helvidius, Bonose, Audée, Collathe, Jovinien, Priscillius et plusieurs autres.

Le Ve siècle vit les hérésies placées dans les prélats : celle du violent Nestorius, évêque de Constantinople, éclata. Il nia l'union hypostatique, admettant toutefois l'incarnation du Christ, mais disant qu'il n'étoit pas sorti du sein de la Vierge. L'Orient se divisa ; il y eut conciles contre conciles, anathèmes contre anathèmes, persécutions, dépositions, exils. Après le concile d'Éphèse, le nestorianisme triompha ; bientôt Eutychès vint combattre Nestorius et remplacer une erreur par une erreur. Le nestorianisme supposoit deux personnes dans Jésus-Christ : Eutychès, par un autre excès, prétendoit que les deux natures de l'Homme-Dieu, la nature humaine et la nature divine, étoient tellement unies qu'elles n'en faisoient qu'une. Les moines avoient soutenu contre les nestoriens la maternité de la Vierge ; ils s'enrôlèrent presque tous sous les bannières d'Eutychès. L'empire d'Orient, berceau de toutes les hérésies, continua de s'engloutir dans ces subtilités déplorables. Les patriarches de Constantinople acquirent une puissance qui leur permettoit de disposer de la pourpre. Après Eutychès, des moines scythes, dans le VIe siècle, posèrent en principe qu'une des personnes de la Trinité avoit souffert. Dans le VIIe siècle, autres chimères ; dans le VIIIe, Léon Isaurien donna naissance à la secte des iconoclastes, et enfin, vers le milieu du IXe siècle, s'établit le grand schisme des Grecs.

L'Occident, ravagé par les barbares au Ve siècle, enfanta des hérésies qui sentoient le malheur ; des chrétiens opprimés cherchèrent une cause aveugle à des souffrances en apparence non méritées : Pélage, moine breton, qui avoit beaucoup voyagé, fut l'auteur d'un nouveau système ; il disoit l'homme capable d'atteindre le plus haut degré de perfection par ses propres forces. De cette hauteur stoïque il étoit aisé de glisser à cette rigueur du destin qui écrase le juste sans

---

1. SULP. SEV., lib. XIII.

l'abattre. Entraîné de conséquence en conséquence, tout en ayant l'air d'admettre l'efficacité de la grâce, Pélage se voyoit obligé de nier cette nécessité, de rejeter la contrainte du péché originel, laquelle auroit détruit la possibilité de la perfection sans la grâce. Julien, évêque d'Éclane, succéda à Pélage. Des semi-pélagiens engendrèrent la prédestination : ils soutenoient que la chute d'Adam a suspendu le libre arbitre, et que Jésus-Christ n'est pas mort pour tous : le résultat étoit la damnation éternelle et la salvation éternelle forcées par la prescience de Dieu. Cette hérésie dura [1]; elle parvint jusqu'à Gohescale, et même jusqu'à Jean Scot Érigène.

Dans les vi^e, viie, viiie et ixe siècles, l'unité croissante de l'Église catholique et l'autorité de Charlemagne diminuèrent les hérésies dogmatiques; mais il se forma des hérésies d'imagination : elles eurent leur source dans une nouvelle espèce de merveilleux né des faux miracles, des vies des saints, de la puissance des reliques et du caractère crédule et guerrier prêt à procréer le moyen âge. La lumière classique jeta un rayon perdu à travers les ténèbres du ixe siècle, et fit éclore une superstition du moins excusable : un prêtre de Mayence prouva que Cicéron et Virgile étoient sauvés. L'étude de l'Écriture amena des discussions subtiles sur le nom de Jésus, sur le mot Chérubin, sur l'Apocalypse, sur les nombres arithmétiques, sur les couches de la Vierge. Tel fut ce long enchaînement de mensonges, de folies ou de puérilités.

Des doctrines passons aux hommes, du tableau des croyances à la peinture des mœurs, de l'hérésie à l'hérésiarque : il est rare que la fausseté de l'esprit ne fasse pas gauchir la droiture du cœur, et qu'une erreur n'engendre pas un vice.

Marc, disciple de Valentin, séduisoit les femmes en prétendant leur donner le don de prophétie : il s'en faisoit aimer passionnément; elles le suivoient partout. Ses disciples [2] possédoient le même talisman, et des troupes de femmes s'attachoient à leurs pas dans les Gaules. Ils se nommoient *parfaits*; ils se prétendoient arrivés à la vertu inénarrable. Selon eux le dieu Sabaoth avoit pour fils un diable, lequel avoit eu d'Ève Caïn et Abel.

Les docites maudissoient l'union des sexes, disant que le *fruit défendu* étoit le mariage, et les *habits de peau* la chair dont l'homme est vêtu [3].

---

1. Noris., *Hist. Pelag.*, lib. ii; Duchesne, *Prædest.; Annal. Benedict.*, t. II, an. 829.
2. Iren., lib., i. cap. viii et ix; Theodor., *Hær.*, lib. i, cap. x et xi.
3. Clem. III, *Strom.*

Les carpocratiens, disciples de Carpocras, tenoient que l'âme étoit tout, que le corps n'étoit rien, et qu'on pouvoit faire de ce corps ce qu'on vouloit. Épiphane prêchoit la même doctrine : de là pour ces hérésiarques le rétablissement de l'égalité et de la communauté naturelles. Ils prioient nus comme une marque de liberté; ils avoient le jeûne en horreur; ils festinoient, se baignoient, se parfumoient. Les propriétés et les femmes appartenoient à tous : quand ils recevoient des hôtes, le mari offroit sa compagne à l'étranger. Après le repas ils éteignoient les lumières et se plongeoient aux débauches dont on calomnioit les premiers chrétiens; mais ils arrêtoient autant que possible la génération, parce que le corps étant infâme il n'étoit pas bon de le reproduire [1].

Montan couroit le monde avec deux prophétesses, Prisca et Maximilla. Il se disoit le Saint-Esprit et le continuateur des prophètes. Les pratiques des montanites étoient d'une rigueur excessive.

Paul de Samosate se créa une immense fortune par le débit de ses erreurs. Dans les assemblées ecclésiastiques, il s'asseyoit sur un trône; en parlant au peuple il se frappoit la cuisse de sa main, et l'on entonnoit des cantiques à sa louange.

Au milieu des donatistes, en Afrique, se formèrent les circoncellions, furieux qui pilloient les cabanes des paysans, apparoissoient au milieu des bourgades et des marchés, mettoient en liberté les esclaves et délivroient les prisonniers pour dettes. Ils assommoient les catholiques avec des bâtons qu'ils appeloient des *israélites*, et commençoient les massacres en chantant : *Louange à Dieu!* Comme certains disciples de Platon, saisis de la frénésie du suicide, ils se donnoient la mort ou se la faisoient donner à prix d'argent. Hommes, femmes, enfants, s'élançoient dans des précipices ou dans des bûchers [2].

Plusieurs conciles, et entre autres celui de Nicée, prononcent des peines contre les eunuques volontaires. A l'imitation d'Origène, il s'étoit formé une secte entière de ces hommes dégradés; on les nommoit Valésiens : ils mutiloient non-seulement leurs disciples, mais

---

1. Nudi toto corpore precantur, tanquam per hujusmodi operationem inveniant dicendi apud Deum libertatem; corpora autem sua tum muliebria, tum virilia noctu ac diu curant unguentis, balneis, epulationibus, concubitibusque et ebrietatibus vacantes, et detestantur jejunantem. Atque humanæ carnis esu peracto... Non ad generandam sobolem corruptio apud ipsos instituta est, sed voluptatis gratia, diabolo illudente talibus et seductam errore Dei creaturam subsannante. (Epiph., episcop. *Constantiæ Contra hæreses*, p. 71; Lutetiæ Parisiorum, 1612.)

2. Altorum montium cacuminibus viles animas projicientes, se præcipites dabant. (Optati Afri., *Nilevitani episcopi, De Schismate Donatistarum*, lib. III, p. 59; Lutetiæ Parisiorum, 1700.)

leurs hôtes[1]; ils guettoient les étrangers sur les chemins pour les délivrer des périls de la volupté. Ils habitoient au delà du Jourdain, à l'entrée de l'Arabie[2].

Les gnostiques partageoient l'espèce humaine en trois classes : les hommes matériels ou hyliques, les hommes animaux ou psychiquiques, les hommes spirituels ou pneumatiques. Les gnostiques se subdivisoient eux-mêmes en une multitude de sectes : celle des ophites révéroit le serpent comme ayant rendu le plus grand service à notre premier père, en lui apprenant à connoître l'arbre de la science du bien et du mal. Ils tenoient un serpent enfermé dans une cage ; au jour présumé de la séduction d'Ève et d'Adam, on ouvroit la porte au reptile, qui glissoit sur une table et s'entortilloit au gâteau qu'on lui présentoit : ce gâteau devenoit l'eucharistie des ophites[3].

Des gnostiques d'une autre sorte croyoient que tout étoit être sensible, et ils se laissoient presque mourir de faim dans la crainte de blesser une créature de Dieu. Quand enfin ils étoient obligés de prendre un peu de nourriture, ils disoient au froment : « Ce n'est pas moi qui t'ai broyé; ce n'est pas moi qui t'ai pétri ; ce n'est pas moi qui t'ai mis au four, qui t'ai fait cuire. » Ils prioient le pain de leur pardonner, et ils le mangeoient avec pitié et remords.

Les priscilliens, dont la doctrine étoit un mélange de celle des manichéens et des gnostiques, cassoient les mariages en haine de la génération, parce que la chair n'étoit pas l'ouvrage de Dieu, mais des mauvais anges; ils s'assembloient la nuit; hommes et femmes prioient nus comme les carpocratiens, et se livroient à mille désordres toujours justifiés par la vileté du corps[4]. L'Espagne infestée de cette secte devint une école d'impudicité.

L'Église faisoit tête à toutes ces hérésies; sa lutte perpétuelle donne la raison de ces conciles, de ces synodes, de ces assemblées de tous noms et de toutes sortes que l'on remarque dès la naissance du christianisme. C'est une chose prodigieuse que l'infatigable activité de la communauté chrétienne : occupée à se défendre contre les édits des empereurs et contre les supplices, elle étoit encore obligée de combattre ses enfants et ses ennemis domestiques. Il y alloit, il est vrai, de l'existence même de la foi : si les hérésies n'avoient été continuel-

---

1. Non solum proprios hoc modo perficiunt, sed sæpe etiam peregrinos accidentes, et adhuc apud ipsos hospitio exceptos : abripiunt enim tales intus et vinculis illigatos per vim castrant, ut non amplius sint in voluptatis periculo impulsi.
2. In Bacathis, regione Philadelphina ultra Jordanem. (EPIPH., *episcop. Const.*, *Adversus hæreses*, LVIII, p. 407.)
3. ORIG. *Cont. Cels.*   4. SULP. SEV., lib. III; AUG.. *Hæres.*, LXX.

lement retranchées du sein de l'Église par des canons, dénoncées et stigmatisées dans les écrits, les peuples n'auroient plus su de quelle religion ils étoient. Au milieu des sectes se propageant sans obstacles, se ramifiant à l'infini, le principe chrétien se fût épuisé dans ses dérivations nombreuses, comme un fleuve se perd dans la multitude de ses canaux.

Il résulte de cet aperçu que les hérésies s'imprégnèrent de l'esprit des siècles où elles se succédèrent. Leurs conséquences politiques furent énormes ; elles affoiblirent et divisèrent le monde romain : les moines ariens ouvrirent la Grèce aux Goths, les donatistes l'Afrique aux Vandales ; et pour se dérober à l'oppression des ariens, les évêques catholiques livrèrent la Gaule aux Franks. Dans l'Orient, le nestorianisme, refoulé sur la Perse, gagna les Indes, alla s'unir au culte du lama et constituer sous un dieu étranger la hiérarchie et les ordres monastiques de l'Église chrétienne : il fit naître aussi l'espèce de puissance problématique et fantastique du prêtre Jean. D'un autre côté, une foule de sectes variées, que proscrivoit le fanastisme grec, se réfugièrent pêle-mêle en Arabie : de la confusion de leurs doctrines, professées ensemble dans l'exil et travaillées par la verve orientale, sortit le mahométanisme, hérésie judaïque-chrétienne, de qui la haine aveugle contre les adorateurs de la croix se compose des haines diverses de toutes les infidélités dont la religion du Coran s'est formée.

A voir les choses de plus haut dans les rapports avec la grande famille des nations, les hérésies ne furent que la vérité philosophique, ou l'indépendance de l'esprit de l'homme, refusant son adhésion à la chose adoptée. Prises dans ce sens, les hérésies produisirent des effets salutaires : elles exercèrent la pensée, elles prévinrent la complète barbarie, en tenant l'intelligence éveillée dans les siècles les plus rudes et les plus ignorants ; elles conservèrent un droit naturel et sacré, le droit de *choisir*. Toujours il y aura des hérésies, parce que l'homme né libre fera toujours des choix. Alors même que l'hérésie choque la raison, elle constate une de nos plus nobles facultés, celle de nous enquérir sans contrôle et d'agir sans entraves.

CINQUIÈME DISCOURS.

TROISIÈME PARTIE.

MŒURS DES PAÏENS.

Un long paganisme et des institutions contraires à la vérité humaine avoient porté la gangrène dans le cœur du monde romain. L'Évangile pouvoit faire des saints isolés, des familles pieuses, charitables, héroïques; mais il ne pouvoit extirper subitement un mal enraciné par une civilisation antinaturelle. Le christianisme réforma les mœurs publiques avant d'épurer les mœurs privées; il corrigea les lois, posa les dogmes de la morale universelle, avant d'agir efficacement sur la généralité des individus. Ainsi vous avez vu l'esclavage, la prostitution, l'exposition des enfants, les combats des gladiateurs, attaqués légalement par Constantin et ses successeurs (glorieux effet du christianisme au pouvoir), mais vous avez retrouvé aussi le même fonds de corruption sur le trône. Les empereurs, il est vrai, ne se rendoient pas coupables de ces infamies effrontées dont s'étoient souillés, à la face du soleil, Tibère, Caligula, Néron, Domitien, Commode, Élagabale; mais les crimes intérieurs du palais, une dépravation secrète, une vie d'intrigues, quelque chose qui ressembloit davantage aux cours modernes commença : tout ce que le christianisme put faire d'abord fut de contraindre les vices à se cacher.

La pourriture de l'empire romain vint de trois causes principales : du culte, des lois et des mœurs. Et comme cet empire renfermoit dans son sein une foule de nations placées dans divers climats, à différents degrés de civilisation, toutes ces nations mêloient leurs corruptions particulières à la corruption du peuple dominateur : ainsi l'Égypte donna à Rome ses superstitions, l'Asie sa mollesse, l'Occident et le Nord de l'Europe son mépris de l'humanité.

La société romaine parloit deux langues, étoit composée de deux génies : la langue latine et la langue grecque, le génie grec et le génie latin. La langue latine se renfermoit dans une partie de l'Italie, dans quelques colonies africaines, illyriennes, daciques, gauloises, germaniques, bretonnes, tandis qu'Alexandre avoit porté sa langue maternelle jusqu'aux confins de l'Éthiopie et des Indes : elle servoit d'idiome intermédiaire entre les peuples qui ne s'entendoient pas ; elle étoit parlée à Rome, même par les esclaves et les marchandes d'herbes. Le génie grec communiqua aux Romains la corruption intellectuelle, les subtilités, le mensonge, la vaine philosophie, tout ce qui détériore la simplicité naturelle ; le génie latin voua ces mêmes Romains à la corruption matérielle, aux excès des sens, à la débauche, à la cruauté.

De ces généralités, si nous passons à l'examen particulier de la religion, des lois et des mœurs, nous trouvons l'idolâtrie merveilleusement calculée pour autoriser les vices : l'homme ne faisoit qu'imiter les actions du dieu[1]. Jupiter a séduit une femme en se changeant en pluie d'or, pourquoi, moi, chétif mortel, n'en ferois-je pas autant[2] ? Ovide (et l'autorité est singulière) ne veut pas que les jeunes filles aillent dans les temples, parce qu'elles y verroient combien Jupiter a fait de mères[3]. Les femmes se prostituoient publiquement dans le temple de Vénus à Babylone[4]. Dans l'Arménie les familles les plus illustres consacroient leurs filles vierges encore à cette déesse[5]. Les femmes de Biblis qui ne consentoient pas à couper leurs cheveux au deuil d'Adonis étoient contraintes, pour se laver de cette impiété, de se livrer un jour entier aux étrangers. L'argent qui provenoit de cette sainte souillure étoit consacré à la déesse[6]. Les filles dans l'île de Chypre se rendoient au bord de la mer avant de se marier, et gagnoient avec le premier venu l'argent de leur dot[7].

Rien de plus célèbre que le temple de Corinthe ; il renfermoit mille ou douze cents prostituées offertes à la mère des amours. Ces courtisanes étoient consultées et employées dans les affaires de la république comme des vestales[8].

Lucien, dans les *Dialogues des dieux*, flagelle en riant les turpitudes

---

1. Eurip., *Ap. Just.*

2. Ego homuncio, hoc non facerem?
(Ter., *Eun.*, act. iii.)

3. Quam multas matres fecerit ille deus.
(*Trist.*, lib. ii.)

4. Herodot., lib. i.   5. Strab., lib. xvi.

6. Lucian., *De Assyria*, init.

7. Dotalem pecuniam quæsituras... pro reliqua pudicitia libamenta Veneri solutaras. (Just., lib. xviii.)

8. Athen., lib. xiii.

de la mythologie. Junon se plaint à Jupiter qu'il ne la caresse plus depuis qu'il a enlevé Ganimède ; Mercure se moque avec Apollon de l'aventure de Mars enchaîné par Vulcain dans les bras de Vénus ; Vénus invite Pâris à l'adultère : « Hélène n'est pas noire, puisqu'elle est née d'un cygne ; elle n'est pas grossière, puisqu'elle est éclose dans la coquille d'un œuf. J'ai deux fils : l'un rend aimable, l'autre amoureux ; je mettrai le premier dans tes yeux, le second dans le cœur d'Hélène, et je t'amènerai les Grâces pour compagnes, avec le Désir. » Mercure dit à Pan : « Tu caresses donc les chèvres? »

Les voleurs, les homicides, et le reste, avoient leurs protecteurs dans le ciel : « Belle Laverne, donne-moi l'art de tromper, et qu'on me croie juste et saint[1]. »

Les mystères d'Adonis, de Cybèle, de Priape, de Flore, étoient représentés dans les temples et dans les jeux consacrés à ces divinités. On voyoit à la lumière du soleil ce que l'on cache dans les ténèbres, et la sueur de la honte glaçoit quelquefois l'infâme courage des acteurs[2]. »

L'ordre légal, conforme à l'ordre religieux, faisoit de ces déréglements des mœurs approuvées. La loi Scantinie pensoit sans doute être rigoureuse, en n'exceptant de la prostitution publique que *les garçons de condition*. On versoit au trésor le tribut que payoient les prostituées. Alexandre Sévère appliqua cet argent à la réparation du cirque et des théâtres[3].

Dans une société où moins de dix millions d'hommes disposoient de la liberté de plus de cent vingt millions de leurs semblables, on conçoit la facilité que les diverses cupidités avoient à se satisfaire. L'esclavage étoit une source inépuisable de corruption ; la seule définition légale de l'esclave disoit tout : *Non tam vilis quam nullus ;* moins vil que nul. Le maître avoit le droit de vie et de mort sur l'esclave, et l'esclave ne pouvoit acquérir qu'au profit du maître. Vous lisez au livre vingt-unième du titre premier de l'édit *Édiles*, au sujet de la vente des esclaves : « Ceux qui vendent des esclaves doivent déclarer aux

---

1. . . . . pulchra Laverna,
Da mihi fallere, da justum sanctumque videri.
(Horat., ep. xvi, lib. i.)

2. Exuuntur etiam vestibus populo flagitante meretrices, quæ tunc mimorum funguntur officio, et in conspectu populi usque ad satietatem impudicorum luminum cum pudendis motibus detinentur. (Lactant., *De falsa Religione*, lib. i, p. 61 ; Basileæ.)

3. Lenonum vectigal et meretricum et exoletorum in sacrum ærarium inferri vetuit, sed sumptibus publicis ad instaurationem theatri, circi, amphitheatri et ærarii deputavit. (Lamprid., *in Alex. Sev.*)

acheteurs leurs maladies et défauts; s'ils sont sujets à la fuite ou au vagabondage ; s'ils n'ont point commis quelques délits ou dommages. . . . .

« Si depuis la vente l'esclavage a perdu de sa valeur; si, au contraire, il a acquis quelque chose, comme une femme qui auroit eu un enfant ; . . . . si l'esclave s'est rendu coupable d'un délit qui mérite la peine capitale ; s'il a voulu se donner la mort; s'il a été employé à combattre contre les bêtes dans l'arène, etc. »

Immédiatement après ce titre vient un article sur la vente des chevaux et autre bétail, commençant de la même manière que celui sur la vente des esclaves : « Ceux qui vendent des chevaux doivent déclarer leurs défauts, leurs vices ou leurs maladies, etc. »

Toutes les misères humaines sont renfermées dans ces textes, que les légistes romains énonçoient sans se douter de l'abomination d'un tel ordre social.

Les cruautés exercées sur les esclaves font frémir : un vase étoit-il brisé, ordre aussitôt de jeter dans les viviers le serviteur maladroit, dont le corps alloit engraisser les murènes favorites ornées d'anneaux et de colliers. Un maître fait tuer un esclave pour avoir percé un sanglier avec un épieu, sorte d'armes défendues à la servitude [1]. Les esclaves malades étoient abandonnés ou assommés; les esclaves laboureurs passoient la nuit enchaînés dans des souterrains : on leur distribuoit un peu de sel, et ils ne recevoient l'air que par une étroite lucarne. Le possesseur d'un serf le pouvoit condamner aux bêtes, le vendre aux gladiateurs, le forcer à des actions infâmes. Les Romains livroient aux traitements les plus cruels, pour la faute la plus légère, les femmes attachées à leur personne. Si un esclave tuoit son maître, on faisoit périr avec le coupable tous ses compagnons innocents. La loi *Petronia*, l'édit de l'empereur Claude, les efforts d'Antonin le Pieux, d'Adrien et de Constantin, furent sans succès pour remédier à ces abus, que le christianisme extirpa.

L'instinct de la cruauté romaine se retrouvoit dans les peines applicables aux crimes et aux délits. La loi prescrivoit la croix (à laquelle fut substituée la potence [2]), le feu, la décollation, la précipitation, l'étranglement dans la prison, la fustigation jusqu'à la mort, la livraison aux bêtes, la condamnation aux mines, la déportation dans une île et la perte de la liberté.

---

1. Cicer., *in Verr.*, V, cap. III.
2. Callistratus scripserat crucem; Tribonianus furcam substituit, quia Constantinus supplicium crucis abrogaverat. (*Pandect.*, lib. XLVIII, tit. IX, *de Pœn.*)

Dans les premiers temps on pendoit le coupable, la tête enveloppée d'un voile, à des arbres appelés *malheureux*, et maudits par la religion, tels que le peuplier [1], l'aune et l'orme, réputés stériles. On ne pouvoit faire mourir qu'avec le glaive, non avec la hache, l'épée, le poignard et le bâton. La mort par le poison ou par la privation d'aliments, d'abord permise, fut ensuite prohibée.

Étoient exemptés de la question les militaires, les personnes illustres ou distinguées par leur vertu : celles-ci transmettoient ce privilége à leur postérité jusqu'à la troisième génération. Étoient encore soustraits à la question les hommes libres de race non plébéienne, excepté le cas d'accusation de crime de lèse-majesté au premier chef : or, la frayeur des tyrans et la bassesse des juges faisoient survenir cette accusation dans toutes les causes.

Les supplices de la question étoient : le chevalet, lequel étendoit les membres et détachoit les os du corps ; les lames de fer rouge, les crocs à traîner [2], les griffes à déchirer. Le même homme pouvoit être mis plusieurs fois à la torture. Si nombre de gens étoient prévenus du même crime, on commençoit la question par le plus timide ou le plus jeune [3].

Ces épouvantables inventions de l'inhumanité ne suffisoient pas, et les bornes des tourments étoient laissées à la discrétion du juge [4]. De là cet arbitraire des supplices dont je vous ai parlé.

Avant de mettre les esclaves à la question, l'accusateur en déposoit le prix : le gouvernement confisquoit les esclaves qui survivoient, lorsqu'ils avoient déposé contre leurs maîtres [5].

De ce récit succinct de la corruption de Rome païenne par la religion et les lois passons à la peinture de la corruption dans les mœurs.

Le seul peuple qui ait jamais fait un spectacle de l'homicide est le peuple romain : tantôt c'étoient des gladiateurs, et même des *gladiatrices* de famille noble [6], qui s'entre-tuoient pour le divertissement de

---

1. Erant autem *infelices arbores*, damnatæque religione, quæ nec seruntur nec fructum ferunt : quales populus, alnus, ulmus. (Plin., *Hist. nat.*, lib. xxvi; *Pandect.*, loc. cit.)

2. Unco trahebantur. (Plin.; Senec.)

3. Ut ab eo primum incipiatur qui timidior est, vel teneræ ætatis videtur. (*Pandect.*, lib. xlviii, tit. xviii.)

4. Quæstionis modum magis et judices arbitrari oportere. (*Id., ibid.*)

5. Voyez tout l'effroyable titre *De Quæstionibus*. L'esprit de cette dernière loi est logique dans sa cruauté.

6. Per id tempus factum est mulierum certamen... Cum crudele pugnavissent essentque ob eam causam cæteras nobilissimas feminas conviciis consectatæ, cau-

la populace la plus abjecte, comme pour le plaisir de la société la plus raffinée ; tantôt c'étoient des prisonniers de guerre que l'on armoit les uns contre les autres, et qui se massacroient au milieu des fêtes ; la nuit, aux flambeaux, en présence de courtisanes toutes nues, on forçoit des pères, des fils, des frères, de s'égorger mutuellement afin de désennuyer un Néron, et mieux encore un Vespasien et un Titus.

Les panthères, les tigres, les ours, étoient appelés à ces jeux des hommes par une juste égalité et fraternité. La mort se voulut montrer un jour au milieu de l'arène dans toute son opulence ; elle y fit paroître à la fois une multitude de lions : tant de bouches affamées auroient manqué de pâture si les martyrs ne s'étoient heureusement trouvés pour fournir du sang et de la chair à ces armées du désert. Onze mille animaux de différentes sortes furent immolés après le triomphe de Trajan sur les Daces, et dix mille gladiateurs succombèrent dans les jeux, qui durèrent cent vingt-trois jours.

La loi romaine étendoit ses soins maternels sur les bêtes de meurtre ; elle défendoit de les tuer en Afrique, comme on défend de tuer les brebis, mères des troupeaux. Le retentissement des glaives, les rugissements des animaux, les gémissements des victimes, dont les entrailles étoient traînées sur un sable parfumé d'essence de safran ou d'eaux de senteur [1], ravissoient la foule : au sortir de l'amphithéâtre elle couroit se plonger dans les bains ou dans les lieux dont les enseignes brilloient sous les voûtes qui ont donné leur nom à la transgression de la chasteté. Ces impitoyables spectateurs de la mort, qui la regardoient sans pouvoir apprendre à mourir, accordoient rarement la vie : si le gladiateur crioit merci, les Délie, les Lesbie, les Cynthie, les Lydie, toutes ces femmes des Tibulle, des Catulle, des Properce, des Horace, donnoient le signe du trépas de la même main dont les Muses avoient chanté les molles caresses [2].

---

tum est ne quæ mulier usquam in reliquum tempus muneribus gladiatoris fungeretur. (DION., *Hist. Rom.*, lib. LXXVI, p. 858 ; Hanoviæ, 1806.)

1. Croco diluto aut aliis fragrantibus liquoribus. (MARTIAL., v. XXVI, et *De Spect.*, III.)

2. Pollicem vertebant. (JUVENAL., *Sat.* III, v. 36.)

> Quis nescit, vel quis non vidit vulnera pali ?
> Quem cavat assiduis sudibus scutoque lacessit,
> Atque omnes implet numeros, dignissima prorsus
> Florali matrona tuba ; nisi quid in illo
> Pectore plus agitat veræque paratur arenæ.
> Quem præstare potest mulier galeata pudorem,
> Quæ fugit a sexu ?
>
> (JUV., *Sat.* VI, p. 151 ; Lugd. Batav., 1695.)

Les festins particuliers étoient rehaussés par ce plaisir du sang : quand on s'étoit bien repu et qu'on approchoit de l'ivresse, on appeloit des gladiateurs ; la salle retentissoit d'applaudissements, lorsqu'un des deux assaillants étoit tué. Un Romain avoit ordonné, par testament, de faire combattre ainsi de belles femmes qu'il avoit achetées ; et un autre, de jeunes esclaves qu'il avoit aimés [1].

Le luxe des édifices à Rome passe ce qu'on en sauroit dire : la maison d'un riche étoit une ville entière ; on y trouvoit des forum, des cirques, des portiques, des bains publics, des bibliothèques. Les maîtres y vivoient pendant le jour dans des salles ornées de peintures que la lumière du soleil n'éclairoit point : on ne les peut encore voir qu'à la lueur des torches, aujourd'hui que la nuit des siècles et les ténèbres des ruines ont ajouté leur obscurité à celle de ces voûtes. Un ouvrage, faussement attribué à Lucien, fait l'éloge d'un *appartement;* cette demeure est représentée comme une femme modeste dont la parure est à ses charmes *ce que la pourpre est à un vêtement.* Et cependant l'habitation qui paroissoit si simple à l'auteur de cette pièce de rhétorique a des murs peints à fresque, des plafonds encadrés d'or, et tout ce qui en feroit pour nous un palais de la plus grande magnificence.

Descendant de la cruauté à la débauche, qui ne sait les *spinthriæ* de Tibère et les incestes de Caligula ? Qui n'a entendu parler de Messaline et du lit où elle rapportoit l'odeur de ses souillures ? Néron se marioit publiquement à des hommes [2]. Par la blessure qu'il fit à Sporus, il inventa une femme nouvelle. Je ne redirai plus rien des Vitellius et des Domitien.

Le luxe des repas et des fêtes épuisoit les trésors de l'État et la fortune des familles ; il falloit aller chercher les oiseaux et les poissons les plus rares dans les pays et sur les côtes les plus éloignés. On engraissoit toutes sortes de bêtes pour la table, jusqu'à des rats. Des truies on ne mangeoit que les mamelles ; le reste étoit livré aux esclaves.

Athénée consacre onze livres de son *Banquet* à décrire tous les poissons, tous les coquillages, tous les quadrupèdes, tous les oiseaux, tous

---

1. Quidam testamento formosissimas mulieres, quas emerat, eo pugnæ genere confligere inter se ; alius, impuberes pueros quos vivus in deliciis habebat. (ATHEN., lib. IV, p. 154, edit. 1598.)

2. Nero tanto Sabinæ desiderio teneri cœpit, ut puerum libertum (Sporus nominabatur) exsecari jusserit quod Sabinæ simillimus erat, eoque in cæteris rebus pro uxore usus sit, quin etiam progrediente tempore eum in uxorem duxit, quanquam ipse nuptus Pythagoræ liberto. (DION., lib. LXII, p. 715.)

les insectes, tous les fruits, tous les végétaux, tous les vins dont les anciens usoient dans leurs repas. Il se donne la peine d'instruire la postérité que les cuisiniers étoient des personnages importants, familiarisés avec la langue d'Homère, et à qui l'on faisoit apprendre par cœur les dialogues de Platon. Ils mettoient les plats sur la table, comptant : *un, deux, trois*[1], et répétant ainsi le commencement du *Timée*. Ils avoient trouvé le moyen de servir un cochon entier, rôti d'un côté et bouilli de l'autre[2]. Ils piloient ensemble des cervelles de volailles et de porcs, des jaunes d'œuf, des feuilles de rose, et formoient du tout une pâte odoriférante, cuite à un feu doux, avec de l'huile, du garum, du poivre et du vin[3]. Avant le repas on mangeoit des cigales pour se donner de l'appétit[4].

Je vous ai parlé de cet Élagabale à qui ses compagnons avoient donné le surnom de *Varius,* parce qu'ils le disoient fils d'une femme publique et de plusieurs pères. Il nourrissoit les officiers de son palais d'entrailles de barbot, de cervelles de faisan et de grives, d'œufs de perdrix et de têtes de perroquet[5]. Il donnoit à ses chiens des foies de canard, à ses chevaux des raisins d'Apamène, à ses lions des perroquets et des faisans[6]. Il avoit, lui, pour sa part des talons de chameau, des crêtes arrachées à des coqs vivants, des tétines et des vulves de laie, des langues de paon et de rossignol, des pois brouillés avec des grains d'or, des lentilles avec des pierres de foudre, des fèves fricassées avec des morceaux d'ambre et du riz mêlé avec des perles[7] : c'étoit encore avec des perles au lieu de poivre blanc qu'il saupoudroit les truffes et les poissons. Fabricateur de mets et de breuvages, il mêloit le mastic au vin de rose. Un jour il avoit promis à ses parasites un phénix, ou, à son défaut, mille livres d'or[8].

---

1. ATHEN., lib. IX, cap. VII.   2. *Id.,* lib. IX, cap. VI, ad fin.
3. Fragrantissimis rosis in mortario tritis, addo gallinarum et porcorum elixa cerebra, deinde oleum, garum, piper, vinum, omnia curiose trita in ollam novam effundens, subjecto igni blando et continuo. (*Id., Deipnosoph.,* lib. IX, p. 406.)
4. Lib. IV, cap. VI.
5. Exhibuit palatinis ingentes dapes extis mullorum refertas, et cerebellis phœnicopterum, et perdicum ovis, et cerebellis turdorum, et capitibus psittacorum et phasianorum et pavonum. (ÆLII LAMPRID. *Hist. Aug., vit. Heliogab.,* p. 108; Parisiis, 1620.)
6. Canes jecinoribus anserum pavit. Misit et uvas apamenas in præsepia equis suis. Et psittacis atque phasianis leones pavit. (*Id., ibid.*)
7. Comedit calcanea camelorum et cristas vivis gallinaceis demptas; linguas pavonum et lusciniarum, pisum cum aureis, lentem cum ceraunis, fabam cum electris et orizam cum albis. (*Id., ibid.*)
8. Fertur et promisisse phœnicem conviviis, vel pro ea libras auri mille. (*Id., ibid.,* p. 109.)

En été il donnoit des repas dont les ornements changeoient chaque jour de couleur : sur les réchauds, les marmites, les vases d'argent du poids de cent livres, étoient ciselées des figures du dessin le plus impudique [1]. De vieux sycophantes, assis auprès du maître du banquet, le caressoient en mangeant.

Les lits de table, d'argent massif, étoient parsemés de roses, de violettes, d'hyacinthes et de narcisses. Des lambris tournants lançoient des fleurs avec une telle profusion, que les convives en étoient presque étouffés [2]. Le nard et des parfums précieux alimentoient les lampes de ces festins, qui comptoient quelquefois vingt-deux services. Entre chaque service on se lavoit, et l'on passoit dans les bras d'une nouvelle femme [3].

Jamais Élagabale ne mangeoit de poisson auprès de la mer; mais lorsqu'il en étoit très-éloigné, il faisoit distribuer à ses gens des laitances de lamproies et de loups marins. On jetoit au peuple des pierres fines avec des fruits et des fleurs ; on l'envoyoit boire aux piscines et aux bains remplis de vin de rose et d'absinthe [4].

J'ai déjà touché quelque chose des impuretés et des noces d'Élagabale. Il aimoit particulièrement à représenter l'histoire de Pâris : ses vêtements tomboient tout à coup ; il paraissoit nu, tenant d'une main une de ses mamelles, de l'autre, se voilant comme la Vénus de Praxitèle ; il s'agenouilloit et se présentoit aux ministres de ses voluptés [5]. Il avoit quitté Zoticus le cocher, et s'étoit donné en mariage à Hiéroclès ; il porta la passion pour celui-ci à un tel degré d'obscénité, qu'on ne le sauroit dire ; il prétendoit célébrer ainsi les jeux sacrés de Flore [6]. En bon Romain, il mêloit l'immolation des victimes humaines à la débauche ; il les choisissoit parmi les enfants des meilleures

---

1. Deinde æstiva convivia coloribus exhibuit... Semper varie per dies omnes æstivos... Vasa centenaria argentea sculpta, et nonnulla schematibus libidinosis inquinata. (ÆLII LAMPRID. *Hist. Aug.*, *vit. Heliogab.*, p. 107.)

2. Oppressit in tricliniis versatilibus parasitos suos violis et floribus, sic ut animam aliqui efflaverint, quum crepere ad summum non possent. (*Id.*, p. 108.)

3. Idem in lucernis balsamum exhibuit. Exhibuit et aliquando tale convivium ut haberet vigenti et duo fercula ingentium epularum, sed per singula lavaret, et mulieribus uterentur ipse et amici cum jurejurando quod voluptatem efficerent. (*Id.*, p. 111.)

4. Ad mare piscem nunquam comedit : in longissimis a mari locis omnia marina semper exhibuit : muraenarum lactibus et luporum in locis mediterraneis pavit, et rosis piscinas exhibuit, et bibit cum omnibus suis caldaria, miscuit gemmas pomis ac floribus; jecit et per fenestram cibos. (*Id.*, p. 109.)

5. Posterioribus eminentibus in subactorem rejectis et oppositis. (*Id.*, p. 109.)

6. Ut eidem inguina oscularetur. (*Id., ibid.*)

familles, prenant soin qu'ils eussent père et mère vivants, afin qu'il y eût plus de douleur [1].

Élagabale étoit vêtu de robes de soie brodées de perles. Il ne portoit jamais la même chaussure, la même bague, la même tunique [2]; il ne connut jamais deux fois la même femme [3]. Les coussins sur lesquels il se couchoit étoient enflés d'un duvet cueilli sous les ailes des perdrix [4]. A des chars d'or incrustés de pierres précieuses (Élagabale dédaignoit les chars d'argent et d'ivoire) il enchaînoit deux, trois et quatre belles femmes, le sein découvert, et il se faisoit traîner sur le quadrige. Quelquefois il étoit nu ainsi que son élégant attelage, et il rouloit sous des portiques semés de paillettes d'or [5], comme le Soleil conduit par les Heures.

Si ces iniquités et ces folies n'appartenoient qu'à un seul homme, il n'en faudroit rien conclure des mœurs d'un peuple; mais Élagabale n'avoit fait que réunir dans sa personne ce qu'on avoit vu avant lui, depuis Auguste jusqu'à Commode. Se faut-il étonner qu'il y eût alors dans les catacombes de Rome, dans les sables de la Thébaïde, un autre peuple, qui par des austérités et des larmes appelât la création d'un autre univers? Ces cochers du cirque, ces prostituées des temples de Cybèle, qui faisoient rougir la lune [6] de leurs affreux débordements, ces poursuivants de testaments, ces empoisonneurs, ces Trimalcions, toute cette engeance de l'amphithéâtre, toute cette race jugée et condamnée devoit disparoître de la terre.

L'impureté n'étoit pas le fruit particulier de l'éducation des tyrans, un privilége de palais, une bonne grâce de cour; elle étoit le vice dominant de la terre païenne, grecque et latine. La pudeur comme vertu, non comme instinct, est née du christianisme; si quelque chose pouvoit excuser les anciens, c'est que, ne remontant pas plus haut que le penchant animal, ils n'avoient pas de la chasteté l'idée que nous en avons.

---

1. Credo ut major esset utrique parenti dolor. (Lamprid., p. 109.)

2. Calceamentum nunquam iteravit; annulos etiam negatur iterasse, pretiosas vestes sæpe conscidit. (*Id.*, p. 112.)

3. Idem mulierem numquam iteravit præter uxorem. (*Id., ibid.*)

4. Nec cubuit in accubitis facile, nisi iis qui pilum leporinum haberent, aut plumas perdicum, sub alares culcitras, sæpe permutans. (*Id.*, p. 108.)

5. Habuit et gemmata vehicula et aurata, contempsit argentatis et eboratis et æratis. Junxit et quaternas mulieres pulcherrimas et binas ad papillam, vel ternas et amplius, et sic vectatus est: sed plerumque nudas, cum nudum illæ traherent. *Id.*, p. 111.) Scobe auri porticum stravit... ut fit de aurosa arena. (*Id.*, p. 112.)

6.   Inque vices equitant, ac, luna teste, moventur.
(Juv., *Sat.*, iv.)

Des savants, dans Athénée, examinent doctement quand l'amour pour les jeunes garçons commença. Les uns le font remonter à Jupiter, et les autres à Minos, qui devint amoureux de Thésée ; les autres à Laïus, qui enleva Chrysippe, fils de Pélops, son hôte. Hiéronyme, le péripatéticien, loue cet amour et fait l'éloge de la légion de Thèbes ; Agnon l'académicien rapporte que chez les Spartiates il étoit licite à la jeunesse des deux sexes de se prostituer légalement avant le mariage.

Dans le dialogue *des Amours*, qui n'est vraisemblablement pas de Lucien, l'auteur introduit sur la scène deux personnages, Chariclès et Callicratidas ; ils plaident dans un bois du temple de Cnide, l'un l'amour des femmes, l'autre l'amour des garçons ; Lycinus et Théomneste sont juges du débat. Chariclès, attaquant son adversaire après avoir fait l'éloge des femmes, lui dit : « Ta victime souffre et pleure dans tes odieuses caresses [1] ; si l'on permet de tels désordres parmi les hommes, il faut laisser aux Lesbiennes leur stérile volupté [2]. »

Callicratidas prend la parole ; il repousse quelques-uns des arguments de Chariclès : « Les lions n'épousent pas les lions, dis-tu ? C'est que les lions ne philosophent pas [3]. » Callicratidas fait ensuite une peinture satirique de la femme : le matin, au sortir du lit, la femme ressemble à un singe ; des vieilles et des servantes, rangées à la file comme dans une procession, lui apportent les instruments et les drogues de sa toilette, un bassin d'argent, une aiguière, un miroir, des fers à friser, des fards, des pots remplis d'opiats et d'onguents pour nettoyer les dents, noircir les sourcils, teindre et parfumer les cheveux ; on croiroit voir le laboratoire d'un pharmacien. Elle couvre à moitié son front sous les anneaux de sa chevelure, tandis qu'une autre partie de cette chevelure flotte sur ses épaules. Les bandelettes de sa chaussure sont si serrées qu'elles entrent dans sa chair ; elle est moins vêtue qu'enfermée sous un tissu transparent, qui laisse voir ce qu'il est censé cacher. Elle attache des perles précieuses à ses oreilles, des bracelets en forme de serpent d'or à ses poignets et à ses bras ; une couronne de diamants et de pierreries des Indes repose sur sa

---

1. Principio quidem dolores ac lacrymæ oboriuntur, ubi per tempus dolor aliquid remisit, nihil quicquam, ut aiunt, moleste feceris, voluptas autem ne ulla quidem. (LUCIANI *Amores*, p. 572 ; Lutetiæ Parisiorum, an. 1615.)

2. Congrediantur et illæ inter se mutuo. Tribadum obscœnitatis istius passim ac libere vagetur. (*Id., ibid.*)

3. Non amant sese leones, nec enim philosophantur.

Οὐκ ἐρῶσι λέοντες, οὐδὲ γὰρ φιλοσοφοῦσιν.
(*Id., ibid.*, p. 576.)

tête ; de longs colliers pendent à son cou ; des talons d'or ornent sa chaussure de pourpre ; elle rougit ses joues impudentes, afin de dissimuler sa pâleur. Ainsi parée, elle sort pour adorer des déesses inconnues et fatales à son mari. Ces adorations sont suivies d'initiations mal famées et de mystères suspects [1]. Elle rentre, et passe d'un bain prolongé à une table somptueuse ; elle se gorge d'aliments, elle goûte à tous les mets du bout du doigt. Un lit voluptueux l'attend ; elle s'y livre à un sommeil inexplicable, si c'est un sommeil ; et quand on sort de cette couche moelleuse, il faut vite courir aux thermes voisins [2]. »

De cette satire Callicratidas passe à l'éloge du jeune homme : « Il se lève avant l'aurore, se plonge dans une eau pure, étudie les maximes de la sagesse, joue de la lyre, dompte sa vigueur sur des coursiers de Thessalie, et lance le javelot ; c'est Mercure, Apollon, Castor. Qui ne seroit l'ami d'un pareil jeune homme [3] ? L'amour étoit le médiateur de l'amitié entre Oreste et Pylade ; ils voguoient ensemble sur le même vaisseau de la vie [4] : il est beau de s'exciter aux actions héroïques par une triple communauté de plaisirs, de périls et de gloire. L'âme de ceux qui aiment de cet amour céleste habite les régions divines, et *deux amants de cette sorte reçoivent après la vie le prix immortel de la vertu* [5]. » Callicratidas exprime ici l'opinion de Platon, et de Socrate, déclaré le plus sage des hommes!

Licinius juge le procès : il laisse les femmes aux hommes vulgaires, et les petits garçons aux philosophes. Théomneste rit de la prétendue pureté de l'amour philosophique, et finit par la peinture d'une séduc-

---

1. Etiam corona caput circumcirca ambit, lapillis indicis stellata, pretiosa autem de cervicibus monilia dependent. Impudentes etiam genas rubefaciunt illitis fucis... Nempe statim e domo egressæ, sacrificia faciunt arcana et absque viris suspecta mysteria. (LUCIANI *Amores*, p. 579.)

2. Domi statim prolixa balnea ac sumptuosa quidem ac lauta mensa. Posteaquam enim nimis quam repletæ fuerint sua ipsarum gulositate, summis digitis velut inscribentes appositorum unumquodque degustant. Et diversorum corporum somnos et muliebritate lectum refertum, ex quo surgens statim lavacro opus habet. (*Id., ibid.*) Ce latin ne rend pas le texte grec.

3. Mane surgens ex lecto, postquam residentem in oculis summum reliquum aqua simplici abstersit. Illi apta atque sonora lyra. Thessali equi illi curæ sunt, ac breviter juventutem domant ac subjugant, in pace meditatur res bellicas, evibrando jacula... Quomodo vero non amaret illum in palæstris quidem Mercurium, inter lyras autem Apollinem, equitatorem vero Castorem ?

4. Amor Orestem et Pyladem conjunxit : atque in uno eodemque vitæ navigio simul navigarunt.

5. Etiam æther post terram excipit eos qui hæc sectantur : illi autem meliori fato morientes, virtutis præmium hoc incorruptibile consequuntur. (*Id., ibid.*, p. 585.)

tion dont les nudités sont à peine supportables sous le voile de la langue grecque ou latine.

Les plus grands personnages de la Grèce et les plus hautes renommées paroissent sous le joug de ces dégradantes passions. Alexandre fit rougir ses soldats de sa familiarité avec l'eunuque Bagoas. Périclès vivoit publiquement avec la femme de son fils [1] ; il défendit devant les tribunaux Cimon, accusé d'inceste avec sa sœur Elpinice, et Elpinice devint le prix de l'éloquence tarée du triomphant orateur [2]. Sophocle sort d'Athènes avec un jeune garçon, qui lui dérobe son manteau ; Euripide se raille de Sophocle, et lui déclare qu'il a possédé pour rien la même créature [3]. Sophocle lui répond en vers : « Euripide, ce fut le soleil et non un jeune garçon qui me dépouilla en me faisant éprouver sa chaleur ; pour toi, c'est Borée qui t'a glacé dans les bras d'une femme adultère [4]. » Le sale Diogène dansoit avec l'élégante Laïs, qui se livroit à lui ; et le voluptueux Aristippe, amant de Laïs, approuvoit le partage. Sur le tombeau de Dioclès, de jeunes garçons célébroient chaque année la fête des baisers : le plus lascif obtenoit la couronne [5] : Dioclès avoit été un infâme. Athénée nous apprend encore le rôle que jouoient les courtisanes, et Lucien les leçons qu'elles se donnoient entre elles : Aspasie, Phrynée, Laïs, Glycère, Flora, Gnathène, Gnathénion, Manie et tant d'autres, sont devenues des personnages mêlés aux plus graves comme aux plus beaux souvenirs de l'histoire, des arts et du génie.

Un trait particulier distingue le dialogue des *Courtisanes* dans Lucien. L'auteur met souvent en scène une mère et une fille : c'est la mère qui corrompt la fille, qui cherche à lui enlever tout remords, toute pudeur, qui l'instruit au libertinage, au mensonge, au vol, qui lui conseille de se prostituer au plus rustre, au plus laid, au plus infâme, pourvu qu'il

---

1. ATHEN., lib. XIII, cap. v.   2. *Id., ibid.*
3. Sophoclem venustum puerum extra mœnia civitatis duxisse ut cum eo coiret, eumque Sophoclis penula direpta discessisse. Euripides cachinnans per ludibrium dixit illo se aliquando puero usum fuisse, verum sibi furto nihil amissum. (*Id.*, p. 604.)
4. Hoc ubi Sophocles audiit, in Euripidem epigramma scripsit hujusmodi :

    Sol quidem, o Euripides, non puer, cum me tepefaceret
    Veste nudavit : tibi vero alienam uxorem osculanti
    Inacessit Boreas, etc.

    Ἥλιος ἦν παῖς, Εὐριπίδη, ὅς με χλιαίνων, etc.
              (*Id., Deipnosoph.*, p. 604.)

5.   Quique labra labris dulcius applicaverit,
     Is coronis oneratus ad suam matrem revertitur.
              (THEOC., *Idyll.*, XII.)

paye bien et qu'on le puisse dépouiller. Quant aux jeunes courtisanes, elles éprouvent presque toujours une passion sincère et naïve ; elles ont recours à des enchantements, comme la magicienne de Théocrite, pour rappeler des amants volages ; on les voit occupées à les arracher non-seulement à leurs rivales, mais encore à leurs *rivaux*, les philosophes. Chélidonion propose à Drosé d'écrire avec du charbon sur la muraille du Céramique : *Aristenet corrompt Clinias*. Cet Aristenet étoit un philosophe qui avoit enlevé Clinias à Drosé. Enfin l'on trouve parmi les Dialogues de Lucien celui de Clonarion et de Léæna, consacré à la peinture des désordres entre les femmes ; ils y sont peints comme les désordres entre les hommes. Léæna est aimée d'une riche femme de Lesbos, Mégille, déjà liée avec Démonasse, femme de Corinthe. Ces deux saphiennes invitent Léæna à partager leur commune couche. Mégille jette au loin sa fausse chevelure, paroît nue et la tête rase comme un athlète[1]. Léæna entre dans des détails assez étendus avec Clonarion, et refuse de lui donner les derniers[2]. Vous auriez une fausse idée de ces ouvrages si vous vous les représentiez comme ces mauvais livres destinés parmi nous à la dépravation de la jeunesse, mais qui ne peignent point l'état général de la société. Les Pères de l'Église s'expriment comme Lucien et comme Athénée ; Clément d'Alexandrie indique des choses de la même nature que celles rappelées aux dialogues des *Amours,* et il cite ailleurs des faits racontés par Lucien lui-même[3] ; il parle de la Vénus de Cnide souillée dans son temple, et de Philœnis, « à qui, dit Fleury, on attribuoit un écrit touchant les impudicités les plus criminelles dont les femmes soient capables. » Saint Justin, dans son *Apologie,* assure que l'ouvrage de Philœnis étoit dans les mains de tout le monde[4].

Chez plusieurs nations, un prix étoit décerné au plus impudique[5].

---

1. Megilla comam, ut illam fictitiam habebat, a capite rejecit, ipsa autem jacebat omnino similis atque æquiparanda gladiatori, alicui vehementer virili atque robusto ad vivum usque cute detonsa.

2. Ne quære accuratius omnia, turpia enim sunt.
(Luciani *dialogi meretricii Clonarium et Leæna,* ad finem, p. 970.)

3. In *Pædagog.*, lib. ii, cap. x ; *In Protreptico*, p. 24 et 38.

4. Un auteur italien trop célèbre a reproduit l'ouvrage de Philœnis. Avant lui, un grave et religieux savant du xie siècle avoit écrit un livre de même nature ; Brantôme a renouvelé les mêmes histoires ; mais le véritable auteur de l'ouvrage grec n'étoit point la courtisane Philœnis, c'étoit un sophiste nommé Polycrate, comme nous l'apprend Athénée.

5. Impios infamia turpissima... (Philo., *De Præmiis et Pœnis,* p. 586, in-fol. ; Parisiis, 1552.)

Il y avoit des villes entières consacrées à la prostitution : des inscriptions écrites à la porte des lieux de libertinage et la multitude des simulacres obscènes trouvés à Pompéi ont fait penser que cette ville jouissoit de ce privilége. Des philosophes méditoient pourtant sur la nature de Dieu et de l'homme dans cette Sodome ; leurs livres déterrés ont moins résisté aux cendres du Vésuve que les images d'airain du musée secret de Portici. Caton le Censeur louoit les jeunes gens abandonnés au vice que chantoient les poëtes [1]. Après les repas, on voyoit sur les lits du festin de malheureux enfants qui attendoient les outrages [2].

Ammien Marcellin a peint les descendants des Cincinnatus et des Publicola au IVe siècle [3]. « Ils se distinguent par de hauts chars ; ils suent sous le poids de leur manteau, si léger pourtant que le moindre vent le soulève. Ils le secouent fréquemment du côté gauche pour en étaler les franges et laisser voir leur tunique, où sont brodées diverses figures d'animaux. Étrangers, allez les voir, ils vous accableront de caresses et de questions. Retournez-y, il semble qu'ils ne vous aient jamais vus. Ils parcourent les rues avec leurs esclaves et leurs bouffons... Devant ces familles oisives marchent d'abord des cuisiniers enfumés, ensuite des esclaves avec les parasites. Le cortége est fermé par des eunuques, vieux et jeunes, pâles, livides, affreux.

« Envoie-t-on savoir des nouvelles d'un malade, le serviteur n'oseroit rentrer au logis avant de s'être lavé de la tête aux pieds. La populace n'a d'autre abri pendant la nuit que les tavernes ou les toiles tendues sur les théâtres : elle joue aux dés avec fureur, ou s'amuse à faire un bruit ignoble avec les narines [4].

« Ceux qui s'enorgueillissent de porter les noms des Reburri, des Faburri, des Pagoni, des Geri, des Dali, des Tarrasci, des Perrasi, vont aux bains couverts de soie et accompagnés de cinquante esclaves. A peine entrés dans la piscine, ils s'écrient : « Où sont mes serviteurs? » S'il se trouve quelque créature jadis usée au service du public, quelque vieille qui a trafiqué de son corps, ils courent à elle, et lui prodi-

---

1. HORAT., *Satir.*, lib. I.
2. Transeo puerorum infelicium greges quos post transacta convivia aliæ cubiculi contumeliæ exspectant. (SENEC., *epist.* 95.)
3. Les Romains sous le règne de Trajan, d'Antonin le Pieux et de Marc-Aurèle ressembloient déjà beaucoup aux Romains dont parle Ammien Marcellin. Lucien, qui vivoit sous ces empereurs, nous a laissé dans le *Nigrinus* un tableau des mœurs romaines dont l'historien semble avoir emprunté plusieurs traits : le premier s'étend seulement davantage sur le goût pour les chevaux, sur le luxe, les funérailles, les testaments, etc.
4. AMM. MARCELL., lib. XLV.

guent de sales caresses. Et voilà des hommes dont les ancêtres admonestoient un sénateur pour avoir donné un baiser à sa femme devant sa fille ! Les prétendez-vous saluer, tels que des taureaux qui vont frapper de la corne, ils baissent la tête de côté, et ne laissent que leur genou ou leur main au baiser de l'humble client...

« Au milieu des festins, on fait apporter des balances pour peser les poissons, les loirs et les oiseaux. Trente secrétaires, les tablettes à la main, font l'énumération des services. Si un esclave apporte trop tard de l'eau tiède, on lui administre trois cents coups de fouet. Mais si un vil favori a commis un meurtre : Que voulez-vous? dit le maître ; c'est un misérable ! Je punirai le premier de mes gens qui se conduira ainsi.

« Ces illustres patrices vont-ils voir une maison de campagne ou une chasse que les autres exécutent devant eux ; se font-ils transporter dans des barques peintes, par un temps un peu chaud, de Putéoles à Cajète, ils comparent leurs voyages à ceux de César et d'Alexandre. Une mouche qui se pose sur les franges de leur éventail doré, un rayon de soleil qui passe à travers quelque trou de leur parasol, les désolent ; ils voudroient être nés parmi les Cimmériens [1].

« Cincinnatus eût perdu la gloire de la pauvreté si après sa dictature il eût cultivé des champs aussi vastes que l'espace occupé par un seul des palais de ses descendants [2]. Le peuple ne vaut pas mieux que les sénateurs ; il n'a pas de sandales aux pieds, et il se fait donner des noms retentissants ; il boit, joue et se plonge dans la débauche ; le grand cirque est son temple, sa demeure, son forum. Les plus vieux jurent par leurs rides et leurs cheveux gris que la république est perdue si tel cocher ne part le premier et ne rase habilement la borne. Attirés par l'odeur des viandes, ces maîtres du monde suivent des femmes qui crient comme des paons affamés, et se glissent dans la salle à manger des patrons [3]. »

La mollesse du peuple passa à l'armée : le soldat préféroit la chanson obscène au cri de guerre ; une pierre, comme autrefois, ne lui servoit plus d'oreiller sur un lit armé, et il buvoit dans des coupes plus pesantes que son épée [4] ; il connoissoit le prix de l'or et des pierreries ; le temps

---

1. Ubi si inter aurata flabella laciniis sericis insederint muscæ, vel per foramen umbraculi pensilis radiolus irruperit solis, queruntur quod non sunt apud Cimmerios nati. (Amm. Marcell., lib. xxviii, cap. iv, p. 411 ; Lugduni Batavorum, 1693.)

2. Quorum mensuram si in agris consul Quintius possedisset, amiserat etiam post dictaturam gloriam paupertatis. (*Id.*, lib. xxii, cap. iv.)

3. *Id.*, lib. xxviii, cap. iv.

4. Cum miles cantilenas meditaretur, pro jubilo molliores : et non saxum erat ut

n'étoit plus où un légionnaire ayant trouvé dans le camp d'un roi de Perse un petit sac de peau rempli de perles les jeta, sans savoir ce que c'étoit, et n'emporta que le sac[1].

Le soldat romain quitta la cuirasse, abandonna le pilum et la courte épée : alors, nu comme le barbare et inférieur en force, il fut aisément vaincu. Végèce attribue les défaites successives des légions à l'abandon des anciennes armes[2].

Les désordres de la police de Rome étoient extrêmes : on en jugera par un événement arrivé sous le règne de Théodose Ier.

Les empereurs avoient bâti de grands édifices où se trouvoient les moulins et les fours qui servoient à moudre la farine et à cuire le pain distribué au peuple. Plusieurs cabarets étoient élevés auprès de ces maisons; des femmes publiques attiroient les passants dans ces cabarets; ils n'y étoient pas plus tôt entrés qu'ils tomboient par des trappes dans des souterrains. Là ils demeuroient prisonniers le reste de leur vie, contraints à tourner la meule, sans que jamais leurs parents pussent savoir ce qu'ils étoient devenus. Un soldat de Théodose, pris à ce piége, s'arma de son poignard, tua ses détenteurs et s'échappa. Théodose fit raser les édifices qui couvroient ces repaires; il fit également disparoître les maisons de prostitution où étoient reléguées les femmes adultères[3].

L'anarchie dans les provinces égaloit celle qui régnoit dans la capitale : Salvien déclare qu'il n'y a point de châtiment que ne méritassent les Romains; il les compare aux barbares, et les trouve inférieurs à ceux-ci en charité, sincérité, chasteté, générosité, courage. Il fait la description de la Septimanie : « Vignes, prairies émaillées de fleurs, vergers, campagnes cultivées, forêts, arbres fruitiers, fleuves et ruisseaux, tout s'y trouve. Les habitants de cette province ne devroient-ils pas remplir leurs devoirs envers un Dieu si libéral pour eux? Eh bien, le peuple le plus heureux des Gaules en est aussi le plus déréglé[4]. La gourmandise et l'impureté dominent partout. Les riches méprisent la religion et la bienséance; la foi du mariage n'est plus un frein, la femme légitime se trouve confondue avec les concubines. Les maîtres se servent de leur autorité pour contraindre leurs esclaves à se rendre

---

antehac armato cubile. . . . . et graviora gladiis pocula, testa enim bibere jam pudebat. (Amm., lib. xxii, cap. iv.)

1. *Id., ibid.*
2. *De Re Milit.*, cap. x.
3. Socrat., lib. v, cap. xviii.
4. In omnibus quippe Gallis sicut divitiis primi fuere, sic vitiis. (Salv., *De Gubern. Dei*, lib. xii, p. 230.)

à leurs désirs. L'abomination règne dans les lieux où des filles n'ont plus la liberté d'être chastes. On trouve des Romains qui se livrent à tous les désordres, non dans leurs maisons, mais au milieu des ennemis et dans les fers des barbares.

« Les villes sont remplies de lieux infâmes, et ces lieux ne sont pas moins fréquentés par les femmes de qualité que par celles d'une basse condition : elles regardent ce libertinage comme un des priviléges de leur naissance, et ne se piquent pas moins de surpasser les autres femmes en impureté qu'en noblesse [1].

« Il n'y a plus personne, continue le nouveau Jérémie, pour qui la prospérité d'autrui ne soit un supplice. Les citoyens se proscrivent les uns les autres : les villes et les bourgs sont en proie à une foule de petits tyrans, juges et publicains. Les pauvres sont dépouillés, les veuves et les orphelins opprimés. Des Romains vont chercher chez les barbares une humanité et un abri qu'ils ne trouvent pas chez les Romains; d'autres, réduits au désespoir, se soulèvent et vivent de vols et de brigandage; on leur donne le nom de Bagaudes [2]; on leur fait un crime de leur malheur; et pourtant ne sont-ce pas les proscriptions, les rapines, les concussions des magistrats, qui ont plongé ces infortunés dans un pareil désordre? Les petits propriétaires, qui n'ont pas fui, se jettent entre les bras des riches pour en être secourus, et leur livrent leurs héritages. Heureux ceux qui peuvent reprendre à ferme les biens qu'ils ont donnés! Mais ils n'y tiennent pas longtemps : de malheur en malheur, de l'état de colons où ils se sont réduits volontairement, ils deviennent bientôt esclaves [3]. »

Ce passage de Salvien est un des documents les plus importants de l'histoire : il nous apprend comment l'état des propriétés et des personnes changea au VIe siècle, comment le petit propriétaire livra son bien et ensuite sa personne au grand propriétaire pour en recevoir protection. Cet effet violent de la nécessité se convertit en usage, et bientôt en loi : on donna son *aleu* au barbare, qui le rendit en *fief* moyennant service ; et ainsi s'établit la mouvance et la propriété féodale.

---

1. Apud Aquitanicas vero quæ civitas in locupletissima ac nobilissima sui parte non quasi lupanar fuit? quis potentum ac divitum non in luto libidinis vixit? Quis non se barathro sordidissimæ colluvionis immersit? Haud multum matrona abest a vilitate ancillarum. (Salv., *De Gubern. Dei*, lib. VII, p. 232.)

2. Quos compulimus esse criminosos, imputatur his infelicitas sua : quibus enim aliis rebus Bagaudæ facti sunt nisi iniquitatibus nostris, nisi eorum proscriptionibus et rapinis qui exactionis publicæ in quæstus proprii emolumenta vertant? (Salv., *De Gubern. Dei*, lib. V, p. 159.)

3. Coloni divitum fiunt... in hanc necessitatem redacti ut et jus libertatis amittant. (*De Gubern. Dei*, lib. X, cap. V, p. 169.)

Il faut joindre aux causes de la destruction des lois et des mœurs païennes une dernière cause, puissante dans les hauts rangs de la société : la philosophie.

Je vous ai déjà fait observer que les sectes philosophiques étoient au paganisme ce que les hérésies étoient au christianisme, dans le rapport inverse de la vérité à l'erreur. La vérité philosophique ne fut dans son origine que la vérité religieuse, ou, pour parler plus correctement, la philosophie, qui prit naissance dans les temples, fut d'abord cultivée en secret par les prêtres. La vérité philosophique (indépendance de l'esprit de l'homme dans la triple science des choses intellectuelles, morales et naturelles) se dut trouver altérée, selon le temps et les lieux. Les hommes placés au berceau du monde cherchèrent et crurent découvrir les lois mystérieuses de la nature dans la cause la plus agissante sous leurs yeux.

Ainsi les prêtres de la Chaldée regardèrent la lumière dont ils étaient inondés dans leur beau climat comme une émanation de l'âme universelle ; bientôt ils attribuèrent aux astres qu'ils observoient une influence toute particulière sur l'homme et sur la nature. La lumière, diminuant de force en s'éloignant de son foyer, créoit sur son chemin du ciel à la terre des êtres dont l'intelligence varioit selon le degré de fécondité qui restoit au rayon créateur. Le système des prêtres chaldéens donna naissance à la théorie des génies : les usages et les mœurs s'enchaînèrent à la marche des saisons.

Les mages, ne considérant dans la lumière que la chaleur, firent du feu le principe de tout. Et comme il y avoit selon les mages une matière brute qui résistoit à l'action du feu, de là les deux principes : l'esprit et la matière, le bien et le mal. Par le feu ou la chaleur se reproduisoient l'âme humaine et les génies de la religion secrète des Chaldéens.

Les prêtres d'Égypte se persuadèrent, au bord du Nil, que l'eau étoit l'agent d'une âme universelle pour la reproduction des corps. Ayant remarqué qu'il y a dans l'homme un esprit et dans l'animal un instinct, ils en conclurent une intelligence qui tend à s'unir à la matière, cette intelligence voulant toujours produire des choses parfaites, et la matière s'opposant toujours à la perfection. Mais il paroît qu'ils regardoient le bon et le mauvais principe comme également matériels, ce qui faisoit une doctrine d'athéisme et de matérialisme chez le peuple le plus superstitieux de la terre.

Aujourd'hui que les Indes nous sont mieux connues, que leurs langues sacrées sont dévoilées aux savants de l'Europe, nous trouvons dans ces immenses régions des systèmes métaphysiques de toutes les sortes, des cultes de toutes les formes, même de la forme chrétienne; nous trouvons trois principes excellents, bien que mêlés de choses extravagantes : l'existence d'un Dieu suprême, l'immortalité de l'âme, et la nécessité morale de faire le bien.

Mais cette nécessité morale de la philosophie indienne eut une conséquence aussi inattendue que désastreuse : d'après la nécessité du bien, l'âme de l'homme devoit retourner au sein de Dieu si elle pratiquoit la vertu, ou s'emprisonner dans d'autres corps sur la terre si elle s'étoit abandonnée aux vices. Ce cercle inévitable de la société religieuse rendit la société politique stationnaire ; tout s'incrusta dans des castes qui ne remuoient pas plus que ces bonzes fixés des jours entiers dans la même attitude, par esprit de sacrifice et de perfection. Ce que le matérialisme opéra en Chine et la superstition en Égypte, la philosophie l'accomplit aux Indes : elle ligatura l'homme dans son berceau et dans sa tombe.

La haute science fut donc captive dans les colléges sacerdotaux de la Chaldée, de la Perse, des Indes et de l'Égypte. Rendons justice aux Grecs ; ils tirèrent la philosophie du fond des temples, comme le christianisme la fit sortir des écoles philosophiques. Ainsi la philosophie fut pratiquée secrètement par les prêtres, c'est son premier pas ; elle fut étudiée par quelques hommes supérieurs de la Grèce hors des sanctuaires, c'est son second pas ; elle fut livrée à la foule par les chrétiens, c'est son troisième et dernier pas.

Les Grecs qui dérobèrent les premiers la philosophie aux initiations furent des poëtes et des législateurs, tels que Linus, Orphée, Musée, Eumolpe, Mélampe. Ensuite vinrent, dans une société plus avancée, Thalès, Pythagore, Phérécide. Voyageurs aux Indes, en Perse, en Chaldée, en Égypte, ils pénétrèrent leurs systèmes des doctrines qu'ils avoient étudiées chez les prêtres de ces contrées. Thalès, comme les Égyptiens, admit l'eau pour élément général, et devint le chef de la philosophie expérimentale ; une des branches de son école donna naissance à la philosophie morale, personnifiée dans Socrate. Pythagore engendra la philosophie intellectuelle, que divinisa Platon. Aristote, esprit positif et universel, supposa une matière éternelle et des formes mathématiques invariables renfermées dans cette matière. Le monde finit par se partager entre les deux écoles de Platon et d'Aristote, entre le système des formes et celui des idées.

Les conquêtes d'Alexandre répandirent la philosophie grecque sur le globe, où elle s'enrichit de nouvelles connoissances.

« Alexandre commanda à tous les hommes vivants d'estimer la terre habitable être leur pays, et son camp en être le château et le donjon ; tous les gens de bien, parents les uns des autres, et les méchants seuls étrangers : au demeurant, que le Grec et le barbare ne seroient point distingués par le manteau, ni à la façon de la targe, ou au cimeterre, ou par le haut chapeau, mais remarqués et discernés, le Grec à la vertu et le barbare au vice, en réputant tous les vertueux Grecs et tous les vicieux barbares. . . . .

. . . . . . Quel plaisir de voir ces belles et saintes épousailles, quand il comprit dans une même tente cent épousées persiennes, mariées à cent époux macédoniens et grecs, lui-même estant couronné de chapeaux de fleurs et entonnant le premier le chant nuptial d'Hymenæus, comme un cantique d'amitié générale[1] ! »

Amyot, qui introduit ici, sans le savoir, la langue et le reflet des mœurs de son siècle dans la peinture de l'âge philosophique et poli de la Grèce, n'ôte rien à la vérité des faits et leur ajoute un charme étranger. Il n'est point de mon sujet d'entrer dans le détail des sectes philosophiques[2] ; mais je dois rappeler que la philosophie de Platon, mêlée aux dogmes chaldéens et aux traditions juives, s'établit à Alexandrie sous les Ptolémée : tous les systèmes, toutes les opinions convergèrent à ce centre de lumières et de ténèbres, dont le christianisme débrouilla le chaos.

La philosophie des Grecs introduite à Rome ébranla le culte national dans la ville la plus religieuse de la terre. Le poëte satirique Lucile, l'ami de Scipion, s'étoit moqué des dieux de Numa, et Lucrèce essaya de les remplacer par le voluptueux néant d'Épicure. César avoit déclaré en plein sénat qu'après la mort rien n'étoit, et Cicéron, qui, cherchant la cause de la supériorité de Rome, ne la trouvoit que dans sa piété, disoit, contradictoirement, qu'à la tombe finit tout l'homme. L'épicurisme régna chez les Romains durant la majeure partie du Ier siècle de l'ère chrétienne ; Pline, Sénèque, les poëtes et les historiens l'attestent par leurs écrits, leurs maximes et leurs vers. Le stoïcisme prit le dessus quand la vertu fut élevée à la pourpre.

Ces diverses philosophies, qui ne descendoient point dans le peuple, décomposoient la société ; elles ne guérissoient point la superstition des esclaves et ôtoient la crainte des dieux aux maîtres. Les arts magiques, plus ou moins mêlés aux dogmes scolastiques, la théurgie et la goétie ramenoient des erreurs tout aussi déplorables que les mensonges de la mythologie.

---

1. PLUTARQ., *De la Fortune d'Alexandre*, trad. d'Amyot.
2. L'*Essai historique sur les Révolutions* contient un aperçu rapide de ces sectes ; on peut consulter dans cet ouvrage le tableau synoptique que j'en ai dressé. On le pourra corriger à l'aide du *Manuel de l'Histoire de la Philosophie* de Tenneman, traduit excellemment par M. Cousin.

Les philosophes, tantôt chassés de Rome, tantôt rappelés, devenoient des personnages importants ou ridicules, qui se prêtoient complaisamment aux idolâtries, aux mœurs et aux crimes de leur siècle. On en remarque auprès de tous les tyrans; on en trouve au milieu des débauches d'Élagabale : il est vrai que, pour l'honneur de la vertu, ceux-ci se voiloient la tête, comme Agamemnon se couvroit le visage au sacrifice de sa fille[1]; Plotin même assistoit aux désordres de Gratien.

Ces sages s'attribuoient des dons surnaturels : depuis Apollonius, qui se transportoit par l'air où il vouloit, jusqu'à Proclus, qui conversoit avec Pan, Esculape et Minerve, il n'y a pas de miracles dont ils ne fussent capables. L'affectation des allures de leur vie rendoit suspect le naturel de leurs principes. Ménédus de Lampsaque paroissoit en public vêtu d'une robe noire, coiffé d'un chapeau d'écorce où se voyoient gravés les douze signes du zodiaque; une longue barbe lui descendoit à la ceinture, et monté sur le cothurne, il tenoit un bâton de frêne à la main; il se prétendoit un esprit revenu des enfers pour prêcher la sagesse aux hommes[2].

Anaxarque, maître de Pyrrhon, étant tombé dans une ravine, Pyrrhon refusa de l'en retirer, parce que toute chose est indifférente de soi, et qu'autant valoit demeurer dans un trou que sur la terre[3].

Lorsque Zénon marchoit dans les villes, ses amis l'accompagnoient, de peur qu'il ne fût écrasé par les chars : il ne se donnoit pas la peine d'échapper à la fatalité[4]. Diogène faisoit le chien dans un tonneau; Démocrite s'enfermoit dans un sépulcre[5]; Héraclite broutoit l'herbe de la montagne[6]; Empédocle, voulant passer pour une divinité, se précipita dans l'Etna; le volcan rejeta les sandales d'airain de l'impie, et la fourbe fut découverte[7].

Ces sophistes, de même que les hérésiarques, se livroient à toutes sortes de folies; des platoniciens se tuoient comme les circoncellions, et des cyniques bravoient la pudeur comme les priscilliens. Dans les écoles d'Athènes et d'Alexandrie, les maîtres mêloient le peuple à leurs factions; leurs disciples couroient au-devant des nouveau-venus pour les attirer à leur doctrine, criant, sautant, frappant, à l'instar des furieux.

Lucien représente Ménippe affublé d'une massue, d'une lyre et d'une

---

1. Erant amici improbi, et senes quidam et specie philosophi, qui caput reticulo componerent. (LAMPRID., *in Vit. Elag.*, p. 105.)

2. SUID.; ATHEN., lib. IV, p. 162.

3. LAERT., lib. *in Pyrrhon.* 4. *Id.*, lib. VII. 5. *Id.*, lib. IX, *in Dem.*
6. *Id., in Heracl.* 7. *Id.*, lib. VIII; LUCIAN., STRAB., lib. VI.

peau de lion, et s'écriant : « Je te salue, portique superbe, entrée de mon palais! » Ensuite Ménippe raconte à Philonide que, fatigué de l'incertitude des doctrines, il s'adressa à un disciple de Zoroastre. Ce magicien par excellence, appelé Mithrobarzanes, avoit de longs cheveux et une longue barbe. Il prit Ménippe, le lava trois mois entiers dans l'Euphrate, en suivant le cours de la lune et marmottant une longue prière ; il lui cracha trois fois au nez, le plongea de l'Euphrate, dans le Tigre, le purifia avec de l'ognon marin, le ramena chez lui à reculons, l'arma de la massue, de la lyre, de la peau du lion, et lui recommanda de se nommer à tout venant Ulysse, Hercule ou Orphée. L'initiation achevée, Ménippe descendit aux enfers conduit par Mithrobarzanes. Là, Tirésias lui conseilla de quitter les chimères philosophiques, en lui disant : « La meilleure vie est la plus commune. »

Les Sectes à l'Encan offrent le tableau complet des diverses sectes. Jupiter fait préparer des siéges ; Mercure, investi de la charge d'huissier, appelle les marchands pour acheter toutes sortes de vies philosophiques ; on fera crédit pendant une année, moyennant caution. Jupiter ordonne de commencer par la secte italique.

MERCURE.

Holà, Pythagore! descends, et fais le tour de la place. Voici une vie céleste : qui l'achètera? Qui veut être plus grand que l'homme? qui veut connoître l'harmonie des sphères et revivre après sa mort?

UN MARCHAND.

D'où es-tu?

PYTHAGORE.

De Samos.

LE MARCHAND.

Où as-tu étudié?

PYTHAGORE.

En Égypte, chez les sages.

LE MARCHAND.

Si je t'achète, que m'apprendras-tu?

PYTHAGORE.

Je te ferai souvenir de ce que tu sus autrefois.

LE MARCHAND.

Comment cela?

PYTHAGORE.

En purifiant ton âme.

LE MARCHAND.

Comment l'instruiras-tu?

PYTHAGORE.

Par le silence. Tu seras cinq ans sans parler.

LE MARCHAND.

Après?

PYTHAGORE.

Je t'enseignerai la géométrie, la musique et l'arithmétique.

LE MARCHAND.

Je sais celle-ci.

PYTHAGORE.

Comment comptes-tu?

LE MARCHAND.

Un, deux, trois, quatre.

PYTHAGORE.

Tu te trompes : quatre est dix, le triangle parfait et le serment, etc.

(On déshabille Pythagore, et l'on découvre qu'il a une cuisse d'or. Trois cents marchands l'achètent dix mines.)

(On appelle Diogène.)

UN MARCHAND.

Que pourrai-je faire de cet animal, sinon un fossoyeur ou un porteur d'eau?

MERCURE.

Non pas, mais un portier : il aboie, et il se nomme lui-même un chien.

LE MARCHAND.

Je crains qu'il ne me morde; il grince des dents et me regarde de travers.

MERCURE.

Ne crains rien, il est apprivoisé.

LE MARCHAND.

Ami, de quel pays es-tu?

DIOGÈNE.

De tous pays.

LE MARCHAND.

Quelle est ta profession?

DIOGÈNE.

Médecin de l'âme, héraut de la liberté et de la vérité.

LE MARCHAND.

Maître, si je t'achète, que m'apprendras-tu ?

DIOGÈNE.

Je t'enfermerai avec la misère, tu ne te soucieras ni de parents ni de patrie; tu quitteras la maison de ton père; tu habiteras quelque masure, quelque sépulcre, ou, comme moi, un tonneau. Ton revenu sera dans ta besace pleine de rogatons et de vieux bouquins; tu disputeras de félicité avec Jupiter; si l'on te fouette, tu n'en feras que rire.

LE MARCHAND.

Il faudroit que ma peau fût une écaille d'huître ou de tortue.

DIOGÈNE.

Voici ma doctrine : trouver à redire à tout, avoir la voix rude comme un chien, la mine barbare, l'allure farouche et sauvage, vivre au milieu de la foule comme s'il n'y avoit personne, être seul au milieu de tous, préférer la Vénus ridicule et se livrer en public à ce que les autres rougissent de faire en secret. Si tu t'ennuies, tu prendras un peu de ciguë; et tu t'en iras de ce monde : voilà le bonheur; en veux-tu ?

Après Diogène, pour lequel on donne deux oboles, Mercure fait venir Aristippe; il est ivre, et ne peut répondre. Mercure explique sa doctrine : ne se soucier de rien, se servir de tout, chercher la volupté n'importe où.

Héraclite et Démocrite, abrégé de la sagesse et de la folie, succèdent à Aristippe : l'un rit, l'autre pleure. Démocrite rit parce que tout est vanité et que l'homme n'est qu'un concours d'atomes produit du hasard. Héraclite pleure parce que le plaisir est douleur, le savoir ignorance, la grandeur bassesse, la santé infirmité, le monde un enfant qui joue aux osselets et se tourmente pour un songe. Héraclite regrette le passé, s'ennuie du présent et s'épouvante de l'avenir.

Jupiter fait semondre Socrate.

UN MARCHAND.

Qu'es-tu ?

SOCRATE.

Amateur de petits garçons et maître ès arts d'aimer[1].

---

1. Le texte est plus net :

Παιδεραστὴς εἰμι, καὶ σοφὸς τὰ ἐρωτικά.

(Luc., *Vitar. Auct.*, p. 193.)

LE MARCHAND.

Dans ce cas, mon fils est trop beau pour que je te confie son éducation.

SOCRATE.

Je ne suis pas amoureux du corps, mais de l'esprit : quand je dormirois avec ton fils, il ne se passeroit rien de déshonnête.

LE MARCHAND.

Cela m'est fort suspect...

SOCRATE.

Je le jure par le chien et le platane.

LE MARCHAND.

Quelle est ta doctrine?

SOCRATE.

J'ai inventé une république, et je me gouverne d'après ses lois.

LE MARCHAND.

Que fait-on dans ta république?

SOCRATE.

Les femmes n'y appartiennent pas à un seul mari; chaque homme peut avoir commerce avec elles toutes.

LE MARCHAND.

Les lois contre l'adultère sont-elles donc abrogées?

SOCRATE.

Niaiseries.

LE MARCHAND.

Et qu'as-tu statué pour les beaux et jeunes garçons?

SOCRATE.

Ils deviendront le prix de la vertu, et leur amour sera la récompense du courage.

Socrate est vendu deux talents.

Épicure vient après Socrate : « C'est, dit Mercure, le disciple du grand rieur Démocrite et du grand débauché Aristippe; il aime les choses douces et emmiellées.

Chrysippe le stoïcien, à la barbe longue et aux cheveux courts, est présenté aux criées comme la vertu même et le censeur du genre humain. Chrysippe est le seul sage, le seul riche, le seul éloquent, le seul beau, le seul juste; il explique au marchand ébahi qu'il y a des choses principales et des choses moins principales, des accidents et des accidents d'accidents ; il lui prétend enseigner les syllogismes : *le moissonneur, le dominant, l'électra, le masqué;* il lui prouve que lui marchand ne connoît pas son père, qu'il est une pierre ou un animal, un animal ou une pierre [1].

Le péripatéticien succède au stoïcien : il sait combien de temps vit un moucheron ; à quelle profondeur les rayons du soleil pénètrent dans la mer, et quelle est l'âme des huîtres [2]. Le dialogue se termine à Pyrrhias (pour Pyrrhon).

LE MARCHAND.

Que sais-tu, Pyrrhias?

LE PHILOSOPHE.

Rien [3].

LE MARCHAND.

Comment, rien?

LE PHILOSOPHE.

Parce que je ne sais pas s'il y a quelque chose.

LE MARCHAND.

Est-ce que nous n'existons pas?

LE PHILOSOPHE.

Je ne sais [4].

LE MARCHAND.

Et toi, n'existes-tu pas?

LE PHILOSOPHE.

Je le sais encore moins [5].

LE MARCHAND.

Je viens de t'acheter : n'es-tu pas à moi?

LE PHILOSOPHE.

Je m'abstiens, et je considère [6].

---

1. Lapis est corpus : nonne et animal corpus est? Tu vero lapis et animal. (LUCIAN., *Vitar. Auct.*, p. 197.)

2. Quam profunde sol radios emittat in mare ;
Denique qualem animam habeant ostra.
(*Id.*, p. 198.)

3. Οὐδέν. (*Id., ibid.*)   4. Οὐδέ τοῦτο οἶδα. (*Id., ibid.*)
5. Πολύ μᾶλλον ἔτι τοῦτ' ἀγνοῶ. (*Id., ibid.*)
6. *Id.*, p. 199.

LE MARCHAND.

Suis-moi, tu es mon esclave.

LE PHILOSOPHE.

Qui le sait?

LE MARCHAND.

Ceux qui sont ici.

LE PHILOSOPHE.

Est-ce qu'il y a quelqu'un ici?

LE MARCHAND.

Je te prouve que je suis ton maître. (*Il le bat.*)

LE PHILOSOPHE.

Je m'abstiens, et je considère.

Lucien, dans l'*Hermotine, ou les Sectes*, achève de ruiner l'échafaudage de l'orgueil de l'homme.

Ainsi se montroient, flétris et vaincus du temps, ces philosophes jadis l'honneur de l'humanité, ces sages qui au milieu des nations souillées et matérialisées avoient conservé les vérités de la science, de la morale et de la religion naturelle, jusqu'à ce qu'ils se corrompissent avec la foule, et par l'infirmité même de la sagesse.

Voilà la société romaine : ses générations étoient mûres; les barbares se présentoient comme les faucheurs qui nous viennent des provinces éloignées pour abattre nos foins et nos blés ; les chrétiens et les païens alloient tomber sur les sillons, selon le poids de leur valeur respective. L'homme attaché aux joies de la vie ne voyoit approcher le Frank, le Goth, le Vandale, qu'avec les terreurs de la mort, tandis que l'anachorète, le prêtre, l'évêque, cherchoient comment ils adouciroient les vainqueurs et comment ils feroient des calamités publiques un moyen d'enrôler de nouveaux soldats sous l'étendard du Christ.

ÉTUDE SIXIEME

ou

SIXIÈME DISCOURS

SUR

LA CHUTE DE L'EMPIRE ROMAIN, LA NAISSANCE ET LES PROGRÈS DU CHRISTIANISME
ET L'INVASION DES BARBARES.

PREMIÈRE PARTIE.

MOEURS DES BARBARES.

Tout ce qui se peut rencontrer de plus varié, de plus extraordinaire, de plus féroce dans les coutumes des sauvages s'offrit aux yeux de Rome : elle vit, d'abord successivement et ensuite tout à la fois, dans le cœur et dans les provinces de son empire, de petits hommes maigres et basanés ou des espèces de géants aux yeux verts [1], à la chevelure blonde lavée dans l'eau de chaux, frottée de beurre aigre ou de cendres de frêne [2]; les uns nus, ornés de colliers, d'anneaux de fer, de bracelets d'or; les autres couverts de peaux, de sayons, de larges braies, de tuniques étroites et bigarrées [3]; d'autres encore la

---

1. . . . . Tum lumine glauco.
　　Albet aquosa acies . . . .
　　　　　　　　　　(Apollin., *in Paneg. Major.*)
2. Calcis enim lixivia frequenter capillos lavant.
　　　　　　　　　　(Dion., lib. v.)
　　Infundens acido comam butyro...
　　　　　　　　　　(Apollin., *Carm.* xii.)
3. 　　Strictius assuetæ vestes procera coercent.　　(*Franci.*)
　　　　Membra virum, patet his altato tegmine poples.　　(*Ibid.*)
Coloratis sagulis pube tenus amictu.
　　　　　　　　　　(Amm., lib. xiv, cap. iv.)

tête chargée de casques faits en guise de mufles de bêtes féroces [1]; d'autres encore le menton et l'occiput rasés [2], ou portant longues barbes et moustaches. Ceux-ci s'escrimoient à pied avec des massues, des maillets, des marteaux, des framées, des angons à deux crochets, des haches à deux tranchants [3], des frondes, des flèches armées d'os pointus [4], des filets et des lanières de cuir [5], de courtes et de longues épées ; ceux-là enfourchoient de hauts destriers bardés de fer [6], ou de laides et chétives cavales, mais rapides comme des aigles [7]. En plaine, ces hommes hostoyoient éparpillés [8], ou formés en coin [9], ou roulés en masse ; parmi les bois, ils montoient sur les arbres, objets de leur culte, et combattoient [10] portés sur les épaules et dans les bras de leurs dieux.

Des volumes suffiroient à peine au tableau des mœurs et des usages de tant de peuples.

1. Tous les cavaliers cimbres avoient des casques en forme de gueules ouvertes et de mufles de toutes sortes de bêtes étranges et épouvantables, et, les rehaussant par des panaches faits comme des ailes, et d'une hauteur prodigieuse, ils paroissoient encore plus grands. Ils étoient armés de cuirasses de fer très-brillantes, et couverts de boucliers tout blancs. (PLUT., *in Mar.*)

2.   Ad frontem coma tracta jacet, nudata cervix
          Setarum per summa nitet.
                              (APOLLIN., *in Paneg. Major.*)

3. Ancipitibus securibus et angonibus præcipue rem gerunt (Franci); sunt vero angones hastæ quædam neque admodum parvæ, neque admodum magnæ, ad jactu feriendum, sic ubi opus fuerit, et ubi cominus collato pede confligendum est impetusque faciendus accommodatæ. Hæ pleraque sui parte ferro sunt obductæ, ita ut perparum ligni a laminis ferreis nudum conspiciatur, atque adeo vix totæ imæ hastæ cuspis. (AGATH., *Hist.,* lib. II.)

4. Sola in sagittis spes, quas inopia ferri ossibus asperant. (TAC., *De Mor. Germ.*) Missilibus telis acutis ossibus arte mira coagmentatis. (AMM., lib. XXXI, cap. II.)

5. Contortis laciniis illigant, ut laqueatis resistentium membris equitandi vel gravandi adimant facultatem. (AMM., lib. XXXI, cap. II.) Laqueis interceperunt hostes, trahendo conficere. (POMP. MEL., lib. I, cap. ult.)

6. Ceux-là enfourchoient de hauts destriers bardés de fer. (*Panegyr. veter.*, VI-VII, p. 138, 166, 167.) On voit ici que l'armure complète de fer, empruntée des Perses par les Romains, étoit connue bien avant la chevalerie. Il en est ainsi d'une foule d'autres usages, qu'on a placés trop bas dans les siècles.

7. Equis..... duris..... sed deformibus. (AMM., lib. XXXI, cap. II.)

8. Et his artibus Hunni Gothis superiores evasere, partim enim circumequitando, partim excurrendo et opportune retrocedendo, jaculantes ex equis maximam Gothorum cædem fecere. (*Teste* ZOSIMO, p. 747; VALES. *Ann. in Amm.*, lib. XXXI, cap. II, p. 475.)

9. Acies per cuneos componitur. (TAC., *De Mor. Germ.*, cap. VI.)

10. Molientibus hostium rari appareere, qui conjunctis arborum truncis..... velut e fastigiis turrium, sagittas tormentorum ritu effudere... (GREG. TUR., lib. II, cap. IX; HERODIAN., lib. VII, cap. V.)

Les Agathyrses, comme les Pictes, se tachetoient le corps et les cheveux d'une couleur bleue; les gens d'une moindre espèce portoient leurs mouchetures rares et petites, les nobles les avoient larges et rapprochées [1].

Les Alains ne cultivoient point la terre; ils se nourrissoient de lait et de la chair des troupeaux; ils erroient avec leurs chariots d'écorce de désert en désert. Quand leurs bêtes avoient consommé tous les herbages, ils remettoient leurs villes sur leurs chariots, et les alloient planter ailleurs [2]. Le lieu où ils s'arrêtoient devenoit leur patrie [3]. Les Alains étoient grands et beaux; ils avoient la chevelure presque blonde, et quelque chose de terrible et de doux dans le regard [4]. L'esclavage étoit inconnu chez eux; ils sortoient tous d'une source libre [5].

Les Goths, comme les Alains, de race scandinave, leur ressembloient; mais ils avoient moins contracté les habitudes slaves, et ils inclinoient plus à la civilisation. Apollinaire a peint un conseil de vieillards goths. « Selon leur ancien usage, leurs vieillards se réunissent au lever du soleil; sous les glaces de l'âge, ils ont le feu de la jeunesse. On ne peut voir sans dégoût la toile qui couvre leur corps décharné; les peaux dont ils sont vêtus leur descendent à peine au-dessous du genou. Ils portent des bottines de cuir de cheval, qu'ils attachent par un simple nœud au milieu de la jambe, dont la partie supérieure reste découverte [6]. » Et pourquoi ces Goths étoient-ils assemblés? Pour s'indigner de la prise de Rome par un Vandale et pour élire un empereur romain!

Le Sarrasin, ainsi que l'Alain, étoit nomade; monté sur son dromadaire, vaguant dans des solitudes sans bornes, changeant à chaque instant de terre et de ciel, sa vie n'étoit qu'une fuite [7].

Les Huns parurent effroyables aux barbares eux-mêmes; ils considéroient avec horreur ces cavaliers au cou épais, aux joues déchiquetées, au visage noir, aplati et sans barbe, à la tête en forme de

---

1. Agathyrsi interstincti colore cæruleo corpora simul et crines, et humiles quidem minutis atque raris, nobiles vero latis, fucatis et densioribus notis. (Amm. Marc., lib. xxxi, cap. ii.)

2. Velut carpentis civitates impositas vehunt. (*Id.*, lib. xiii, cap. ii.)

3. Quocumque ierint illic genuinum existimant larem. (*Id., ibid.*)

4. Crinibus mediocriter flavis, oculorum temperata torvitate, terribiles. (*Id., ibid.*)

5. Le latin dit plus : *Omnes generoso semine procreati.* (*Id., ibid.*)

6. Apoll., *In Avit.*

7. Errant semper per spatia longe lateque distenta... Nec idem perferunt diutius cœlum, aut tractus unius soli illis unquam placet. Vita est illis semper in fuga. (Amm. Marc., lib. xiv, cap. v.)

boule d'os et de chair, ayant dans cette tête des trous plutôt que des yeux [1], ces cavaliers dont la voix étoit grêle et le geste sauvage. La renommée les représentoit aux Romains comme des bêtes marchant sur deux pieds, ou comme ces effigies difformes que l'antiquité plaçoit sur les ponts [2]. On leur donnoit une origine digne de la terreur qu'ils inspiroient : on les faisoit descendre de certaines sorcières appelées *aliorumna*, qui, bannies de la société par le roi des Goths Félimer, s'étoient accouplées dans les déserts avec les démons [3].

Différents en tout des autres hommes, les Huns n'usoient ni de feu ni de mets apprêtés; ils se nourrissoient d'herbes sauvages et de viandes demi-crues, couvées un moment entre leurs cuisses ou échauffées entre leur siége et le dos de leurs chevaux [4]. Leurs tuniques, de toile colorée et de peaux de rat des champs, étoient nouées autour de leur cou; ils ne les abandonnoient que lorsqu'elles tomboient en lambeaux [5]. Ils enfonçoient leur tête dans des bonnets de peau arrondis, et leurs jambes velues dans des tuyaux de cuir de chèvre [6]. On eût dit qu'ils étoient cloués sur leurs chevaux, petits et mal formés, mais infatigables. Souvent ils s'y tenoient assis comme des femmes; ils y traitoient d'affaires, délibérant, vendant, achetant, buvant, mangeant, dormant sur le cou étroit de leur bête, s'y livrant dans un profond sommeil à toutes sortes de songes [7].

1. Eo quod erat eis species pavenda nigredine, sed velut quædam (si dici fas est) deformis offa, non facies, habensque magis puncta quam lumina... nam maribus ferro genas secant... hinc imberbes senescunt. (JORNAND., *De Reb. Get.*, cap. XXIV.) Ubi quoniam ab ipsis nascendi primitiis infantum ferro sulcantur altius genæ. (AMM. MARCELL.)

2. Prodigiosæ formæ et pandi, ut bipedes existimes bestias, vel quales in commarginandis pontibus effigiati stipites dolantur incompte. (*Id.*, lib. XXXI, cap. II.)

3. Sicut a nobis dictum est, reperit in populo suo (Filimer, rex Gothorum) quasdam magas mulieres quas patrio sermone *aliorumnas* is ipse cognominat, easque habens suspectas de medio sui proturbat, longeque ab exercitu suo fugatas in solitudinem coegit terræ. Quas spiritus immundi per eremum vagantes dum vidissent, et earum se complexibus in coitu miscuissent, genus hoc ferocissimum edidere. (JORN., cap. XXIV.)

4. In hominum autem figura licet insuavi ita viri sunt asperi, ut neque igni neque saporatis indigeant cibis, sed radicibus herbarum agrestium et semicruda cujusvis pecoris carne vescantur, quam inter femora sua et equorum terga subsertam fotu calefaciunt brevi. (AMM., lib. XXXI, cap. II.)

5. Indumentis operiuntur linteis, vel ex pellibus silvestrium murium consarcinatis... Sed semel obsoleti coloris tunica collo inserta non ante deponitur aut mutatur quam diuturna carie in pannulos defluxerit defrustata. (*Id.*, lib. XXXI, cap. II.)

6. Galeris incurvis capita tegunt, hirsuta crura coriis munientes hædinis. (*Id., ibid.*) S. Jérôme appelle ces bonnets des tiares, *tiaras galeis*. (*In epitaph. Nepot.*)

7. Verum equis prope affixi, duris quidem sed deformibus, et muliebriter iisdem nonnunquam insidentes funguntur muneribus consuetis. Ex ipsis quivis in hac natione

Sans demeure fixe, sans foyer, sans lois, sans habitudes domestiques, les Huns erroient avec les chariots qu'ils habitoient. Dans ces huttes mobiles, les femmes façonnoient leurs vêtements, s'abandonnoient à leurs maris, accouchoient, allaitoient leurs nourrissons jusqu'à l'âge de puberté. Nul chez ces générations ne pouvoit dire d'où il venoit, car il avoit été conçu loin du lieu où il étoit né, et élevé plus loin encore [1]. Cette manière de vivre dans des voitures roulantes étoit en usage chez beaucoup de peuples, et notamment parmi les Franks. Majorien surprit un parti de cette nation : « Le coteau voisin retentissoit du bruit d'une noce ; les ennemis célébroient en dansant, à la manière des Scythes, l'hymen d'un époux à la blonde chevelure. Après la défaite on trouva les préparatifs de la fête errante, les marmites, les mets des convives, tout le régal prisonnier et les odorantes couronnes de fleurs. . . . . . . Le vainqueur enleva le chariot de la mariée [2]. »

Sidoine est un témoin considérable des mœurs des barbares, dont il voyoit l'invasion. « Je suis, dit-il, au milieu des peuples chevelus, obligé d'entendre le langage du Germain, d'applaudir, avec un visage contraint, au chant du Bourguignon ivre, les cheveux graissés avec du beurre acide... Heureux vos yeux, heureuses vos oreilles, qui ne les voient et ne les entendent point ! heureux votre

---

pernox, et per dies emit et vendit, cibumque sumit et potum, et inclinatus cervici angustæ jumenti, in altum soporem adusque varietatem effunditur somniorum. (AMM., lib. XXXI, cap. II.)

   Nec plus nubigenas duplex natura biformes
   Cognatis aptavit equis. . . . .
       (CLAUDIAN., *in Ruf.*, *de Hunn.*, lib. I.)

1. Omnes enim sine sedibus fixis, absque lare vel lege aut ritu stabili dispalantur, semper fugientium similes, cum carpentis in quibus habitant : ubi conjuges tetra illis vestimenta contexunt, et coeunt cum maritis, et pariunt et adusque pubertatem nutriunt pueros. Nullusque apud eos interrogatus respondere unde oritur potest, alibi conceptus, natusque procul, et longius educatus. (AMM., lib. XXXI, cap. II.)

2.   . . . . . . fors ripæ colle propinquo,
  Barbaricus resonabat hymen, scythicisque choreis
  Erudebat flavo similis nova nupta marito.
  . . . .
  Barbarici vaga festa tori convictaque passim
  Fercula captivasque dapes, cirroque madente
  Ferre coronatos redolentia serta lebetas,
  . . . . . . rapit esseda victor
  Nubentemque nurum. . . . .
     (APOLLIN., in *Panegyr. Major.*)

nez, qui ne respire pas dix fois le matin l'odeur empestée de l'ail et de l'ognon [1].

Tous les barbares n'étoient pas aussi brutaux. Les Franks, mêlés depuis longtemps aux Romains, avoient pris quelque chose de leur propreté et de leur élégance. « Le jeune chef marchoit à pied au milieu des siens; son vêtement d'écarlate et de soie blanche étoit enrichi d'or; sa chevelure et son teint avoient l'éclat de sa parure. Ses compagnons portoient pour chaussure des peaux de bête garnies de tous leurs poils; leurs jambes et leurs genoux étoient nus; les casaques bigarrées de ces guerriers montoient très-haut, serroient les hanches et descendoient à peine au jarret; les manches de ces casaques ne dépassoient pas le coude. Par-dessous ce premier vêtement se voyoit une saie de couleur verte bordée d'écarlate, puis une rhénone fourrée, retenue par une agrafe [2]. Les épées de ces guerriers se suspendoient à un étroit ceinturon, et leurs armes leur servoient autant d'ornement que de défense; ils tenoient dans la main droite des piques à deux crochets ou des haches à lancer; leur bras gauche étoit caché par un bouclier aux limbes d'argent et à la bosse dorée [3]. » Tels étoient nos pères.

Sidoine arrive à Bordeaux, et trouve auprès d'Euric, roi des Visigoths, divers barbares qui subissoient le joug de la conquête. « Ici se présente le Saxon aux yeux d'azur : ferme sur les flots, il chancelle sur la terre. Ici l'ancien Sicambre, à l'occiput tondu, tire en arrière, depuis qu'il est vaincu, ses cheveux renaissants sur son cou vieilli; ici vagabonde l'Hérule aux joues verdâtres, qui laboure le fond de l'Océan et dispute de couleur avec les algues; ici le Bourguignon, haut de sept pieds, mendie la paix en fléchissant le genou [4]. »

1.   Inter crinigenas situm catervas,
    Et germanica verba sustinentem,
    Laudantem tetro subinde vultu,
    Quos Burgundio cantat esculentus,
    Infundens acido comam butyro?
    Felices oculos tuos et aures,
    Felicemque libet vocare nasum,
    Cui non allia sordidæque cepæ
    Ructant mane novo decem apparatus.
            (APOLL., *Carm.* XII.)

2. Sorte de manteau en usage chez les peuples des bords du Rhin.
3. APOLLIN., lib. IV, *Epist. ad Domnit.*
4.   Istic Saxona cærulum videmus,
    Assuetum ante salo, solum timere.
    Hic tonso occipiti, senex Sicamber,

Une coutume assez générale chez tous les barbares étoit de boire la cervoise (la bière), l'eau, le lait et le vin dans le crâne des ennemis. Étoient-ils vainqueurs, ils se livroient à mille actes de férocité ; les têtes des Romains entourèrent le camp de Varus, et les centurions furent égorgés sur les autels de la divinité de la guerre[1]. Étoient-ils vaincus, ils tournoient leur fureur contre eux-mêmes. Les compagnons de la première ligne des Cimbres que défit Marius furent trouvés sur le champ de bataille attachés les uns aux autres ; ils avoient voulu impossibilité de reculer et nécessité de mourir. Leurs femmes s'armèrent d'épées et de haches ; hurlant, grinçant des dents de rage et de douleur, elles frappoient et Cimbres et Romains, les premiers comme des lâches, les seconds comme des ennemis ; au fort de la mêlée, elles saisissoient avec leurs mains nues les épées tranchantes des légionnaires, leur arrachoient leurs boucliers, et se faisoient massacrer. Sanglantes, échevelées, vêtues de noir, on les vit, montées sur les chariots, tuer leurs maris, leurs frères, leurs pères, leurs fils, étouffer leurs nouveau-nés, les jeter sous les pieds des chevaux et se poignarder. Une d'entre elles se pendit au bout du timon de son chariot, après avoir attaché par la gorge deux de ses enfants à chacun de ses pieds. Faute d'arbres pour se procurer le même supplice, le Cimbre vaincu se passoit au cou un lacs coulant, nouoit le bout de la corde de ce lacs aux jambes ou aux cornes de ses bœufs : ce laboureur d'une espèce nouvelle, pressant l'attelage avec l'aiguillon, ouvroit sa tombe[2].

On retrouvoit ces mœurs terribles parmi les barbares du ve siècle. Leur cri de guerre faisoit palpiter le cœur du plus intrépide Romain : les Germains poussoient ce cri sur le bord de leurs boucliers appliqués contre leurs bouches[3]. Le bruit de la corne des Goths étoit célèbre ; j'en ai parlé.

> Postquam victus est, elicit retrorsum
> Cervicem ad veterem novos capillos :
> Hic glaucis Herulus genis vagatur,
> Imos Oceani colens recessus,
> Algoso prope concolor profundo.
> Hic Burgundio septipes frequenter
> Flexo poplite supplicat quietem.
>   (Apollin., lib. viii, epist. ix.)

1. Medio campi albentia ossa, ut fugerant, ut restiterant, disjecta vel aggerata. Adjacebant fragmina telorum equorumque artus, simul truncis arborum antefixa ora; lucis propinquis barbaræ aræ, apud quas tribunos ac primorum ordinum centuriones mactaverant et cladis ejus superstites, pugnam aut vincula elapsi, referebant hic cecidisse legatos, illic raptas aquilas. (Tacit., *Ann.*, 1, 61.)
2. Plut., *In vit. Marii.*
3. Nec tam voces illæ quam virtutis concentus videntur. Adfectatur præcipue aspe-

Avec des ressemblances et des différences de coutumes, ces peuples se distinguoient les uns des autres par des nuances de caractère : « Les Goths sont fourbes, mais chastes, dit Salvien; les Allamans, impudiques, mais sincères; les Franks, menteurs, mais hospitaliers; les Saxons, cruels, mais ennemis des voluptés [1]. » Le même auteur fait aussi l'éloge de la pudicité des Goths, et surtout de celle des Vandales. Les Taïfales, peuplade de la Dacie, péchoient par le vice contraire. Chez eux, les jeunes garçons étoient forcés de se marier par contrat avec des hommes : la fleur de leur jeunesse se consumoit dans ces exécrables unions; ils ne pouvoient être délivrés de ces incestes qu'après avoir tué un sanglier ou un ours [2].

Les Huns, perfides dans les trêves, étoient dévorés de la soif de l'or. Abandonnés à l'instinct des brutes, ils ignoroient l'honnête et le déshonnête. Obscurs dans leur langage, libres de toute religion et de toute superstition, aucun respect divin ne les enchaînoit. Colères et capricieux, dans un même jour ils se séparoient de leurs amis sans qu'on eût rien dit pour les irriter, et leur revenoient sans qu'on eût rien fait pour les adoucir [3].

Quelques-unes de ces races étoient anthropophages. Un Sarrasin tout velu et nu jusqu'à la ceinture, poussant un cri rauque et lugubre, se précipite, le glaive au poing, parmi les Goths arrivés sous les murs de Constantinople après la défaite de Valens; il colle ses lèvres au gosier de l'ennemi qu'il avoit blessé, et en suce le sang aux regards épouvantés des spectateurs [4]. Les Scythes de l'Europe montroient ce même instinct du furet et de la hyène [5] : saint Jérôme avoit vu dans les Gaules les Atticotes, horde bretonne, qui se nourrissoient de chair humaine : quand ils rencontroient dans les bois des troupeaux de porcs et d'autre bétail, ils coupoient les mamelles des bergères et les

---

ritas soni, et fractum murmur objectis ad os scutis, quo plenior et gravior vox repercussu intumescat. (Tacit., *De Mor. Germ.*, III.)

1. Gothorum gens perfida, sed pudica est; Alamanorum impudica, sed minus perfida; Franci mendaces, sed hospitales; Saxones crudelitate efferi, sed castitate mirandi. (Salvian., *De Gubern. Dei*, lib. VII, p. 256; Parisiis, 1608.)

2. Ut apud eos nefandi concubitus fœdere copulentur maribus puberes; ætatis viriditatem in eorum pollutis usibus consumpturi. Porro, si quis jam adultus aprum exceperit solus, vel interemerit ursum immanem, colluvione liberatur incesti. (Amm., lib. XXXI, cap. IX.)

3. Amm. Marcell., lib. XXXI, cap. II.

4. Ex ea enim crinitus quidam, nudus omnia præter pubem, subraucum et lugubre strepens, educto pugione agmini se medio Gothorum inseruit, et interfecti hostis jugulo labra admovit, effusumque cruorem exsuxit. (*Id., ibid.*, cap. XVI.)

5. Ipsis ex vulneribus ebibere. (Pomp. Mela, *De Scyth. Europ.*, lib. II, cap. I.)

parties les plus succulentes des pâtres, délicieux festin pour eux [1]. Les Alains arrachoient la tête de l'ennemi abattu, et de la peau de son cadavre ils caparaçonnoient leurs chevaux [2]. Les Budins et les Gelons se faisoient aussi des vêtements et des couvertures de cheval avec la peau des vaincus [3], dont ils se réservoient la tête [4]. Ces mêmes Gélons se découpoient les joues ; un visage tailladé, des blessures qui présentoient des écailles livides surmontées d'une crête rouge, étoient le suprême honneur [5].

L'indépendance étoit tout le fond d'un barbare, comme la patrie étoit tout le fond d'un Romain, selon l'expression de Bossuet. Être vaincu ou enchaîné paroissoit à ces hommes de batailles et de solitudes chose plus insupportable que la mort : rire en expirant étoit la marque distinctive du héros. Saxon le Grammairien dit d'un guerrier : « Il tomba, rit et mourut [6]. » Il y avoit un nom particulier dans les langues germaniques pour désigner ces enthousiastes de la mort : le monde devoit être la conquête de tels hommes.

Les nations entières, dans leur âge héroïque, sont poëtes : les barbares avoient la passion de la musique et des vers ; leur muse s'éveilloit aux combats, aux festins et aux funérailles. Les Germains exaltoient leur dieu Tuiston [7] dans de vieux cantiques : lorsqu'ils s'ébranloient pour la charge, ils entonnoient en chœur le Bardit, et de la manière plus ou moins vigoureuse dont cet hymne retentissoit ils présageoient le destin futur du combat [8].

---

1. Quid loquar de cæteris nationibus, quum ipse adolescentulus in Gallia viderim Atticotos, gentem britannicam, humanis vesci carnibus ; et quum per silvas porcorum greges et armentorum pecudumque reperiant, pastorum *nates* et feminarum, et *papillas* solere abscindere, et has solas ciborum delicias arbitrari? (S. Hier., t. IV, p. 201 ; *adv. Jovin.*, lib. II.)

2. Interfectorum avulsis capitibus detractas pelles pro phaleris jumentis accommodant bellatoriis. (Amm. Marc., lib. XXI, cap. II.)

3. Budini sunt et Geloni perquam feri, qui detractis cutibus hostium indumenta sibi equisque tegmina conficiunt. (*Id., ibid.*)

4. Illos, reliqui corporis ; se, capitum... (Pomp. Mela, lib. XI, cap. IV.)

5.   Illustri jam tum donatur celsus honore,
  Squameüs et rutilis etiamnum livida crestis
  Ora gerens. . . . .
     (Apollin., *In Paneg. Avit.*, v. 241.)

6. Mallet, *Introd. à l'Hist. du Danem.*, cap. XIX ; Sax. Gramm.

7. Celebrant carminibus antiquis Tuistonem deum.

8. Sunt illis hæc quoque carmina quorum relatu, quem *Barditum* vocant, accendunt animos futuræque pugnæ fortunam ipso cantu augurantur. (Tacit., *De Mor. Germ.*; III.)

Chez les Gaulois, les bardes étoient chargés de transmettre le souvenir des choses dignes de louanges [1].

Jornandès raconte qu'à l'époque où il écrivoit on entendoit encore les Goths répéter les vers consacrés à leur législateur [2]. Au banquet royal d'Attila, deux Gépides célébrèrent les exploits des anciens guerriers : ces chansons de la gloire attablée animoient d'un attendrissement martial le visage des convives. Les cavaliers qui exécutoient autour du cercueil du héros tartare une espèce de tournoi funèbre chantoient : « C'est ici Attila, roi des Huns, engendré par son père Mundzuch. Vainqueur des plus fières nations, il réunit sous sa puissance la Scythie et la Germanie, ce que nul n'avoit fait avant lui. L'une et l'autre capitale de l'empire romain chanceloient à son nom : apaisé par leur soumission, il se contenta de les rendre tributaires. Attila, aimé jusqu'au bout du destin, a fini ses jours, non par le fer de l'ennemi, non par la trahison domestique, mais sans douleur, au milieu de la joie. Est-il une plus douce mort que celle qui n'appelle aucune vengeance [3] ? »

Un manuscrit originaire de l'abbaye de Fulde, maintenant à Cassel [4], a par hasard sauvé de la destruction le fragment d'un poëme teutonique qui réunit les noms d'Hildebrand, de Théodoric, d'Hermanric, d'Odoacre et d'Attila. Hildebrand, que son fils ne veut pas reconnoître, s'écrie : « Quelle destinée est la mienne ! j'ai erré hors de mon pays soixante hivers et soixante étés, et maintenant il faut que mon propre enfant m'étende mort avec sa hache, ou que je sois son meurtrier ! »

L'Edda (l'aïeule), recueil de la mythologie scandinave, les Sagha ou les traditions historiques des mêmes pays, les chants des scaldes rappelés par Saxon le Grammairien, ou conservés par Olaüs Wormius, dans sa *Littérature runique*, offrent une multitude d'exemples de ces poésies. J'ai donné ailleurs une imitation du poëme lyrique de Lodbrog, guerrier scalde et pirate. « Nous avons combattu avec l'épée. . . . . Les aigles et les oiseaux aux pieds

---

1. Bardi, qui de laudationibus rebusque poeticis student. (STRAB., lib. VI.)
2. JORNAND., lib. VIII.
3. Præcipuus Hunnorum rex Attila, patre genitus Mundzucco, fortissimarum gentium dominus, qui inaudita ante se potentia solus scythica et germanica regna possedit, nec non utraque romanæ urbis imperia captis civitatibus terruit, et ne præda reliqua subderent, placatus precibus, annuum vectigal accepit. Quumque hæc omnia proventu felicitatis egerit, non vulnere hostium, non fraude suorum, sed gente incolumi inter gaudia lætus, sine sensu doloris occubuit. Quis ergo hunc dicat exitum, quem nullus æstimat vindicandum? (*Id.*, cap. XLIX.)
4. Voyez ci-après la note 2, p. 435.

jaunes poussoient des cris de joie. . . . . Les vierges ont pleuré longtemps. . . . . Les heures de la vie s'écoulent : nous sourirons quand il faudra mourir [1]. » Un autre chant tiré de l'Edda reproduit la même énergie et la même férocité.

Hogni et Gunar, deux héros de la race des Nifflungs, sont prisonniers d'Attila. On demande à Gunar de révéler où est le trésor des Nifflungs, et d'acheter sa vie pour de l'or.

Le héros répond :

« Je veux tenir dans ma main le cœur d'Hogni, tiré sanglant de la poitrine du vaillant héros, arraché avec un poignard émoussé du sein de ce fils de roi.

« Ils arrachèrent le cœur d'un lâche qui s'appeloit Hialli ; ils l posèrent tout sanglant sur un plat, et l'apportèrent à Gunar.

« Alors Gunar, ce chef du peuple, chanta : « Ici je vois le cœur sanglant d'Hialli ; il n'est pas comme le cœur d'Hogni le brave ; il tremble sur le plat où il est placé ; il trembloit la moitié davantage quand il étoit dans le sein du lâche. »

« Quand on arracha le cœur d'Hogni de son sein, il rit ; le guerrier vaillant ne songea pas à gémir. On posa son cœur sanglant sur un plat, et on le porta à Gunar.

« Alors ce noble héros, de la race des Nifflungs, chanta : « Ici je vois le cœur d'Hogni le brave ; il ne ressemble pas au cœur d'Hialli le lâche ; il tremble peu sur le plat où on l'a placé ; il trembloit la moitié moins quand il étoit dans la poitrine du brave.

« Que n'es-tu, ô Atli (Attila), aussi loin de mes yeux que tu le seras toujours de nos trésors ! En ma puissance est désormais le trésor caché des Nifflungs ; car Hogni ne vit plus.

« J'étois toujours inquiet quand nous vivions tous les deux ; maintenant je ne crains rien ; je suis seul [2]. »

Ce dernier trait est d'une tendresse sublime.

---

1. *Martyrs*, lib. VI.

    Pugnavimus ensibus. . . . . . .
    . . . .
    Vitæ elapsæ sunt horæ ;
    Ridens moriar.

Le texte scandinave de cette ode a été publié en lettres runiques par Wormius, *Litt. run.*, p. 197, et transporté dans le recueil de Biorner : elle a vingt-neuf strophes.

2. Je dois ce chant, tiré de l'Edda, et le fragment du poëme épique du manuscrit de Fulde à M. Ampère, dont j'ai parlé dans la préface de ces *Études*. On sera bien aise d'entendre ce jeune littérateur, plein de savoir et de talent, sur un genre d'étude

Ce caractère de la poésie héroïque primitive est le même parmi tous les peuples barbares ; il se retrouve chez l'Iroquois, qui précéda la société dans les forêts du Canada, comme chez le Grec redevenu sauvage, qui survit à la société sur ces montagnes du Pinde où il n'est qu'il a approfondi, et qui manquoit à la France. Mon travail auroit paru moins aride aux lecteurs si j'avois toujours pu l'enrichir de morceaux pareils à celui qui va terminer cette note.

« La grande famille des nations germaniques (c'est M. Ampère qui parle) peut se diviser en trois branches, la branche gothique, la branche teutonique, et la branche scandinave.

« Il ne reste d'autre monument des langues gothiques que la traduction de la Bible par Ulphilas.

« Un plus ancien monument des langues teutoniques est un fragment épique conservé dans un manuscrit contenant le livre de la Sagesse et quelques autres traités religieux. Ce manuscrit, originaire de l'abbaye de Fulde, est maintenant à Cassel, où je l'ai vu. Dans l'intérieur de la couverture, une main inconnue avoit tracé le fragment dont je parle, le tout du vmᵉ siècle ou de la première moitié du ɪxᵉ *. Les personnages qui paroissent dans ce court morceau, ceux dont on parle, leur situation respective et les événements auxquels il est fait allusion, tout cela appartient à ce grand cycle épique de l'ancienne poésie allemande, dont les *Niebelungen* et *le Livre des Héros* sont des refontes plus modernes. Cette page du manuscrit de Cassel est donc le plus ancien et le plus curieux débris de ce cycle. Il nous intéresse à double titre, car ce monument germanique est pour nous un monument national. La langue dans laquelle il est écrit est le haut allemand, dont l'idiome des Francs étoit un dialecte. Ce morceau faisoit probablement partie de ces poëmes *barbares, et déjà très-anciens* au commencement du ɪxᵉ siècle, que Charlemagne avoit fait recueillir et transcrits de sa propre main **.

« Ce fragment contient le récit d'une rencontre entre deux guerriers du cycle dont j'ai parlé, le vieil Hildebrand et son fils Hadebrand. Hildebrand est l'ami, le mentor du héros par excellence, de Théodoric. Selon la légende, et non pas selon l'histoire, Théodoric avoit été forcé de laisser son royaume aux mains d'Hermanric, qui à l'instigation d'Odacre s'en étoit emparé. Le héros fugitif avoit trouvé un asile chez le roi des Huns, Attila. Ainsi s'étoit groupé, d'une manière fabuleuse, le souvenir de ces quatre noms historiques restés confusément dans la mémoire des peuples. L'usurpateur étant mort, Théodoric revenoit dans ses États avec le vieil Hildebrand, quand celui-ci rencontre son fils Hadebrand, qui étoit resté à *Bern* (Vérone). Ils ne se connoissoient ni l'un ni l'autre. Ici commence le fragment, dont le grand style rappelle l'école homérique :

« *J'ai ouï dire que se provoquèrent dans une rencontre Hildebrand et Hadebrand, le père et le fils. Alors les héros arrangèrent leur sarrau* *** *de guerre, se couvrirent de leur vêtement de bataille, et par-dessus ceignirent leurs glaives. Comme ils lançoient les chevaux pour le combat, Hildebrand, fils d'Herebrand, parla : c'étoit un*

---

* *Grimm die Beyden ältesten deutschen gedichte*; Cassel, 1812, p. 35.

** L'opinion si souvent énoncée que Charlemagne ne savoit pas écrire pourroit bien être une fable. Voici ce que dit de lui un contemporain : *Item barbara et antiquissima carmina quibus veterum actus et bella cantabantur scripsit memoriæque mandavit.* (EGINH., *Vita Car. Magni*, cap. XXIX.)

*** Ce mot est d'origine germanique : il est ici employé dans le texte (*saro*). Je l'ai conservé ne sachant comment le remplacer.

resté que la muse armée. « Je ne crains pas la mort, disoit l'Iroquois ; je me ris des tourments. Que ne puis-je dévorer le cœur de mes ennemis ! »

« Mange, oiseau (c'est une tête qui parle à un aigle dans l'énergique

homme noble, d'un esprit prudent. Il demanda brièvement qui étoit son père parmi la race des hommes, ou : De quelle famille es-tu? Si tu me l'apprends, je te donnerai un vêtement de guerre à triple fil ; car je connois, ô guerrier ! toute la race des hommes.

« Hadebrand, fils d'Hildebrand, répondit : Des hommes vieux et sages dans mon pays, qui maintenant sont morts, m'ont dit que mon père s'appeloit Hildebrand : je m'appelle Hadebrand. Un jour il s'en alla vers l'est ; il fuyoit la haine d'Odoacre (Othachr) ; il étoit avec Théodoric (Theothrich) et un grand nombre de ses héros. Il laissa seuls dans son pays sa jeune épouse, son fils, encore petit, ses armes, qui n'avoient plus de maître ; il s'en alla du côté de l'est. Depuis, quand commencèrent les malheurs de mon cousin Théodoric, quand il fut un homme sans amis, mon père ne voulut plus rester avec Odoacre. Mon père étoit connu des guerriers vaillants ; ce héros intrépide combattoit toujours à la tête de l'armée ; il aimoit trop à combattre, je ne pense pas qu'il soit encore en vie. — Seigneur des hommes, dit Hildebrand, jamais du haut du ciel tu ne permettras un combat semblable entre hommes du même sang. Alors il ôta un précieux bracelet d'or, qui entouroit son bras, et que le roi des Huns lui avoit donné. — Prends-le, dit-il à son fils, je te le donne en présent. Hadebrand, fils d'Hildebrand, répondit : C'est la lance à la main, pointe contre pointe, qu'on doit recevoir de semblables présents. Vieux Hun ! tu es un mauvais compagnon ; espion rusé, tu veux me tromper par tes paroles, et moi je veux te jeter bas avec ma lance. Si vieux, peux-tu forger de tels mensonges? Des hommes de mer, qui avoient navigué sur la mer des Vendes, m'ont parlé d'un combat dans lequel a été tué Hildebrand, fils d'Herebrand. Hildebrand, fils d'Herebrand, dit : Je vois bien à ton armure que tu ne sers aucun chef illustre, et que dans ce royaume tu n'as rien fait de vaillant. Hélas ! hélas ! Dieu puissant ! quelle destinée est la mienne ! J'ai erré hors de mon pays soixante hivers et soixante étés. On me plaçoit toujours à la tête des combattants ; dans aucun fort on ne m'a mis les chaînes aux pieds, et maintenant il faut que mon propre enfant me pourfende avec son glaive, m'étende mort avec sa hache, ou que je sois son meurtrier. Il peut t'arriver facilement, si ton bras te sert bien, que tu ravisses à un homme de cœur son armure, que tu pilles son cadavre : fais-le, si tu crois en avoir le droit, et que celui-là soit le plus infâme des hommes de l'est qui te détourneroit de ce combat, dont tu as un si grand désir. Bons compagnons qui nous regardez, jugez dans votre courage qui de nous deux aujourd'hui peut se vanter de mieux lancer un trait, qui saura se rendre maître de deux armures. Alors ils firent voler leurs javelots à pointes tranchantes, qui s'arrêtèrent dans leurs boucliers ; puis ils s'élancèrent l'un sur l'autre. Les haches de pierre résonnoient... Ils frappoient pesamment sur leurs blancs boucliers ; leurs armures étoient ébranlées, mais leurs corps demeuroient immobiles...

« Ici s'arrête le fragment. Je cite les premiers vers du texte pour donner idée de l'allemand d'alors ; on verra qu'il étoit beaucoup plus sonore que l'allemand d'aujourd'hui :

> Ik gihorta that seggen, that sih urhettun anon muotin
> Hildibrant enti Hathubrant untar heriuntuem.
> Sunu fatar ungo. Iro saro rithun,

traduction de M. Fauriel); mange, oiseau, mange ma jeunesse; repais-toi de ma bravoure, ton aile en deviendra grande d'une aune, et ta serre d'un empan[1]. »

Les lois mêmes étoient du domaine de la poésie. Un homme d'un rare talent dans l'histoire, M. Thierry, a fort ingénieusement remarqué que les *premières lignes du prologue* de la loi salique semblent être le texte littéral d'une chanson; il les rend ainsi d'un style ferme et noble :

« La nation des Franks, illustre, ayant Dieu pour fondateur, forte sous les armes, ferme dans les traités de paix, profonde en conseil, noble et saine de corps, d'une blancheur et d'une beauté singulières, hardie, agile et rude au combat, depuis peu convertie à la foi catholique, libre d'hérésie; lorsqu'elle étoit encore sous une croyance barbare, avec l'inspiration de Dieu, recherchant la clef de la science, selon la nature de ses qualités, désirant la justice, gardant sa pitié; la *loi salique* fut dictée par les chefs de cette nation, qui en ce temps commandoient chez elle. . . . . . .

« Vive le Christ, qui aime les Franks! Qu'il regarde leur royaume... Cette nation est celle qui, petite en nombre, mais brave et forte, secoua de sa tête le dur joug des Romains. »

La métaphore abondoit dans les chants des scaldes : les fleuves sont la *sueur de la terre et le sang des vallées*, les flèches sont les *filles de*

> Garutun se iro guthamun, gurtur sih iro suert ana,
> Helidos, uber ringa do si to dero hiltu ritun.

« Comme exemple de l'ancienne poésie scandinave, je citerai le trait suivant, tiré de l'Edda. Ici nous trouverons autant de gandeur, mais moins de calme; plus de violence et de férocité, mais une férocité sublime. »

(Ici M. Ampère donne le chant de Gunar tel que je l'ai transporté dans mon récit, p. 434.)

« Voici, continue le savant traducteur, un échantillon de la langue scandinave ancienne, dans laquelle existe ce morceau remarquable, comme en général tous ceux de l'Edda, par un caractère sombre et grand :

> Hiarta skal mér Havgna
> I hendi liggja
> Blðthugt ôr briósti
> Scorit bald-ritha
> Saxi slithr-beito
> Syni thio thaus.
>
> Skaro their hiarta
> Hjalla ôr briosti
> Blothugt that a bjoth langtho
> Ok baro for Gunar.

1. Chants populaires de la Grèce.

l'infortune, la hache est la *main de l'homicide*, l'herbe est la *chevelure de la terre*, la terre est le *vaisseau qui flotte sur les âges*, la mer est le *champ des pirates*, un vaisseau est leur *patin* ou le *coursier* des flots.

Les Scandinaves avoient de plus quelques poésies mythologiques. « Les déesses qui président aux combats, les belles Walkyries, étoient à cheval, couvertes de leur casque et de leur bouclier. Allons, disent-elles, poussons nos chevaux au travers de ces mondes tapissés de verdure qui sont la demeure des dieux. »

Les premiers préceptes moraux étoient aussi confiés en vers à la mémoire : « L'hôte qui vient chez vous a les genoux froids, donnez-lui du feu. Il n'y a rien de plus inutile que de trop boire de bière : l'oiseau de l'oubli chante devant ceux qui s'enivrent, et leur dérobe leur âme. Le gourmand mange sa mort. Quand un homme allume du feu, la mort entre chez lui avant que ce feu soit éteint. Louez la beauté du jour quand il sera fini. Ne vous fiez ni à la glace d'une nuit, ni au serpent qui dort, ni au tronçon de l'épée, ni au champ nouvellement semé. »

Enfin les barbares connoissoient aussi les chants d'amour : « Je me battis dans ma jeunesse avec les peuples de Devonstheim, je tuai leur jeune roi ; cependant une fille de Russie me méprise. »

« Je sais faire huit exercices : je me tiens ferme à cheval, je nage, je glisse sur des patins, je lance le javelot, je manie la rame ; cependant une fille de Russie me méprise[1]. »

Plusieurs siècles après la conquête de l'Empire Romain, l'usage des hymnes guerriers continua : les défaites amenoient des complaintes latines dont l'air est quelquefois noté dans les vieux manuscrits : Angelbert gémit sur la bataille de Fontenay et sur la mort de Hugues, bâtard de Charlemagne. La fureur de la poésie étoit telle, qu'on trouve des vers de toutes mesures jusque dans les diplômes du VIIIe, du IXe et du Xe siècle[2]. Un chant teutonique conserve le souvenir d'une victoire remportée sur les Normands, l'an 881, par Louis, fils de Louis le Bègue. « J'ai connu un roi appelé le seigneur Louis, qui servoit Dieu de bon cœur, parce que Dieu le récompensoit... Il saisit la lance et le bouclier, monta promptement à cheval, et vola pour tirer vengeance de ses ennemis[3]. » Personne n'ignore que Charlemagne avoit fait recueillir les anciennes chansons des Germains.

La chronique saxonne donne en vers le récit d'une victoire rempor-

---

1. *Les deux Edda, les Sagha*; WORM., *Litt. runic.*; MALLET, *Hist. de Danem.*
2. Voyez entre autres une charte de l'an 835.
3. *Rerum Gall. et Franc. Script.*, t. IX, p. 99.

tée par les Anglois sur les Danois, et l'Histoire de Norvège, l'apothéose d'un pirate du Danemark, tué avec cinq autres chefs de corsaires sur les côtes d'Albion[1].

Les nautoniers normands célébroient eux-mêmes leurs courses; un d'entre eux disoit : « Je suis né dans le haut pays de Norvège, chez des peuples habiles à manier l'arc; mais j'ai préféré hisser ma voile, l'effroi des laboureurs du rivage. J'ai aussi lancé ma barque parmi les écueils, *loin du séjour des hommes.* » Et ce scalde des mers avoit raison, puisque les *Danes* ont découvert le Vineland, ou l'Amérique.

Ces rhythmes militaires se viennent terminer à la chanson de Roland, qui fut comme le dernier chant de l'Europe barbare. « A la bataille d'Hastings, » dit admirablement le grand peintre d'histoire que je viens de citer, « un Normand appelé Taillefer poussa son cheval en avant du front de la bataille, et entonna le chant des exploits, fameux dans toute la Gaule, de Charlemagne et de Roland. En chantant il jouoit de son épée, la lançoit en l'air avec force, et la recevoit dans sa main droite; les Normands répétoient ces refrains ou crioient : Dieu aide! Dieu aide[2]! »

Wace nous a conservé le même fait dans une autre langue :

> Taillefer, qui moult bien chantoit,
> Sur un cheval qui tost alloit,
> Devant eus alloit chantant
> De Karlemagne et de Rollant,
> Et d'Olivier et des vassaux
> Qui moururent à Rainschevaux.

Cette ballade héroïque, qui se devroit retrouver dans le roman de Rollant et d'Olivier, de la bibliothèque des rois Charles V, VI et VII[3], fut encore chantée à la bataille de Poitiers.

Les poésies nationales des barbares étoient accompagnées du son du fifre, du tambour et de la musette. Les Scythes, dans la joie des festins, faisoient résonner la corde de leur arc[4]. La cithare ou la guitare étoit en usage dans les Gaules[5], et la harpe dans l'île des Bretons : il y avoit trois choses qu'on ne pouvoit saisir pour dettes chez un homme libre du pays de Galles : son cheval, son épée et sa harpe.

---

1. Voyez ces chants dans l'*Histoire de la Conquête de l'Angleterre par les Normands,* de M. A. THIERRY, t. I, p. 131 de la 3e édit.

2. *Id., ibid.,* p. 213.

3. DU CANGE, voce *Cantilena Rollandi; Mém. de l'Ac. des Inscript.,* t. I, part. I, p. 317; *Hist. litt. de la France,* t. VII, Avertiss., p. 73.

4. DIOD. SIC. 5. PLUT., *In Demetr.*

Dans quelles langues tous ces poëmes étoient-ils écrits ou chantés? Les principales étoient la langue celtique, la langue slave, les langues teutonique et scandinave; il est difficile de savoir à quelle racine appartenoit l'idiome des Huns. L'oreille dédaigneuse des Grecs et des Romains n'entendoit dans les entretiens des Franks et des Tartares que des croassements de corbeaux[1] ou des sons non articulés, sans aucun rapport avec la voix humaine[2]; mais quand les barbares triomphèrent, force fut de comprendre les ordres que le maître donnoit à l'esclave. Sidoine Apollinaire félicite Syagrius de s'exprimer avec pureté dans la langue des Germains : « Je ris, dit le littérateur puéril, en voyant un *barbare* craindre devant vous de faire un *barbarisme* dans sa langue[3]. » Le quatrième canon du concile de Tours ordonne que chaque évêque traduira ses sermons latins en langue romane et tudesque[4]. Louis le Débonnaire fit mettre la *Bible* en vers teutons. Nous savons par Loup de Ferrières que sous Charles le Chauve on envoyoit les moines de Ferrières à Pruym pour se familiariser avec la langue germanique[5]. On fit connoître à la même époque les caractères dont les Normands se servoient pour garder la mémoire de leurs chansons; ces caractères s'appeloient *runstabath;* ce sont les lettres runiques : on y joignit celles qu'Ethicus avoit inventées auparavant, et dont saint Jérôme avoit donné les signes.

La parole usitée dans les forêts est dès sa naissance une parole complète pour la poésie : sous le rapport des passions et des images, elle dégénère en se perfectionnant. L'homme perd en imagination ce qu'il gagne en intelligence; enchaîné dans la sociabilité, l'esprit s'effraye d'une expression indépendante, et dépouille sa libre et fière allure. Il n'y a rien d'aussi vivant que le grec d'Homère, depuis longtemps passé avec Ulysse et Achille; ce ne sont pas les langues primitives qui sont mortes, c'est le génie qui n'est plus là pour les parler et les entendre.

Quelques monuments des langues de nos ancêtres nous restent; on est obligé d'avouer qu'elles étoient plus douces et plus harmonieuses dans leur âge héroïque qu'elles ne le sont aujourd'hui dans leur âge humain. L'évêque des Goths, Ulphilas, traduisit dans son idiome paternel, au IVe siècle, les Évangiles : conservés jusqu'à nos jours, ils

---

1. *Julian. Op.*
2. Nec alia voce notum, nisi quæ humani sermonis imaginem assignabat. (Jorn., cap. XXIV, *De Reb. Get.*)
3. Æstimari minime potest quanto mihi cæterisque sit risui quoties audio quod te præsenti formidet facere linguæ suæ barbarus barbarismum. (*Rer. Gall. et Franc. Script.*, t. I, p. 794.)
4. *Concil. Gall.*   5. Lup. Ferr., ep. LXX et XCI.

ont été imprimés avec des glossaires et de savantes recherches[1]. Si vous comparez le teutonique d'Ulphilas avec le teutonique du serment de Charles et de Louis, tel que Nithard[2] nous l'a transmis, et avec le teutonique du chant de victoire de Louis, fils de Louis le Bègue[3], vous reconnoîtrez qu'à mesure que l'on descend vers l'allemand moderne, la prononciation devient plus rude et plus difficile. Les mots de l'idiome d'Ulphilas se terminent très-souvent par des voyelles, et surtout par la voyelle *a* : *wisandona* (existence), *Gotha* (Dieu), *waldufuja* (puissance), *godamma* (bon), etc. Ce gothique a beaucoup de rapport avec le scandinave du fragment manuscrit de Fulde et du chant de Gunar, tiré de *l'Edda*[4]. On ne voit pas même dans le *fac simile* du texte d'Ulphilas les lettres qu'il fut, dit-on, obligé d'inventer pour rendre la prononciation de ses compatriotes; on y remarque seulement quelques ligatures grecques mêlées aux caractères latins, mais ne présentant pas dans leur agrégation le même pouvoir labial, lingual et guttural qu'elles expriment dans le grec.

D'après un passage d'Hérodote, un système assez plausible assigne aux peuples de la Finlande et de la Gothie une origine asiatique : on les fait descendre d'une colonie des Mèdes, et l'on a trouvé des analogies entre la langue des Perses et celle des Suédois et des Danois. Des noms propres surtout ont paru les mêmes dans les deux idiomes : le *Gustaff* ou *Gustaw* des Suédois répond au *Gustapse* ou *Hystaspe* des Perses; *Oten*, *Olstanus*, *Ostanus*, rois de Suède, portent les noms persans d'*Otanus*, *Olstanes* et *Ostanes*. Gibert[5], à l'appui de son système (aujourd'hui étendu et reproduit), auroit pu remarquer que l'*Edda* mentionne un peuple conquérant venu de l'Asie dans les régions septentrionales de la Baltique. Le savant Robert Henri, ministre de la communion calviniste à Édimbourg, a enrichi son *Histoire d'Angleterre* de différents *spécimens* des dialectes bretons et anglo-saxons à différentes époques : le tableau placé à la fin de ce volume vous donnera une idée des langues que parloient les destructeurs du monde romain.

Passons à la religion des barbares. Les historiens nous disent que les Huns n'en avoient aucune[6]; nous voyons seulement qu'ils

---

1. ULPHILAS, *Gothische Bibel übersgtzung*. (Édit. de Jean Christ. Zahn, Weissenfels, 1805.)
2. NITHARDI *Hist.*, lib. III, p. 227, in *Rer. Gall. Script.*, t. VII.
3. *Rer. Gall. Script.*, t. IX, p. 99.
4. Voyez plus haut, p. 434 et 435, note 2, ce chant et ce fragment.
5. *Mémoires pour servir à l'Histoire des Gaules*, p. 241.
6. Sine lare, vel lege aut ritu stabili. (AMM. MARC.)

croyoient, comme les Turcs, à une certaine fatalité. Les Alains, comme les peuples d'origine celtique, révéroient une épée nue fichée en terre [1]. Les Gaulois avoient leur terrible *Dis*, père de la Nuit, auquel ils immoloient des vieillards sur le *dolmin*, ou la pierre druidique [2]; les Germains adoroient la secrète horreur des forêts [3]. Autant la religion de ceux-ci étoit simple, autant celle des Scandinaves étoit compliquée.

Le géant Ymer fut tué par les trois fils de Bore : Odin, Vil et Ve. La chair de Ymer forma la terre, son sang la mer, son crâne le ciel [4]. Le soleil ne savoit pas alors où étoit son palais, la lune ignoroit ses forces, et les étoiles ne connoissoient point la place qu'elles devoient occuper.

Un autre géant, appelé Norv, fut le père de la Nuit. La Nuit, mariée à un enfant de la famille des dieux, enfanta le Jour. Le Jour et la Nuit furent placés dans le ciel, sur deux chars conduits par deux chevaux : Hrim-Fax (crinière gelée) conduit la Nuit; les gouttes de ses sueurs font la rosée; Skin-Fax (crinière lumineuse) mène le Jour [5].

---

1. Gladius, barbarico ritu, humi figitur nudus. (AMM. MARCELL., lib. XXXI, cap. IX.)
2. TERTULL. et AUG. 3. TACIT., *De Mor. Germ.*

4. Texte scandinave :

>   Or Ymis holdi
>   Var iörp vm skavpvd,
>   En or svelta sær,
>   . . . .
>   En or hausi himin.

Traduction latine :

>   Ex Ymeris carne
>   Terra creata est;
>   Ex sanguine autem mare ;
>   . . . .
>   Ex cranio autem coelum.

(*Edda sæmundar hinns fróda*, p. 58; Hafniæ, 1787.)

5. *Skin-Faxi* (juba splendens) vocatur
    Qui serenum trahit
    Diem super humanum genus.
    . . . .
    Hrim-Faxi (juba pruinosus) vocatur
    Qui singulas trahit
    Noctes super benefica numina.
    De lupatis stillare facit guttas
    Quovis mane,
    Inde venit ros in convalles.

(*Edda*, p. 8 et 9.)

Sous chaque cheval se trouve une outre pleine d'air : c'est ce qui produit la fraîcheur du matin.

Un chemin ou un pont conduit de la terre au firmament : il est de trois couleurs, et s'appelle l'arc-en-ciel. Il sera rompu quand les mauvais génies, après avoir traversé les fleuves des enfers, passeront à cheval sur ce pont.

La cité des dieux est placée sous le chêne Ygg-Drasill[1], qui ombrage le monde. Plusieurs villes existent dans le ciel.

Le dieu Thor est fils aîné d'Odin ; Tyr est la divinité des victoires. Heindall, aux dents d'or, a été engendré par neuf vierges. Loke est l'artisan des tromperies. Le loup Fenris est fils de Loke[2] ; enchaîné avec difficulté par les dieux, il sort de sa bouche une écume qui devient la source du fleuve Vam (les vices).

Frigga est la principale des déesses guerrières, qui sont au nombre de douze ; elles se nomment Walkyries : Gadur, Rosta et Skulda (l'avenir), la plus jeune des douze fées, vont tous les jours à cheval choisir les morts[3].

Il y a dans le ciel une grande salle, le Walhalla, où les braves sont reçus après leur vie. Cette salle a cinq cent quarante portes ; par chacune de ces portes sortent huit cents guerriers morts pour se battre contre le loup[4]. Ces vaillants squelettes s'amusent à se briser les os, et viennent ensuite dîner ensemble : ils boivent le lait de la chèvre Heidruna, qui broute les feuilles de l'arbre Lœrada[5]. Ce lait est de l'hydromel : on en remplit tous les jours une cruche assez large pour enivrer les héros décédés. Le monde finira par un embrasement.

---

1. Subtus ab arbore Ygg-Drasilli.
. . . .
Qui curret.
Per æsculum Ygg-Drasilli.

2. Snor. Edda, fab. xxix.   3. Id., ibid.

4. Quingenta ostiorum
Et ultra quadraginta,
Ita puto in *Valhalla* esse :
Octingenti *Einheriorum*
Exeunt simul per unum ostium,
Cum contra lupum pugnatum eunt.
(*Edda sœmundar hinns frôda*, p. 52.)

5. *Heidruna* vocatur capra
Quæ stat supra aulam Odini
Et pabulum sibi carpit ex *Lœradi* ramis :
Craterem illa (quotidie) implebit

Des magiciens ou des fées, des prophétesses, des dieux défigurés empruntés de la mythologie grecque, se retrouvoient dans le culte de certains barbares. Le surnaturel est le naturel même de l'esprit de l'homme : est-il rien de plus étonnant que de voir des Esquimaux assemblés autour d'un *sorcier* sur leur mer solide, à l'entrée même de ce passage si longtemps cherché, qu'une éternelle barrière de glace fermoit au vaisseau de l'intrépide capitaine Parry[1]?

De la religion des barbares descendons à leurs gouvernements.

Ces gouvernements paroissent avoir été en général des espèces de républiques militaires, dont les chefs étoient électifs ou passagèrement héréditaires par l'effet de la tendresse, de la gloire ou de la tyrannie paternelle. Toute l'antiquité européenne du paganisme et de la barbarie n'a connu que la souveraineté élective : la souveraineté héréditaire fut l'ouvrage du christianisme; souveraineté même qui ne s'établit qu'au moyen d'une sorte de surprise, laissant dormir le droit à côté du fait.

La société naturelle présente les variétés de gouvernement de la société civilisée : le despotisme, la monarchie absolue, la monarchie tempérée, la république aristocratique ou démocratique[2]. Souvent même les nations sauvages ont imaginé des formes politiques d'une complication et d'une finesse prodigieuses, comme le prouvoit le gouvernement des Hurons. Quelques tribus germaniques par l'élection du roi et du chef de guerre créoient deux autorités souveraines indépendantes l'une de l'autre; combinaison extraordinaire.

Les peuples sortis de l'orient de l'Asie différoient en constitutions des peuples venus du nord de l'Europe : la cour d'Attila offroit le spectacle du sérail de Stamboul ou des palais de Pékin, mais avec une différence notable; les femmes paroissoient publiquement chez les Huns; Maximin fut présenté à Cerca, principale reine ou sultane favorite d'Attila; elle étoit couchée sur un divan; ses suivantes brodoient assises en rond sur les tapis qui couvroient le plancher. La veuve de

Liquidi illius melonis.
Non potis est iste potus deficere.
(*Edda sæmundar hinns fróda*, p. 53.)

Voyez aussi Mallet, *Introd. à l'Histoire de Danemark*, et les *Monuments de la Mythologie des anciens Scandinaves*, pour servir de preuve à cette introduction, par le même auteur, in-4°; Copenhague, 1766.

1. Second voyage du capitaine Parry pour découvrir le passage au nord-ouest de l'Amérique.
2. Voyez, dans le volume VI de cette édition, le *Voyage en Amérique*, gouvernement des sauvages, p. 176.

Bléda avoit envoyé en présents aux ambassadeurs de belles esclaves.

Les barbares, qui en raison de quelques usages particuliers ressembloient aux sauvages que j'ai vus au Nouveau Monde, différoient d'eux essentiellement sous d'autres rapports. Une centaine de Hurons, dont le chef tout nu portoit un chapeau bordé à trois cornes, servoient autrefois le gouverneur françois du Canada : les pourroit-on comparer à ces troupes de race slave ou germanique auxiliaires des troupes romaines? Les Iroquois au temps de leur plus grande prospérité n'armoient pas plus de dix mille guerriers : les seuls Goths mettoient, comme un excédant de leur conscription militaire, un corps de cinquante mille hommes à la solde des empereurs ; dans le IVe et dans le Ve siècle les légions entières étoient composées de barbares. Attila réunissoit sous ses drapeaux sept cent mille combattants, ce qu'à peine seroit en état de fournir aujourd'hui la nation la plus populeuse de l'Europe. On voit aussi dans les charges du palais et de l'empire des Franks, des Goths, des Suèves, des Vandales : nourrir, vêtir, équiper tant d'hommes, est le fait d'une société déjà poussée loin dans les arts industriels ; prendre part aux affaires de la civilisation grecque et romaine suppose un développement considérable de l'intelligence. La bizarrerie des coutumes et des mœurs n'infirme pas cette assertion : l'état politique peut être très-avancé chez un peuple, et les individus de ce peuple conserver les habitudes de l'état de nature.

L'esclavage étoit connu de toutes ces hordes ameutées contre le Capitole. Cet affreux droit, émané de la conquête, est pourtant le premier pas de la civilisation : l'homme entièrement sauvage tue et mange ses prisonniers ; ce n'est qu'en prenant une idée de l'ordre social qu'il leur laisse la vie, afin de les employer à ses travaux.

La noblesse étoit connue des barbares comme l'esclavage ; c'est pour avoir confondu l'espèce d'égalité militaire qui naît de la fraternité d'armes avec l'égalité des rangs que l'on a jamais pu douter d'un fait avéré. L'histoire prouve invinciblement que différentes classes sociales existoient dans les deux grandes divisions du sang scandinave et caucasien. Les Goths avoient leurs *Ases* ou demi-dieux : deux familles dominoient toutes les autres, les Amali et les Baltes.

Le droit d'aînesse étoit ignoré de la plupart des barbares ; ce fut avec beaucoup de peine que la loi canonique parvint à le leur faire adopter. Non-seulement le partage égal subsistoit chez eux, mais quelquefois le dernier né d'entre les enfants, étant réputé le plus foible, obtenoit un avantage dans la succession. « Lorsque les frères ont partagé le bien de leur père, dit la loi gallique, le plus jeune a la meilleure maison, les instruments de labourage, la chaudière de son père, son couteau et sa cognée[1]. » Loin que l'esprit de ce qu'on appelle la *loi salique* fût en vigueur dans la véritable loi salique, la ligne maternelle étoit appelée avant la ligne paternelle dans les héritages et les affaires résultant d'iceux. On va bientôt en voir un exemple à propos de la peine de l'homicide[2].

Le gouvernement suivoit la règle de la famille ; un roi en mourant partageoit sa succession entre ses enfants, sauf le consentement ou la ratification populaire : la loi politique n'étoit dans sa simplicité que la loi domestique.

Chez plusieurs tribus germaniques la possession étoit annale ; propriétaire de ce qu'on avoit cultivé, le fonds après la moisson retournoit à la communauté[3]. Les Gaulois étendoient le pouvoir paternel jusque sur la vie de l'enfant ; les Germains ne disposoient que de sa liberté[4]. Au pays de Galles, le Pencenedlt, ou chef du clan, gouvernoit toutes les familles[5].

Les lois des barbares, en les séparant de ce que le christianisme et le code romain y ont introduit, se réduisent à des lois pénales pour la défense des personnes et des choses. La loi salique s'occupe du vol des porcs, des bestiaux, des brebis, des chèvres et des chiens, depuis le cochon de lait jusqu'à la truie qui marche à la tête d'un troupeau, depuis le veau de lait jusqu'au taureau, depuis l'agneau de lait jusqu'au mouton, depuis le chevreau jusqu'au bouc, depuis le chien conducteur de meutes jusqu'au chien de berger. La loi gallique défend de jeter une pierre au bœuf attaché à la charrue et de lui trop serrer le joug[6].

Le cheval est particulièrement protégé : celui qui a monté un cheval ou une jument sans la permission du maître est mis à l'amende de quinze ou de trente sous d'or. Le vol du cheval de guerre d'un Frank, d'un cheval hongre, d'un cheval entier et de ses cavales, entraîne une forte composition[7]. La chasse et la pêche ont leurs garants : il y a rétribution pour une tourterelle ou un petit oiseau dérobés aux lacs où ils s'étoient pris, pour un faucon happé sur un arbre, pour le

---

1. *Leg. Wall.*, lib. II, cap. XVII.
2. On trouve une très-bonne note sur la succession de la *terre salique*, art. V du titre LXII, dans la nouvelle traduction des lois des Franks, par M. J.-F.-A. Peyré. J'aime à rendre d'autant plus de justice à cet estimable auteur, qu'on a peu ou point parlé de son travail, auquel M. Isambert a joint une préface. On ne sauroit trop encourager ces études sérieuses, qui coûtent tant de peine et rapportent si peu de gloire.
3. Arva per annos mutant. (Tac., *De Mor. Germ.*, cap. XXVI.)
4. Cæsar, *De Bell. Gall.*, lib. VI, cap. XIX.
5. *Leg. Wall.*, p. 164.   6. *Id.*, lib. III, cap. IX.
7. *Lex Salic.*, tit. XXV. — *Lex Rip.*, tit. XLII.

meurtre d'un cerf privé qui servoit à embaucher les cerfs sauvages, pour l'enlèvement d'un sanglier forcé par un autre chasseur, pour le déterrement du gibier ou du poisson cachés, pour le larcin d'une barque ou d'un filet à anguilles. Toutes les espèces d'arbres sont mises à l'abri par des dispositions spéciales ; veiller à la vie des forêts [1], c'étoit faire des lois pour la patrie.

L'association militaire, ou la responsabilité de la tribu et la solidarité de la famille, se retrouve dans l'institution des côjurants ou compurgateurs : qu'un homme soit accusé d'un délit ou d'un crime, il peut, selon la loi allemande et plusieurs autres, échapper à la pénalité s'il trouve un certain nombre de ses *pairs* pour jurer avec lui qu'il est innocent. Si l'accusé étoit une femme, les compurgateurs devoient être femmes [2].

Le courage étant la première qualité du barbare, toute injure qui en suppose le défaut est punie : ainsi appeler un homme LEPUS, *lièvre*, ou CONCACATUS, *embrené*, amène une composition de trois ou de six sous d'or [3]; même tarif pour le reproche fait à un guerrier d'avoir jeté son bouclier en présence de l'ennemi.

La barbarie se montre tout entière dans la législation des blessures ; la loi saxonne est la plus détaillée à cet égard : quatre dents cassées au-devant de la bouche ne valent que six shillings ; mais une seule dent cassée auprès de ces quatre dents doit être payée quatre shillings ; l'ongle du pouce est estimé trois shillings, et une des membranes du nez le même prix [4].

La loi ripuaire s'exprime plus noblement : elle demande trente-six sous d'or pour la mutilation du doigt qui sert à décocher les flèches [5]; elle veut qu'un ingénu paye dix-huit sous d'or pour la blessure d'un autre ingénu dont le sang aura coulé jusqu'à terre [6]. Une blessure à la tête, ou ailleurs, sera compensée par trente-six sous d'or s'il est sorti de cette blessure un os d'une grosseur telle, qu'il rende un son en étant jeté sur un bouclier placé à douze pieds de distance [7]. L'animal

---

1. *Lex Salic.*, tit. VIII. — *Lex Rip.*, tit. LXVIII.
2. *Leg. Wall.*
3. *Lex Salic.*, tit. XXXII.

>   Renart se pense qu'il fera,
>   Et comment le chunchiera.
>   (*Roman du Renart*, apud Cang. Gloss., voce *Conc.*)

4. *Lex Anglo-Saxonic.*, p. 7.
5. Si secundus digitus, unde sagittatur. (*Lex Ripuar.*, tit. V, art. XII.)
6. Ut sanguis exeat, terram tangat. (*Id.*, tit. II, art. XII.)
7. Os exinde exierit, quod super viam duodecim pedum in scuto jactum sonaverit. (*Id.*, tit. LXX, art. I.)

domestique qui tue un homme est donné aux parents du mort avec une composition; il en est ainsi de la pièce de bois tombée sur un passant. Les Hébreux avoient des règlements semblables.

Et néanmoins ces lois, si violentes dans les choses qu'elles peignent, sont beaucoup plus douces en réalité que nos lois : la peine de mort n'est prononcée que cinq fois dans la loi salique et six fois dans la loi ripuaire ; et, chose infiniment remarquable, ce n'est jamais, un seul cas excepté, pour châtiment du meurtre : l'homicide n'entraîne point la peine capitale, tandis que le rapt, la prévarication, le renversement d'une charte, sont punis du dernier supplice; encore pour tous ces crimes ou délits y a-t-il la ressource des cojurants.

La procédure relative au seul cas de mort en réparation d'homicide est un tableau de mœurs. Quiconque a tué un homme et n'a pas de quoi payer la composition doit présenter douze cojurants, lesquels déclarent que le délinquant n'a rien ni dans la terre, ni hors la terre, au delà de ce qu'il offre pour la composition. Ensuite l'accusé entre chez lui et prend de la terre aux quatre coins de sa maison; il revient à la porte, se tient debout sur le seuil, le visage tourné vers l'intérieur du logis; de la main gauche, il jette la terre par-dessus ses épaules sur son plus proche parent. Si son père, sa mère et ses frères ont fait l'abandon de tout ce qu'ils avoient, il lance la terre sur la sœur de sa mère ou sur les fils de cette sœur, ou sur les trois plus proches parents de la ligne maternelle [1]. Cela fait, déchaussé et en chemise, il saute à l'aide d'une perche par-dessus la haie dont sa maison est entourée ; alors les trois parents de la ligne maternelle se trouvent chargés d'acquitter ce qui manque à la composition. Au défaut de parents maternels, les parents paternels sont appelés. Le parent pauvre qui ne peut payer jette à son tour la terre recueillie aux quatre coins de la maison, sur un parent plus riche. Si ce parent ne peut achever le montant de la composition, le demandeur oblige le défendeur meurtrier à comparoître à quatre audiences successives; et enfin, si aucun des parents de ce dernier ne le veut rédimer, il est mis à mort : *de vita componat*.

De ces précautions multipliées pour sauver les jours d'un coupable il résulte que les barbares traitoient la loi en tyrans et se prémunissoient contre elle; ne faisant aucun cas de leur vie ni de celle des autres, ils regardoient comme un droit naturel de tuer ou d'être tués. Un roi même, dans la loi des Saxons, pouvoit être occis; on en étoit quitte pour payer sept cent vingt livres pesant d'argent. Le Germain ne concevoit pas qu'un être abstrait, qu'une loi pût verser son sang.

---

1. Voilà l'exemple de la préférence dans la ligne maternelle.

Ainsi, dans la société commençante, l'instinct de l'homme repoussoit la peine de mort, comme dans la société achevée la raison de l'homme l'abolira : cette peine n'aura donc été établie qu'entre l'état purement sauvage et l'état complet de civilisation, alors que la société n'avoit plus l'indépendance du premier état et n'avoit pas encore la perfection du second.

SIXIÈME DISCOURS.

DEUXIÈME PARTIE.

SUITE DES MOEURS DES BARBARES.

Les conducteurs des nations barbares avoient quelque chose d'extraordinaire comme elles. Au milieu de l'ébranlement social, Attila sembloit né pour l'effroi du monde ; il s'attachoit à sa destinée je ne sais quelle terreur, et le vulgaire se faisoit de lui une opinion formidable. Sa démarche étoit superbe, sa puissance apparoissoit dans les mouvements de son corps et dans le roulement de ses regards. Amateur de la guerre, mais sachant contenir son ardeur, il étoit sage au conseil, exorable aux suppliants, propice à ceux dont il avoit reçu la foi. Sa courte stature, sa large poitrine, sa tête plus large encore, ses petits yeux, sa barbe rare, ses cheveux grisonnants, son nez camus, son teint basané, annonçoient son origine [1].

Sa capitale étoit un camp ou grande bergerie de bois, dans les pacages du Danube : les rois qu'il avoit soumis veilloient tour à tour à la porte de sa baraque ; ses femmes habitoient d'autres loges autour de lui. Couvrant sa table de plats de bois et de mets grossiers, il laissoit les vases d'or et d'argent, trophée de la victoire et chefs-d'œuvre des arts de la Grèce, aux mains de ses compagnons [2]. C'est là qu'assis sur une escabelle le Tartare recevoit les ambassadeurs de Rome et de

---

1. Vir in concussionem gentis natus in mundo, terrarum omnium metus : qui nescio qua sorte terrebat cuncta, formidabili de se opinione vulgata. Erat namque superbus incessu, huc atque illuc circumferens oculos, ut elati potentia ipso quoque motu corporis appareret. Bellorum quidem amator, sed ipse manu temperans, consilio validissimus, supplicantibus exorabilis, propitius in fide semel receptis. Forma brevis, lato pectore, capite grandiori, minutis oculis, rarus barba, canis aspersus, simo naso, teter colore, originis suæ signa restituens. (JORNAND., cap. XXXV, *De Reb. Get.*)

2. Attilæ in quadra lignea, et nihil præter carnes. Conviviis aurea et argentea pocula quibus bibebant suppeditabantur. Attilæ poculum erat ligneum. (*Ex Prisc. rhetore Gothicæ Historiæ Excerpta, Carolo Canteclaro interprete*, p. 60 ; Parisils, 1606.)

Constantinople. A ses côtés siégeoient non les ambassadeurs, mais des barbares inconnus, ses généraux et capitaines ; il buvoit à leur santé, finissant, dans la munificence du vin, par accorder grâce aux maîtres du monde [1]. Lorsque Attila s'achemina vers la Gaule, il menoit une meute de princes tributaires, qui attendoient avec crainte et tremblement un signe du commandeur des monarques pour exécuter ce qui leur seroit ordonné [2].

Peuples et chefs remplissoient une mission qu'ils ne se pouvoient eux-mêmes expliquer : ils abordoient de tous côtés aux rivages de la désolation, les uns à pied, les autres à cheval ou en chariots, les autres traînés par des cerfs [3] ou des rennes, ceux-ci portés sur des chameaux, ceux-là flottant sur des boucliers [4] ou sur des barques de cuir et d'écorce [5]. Navigateurs intrépides parmi les glaces du Nord et les tempêtes du Midi, ils sembloient avoir vu le fond de l'Océan à découvert [6]. Les Vandales qui passèrent en Afrique avouoient céder moins à leur volonté qu'à une impulsion irrésistible [7].

Ces conscrits du Dieu des armées n'étoient que les aveugles exécuteurs d'un dessein éternel : de là cette fureur de détruire, cette soif de sang qu'ils ne pouvoient éteindre ; de là cette combinaison de toutes choses pour leurs succès, bassesse des hommes, absence de courage, de vertu, de talent, de génie. Genseric étoit un prince sombre, sujet aux accès d'une noire mélancolie ; au milieu du bouleversement du monde, il paroissoit grand, parce qu'il étoit monté sur des débris.

1. Tum convivarum primum ordinem ad Attilæ dextram sedere constituerunt, secundum ad lævam : in quo nos et Berichus, vir apud Scythas nobilis, sed Berichus superiore loco. (*Ex Prisc. rhet. Goth. Hist. Excerpt.*, p. 48.)
Sedentes ordines salutavit. Reliquis deinceps ad hunc modum honore affectis, Attila nos, ex Thracum instituto, ad parium poculorum certamen provocavit. (*Id.*, p. 49.)

2. Turba regum diversarumque nationum ductores, ac si satellites, absque aliqua murmuratione, cum timore et tremore unusquisque adstabat, aut certe quod jussus fuerat exsequebatur. (JORNAND., cap. XXXVIII, *De Reb. Get.*)

3. Fuit alius currus quatuor cervis junctus, qui fuisse dicitur regis Gothorum (VOPISC., *In Vit. Aurelian.*)

4. Enatantes super parma positi amnem, in ulteriorem egressi sunt ripam. (GREG. TUR., lib. III, p. 15.)

5. Quin et Aremoricus piratum Saxona tractus
    Superabat, cui pelle salum sulcare Britannum
    Ludus, et aperto glaucum mare findere lembo.
                    (APOLL., *In Panegyr. Avit.*)

6. Imos Oceani colens recessus. (*Id.*, lib. VIII, epist. IX.)

7. Cœlestis manus ad punienda Hispanorum flagitia, etiam ad vastandam Africam, transire cogebat. Ipsi denique fatebantur non suum esse quod facerent, agi enim se pivino jussu ac perurgeri. (SALVIAN., *De Gubernat. Dei*, lib. VII, p. 250.)

Dans une de ses expéditions maritimes, tout étoit prêt, lui-même embarqué : où alloit-il ? il ne le savoit pas. « Maître, lui dit le pilote, à quels peuples veux-tu porter la guerre ? — A ceux-là, répond le vieux Vandale, contre qui Dieu est irrité[1]. »

Alaric marchoit vers Rome : un ermite barre le chemin au conquérant ; il l'avertit[2] que le ciel venge les malheurs de la terre : « Je ne puis m'arrêter, dit Alaric, quelqu'un me presse et me pousse à saccager Rome. » Trois fois il assiège la ville éternelle avant de s'en emparer : Jean et Brazilius, qu'on lui députe lors du premier siége pour l'engager à se retirer, lui représentent que s'il persiste dans son entreprise, il lui faudra combattre une multitude au désespoir. « L'herbe serrée, repart l'abatteur d'hommes, se fauche mieux. » Néanmoins il se laisse fléchir et se contente d'exiger des suppliants tout l'or, tout l'argent, tous les ameublements de prix, tous les esclaves d'origine barbare : « Roi, s'écrient les envoyés du sénat, que restera-t-il donc aux Romains ? — La vie[3]. »

Je vous ai déjà dit ailleurs qu'on dépouilla les images des dieux et que l'on fondit les statues d'or du Courage et de la Vertu. Alaric reçut cinq milles livres pesant d'or, trente mille pesant d'argent, quatre mille tuniques de soie, trois mille peaux teintes en écarlate, et trois mille livres de poivre[4]. C'étoit avec du fer que Camille avoit racheté des Gaulois les anciens Romains.

Ataulphe, successeur d'Alaric, disoit : « J'ai eu la passion d'effacer le nom romain de la terre et de substituer à l'empire des césars l'empire des Goths, sous le nom de Gothie. L'expérience m'ayant démontré l'impossibilité où sont mes compatriotes de supporter le joug des lois,

1. Cum e Carthaginis portu velis passis soluturus esset, interrogatus a nauclero quo tendere populabundus vellet, respondisse : Quo Deus impulerit. (ZOSIM., *De Bello Vandalico*, lib. I, p. 188.)
Narrant cum e Carthaginis portu solvens a nauta interrogaretur quo bellum inferre vellet respondisse : In eos quibus iratus est Deus. (PROCOP., *Hist. Vand.*, lib. I.)
2. Probus, aliquis monachus ex his qui in Italia erant, Romam festinanti Alarico consuluisse ut urbi parceret, nec se tantorum malorum auctore constitueret. Alaricus respondisse dicitur se non volentem hoc tentare, sed esse quemdam qui se obtundendo urgeat ac præcipiat ut Romam evertat. (SOZOM., lib. IX, cap. VI, p. 481.)
3. Aiebat enim non aliter se finem obsidionis facturum nisi aurum omne quod in urbe foret et argentum accepisset, præterea quidquid supellectilis in urbe reperiret ; itemque mancipia barbara. Huic cum dixisset alter legatorum si quidem hæc abstulisset quid eis tandem relinqueret in urbe qui essent : Animas, respondit. (*Id., ibid.*)
4. Quinquies mille libras auri, et præter has tricies mille libras argenti, quater mille tunicas sericas, et ter mille pelles coccineas, et piperis pondus quod ter mille libras æquaret. (*Id., ibid.*, p. 107.)

j'ai changé de résolution ; alors, j'ai voulu devenir le restaurateur de l'empire romain, au lieu d'en être le destructeur. » C'est un prêtre nommé Jérôme qui raconte en 416, dans sa grotte de Bethléem, à un prêtre nommé Orose, cette nouvelle du monde[1] : autre merveille.

Une biche ouvre le chemin aux Huns à travers les Palus-Méotides, et disparoît[2]. La génisse d'un pâtre se blesse au pied dans un pâturage ; ce pâtre découvre une épée cachée sous l'herbe ; il la porte au prince tartare : Attila saisit le glaive, et sur cette épée, qu'il appelle l'épée de Mars[3], il jure ses droits à la domination du monde. Il disoit : « L'étoile tombe, la terre tremble ; je suis le marteau de l'univers. » Il mit lui-même parmi ses titres le nom de *Fléau de Dieu*, que lui donnoit la terre[4].

C'étoit cet homme que la vanité des Romains traitoit de *général au service de l'empire* ; le tribut qu'ils lui payoient étoit à leurs yeux ses *appointements* : ils en usoient de même avec les chefs des Goths et des Burgondes. Le Hun disoit à ce propos : « Les généraux des empereurs sont des valets, les généraux d'Attila des empereurs[5]. »

Il vit à Milan un tableau où des Goths et des Huns étoient repré-

1. Nam ego quoque ipse virum quemdam Narbonensem, illustris sub Theodosio militiæ, etiam religiosum prudentemque et gravem, apud Bethleem, oppidum Palestinæ, beatissimo Hieronymo presbytero referente, audivi se familiarissimum Ataulpho apud Narbonam fuisse, ac de eo sæpe sub testificatione didicisse quod ille, quum esset animo, viribus ingenioque nimius, referre solitus esset se in primis ardenter inhiasse ut obliterato romano nomine romanum omne solum Gothorum imperium et faceret et vocaret, essetque, ut vulgariter loquar, Gothia quod Romania fuisset... At ubi multa experientia probavisset neque Gothos ullo modo parere legibus posse, propter effrenatam barbariem, neque reipublicæ interdici leges oportere, elegisse se saltem ut gloriam sibi et restituendo in integrum augendoque romano nomine, Gothorum viribus, quæreret, haberetque apud posteros Romanæ restitutionis auctor, postquam esse non poterat immutator. (Oros., lib. vii.)

2. Mox quoque ut Scythica terra ignotis apparuit, cerva disparuit. (Jornand., *De Reb. Get.*, cap. xxiv.)

3. Quum pastor quidam gregis unam buculam conspiceret claudicantem, nec causam tanti vulneris inveniret, sollicitus vestigia cruoris insequitur ; tandemque venit ad gladium, quem depascens herbas bucula incaute calcaverat, effossumque protinus ad Attilam defert. Quo ille munere gratulatus, ut erat magnanimus, arbitratur se totius mundi principem constitutum, et per Martis gladium potestatem sibi concessam esse bellorum. (Prisc., *ap. Jornand.*, cap. xxxv.)

4. *Stella cadit ; tellus tremit ; en ego malleus orbis.* Seque, juxta eremitæ dictum, *Flagellum Dei* jussit appellari. (*Rerum Hungararum Scriptores varii*; Francofurti, 1660.)

5. Jam tum enim cum irascebatur dicebat exercituum duces suos esse servos : qui quidem Attilæ, non tamen imperatoribus romanis, erant honore et dignitate pares. (*Ex Prisc. rhet. Gothic. Hist. Excerpt.*, p. 46.)

sentés prosternés devant des empereurs ; il commanda de le peindre, lui Attila, assis sur un trône, et les empereurs portant sur leurs épaules des sacs d'or qu'ils répandoient à ses pieds [1].

« Croyez-vous, demandoit-il aux ambassadeurs de Théodose II, qu'il puisse exister une forteresse ou une ville, s'il me plaît de la faire disparoître du sol [2] ? »

Après avoir tué son frère Bléda, il envoya deux Goths, l'un à Théodose, l'autre à Valentinien, porter ce message : « Attila, mon maître et le vôtre, vous ordonne de lui préparer un palais [3]. »

« L'herbe ne croît plus, disoit encore cet exterminateur, partout où le cheval d'Attila a passé. »

L'instinct d'une vie mystérieuse poursuivoit jusque dans la mort ces mandataires de la Providence. Alaric ne survécut que peu de temps à son triomphe : les Goths détournèrent les eaux du Busentum, près Cozence ; ils creusèrent une fosse au milieu de son lit desséché ; ils y déposèrent le corps de leur chef avec une grande quantité d'argent et d'étoffes précieuses ; puis ils remirent le Busentum dans son lit, et un courant rapide passa sur le tombeau d'un conquérant [4]. Les esclaves employés à cet ouvrage furent égorgés, afin qu'aucun témoin ne pût dire où reposoit celui qui avoit pris Rome, comme si l'on eût craint que ses cendres ne fussent recherchées pour cette gloire ou pour ce crime.

Attila, expiré sur le sein d'une femme, est d'abord exposé dans son camp entre deux longs rangs de tentes de soie. Les Huns s'arrachent les cheveux et se découpent les joues pour pleurer Attila, non avec des larmes de femme, mais avec du sang d'homme [5]. Des cavaliers tournent autour du catafalque en chantant les louanges du héros. Cette

---

1. Cum autem in pictura vidisset Romanorum quidem reges in aureis thronis sedentes, Scythas vero cæsos et ante pedes ipsorum jacentes, pictorem accersitum jussit se pingere sedentem in solio, Romanorum vero reges ferentes saccos in humeris, et ante ipsius pedes aurum effundentes. (SUID., in voc. Μεδιόλανον, p. 517.)

2. Quæ enim urbs, quæ arx, qua late patet Romanorum imperium, salva et incolumis evadere potuit quam evertere aut diruere apud se constitutum habuerit. (*Excerpta ex Historia Gothica Prisci rhetoris de Legationibus, in corpore Historiæ Byzant.*, p. 53.)

3. Imperat tibi per me dominus meus et dominus tuus Attila, uti sibi palatium seu regiam Romæ egregie adornes. (*Chronicon Alexandrinum*, p. 734.)

4. Hujus ergo in medio alveo, collecto captivorum agmine, sepulturæ locum effodiunt. In cujus fodiæ gremio Alaricum multis opibus obruunt, rursusque aquas in suum alveum reducentes, ne a quoquam quandoque locus cognosceretur, fossores omnes interemerunt. (JORNAND., *De Reb. Get.*, cap. XXX.)

5. Ut præliator eximius non femineis lamentationibus et lacrymis, sed sanguine lugeretur virili. (*Id.*, cap. XLIX.)

cérémonie achevée, on dresse une table sur le tombeau préparé, et les assistants s'asseyent à un festin mêlé de joie et de douleur. Après le festin, le cadavre est confié à la terre dans le secret de la nuit ; il étoit enfermé en un triple cercueil d'or, d'argent et de fer. On met avec le cercueil des armes enlevées aux ennemis, des carquois enrichis de pierreries, des ornements militaires et des drapeaux. Pour dérober à jamais aux hommes la connoissance de ces richesses, les ensevelisseurs sont jetés avec l'enseveli [1].

Au rapport de Priscus, la nuit même où le Tartare mourut, l'empereur Marcien vit en songe, à Constantinople, l'arc rompu d'Attila [2]. Ce même Attila, après sa défaite par Aétius, avoit formé le projet de se brûler vivant sur un bûcher composé des selles et des harnois de ses chevaux, pour que personne ne se pût vanter d'avoir pris ou tué le maître de tant de victoires [3] ; il eût disparu dans les flammes comme Alaric dans un torrent : images de la grandeur et des ruines dont ils avoient rempli leur vie et couvert la terre.

Les fils d'Attila, qui formoient à eux seuls un peuple [4], se divisèrent. Les nations que cet homme avoit réunies sous son glaive se donnèrent rendez-vous dans la Pannonie, au bord du fleuve Netad, pour s'affranchir et se déchirer. Une multitude de soldats sans chef [5], le Goth frappant de l'épée, le Gépide balançant le javelot, le Hun jetant la flèche,

---

1. Nam de tota gente Hunnorum electissimi equites in eo loco quo erat positus, in modum circensicum cursibus ambientes, facta ejus cantu funereo tali ordine referebant... Postquam talibus lamentis est defletus, stravam super tumulum ejus, quam appellant ipsi, ingenti comessatione concelebrant, et contraria invicem sibi copulantes, luctum funereum mixto gaudio explicabant, noctuque secreto cadaver est terra reconditum. Cujus fercula primum auro, secundo argento, tertio ferri rigore communiunt... Addunt arma hostium cædibus acquisita, phaleras vario gemmarum fulgore pretiosas, et diversi generis insignia quibus colitur aulicum decus. Et ut tot et tantis divitiis humana curiositas arceretur, operi deputatos detestabili mercede trucidarunt, emersitque momentanea mors sepelientibus cum sepulto. (JORNAND., *De Reb. Get.*, cap. XLIX.)

2. Arcum Attilæ in eadem nocte fractum ostenderet. (PRISC., *in Jornand.*, cap. XL.)

3. Equinis sellis construxisse pyram, seseque, si adversarii irrumperent, flammis injicere voluisse ; ne aut aliquis ejus vulnere lætaretur, aut in potestatem hostium tantorum hostium gentium dominus perveniret... Multarum victoriarum dominus. (JORNAND., *De Reb. Get.*, cap. XL-XLIII.)

4. Filii Attilæ, quorum per licentiam libidinis pene populus fuit. (*Id.*, cap. L.)

5. Committitur in Pannonia juxta flumen cui nomen est *Netad*. Illic concursus factus est gentium variarum, quas in sua Attila tenuerat ditione. Dividuntur regna cum populis, fiuntque ex uno corpore membra diversa, nec quæ unius passioni compaterentur, sed quæ exciso capite invicem insanirent ; quæ nunquam contra se pares invenerant, nisi ipsi mutuis se vulneribus sauciantes, se ipsos discerperent fortissimæ nationes. (*Id., ibid.*)

le Suève à pied, l'Alain et l'Hérule, l'un pesamment, l'autre légèrement armés[1], se massacrèrent à l'envi : trente mille Huns restèrent sur la place, sans compter leurs alliés et leurs ennemis. Ellac, fils chéri d'Attila, fut tué de la main d'Aric, chef des Gépides. L'héritage du monde qu'avoit laissé le roi des Huns n'avoit rien de réel ; ce n'étoit qu'une sorte de fiction ou d'enchantement produit par son épée : le talisman de la gloire brisé, tout s'évanouit. Les peuples passèrent avec le tourbillon qui les avoit apportés. Le règne d'Attila ne fut qu'une invasion.

L'imagination populaire, fortement ébranlée par des scènes répétées de carnage, avoit inventé une histoire qui semble être l'allégorie de toutes ces fureurs et de toutes ces exterminations. Dans un fragment de Damascius, on lit qu'Attila livra une bataille aux Romains, aux portes de Rome : tout périt des deux côtés, excepté les généraux et quelques soldats. Quand les corps furent tombés, les âmes restèrent debout, et continuèrent l'action pendant trois jours et trois nuits : ces guerriers ne combattirent pas avec moins d'ardeur morts que vivants[2].

Mais si d'un côté les barbares étoient poussés à détruire, d'un autre ils étoient retenus : le monde ancien, qui touchoit à sa perte, ne devoit pas entièrement disparoître dans la partie où commençoit la société nouvelle. Quand Alaric eut pris la ville éternelle, il assigna l'église de Saint-Paul et celle de Saint-Pierre pour retraite à ceux qui s'y voudroient renfermer. Sur quoi saint Augustin fait cette belle remarque : Que si le fondateur de Rome avoit ouvert dans sa ville naissante un asile, le Christ y en établit un autre plus glorieux que celui de Romulus[3].

Dans les horreurs d'une cité mise à sac, dans une capitale tombée pour la première fois et pour jamais du rang de dominatrice et de maîtresse de la terre, on vit des soldats (et quels soldats !) protéger

---

1. Pugnantem Gothum ense furentem, Gepidam in vulnere suorum cuncta tela frangentem, Suevum pede, Hunnum sagitta præsumere, Alanum gravi, Herulum levi armatura aciem instruere. (JORNAND., cap. L.)

2. Commissa pugna contra Scythas ante conspectum urbis Romæ, tanta utrinque facta est cædes ut nemo pugnantium ab utraque parte servaretur, præter quam duces paucique satellites eorum : cum cecidissent pugnantes, corpore defatigati, animo adhuc erecti, pugnabant tres integras noctes et dies, nihil viventibus pugnando inferiores, neque manibus neque animo. (PHOT., *Bibl.*, p. 1039.)

3. Romulus et Remus asylum constituisse perhibentur quærentes creandæ multitudinem civitatis : mirandum in honorem Christi præcessit exemplum. Hoc constituerunt eversores urbis quod instituerant antea conditores. (AUG., *Civ.*, lib. I, cap. XXXIV, p. 22 ; Basileæ.)

la translation des trésors de l'autel. Les vases sacrés étoient portés un à un et à découvert; des deux côtés marchoient des Goths l'épée à la main; les Romains et les barbares chantoient ensemble des hymnes à la louange du Christ[1].

Ce qui fut épargné par Alaric n'auroit point échappé à la main d'Attila : il marchoit à Rome; saint Léon vient au-devant de lui: le fléau de Dieu est arrêté par le prêtre de Dieu[2], et le prodige des arts a fait vivre le miracle de l'histoire dans le nouveau Capitole, qui tombe à son tour.

Devenus chrétiens, les barbares mêloient à leur rudesse les austérités de l'anachorète : Théodoric, avant d'attaquer le camp de Litorius, passa la nuit vêtu d'une haire[3], et ne la quitta que pour reprendre le sayon de peau.

Si les Romains l'emportoient sur leurs vainqueurs par la civilisation, ceux-ci leur étoient supérieurs en vertus. « Lorsque nous voulons insulter un ennemi, dit Luitprand, nous l'appelons *Romain*: ce nom signifie bassesse, lâcheté, avarice, débauche, mensonge; il renferme seul tous les vices[4]. » Les barbares rejetoient l'étude des lettres, disant : « L'enfant qui tremble sous la verge ne pourra regarder une épée sans trembler[5]. » Dans la loi salique le meurtre d'un Frank est estimé deux cents sous d'or; celui d'un Romain propriétaire, cent sous, la moitié d'un homme[6].

Dignités, âge, profession, religion, n'arrêtèrent point les fureurs de la débauche; au milieu des provinces en flamme, on ne se pouvoit arracher aux jeux du cirque et du théâtre : Rome est saccagée, et les Romains fugitifs viennent étaler leur dépravation aux yeux de Carthage,

---

1. Super capita elata palam aurea atque argentea vasa portantur, exsertis undique ad defensionem gladiis pia pompa munitur. Hymnus Deo, Romanis barbarisque concinentibus, canitur.— Personat late in excidio urbis salutis tuba... (Oros., *Historiar*. lib. vii, cap. xxxix, p. 574; Lugduni Batavorum, 1767.)

2. Occurrente sibi (Attila) extra portas sancto Leone episcopo, cujus supplicatio ita eum Deo agente lenivit, ut cum omnia in potestate ipsius essent, tradita sibi civitate, ab igne tamen et cæde atque suppliciis abstineret. (Prosp., *Chronic*.)

3. Indutus cilicio pernoctavit. (Salvian., *De Gubern. Dei*, p. 165.)

4. Vocamus Romanum, hoc solo, id est quidquid luxuriæ, quidquid mendacii, imo quidquid vitiorum est comprehendentes. (Luitprand., legat. apud. Murat., *Scriptor. Ital.*, vol. II, part. i, p. 481.)

5. Eos nunquam hastam aut gladium despecturos mente intrepida, si scuticam tremuissent. (Procop., *De Bell. Gothico*, lib. i, p. 312.)

6. Si quis ingenuus Francum, aut hominem barbarum, occiderit, qui lege salica vivit, viii denariis qui faciunt solidos cc, culpabilis judicetur. (Tit. xliii, art. i.) Si romanus homo possessor occisus fuerit, iv denariis qui faciunt solidos c, culpabilis judicetur. (Tit. xliii, art. vii.)

encore romaine pour quelques jours[1]. Quatre fois Trèves est envahie, et le reste de ses citoyens s'assied, au milieu du sang et des ruines, sur les gradins déserts de son amphithéâtre.

« Fugitifs de la ville de Trèves, s'écrie Salvien, vous vous adressez aux empereurs afin d'obtenir la permission de rouvrir le théâtre et le cirque; mais où est la ville, où est le peuple pour qui vous présentez cette requête[2]? »

Cologne succombe au moment d'une orgie générale; les principaux citoyens n'étoient pas en état de sortir de table, lorsque l'ennemi, maître des remparts, se précipitoit dans la ville [3].

Presque toutes les maisons de Carthage étoient des maisons de prostitution : des hommes erroient dans les rues, couronnés de fleurs, répandant au loin l'odeur des parfums, habillés comme des femmes, la tête voilée comme elles, et vendant aux passants leurs abominables faveurs[4]. Genseric arrive : au dehors le fracas des armes, au dedans le bruit des jeux; la voix des mourants, la voix d'une populace ivre, se confondent; à peine le cri des victimes de la guerre se peut-il distinguer des acclamations de la foule au cirque[5].

Souvenez-vous, pour ne pas perdre de vue le train du monde, qu'à cette époque Rutilius mettoit en vers son voyage de Rome en Étrurie, comme Horace, aux beaux jours d'Auguste, son voyage de Rome à Brindes; que Sidoine Apollinaire chantoit ses délicieux jardins, dans l'Auvergne envahie par les Visigoths; que les disciples d'Hypatia ne respiroient que pour elle, dans les douces relations de la science et

---

1. Quæ (pestilentia dæmonum) animos miserorum adeo obcæcavit tenebris, tanta deformitate fœdavit, ut etiam modo, romana urbe vastata, fugientes Carthaginem venire potuerunt, in theatris quotidie certatim pro histrionibus delirarent... Vos nec contriti ab hoste luxuriam repressistis : perdidistis utilitatem calamitatis et miserrimi facti estis, et pessimi permansistis. (Aug., *De Civ. Dei,* lib. I, cap. xxxii.)

2. Theatra igitur quæritis, circum a principibus postulatis : quæso cui statui, cui populo, cui civitati? (Salvian., *De Gubern. Dei,* lib. vi, p. 217.)

3. Ad gressum nutabundi (p. 213). Barbaris pene in conspectu omnium sitis, nullus metus erat hominum, non custodia civitatum. (Salv., *De Gubern. Dei,* lib. vi, p. 214.)

4. Adeo omnia pene compita, omnes vias, quasi foveæ libidinum... Fœtebant, ut ita dixerim, cuncti urbis illius cives cœno libidinis spurcum, sibimetipsis mutuo impudicitiæ nidorem inhalantes (p. 260).

Indicia sibi quædam monstruosæ impuritatis innectebant ut femineis tegminum illigamentis capita velarent, atque publice in civitate (p. 266). Latrono quodam modo excubias videret (p. 269). (*Id., ibid.,* lib. vii.)

5. Fragor, ut ita dixerim, extra muros et intra muros, præliorum et ludicrorum confundebantur, vox morientium voxque bacchantium : ac vix discerni forsitan poterat plebis ejulatio quæ cadebat in bello, et sonus populi qui clamabat in circo. (*Id., ibid.,* lib. vi, p. 210.)

de l'amour; que Damascius, à Athènes, attachoit plus d'importance à quelque rêverie philosophique qu'au bouleversement de la terre; qu'Orose et saint Augustin étoient plus occupés du schisme de Pélage que de la désolation de l'Afrique et des Gaules; que les eunuques du palais se disputoient des places qu'ils ne devoient posséder qu'une heure; qu'enfin il y avoit des historiens qui fouilloient comme moi les archives du passé au milieu des ruines du présent, qui écrivoient les annales des anciennes révolutions au bruit des révolutions nouvelles, eux et moi prenant pour table, dans l'édifice croulant, la pierre tombée à nos pieds, en attendant celle qui devoit écraser nos têtes.

On ne se peut faire aujourd'hui qu'une foible idée du spectacle que présentoit le monde romain après les incursions des barbares : le tiers (peut-être la moitié) de la population de l'Europe et d'une partie de l'Afrique et de l'Asie fut moissonné par la guerre, la peste et la famine.

La réunion de tribus germaniques pendant le règne de Marc-Aurèle laissa sur les bords du Danube des traces bientôt effacées; mais lorsque les Goths parurent au temps de Philippe et de Dèce, la désolation s'étendit et dura. Valérien et Gallien occupoient la pourpre quand les Franks et les Allamans ravagèrent les Gaules et passèrent jusqu'en Espagne.

Dans leur première expédition navale, les Goths saccagèrent le Pont; dans la seconde ils retombèrent sur l'Asie Mineure; dans la troisième la Grèce fut mise en cendres. Ces invasions amenèrent une famine et une peste qui dura quinze ans; cette peste parcourut toutes les provinces et toutes les villes : cinq mille personnes mouroient dans un seul jour[1]. On reconnut par le registre des citoyens qui recevoient une rétribution de blé à Alexandrie que cette cité avoit perdu la moitié de ses habitants[2].

Une invasion de trois cent vingt mille Goths, sous le règne de Claude, couvrit la Grèce; en Italie, du temps de Probus, d'autres barbares multiplièrent les mêmes malheurs. Quand Julien passa en Gaule, quarante-cinq cités venoient d'être détruites par les Allamans : les habitants avoient abandonné les villes ouvertes et ne cultivoient plus que les terres encloses dans les murs des villes fortifiées. L'an 412, les barbares parcoururent les dix-sept provinces des Gaules, chassant

---

1. Nam et pestilentia tanta existebat vel Romæ, vel in Achaicis urbibus, ut uno die quinque millia hominum pari morbo perirent. (*Hist. Aug.*, p. 177.)

2. Quærunt etiam quamobrem civitas ista maxima non amplius tantam habitatorum multitudinem ferat, quantam senum... quorum nomina in tabulas publicas pro divisione frumenti factitatas. (Euseb., *Hist. eccles.*, lib. vii, cap. xxi.)

devant eux, comme un troupeau, sénateurs et matrones, maîtres et esclaves, hommes et femmes, filles et garçons. Un captif qui cheminoit à pied au milieu des chariots et des armes n'avoit d'autre consolation que d'être auprès de son évêque, comme lui prisonnier : poëte et chrétien, ce captif prenoit pour sujet de ses chants les malheurs dont il étoit témoin et victime. « Quand l'Océan auroit inondé les Gaules, il n'y auroit point fait de si horribles dégâts que cette guerre. Si l'on nous a pris nos bestiaux, nos fruits et nos grains, si l'on a détruit nos vignes et nos oliviers, si nos maisons à la campagne ont été ruinées par le feu ou par l'eau, et si, ce qui est encore plus triste à voir, le peu qui en reste demeure désert et abandonné, tout cela n'est que la moindre partie de nos maux. Mais, hélas! depuis dix ans les Goths et les Vandales font de nous une horrible boucherie. Les châteaux bâtis sur les rochers, les bourgades situées sur les plus hautes montagnes, les villes environnées de rivières, n'ont pu garantir les habitants de la fureur de ces barbares, et l'on a été partout exposé aux dernières extrémités. Si je ne puis me plaindre du carnage que l'on a fait sans discernement, soit de tant de peuples, soit de tant de personnes considérables par leur rang, qui peuvent n'avoir reçu que la juste punition des crimes qu'ils avoient commis, ne puis-je au moins demander ce qu'ont fait tant de jeunes enfants enveloppés dans le même carnage, eux dont l'âge étoit incapable de pécher? Pourquoi Dieu a-t-il laissé consumer ses temples[1]? »

L'invasion d'Attila couronna ces destructions; il n'y eut que deux villes de sauvées au nord de la Loire, Troyes et Paris. A Metz, les Huns égorgèrent tout, jusqu'aux enfants, que l'évêque s'étoit hâté de baptiser; la ville fut livrée aux flammes : longtemps après on ne reconnoissoit la place où elle avoit été qu'à un oratoire échappé seul à l'incendie[2]. Salvien avoit vu des cités remplies de corps morts; des chiens et des oiseaux de proie, gorgés de la viande infecte des cadavres, étoient les seuls êtres vivants dans ces charniers[3].

Les Thuringes qui servoient dans l'armée d'Attila exercèrent, en se retirant à travers le pays des Franks, des cruautés inouïes, que Théo-

1.   Si totus Gallos sese effudisset in agros
        Oceanus, vastis plus superesset aquis, etc.
            (*De Provid. div.*, trad. de TILLEMONT, *Hist. des Emp.*)

2. Nec remansit in ea locus inustus, præter oratorium beati Stephani, primi martyris ac levitæ. (GREG. TUR., lib. II, cap. VI.)

3. Jacebant si quidem passim, quod ipse vidi atque sustinui, utriusque sexus cadavera nuda, lacerata, urbis oculos incestantia, avibus canibusque laniata. (SALV., *De Gubern. Dei*, lib. VI, p. 216.)

doric, fils de Khlovigh, rappeloit quatre-vingts ans après pour exciter les Franks à la vengeance. « Se ruant sur nos pères, ils leur ravirent tout. Ils suspendirent leurs enfants aux arbres par le nerf de la cuisse. Ils firent mourir plus de deux cents jeunes filles d'une mort cruelle : les unes furent attachées par les bras au cou des chevaux qui, pressés d'un aiguillon acéré, les mirent en pièces ; les autres furent étendues sur les ornières des chemins et clouées en terre avec des pieux : des charrettes chargées passèrent sur elles ; leurs os furent brisés, et on les donna en pâture aux corbeaux et aux chiens[1]. »

Les plus anciennes chartes de concessions de terrains à des monastères déclarent que ces terrains sont soustraits des forêts[2], qu'ils sont déserts, *eremi*, où, plus énergiquement, qu'ils sont pris du désert[3], *ab eremo*. Les canons du concile d'Angers (4 octobre 453) ordonnent aux clercs de se munir de lettres épiscopales pour voyager ; ils leur défendent de porter des armes ; ils leur interdisent les violences et les mutilations et excommunient quiconque auroit livré des villes : ces prohibitions témoignent des désordres et des malheurs de la Gaule.

Le titre quarante-septième de la loi salique : *De celui qui s'est établi dans une propriété qui ne lui appartient point, et de celui qui la tient depuis douze mois,* montre l'incertitude de la propriété et le grand nombre de propriétés sans maîtres. « Quiconque aura été s'établir dans une propriété étrangère et y sera demeuré douze mois sans contestation légale y pourra demeurer en sûreté comme les autres habitants[4]. »

Si sortant des Gaules vous vous portez dans l'est de l'Europe, un spectacle non moins triste frappera vos yeux. Après la défaite de Valens, rien ne resta dans les contrées qui s'étendent des murs de Constantinople au pied des Alpes Juliennes ; les deux Thraces offroient au loin une solitude verte, bigarrée d'ossements blanchis. L'an 448 des ambassadeurs romains furent envoyés à Attila : treize jours de marche les conduisirent à Sardique incendiée, et de Sardique à Naïsse : la ville

---

1. Inruentes super parentes nostros, omnem substantiam abstulerunt, pueros per nervum femoris ad arbores appendentes, puellas amplius ducentas crudeli nece interfecerunt : ita ut, ligatis brachiis super equorum cervicibus, ipsique acerrimo moti stimulo per diversa petentes, diversas in partes feminas diviserunt. Aliis vero super orbitas viarum extensis, sudibusque in terram confixis, plaustra desuper onerata transire fecerunt, confractisque ossibus, canibus avibusque eas in cibaria dederunt. (Greg. Tur., lib. iii, cap. vii.)

2. *Act. S. Sever.*   3. *S. Bernard. Vit.*

4. Si autem quis migraverit in villam alienam, et ei aliquid infra duodecim menses secundum legem contestatum non fuerit, securus ibidem consistat sicut et alii vicini. (Art. iv.)

natale de Constantin n'étoit plus qu'un monceau informe de pierres ; quelques malades languissoient dans les décombres des églises, et la campagne à l'entour étoit jonchée de squelettes[1]. « Les cités furent dévastées, les hommes égorgés, dit saint Jérôme ; les quadrupèdes, les oiseaux et les poissons mêmes disparurent ; le sol se couvrit de ronces et d'épaisses forêts[2]. »

L'Espagne eut sa part de ces calamités. Du temps d'Orose, Taragone et Lerida étoient dans l'état de désolation où les avoient laissées les Suèves et les Franks ; on apercevoit quelques huttes plantées dans l'enceinte des métropoles renversées. Les Vandales et les Goths glanèrent ces ruines ; la famine et la peste achevèrent la destruction. Dans les campagnes, les bêtes, alléchées par les cadavres gisants, se ruoient sur les hommes qui respiroient encore ; dans les villes, les populations entassées, après s'être nourries d'excréments, se dévoroient entre elles : une femme avoit quatre enfants ; elle les tua et les mangea tous[3].

Les Pictes, les Calédoniens, ensuite les Anglo-Saxons exterminèrent les Bretons, sauf les familles qui se réfugièrent dans le pays de Galles ou dans l'Armorique. Les insulaires adressèrent à Aetius une lettre ainsi suscrite : « *Le gémissement de la Bretagne à Aetius, trois fois consul.* » Ils disoient : « Les barbares nous chassent vers la mer, et la mer nous repousse vers les barbares ; il ne nous reste que le genre de mort à choisir, le glaive ou les flots[4]. »

Gildas achève le tableau : « D'une mer à l'autre, la main sacrilège des barbares venus de l'Orient promena l'incendie : ce ne fut qu'après avoir brûlé les villes et les champs sur presque toute la surface de

---

1. Venimus Naissum, quæ ab hostibus fuerat eversa et solo æquata : itaque eam desertam hominibus ostendimus, præter quam quod in ruinis sacrarum ædium erant quidam ægroti. Omnia enim circa ripam erant plena ossibus eorum qui bello ceciderant. (*Excerpta e Legationibus ex Hist. Goth.* Prisci *rhetoris, in corp. Byz. Histor.*, p. 59; Parisiis, e typographia regia, 1660.)

2. Vastatis urbibus, hominibusque interfectis, solitudinem et raritatem bestiarum quoque fieri, et volatilium pisciumque... crescentes vepres et condensa sylvarum cuncta perierunt. (Hier. *ad Sophon.*)

3. Fames dira grassatur, adeo ut humanæ carnes ab humano genere vi famis fuerunt devoratæ, matres quoque necatis vel coctis per se natorum suorum sint pastæ corporibus.
Bestiæ occisorum gladio, fame, pestilentia, cadaveribus adsuetæ, quousque hominum fortiores interimunt. (Idatii *episcop. Chronicon*, p. 11; Lutetiæ Parisiorum, 1619.)

4. « *Aetio ter consuli gemitus Britannorum.* » — Et in processu epistolæ ita calamitates suas explicant : Repellunt barbari ad mare, mare ad barbaros. Inter hæc oriuntur duo genera funerum, aut jugulamur aut mergimur. (Bedæ *presbyt. Hist. eccles. gentis Anglorum*, cap. xiii; Coloniæ, anno 1612.)

l'île, et l'avoir balayée comme d'une langue rouge jusqu'à l'Océan occidental, que la flamme s'arrêta. Toutes les colonnes croulèrent au choc du bélier ; tous les habitants des campagnes avec les gardiens des temples, les prêtres et le peuple périrent par le fer ou par le feu. Une tour vénérable à voir s'élève au milieu des places publiques ; elle tombe : les fragments de mur, les pierres, les sacrés autels, les tronçons de cadavres pétris et mêlés avec du sang, ressembloient à du marc écrasé sous un horrible pressoir.

« Quelques malheureux échappés à ces désastres étoient atteints et égorgés dans les montagnes; d'autres, poussés par la faim, revenoient et se livroient à l'ennemi pour subir une éternelle servitude, ce qui passoit pour une grâce signalée; d'autres gagnoient les contrées d'outre-mer, et pendant la traversée chantoient avec de grands gémissements, sous les voiles : *Tu nous as, ô Dieu! livrés comme des brebis pour un festin; tu nous as dispersés parmi les nations*[1]. »

La misère de la Grande-Bretagne est peinte tout entière dans une des lois galliques; cette loi déclare qu'aucune compensation ne sera reçue pour le larcin du lait d'une jument, d'une chienne ou d'une chatte[2].

L'Afrique dans ses terres fécondes fut écorchée par les Vandales, comme elle l'est dans ses sables stériles par le soleil[3]. « Cette dévastation, dit Posidonius, témoin oculaire, rendit très-amer à saint Augustin le dernier temps de sa vie; il voyoit les villes ruinées, et à la campagne les bâtiments abattus, les habitants tués ou mis en fuite, les églises dénuées de prêtres, les vierges et les religieux dispersés. Les uns avoient succombé aux tourments, les autres péri par le glaive ; les autres, encore réduits en captivité, ayant perdu l'intégrité du corps,

---

1. De mari usque ad mare, ignis orientali sacrilegorum manu exageratus, et finitimas quasque civitates agrosque populans, qui non quievit accensus donec cunctam pene exurens insulæ superficiem rubra occidentalem trucique Oceanum lingua delamberet. Ita ut cunctæ columnæ crebro impetu, crebris arietibus, omnesque coloni cum præpositis ecclesiæ, cum sacerdotibus ac populo, mucronibus undique micantibus, ac flammis crepitantibus, simul solo sternerentur ; et, venerabili visu, in medio platearum una turrium, edito culmine, evulsarum, murorumque celsorum, saxa, sacra altaria, cadaverum frusta, crustis ac gelantibus purpurei cruoris tecta velut in quodam horrendo torculari mixta viderentur.

Itaque nonnulli miserarum reliquiarum in montibus deprehensi acervatim jugulabantur ; alii, fame confecti accedentes, manus hostibus dabant in ævum servituri... quod altissimæ gratiæ stabat in loco. Alii transmarinas petebant regiones cum ululatu magno, hoc modo sub velarum sinibus cantantes : *Dedisti nos tanquam oves escarum, et in gentibus dispersisti nos, Deus.* (*Histor. Gildæ, liber querulus de excidio Britanniæ*, p. 8, *in Histor. Brit. et Angl. Script.*, t. II.)

2. *Leges Wallicæ*, lib. III, cap. III, p. 207-260.

3. Buffon, *Hist. nat.*

de l'esprit et de la foi, servoient des ennemis durs et brutaux. . .
Ceux qui s'enfuyoient dans les bois, dans les cavernes et les rochers, ou dans les forteresses, étoient pris et tués, ou mouroient de faim. De ce grand nombre d'églises d'Afrique, à peine en restoit-il trois, Carthage, Hippone et Cirthe, qui ne fussent pas ruinées, et dont les villes subsistassent[1]. »

Les Vandales arrachèrent les vignes, les arbres à fruit, et particulièrement les oliviers, pour que l'habitant retiré dans les montagnes ne pût trouver de nourriture[2]. Ils rasèrent les édifices publics échappés aux flammes ; dans quelques cités, il ne resta pas un seul homme vivant. Inventeurs d'un nouveau moyen de prendre les villes fortifiées, ils égorgeoient les prisonniers autour des remparts : l'infection de ces voiries sous un soleil brûlant se répandoit dans l'air, et les barbares laissoient au vent le soin de porter la mort dans des murs qu'ils n'avoient pu franchir[3].

Enfin, l'Italie vit tour à tour rouler sur elle les torrents des Allamans, des Goths, des Huns et des Lombards ; c'étoit comme si les fleuves qui descendent des Alpes et se dirigent vers les mers opposées avoient soudain, détournant leur cours, fondu à flots communs sur l'Italie. Rome, quatre fois assiégée et prise deux fois, subit les maux qu'elle avoit infligés à la terre. « Les femmes, selon saint Jérôme, ne pardonnèrent pas même aux enfants qui pendoient à leurs mamelles, et firent rentrer dans leur sein le fruit qui ne venoit que d'en sortir[4]. Rome devint le tombeau des peuples dont elle avoit été la mère... La lumière des nations fut éteinte ; en coupant la tête de l'empire romain, on abattit celle du monde[5]. » — « D'horribles nouvelles se

---

1. Traduct. de Fleury, *Hist. ecclés.*
2. Sed nec arbustis fructiferis parcebant, ne forte quos antra montium occultaverant post eorum transitum illis pabulis nutrirentur; ab eorum contagione nullus remansit locus immunis. (Victor, Vitensis episc., lib. I, *De Persecutione Africana*, p. 2 ; Divione, 1664.)
3. Ubi vero munitiones aliquæ videbantur quas hostilitas barbarici furoris oppugnare nequiret, congregatis in circuitu castrorum innumerabilibus turbis, gladiis feralibus cruciabant, ut, putrefactis cadaveribus, quos adire non poterant arcente murorum defensione corporum liquescentium enecarent fœtore. (*Id.*, p. 3.)
4. Ad. . . . .
. . . .; dum mater non parcit lactenti infantiæ, et suo recipit utero quem paulo ante effuderat. (Hieron., ep. XVI, p. 121 : *Epistolæ tribus prioribus contentæ in eodem volumine*, t. II, p. 486; Parisiis, 1579.)
5. Quis credat ut totius orbis exstructa victoriis Roma corrueret, ut ipsa suis populis et mater fieret et sepulchrum... Postquam vero clarissimum terrarum omnium lumen exstinctum est, imo romani imperii truncatum caput, et, ut verius dicam, in una urbe totus orbis interiret... obmutui. (*Id., In Ezech.*)

sont répandues, s'écrioit saint Augustin du haut de la chaire en parlant du sac de Rome : carnage, incendie, rapine, extermination ! Nous gémissons, nous pleurons, et nous ne sommes point consolés[1]. »

On fit des règlements pour soulager du tribut les provinces de la Péninsule, notamment la Campanie, la Toscane, le Picenum, le Samnium, l'Apulie, la Calabre, le Brutium et la Lucanie ; on donna aux étrangers qui consentoient à les cultiver les terres restées en friche[2]. Majorien[3] et Théodoric s'occupèrent de réparer les édifices de Rome, dont pas un seul n'étoit resté entier, si nous en croyons Procope[4]. La ruine alla toujours croissant avec les nouveaux temps, les nouveaux siéges, le fanatisme des chrétiens et les guerres intestines : Rome vit renaître ses conflits avec Albe et Tibur ; elle se battoit à ses portes ; les espaces vides que renfermoit son enceinte devinrent le champ de ces batailles qu'elle livroit autrefois aux extrémités de la terre. Sa population tomba de trois millions d'habitants au-dessous de quatre-vingt mille[5]. Vers le commencement du vIIIe siècle, des forêts et des marais couvroient l'Italie ; les loups et d'autres animaux sauvages hantoient ces amphithéâtres qui furent bâtis pour eux ; mais il n'y avoit plus d'hommes à dévorer.

Les dépouilles de l'empire passèrent aux barbares ; les chariots des Goths et des Huns, les barques des Saxons et des Vandales, étoient chargés de tout ce que les arts de la Grèce et le luxe de Rome avoient accumulé pendant tant de siècles ; on déménageoit le monde comme une maison que l'on quitte. Genseric ordonna aux citoyens de Carthage de lui livrer, sous peine de mort, les richesses dont ils étoient en possession : il partagea les terres de la province proconsulaire entre ses compagnons ; il garda pour lui-même le territoire de Byzance et des

---

1. Horrenda nobis nuntiata sunt : strages facta, incendia, rapina, interfectiones, excruciationes hominum... Omnia gemuimus, sæpe flevimus, vix consolati sumus. (AUG., *De Urb. Excidio*, t. VI, p. 624.)

2. *Cod. Theodos.*, lib. XI, XIII, XV.

3. Antiquarum ædium dissipatur speciosa constructio, et ut aliquid reparetur magna diruuntur, etc. (NOV. MAJORIAN., tit. VI, p. 35.)

4. ...Omnique direpta, magna Romanorum cæde edita, pergunt alio. (PROCOP., *Hist. Vand.*) La chronique de Marcellin ajoute : *Partem urbis Romæ cremavit*: et Philostorge va bien au delà.

5. Brottier et Gibbon ne portent cette population qu'à douze cent mille, évaluation visiblement trop foible, comme celle de Juste-Lipse et de Vossius est trop forte ; il s'agiroit, d'après ces derniers auteurs, de quatre, de huit et de quatorze millions. Un critique moderne italien a rassemblé avec beaucoup de sagacité les divers recensements de l'ancienne Rome.

terres fertiles en Numidie et en Gétulie[1]. Ce même prince dépouilla Rome et le Capitole, dans la guerre que Sidoine appelle la quatrième guerre punique[2] : il composa d'une masse de cuivre, d'airain, d'or et d'argent, une somme qui s'élevoit à plusieurs millions de talents[3].

Le trésor des Goths étoit célèbre : il consistoit dans les cent bassins remplis d'or, de perles et de diamants offerts par Ataulphe à Placidie ; dans soixante calices, quinze patènes et vingt coffres précieux pour renfermer l'Évangile[4]. Le *missorium*, partie de ces richesses, étoit un plat d'or de cinq cents livres de poids, élégamment ciselé. Un roi goth, Sisenand, l'engagea à Dagobert pour un secours de troupes ; le Goth le fit voler sur la route, puis il apaisa le Frank par une somme de deux cent mille sous d'or, prix jugé fort inférieur à la valeur du plat[5]. Mais la plus grande merveille de ce trésor étoit une table formée d'une seule émeraude : trois rangs de perles l'entouroient ; elle se soutenoit sur soixante-cinq pieds d'or massif incrustés de pierreries ; on l'estimoit cinq cent mille pièces d'or ; elle passa des Visigoths aux Arabes[6] : conquête digne de leur imagination.

L'histoire, en nous faisant la peinture générale des désastres de l'espèce humaine à cette époque, a laissé dans l'oubli les calamités particulières, insuffisante qu'elle étoit à redire tant de malheurs. Nous apprenons seulement par les apôtres chrétiens quelque chose des larmes qu'ils essuyoient en secret. La société, bouleversée dans ses fondements, ôta même à la chaumière l'inviolabilité de son indi-

---

1. Procop., *De Bell. Vand.*, lib. i, cap. v; Victor. Vitens., *De Persecut. Vandal.*, lib. i, cap. iv.

2. Sid. Apoll., *Paneg. Avit.*

3. Ne æs quidem aut quicquam aliud unde pretium fieri posset in palatio reliquerat. Diripuerat et Capitolium, Jovis templum, tegularumque partem abstulerat alteram, quæ ex ære purissimo factæ, auroque largiter oblitæ, magnificam plane mirandamque speciem præbebant. (Procop., *Hist. Vand.*, lib. i.)

4. Nam sexagenta calices, quindecim patenas, viginti Evangeliorum capsas detulit, omnia ex auro puro ac gemmis pretiosis ornata. Sed non est passus ea confringi. (Greg. Turon., lib. iii, cap. x.)
Les *Gestes des Franks*, p. 557, répètent le même fait.

5. In hujus beneficii repensionem missorium aureum nobilissimum ex thesauris Gothorum... Dagoberto dare promisit pensantem auri pondus quingentos... Cumque a Sisenando rege missorius ille legatariis fuisset traditus, a Gothis per vim tollitur, nec eum exinde exhibere permiserunt. Postea discurrentibus legatis ducenta millia solidorum missorii hujus pretii Dagobertus a Sisenando accipiens, ipsumque pensavit. (Fredeg., *Chron.*, cap. lxxiii.)
Le troisième fragment de Frédégaire et les *Gestes* de Dagobert, chapitre xxix, redisent cette anecdote.

6. *Histoire de l'Afrique et de l'Espagne sous la domination des Arabes*, par M. Cardonne.

gence; elle ne fut pas plus à l'abri que le palais : à cette époque, chaque tombeau renferma un misérable.

Le concile de Brague, en Lusitanie, souscrit par dix évêques, donne une idée naïve de ce que l'on faisoit et de ce que l'on souffroit pendant les invasions. L'évêque Pancratien prit la parole : « Vous voyez, mes frères, dit-il, comme l'Espagne est ravagée par les barbares. Ils ruinent les églises, tuent les serviteurs de Dieu, profanent la mémoire des saints, leurs os, leurs sépulcres, les cimetières. . . . . Mettez devant les yeux de notre troupeau l'exemple de notre constance, en souffrant pour Jésus-Christ quelque partie des tourments qu'il a soufferts pour nous[1]. . . . . » Alors Pancratien fit la profession de foi de l'Église catholique, et à chaque article les évêques répondoient : *Nous le croyons*[2]. « Ainsi, que ferons-nous maintenant des reliques des saints?» dit Pancratien. Clipand de Coimbre dit : « Que chacun fasse selon l'occasion; les barbares sont chez nous et pressent Lisbonne; ils tiennent Merida et Astracan; au premier jour ils viendront sur nous: que chacun s'en aille chez soi : qu'il console les fidèles, qu'il cache doucement les corps des saints, et nous envoie la relation des lieux ou des cavernes où on les aura mis, de peur qu'il ne les oublie avec le temps.» Pancratien dit : « Allez en paix. Notre frère Pontamius demeurera seulement, à cause de la destruction de son église d'Éminie, que les barbares ravagent. » Pontamius dit : « Que j'aille aussi consoler mon troupeau et souffrir avec lui pour Jésus-Christ. Je n'ai pas reçu la charge d'évêque pour être dans la prospérité, mais dans le travail. » Pancratien dit : « C'est très-bien dit : « Dieu vous conserve. » Tous les évêques dirent : « Dieu vous conserve. » Tous ensemble : « Allons en paix à Jésus-Christ[3]. »

Lorsque Attila parut dans les Gaules, la terreur se répandit devant

---

1. Notum vobis est, fratres et socii mei, quomodo barbaræ gentes devastant universam Hispaniam : templa evertunt, servos Christi occidunt in ore gladii, et memorias sanctorum, ossa, sepulchra, cœmeteria profanant. (*Lab. Concil.*, p. 1508.)

2. Similiter et nos credimus. (*Id., ibid.*)

3. *Pancratianus dixit :* Abite in pace omnes; solus remaneat frater noster, propter destructionem ecclesiæ suæ, quam barbari vexant.

Pontamius dixit : Abeam, et ego ut confortem oves meas, et simul cum eis pro nomine Christi patiar labores et anxietates; non enim suscepi munus episcopi in prosperitate, sed in labore.

Pancrat.: Optimum verbum, justum consilium : profertum approbo. Deus te conservet.

Omnes episcopi : Servet te Deus.

Omnes simul : Abeamus in pace Jesu Christi. (*Conc.*, t. II, p. 1508.)

lui : Geneviève de Nanterre rassura les habitants de Paris ; elle exhortoit les femmes à prier réunies dans le baptistère, et leur promettoit le salut de la ville : les hommes qui ne croyoient point aux prophéties de la bergère s'excitoient à la lapider ou à la noyer[1]. L'archidiacre d'Auxerre les détourna de ce mauvais dessein, en les assurant que saint Germain publioit les vertus de Geneviève : les Huns ne passèrent point sur les terres des Parisii[2]. Troyes fut épargnée, à la recommandation de saint Loup. Dans sa retraite, le Fléau de Dieu se fit escorter par le saint[3] : saint Loup, esclave et prisonnier, protégeant Attila, est un grand trait de l'histoire de ces temps.

Saint Agnan, évêque d'Orléans, étoit renfermé dans sa ville, que les Huns assiégeoient ; il envoie sur les murailles attendre et découvrir des libérateurs : rien ne paroissoit. « Priez, dit le saint, priez avec foi ; » et il envoie de nouveau sur les murailles. Rien ne paroît encore : « Priez, dit le saint, priez avec foi. » Et il envoie une troisième fois regarder du haut des tours. On apercevoit comme un petit nuage qui s'élevoit de terre. « C'est le secours du Seigneur ! » s'écrie l'évêque[4].

Genseric emmena de Rome en captivité Eudoxie et ses deux filles,

---

1. Dies aliquot in Baptisterio vigilias exercentes jejuniis et orationibus ac vigiliis insisterent, ut suaserat Genovefa, Deo vacarunt. Viris quoque suadebat ne bona sua a Parisio auferrent. Urbem Parisium fore incontaminatam ab inimicis. Insurrexerunt in eam cives, dicentes pseudoprophetissam : tractaverunt ut Genovefam, aut lapidibus obrutam, aut vasto gurgite submersam punirent. (BOLL., III, in p. 139.)

2. Interea adveniente Autissiodorensi urbe archidiacono, qui olim audierat sanctum Germanum magnificum testimonium de Genovefa dedisse... dixit : Nolite tantum admittere facinus... Prædictum exercitum ne Parisium circumdaret procul abegit. (Vita S. Genov., ap. BOLL., 3 janv.)

3. Redux in Gallias, Lupus urbem suam ab Attilæ, Hunnorum regis, furore servavit, an. 451, qui, post vastas romani imperii plurimas provincias, Thraciam, Illyriam, etc., Galliam quoque invaserat, ubi Remos Cameracum, Lingonas Autissiodorum aliasque urbes ferro flammis vastarat. Attilam Rhenum usque comitatus Lupus, inde reversus tum ut se arctius vocationibus divinis implicaret. (Gal. Christ., t. XII, p. 485 ; Vit. S. Lup., ap. Sur., p. 348.)

4. Adspicite de muro civitatis, si Dei miseratio jam succurrat... Adspicientes autem de muro neminem viderunt. Et ille : Orate, inquit, fideliter... Orantibus autem illis, ait : Adspicite iterum. Et cum adspexissent, neminem viderunt qui ferret auxilium. Ait eis tertio : Si fideliter petitis, Dominus velociter adest. Exacta quoque oratione, tertio juxta senis imperium adspicientes de muro, viderunt a longe quasi nebulam de terra consurgere. Quod renuntiantes, ait sacerdos : Domini auxilium est. (GREG. TUR., lib. II, p. 161.)

Du récit des guerriers *combattant après leur mort*, et de l'histoire de saint Agnan à Orléans, on peut conclure que des poëmes et des contes devenus populaires dans le dernier siècle ont leur origine, pour le fond ou pour la forme, dans les chroniques du Ve au XVe siècle.

seuls restes de la famille de Théodose[1]. Des milliers de Romains furent entassés sur les vaisseaux du vainqueur : par un raffinement de barbarie, on sépara les femmes de leurs maris, les pères de leurs enfants[2]. Deogratias, évêque de Carthage, consacra les vases saints au rachat des prisonniers. Il convertit deux églises en hôpitaux, et quoiqu'il fût d'un grand âge, il soignoit les malades, qu'il visitoit jour et nuit. Il mourut, et ceux qu'il avoit délivrés crurent retomber en esclavage[3].

Lorsque Alaric entra dans Rome, Proba, veuve du préfet Petronius, chef de la puissante famille Ancienne, se sauva dans un bateau sur le Tibre[4]; sa fille Læta et sa petite-fille Démétriade l'accompagnèrent : ces trois femmes virent de leur barque fugitive les flammes qui consumoient la ville éternelle. Proba possédoit de grands biens en Afrique; elle les vendit pour soulager ses compagnons d'exil et de malheur[5].

Fuyant les barbares de l'Europe, les Romains se réfugioient en Afrique et en Asie; mais dans ces provinces éloignées ils rencontroient d'autres barbares : chassés du cœur de l'empire aux extrémités, rejetés des frontières au centre, la terre étoit devenue un parc où ils étoient traqués dans un cercle de chasseurs.

Saint Jérôme reçut quelques débris de tant de grandeurs dans cette grotte où le Roi des rois étoit né pauvre et nu. Quel spectacle et quelle leçon que ces descendants des Scipions et des Gracques réfugiés au pied du Calvaire! Saint Jérôme commentoit alors Ézéchiel; il appliquoit à Rome les paroles du prophète sur la ruine de Tyr et de Jérusalem : « Je ferai monter contre vous plusieurs peuples, comme la mer fait monter les flots. Ils détruiront les murs jusqu'à la poussière... Je mettrai sur les enfants de Juda le poids de leurs crimes... Ils verront venir épouvante sur épouvante[6]. » Mais lorsque lisant ces mots : *ils passeront d'un pays à un autre et seront emmenés captifs*, le solitaire jetoit les yeux sur ses hôtes, il fondoit en larmes.

Et pourtant la grotte de Bethléem n'étoit pas un asile assuré :

---

1. At Eudoxiam Gizerichus filiasque ejus ex Valentiniano duas, Eudociam et Placidiam, captivas abduxit. (Procop., *Hist. Vand.*, lib. I.)

2. Victor. Vitens., lib. I, cap. VIII.

3. *Id., ibid.*; Fleury, *Hist. eccl.*, t. VI, p. 491.

4. Probam fuisse matronam inter senatorias fama ac divitiis insignem... Jam et portum et amnem potito hoste, familiæ suæ præcepisse ut noctu portam panderent. (Procop., *Hist. Vand.*, lib. I.)

5. Hier., *epist.* VIII, *ad Demetr.*, t. I, p. 62-73; Sulp., XXIX, N. ult.; Till., *Vie de saint Augustin*.

6. Cap. VII, v. 26: cap. XII, v. 11.

d'autres ravageurs dépouilloient la Phénicie, la Syrie et l'Égypte [1]. Le désert, comme entraîné par les barbares et changeant de place avec eux, s'étendoit sur la face des provinces jadis les plus fertiles ; dans les contrées qu'avoient animées des peuples innombrables, il ne restoit que la terre et le ciel [2]. Les sables mêmes de l'Arabie, qui faisoient suite à ces champs dévastés, étoient frappés de la plaie commune ; saint Jérôme avoit à peine échappé aux mains des tribus errantes, et les religieux du Sina venoient d'être égorgés : Rome manquoit au monde, et la Thébaïde aux solitaires.

Quand la poussière qui s'élevoit sous les pieds de tant d'armées, qui sortoit de l'écroulement de tant de monuments, fut tombée ; quand les tourbillons de fumée qui s'échappoient de tant de villes en flammes furent dissipés ; quand la mort eut fait taire les gémissements de tant de victimes ; quand le bruit de la chute du colosse romain eut cessé, alors on aperçut une croix, et au pied de cette croix un monde nouveau. Quelques prêtres, l'Évangile à la main, assis sur des ruines, ressuscitoient la société au milieu des tombeaux, comme Jésus-Christ rendit la vie aux enfants de ceux qui avoient cru en lui.

1. Invasis excisisque civitatibus atque castellis... (Amm. Marcell.)
2. ... Ubi præter cœlum et terram... cuncta perierunt. (Hieron. *ad Sophron.*)

FIN DES ÉTUDES HISTORIQUES.

ÉCLAIRCISSEMENTS.

SUR ATTILA.

Le nom d'Etzel n'est évidemment que la forme teutonique du nom caucasien Attila. Les imprimés et les manuscrits ne varient point sur ce nom, trop connu des Romains pour qu'ils pussent l'altérer, et dont la composition et l'euphonie n'avoient rien d'étranger à leur oreille. Vous les voyez au contraire varier sans cesse dans les noms que leur ouïe saisissoit mal, et pour lesquels leur alphabet n'offroit pas de lettres composées. Ainsi ils écrivoient Gaiseric, Geiseric, Gizeric, Genzeric, etc. Le nom même de *Hun* s'altère; on le trouve souvent écrit *Chun :* les partisans de l'origine chinoise des Huns pourront en tirer une de ces inductions empruntées des langues dont on fait aujourd'hui trop de cas. La science étymologique peut sans doute jeter quelque jour sur l'histoire; mais elle a aussi ses systèmes, souvent plus propres à brouiller les origines qu'à les démêler. Le philologue Brigant démontroit doctement que tous les idiomes de la terre dérivoient du bas-breton; il lui paroissoit très-probable qu'Adam et Ève parloient dans le paradis terrestre la langue qu'on parle à Quimper-Corentin; seulement il ne savoit pas au juste si c'étoit avant ou après leur péché.

Pour revenir au nom d'Attila, la syllabe *la* n'est pas dans ce nom une adjonction latine : je ferai voir que les anciennes langues barbares avoient une foule de mots terminés par la voyelle *a*. Etzel est si peu le nom primitif d'Attila, que même dans un chant de l'*Edda* il est écrit *Attil,* en omettant la voyelle finale; je citerai ce chant quand je parlerai de la poésie des peuples septentrionaux.

Quoi qu'il en soit, on lira avec un extrême plaisir les notes suivantes sur le poëme des *Nibelungen;* je les dois à la politesse et à l'obligeance de S. E. M. Bunsen, digne et savant ami de M. Niebuhr, ministre de S. M. le roi de Prusse à Rome, et dont une triste prévoyance de l'avenir m'a fait cesser trop tôt d'être le collègue.

ÉCLAIRCISSEMENTS.

NOTES

COMMUNIQUÉES PAR S. EXC. M. BUNSEN.

Le poëme épique germanique connu sous le titre de *Der Nibelunge Not*, c'est-à-dire « la fin tragique (ou les malheurs) des Nibelongs, » doit sa forme actuelle à un des premiers poëtes de la fin du xiie ou du commencement du xiiie siècle : il n'est pas sûr que ce poëte fut *Wolfram von Eschenbach*, selon l'opinion générale, ou *Heinrich von Ofterdingen*, comme le croit M. Auguste-Guillaume de Schlegel.

Le nom de *Nibelungen* est absolument ignoré. Le pays des *Nibelungen* (ce qui paroît signifier pays des brouillards) pourroit bien être la Norvège; mais dans le poëme les héros de la Bourgogne sont eux-mêmes appelés les *Nibelungen*.

Les personnages historiques qui se trouvent dans le poëme sont les suivants :

I. — v^e ET vi^e SIÈCLES.

1. *Etzel* : c'étoit le nom original d'Attila (+545), comme l'a déjà remarqué Jean Müler dans son *Histoire de la Suisse* (I, 7, note 30). Ce nom signifie peut-être le prince de la Wolga, car ce fleuve est appelé *Etzel* par les Tartares. Entre les vassaux d'Etzel paroît le grand roi des Ostrogoths, Théodoric (+527), appelé dans le poëme *Dietrich* de Bern (Vérone). D'après l'histoire, il ne naquit que quatre ans avant la mort d'Attila. Le poëme connoît encore *Irnfrid*, probablement *Hermenfrid*, roi de Thuringe, qui avoit pour épouse la nièce de Théodoric; et le roi des Ostrogoths, Vitiges, appelé *Wittich* (+542).

2. A côté de ces personnages des ve et vi^e siècles se trouve le margrave Rudiger de Pechlarn, personnage historique vivant vers la moitié du xe siècle. Il étoit margrave du pays au-dessous de l'Ens (en Autriche).

Le poëme nomme *Blodel*, frère du roi des Huns, que l'histoire appelle *Bléda*.

3. *Gunther*, roi des Bourguignons, résidant à Worms, frère de Chriemhild, épouse de Sigfrid : Prosper Aquitanus a écrit ce qui suit en 434 :

« Gundicarium, Burgundionum regem, intra Gallias habitantem, Actius bello obtinuit, pacemque ei supplicanti dedit; qua non diu potitus est, siquidem illum Huni *cum populo suo ac stirpe* deleverunt. »

Le nom du frère *Giselher* se trouve dans un document du roi Gundobald, de l'an 517, parmi les rois de Bourgogne. Parmi les chevaliers de sa cour, *Volcher* rappelle le nom de *Talco*, qui assassina (en 577) Chilperich par ordre de Brunhild, sa belle-sœur.

4. *Sigfrid*, l'Achille du poëme, invulnérable, comme le héros grec, à l'exception d'un seul endroit : Sigfrid, vainqueur des Nibelongs, d'un dragon et

de la reine d'Ijenland, l'amazone Brunhild, qui devint épouse du roi Gunther et reine de Bourgogne. Son père, nommé *Sigmunt,* est roi des Pays-Bas (*Niderlant*), et réside à Santen, sur le Bas-Rhin.

Il est remarquable que le monument sépulcral du roi Siegbert (qui n'est qu'une autre manière d'écrire le même nom) élevé à Soissons, dans l'église de Saint-Médard, que ce prince avoit bâtie, montre le dragon sous les pieds du roi. La vie de ce malheureux prince offre encore une ressemblance avec celle du héros du poëme, en ce qu'il vainquit, comme Sigfrid, les Saxons et les Danois, et qu'il fut assassiné (en 575), à l'instigation de sa belle-sœur Frédégonde, comme Sigfrid, par les suggestions de Brunhild. Siegbert étoit roi d'Austrasie, dans laquelle se trouve *Santen*. *Guntran,* qui paroît être le même nom que Gunther ou *Gundard,* étoit son frère. Enfin, la femme de Siegbert s'appelle *Brunehild,* fille du roi des Visigoths, Atanahild d'Espagne, qui fut assassinée en 643. La version de l'histoire du poëme, dans l'*Edda,* nomme Sigurd (Sigfrid) le premier époux de Brunehild.

Voilà tous les personnages du poëme : quelques-uns rappellent des noms, d'autres la vie et les faits d'hommes illustres chez les Bourguignons, les Franks et les Goths des ve et vi^e siècles, à l'exception du margrave Rudiger, qui appartient à un cercle postérieur du ixe et du xe siècle : je citerai maintenant les principaux noms historiques de ces deux derniers siècles.

II. — IXe ET Xe SIÈCLE.

Le poëme nommé les *Russes,* qui paroissent sur la scène en 862, les Hongrois et les Huns, qui s'y montrent, d'après l'opinion ancienne, en 900. Entre les personnages qui accueillent les Bourguignons lorsqu'ils se rendent par la Bavière et l'Autriche chez Attila, en Hongrie, se trouve l'évêque *Piligrin* ou *Pilgerin de Passau* (en Bavière). C'est le grand apôtre des Hongrois. Il fut évêque d'une partie de Hongrie et d'Autriche, depuis 971 jusqu'à 991. Les Bourguignons le trouvent à Passau : il y reçoit *Chriemhild* comme sa nièce.

III. — XIe ET XIIe SIÈCLE.

Au XIe siècle seulement peut appartenir la mention des Polonais, et au XIIe celle de la ville de Vienne, bâtie en 1162.

Le grand génie de ce XIIe siècle qui sut réunir ces éléments épiques tels qu'ils s'étoient formés dans le cours de l'histoire des peuples germaniques, en attachant les héros de plusieurs époques au principal événement de l'histoire des Bourguignons, la défaite du roi Gunther par les Huns, ce grand génie, dis-je, a donné à son récit la couleur du moyen âge féodal et chevaleresque. Le poëme n'est donc historique, à proprement parler, que pour ce temps même, et ne présente des époques antérieures que l'image, transmise par la tradition populaire. Ainsi la cour de Gunther est celle d'un prince du xiie siècle : l'armure des héros, et toute la vie sociale, est celle du même temps ; les Huns du ve siècle vivent comme les Hongrois du xie.

Les notices détaillées sur l'origine et l'histoire de ce poëme épique (auquel on peut, avec beaucoup de probabilité, rapporter le passage célèbre de la vie de Charlemagne : « Item barbara et antiquissima carmina, quibus veterum regum actus et bella canebantur, scripsit memoriæque mandavit ») ont été recueillies par les savants *frères Grimm*, dans leur journal, le *Deutsche Walder*. La meilleure dissertation sur son importance nationale et sa beauté épique est de *M. Aug.-G. Schlegel*, dans le Musée germanique (Deutsches Museum), publié par *M. Frédéric Schlegel*.

La première édition, faite en 1757, par *Bodmer*, fut dédiée à Frédéric le Grand, au génie duquel n'échappa point la grandeur de la conception de ce poëme, qui ne fut cependant apprécié par la nation qu'au commencement de notre siècle. Publié successivement par *Hagen* et *Zeume*, il a été dernièrement imprimé, d'après le manuscrit le plus ancien, avec un talent de critique éminent, par le célèbre philologue de Berlin *M. Lachmann*.

Une traduction françoise de ce poëme, que les *Gœthe* et les *Schlegel* ont trouvé digne du nom de l'Iliade germanique, une traduction faite dans le style simple et naïf des chroniques, et précédée d'une notice historique et d'une analyse qui feroit ressortir la sublimité de la conception et les beautés de détail de cette épopée, obtiendroit un succès général. Elle demanderoit cependant un homme très-versé dans la littérature allemande ancienne, pour bien comprendre la langue dans laquelle le poëme original est écrit.

EXTRAIT

DU POEME DES NIBELUNGEN,

Écrit en 4316 strophes de quatre vers rimés (espèce d'alexandrins), divisé en quarante *aventures*.

Gunther, fils de Danckart et d'Ute, roi de Bourgogne, résidant à Worms, avoit deux frères, *Gernot* et *Giselher*, et une sœur, objet de leurs soins, nommée *Chriemhild;* leur cour étoit la première de ce temps, et les plus célèbres chevaliers y servoient ; la jeune princesse étoit également célèbre dans tout le monde par sa beauté et la noblesse de son cœur. Elle eut un songe : elle rêva que tenant dans ses mains un faucon, deux aigles se précipitoient sur lui et le tuoient. Sa mère lui expliqua ce songe : le faucon signifioit un noble chevalier qu'elle auroit pour époux, et qu'elle perdroit par une mort violente.

En ce temps-là il y avoit à Santen un héros qui par sa beauté et sa bravoure surpassoit tous les chevaliers : *Sigfrid*, fils de *Sigmunt* et de *Sigelint*. Après avoir tué un dragon dont le sang le rendoit invulnérable, à l'exception d'un endroit entre les deux épaules, après avoir vaincu les frères Nibelong et Schilbong, propriétaires d'un trésor, il alla à la cour de Worms pour demander la main de Chriembild. *Hagen*, le premier des chevaliers du roi, s'y opposoit; mais Sigfrid ayant rendu deux grands services au roi, le roi lui promit de lui donner sa fille en mariage.

Le premier service fut de combattre les puissants ennemis de Gunther, les Saxons et les Danois; le second fut de l'aider à vaincre la célèbre amazone *Brunhild*, reine d'Ijenlant; elle obligeoit tous ceux qui venoient demander sa main de combattre trois fois avec elle; ils perdoient la tête s'ils étoient vaincus, ils obtenoient la reine pour épouse s'ils réussissoient à la vaincre. Jusque ici tous avoient péri : Gunther auroit eu le même sort si Sigfrid ne l'avoit assisté invisiblement : un habit magique, qu'il avoit enlevé à un nain, *Albrich*, gardien du trésor des Nibelongs, lui procura cet avantage.

Brunhild, vaincue, fut emmenée à Worms, où l'on célébra les noces de Gunther et de Sigfrid. La fière Brunhild ne permit pas à Gunther d'user de ses droits : lorsqu'il s'approcha d'elle, elle le lia, et lui fit promettre de n'attenter jamais à sa virginité. Mais Sigfrid aida encore son beau-frère à vaincre la belle amazone : ils attachèrent une nuit Brunhild sans qu'elle s'en aperçût; elle cria merci, et devint dès lors épouse obéissante de Gunther.

Dans la lutte avec Brunhild, Sigfrid lui enleva sa ceinture, et l'emporta : cette ceinture fut la première cause de son malheur et de la chute de toute la maison de Bourgogne.

Chriembild, ayant découvert cette ceinture, tourmenta son mari par sa jalousie, jusqu'à ce que celui-ci, dans un moment de foiblesse, et contre la parole donnée à Gunther, trahit le mystère : il donna la ceinture de Brunhild à sa femme, qui de son côté lui promit de la garder secrètement.

Quelque temps après, les deux princesses se rendirent à l'église; Brunhild ne voulut pas permettre à l'épouse de Sigfrid, qui avoit été présentée comme vassale de Gunther, d'entrer à côté d'elle. Chriembild, offensée, lui montra la ceinture, et l'appela concubine de son mari. Brunhild jura de tirer vengeance de cet affront; elle accusa Sigfrid de s'être vanté d'avoir joui des faveurs de la reine : celui-ci prouva son innocence par un serment public. Le roi étoit satisfait, mais la reine appela Hagen, qui lui promit de la venger par la mort de Sigfrid. Il communiqua son dessein aux princes et au roi, qui céda aux insinuations du traître et aux larmes de sa femme. Hagen feignit la plus tendre amitié pour Sigfrid, et, voyant Chriembild, qui n'oublioit point son rêve, inquiète sur le sort de son mari, il lui promit de ne s'éloigner jamais de lui, en ajoutant toutefois que cela paroissoit assez inutile, puisque le héros était invulnérable. Alors Chriembild révéla à Hagen le point vulnérable, et marqua, par une croix rouge, l'endroit entre les épaules où le sang du dragon n'avoit pas pénétré.

Le succès de la trahison étant assuré, on arrangea une chasse sur une île

ÉCLAIRCISSEMENTS.

du Rhin; et lorsque le héros alla se désaltérer à une fontaine dans la forêt, Hagen le perça : il fit placer le corps inanimé de Sigfrid devant la porte de Chriemhild, qui le lendemain fut épouvantée de ce spectacle lorsqu'elle sortit de ses appartements.

La première partie du poëme se termine ici. Chriemhild vécut dans le deuil le plus profond pendant treize années, pleurant la perte de son mari et le trésor des Nibelongs, qu'on lui avoit enlevé.

Etzel, roi des Huns, ayant entendu parler de la gloire de Sigfrid et de la beauté de sa veuve, résolut, après la mort de sa première femme, *Helche*, de demander la main de Brunhild. L'idée de se remarier, et surtout à un païen, effraya Chriemhild : elle ne céda que lorsqu'un des vassaux allemands d'Etzel, le margrave Rudiger, lui promit de ne l'abandonner jamais, de l'aider à venger l'assassinat de son premier mari et l'enlèvement du trésor des Nibelongs.

Chriemhild épousa le roi des Huns, qui la reçut à Vienne.

Sa douleur continua, et sa soif de vengeance contre Hagen s'accrut. Elle feignit de mourir du désir de revoir ses parents. Etzel, pour la consoler, lui promit d'inviter toute la cour des Bourguignons à venir la voir. Gunther fut ainsi invité : Hagen lui conseilla de ne pas y aller, mais le roi partit avec mille soixante chevaliers et neuf mille de ses gens.

Arrivés au Danube, Hagen se fit prédire l'issue du voyage par les nymphes du fleuve, auquel il enleva leurs habits : elles lui déclarèrent que tous devoient périr dans cette expédition, hors le chapelain du roi. Hagen, pour faire mentir la destinée, précipita le prêtre dans le fleuve; mais celui-ci fut sauvé miraculeusement. Alors Hagen brisa le seul vaisseau sur lequel ils avoient traversé le Danube, et annonça à ses compagnons qu'ils ne retourneroient plus chez eux.

Etzel reçut ses hôtes avec cordialité; mais la reine ne cacha pas sa fureur contre Hagen. Elle tenta de le faire tuer lui seul; n'ayant pu réussir, elle résolut de les faire périr tous. Tandis que les héros de Bourgogne étoient assis à un banquet, le maréchal du roi arriva, tout ensanglanté, avec la nouvelle que ses neuf mille soldats avoient été massacrés par Blodel, frère d'Etzel, qu'il venoit de tuer. Hagen se lève, abat la tête du jeune prince, fils d'Etzel et de Chriemhild, assis à table, et se retire avec les autres Bourguignons au château qui leur avoit été assigné pour demeure. Les Huns envoyés par la reine, ne pouvant y pénétrer, mirent le feu aux quatre coins de la forteresse : les chevaliers de Bourgogne étouffèrent l'incendie sous les cadavres des ennemis et ranimèrent leurs forces épuisées en buvant du sang, d'après le conseil de Hagen, ce qui leur donna une rage et un courage invincibles.

Le lendemain, Rudiger et Théodoric cherchèrent en vain à obtenir le libre retour des Bourguignons : Chriemhild voulut la tête de Hagen, mais le roi refusa fortement de le livrer à sa vengeance. Rudiger, dont la fille devoit épouser le prince Giselher de Bourgogne, fut forcé, comme vassal d'Etzel, de renouveler l'attaque : après une scène attendrissante entre ce prince et Hagen, auquel il donna son bouclie (touché de l'héroïsme de son ennemi, qui lui demanda ce dernier signe de son estime), il attaqua les héros de Bourgogne : le prince Gernot tomba entre ses mains ; enfin, lui et Giselher périrent au même moment en combattant corps à corps l'un contre l'autre.

Les gens de Rudiger furent tous tués. Lorsque les vassaux de Dietrich, roi des Amelongs (Ostrogoths), apprirent cette nouvelle, ils demandèrent la permission d'enlever le corps du margrave. Le roi Gunther étoit disposé à la leur donner, mais Wolkner et Hagen exigèrent d'eux de venir le reconnoître parmi les autres morts. Ainsi commença une querelle qui eut pour suite un nouveau combat, où tous les hommes de Dietrich envoyés vers les Bourguignons restèrent sur la place.

Le grand prince des Amelongs s'avança alors vers Hildebrandt, le plus brave de ses compagnons. Il pria le roi de se livrer à lui avec le peu de héros qui vivoient encore : sous cette condition il promit de sauver leur vie.

Les fiers Bourguignons refusèrent de se rendre ; le héros des Ostrogoths vainquit le roi et Hagen, l'un après l'autre, et les emmena liés devant Chriemhild, en l'exhortant à respecter leur vie. Chriemhild parla d'abord à Hagen seul, en lui promettant la vie sauve s'il vouloit lui dire ce qu'étoit devenu le trésor des Nibelongs. Hagen refusa de trahir le secret tant que son roi vivroit. Chriemhild lui fit montrer aussitôt la tête de Gunther. En la voyant, Hagen lui dit qu'il avoit prévu sa cruauté, et qu'il avoit voulu la pousser jusqu'au meurtre de son propre frère ; il lui déclara qu'elle ne sauroit jamais le secret, que maintenant lui seul possédoit, après la mort de tous les princes de Bourgogne.

A ces mots, Chriemhild saisit un glaive, et fit voler la tête du héros. Hildebrandt, compagnon de Dietrich, à qui la garde de Hagen étoit confiée, saisi d'horreur, assomma la reine. Ainsi périrent les Bourguignons, et Etzel resta seul avec Dietrich pour pleurer les morts.

J'ajouterai à ces notes, communiquées par S. Exc. M. Bunsen, que les Allemands ont une tragédie d'Attila, de Warner. Il existe une Vie d'Attila, écrite dans le XIIe siècle par Juvencus Cæcilius Calanus Delmaticus, et une autre Vie écrite dans le XVIe, par Olaüs, archevêque d'Upsal. Il a paru dernièrement en Allemagne une Histoire des Huns.

FIN DES ÉCLAIRCISSEMENTS.

MÉLANGES HISTORIQUES

PRÉFACE.

Mes ouvrages historiques se composent de l'*Essai sur les Révolutions*, des *Mémoires touchant la vie et la mort de Mᵏʳ le duc de Berry*, de quelques articles nécrologiques, d'une *Notice sur la Vendée*, et de mes *Discours servant d'introduction à l'Histoire de France* : ceux-ci formeront la base de mon Histoire de France proprement dite.

Ce n'est pas que dans mes ouvrages littéraires et dans mes Voyages on ne trouve des morceaux d'histoire, entre autres le dernier chapitre sur l'avenir des nations, dans le *Génie du Christianisme*, et la *Mort de saint Louis*, dans l'*Itinéraire ;* mais ces morceaux ne sont point isolés, et ne peuvent être publiés à part.

C'est à la tête de mes *Discours d'introduction à l'Histoire de France* que je placerai ma Préface générale sur l'Histoire. Je n'ai donc que quelques mots à dire ici du volume que je donne maintenant au public.

Ce volume contient, avec l'*Histoire de la Vie de Mᵏʳ le duc de Berry*, l'écrit intitulé : *Le Roi est mort, vive le Roi !* la *Notice sur la Vendée;* les articles nécrologiques sur le général *Nansouty*, MM. de *La Harpe, Saint-Marcellin* et de *Fontanes*, enfin une sorte de traité de politique historique : *De la Restauration*, etc. Lorsque je déplorois la perte de M. de Saint-Marcellin et que j'essayois de consoler l'amitié, je ne me croyois pas appelé à parler sitôt après sur le tombeau de M. de Fontanes : voilà ce que c'est que de vivre.

La mémoire de Mᵏʳ le duc de Berry, de ce prince qui encourageoit les talents, qui honoroit la vertu militaire, cette auguste mémoire ne sera point offensée que j'aie placé comme sous sa protection la mémoire de deux hommes illustres dans les lettres, celle d'un général célèbre, celle d'un jeune malheureux, et le souvenir de cette Vendée, la France des Bourbons, quand il n'y avoit plus pour eux d'autre France.

J'ai représenté la famille royale dans des jours de douleur : les peintres ne manqueront pas pour les jours de prospérité; si mes portraits ne sont pas ceux d'un maître, ils sont du moins ressemblants. MONSIEUR, aujourd'hui le ROI, n'est-il pas toujours le prince *dont la conscience n'a rien à cacher à la terre?* Mgr le duc d'Angoulême, aujourd'hui Mgr le dauphin, n'est-il pas toujours *ce juste sur la foi duquel on peut se reposer?* La gloire qu'il a ajoutée à sa vie n'a pas changé le chrétien. MADAME, aujourd'hui Mme la dauphine, a-t-elle cessé d'être la femme représentée par ces traits : « Que lui importent les périls? est-il une douleur qui puisse se passer d'elle, une adversité qui l'ait jamais fait reculer? MADAME est accoutumée à regarder la révolution en face : ce n'étoit pas la première fois que la fille de Louis XVI et de Marie-Antoinette prenoit soin d'un frère mourant. »

J'ai reçu pour un travail trop au-dessous du sujet une récompense que j'estime plus que tous les honneurs de la terre : la mère de Mgr le duc de Bordeaux, cette jeune princesse le charme et l'amour de la France, a enseveli les *Mémoires* avec le noble cœur qui fut percé du poignard : que n'ai-je pu le ranimer!

L'écrit[1] où j'ai exprimé les regrets et les espérances de la France devoit naturellement se placer ici comme une page historique. En déplorant avec la patrie la mort du vénérable auteur de la Charte, je déplore celle de mon bienfaiteur.

Des pièces justificatives importantes ont été jointes aux Mémoires sur Mgr le duc de Berry : ce sont des lettres de Louis XVIII, de Charles X, de Mgr le dauphin, de Mgr le duc de Berry, de Mgr le prince de Condé, et un fragment du journal inédit.

Depuis plusieurs années, on a bien voulu me faire passer des réclamations très-justes ou des documents très-précieux relatifs à ma *Notice sur la Vendée*. J'aurois voulu y faire droit, j'aurois voulu nommer tout le monde; mais cela m'a été impossible : une *Notice* n'est point un *ouvrage complet*. Si jamais je puis conduire mon *Histoire de France* jusqu'à l'époque de la révolution, je réparerai les omissions auxquelles m'ont forcé les limites étroites d'un premier essai.

Depuis la restauration, on a beaucoup affecté de parler des Stuarts;

---

1. *Le Roi est mort : vive le Roi!*

PRÉFACE.

entendant leur nom retentir sans cesse à la tribune, j'ai voulu savoir ce qu'il en falloit croire.

L'*Essai historique* prouve que je m'étois autrefois occupé du règne de Charles Ier; j'en avois même écrit l'histoire complète. J'ai relu attentivement les mémoires latins et anglois des contemporains sur la matière; les historiens de nos jours, MM. Guizot, Lingard, Mazure, ont éclairé ma marche et ajouté à mon instruction; j'ai déterré quelques pièces peu connues. De tout cela il est résulté, non une histoire des Stuarts, que je ne voulois pas faire, mais une sorte de traité où les faits n'ont été placés que pour en tirer des conséquences politiques. Tantôt la narration est courte, lorsque aucun sujet de réflexion ne se présente ou qu'on n'est pas attaché par l'intérêt des événements; tantôt elle est longue, quand les réflexions en sortent avec abondance ou quand les événements sont pathétiques. Il n'y a personne qui n'ait lu quelque récit de la mort de Charles Ier; j'ose croire que de petits détails négligés des historiens frapperont les lecteurs dans la *Politique historique;* ils verront, par exemple, sur les anneaux scellés à l'échafaud, sur les deux hommes *masqués*, etc., des renseignements qui se trouvent consignés au procès des régicides et qui ajoutent à l'épouvante de la scène.

J'ai tâché de faire sentir les principales ressemblances et différences des deux révolutions, de la révolution de 1640 et de 1688, et de la révolution de 1789 et de 1814. Je me suis proposé de signaler les écueils, afin d'en rendre l'évitée plus facile; mais l'homme pervertit souvent les choses à son usage, et quand on lui croit offrir des leçons on ne lui fournit que des exemples.

Voyez, tome X, *Les quatre Stuarts.*

MÉMOIRES

LETTRES ET PIÈCES AUTHENTIQUE

TOUCHANT LA VIE ET LA MORT

DE

S. A. R. Mgr CHARLES-FERDINAND D'ARTOIS

FILS DE FRANCE

DUC DE BERRY

AVERTISSEMENT

DE LA PREMIÈRE ÉDITION.

Les *Mémoires* ont été composés sur les documents originaux les plus précieux : on le verra suffisamment par les pièces citées ou rapportées en entier dans l'ouvrage. Plusieurs personnes, que nous n'avons pas l'honneur de connoître, ont bien voulu aussi nous envoyer des renseignements dont nous nous empressons de les remercier. Quant aux ouvrages imprimés, nous avons fait usage de l'excellent recueil connu sous le nom de *Mémoires pour servir à l'histoire de la maison de Condé*. L'ouvrage de M. le marquis d'Ecquevilly, *Campagnes du corps sous les ordres de S. A. S. Mgr le prince de Condé*, nous a fourni une suite de dates et de faits exacts. Nous avons de plus consulté *Le Moniteur*, les journaux et divers écrits qui ont paru en France, en Angleterre et en Allemagne. Enfin, nous avons lu avec attention tout ce que le zèle et le talent ont dernièrement publié sur la vie et la mort de Mgr le duc de Berry. Ces *Mémoires* serviront aux historiens qui voudront un jour écrire sur les affaires de notre temps, et dès à présent ils apprendront à ceux qui peuvent l'ignorer ce que faisoient les Bourbons à une époque où la révolution cherchoit à justifier ses crimes par des calomnies, pour faire ensuite de ses calomnies le prétexte de ses crimes.

MÉMOIRES

SUR

S. A. R. MGR LE DUC DE BERRY

PREMIÈRE PARTIE.

VIE DE MGR LE DUC DE BERRY HORS DE FRANCE.

LIVRE PREMIER.

ÉDUCATION ET ÉMIGRATION DU PRINCE :
SA VIE MILITAIRE JUSQU'A LA RETRAITE DE L'ARMÉE
DE CONDÉ EN POLOGNE.

CHAPITRE PREMIER.

EXPOSITION.

Louis XIV emporta avec lui dans la tombe la splendeur de la monarchie. Le régent laissa perdre les mœurs : prince brave et voluptueux, qui ne permettoit pas qu'on troublât ses plaisirs, et qui du moins savoit maintenir la paix à la longueur de son épée. Sous Louis XV, l'ordre naturel des choses se dérangea : la médiocrité passa dans les hommes d'État, la supériorité dans les hommes privés. Il n'y eut plus d'histoire de France au dehors : elle se renferma toute dans le cabinet des ministres, le salon des maîtresses, la société des gens de lettres. Les vanités, principes des crimes parmi nous, s'exaltèrent. La mollesse de la vie contrastoit avec l'âpreté des doctrines : la monarchie tournoit à la république, parce que la licence des mœurs amenoit l'indépendance des opinions. La France fut enfin jetée par la révolution dans un abîme où elle a vécu trente ans. Elle eût été dévorée dans cette fosse aux lions si elle ne se fût cachée derrière la vertu de quelques justes issus du sang des rois.

Nous ne doutons point que nous n'ayons été rachetés par le mérite des enfants de saint Louis : quand le sang des Bourbons a cessé de couler pour notre gloire, il a coulé pour notre salut. Un nouvel holocauste vient d'être offert. Les générations présentes, accoutumées aux meurtres, se souviennent encore de l'assassinat de Henri IV; mais par-delà le couteau de Ravaillac elles ne connoissent plus rien. Veulent-elles néanmoins se faire une idée de la grandeur du dernier sacrifice; veulent-elles apprendre tout ce qui a été immolé dans la personne de Mgr le duc de Berry, il faut qu'elles connoissent la race du prince.

CHAPITRE II.

DES BOURBONS.

Saint Louis eut six fils. L'aîné, Philippe le Hardi, lui succéda, et sa postérité occupa le trône jusqu'à la mort de Henri III. Le dernier des fils de saint Louis, Robert, comte de Clermont, épousa Béatrix de Bourgogne, fille unique de Jean de Bourgogne et d'Agnès de Bourbon : celle-ci étoit l'héritière de la branche aînée des sires de Bourbon, ancienne lignée dite des Archambault, d'où sortit, par Guillaume de Dampierre, la seconde maison des comtes de Flandre.

Charles le Bel érigea en duché-pairie le comté de Bourbon pour Louis Ier, comte de Bourbon, fils aîné de Robert. Charles obligea Louis à quitter le nom de Clermont pour prendre celui de Bourbon, parce qu'il vouloit réunir à la couronne la terre de Clermont, où il étoit né, laquelle terre avoit été donnée par saint Louis à son fils Robert. Philippe de Valois rendit le comté de Clermont aux descendants de Robert; mais le nom de Bourbon resta à cette branche royale. Dans les lettres d'érection du duché de Bourbon par Charles le Bel, on lit ces paroles prophétiques : « Le roi a érigé en duché-pairie le comté de Bourbon en considération des richesses, des services et de la générosité des princes de cette maison. Comme ils sont du sang royal, il se tient honoré de leur élévation, et il espère que ses successeurs seront soutenus par la grandeur de ces princes. »

Ainsi Dieu, partageant les enfants de Robert le Fort, dans la personne de saint Louis, en deux familles, donna le sceptre à l'une, et mit l'autre en réserve dans un rang moins élevé pour y conserver ces vertus qui s'usent quelquefois sur le trône. Sujets avant d'être rois, les Bourbons moururent pour les François avant que les François mourussent pour eux : Pierre de Bourbon fut tué à la journée de Poitiers, Louis de Bourbon à celle d'Azincourt, François de Bourbon à celle de Sainte-Brigide, Antoine de Bourbon au siége de Rouen. Les femmes de cette famille donnèrent de grands monarques à la France, en attendant le règne de la lignée masculine : Marguerite de Bourbon, duchesse de Savoie, fut l'aïeule de François Ier. Lorsque les Bourbons, alliés à plus de huit cents familles militaires, eurent reçu tout ce qu'il y avoit d'héroïque dans le sang françois, la Providence fit paroître Henri IV et les Condé.

CHAPITRE III.

GRANDEUR DE LA MAISON DE FRANCE.

Quand il n'y auroit dans la France que cette Maison de France dont la majesté étonne, encore pourrions-nous en fait de gloire en remontrer à toutes les nations et porter un défi à l'histoire. Les Capets régnoient lorsque tous les autres souverains de l'Europe étoient encore sujets. Les vassaux de nos rois sont devenus rois : les uns ont conquis l'Angleterre, les autres ont régné en Écosse; ceux-ci ont chassé les Sarrasins de l'Espagne et de l'Italie, ceux-là ont formé les États de Portugal, de Naples et de Sicile. La Navarre et la Castille, les trônes de Léon et d'Aragon, les royaumes d'Arménie, de Constantinople et de Jérusalem ont été occupés par des princes du sang capétien. En 1380, plus de quinze branches composoient la Maison de France, et cinq monarques de cette Maison régnoient ensemble dans six monarchies diverses, sans compter un duc de Bretagne et un duc de Bourgogne. En tout, une seule famille a produit cent quatorze souverains : trente-six rois de France depuis Eudes jusqu'à Louis XVIII; vingt-deux rois de Portugal, onze rois de Naples et de Sicile, quatre rois de toutes les Espagnes et des Indes, trois rois de Hongrie, trois empereurs de Constantinople, trois rois de Navarre de la branche d'Évreux, et Antoine de la maison de Bourbon, dix-sept ducs de Bourgogne de la première et de la seconde maison, douze ducs de Bretagne, deux ducs de Lorraine et de Bar. Il faut se représenter dans cette nation, plutôt que dans cette famille de rois, une foule de grands hommes : ces souverains nous ont transmis leurs noms avec des titres que la postérité a reconnus authentiques : les uns sont appelés *auguste, saint, pieux, grand, courtois, hardi, sage, victorieux, bien-aimé;* les autres, *père du peuple, père des lettres.* « Comme il est écrit par blâme, dit un vieil historien [1], que tous les bons roys seroient aisément pourtraits en un anneau, les mauvais roys de France y pourroient mieux, tant le nombre en est petit! » Sous la famille royale, les ténèbres de la barbarie se dissipent, la langue se forme, les lettres et les arts produisent leurs chefs-d'œuvre, nos villes s'embellissent, nos monuments s'élèvent, nos chemins s'ouvrent, nos ports se creusent, nos armées étonnent l'Europe et l'Asie, et nos flottes couvrent les deux mers. Ajoutez plus de mille ans d'antiquité à cette race : eh bien! la révolution a livré tout cela au couteau de Louvel !

CHAPITRE IV.

NAISSANCE ET ENFANCE DE Mgr LE DUC DE BERRY.

La France pleurera longtemps Mgr le duc de Berry; elle peut dire de lui ce que Plutarque dit de Philopœmen par rapport à la Grèce : « La Grèce l'aima singulièrement comme le dernier homme de vertus qu'elle eût porté dans sa vieillesse. » Il naquit à Versailles, le 24 janvier 1778. Il eut pour père Charles-Philippe de France, comte d'Artois, aujourd'hui Monsieur, frère du roi, et pour mère Marie-Thérèse de Savoie. Son frère aîné, Louis-Antoine de France, duc d'Angoulême, étoit né à Versailles, le 6 août 1775, et avoit par conséquent deux ans six mois dix-huit jours plus que lui.

Mgr le duc de Berry eut pour gouvernante Mme la comtesse de Caumont. La première enfance du prince fut pénible. A l'âge de cinq ans et demi, il fut remis à la garde de M. le duc de Sérent, qui déjà exerçoit la charge de gouverneur de Mgr le duc d'Angoulême. Ce respectable vieillard se consoloit encore il y a quelques mois d'avoir perdu ses deux fils dans les guerres de Bretagne en voyant prospérer les deux autres fils qu'il avoit élevés pour la France : il ne se console plus aujourd'hui.

Les princes allèrent s'établir pour leur éducation à Beauregard : c'étoit un château où l'on voyoit un de ces grands bois [2] de tout temps

---

[1]. Du Tillet, *Recueil des Rois de France.*

[2]. *Arbores quæ ab antiquo servatæ et fotæ fuerunt, propter decorum et amœnitatem maneriorum.* (Ordonn. des rois de France.)

réservés en France pour l'ornement des maisons de campagne. Ce château et ces jardins existent encore, ainsi qu'une pièce d'eau à laquelle les enfants de France ont travaillé.

Ce fut dans cette solitude, tout auprès des pompes de Versailles, qui dévoient bientôt cesser, que M. le duc de Sérent prépara sans le savoir contre les rigueurs de l'infortune ceux qu'il ne croyoit avoir à défendre que des séductions de la prospérité. Les sous-gouverneurs des jeunes princes furent MM. de Buffevent, de La Bourdonnaye et d'Arbouville. Ils eurent pour sous-précepteurs l'abbé Marie, savant dans les mathématiques, et l'abbé Guénée, qui a su tourner contre Voltaire l'arme avec laquelle ce beau génie attaquoit la religion. Les illustres élèves revenus en France n'ont point oublié leurs précepteurs : après vingt-cinq ans d'exil et la chute d'un empire, ils se sont rappelé, au milieu de tant de souvenirs, l'homme de bien dont ils reçurent les leçons. Ces pieux disciples ont fait ériger à Fontainebleau, où l'abbé Guénée est mort, un monument à sa mémoire : il étoit touchant de les voir soutenir d'une main le trône rétabli et de l'autre élever la tombe de leur humble maître.

CHAPITRE V.

TRAITS DE L'ENFANCE DU PRINCE.

Les deux frères montrèrent des inclinations différentes : Mᵍʳ le duc d'Angoulême avoit un penchant décidé pour les sciences, Mᵍʳ le duc de Berry pour les arts. Celui-ci offroit comme un mélange de l'esprit des Bourbons et des Valois : par sa mère et par ses aïeules, il tenoit quelque chose du génie de l'Italie.

On raconte mille traits ingénieux de son enfance. Il étoit fougueux comme l'élève de Fénelon, mais plein de saillies d'esprit et d'effusions de cœur. « Si fut enfant plaisant de visage et assez couloure. Si étoit avenant, joyeux en tous ses enfantibles faicts [1]. » On lut un jour au petit prince quelques scènes du *Misanthrope*; le lendemain un des maîtres composa une fable : la morale de cette fable étoit que Mᵍʳ le duc de Berry n'apprenoit rien et ne se souvenoit point de ses lectures. Le maître, ayant fini, demanda à Son Altesse Royale ce qu'elle pensoit de ce morceau. L'enfant repartit brusquement :

« Franchement, il est bon à mettre au cabinet. »

1. *Mémoires de Boucicaut.*

Un M. Rochon, maître d'écriture des jeunes princes, avoit éprouvé une perte considérable causée par un incendie. Mgr le duc de Berry pria son gouverneur de lui donner vingt-cinq louis pour le pauvre Rochon. M. le duc de Sérent y consentit, mais à condition que le prince satisferoit son maître pendant quinze jours, sans lui parler des vingt-cinq louis. Voilà Monseigneur à l'ouvrage : il trace de grandes lettres, le moins de travers possible. Rochon s'émerveille à ce changement subit, et ne cesse d'applaudir à son élève. Les quinze jours se passent : Mgr le duc de Berry reçoit les vingt-cinq louis et les porte triomphant à Rochon. Celui-ci, ne sachant si le gouverneur consentoit à cette générosité, refuse de recevoir l'argent. L'enfant insiste; le maître se défend. L'impatience saisit le jeune prince, qui s'écrie en jetant les vingt-cinq louis sur la table : « Prenez-les, ils m'ont coûté assez cher : c'est pour cela que j'écris si bien depuis quinze jours ! »

CHAPITRE VI.

ÉMIGRATION DE MGR LE DUC D'ANGOULÊME ET DE MGR LE DUC DE BERRY.

Le temps du malheur approchoit ; Mgr le duc d'Angoulême et Mgr le duc de Berry ne devoient pas jouir même du repos de l'enfance. Leur éducation commençoit à peine, que déjà la monarchie finissoit. On leur enseignoit à être rois, et l'adversité alloit leur apprendre à devenir hommes.

Les têtes des premières victimes avoient été promenées dans Paris; la Bastille étoit tombée. La famille royale, menacée, fut obligée de se retirer : le roi même lui en donna l'ordre. Mgr le comte d'Artois partit pour les Pays-Bas[1], et laissa à M. le duc de Sérent le soin de lui amener ses deux fils.

Le péril étoit grand ; il falloit traverser le royaume, sans escorte, au milieu des insurrections. Chargé de la fortune et de l'espoir de la France, M. le duc de Sérent cacha son projet aux jeunes princes. Il leur dit qu'il alloit les mener voir en garnison un régiment de hussards qu'ils avoient aperçu sur le chemin et dont ils ne cessoient de lui parler. Les enfants montent avec joie, la nuit, dans une chaise de poste qu'on avoit préparée secrètement : ils croyoient aller à une fête, et ils quittoient leur patrie. M. le duc de Sérent ne dut son salut et

---

1. Le 16 juillet 1789.

celui de ses élèves qu'à la rapidité de sa course. A peine avoit-il quitté Péronne, qu'une sédition éclata dans cette ville. Lorsqu'il fut prêt à passer la frontière, il apprit aux princes, toujours enchantés du voyage, le but réel de ce voyage et la proscription dont ils étoient l'objet : ils jetèrent alors autour d'eux un regard attendri et étonné. Mgr le duc de Berry dit vivement à son gouverneur : « Nous reviendrons. » Malheureux prince, vous êtes revenu !

Des Pays-Bas, M. le duc de Sérent conduisit ses élèves à Turin [1], où ils furent reçus par leur oncle le roi de Sardaigne, qui avec son auguste famille ne cessa de montrer le plus généreux attachement à la Maison de France.

CHAPITRE VII.

Mgr LE DUC DE BERRY A TURIN.

Mgr le duc de Berry amusoit toute la cour par ses reparties et sa vivacité. On retrouvoit en lui, à cette époque, quelques-unes des singularités des divers personnages que l'on avoit vus paroître à Turin depuis le brillant comte de Grammont jusqu'à ces Vendôme, braves, spirituels, insouciants, qui, négligeant tout dans la vie, ne soignoient que leurs victoires.

Mgr le duc d'Angoulême et Mgr le duc de Berry étudièrent un excellent plan d'éducation militaire, tracé par M. le duc de Sérent. Ce plan, formé pour la France, fut, par un changement devenu nécessaire, rendu applicable à un terrain étranger. On se servit des marches de Charles VIII, de Louis XII, de François Ier et de Catinat, héros à Marsaille, solitaire à Saint-Gratien, indifférent aux honneurs, parce qu'il les méritoit tous.

Il y avoit à Turin une bonne école d'artillerie ; Mgr le duc d'Angoulême et Mgr le duc de Berry en suivirent les exercices. Ils passèrent par tous les grades, depuis le rang de simple canonnier jusqu'à celui de capitaine. Ils chargeoient, pointoient et tiroient leurs pièces avec rapidité et précision. Ils fondirent deux canons, sur lesquels leurs noms furent gravés. Un de ces canons tomba entre les mains des François lors de l'invasion du Piémont ; on le voyoit encore il y a quelque temps dans un de nos dépôts d'artillerie : singulier monument de nos conquêtes et des jeux de la fortune !

---

1. Octobre 1789.

Cependant les troubles de la révolution croissant commençoient à menacer les États voisins : l'Europe se disposoit à la guerre. Ce fut alors que Mgr le duc de Berry écrivit cette lettre à son père; c'est le premier cri de l'honneur dans le cœur d'un François et d'un Bourbon [1] :

« Avec quel plaisir nous avons appris la lettre du régiment de Berwick et votre réponse, ainsi que celle de Monsieur ! Ah ! que ne suis-je près de vous ! je voudrois bien voir ces bons soldats et me battre avec eux; je leur dirois comme notre Henri : *Camarades, si dans la chaleur du combat vous perdez vos drapeaux, ralliez-vous à mon panache blanc, qui ne sera jamais qu'au chemin de l'honneur.* Cette pensée m'a fait bouillir le sang dans les veines. Marchons, mon cher papa, pour rendre la liberté à notre malheureux roi ; trente-deux officiers du régiment de Vexin sont arrivés à Nice, remplis de zèle et de courage; je n'en manque pas non plus, et suis prêt à me bien battre. »

CHAPITRE VIII.

DÉPART DE Mgr LE DUC D'ANGOULÊME ET DE Mgr LE DUC DE BERRY POUR L'ARMÉE DES PRINCES.

L'Assemblée nationale déclara la guerre à l'Autriche et à la Prusse [2]. Les deux princes, partis de Turin, vinrent rejoindre Mgr le comte d'Artois, pour faire sous les ordres de Monsieur et sous ceux de leur auguste père cette campagne, qui devoit tout finir et qui commença tout. Beaucoup d'émigrés n'avoient rien apporté avec eux; quelques-uns déployoient les dernières marques de la fortune. Les différents corps d'officiers de l'armée faisoient le service de soldats; la marine étoit à cheval; les gentilshommes, formés en compagnies, se distinguoient par le nom de leurs provinces. On étoit gai, parce qu'on étoit sous la tente, qu'on alloit puiser l'eau, couper le bois, préparer les vivres, et qu'on entendoit le son de la trompette. La pauvre noblesse remplissoit son devoir sans y penser, tout simplement, comme on respire et comme on vit. Elle ne regrettoit point ce qu'elle avoit perdu; d'ailleurs, elle le croyoit bientôt retrouver : elle espéroit revoir à la fin de l'automne son magnifique héritage, la bruyère, le grand bois, le vieux colombier. Que d'aventures à conter ! que de desseins pour le jour du retour! Dans tous les temps, les François ont été les mêmes : peuple essentiellement guerrier, les camps, où il retrouve ses vertus, lui

---

1. Turin, 15 août 1791.   2. Août 1792.

ont fait oublier ses misères, soit qu'il ait eu pour étendard la chape de saint Martin ou la cornette blanche, soit qu'il ait commencé la charge au refrain de la *chanson de Roland* ou au cri de *vive le roi!*

Mgr le duc de Berry eut le plaisir d'aller au premier feu devant Thionville. Les compagnies bretonnes se trouvant parmi les plus avancées vers la place, il leur disoit : « Je voudrois être Breton pour voir de plus près l'ennemi. » C'est une dure nécessité pour l'homme de s'habituer à la vue du sang; et, ce qu'il y a de plus malheureux, plusieurs vertus dépendent de la force d'âme qui fait le guerrier.

CHAPTRE IX.

RETRAITE DE CHAMPAGNE.
LE PRINCE ACHÈVE SON ÉDUCATION MILITAIRE, ET VA REJOINDRE L'ARMÉE DE CONDÉ.

Après la retraite de Champagne, le changement des événements, les jalousies politiques, les différents intérêts des divers cabinets, retinrent les princes oisifs jusqu'en 1794. Pendant ce temps-là, la monarchie disparut, et Louis XVI en montant au ciel laissa le drapeau de cette monarchie au prince de Condé. Mgr le duc de Berry brûloit de se ranger sous cette bannière; mais il falloit attendre l'ordre des rois afin qu'un fils de France pût tirer l'épée. Mgr le duc d'Angoulême et Mgr le duc de Berry, retirés au château de Ham, profitèrent de ce repos pour perfectionner leur éducation militaire. Ils devinrent d'excellents cavaliers, en suivant le conseil d'un grand homme de l'antiquité[1], qui veut que *le maître de la cavalerie* commence ses revues par de pieux sacrifices. Rien n'étoit agréable comme de voir Mgr le duc de Berry, si jeune encore, manier avec adresse des chevaux fougueux; créatures de Dieu si nobles par elles-mêmes, qu'elles ont donné leur nom aux classes de la société humaine les plus distinguées, les plus braves et les plus généreuses.

Dans le cours de l'année 1794, Mgr le duc d'Angoulême alla rejoindre, avec son père, Mgr le comte d'Artois, les corps d'émigrés françois qui combattoient dans la Flandre autrichienne et dans la Hollande. Mgr le duc de Berry, à peine âgé de seize ans, obtint la permission de se rendre à l'armée de Condé. Dans son transport, il écrivit sur-le-champ au prince sous les yeux duquel il alloit combattre[2] : « Monsieur

---

1. ΞΕΝΟΦ. Ἱππαρχικός.   2. Ham, 27 juin 1794.

mon cousin, je ne puis vous exprimer la joie que j'ai éprouvée lorsque mon père m'a annoncé que j'allois servir sous vos ordres. J'ai une grande impatience de vous voir ainsi que tous les braves gentilshommes que vous commandez. Je suis gentilhomme comme eux; c'est un titre dont je m'honore, et j'espère que vous trouverez en moi la même soumission et surtout le même zèle. »

Un mois après, il avoit rejoint l'armée. Il arriva le 28 juillet à Rastadt, accompagné du comte de Damas-Cruz[1] et du chevalier de Lageard. Le prince de Condé, en le recevant et le serrant dans ses bras, lui dit : « Je crains bien, monseigneur, que nous ne vous amusions pas autant cette campagne que nous aurions pu le faire l'année dernière; mais ce n'est pas ma faute. « Ces *amusements* d'un Condé convenoient parfaitement à un fils de France.

CHAPITRE X.

ARMÉE DE CONDÉ.

A la fin de la monarchie, les gentilshommes françois redevinrent ce qu'ils avoient été au commencement de cette monarchie, et tels que les anciennes ordonnances de nos rois nous les représentent : « *Nobles hommes à pied, armés d'une tunique, d'une gambière et d'un bassinet*[2]. » Ils rajeunirent leur noblesse dans ses sources, c'est-à-dire dans les combats : tout soldat françois a ses lettres de noblesse écrites sur sa cartouche. L'armée de Condé, souvent contrainte de se replier avec les grandes armées dont elle subissoit les fautes, ne fut jamais défaite. Hors de la portée du canon, elle marchoit sans discipline : généraux, officiers, soldats, tous égaux, n'obéissoient presque plus; au feu, elle serroit ses rangs et s'alignoit sous le boulet ennemi. Pendant neuf campagnes, elle n'eut pas une nuit de sommeil; cent mille guerriers dormoient en paix derrière elle. Qu'avoient-ils à craindre? Trois Condé étoient à leurs avant-postes.

Lorsque Mgr le duc de Berry rejoignit l'armée de Condé, elle étoit à sa troisième campagne; elle avoit emporté avec les Autrichiens les lignes de Weissembourg, et dans la brillante affaire de Berstheim elle avoit empêché les républicains de percer la ligne des alliés. Ce fut

1. Frère de M. le duc de Damas, premier gentilhomme de Mgr le duc d'Angoulême.

2. *Nobilis homo pedes, armatus tunica, camberata et bassineto.* (Ordonn. des rois de France.)

dans ce combat que les trois Condé, renouvelant l'aventure de la bataille de Senef, déployèrent une valeur héroïque : le vieux Condé, dans le village même de Berstheim, qu'il reprit à la tête des gentilshommes à pied [1]; le duc de Bourbon, en avant du village, dans une charge de cavalerie où il fut grièvement blessé d'un coup de sabre au poignet; le duc d'Enghien, dans une autre charge de cavalerie, par laquelle il s'empara d'une pièce de canon, après avoir eu ses habits percés de balles et de coups de baïonnette. « Vous êtes à l'âge et vous portez le nom du vainqueur de Rocroy, lui écrivoit à cette occasion Monsieur, régent du royaume; son sang coule dans vos veines; vous avez devant les yeux l'exemple d'un père et d'un grand-père au-dessus de tous les éloges : que de motifs d'espérer que vous serez un jour la gloire et l'appui de l'État! »

Quand on songe à ce qu'on a fait de *cette gloire et de cet appui de l'État,* ces belles paroles fendent le cœur. Le jeune d'Enghien devint le frère d'armes du jeune Berry ; ces princes se sentoient unis par une même destinée : « *Saül et Jonathas, si aimables durant leur vie, plus prompts que les aigles et plus courageux que les lions, sont demeurés inséparables dans leur mort même* [2]. »

Mgr le duc de Berry se trouvoit à une grande école : amis et ennemis lui offroient également des exemples; c'étoient partout des François. Les uns défendoient le roi, les autres la France : dans les deux camps étoit la gloire, également attirée par l'éclat des succès et par la noblesse des revers.

CHAPITRE XI.

Mgr LE DUC DE BERRY A L'ARMÉE DE CONDÉ.

Le lendemain de l'arrivée du fils de France, le prince de Condé tint un conseil secret. Il recommanda à M. le baron de La Rochefoucauld, maréchal des logis, de veiller à la sûreté de Mgr le duc de Berry : « Mais prenez garde qu'il ne s'en aperçoive, ajouta-t-il, car il s'en fâcheroit. » C'est de la surveillance à la manière des héros ; les balles sont plus faciles à conjurer que les poignards.

Mgr le prince de Condé remercia S. A. R. Mgr le comte d'Artois de la marque de confiance qu'il avoit bien voulu lui donner en lui envoyant son fils; il l'assuroit qu'*il prendroit le plus vif intérêt aux succès*

---

1. 2 décembre 1793.   2. *Reg.* b. II, cap. I.

certains du jeune prince, doué par le ciel des plus heureuses dispositions [1]. Mgr le duc de Berry servit d'abord comme volontaire. Mgr le prince de Condé lui présenta les officiers les plus distingués de l'armée et ceux qui avoient été blessés dans les campagnes précédentes. Le jeune prince se fit remarquer par son amour pour la discipline et par son empressement à se soumettre aux règlements militaires. Il ne se plaignoit jamais que des usages étrangers à la France. « Il faut, s'écrioit-il, aller prendre les grosses bottes et tout l'attirail d'un Prussien, moi qui suis François autant que possible [2]. » Il étudioit les nouveaux et les anciens champs de bataille. Il visita Philipsbourg, où périt le maréchal de Berwick, et le champ de Saltzbach, où tomba Turenne. Il vouloit assister aux moindres affaires. Lorsqu'on lui représentoit qu'il se feroit blesser : « Tant mieux! disoit-il, cela fait honneur à une famille. » Il écrivoit à une femme : « La guerre va commencer. Nous en serons, nous autres princes. Il faut espérer, pour l'honneur du corps, que quelqu'un de nous s'y fera tuer. » Un billet de la même année [3] montre la gaieté guerrière du prince ; il est adressé au jeune vicomte César de Chastellux :

« Votre aimable lettre m'a fait un grand plaisir, mon cher *César* ; je suis charmé du désir que vous me montrez d'imiter votre prédécesseur et d'entrer dans les Gaules ; vous y trouveriez des Vercingetorix, des Dumnorix en grande quantité ; mais je ne doute point que votre courage et la cause que vous soutiendriez ne vous les fissent vaincre aisément. J'espère que sous peu d'années vous pourrez vous montrer digne de votre prédécesseur et de vos respectables parents. »

CHAPITRE XII.

SUITE DU PRÉCÉDENT.
BRAVOURE DU PRINCE. SA RÉPARATION ENVERS UN OFFICIER.

Monseigneur le duc de Berry passa par tous les grades militaires [4], et prit le 23 juillet 1796 le commandement de la cavalerie, en remplacement de Mgr le duc d'Enghien, qui prit celui de l'avant-garde. Placé entre l'ancienne gloire et la nouvelle gloire de la France, le duc d'Enghien étoit toujours le premier homme que rencontroit

---

1. Août 1794. *Lettre du prince de Condé à S. A. R. Mgr le comte d'Artois.*
2. *Lettre à M. le comte d'Hautefort.* 3. Rastadt, 10 août 1794.
4. 1795, 1796, 1797.

l'ennemi. Dans les campagnes de 1795, 1796 et 1797, M⁣ɢʳ le duc de Berry se trouva présent à tous les combats. A l'affaire de Steinstadt, qui dura toute la journée, l'avant-garde de l'armée de Condé fut chargée de l'attaque du village. Mᵍʳ le duc de Berry échappe aux officiers qui l'entouroient, entre dans le village avec les premiers hussards qu'il rencontre, le traverse au milieu d'un feu terrible, s'y maintient plusieurs heures, sous une pluie de bombes et de boulets, et revient tout couvert de sang et de la cervelle d'un brave officier du génie nommé Dumoulin, tué auprès de lui par un obus.

A la tête du pont d'Huningue, Mᵍʳ le duc de Berry visitoit les ouvrages. Il s'étoit arrêté sur le revers de la tranchée avec quelques officiers. Ce groupe attira le feu de deux pièces de canon placées de l'autre côté du Rhin. Les boulets portèrent et couvrirent de terre le jeune prince, qui ne fut sauvé que par le gabion même renversé sur lui.

A Kamlach, à Munich, à Schussen-Ried, Mᵍʳ le duc de Berry combattit encore. Il étudia les mouvements du général Moreau dans sa belle retraite, prenant des leçons de cet habile ennemi. Il sollicita de l'archiduc Charles la faveur de suivre le siége de Kehl : le chevalier de Franclieu, aide de camp de Mᵍʳ le duc de Bourbon, fut tué dans les ouvrages à ses côtés. A Offembourg il alloit journellement à la tranchée; et, comme il le dit lui-même dans une de ses lettres, il entendit *siffler force boulets, obus et mitraille* [1].

L'exactitude que Mᵍʳ le duc de Berry mettoit dans ses devoirs militaires, il la vouloit trouver dans les autres. Sa vivacité l'emportoit quelquefois. Il avoit blessé par des paroles sévères, à la parade, un officier général : celui-ci fit une réponse hardie, que ses camarades essayèrent en vain de couvrir de leurs voix; le prince l'entendit, et cacha son émotion. Il laissa partir la colonne, fit ensuite appeler l'officier, l'emmena dans un bois avec des témoins, et lui dit : « Monsieur, je crains de vous avoir offensé; ici je ne suis point un prince, je suis un gentilhomme françois comme vous; me voici prêt à vous donner toutes les satisfactions que vous exigerez. » Et il met l'épée à la main. L'officier tombe à genoux, et baise cette noble main qui vouloit non faire une blessure, mais panser celle de l'honneur : c'est Henri IV et Schomberg.

1. *Lettre à M. le comte d'Hautefort.*

CHAPITRE XIII.

LOUIS XVIII EST PROCLAMÉ A L'ARMÉE DE CONDÉ.

L'armée de Condé offroit l'image d'un camp des premiers Francs ; c'étoit toute une patrie : on y trouvoit des princes logés sur des chariots, des magistrats à cheval, des missionnaires enseignant l'Évangile et distribuant la justice. En même temps que l'on se battoit, on s'occupoit des affaires domestiques et de celles de la religion et de l'État : tantôt, après un assaut ou une poursuite, on relevoit une croix que les républicains avoient abattue ; tantôt on versoit des larmes aux récits de quelques gentilshommes-soldats qui étoient parvenus à voir l'orpheline du Temple. On s'inquiétoit des destinées futures de l'armée : que deviendroit-elle ? que feroit-elle ? Le prince Charles l'avoit louée dans un ordre du jour ; on étoit ravi : tous les maux étoient oubliés. Les corps étoient prêts à se dissoudre faute des premières nécessités militaires ; on étoit consterné : tout à coup M. le duc de Richelieu arrivoit avec un peu d'or, et le loyal petit-fils du brave maréchal faisoit renaître l'espérance. Sous la tente, au bivouac, autour du feu des grands-gardes, on redisoit des aventures étranges, on racontoit des histoires de son enfance, de sa famille, de son pays, et oubliant les injustices de la France, on admiroit même les victoires des François.

Le 14 juin 1795, on apprit au cantonnement de Steinstadt la mort de Louis XVII. Le 16 au matin l'armée prit les armes. Un autel fut dressé à la lisière d'un taillis : un aumônier y célébra la messe. Après le service divin, Mgr le prince de Condé, accompagné de Mgrs les ducs de Berry, de Bourbon et d'Enghien, se tourna vers l'armée, et dit :

« Messieurs, Mgr le duc de Berry m'ordonne de prendre la parole. A peine les tombeaux de Louis XVI, de la reine et de leur auguste sœur se sont-ils fermés, que nous les voyons se rouvrir pour réunir à ces augustes victimes l'objet le plus intéressant de notre amour, de nos espérances et de nos regrets... Après avoir invoqué le Dieu des miséricordes pour le roi que nous perdons, prions le Dieu des armées de prolonger les jours du roi qu'il nous donne. *Le roi Louis XVII est mort ; Vive le roi Louis XVIII !* »

Le canon répondit au cri de l'héritier du grand Condé. Mgr le duc de Berry éleva un drapeau blanc, et sur ce pavois du nouveau Champ de Mars proclama le premier le monarque qui devoit lui fermer les yeux.

CHAPITRE XIV.

LE ROI A L'ARMÉE DE CONDÉ.

Ce monarque étoit attendu à l'armée. Il y vint en effet, *n'ayant plus d'asile* (comme il le dit lui-même dans son ordre du jour), *hors celui de l'honneur*. Son arrivée excita une grande joie. A la sollicitation de Mgr le duc de Berry, tous les militaires retenus en prison ou aux arrêts pour quelques fautes furent mis en liberté. On étala pour l'entrée du roi dans son nouveau Louvre toutes les pompes de l'armée : on fit tirer le canon, battre les tambours et sonner les trompettes ; on n'avoit pas d'autre musique. On rangea en bataille des soldats à peine vêtus, le visage noirci par la fumée de la poudre, par le soleil et les frimas ; on déploya des drapeaux blancs déchirés, percés de boulets, criblés de balles, et semblables à cette oriflamme usée par la gloire que l'on voyoit dans le trésor de Saint-Denis.

Le monarque banni voulut se montrer à son autre armée, à l'armée républicaine qui bordoit la rive gauche du Rhin. Il alla aux gardes avancées : des paroles furent échangées entre lui et les postes françois. Cette périlleuse conversation, établie par le roi avec ses sujets égarés, remplit les républicains d'admiration et d'étonnement.

Malheureusement la joie causée par la présence du roi fut de courte durée. La grand ombre de la vieille monarchie effrayoit les ministres des puissances : Charlemagne avec sa peau de loutre, et Louis XIV avec son manteau royal, leur apparoissoient. Un roi de France proscrit, à la tête de quelques exilés, leur sembloit menacer le monde. La politique crut revoir un maître, et le força de se retirer. Circonspection inutile ; le génie et le temps ont placé le pouvoir dans cette famille de France : sans trône, elle seroit encore souveraine, et n'a besoin que de son nom pour régner.

Toutefois Louis XVIII demeura assez de temps à l'armée de Condé pour montrer l'intrépidité naturelle à nos monarques. Un assassin (car les Bourbons n'ont plus à combattre que des assassins) tira au roi, par une fenêtre de Dillingen, un coup de carabine : la balle effleura le haut de la tête. Le roi, portant la main au front, se contenta de dire : « Une demi-ligne plus bas, et le roi de France s'appeloit Charles X. »

Pendant le séjour du roi à l'armée de Condé, il assista au service que cette armée fit célébrer à la mémoire de Charette. Placé entre

Mgr le duc de Berry et Mgr le prince de Condé, il adressa lui-même ce discours aux troupes réunies : « Messieurs, nous venons de rendre les derniers devoirs à celui que vous avez admiré, peut-être même envié jusque sur le champ de bataille de Berstheim, à celui qui tant de fois a fait entendre ce cri qui m'a causé dans vos rangs une satisfaction si vive, mais que j'aurois beaucoup mieux aimé répéter encore avec vous. »

C'étoit ainsi que la vieille monarchie s'entendoit partout où elle existoit : la fidélité avoit ses échos; le cri de *vive le roi!* retentissant sur les rivages de la Loire, étoit répété sur les bords du Rhin. Mgr le prince de Condé et ses fils, Mgr le duc de Berry, la noblesse de France honorant dans un camp d'exilés les vaillantes communes de France, un roi proscrit, à la tête de cette noblesse, faisant lui-même l'oraison funèbre d'un sujet fidèle! l'histoire offre-t-elle quelque chose de plus beau? Notre patrie obtenoit alors de grandes victoires; mais elles n'effaceront point le souvenir de ces François persécutés proclamant dans les bois, à la face du ciel, leur souverain légitime, et célébrant les funérailles de ceux qui étoient morts pour lui.

CHAPITRE XV.

REPOS MOMENTANÉ DES ÉMIGRÉS ET DE Mgr LE DUC DE BERRY. LES OBSERVATIONS DE CE PRINCE SUR L'ALLEMAGNE.

Des négociations continuelles, des trêves, des paix séparées, donnoient aux émigrés quelques moments de repos. Les uns alloient alors errer dans les vallées des Alpes, visiter les religieux de la Val-Sainte, autre espèce d'exilés sur la terre (mais la révolution les poursuivoit encore dans le désert, car tout étoit envahi, et la solitude manquoit au solitaire); les autres s'enfonçoient dans l'Allemagne, accueillis dans les cabanes, repoussés dans les châteaux, chassés de la porte de ces rois dont ils défendoient les trônes.

Mgr le duc de Berry profitoit également de ces intervalles de repos pour voyager et pour consoler sa famille dispersée; il étudioit les nations au milieu desquelles la Providence l'avoit jeté. Il remarquoit que les Allemands, divisés en une multitude d'États, sont tels encore qu'ils étoient du temps de Tacite, c'est-à-dire qu'ils sont moins un peuple que le fond et la base d'autres peuples. Sortis de leurs forêts, transportés sous un ciel plus propice, leur génie natif se développe; ils deviennent des nations admirables et presque indestructibles. Les

Francs, les Angles, les Visigoths, les Goths et les Lombards l'ont prouvé en France, en Angleterre, en Espagne et en Italie. Mais tant que les tribus germaniques habitent leur pays natal, tout semble enseveli chez eux comme dans une mine, ou confus comme dans un chaos.

Un fait singulier n'échappa point à la perspicacité du prince. Il vit avec un intérêt mêlé de surprise que les doctrines du siècle, introduites parmi les Allemands, avoient fait naître dans certains esprits les erreurs sociales, sans y pouvoir détruire les vérités naturelles, enracinées dans un sol fécond et sauvage. Il en étoit résulté un mélange bizarre de folie et de bon sens, de christianisme et de déisme, de libéralisme et de mysticité, d'enthousiasme froid et de métaphysique exaltée, de goût et de barbarie, de corruption et de rudesse. De même que les Cattes, les Bructères, les Chauques adoroient dans les bois une horreur secrète, vague, indéfinie, plusieurs de leurs fils se sont mis à révérer quelque chose de fantastique et de ténébreux, qu'ils ne peuvent ni peindre ni saisir.

CHAPITRE XVI.

LETTRE DE MGR LE DUC DE BERRY A MGR LE PRINCE DE CONDÉ.
L'ARMÉE DE CONDÉ SE RETIRE EN POLOGNE.
ADIEUX DU PRINCE A CETTE ARMÉE.

Monseigneur le duc de Berry se trouvoit ainsi pour un moment absent de l'armée [1], lorsqu'il écrivit au prince de Condé cette lettre si touchante par la tendresse et la noblesse des sentiments :

« Enfin, monsieur, mon frère est arrivé hier : vous jugerez facilement de la joie que j'ai éprouvée en le revoyant. Ma joie est d'autant plus vive que mon retour à l'armée sera très-prompt ; nous ne devons rester que cinq ou six jours ici, et nous ne perdrons pas de temps en chemin pour revenir. Je fais bien des vœux pour qu'on ne tire pas des coups de fusil pendant mon absence ; mais que cette campagne, qu'on peut bien regarder, je crois, comme la dernière, soit active. Je le désire vivement pour mon instruction et pour mon frère ; car je suis persuadé qu'il faut que les Bourbons se montrent, et beaucoup, et que hors de la France ils doivent commencer par gagner l'estime des François avec leur amour. »

1. 1797.

Cette campagne de 1797 ne fut pas longue. L'armistice conclu à Léoben [1] entre Buonaparte et le prince Charles changea les destinées de l'armée de Condé : elle passa au service de la Russie, et se retira en Volhinie; elle étoit encore forte de plus de dix mille hommes. Mgr le duc de Berry en avoit pris le commandement pendant l'absence de Mgr le prince de Condé. Avant de quitter cette brave armée, pour se rendre à Blakembourg, il lui fit part d'une lettre de satisfaction dont le roi l'avoit chargé pour elle, et il mit à l'ordre du jour les adieux suivants :

« Après avoir été si longtemps au milieu et à la tête de la noblesse françoise, qui, toujours fidèle, toujours guidée par l'honneur, n'a pas cessé un instant de combattre pour le rétablissement de l'autel et du trône, il est bien affligeant pour moi de me séparer d'elle dans un moment surtout où elle donne une nouvelle preuve d'attachement à la cause qu'elle a embrassée, en préférant abandonner ses biens et sa patrie, plutôt que de plier jamais sa tête sous le joug républicain.

« Au milieu des peines qui m'affligent, j'éprouve une véritable consolation en voyant un souverain aussi généreux que S. M. l'empereur de Russie recueillir et recevoir le dépôt précieux de cette noblesse malheureuse, en la laissant toujours sous la conduite d'un prince que l'Europe admire, que les bons François chérissent, et qui m'a servi de guide et de père depuis trois ans que je combats sous ses ordres.

« Je vais rejoindre le roi; je ne lui parlerai pas du zèle, de l'activité et de l'attachement dont la noblesse françoise a donné tant de preuves dans cette guerre : il connoît tous ses mérites, et sait les apprécier. Je me bornerai à lui marquer le vif désir que j'ai et que j'aurai toujours de rejoindre mes braves compagnons d'armes; et je les prie d'être bien persuadés que, quelque distance qui me sépare d'eux, mon cœur leur sera éternellement attaché, et que je n'oublierai jamais les nombreux sacrifices qu'ils ont faits et les vertus héroïques dont ils ont donné tant d'exemples. »

1. 7 juin 1797.

FIN DU LIVRE PREMIER.

LIVRE DEUXIÈME.

VIE MILITAIRE DU PRINCE JUSQU'AU LICENCIEMENT
DE L'ARMÉE DE CONDÉ.

CHAPITRE PREMIER.

Mgr LE DUC DE BERRY REJOINT L'ARMÉE DE VOLHINIE.
HOSPITALITÉ DES POLONOIS.
LE PRINCE ORGANISE LE RÉGIMENT NOBLE A CHEVAL.

Après avoir passé environ un an auprès de son père à Édimbourg et auprès du roi à Mittau, Mgr le duc de Berry vint rejoindre ses compagnons d'armes en Volhinie[1]; il les trouva dans la joie : cette joie étoit causée par la nouvelle du mariage, qui venoit d'être assurée, entre Mgr le duc d'Angoulême et S. A. R. Madame. Ainsi notre vieille monarchie continuoit ses destinées dans un coin du monde, tandis qu'on croyoit qu'elle n'existoit plus. Les victimes qui en gardoient les saintes lois croyoient n'avoir rien perdu tant qu'elles voyoient au milieu d'elles la famille de leurs souverains. Qui eût osé se plaindre d'un malheur que partageoit la fille de Henri IV et de Marie-Thérèse?

Mgr le duc de Berry ne se trouva point étranger en Pologne : Henri III n'y avoit-il pas régné? la fille de Stanislas n'étoit-elle pas l'aïeule du prince exilé? La France a été surnommée la mère des rois : les Bourbons trouvent des ancêtres sur tous les trônes.

Les Polonois sont les François du Nord : ils en ont la bravoure, la vivacité, l'esprit; ils parlent notre langue avec grâce. Les émigrés retrouvèrent au milieu des forêts de la Pologne de grandes dames qui leur donnèrent l'hospitalité comme au temps de la chevalerie. Ce qui ajoutoit à l'illusion étoit une certaine mollesse de l'Asie introduite dans les vieux manoirs polonois, où des femmes charmantes ont l'air d'être enfermées par des enchanteurs et des infidèles.

1. 29 octobre 1798.

C'étoit au reste une étrange fortune que celle qui reléguoit un prince victime de la politique chez un peuple bouleversé par cette même politique, qui amenoit ce prince dans un pays que des diètes tumultueuses ont perdu, comme des assemblées populaires ont perdu la France. Et que de vicissitudes dans la destinée des rois de Pologne, depuis ce Jagellon qui conquit, perdit, reprit et refusa des couronnes, jusqu'à ce Casimir d'abord jésuite, ensuite cardinal, et puis roi, lequel, après avoir proposé pour monarque aux Polonois le duc d'Enghien, fils du grand Condé, vint oublier le trône aux soupers de Ninon, et mourut abbé de Saint-Germain-des-Prés !

L'armée de Condé avoit subi une nouvelle organisation. Les cavaliers nobles, distribués auparavant en différents corps, ne formoient plus qu'un seul régiment, destiné par l'empereur Paul à Mgr le duc d'Angoulême. Mgr le duc de Berry prit le commandement de ce régiment en l'absence de son frère ; il employa ses loisirs à discipliner un corps superbe, mais difficile à conduire par la nature même de sa composition. Il montra dans cette circonstance des talents qui annonçoient en lui un des meilleurs officiers de cavalerie de l'Europe.

CHAPITRE II.

L'ARMÉE DE CONDÉ SE MET EN MARCHE POUR REJOINDRE LES TROUPES ALLIÉES. MARIAGE DE S. A. R. MADAME ET DE Mgr LE DUC D'ANGOULÊME.

La Russie s'étant déterminée à secourir l'Autriche, à délivrer l'Italie et à porter la guerre en France, le corps de Condé reçut en Volhinie l'ordre de se tenir prêt à marcher. Cet ordre ranima dans le cœur des vaillants proscrits leur double passion pour les combats et pour la patrie : chacun se défit de ce qui lui restoit pour s'équiper : les lambeaux de la fidélité furent vendus pour acheter les armes de l'honneur. L'armée s'étoit formée en trois colonnes [1] : la première commandée par Mgr le prince de Condé ; la seconde par Mgr le duc de Berry, et composée du régiment noble à cheval, du régiment d'infanterie de Durand et de l'artillerie ; la troisième sous les ordres de Mgr le duc d'Enghien.

Tandis que ces guerriers s'avançoient vers la France dans l'espoir d'en ouvrir le chemin à leur roi, le ciel accomplissoit une partie de

---

[1] 25 janvier 1799.

leurs vœux : Madame donnoit sa main à Mgr le duc d'Angoulême. Des témoins oculaires nous ont transmis des détails de cette pompe, qui n'a presque point été connue : nous les laisserons parler. Hélas! nous avons vu et nous raconterons les solennités d'un autre mariage! il s'étoit fait au sein de la patrie, sous des auspices bien plus favorables : Dieu avoit ses desseins sur les deux frères.

Mittau, 5 juin 1799.

« La reine [1] arriva hier après un long et pénible voyage. Le roi se proposoit d'aller à quatre milles d'ici : il la rencontra à moitié chemin de cette distance. Leur entrevue excita tout l'intérêt que doivent inspirer deux augustes époux séparés depuis huit ans, et cherchant dans leur réunion quelque adoucissement à des malheurs inouïs.

« Madame Thérèse est arrivée le lendemain ; le roi étoit parti de grand matin pour aller à sa rencontre. La première maison de poste étoit indiquée pour le rendez-vous ; mais la princesse ayant fait la plus grande diligence, ce fut aussi sur le chemin qu'ils se rencontrèrent : nulle expression ne pourroit peindre un pareil moment. Le même sentiment fit s'élancer à la fois hors de leurs voitures le roi, Mgr le duc d'Angoulême et Madame Thérèse. Le roi courut vers Madame en lui tendant les bras ; mais ses efforts ne purent suffire pour l'empêcher de se précipiter à ses pieds. Des larmes et des sanglots furent les premiers témoignages des sentiments profonds dont le cœur étoit rempli. Le premier tribut payé à la nature et au souvenir de tant d'infortunes fit place aux expressions de la plus tendre reconnoissance. Mgr le duc d'Angoulême, retenu par le respect, mais entraîné par mille sentiments divers, arrosoit de ses pleurs la main de sa cousine, tandis que le roi, dans la plus vive émotion et les yeux inondés de larmes, pressoit contre son sein cette princesse et lui présentoit en même temps l'époux qu'il lui donne. Ce roi si bon, si digne d'un meilleur sort, placé ainsi entre ses enfants d'adoption, éprouvoit pour la première fois qu'il peut encore exister pour lui quelques instants de bonheur.

« Tous les François qui entourent Sa Majesté, avides de voir, de bénir, d'adorer l'auguste fille de Louis XVI, s'étoient postés en foule dans les cours et les escaliers du château. A l'instant où elle a paru, des larmes d'attendrissement couloient de tous les yeux, et l'on n'entendoit plus que des vœux adressés au ciel.

« On admire dans les traits de Madame Thérèse, dans son maintien, dans son langage et le mouvement de sa physionomie, l'aisance, la noblesse et les grâces de Marie-Antoinette. La France, avec autant de joie que de douleur, retrouva dans sa figure les traits de l'infortuné Louis XVI, embellis par la jeunesse, la fraîcheur, la sérénité ; et, par un heureux accord, qui sans doute est un don du ciel, la princesse rappelle aussi Mme Élisabeth.

---

1. Marie-Josèphe-Louise de Savoie, épouse de Louis XVIII.

« Les regrets universels que la cour et les habitants de toutes les classes de la ville de Vienne ont témoignés au départ de MADAME Thérèse, le respect et la vénération qu'elle inspire à tous ceux qui ont le bonheur de l'approcher sont un garant certain des sentiments d'amour dont la France entière fera hommage à cette adorable princesse. »

Mittau, 10 juin 1799.

« Le mariage si longtemps désiré de Mgr le duc d'Angoulême avec MADAME Thérèse de France s'est célébré aujourd'hui dans une grande salle du château, où l'on avoit dressé un autel entouré de fleurs. Son Ém. Mgr le cardinal de Montmorency, grand-aumônier de France, leur a donné la bénédiction nuptiale; le clergé catholique de Mittau assistoit à cette cérémonie. L'abbé Edgeworth étoit auprès du prie-Dieu des jeunes époux. MONSIEUR, que l'état actuel des choses retient à la proximité de France, et MADAME, à qui sa santé n'a pas permis d'entreprendre un si long voyage, n'y ont pas été présents [1]. Toutes les personnes les plus considérables de la ville se sont empressées de s'y rendre, ainsi que le prêtre grec et le pasteur luthérien. Les François qui se sont trouvés à Mittau dans ce beau jour ont eu le bonheur de voir former ces liens. La famille royale avoit pour escorte ces cent gardes du corps, respectables vétérans de l'honneur et de la fidélité, à qui l'empereur de Russie a donné pour récompense de leurs longs services la fonction d'entourer leurs maîtres. MM. les ducs de Villequier, de Guiche, de Fleury, le comte de Saint-Priest (qui a reçu le contrat de mariage), le marquis de Nesle, le comte d'Avaray, le comte de Cossé, et quelques autres officiers ou serviteurs du roi ont eu l'honneur de signer comme témoins l'acte de célébration.

« Une fille de France et un petit-fils de France ne pouvant trouver qu'à six cents lieues de leur patrie un autel où il leur fût permis de déposer leurs serments; l'héritier présomptif de la couronne de Louis XVI, et les précieux restes du sang de ce monarque, unissant leurs destinées à Mittau sous les auspices de l'empereur de Russie : quel spectacle et que de réflexions il fait naître!

« Le roi, qui trouve dans l'union de sa nièce et de son neveu tout ce que le sentiment a de plus doux réuni à ce que la politique peut avoir de plus important, jouit maintenant de son ouvrage, en y reconnoissant une nouvelle marque de l'amitié du digne successeur de Pierre le Grand. Ce magnanime souverain signera le contrat de mariage, et en recevra le dépôt dans les archives de son sénat [2]. »

Ainsi s'accomplit dans une terre étrangère, au milieu des religions étrangères, le mariage dont un des témoins fut le prêtre étranger qui

---

1. Le comte d'Artois et la comtesse d'Artois.
2. *Corresp. manusc. et of. de M. le comte de Saint-Priest avec le chevalier de Vernègues.*

assista Louis XVI à l'échafaud; un sénat étranger reçut l'acte de célébration. Il n'y avoit plus de place pour le contrat de mariage de la fille de Louis XVI dans ce trésor des chartes où fut déposé celui d'Anne de Russie et de Henri Ier, roi de France.

CHAPITRE III.

ARRIVÉE DE Mgr LE DUC DE BERRY A CONSTANCE AVEC L'ARMÉE. COMBAT. RETRAITE.

Monseigneur le duc de Berry, avec l'armée de Condé, étoit arrivé à Friedeck, dans la Silésie autrichienne, lorsqu'il reçut la dépêche annonçant le mariage de son frère : elle fut mise à l'ordre. On lisoit dans cet ordre une lettre du roi, qui disoit au prince de Condé : « Apprenez cette heureuse nouvelle à l'armée; elle ne peut paroître que d'un bon augure à vos braves compagnons, au moment où ils vont rentrer dans la carrière qu'ils ont si glorieusement parcourue. »

Ce bourg de Friedeck fut un véritable lieu de réjouissance pour le corps de Condé. Un vieux seigneur allemand du voisinage, à force d'entendre parler de rois tués et de princes bannis, fit des réflexions. Il lui sembla, puisqu'on dissipoit en festins les biens qu'on ravissoit aux autres, qu'il seroit bien fou de ne pas prendre les devants : il se mit donc à manger son patrimoine. Quand Mgr le duc de Berry et Mgr le prince de Condé arrivèrent, il venoit de vendre son château. Avec le prix qu'il en avoit obtenu, il donna un grand souper et un excellent concert à ses hôtes. Débarrassé des soins de la fortune, il se promettoit bien de rire de la révolution lorsqu'elle le viendroit trouver à Friedeck.

Après une marche de quatre cents lieues, l'armée arriva le 1er octobre dans les environs de Constance : elle avoit parcouru ses forêts natales, berceau des Clodion et des Mérovée; elle avoit passé sur ses anciens champs de bataille, dans ces bois qui avoient retrouvé leur silence, et où l'on voyoit, comme au camp de Varus, les ossements blanchis des soldats sacrifiés pour leur prince et pour leur patrie [1].

Lorsque Mgr le duc de Berry avoit traversé la ville de Prague à la tête de l'armée, le peuple s'étoit attendri à la vue de ces chevaliers de Saint-Louis, de ces vieillards qui, le sac sur le dos, un fusil russe

---

1. Tacite, *Annales*.

sur l'épaule, marchoient tout courbés sous le poids de leurs armes, de leurs jours et de leurs malheurs. Le commandant autrichien, qui les regardoit passer, se tournant vers les officiers de sa garnison, leur dit : « Eh bien, messieurs, en eussions-nous fait autant? »

Constance ne fut pas plus tôt occupé par le corps de Condé [1], que les républicains l'attaquèrent. Ils pénétrèrent dans la ville : on s'y battit à la baïonnette, aux cris de *vive le roi! vive Condé! vive la république!* Ce fut la première et la dernière affaire de cette campagne pour Mgr le duc de Berry et pour l'armée de Condé : la division se mit parmi les Russes et les Autrichiens. Le maréchal Suwarow rentra en Pologne avec ses armées : le corps de Condé fut maintenu, mais par l'Angleterre. Paul Ier envoya des drapeaux d'honneur au régiment de Bourbon, et la grande croix de Malte à Mgr le duc de Berry. Ce dernier prince alla voir le maréchal Suwarow avant son départ, et s'entretint avec ce guerrier, dont la bizarrerie égaloit le génie et la loyauté.

CHAPITRE IV.

PROJET DE MARIAGE ENTRE MGR LE DUC DE BERRY ET LA PRINCESSE CHRISTINE DE NAPLES. LE PRINCE VA EN ITALIE.

Ce mélange de combats et de voyages, ces relations avec toutes sortes de peuples et toutes sortes d'hommes, avoient formé le caractère et l'esprit de Mgr le duc de Berry; il parloit avec facilité la plupart des langues de l'Europe, et les épreuves de sa vie promettoient à la France un grand monarque.

Le roi avoit pensé pour son neveu à un mariage : il avoit jeté les yeux sur la famille royale de Naples. M. le chevalier de Vernègues avoit donné la première idée de cette union, et avoit été chargé de la suivre; ensuite M. le comte de Chastellux reçut des instructions à ce sujet : celui-ci, attaché à Mme Victoire, avoit été nommé après la mort de cette princesse [2] ministre plénipotentiaire de Louis XVIII à la cour de Sicile. Des lettres patentes, en date de Mittau, donnèrent pouvoir au comte de Chastellux de consentir, au nom de Sa Majesté, au mariage de Mgr le duc de Berry avec Mme Christine, princesse de Naples.

Mgr le duc de Berry, accompagné du comte de Damas-Crux, du chevalier de Lageard et du marquis de Sourdis, partit de Lintz pour

1. 5 octobre 1799.   2. 15 septembre 1800.

Clagenfurth, où se trouvoit la princesse sa mère, MADAME : de là il se rendit à Palerme. L'armée de Condé devoit passer en Italie, s'embarquer à Livourne et faire une descente en Provence, où les royalistes avoient un parti.

Mgr le duc de Berry plut à la cour. Son mariage avec la princesse Christine fut à peu près arrangé. Il reçut un traitement de 25,000 ducats, que les malheurs du temps ne tardèrent pas à lui enlever. La reine de Naples, les princesses ses filles et le prince Léopold ayant quitté la Sicile pour faire un voyage à Vienne, Mgr le duc de Berry alla à Rome, avec dessein de servir dans le corps napolitain qui occupoit la ville des césars.

CHAPITRE V.

VOYAGE DU PRINCE A ROME.

Monseigneur le duc de Berry débarqua à Naples, et de là se rendit à Rome. Il fut singulièrement frappé de la variété des personnages qu'il rencontra sur les chemins de l'Italie : des Anglois et des Russes voyageoient à grands frais dans d'élégantes voitures, avec tous les usages et tous les préjugés de leur pays ; une famille italienne cheminoit avec économie dans un chariot du temps de Léon X ; un moine à pied traînoit par la bride sa mule chargée de reliques ; des paysans conduisoient des charrettes attelées de grands bœufs blancs, et portant une petite image de la Vierge élevée sur le timon, au bout d'une gaule recourbée ; des femmes en jupon court, en corset ouvert, la tête voilée comme des madones, ou les cheveux bizarrement tressés, insultoient le prince en riant, et des pèlerins, appuyés sur un long bâton, le regardoient passer. Tout cela sur les grands pavés de la voie Appienne, qui conservent encore les traces des roues du char d'Agrippine, sur les chemins de Tibur, où l'ermitage de saint Antoine de Padoue s'est écroulé à son tour dans les ruines de la maison d'Horace.

Le cardinal de Bernis n'existoit plus quand Mgr le duc de Berry arriva à Rome. Il ne pouvoit plus offrir à un prince fugitif cette hospitalité digne des jours d'Évandre, qu'il exerça envers les nobles dames dont l'auteur de cet ouvrage honora les cendres à Trieste : notre destinée est de pleurer sur le tombeau des Bourbons. Nous ne sommes pas Tacite, mais nous écrivons la vie d'un homme fort au-dessus d'Agricola, et nous avons encore sur l'historien romain l'avantage de n'avoir pas attendu le règne des bons princes pour rendre hommage à la vertu malheureuse.

La veuve des rois, des consuls et des empereurs étoit aussi veuve de pontifes, lorsque Mgr le duc de Berry vint l'admirer dans sa solitude : Pie VI étoit mort à Valence, le 29 août 1799, et Pie VII, élu à Venise, le 14 mars 1800, n'étoit pas encore arrivé. Le dernier souverain de la Rome chrétienne avoit été aussi noble dans ses disgrâces que les derniers princes de la Rome païenne avoient été vils dans leurs malheurs. Pie VI et après lui Pie VII soutinrent dans les fers la grandeur de la ville éternelle, et se montrèrent les dignes chefs de l'éternelle religion.

CHAPITRE VI.

SUITE DU PRÉCÉDENT. MGR LE DUC DE BERRY QUITTE ROME POUR RETOURNER A L'ARMÉE.

Le séjour de l'Italie réveilla dans le jeune prince le goût des arts ; il se livra à l'étude de la peinture et de la musique. Beaucoup d'instruments lui étoient familiers ; il en jouoit avec goût. Il chantoit bien ; il dessinoit agréablement, surtout les scènes militaires ; il se connoissoit en tableaux mieux que les hommes les plus exercés.

« Je suis dans l'admiration de Rome, » écrivoit-il à M. le comte de Chastellux. Le prince aimoit par caractère la vie libre et débarrassée de toute gêne que l'on mène en Italie. Rome, par un privilége qui semble attaché à son origine, est encore le pays de l'indépendance personnelle : c'est le lieu de toutes les existences isolées, l'asile de tous les hommes las du monde ou jouets de la fortune. Souffrez-vous le jour, vous pouvez comparer vos malheurs à ceux que tant de monuments rappellent, et vous trouvez vos peines légères ; la nuit, vous oubliez ces peines sous un ciel enchanté, au milieu de tous les plaisirs. Un prince de la race des Radegaise et des Alaric, le dernier héritier d'un empire de douze siècles, le descendant proscrit des bienfaiteurs du saint-siége, le fils des rois très-chrétiens, le neveu de Louis XVI, le prince qui devoit tomber lui-même sous le fer révolutionnaire, le duc de Berry enfin, errant dans les palais détruits des césars, s'égarant dans les Catacombes, parcourant le Vatican désert, ou dessinant, assis sur un obélisque tombé, les débris épars du Capitole, offroit lui-même un tableau qui manquoit aux ruines et aux souvenirs de Rome.

Le malheur poursuivoit partout Mgr le duc de Berry. Il avoit perdu un de ses fidèles compagnons, le chevalier de Lageard, et il n'avoit été un peu consolé que par la loyauté du bailli de Crussol, qui se trouvoit alors à Rome. Le prince apprit bientôt que l'armée de Condé étant arrivée à la hauteur de Venise avoit reçu l'ordre de suspendre sa marche, parce que la guerre étoit au moment de recommencer. Un faux bulletin, que l'on attribue au ministre Acton, avoit déjà répandu cette nouvelle lorsque Mgr le duc de Berry étoit encore à Palerme, et avoit pensé faire partir subitement ce prince. Il reçut à Rome la nouvelle positive que le corps de Condé alloit se trouver engagé, que Mgr le duc d'Angoulême avoit rejoint l'armée, et qu'il s'étoit mis à la tête du régiment noble à cheval formé par Mgr le duc de Berry. La gloire et l'amitié fraternelle parlent au cœur de notre brave et sensible prince; il ne peut résister à cette double tentation : il quitte Rome furtivement pour rejoindre son frère et ses compagnons d'armes. Le Béarnois se déroboit au tumulte des armes pour aller voir Gabrielle ; son petit-fils s'éloigne d'une grande princesse pour courir au champ d'honneur. On l'entendra s'excuser bientôt dans son admirable lettre à M. Acton.

CHAPITRE VII.

Mgr LE DUC D'ANGOULÊME ARRIVE A L'ARMÉE DE CONDÉ. IL EST REJOINT PAR SON FRÈRE. DERNIER BULLETIN DE L'ARMÉE DE CONDÉ ÉCRIT PAR Mgr LE DUC DE BERRY.

Monseigneur le duc d'Angoulême, accompagné du comte de Damas-Crux et du chevalier de Saint-Priest[1], avoit rejoint l'armée de Condé à Pontaba[2]. L'armée reçut avec transport cet autre héritier du trône de saint Louis. Il avoit déjà donné des preuves de sa valeur dans les armées du Nord, et sa destinée l'appeloit à balancer un jour presque seul la fortune de l'homme qui avoit tenu le monde dans sa main.

Les François s'avancèrent dans la Bavière. Le corps de Condé, forcé à une marche longue et rétrograde, entra en ligne dans l'armée autrichienne sur les bords de l'Inn ; Mgr le duc de Berry, en arrivant au camp, le trouva dans cette position[3]. La reconnoissance des deux

---

1. Tué à Reims par un des derniers coups de canon tirés dans la campagne de 1814. Un de ses frères, M. le comte de Saint-Priest, est aujourd'hui aide de camp de Mgr le duc d'Angoulême.
2. 25 mai 1800.   3. 8 septembre 1800.

frères fut touchante. M#gr# le duc de Berry servit comme simple volontaire dans le régiment noble à cheval qu'il avoit formé, et dont M#gr# le duc d'Angoulême avoit pris le commandement. Obéissant à son frère aîné comme le moindre soldat, il donna un nouvel exemple de cette soumission des membres de la famille royale les uns envers les autres, dans l'ordre de l'hérédité : soumission qui non-seulement manifeste les vertus naturelles aux Bourbons, mais qui conserve encore le trône, en devenant une sorte de confession authentique et perpétuelle du principe de la légitimité.

La perte de la bataille de Marengo par les Autrichiens amena un armistice prolongé à différentes reprises jusqu'au 20 d'octobre. L'armée de Condé, postée sur l'Inn, défendoit entre Weissembourg et Neubeieren le passage de cette rivière. Une affaire eut lieu à Ravenheim [1] : les ducs d'Angoulême et de Berry s'y trouvèrent. Le prince de Condé fut obligé d'employer l'autorité pour faire retirer les deux princes, qui s'exposoient inutilement ; un soldat avoit été frappé d'une balle à un pas du premier. Deux jours après, la bataille de Hohenlinden [2] fut gagnée par un général qui vouloit acquérir une grande renommée pour la mettre aux pieds de son roi légitime. Cette bataille décida du sort de la guerre. L'armée de Condé se retira en se battant toujours. M#gr# le duc de Berry envoya à la reine de Naples le détail de toutes ces affaires. Il est curieux d'opposer aux bulletins pompeux de Buonaparte le dernier bulletin de l'armée de Condé, écrit par un fils de France : M#gr# le duc de Berry étoit digne d'être le dernier historien des derniers combats de la noblesse françoise, les derniers exploits des derniers Condé.

Linsen, près Rottman, 15 décembre 1800.

« Nous avons eu bien des désastres ; mais je vous assure que pour ceux qui les ont vus ces événements sont fort singuliers. Le peu de précaution que l'on a pris à la bataille du 3, près Ebesberg, l'inaction où l'on a laissé et les corps qui étoient à Wasserburg, et nous avec M. de Chasteller, qui pouvions attaquer avec succès sur Munich ; mais principalement le passage de l'Inn que l'on a laissé forcer, sans vouloir prendre aucune mesure raisonnable pour l'empêcher, tout cela est fort extraordinaire.

« Déjà depuis plus de dix jours l'on savoit que les forces de l'armée de Moreau se portoient devant nous. Avec quinze cents hommes d'infanterie et douze cents chevaux (ce qui fait la totalité du corps), nous gardions depuis la gauche de Wasserburg jusqu'au delà de Neubeieren, c'est-à-dire plus de six lieues. Le 15 de ce mois, un corps de quinze cents Autrichiens, sous les

---

1. 1#er# décembre. 2. 3 décembre.

ordres du feld-maréchal ***, s'étoit porté à Hartmansberg, à cinq lieues du pont de Rozenheim, où étoient nos batteries. Il est connu, par l'exemple des anciennes guerres et par la vue du pays, que le passage de Neubeieren est non-seulement facile, mais le seul praticable. Malgré les représentations que M. le prince de Condé avoit faites le soir, aucun secours ne lui avoit été donné, et les Autrichiens ne s'étoient pas rapprochés. Le 9, à la pointe du jour, les ennemis ouvrirent un feu terrible sur nos batteries; en même temps trois divisions passèrent l'Inn entre Neubeieren et Rohrdoff, défendu ou plutôt observé par vingt-cinq dragons d'Enghien et douze hommes de Durand. Les François s'avancèrent en se battant toujours contre M. le duc d'Enghien (qui avoit réuni son régiment et celui de Durand), jusqu'au village de Riedering. Les Autrichiens n'arrivèrent qu'à une heure. Le général *** s'emporta beaucoup sur ce que nous avions laissé passer deux mille cinq cents hommes devant vingt-cinq dragons, et surtout de ce que M. le prince de Condé avoit abandonné la position de Rozenheim, où le canon nous avoit démonté deux pièces, tuant hommes et chevaux, les François d'ailleurs nous ayant débordés et étant déjà à Riedering, à deux lieues en arrière de la position. Le général *** envoya le général Giulay avec sa division pour se joindre avec M. le duc d'Enghien, et forcer Riedering. Cet ordre fut exécuté. M. le prince de Condé et M. le duc d'Angoulême attaquèrent avec les grenadiers de Bourbon, et emportèrent sur-le-champ les batteries de l'ennemi. M. le duc d'Enghien chargea, avec les dragons à pied, le régiment de Durand et les dragons de Kinski; ces trois corps se couvrirent de gloire. Le comte de Giulay faisoit tous ses efforts pour nous faire appuyer par l'infanterie autrichienne : elle était harassée de tant de combats! Trop foibles, il fallut renoncer à nos avantages, et les François reprirent leur position, où ils se maintinrent jusqu'à la nuit.

« Le brave régiment de Durand a été écrasé; douze grenadiers seulement sur la totalité de la compagnie revinrent de l'affaire. M. le duc d'Enghien a eu un cheval tué sous lui, et a perdu beaucoup de dragons. Gaston de Damas, frère cadet de Roger, a été blessé, ainsi que plusieurs autres officiers de distinction. Le général major La Serre a été blessé grièvement en combattant avec les grenadiers de Durand.

« Depuis ce moment nous n'avons cessé de marcher le jour ou la nuit. Nous venons occuper la position de Rouman, par où les François pourroient arriver sur Leoben.

« Nous apprenons que dans ce moment les François ont forcé le passage de la Salza à Lauffen. »

Mgr le duc de Berry renouvelle ici la générosité de Catinat; il ne se nomme pas une seule fois dans cette relation si animée; il avoit pourtant assisté à tous les combats : il ne parle que de son frère et de Mgr le duc d'Enghien; silence bien digne de l'âme du prince dont la fin a été si généreuse et si héroïque.

CHAPITRE VIII.

LICENCIEMENT DE L'ARMÉE DE CONDÉ.

La paix de l'Allemagne amena la dissolution du corps de Condé[1]. Quand on licencie une armée, elle retourne dans ses foyers; mais les soldats de l'armée de Condé avoient-ils des foyers? Où les devoit guider le bâton qu'on leur permettoit à peine de couper dans les bois de l'Allemagne, après avoir déposé le mousquet qu'ils avoient pris pour la défense de leur roi? Les chasser de leur camp, c'étoit les condamner à un second exil. Ce camp étoit devenu pour eux une petite France; ils y avoient transporté leurs pénates : l'épée héréditaire, le drapeau blanc, l'autel de l'honneur. Ils ne pouvoient s'arracher à leur dernière patrie : ceux-ci s'arrêtoient tristement devant les faisceaux d'armes; ceux-là pleuroient assis sur des canons; d'autres erroient dans les rues du camp, auxquelles ils avoient donné des noms empruntés de leur cher pays. Quel prix tant de braves gentilshommes recevoient-ils de leur loyauté? Leur sang versé pour une cause sacrée, tous les genres de sacrifices faits à leur devoir; rien n'étoit compté : le résultat de leur vertu étoit l'abandon et la misère. On leur disputoit jusqu'au chétif secours qu'une certaine pudeur ne permettoit pas de leur refuser : on les obligeoit de montrer leurs blessures à des commissaires étrangers, afin de rabattre quelques deniers sur celles qui ne paroissoient pas trop graves, et de faire un petit profit sur le sang de la fidélité. Le cœur navré du coup qui frappoit ses compagnons d'infortune, Mgr le duc de Berry surmontoit sa douleur pour les consoler : on le voyoit courir de tous côtés, encourageant les uns, embrassant les autres, partageant avec tous le peu d'argent qui lui restoit. Il ordonna de distribuer aux soldats du régiment noble à cheval le produit de la vente des chevaux; mais les escadrons le supplièrent de faire remettre cette somme aux cent vétérans gardes du corps placés près du roi à Mittau. Il fallut enfin se séparer. Les frères d'armes se dirent un dernier adieu, et prirent divers chemins sur la terre, sans savoir où ils reposeroient leur tête. Tous allèrent, avant de partir, saluer leur père et leur capitaine, le vieux Condé en cheveux blancs : le patriarche de la gloire donna sa bénédiction à ses enfants, pleura sur sa tribu dispersée, et vit tomber les tentes de son camp avec la douleur d'un homme qui voit s'écrouler les toits paternels.

1. 16 avril 1801.

FIN DU LIVRE DEUXIÈME.

LIVRE TROISIÈME.

SÉJOUR DU PRINCE EN ALLEMAGNE ET EN ANGLETERRE.

CHAPITRE PREMIER.

EMBARRAS DE MGR LE DUC DE BERRY EN ALLEMAGNE.
SES LETTRES.

Monseigneur le duc de Berry se trouva lui-même dans un extrême embarras après le licenciement de l'armée. Le jeune prince passa une année tantôt à Wildenwarth, tantôt à Vienne, le plus souvent à Clagenfurth, auprès de sa mère. Il cherchoit à renouer à Naples un mariage que traversoit le ministre Acton, homme qui n'étoit propre aux affaires humaines que par le côté commun.

Rien n'est plus intéressant que les lettres écrites par Mgr le duc de Berry à cette époque : ses malheurs répandent sur son style et dans ses sentiments quelque chose de touchant et de triste. Parlant de la descente que l'armée de Condé avoit dû faire sur les côtes de la Provence : « Je suis désespéré, dit-il, que cette expédition n'ait pas eu lieu ; non que je crusse au succès, mais parce que j'y aurois acquis de la gloire, ou que j'y aurois été tué, ce qui est notre seule ressource si Buonaparte règne sur la France[1]. » Dans une autre lettre il refuse d'aller en Italie sous un nom supposé, et il ajoute : « Je veux être ce que je suis et marcher toujours la tête haute partout où je serai[2]. » Il manquoit de tout, et on le voyoit sans cesse venir au secours de ses malheureux amis. Tandis que son mariage ne pouvoit être renoué, que l'adversité l'isoloit de plus en plus sur la terre, il songeoit à donner aux autres un bonheur qu'il n'avoit pas, à unir des familles qu'il aimoit.

« Ma bien véritable amitié pour vous, dit-il au comte de Chastellux,

---

1. *Lettre à M. le comte d'Hautefort.* 2. *Lettre à M. le comte de Chastellux.*

m'engage à vous parler d'une idée qui m'est venue en tête. Vous avez vu à Venise Mme de Montsoreau et ses filles : l'aînée est un ange ; c'est la personne la plus accomplie que je connoisse[1]. Elle a toutes les vertus et tous les charmes : la douceur, l'esprit et la figure. Ses parents, qui sont bien décidés à ne jamais quitter notre déplorable bannière, voudroient l'unir à quelqu'un qui réunît à la naissance une conduite et des mœurs fort rares à rencontrer. Ils m'ont souvent entendu faire l'éloge de votre fils, et j'ai lieu de croire qu'ils seroient charmés de lui donner leur fille. Ils désirent la marier promptement, voulant même marier la cadette au comte de La Ferronnays, qui joint à un caractère propre à faire le bonheur de sa femme un peu de bien hors de France et une très-grande fortune à Saint-Domingue. Montsoreau a l'espérance de retirer quelque chose des débris de sa fortune. Mandez-moi franchement si cette idée vous plaît, ou si vous avez d'autres vues sur son compte. »

Et c'est le même prince, occupé du bonheur des autres d'une manière si affectueuse, qui écrivoit au même comte de Chastellux :

« Qu'irois-je faire à Naples ? Je ne veux pas vivre pour rien dans un pays d'une cherté affreuse. Pourquoi M. Acton ne me parle-t-il pas franchement ? qu'a-t-il besoin d'user de réserve envers moi ? Je ne suis point une puissance politique : je suis un homme malheureux, qui ne peut porter ombrage à personne. »

Son admirable lettre à M. Acton mérite surtout d'être conservée :
« Je vous écris, monsieur, avec la franchise d'un Bourbon qui parle au ministre d'un roi Bourbon, d'un roi qui n'a cessé de montrer un attachement généreux à la partie de sa famille si cruellement traitée par la fortune.

« J'ai appris avec une vive douleur que le roi avoit désapprouvé la démarche que j'avois faite de quitter Rome pour aller joindre l'armée de Condé. La noblesse fidèle avec laquelle j'ai fait huit campagnes n'avoit jamais vu tirer un coup de fusil sans que je fusse à sa tête. Au moment où mon frère venoit de la joindre, il me mandoit : *Nous attaquons le 15 septembre.* Si j'avois attendu les ordres du roi, je perdois le temps : je suis donc parti sur-le-champ ; je suis arrivé le 15, et le 16 nous étions au bivouac, devant attaquer le lendemain. Je n'aurois jamais quitté l'armée napolitaine si elle avoit été devant l'ennemi, mais tout paroissoit indiquer de ce côté la plus grande tranquillité. D'ailleurs, volontaire sous M. de Nazelli, ou sous M. de Damas que j'ai vu si longtemps colonel à l'armée de Condé, ce n'étoit pas une posi-

---

1. Aujourd'hui Mme la duchesse de Blacas.

tion bien agréable pour moi, et je n'y pouvois être d'aucune utilité au service du roi. Depuis que la paix a été faite, je vous ai écrit trois fois sans recevoir jamais de réponse de vous. Cette incertitude-là est cruelle : pourquoi ne pas me dire franchement les volontés du roi à mon égard? J'aurois été aussi heureux qu'il est possible, lorsqu'on n'est pas dans son pays, d'être uni à la famille de Naples et de tout devoir à des parents aussi bons; mais les circonstances empêchent-elles cette union? Ma présence seroit-elle incommode? Le traitement qu'on a bien voulu m'accorder est-il une gêne dans un moment où les finances du roi sont si cruellement obérées? Je mets le tout à ses pieds, avec la même reconnoissance : je vous supplie seulement de vouloir bien faire continuer de payer les 5,000 ducats que le roi a eu l'extrême bonté d'accorder aux officiers de ma maison. Ces gentilshommes, invariables dans leur devoir et leurs principes, ne fléchiront jamais la tête sous le joug d'un usurpateur, et tous ont abandonné leurs fortunes pour me suivre. Je ne réclame donc rien pour moi que le passé. Je n'ai eu jusqu'ici d'autres ressources que la générosité du roi; mais vous savez sûrement les retards que j'ai éprouvés. Cela me met dans le plus grand embarras. N'ayant rien à moi, je regarderois comme une infamie de faire une dette.

« Je suis bien sûr que vous sentirez les raisons de mon empressement à connoître mon sort, quand vous saurez que dans un mois je n'aurai en vendant mes équipages que de quoi rejoindre mon père. »

La réponse de M. d'Acton n'arriva point[1], et Mgr le duc de Berry partit pour l'Angleterre.

CHAPITRE II.

Mgr LE DUC DE BERRY EN ÉCOSSE.

Ce fut dans cette île que se réfugièrent tour à tour, à quelques années d'intervalle les uns des autres, les princes de la maison de France poursuivis par la fortune. Mgr le prince de Condé erra quelque temps en Allemagne. Comme la gloire ne se peut cacher, il trouvoit difficilement un asile : le généreux duc de Brunswick, son ancien adversaire, ainsi que celui des maréchaux de Broglie et de Castries,

---

1. M. le chevalier de Vernègues parvint dans la suite à faire connoître la vérité au roi, et obtint sur l'arriéré de la pension une somme de 80,000 ducats.

lui offrit une retraite ; mais l'illustre rejeton de la maison d'Este devoit être brisé lui-même par ce fléau qui brisoit tous les royaumes et toutes les renommées. Mgr le prince de Condé, passant enfin en Angleterre, y rejoignit Mgr le duc de Bourbon, son fils.

Louis XVIII avoit été forcé de sortir de Saxe en 1798, par ordre de ce Directoire qui se déchargeoit sur l'Europe du mépris dont il étoit accablé en France. « Le roi, écrivoit alors Mgr le duc de Berry, va encore courir de pays en pays chercher un asile qu'on lui refusera partout. Mon frère le suivra. » Le roi se retira à Mittau : Pierre le Grand vint en France apprendre au pied de la statue de Richelieu à commencer un empire ; l'adversité, le premier des maîtres, conduisit Louis XVIII dans les États russes, pour lui apprendre à relever un empire qui finissoit. Paul Ier se souvint d'avoir été voyageur dans notre patrie, et il accueillit l'hôte illustre que notre patrie lui envoyoit. Mais l'usurpateur vint à son tour dicter des lois. Obligé de quitter Mittau avec MADAME, le roi ne trouva d'asile assuré qu'au sein de ces mers sur lesquelles toute puissance a été refusée à Buonaparte, et qui devoient commettre à la garde de ce génie des tempêtes leurs orages et leurs abîmes.

Le pays qu'habita d'abord Mgr le duc de Berry auprès de son père étoit uni à la France par d'anciens liens d'hospitalité. Les Écossois avoient fourni une garde à nos rois et servi puissamment dans leurs revers Charles VII et Henri IV. Montross, qui donnoit au cardinal de Retz *l'idée de certains héros que l'on ne voit plus que dans les Vies de Plutarque*[1], représentoit à Mgr le duc de Berry les généreux François immolés à la cause de leur roi. Il retrouvoit encore le souvenir de ces hommes fidèles dans celui des officiers qui s'attachèrent à la fortune de Jacques II.

« Leurs aventures furent dignes des beaux jours de Sparte et d'Athènes. Ils étoient tous d'une naissance honorable, attachés à leurs chefs et affectionnés les uns aux autres, irréprochables en tout... Ils se formèrent en une compagnie de soldats au service de France... Ils furent passés en revue par le roi à Saint-Germain-en-Laye ; le roi salua le corps par une inclination et le chapeau bas. Il revint, s'inclina de nouveau, et fondit en larmes. Ils se mirent à genoux, baissèrent la tête contre terre ; puis, se relevant tous à la fois, ils lui firent le salut militaire. Ils furent envoyés de là aux frontières d'Espagne, ce qui formoit une marche de 900 milles. Partout où ils passoient ils tiroient les larmes des yeux des femmes, obtenoient le respect de quelques

---

1. *Mémoires du cardinal de Retz*, liv. III.

hommes, et en faisoient rire d'autres par la moquerie qui s'attache au malheur. Ils étoient toujours les premiers dans une bataille, et les derniers dans la retraite... Ils manquèrent souvent des choses les plus nécessaires à la vie ; cependant on ne les entendit jamais se plaindre, excepté des souffrances de celui qu'ils regardoient comme leur souverain [1]. » Qui ne croiroit lire une page de l'histoire des émigrés françois !

Mgr le duc de Berry habitoit près d'Édimbourg, avec son père, le château de Marie Stuart, la première veuve d'un roi de France qui porta sa tête sur l'échafaud, et qui regrettoit en mourant de n'avoir pas la *tête tranchée avec une épée à la françoise* [2]. Il aimoit à répéter sous les vieilles voûtes du château la ballade où l'infortunée princesse faisoit ses adieux *au plaisant pays de France :*

> Adieu, plaisant pays de France,
> O ma patrie
> La plus chérie,
> Qui as nourri ma jeune enfance !
> Adieu, France, adieu nos beaux jours !
> La nef qui déjoint nos amours
> N'a eu de moi que la moitié.
> Une part te reste : elle est tienne ;
> Je la fie à ton amitié,
> Pour que de l'autre il te souvienne.

Lorsque MONSIEUR vint demeurer à Londres, Mgr le duc de Berry l'y suivit, et sa vie changea encore comme sa fortune.

CHAPITRE III.

Mgr LE DUC DE BERRY ARRIVE A LONDRES.
SES FOIBLESSES. ADMIRABLE DÉCLARATION DU ROI ET DES PRINCES DE LA MAISON DE FRANCE.

Un prince qui ne règne plus, un banni sans patrie, un soldat qui ne fait plus la guerre, est le plus indépendant des hommes : il arrive souvent qu'il cherche dans les affections du cœur de quoi remplir le vide de ses journées. Il seroit inutile de taire ce que la mort chrétienne et héroïque du prince a révélé. Le duc de Berry faillit comme

---

1. DALRYM., *Mémoires de la Grande-Bretagne.*   2. *Rech. de Pasquier.*

François Ier et Bayard, Henri IV et Crillon, Louis XIV et Turenne : le roi Jean vint reprendre en Angleterre des fers qu'il préféroit à la liberté. Il y a deux espèces de fautes qui, toutes graves qu'elles doivent être aux yeux de la religion, sont traitées avec indulgence dans la patrie d'Agnès et de Gabrielle. En condamnant trop sévèrement dans ses rois les foiblesses de l'amour et le penchant à la gloire, la France craindroit de se condamner elle-même.

Mgr le duc de Berry eut une de ces joies si pures que produit l'honneur, en donnant (avec tous les princes de la famille royale qui se trouvoient en Angleterre) son adhésion à la note du roi, en réponse à la proposition que lui fit faire Buonaparte de renoncer au trône de France moyennant des indemnités : cette note est un des plus beaux documents de notre histoire. Tandis que de puissants monarques étoient forcés d'abandonner leurs trônes au conquérant, un roi de France proscrit refusoit le sien à l'usurpateur qui l'occupoit : le sénat romain ne fit pas acte de propriété plus magnanime en vendant le champ où campoit Annibal.

Varsovie, 22 février 1803.

« Je ne confonds pas M. Buonaparte avec ceux qui l'ont précédé ; j'estime sa valeur, ses talents militaires ; je lui sais gré de plusieurs actes d'administration, car le bien que l'on fera à mon peuple me sera toujours cher. Mais il se trompe s'il croit m'engager à transiger sur mes droits : loin de là, il les établiroit lui-même, s'ils pouvoient être litigieux, par la démarche qu'il fait en ce moment.

« J'ignore quels sont les desseins de Dieu sur ma race et sur moi ; mais je connois les obligations qu'il m'a imposées par le rang où il lui a plu de me faire naître. Chrétien, je remplirai ces obligations jusqu'à mon dernier soupir ; fils de saint Louis, je saurai à son exemple me respecter jusque dans les fers ; successeur de François Ier, je veux du moins pouvoir dire comme lui : *Nous avons tout perdu, fors l'honneur.*

« *Signé* LOUIS. »

Et au bas :

« Avec la permission du roi mon oncle, j'adhère de cœur et d'âme au contenu de cette note.

« *Signé* Louis-Antoine. »

Mgr le duc d'Angoulême résidoit alors auprès du roi à Varsovie.

Monsieur, Mgr le duc de Berry, Mgr le duc d'Orléans et les deux princes ses frères alors vivants, Mgr le prince de Condé, Mgr le duc de Bourbon, tous exilés dans la Grande-Bretagne, envoyèrent au roi l'adhésion suivante :

« Pénétrés des mêmes sentiments dont S. M. Louis XVIII, roi de France et de Navarre, notre seigneur et roi, se montre si glorieusement animé dans sa noble réponse à la proposition qui lui a été faite de renoncer au trône de France, et d'exiger de tous les princes de la maison de Bourbon une renonciation à leurs imprescriptibles droits de succession à ce même trône,

« Déclarons

« Que notre attachement à nos devoirs et notre honneur ne pourront jamais nous permettre de transiger sur nos principes et sur nos droits, et que nous adhérons de cœur et d'âme à la réponse de notre roi ;

« Qu'à son illustre exemple, nous ne nous prêterons jamais à la moindre démarche qui pût avilir la maison de Bourbon et lui faire manquer à ce qu'elle se doit à elle-même, à ses ancêtres, à ses descendants ;

« Et que si l'injuste emploi d'une force majeure parvenoit (ce qu'à Dieu ne plaise!) à placer de fait, et jamais de droit, sur le trône de France tout autre que notre roi légitime, nous suivrons avec autant de confiance que de fidélité la voix de l'honneur, qui nous prescrit d'en appeler jusqu'à notre dernier soupir à Dieu, aux François et à notre épée. »

Mgr le duc d'Enghien envoya de son côté, au roi, son adhésion particulière :

« Sire,

« La lettre du 5 mars, dont Votre Majesté a daigné m'honorer, m'est exactement parvenue. Votre Majesté connoît trop bien le sang qui coule dans mes veines pour avoir pu conserver un instant de doute sur le sens de la réponse qu'elle me demande. Je suis François, Sire, et François resté fidèle à son Dieu, à son roi et à ses serments d'honneur : bien d'autres m'envieront peut-être un jour ce triple avantage. Que Votre Majesté daigne donc me permettre de joindre ma signature à celle de Mgr le duc d'Angoulême, adhérant comme lui de cœur et d'âme au contenu de la note de mon roi.

« *Signé* Louis-Antoine-Henri de Bourbon. »

Ettenheim, ce 22 mars 1803.

Quels sentiments! quelle signature! et quelle date! Lorsqu'on lit à cette époque l'histoire des deux France, ancienne et nouvelle, qui existoient en même temps, on ne sait de laquelle on doit être plus fier : les succès héroïques sont pour la France nouvelle, les malheurs héroïques pour l'ancienne ; nos princes avoient tout emporté des grandeurs de notre patrie, ils n'y avoient laissé que la victoire.

CHAPITRE IV.

VIE DE Mgr LE DUC DE BERRY A LONDRES.
VOYAGES DU PRINCE.

Monseigneur le duc de Berry, établi à Londres, alloit une fois tous les mois faire sa cour au roi à Hartwell; il visitoit aussi son ancien général, Mgr le prince de Condé. Le roi avoit écrit à ce dernier ces paroles charmantes : « Jouissez, mon cher cousin, du même repos que le plus illustre de vos aïeux goûta volontairement sous les lauriers ; tout vous sera Chantilly. » Cependant le héros de Friedberg et de Berstheim ne conduisoit plus *ses amis dans ses superbes allées de Chantilly, au bruit de tant de jets d'eau qui ne se taisoient ni jour ni nuit* [1]. N'ayant rien à laisser au duc de Berry, son royal élève, il lui légua par son testament ses vieux compagnons d'armes. On voit quelle opinion il s'étoit formée du prince par la lettre qu'il lui écrivit alors : « Sans doute, lui dit-il, votre existence est cruelle ; mais nous avons fait notre devoir. Ce n'est plus à moi, dans la circonstance présente, c'est à vous à relever l'étendard royal, et à nous tous à marcher sous vos ordres. Votre extrême jeunesse a pu nécessiter pendant quelque temps l'inconvenance que vous fussiez sous les miens ; mais tant qu'il me restera un peu de force, je me ferai gloire d'être votre premier grenadier. » M. Pitt avoit conçu la même idée du prince, et Buonaparte lui-même en parloit avec une haute estime. Les hommes supérieurs peuvent errer dans leur opinion ; mais lorsqu'ils rencontrent la vérité, ils augmentent le prix du mérite jugé de toute la valeur attachée à l'autorité du juge.

Hors ces devoirs de famille si chers à son cœur, et qu'il remplissoit avec exactitude, Mgr le duc de Berry n'en connoissoit point d'autres à Londres : il avoit secoué le joug de la société. Renfermé chez lui, il vivoit au milieu de quelques amis dont il faisoit les délices. Il avoit tout ce qu'il falloit pour rendre charmante la vie privée : de l'esprit, de la grâce, de la gaieté, du goût pour les arts, de l'ordre dans les affaires, de la régularité dans les habitudes, une humeur caressante, une bonté infinie. Fait pour la lumière, il aimoit l'ombre ; mais quelque chose du prince lui restoit dans la condition commune, et l'on sentoit qu'il étoit plutôt caché que perdu dans les rangs obscurs de la société. Ses loisirs en Angleterre lui permirent de s'abandonner à diverses

---

1. Bossuet, *Oraison funèbre du grand Condé.*

études : il se livra à la science des médailles, dans laquelle il fit des progrès étonnants. Il retourna ensuite à la musique, à la peinture, et se perfectionna dans la connoissance des tableaux. Il acquit aussi à Londres sur la monarchie représentative les idées saines que nous lui avons connues.

Les royaumes unis de la Grande-Bretagne avoient atteint leur plus haut point de gloire politique lorsque Mgr le duc de Berry y vint chercher un asile. A la tête du gouvernement, M. Pitt luttoit avec des hommes capables de le seconder contre cette grande opposition qu'avoient formée les Burke, les Fox et les Sheridan. Les vieilles mœurs se soutenoient parmi les gentilshommes fermiers qui trouvoient un appui dans le caractère du plus simple et du meilleur des rois. Restés originaux, sans être grossiers et exclusifs, les Anglois s'étoient accoutumés aux étrangers, par la noble hospitalité qu'ils avoient exercée envers eux : ils aimoient ces François qu'ils avoient si longtemps détestés. Mgr le duc de Berry s'étonnoit de trouver un pays qui ressembloit bien peu à celui que croyoient avoir peint Voltaire et de Lolme ; pays moderne assis sur des fondements gothiques, et dont les libertés constitutionnelles reposent sur des lois féodales.

Mgr le duc de Berry entreprit quelques voyages dans l'intérieur de l'Angleterre pour mettre à profit son exil. Il vit les prodiges de Manchester et de Birmingham ; il s'émerveilla plus qu'il ne fut enthousiasmé de ces grands miracles qui font de petites choses, de ces machines qui créent des bras et tuent des intelligences; subtiles inventions *qui ne maintiennent l'état de ce monde qu'en entretenant ce qui passe avec le temps* [1]. Le prince remarqua le génie conservateur d'un peuple qui ne laisse rien périr, qui remet à neuf ses vieux monuments et rétablit avec soin jusqu'à la pierre tombée d'une ruine. Les maisons de campagne dont l'Angleterre est semée attirèrent l'attention de l'illustre voyageur. Les unes lui offroient d'élégantes *villa*, bâties sur le modèle de quelques monuments de l'Italie ou de la Grèce, et dans lesquelles demeurent oubliés les tableaux des plus grands maîtres ; les autres lui présentoient le modèle de ces vieux châteaux décrits par les romanciers : ici des obélisques, des colonnes, des statues, enlevés aux débris de Tentyra, de Palmyre et d'Athènes ; là des pagodes indiennes, des armures d'anciens chevaliers, des arcs et des flèches de sauvages, apportés par le capitaine Cook. A Hamptoncourt, les portraits des maîtresses de Charles II ; à Windsor, les souvenirs de cette comtesse de Salisbury *qui férit le roi Édouard d'une étincelle de*

---

1. *Ecclés.*, c. xxxviii.

fine amour au cœur[1]. Mgr le duc de Berry trouva à Glascow la littérature des bardes, à Oxford celle d'Homère et de Virgile, à Cambridge les sciences de Newton. Enfin, le prince visita tous les monuments publics, depuis cet hôpital de Greenwich où le matelot regrette les tempêtes, jusqu'à cette abbaye de Westminster où dorment en paix les souverainetés du trône et du génie. Parmi tant de noms gravés sur tant de sépulcres, le fils de France lut avec attendrissement les noms de quelques François encore exilés parmi ces morts.

CHAPITRE V.

MGR LE DUC DE BERRY ESSAYE DE REPRENDRE LES ARMES ET DE PASSER EN FRANCE. MAGNANIMITÉ DU PRINCE DE CONDÉ ET DES BOURBONS.

Les malheurs envoyés par la Providence faisoient connoître chaque jour une nouvelle vertu de cette maison de France si élevée au-dessus des autres, comme les torrents qui descendent du ciel mettent quelquefois à découvert l'or que recèle la montagne : Mgr le duc de Berry perdit sa mère. Ce bon fils nous apprend par une de ses lettres avec quelle amertume il la pleura ; il éprouva une longue maladie, et l'on voit encore dans la même lettre qu'il fut tendrement soigné par son père.

Heureux ce prince s'il eût moins aimé son pays, s'il se fût enseveli pour jamais dans cette vie paisible qu'il goûtoit sur une terre hospitalière! Mais s'il n'eût tourné ses yeux vers sa patrie, auroit-il été François? Il saisissoit avec ardeur toutes les occasions qui se présentoient de rentrer en France. L'expédition des Anglois à Copenhague paroissoit liée à d'autres desseins ; le prince partit et se rendit en Suède, espérant de servir dans quelque armée. L'entreprise manqua, et il fut forcé de revenir en Angleterre, où le roi arriva alors.

La guerre d'Espagne le tenta de nouveau : il écrivoit à M. de Mesnard[2] : « Vous avez fort bien jugé, mon cher Mesnard, et de ce que j'éprouve et de ce qui me retient. Il n'est que trop vrai que depuis six semaines j'ai travaillé à aller rejoindre les braves Espagnols, et que le gouvernement y a mis un obstacle absolu et positif. Les Espagnols qui sont ici nous ont évités avec soin. Tout en admirant leurs nobles efforts, il me semble qu'ils ont oublié, ainsi que tout le monde, que

---

1. FROISSART.   2. 27 juillet 1808.

les aînés de leurs rois ont gouverné la France, et qu'il faut que Buonaparte tombe pour leur sûreté comme pour celle du monde. »

Une fois Mgr le duc de Berry fut prêt à passer en France. Il avoit formé le projet de rejoindre, avec deux personnes seulement, les royalistes de l'intérieur. « Il me suffira, disoit-il, de trouver cinquante braves pour me recevoir. » Au moment de s'embarquer, il écrivit ces mots à M. de Mesnard : « L'entreprise est audacieuse : je suis bien sûr que cela ne vous arrêtera pas; mais songez que vous êtes père. » Ainsi le prince, qui recherchoit pour lui les périls, craignoit de les faire partager à ses amis. M. le comte de La Ferronnays, qui soupçonnoit d'inexactitude les renseignements arrivés de la côte de France, proposa au prince d'aller sonder le terrain ; le prince lui répondit par cette admirable lettre :

Hartwell, 1809.

« J'ai reçu hier matin ta lettre d'avant-hier, mon cher Auguste. Je te remercie de tes bons conseils; je trouve dans tout ce que tu me dis assez de sagesse et de raison; et ce que j'aime encore mieux, j'y trouve une preuve de plus de ton attachement pour moi; mais, mon ami, tes réflexions sont trop tardives et sont inutiles. Tout ce que tu me dis, je me le suis déjà dit à moi-même : je n'ai jamais partagé ta confiance dans le succès de notre expédition; je crois fermement que nous marchons à la mort, et c'est ce qui fait que je ne veux pas m'arrêter. Tu sais trop, mon cher Auguste, les absurdités qui ont été débitées sur notre compte; tu sais combien on nous reproche de n'avoir pas combattu avec la Vendée, de n'avoir pas mêlé notre sang à celui des royalistes : il faut faire taire la calomnie, et tu es trop mon ami pour me conseiller le contraire. Tu connois mes opinions sur les guerres civiles et ceux qui les fomentent; je me croirois traître au roi, traître à la France, et le plus coupable des hommes si, pour ma propre gloire, ou pour mon intérêt personnel, je cherchois à la rallumer et à ramener sur cette fidèle Vendée les malheurs qui déjà furent le prix de son dévouement à notre cause. Mais puisque l'on nous assure que, lassés d'être opprimés, les royalistes se décident d'eux-mêmes à reprendre les armes, puisqu'ils nous le font dire et qu'ils demandent un prince, rien ne m'empêchera d'aller les rejoindre. Je combattrai à leur tête, je mourrai au milieu d'eux, et mon sang versé au champ d'honneur, abreuvant le sol de la patrie, rappellera du moins à la France qu'il existe des Bourbons et qu'ils sont encore dignes d'elle. Mon vieux Nantouillet et toi, mon ami, vous partagerez mon sort : je ne vous plains pas. Tu seras enterré à mes côtés; c'est un moyen très-bon pour couvrir ce que tu appelles ta *responsabilité*. Quant à ta proposition d'aller avant moi sonder le terrain et vérifier les faits, elle n'a pas le sens commun, et tu me connois assez pour être bien sûr que je ne consentirai jamais à ce que mon ami s'expose pour moi à un danger que je ne partagerois pas avec lui.

« Adieu; je serai à Londres après-demain à cinq heures. J'irai passer la soirée chez ta belle-mère : nous causerons de tout cela. Embrasse ta femme et tes enfants; je te quitte pour aller à la chasse. »

Lorsque l'usurpateur, dans l'orgueil de la prospérité, cherchoit à flétrir de grandes infortunes, qu'il devoit lui-même connoître, l'ancienne race royale pouvoit-elle mieux repousser que par cette lettre les calomnies de la nouvelle dynastie? Quel est ici l'homme supérieur, ou de Buonaparte insultant publiquement les Bourbons dans sa proclamation aux provinces de l'ouest, ou du duc de Berry répondant, dans le secret de l'amitié, à des outrages si cruels et si peu mérités? On peut dire que toute la mort de Mgr le duc de Berry est dans cette lettre généreuse et sublime.

L'entreprise n'eut pas lieu : seulement un soldat[1], envoyé à la découverte, y perdit la vie. La fortune refusa à Mgr le duc de Berry la mort de Charette pour lui réserver celle de Henri IV : elle vouloit le traiter en roi.

Une autre fois des révolutionnaires subalternes cherchèrent à attirer Mgr le duc de Berry sur le continent. Ils racontoient que les royalistes étoient prêts à se soulever en Normandie, que la seule présence du prince produiroit une révolution. Le piège fut découvert; le prince ne descendit point au rivage, où sa tête avoit été mise à prix. Il s'est rencontré depuis un homme qui a livré la tête du fils de France pour rien.

Quelque temps avant l'époque où l'on voulut sacrifier Mgr le duc de Berry, un étranger se présenta en Angleterre pour proposer aux Bourbons d'assassiner l'usurpateur. Il faut voir de quel air le prince de Condé reçoit cette proposition, et comme il en écrit à Monsieur. « Cet homme m'a proposé tout uniment, dit-il, de nous défaire de l'usurpateur par le moyen le plus court. Je ne lui ai pas donné le temps de m'achever les détails de son projet, et j'ai repoussé cette proposition avec horreur, en l'assurant que si vous étiez ici, vous feriez de même; que nous serions toujours les ennemis de celui qui s'est arrogé la puissance et le trône de notre roi, tant qu'il ne les lui rendroit pas; que nous avions combattu cet usurpateur à force ouverte, que nous le combattrions encore si l'occasion s'en présentoit, mais que jamais nous n'emploierions de pareils moyens, qui ne pouvoient convenir qu'à des jacobins... Après cela j'ai dit à l'homme qui étoit venu qu'il n'y avoit que l'excès de son zèle qui eût pu le porter à venir nous faire une

---

1. Armand de Chateaubriand.

pareille proposition ; mais que ce qu'il avoit de mieux à faire étoit de repartir tout de suite, attendu que s'il étoit arrêté, je ne le réclamerois pas, et que je ne le pourrois qu'en disant ce qu'il est venu faire.»

Voilà les princes que l'on avoit proscrits ! Ces nouveaux Fabricius ne font point étalage de leur générosité auprès du nouveau Pyrrhus : ils ne l'avertissent point qu'on le veut tuer ; ils se contentent de chasser l'assassin et de faire ainsi avorter son crime : leurs vertus sont pour Dieu, et non pour les hommes. On les ignoreroit encore, ces vertus, sans des lettres que le hasard a conservées, et qui viennent longtemps après les découvrir. Et qui repousse le premier l'idée d'un assassinat sur Buonaparte? Le grand-père du duc d'Enghien !

CHAPITRE VI.

DÉPART DE MGR LE DUC DE BERRY POUR JERSEY. SÉJOUR DU PRINCE DANS CETTE ILE.

Enfin, après vingt-deux ans de combats, la barrière d'airain qui fermoit la France fut forcée : l'heure de la restauration approchoit ; nos princes quittèrent leurs retraites. Chacun d'eux se rendit sur différents points des frontières, comme ces voyageurs qui cherchent, au péril de leur vie, à pénétrer dans un pays dont on raconte des merveilles. MONSIEUR partit pour la Suisse, Mgr le duc d'Angoulême pour l'Espagne, et son frère pour Jersey. Dans cette île, où quelques juges de Charles Ier moururent ignorés de la terre, Mgr le duc de Berry retrouva des royalistes françois, vieillis dans l'exil et oubliés pour leurs vertus, comme jadis les régicides anglois pour leurs crimes. Il rencontra de vieux prêtres, désormais consacrés à la solitude ; il réalisa avec eux la fiction du poëte qui fait aborder un Bourbon dans l'île de Jersey après un orage. Tel confesseur et martyr pouvoit dire à l'héritier de Henri IV, comme l'ermite à ce grand roi :

> Loin de la cour alors, dans cette grotte obscure,
> De ma religion je vins pleurer l'injure.
> *(Henriade.)*

Mgr le duc de Berry passa quelques mois à Jersey ; la mer, les vents, la politique, l'y enchaînèrent. Tout s'opposoit à son impatience ; il se vit au moment de renoncer à son entreprise et de s'embarquer pour Bordeaux. Une lettre de lui nous retrace vivement ses occupations sur son rocher :

8 février 1814.

« Que direz-vous, madame, de la liberté que je prends de vous écrire, et de me charger de répondre à une lettre qui ne m'est pas adressée? Mais le tendre et touchant intérêt que vous voulez bien m'y marquer est mon excuse. Je comptois bien vous écrire, mais du sol de ma patrie, de cette terre chérie que je vois tous les jours sans pouvoir y atteindre; enfin, je voulois écrire à la veuve du grand Moreau, si digne de lui, sur le chemin qu'il auroit déjà aplani devant nous si le sort ne nous l'avoit enlevé.

« Me voici donc comme Tantale, en vue de cette malheureuse France qui a tant de peine à briser ses fers, et les vents, le mauvais temps, la marée, tout vient arrêter les courageux efforts des braves qui vont courir des dangers qu'on ne me permet pas encore de partager. Vous, dont l'âme est si belle, si françoise, jugez de tout ce que j'éprouve; combien il m'en coûteroit de m'éloigner de ces rivages qu'il ne me faudroit que deux heures pour atteindre! Quand le soleil les éclaire, je monte sur les plus hauts rochers, et, ma lunette à la main, je suis toute la côte, je vois les rochers de Coutances. Mon imagination s'exalte; je me vois sautant à terre, entouré de François, cocardes blanches aux chapeaux; j'entends le cri de *vive le roi !* ce cri que jamais François n'a entendu de sang-froid; la plus belle femme de la province me ceint d'une écharpe blanche, car l'amour et la gloire vont toujours ensemble. Nous marchons sur Cherbourg : quelque vilain fort, avec une garnison d'étrangers, veut se défendre : nous l'emportons d'assaut, et un vaisseau part pour aller chercher le roi, avec le pavillon blanc qui rappelle les jours de gloire et de bonheur de la France. Ah, Madame! quand on n'est qu'à quelques heures de l'accomplissement d'un rêve si probable, peut-on penser à s'éloigner? Pardonnez toutes ces folies, madame; croyez que les sentiments que vous m'avez inspirés sont aussi durables que ma vie. Veuillez me donner une petite part dans votre amitié, et recevoir l'hommage de mon tendre et respectueux attachement. »

Cette lettre charmante n'est écrite ni à des émigrés, ni à un compagnon d'infortune du prince. Les sentiments françois y sont-ils moins vifs? Pouvoit-on ne pas adorer un pareil prince? Mgr le duc de Berry arriva à Jersey, grandeur évanouie, couronne tombée! Toutefois ce fils de France avoit en lui quelque chose de si singulièrement propre à se faire aimer, que les habitants de Jersey ont parlé d'élever un monument en l'honneur du proscrit étranger que nos tempêtes avoient jeté dans leur île.

Les destinées de Buonaparte s'accomplirent. Ses droits eurent l'inconstance de la victoire : fidèle, elle les avoit donnés, elle les retira infidèle : son favori tomba au milieu de ses gardes, et la France alla chercher dans sa retraite le vrai roi, qui devoit supporter la prospérité comme il avoit supporté le malheur.

FIN DE LA PREMIÈRE PARTIE.

DEUXIÈME PARTIE.

VIE ET MORT DE Mgr LE DUC DE BERRY EN FRANCE.

LIVRE PREMIER.

PREMIÈRE ET DEUXIÈME RESTAURATION.
CORRESPONDANCE DE Mgr ET DE Mme LA DUCHESSE DE BERRY.
LEUR MARIAGE. VIE PRIVÉE DU PRINCE.

CHAPITRE PREMIER.

ARRIVÉE DE Mgr LE DUC DE BERRY EN FRANCE.
VOYAGE DE CHERBOURG A PARIS.

A peine le pavillon blanc arboré à Cherbourg [1] avoit-il flotté dans les airs, que ce signal de paix en appela un autre. On aperçut en mer une frégate ayant aussi pavillon blanc ; c'étoit la frégate *L'Eurotas*, qui conduisoit à Caen Mgr le duc de Berry : mais ce prince, ayant découvert dans la rade de Cherbourg le drapeau sans tache, fit tourner la proue vers la première terre de France. La ville de Cherbourg avoit envoyé une députation à Jersey, afin de prier Mgr le duc de Berry de vouloir bien débarquer dans son port : le vaisseau chargé de cette députation ne rencontra pas en mer *L'Eurotas*. Les habitants et la garnison de Jersey s'étoient distingués par les marques de respect et d'amour qu'ils avoient données au fils de France : à son départ de leur île, dix-huit cents coups de canon saluèrent le vaisseau qui portoit le prince dans sa patrie.

Le préfet maritime et les principales autorités de Cherbourg s'avancèrent en mer au-devant de *L'Eurotas*. Mgr le duc de Berry les reçut sur son bord. L'*Eurotas* entra dans la rade au bruit des salves d'artillerie et au milieu des navires pavoisés. Le prince, descendu de la frégate angloise, passa à bord du vaisseau-amiral françois, qui recommença le salut militaire. Ensuite la chaloupe de l'amiral conduisit Mgr le duc de Berry au fond du port royal. Elle étoit suivie d'une multitude d'autres chaloupes et de petits bâtiments qui portoient, avec la suite du prince, les premières autorités et les habitants les plus distingués de la ville. Les quais étoient couverts d'une foule immense qui faisoit retentir l'air des plus vives acclamations. Le duc de Berry sauta à terre en criant : *France!* La révolution vient de répondre à ce cri.

Mgr le duc de Berry étoit accompagné des comtes de La Ferronnays, de Nantouillet, de Mesnard et de Clermont-Lodève. Le soir, la ville fut illuminée : Louis XVI avoit été reçu dans ce même port, créé par lui, avec les mêmes témoignages d'allégresse. Pour répondre aux transports de la joie publique, Mgr le duc de Berry fit relâcher six cents conscrits réfractaires, remettre au capitaine de la frégate angloise des prisonniers de sa nation. C'est ainsi qu'il délivra à Caen d'autres prisonniers françois et espagnols : tout devenoit libre sur le passage d'un Bourbon.

Parti de Cherbourg, le prince s'arrêta quelques instants à Valognes et à Saint-Lô. Il fut complimenté auprès de Bayeux par le préfet du Calvados. Ces villes croyoient revoir le bon connétable qui les fit rentrer autrefois sous l'autorité paternelle du sage Charles V. A Bayeux, un militaire se présente au prince, et lui dit : « Monseigneur me reconnoît-il? » C'étoit un soldat de l'armée de Condé. « Si je vous reconnois! » répondit vivement le prince en s'approchant de lui et écartant ses cheveux. « Vous devez avoir au front la cicatrice d'une blessure que je vous ai vu recevoir à Walden. » Honneur au prince qui lit si bien sur le front le nom de ses serviteurs!

Un régiment dont l'esprit n'étoit pas encore changé passoit dans les environs de Bayeux. On conseilloit à Mgr le duc de Berry de l'éviter. Ce fut au contraire pour le prince une raison de marcher au-devant de ces troupes. Il se présente aux soldats. « Vous êtes, leur dit-il, le premier régiment françois que je rencontre. Je viens au nom du roi recevoir votre serment de fidélité. » Les soldats crient : *Vive l'empereur!* « Ce n'est rien, dit le prince avec un sang-froid admirable; c'est le reste d'une vieille habitude. » Il tire son épée, et crie *Vive le roi!* Les soldats françois aiment le courage; ils répètent aussitôt : *Vive le roi!*

Le prince fut reçu à Caen avec des démonstrations de joie extraordinaires. Il assista au spectacle : on lui présenta sur le théâtre, après la pièce, les prisonniers qu'il avoit fait mettre en liberté. Ainsi, la première fois que Mgr le duc de Berry parut dans nos jeux publics, ce fut pour essuyer les larmes de quelques François, et la dernière fois pour y répandre son sang.

Le prince rencontra à Lizieux le brave général Bordesoulle à la tête de la cavalerie du premier corps de l'armée. A Rouen, il eut encore l'occasion d'admirer les débris de ces vieilles troupes échappées à tant de combats, et qui sembloient plutôt succomber sous le poids des victoires que sous celui des revers. Mgr le duc de Berry s'avançoit vers Paris entre deux haies de drapeaux blancs flottant sur les remparts et sur les clochers, aux portes des villes, aux fenêtres des châteaux, des maisons et des chaumières. Partout les rues étoient sablées, les murs ornés de tapisseries, de guirlandes et de fleurs de lis d'or; partout les choches sonnoient, les canons tiroient; les *Te Deum* étoient chantés, les cris de *vive le roi! vivent les Bourbons!* se faisoient entendre. Le prince objet de tant d'amour traversoit avec ravissement ces riches campagnes, ce beau pays de France, cette terre natale qui lui étoit plus inconnue que la terre de l'exil. Environné, pressé, porté par la foule, il disoit les larmes d'attendrissement dans les yeux : « Je n'en puis plus ; j'en mourrai peut-être ; mais je mourrai de joie. » Est-ce de joie qu'il est mort ?

Un détachement de gardes à cheval attendoit Mgr le duc de Berry au delà de Saint-Denis. Hélas! nous l'avons vu dernièrement passer sur ce chemin dans une tout autre pompe! Le corps municipal, les maréchaux et les généraux le complimentèrent à la barrière. Monsieur attendoit son fils au château des Tuileries, et le reçut dans ses bras. Tout étoit nouveau pour le jeune prince : Paris, ses jardins, ses monuments; et parmi tant de François cet étranger de notre façon ne connoissoit que son père.

CHAPITRE II.

LE ROI A COMPIÈGNE.

Cependant Louis XVIII, débarqué à Calais, approchoit de Compiègne : on se rendit en foule à cette résidence. Les François, comme du temps de la Ligue, étoient affamés de voir un roi; des courriers se succédoient d'heure en heure. Tout à coup on bat aux champs ; une voiture attelée de six chevaux entre dans la cour du château de Compiègne. Elle s'arrête, on l'environne; on en voit descendre non le roi, mais un vieillard soutenu par son fils : c'étoit Mgr le prince de Condé et Mgr le duc de Bourbon : l'un, le guide de Mgr le duc de Berry au champ d'honneur ; l'autre, le père de son infortuné frère d'armes. De vieux serviteurs de la maison de Condé, accourus à Compiègne, poussent des cris en reconnoissant leur maître, se jettent sur ses mains qu'ils baisent avec des sanglots. Ces princes n'étoient que deux ; on cherchoit en vain le troisième ; ils étoient tout près de Chantilly, qui n'existe plus : quand l'héritier manque, qu'importe l'héritage ?

Enfin, le roi lui-même arriva. Son carrosse étoit précédé des généraux et des maréchaux de France qui étoient allés au-devant de Sa Majesté. Ce ne fut plus les cris de *vive le roi !* mais des clameurs confuses, dans lesquelles on ne distinguoit rien que les accents de l'attendrissement et de la joie. MADAME accompagnoit le roi. Ses traits, comme on l'avoit remarqué, offroient un mélange touchant de ceux de son père et de sa mère. Une expression de douceur et de tristesse annonçoit dans ses regards ce qu'elle avoit souffert ; on remarquoit jusque dans ses vêtements, un peu étrangers, les traces de son exil. MONSIEUR, déjà vieil habitant de la France, en présenta les nouveaux enfants au père de famille.

Telle est, en France, la force du souverain légitime, cette magie attachée au nom du roi : un homme arrive seul de l'exil, dépouillé de tout, sans suite, sans gardes, sans richesses ; il n'a rien à donner, presque rien à promettre ; il descend de sa voiture, appuyé sur le bras d'une jeune femme ; il se montre à des capitaines qui ne l'ont jamais vu, à des grenadiers qui savent à peine son nom. Quel est cet homme ? C'est le fils de saint Louis ; c'est le ROI ! Tout tombe à ses pieds.

CHAPITRE III.

MGR LE DUC DE BERRY EST NOMMÉ COLONEL GÉNÉRAL
DES CHASSEURS. INSPECTIONS MILITAIRES. MOT DU PRINCE.
PÈLERINAGE DE MGR LE DUC DE BERRY A VERSAILLES.

Le roi donne à son peuple les institutions que les siècles avoient préparées. Mais l'ouvrage de la sagesse fut mal compris : il falloit suivre le dessin de l'habile architecte, bâtir sur son plan un nouveau palais dont les fondements auroient été antiques. Au lieu de cela, on se contenta de reblanchir des ruines et de s'y loger ; on se crut en sûreté dans des débris qui devoient tomber au souffle de la première tempête. Mgr le duc de Berry, nommé colonel général des chasseurs, n'eut à s'occuper, dans la première année de la restauration, que d'inspections militaires. Il parcourut les départements du nord [1], visita les places fortes de l'Alsace, de la Lorraine et de la Franche-Comté, et revint à Paris. Il passoit un jour en revue, à Fontainebleau, un régiment de la vieille garde. Des grenadiers, qui l'avoient entouré après la revue, ne pouvoient s'empêcher de lui témoigner leur admiration pour Buonaparte. « Que faisoit-il donc de si remarquable? leur dit Mgr le duc de Berry. — Il battoit l'ennemi, répondirent-ils. — Belle merveille, répliqua le prince, avec des soldats comme vous! »

Mgr le duc de Berry avoit profité de son voyage dans les provinces du nord pour passer un moment en Angleterre et visiter les lieux de son exil. De retour à Paris, il fit un pèlerinage à ceux de son enfance : il partit pour Versailles avec un seul aide de camp. Il fut extrêmement frappé de trouver le château tout brillant d'or, de glaces et de peintures, mais inhabité, et debout dans une espèce de désert, comme les palais enchantés des *Contes arabes*. Versailles n'a été livré qu'un moment à la révolution : aucun des gouvernements illégitimes n'en a fait son séjour. L'imagination, frappée de la majesté du règne de Louis XIV et de la violence de la révolution, oublie ce qui s'est placé entre ces deux grandeurs de l'ordre et du désordre, et s'obstine à ne voir dans Versailles que le créateur de ses merveilles. Mgr le duc de Berry regardoit avec étonnement la façade de ce palais, semblable à une ville immense; ces vastes rampes conduisant à des bocages d'orangers; ces eaux jaillissantes au milieu des statues, des marbres, des bronzes, des bassins, des grottes, des parterres; ces bosquets remplis des prodiges de l'art. Il se représentoit les fêtes brillantes données dans ce palais et dans ces jardins, encore peuplés des ombres des Montespan, des Nemours, des La Vallière, des Sévigné, des Condé, des Turenne, des Catinat, des Vauban, des Colbert, des Bossuet, des Fénelon, des Molière, des Racine, des Boileau, des La Fontaine. Et si l'on eût demandé quel étoit le voyageur que les gardiens du château conduisoient de salon en salon, de bosquet en bosquet; quel étoit cet étranger, cet inconnu à qui ils faisoient voir la chambre de Louis XIV, le cabinet de Louis XVI, l'appartement de Mme la comtesse d'Artois, le balcon où l'infortunée Marie-Antoinette se montra au peuple tenant M. le Dauphin dans ses bras, on eût répondu que ce voyageur, cet étranger, cet inconnu, étoit le neveu de Louis XVI, le fils de Mme la comtesse d'Artois, le dernier héritier de Louis XIV.

1. Août, septembre 1814.

CHAPITRE IV.

LES CENT JOURS. MGR LE DUC DE BERRY A GAND.

La Providence, pour nous donner une dernière leçon, rendit un moment la puissance à Buonaparte. Il sort de la mer, traverse la France, arrive à la demeure du père de famille absent, court à Waterloo, et passant rapidement par le trône et par la gloire, va se replonger dans la mer au bout du monde.

Les Cent Jours ne furent qu'une orgie de la fortune. La république et l'empire se trouvèrent en présence, également surpris d'être évoqués, également incapables de revivre. Tous ces hommes de terreur et de conquêtes, si puissants dans les jours qui leur étoient propres, furent étonnés d'être si peu de chose. En vain l'anarchie et le despotisme s'unirent pour régner : épuisée par ses excès avec le crime, la révolution étoit devenue stérile.

La vieille France, qui se retiroit, conservoit encore ses forces après douze siècles, tandis que la nouvelle France se trouvoit déjà caduque au bout de trente ans.

Mgr le duc d'Angoulême combattit héroïquement dans le Midi. Son frère protégea la retraite de Louis XVIII à la tête des volontaires royaux et de la maison du roi. En sortant des portes de Béthune, il rencontra un corps de troupes portant les couleurs de Buonaparte. Il se précipite au-devant de ces soldats, les appelle au combat ou à la fidélité : ils refusent l'un et l'autre. On propose au prince de faire un exemple : « Comment voulez-vous, répond-il, frapper des gens qui ne se défendent pas? »

Le commandement général des différents corps réunis dans le cantonnement d'Alost fut remis à Mgr le duc de Berry : c'étoit une seconde armée de Condé ; il y déploya la même générosité et les mêmes talents militaires. Accoutumé à l'exil, on voyoit que le malheur ne lui coûtoit rien : une mort comme la sienne n'est pas chose facile, et l'on ne parvient à cette perfection que par de longues épreuves. Cette mort a révélé les nombreux bienfaits de ce prince : il secouroit sans qu'on le sût de pauvres familles d'Alost. Ses infortunes n'ont jamais pesé que sur lui, et il a fait des heureux partout où il a souffert.

Il s'acquit encore un autre droit à l'estime de ses hôtes religieux, en accompagnant avec ses soldats une fête chrétienne, celle où l'on célébra le nom de ce Dieu pour lequel il n'y a point de terre étrangère ; fête éternelle qui ne passe point comme celles des hommes.

Ce Dieu des infortunés est aussi le Dieu qui dispose de la victoire : il lui plut de l'ôter à l'homme qui en avoit abusé si longtemps. La perte de la bataille de Waterloo fit refluer un grand nombre de prisonniers françois dans les villes des Pays-Bas : Mgr le duc de Berry s'empressa de les secourir. Il reste un témoignage touchant de sa magnanimité : c'est le mouchoir dont il enveloppa la main d'un soldat blessé à Waterloo. Le grenadier qui possède ce drapeau blanc ne s'en séparera qu'avec la vie ; et il auroit versé mille fois son sang pour guérir la blessure du prince qui pansa la sienne.

CHAPITRE V.

RETOUR DU ROI. MGR LE DUC DE BERRY PRÉSIDE LE COLLÉGE ÉLECTORAL DE LILLE.

Le roi remonta sur son trône[1] : Mgr le duc de Berry rentra une seconde fois dans cette belle France dont il ne devoit plus sortir. Ce fut encore à Saint-Denis, le terme de tous ses voyages, qu'il arriva. Bientôt après, on lui présenta les officiers du dixième régiment de ligne, qui étoit resté fidèle à Mgr le duc d'Angoulême. « Messieurs, leur dit-il, j'ai une permission à vous demander, c'est de porter votre uniforme quand j'irai au-devant de mon frère. »

Au premier moment de la seconde restauration, on parut vouloir profiter de la leçon reçue. Un ministre, qui avoit puissamment concouru à relever deux fois le trône, donna à l'opinion l'impulsion la plus monarchique. Les colléges électoraux furent convoqués avec éclat, et les princes de la famille royale furent nommés pour présider ceux des départements de la Seine, de la Gironde et du Nord[2]. Arrivé à Lille, Mgr le duc de Berry prononça à l'ouverture du collége un discours remarquable par les sentiments et par la manière dont ils sont exprimés :

« Le plus aimé de vos rois, Henri IV, après de longues guerres intestines, rassembla les notables de son royaume à Rouen et leur demanda des conseils ; ainsi que lui, le roi, mon auguste seigneur et oncle, d'après la constitution qu'il a donnée lui-même à son peuple, s'adresse en ce moment à vous et me nomme particulièrement pour être son organe auprès du département du Nord. Je ne parlerai point de leur fidélité aux habitants d'un pays, berceau de la monarchie : je ne

1. juillet 1815.   2. 15 août 1815.

remercierai point de son dévouement ce peuple qui rappelle si bien ces Francs généreux et guerriers dont il est descendu le premier ; je me bornerai à vous dire, messieurs, que le roi, après vingt-six ans de troubles et de malheurs, a besoin d'interroger le cœur de ses sujets, dont il juge d'après le sien. Ne pouvant réunir autour de lui tous les François, dont il est, vous le savez, bien moins encore le monarque que le père, il vous demande de lui adresser non ceux de vous qui l'aiment davantage, ce choix seroit impossible, et vous y voleriez tous, mais ceux qui, dignes interprètes de votre pensée, porteront au pied de son trône cet oubli du passé, cette connoissance du présent, ce coup d'œil dans l'avenir, ce respect pour la charte constitutionnelle, cet amour pour sa personne sacrée, enfin cette abnégation de soi-même qui seule peut assurer le bonheur de tous. »

Avant l'ouverture du collége électoral, Mgr le duc de Berry avoit voulu revoir et remercier la ville de Béthune et le sous-préfet, qui l'avoient si fidèlement reçu lors de sa retraite à Gand. Il envoya un présent à son hôte d'Alost et une somme pour être délivrée aux indigents. Peu de fils de rois, rentrés dans leurs palais, se souviennent d'avoir été suppliants, d'avoir *pris dans leurs bras le petit enfant, de s'être jetés à genoux, joignant l'autel domestique*[1].

CHAPITRE VI.

MARIAGE DU PRINCE.

Enfin d'heureuses destinées semblèrent s'ouvrir pour Mgr le duc de Berry, par son union avec la princesse Caroline-Ferdinande-Louise, fille aînée du prince royal des Deux-Siciles. Complimenté par la chambre des députés, il répondit à l'orateur : « J'aurai, je l'espère, des enfants qui, comme moi, porteront dans leur cœur l'amour des François. » La France attendoit cette lignée royale : la révolution l'attendoit aussi.

Sur le rapport de M. de Castelbajac, qui fit observer à la chambre des députés que le mariage d'un fils de France étoit une fête de famille, la chambre ajouta 500,000 francs au million demandé par les ministres pour l'apanage du prince. Mgr le duc de Berry abandonna cette somme pendant cinq ans aux départements qui avoient le plus souffert pendant la guerre.

---

1. PLUT., *In Themist.*

Il avoit écrit le 18 février à la princesse Caroline la lettre qu'on va lire, pour lui demander sa main. Les lettres de Mgr le duc de Berry, que les espérances d'une longue vie promettoient de nous cacher longtemps, nous ont été révélées par sa mort. Ce prince appartient désormais à l'histoire, et l'on aime à chercher dans ses sentiments intimes de nouveaux motifs d'admiration et de regrets.

Paris, 18 février 1816.

« Madame ma sœur et cousine,

« Il y avoit bien longtemps que je désirois obtenir l'aveu du roi votre grand-père et du prince votre père, pour former une demande à laquelle j'attache le bonheur de ma vie ; mais devant que j'aie obtenu leur agrément, c'est Votre Altesse Royale que je viens solliciter de daigner me confier le bonheur de sa vie en s'unissant avec moi. J'ose me flatter que l'âge, l'expérience et une longue adversité m'ont assez formé pour me rendre digne d'être son époux, son guide et son ami. En quittant des parents si dignes de son amour, elle trouvera ici une famille qui lui rappellera le temps des patriarches. Que vous dirai-je du roi, de mon père, de mon frère, et surtout de cet ange, Madame, duchesse d'Angoulême, que vous n'ayez entendu dire, sinon que leurs vertus, leurs bontés, sont fort au-dessus des éloges que l'on en peut faire ? L'union la plus intime règne parmi nous, et n'est jamais troublée ; mes parents désirent tous impatiemment que Votre Altesse Royale comble mes vœux, et qu'elle consente à augmenter le nombre des enfants de notre famille. Veuillez, Madame, vous rendre à mes prières, et presser le moment où je pourrai mettre à vos pieds l'hommage des sentiments respectueux et tendres avec lesquels je suis, madame ma sœur et cousine, de Votre Altesse Royale le très-affectionné frère et cousin,

« Charles-Ferdinand. »

Le jour de la célébration du mariage par procuration, il écrivit encore à la princesse la lettre suivante :

Paris, 25 avril 1816.

« Votre aimable lettre m'a fait un plaisir que je ne puis vous exprimer, madame et chère femme, car dès aujourd'hui nous nous sommes donné notre foi. De ce jour nous sommes unis par les liens sacrés du mariage, liens que je chercherai toujours à vous rendre doux. Vous daignez me remercier de vous avoir choisie pour la compagne de ma vie ! Que de remercîments ne dois-je pas à Votre Altesse Royale pour avoir si promptement accédé aux vœux de vos excellents parents ! Je sens combien il doit vous en coûter de les quitter, de venir presque seule dans un pays étranger, mais qui ne le sera bientôt plus pour vous, pour vous unir à un homme que vous ne connoissez pas. J'ai composé votre maison de dames dont la vertu et la douceur me sont connues : le roi a approuvé ce choix. Votre dame d'honneur, Mme la duchesse de Reggio, est désespérée de ne pouvoir aller au-devant de vous. Mme de La Ferronnays, votre dame d'atours, sœur de Mme la comtesse de Blacas, sera la première qui aura le bonheur de vous faire sa cour ; c'est un modèle de vertu et de l'amabilité la plus douce ; je vous la recommande particulièrement : elle vous présentera les dames pour accompagner. Le duc de Lévis, votre chevalier d'honneur, est un homme aussi distingué par ses qualités que par ses talents. Le comte de Mesnard, votre premier écuyer, est un loyal chevalier qui n'est rentré en France qu'avec moi. Enfin, j'espère que, lorsque vous les connoîtrez, vous les trouverez dignes de l'honneur qu'ils ont de vous être attachés.

« Avec quelle impatience j'attends la nouvelle de votre arrivée en France ! Que je serai heureux, ma bien chère femme, lorsque je pourrai vous appeler de ce doux nom ! Tout ce que j'entends dire de vos qualités, de votre bonté, de votre esprit, de vos grâces, me charme et me fait brûler du désir de vous voir et de vous embrasser comme je vous aime.

« CHARLES-FERDINAND. »

Cette fin de lettre est la formule de presque toutes les fins de lettres de Henri IV, mais avec quelque chose de grave et de chaste qui tient à la sainteté du lien conjugal. Le jour même où Mgr le duc de Berry écrivoit cette lettre, la jeune princesse lui envoyoit celle-ci du pied des autels :

Naples, 24 avril 1816.

« C'est à l'autel que je viens, monseigneur, de prendre l'engagement solennel d'être votre fidèle et tendre épouse. Ce titre si cher m'impose des devoirs que très-volontiers je commence à remplir dès ce moment, en venant vous donner l'assurance des sentiments que mon cœur vous a déjà voués pour la vie ; elle ne sera remplie et occupée que de chercher les moyens de vous plaire, à me concilier votre amitié, mériter votre confiance. Oui ! vous aurez toute la mienne, toutes mes affections ; vous serez mon guide, mon ami ; vous m'apprendrez à plaire à votre auguste famille ; vous adoucirez (je n'en doute pas) le chagrin si vif que je vais éprouver de me séparer de la mienne. C'est sur vous, enfin, que je me repose entièrement du soin de ma conduite pour la diriger vers tout ce qui pourra procurer votre bonheur. J'en ferai mon étude habituelle : puissé-je y réussir et vous prouver combien je mets de prix à être votre compagne ! C'est dans ces sentiments que je suis, pour la vie, votre affectionnée épouse,

« CAROLINE. »

CHAPITRE VII.

ARRIVÉE DE Mme LA DUCHESSE DE BERRY A MARSEILLE.

Un détachement de la garde royale se rendit en Provence. Mme la duchesse de Reggio, Mme de La Ferronnays, Mme de Bouillé, Mme de Gontaut, M. le duc d'Havré, M. le duc de Lévis, M. le comte de Mesnard, attendoient à Marseille l'arrivée de la princesse Caroline. Elle avoit déjà assisté à Naples à des fêtes brillantes, fêtes qui semblent éternellement préparées sur les bords de ce golfe où tout ce qu'on aperçoit, ciel, mer, campagne, palais, ruines, se rattache à des plaisirs du moment ou à des joies passées. Embarquée sur un vaisseau napolitain, Mme la duchesse de Berry traversa la mer qui avoit vu passer son aïeule, Marguerite de Provence, femme de saint Louis, revenant de la Terre Sainte où elle avoit partagé les malheurs de son époux et de son roi. Marseille déploya à l'arrivée de la princesse cet enthousiasme qu'elle tient du sang de l'Ionie, de la beauté de son soleil, des chansons de ses troubadours et du souvenir du bon roi René. Caroline de Bourbon fut reçue comme Marie de Médicis au-devant de laquelle Henri IV avoit envoyé le connétable, le chancelier, le duc de Guise et les princesses douairières de Guise et de Nemours. Mais écoutons les deux époux : ils vont nous raconter leur histoire, et avec quel charme !

CHAPITRE VIII.

LETTRES DU PRINCE ET DE LA PRINCESSE.
Mme LA DUCHESSE DE BERRY DÉCRIT LES FÊTES QU'ON LUI DONNE A MARSEILLE ET A TOULON.

Paris, 10 mai 1816.

« Je profite, madame, du départ de Mme la duchesse de Reggio, pour vous dire combien votre seconde lettre m'a touché ; cette lettre que vous m'avez écrite en sortant de la cérémonie par laquelle vous avez confié votre destinée entre mes mains. Je suis chargé de votre bonheur, et ce sera la douce et constante occupation de ma vie. J'ai vu avec peine le retard de votre départ de Naples : la quarantaine que vous serez obligée de faire, quoiqu'elle soit abrégée autant que possible, me fait présumer que ce ne sera que dans les premiers jours du mois prochain que j'aurai le bonheur de vous voir. Que je regrette de n'avoir pas pu aller à Naples moi-même vous chercher ! Mais il faut nous soumettre aux volontés de nos parents; et premiers sujets, nous devons l'exemple de l'obéissance. Toute la France vous attend avec la plus vive impatience, et moi plus que personne. Je vous recommande Mme la duchesse de Reggio, qui malgré sa foiblesse a voulu partir. Elle se trouve bien heureuse de pouvoir se rendre à son devoir auprès de vous.

« Adieu, madame; je suis impatient de recevoir une lettre de Votre Altesse Royale, datée de France. Le vent qui souffle avec violence me fait trembler.

« CHARLES-FERDINAND. »

Du lazaret de Marseille, 26 mai 1816.

« Vos aimables lettres, monseigneur, m'ont déjà habituée à votre intérêt. Je dois à Votre Altesse Royale de l'informer, avec la confiance qu'elle m'inspire, de tout ce que je fais ici, et d'abord de ma santé, qui est très-bonne. Je me lève assez tard, parce que j'aime à dormir le matin ; ainsi je n'entends la messe que de neuf à dix heures. Le bon duc d'Havré prend la peine de venir de bien loin pour y assister, ainsi que le préfet, M. de Villeneuve-Bargemont, M. de Montgrand, maire, et les députés de la *santé*, lorsque les affaires publiques le leur permettent. Ainsi ils viennent me voir à une distance très-*respectueuse* qu'imposent les lois de la quarantaine. Puis je me retire chez moi jusqu'au dîner, après lequel je profite de l'excellente société de Mme de La Ferronnays; c'est à son attachement pour Monseigneur que je dois sans doute la preuve si touchante de son dévouement de venir s'enfermer avec moi. J'y suis bien sensible, comme à la demande qu'en fit aussi Mme la duchesse de Reggio. J'ai le plaisir de la voir au parloir avec MM^{mes} de Gontaut, de Bouillé, et MM. de Lévis et de Mesnard, et tous ceux que M. le duc d'Havré m'a présentés; c'est une occupation de l'après-dîner, avant la promenade ou la pêche; plaisirs que les intendants de la *santé* m'ont procurés deux fois. Ils sont bien empressés d'employer tous les moyens d'adoucir ma retraite. Jeudi passé j'ai fait une jolie promenade sur mer dans un très-beau canot que M. le commandant de la marine a fait venir de Toulon; on a pu entrer dans le port; et comme il a paru que les bons habitants de Marseille ont été contents que l'on ait trouvé ce moyen de me faire voir à eux, j'ai demandé de renouveler la promenade aujourd'hui si le temps le permet; l'on m'a fait entendre aussi plusieurs fois de la musique; enfin, monseigneur, l'on n'omet rien de ce qui peut m'être agréable. Je suis bien reconnoissante, je vous assure, et voudrois le montrer comme je le sens; mais je ne peux vaincre tout d'un coup ma timidité. Mon âge et le peu d'occasions que j'ai eues de paroître doivent me faire excuser par ceux qui savent ces raisons; les autres ne me jugent peut-être pas avec tant d'indulgence. Je n'en serai affligée que par rapport à Votre Altesse Royale à qui je voudrois faire éprouver tous les genres de satisfaction. On doit me faire voir Toulon : je jouirai d'autant plus de ce plaisir que cette course n'est pas un retard, puisqu'elle ne fait qu'employer les jours de grâce que messieurs de la *santé* m'ont accordés ; c'est un arrangement de l'excellent duc d'Havré. Je n'écris pas aujourd'hui au roi notre oncle, ni à votre père, pour ne les pas fatiguer ; mais soyez assez bon pour être près d'eux l'interprète de mes sentiments de respect et d'attachement, ainsi que de ceux d'amitié à Mgr le duc et à Mme la duchesse d'Angoulême. Il me tarde bien de faire partie de cette famille qui m'est déjà si chère. Vous m'apprendrez à lui plaire, monseigneur ; vous me direz bien franchement tout ce que je dois faire pour cela, et surtout pour mériter votre tendresse.

« CAROLINE. »

Paris, 26 mai 1816.

« Je ne puis vous exprimer, madame, combien je suis heureux d'apprendre votre arrivée à Marseille. J'aurois bien voulu abréger l'ennuyeuse quarantaine de Votre Altesse Royale, et je crains que vous ne trouviez le temps bien long. Vous avez déjà gagné les cœurs de ceux qui n'ont fait que vous entrevoir. Vous êtes déjà si aimée en France! on désire tant vous voir! Quand je sors à présent, l'on ne crie plus : *vive le duc de Berry!* mais, ce qui me fait bien plus de plaisir : *vive la duchesse de Berry! vive la princesse Caroline!*

« Je voudrois, madame, prévenir tous les désirs de Votre Altesse Royale, savoir ce qui pourroit lui plaire : vous aurez ici une habitation charmante, que toute la famille s'occupe à arranger. Vous aimez à monter à cheval : je vous cherche des chevaux bien sages. Je sais que vous ne craignez rien, mais moi j'ai peur pour vous. A propos de courage, vous avez été en grand danger sur mer, auprès de cette vilaine île d'Elbe, d'où sont partis tous nos maux l'année dernière. Cela m'a fait trembler ; mais j'ai aimé à apprendre que vous n'aviez pas éprouvé la moindre frayeur. Le sang de Henri IV et de Louis XIV ne s'est pas démenti.

« Adieu, madame et bien chère amie, ma bonne et aimable femme ; en attendant le 15 de juin qui est encore si loin, je veux vous répéter que je vous aime, et que je ferai tout ce qui sera en moi pour vous rendre heureuse.

« CHARLES-FERDINAND. »

Marseille, 2 juin 1816.

« Quel plaisir pour moi, monseigneur, de recevoir à cinq jours de date vos lettres très-aimables, mais aussi écrites trop rapidement ! Permettez-moi d'en faire un petit reproche à Votre Altesse Royale. Vous m'excuserez, puisque vous m'assurez que vous désirez me donner toutes sortes de bonheur, et que vous retardez celui que j'ai à vous lire par l'étude qu'il faut que je fasse de votre écriture. N'allez pas d'après cela me juger difficile et grondeuse.

« Je suis arrivée hier soir de Toulon, où tous mes instants ont été employés à recevoir des hommages, des fêtes sur terre et sur mer. La ville entière étoit parée, décorée d'emblèmes, d'inscriptions allégoriques. Il est impossible de décrire l'enthousiasme de ces bons habitants de Provence, ils me gâtent ; ils touchent sensiblement mon cœur par les expressions répétées de leur amour pour le roi et pour toute sa famille. Ils ont en même temps la délicatesse de joindre des acclamations pour mes parents de Naples : cela n'est-il pas charmant? Toutes les autorités sont excellentes, au dire général ; ce sont bien elles qui soutiennent ce bon esprit. J'ai vu avec plaisir ce brave Rousse de Toulon, le seul qui ait fait reconnoître Louis XVII, et qui continue, par un entier et désintéressé dévouement, à se rendre utile à son pays et à son roi.

« L'on m'a conduite dans les arsenaux. Celui de terre, qui n'existoit pas il y a quatre mois, est maintenant en état d'armer plus de trente mille hommes. On le doit à l'activité infatigable du colonel qui en est chargé, dont le nom est M. de Laferrière. En tout, ce petit voyage m'a intéressée. Nulle part, je crois, on ne peut prendre une idée plus juste des moyens et de la grandeur de la France qu'en visitant ce beau port. S'il a fait cet effet sur moi, qui n'y entends rien, que doit-il produire sur les personnes qui ont des connoissances? C'est dans treize jours, monseigneur, que je vous verrai ; que je jugerai par moi-même de tout le bien que j'entends dire de votre cœur, de votre esprit, et que je vous répéterai que je suis et serai pour la vie votre fidèle et affectionnée

« CAROLINE. »

Paris, 31 mai 1816.

« Le prince de Castelcicala m'a remis hier, madame et bien chère amie, des lettres pour vous de vos chers parents ; je ne perds pas un instant pour vous les envoyer. J'ai encore reçu aujourd'hui des nouvelles de Marseille, du 23 ; je sais que vous enchantez tout ce qui vous entoure et tout ce qui peut vous apercevoir. Votre promenade en bateau a eu un grand succès, et surtout la promesse que vous avez faite de la renouveler. Je ne vous écrirai pas aujourd'hui une longue lettre, en ayant tant à vous envoyer qui doivent vous intéresser davantage. Je m'occupe de vous chercher des chevaux, et j'espère en trouver qui vous conviennent. Nous avons été voir la corbeille que le roi vous donne, et j'espère que vous en serez contente. Il y a surtout une robe de bal que je serai charmé de vous voir porter. Mon père rassemble votre bibliothèque ; mon frère et sa femme ornent votre chambre ; chacun de nous se fait un si doux plaisir de vous être agréable ! Et qui le désire plus que celui qui vous est déjà uni par les liens les plus sacrés? Je suis toujours effrayé de mes trente-huit ans ; je sais qu'à dix-sept je trouvois ceux qui approchoient de la quarantaine bien vieux. Je ne me flatte pas de vous inspirer de l'amour, mais bien ce sentiment si tendre plus fort que l'amitié, cette douce confiance qui doit venir de l'amitié même. Je vois que je ne finis pas, et vous avez toutes vos lettres à lire. Adieu ; encore quinze grands jours. Je baise les mains de ma femme comme je l'aime.

« CHARLES-FERDINAND. »

Paris, 4 juin 1816.

« J'ai reçu hier, madame et bien chère amie, vôtre bonne et aimable lettre du 27. Tout le monde dit beaucoup de bien de vous ; mais je juge encore plus de ce que vous valez par vos lettres, où je trouve tout ce qui est fait pour me charmer. Vous me demandez de vous donner des conseils ; je vous dirai tout ce que je croirai vous être utile. Vous vous plaignez de votre timidité ; elle sied à votre âge, et vous savez y mêler la bonté et la noblesse. Vous êtes entourée de l'amour des habitants du midi, qui sont bien bons. Vous êtes un présage de bonheur pour la France, et *la terreur des factieux*[1].

« CHARLES-FERDINAND. »

CHAPITRE IX.

SUITE DES LETTRES.
Mme LA DUCHESSE DE BERRY QUITTE MARSEILLE,
ET CONTINUE A PARLER DE LA FRANCE A MESURE
QU'ELLE S'APPROCHE DE FONTAINEBLEAU.

Montélimart, 5 juin 1816.

« La lettre de Monseigneur du 31 mai m'est parvenue avant qu'il m'ait été possible de finir ma réponse à celle du 26. Je vous remercie sensiblement de la seconde comme de la première. Vous m'avez fait un vrai plaisir de m'envoyer celles de mes parents.
« On continue à me faire voir la France parée. Dans tous les lieux où je passe, les acclamations sont continuelles, ainsi que les compliments des autorités. J'y suis bien sensible ; mais je dirai tout bas à Monseigneur, à celui pour qui je n'ai rien de caché, et pour lui seul, que je sens le poids de ces honneurs, et n'en serai jamais enivrée. Il me tarde de jouir d'une vie paisible en famille. Que Votre Altesse Royale reçoive, en attendant, l'assurance de ma tendresse : elle durera autant que ma vie.

« CAROLINE. »

Lyon, 9 juin 1816.

« Votre lettre du 4 et du 5 juin, monseigneur, m'a été remise le soir de mon arrivée à Lyon ; je ne veux plus vous répéter que je vous en remercie : une fois pour toutes, comptez sur ma tendre reconnoissance, et soyez sûr que rien n'échappe à ma sensibilité : vous l'avez touchée vivement.

---

1. Louvel l'a bien prouvé.

« Vous êtes content de moi, dites-vous, monseigneur. C'est sans doute pour me rassurer ; car je sens qu'il me manque beaucoup, mais beaucoup pour être ce que je voudrois pour vous plaire, et pour répondre à l'idée trop flatteuse qu'on vous a donnée de Caroline. Croyez à son bon cœur, à son désir de répondre à votre confiance, en vous accordant la sienne tout entière. Voilà tout ce dont je puis vous répondre : vos soins, vos bontés feront le reste.

« Je suis bien sensible à tout ce qu'on fait pour embellir mon habitation et parer ma personne. Comment témoigner à tous ma reconnoissance ? Vous m'aiderez, monseigneur ; ce n'est que vis-à-vis de vous que j'essaye déjà de n'avoir plus besoin d'interprète ; car je vous dis bien franchement que vous êtes cher à votre

« Caroline. »

Paris, 9 juin 1816.

« C'est, madame et chère amie, par un des plus dévoués serviteurs de notre maison que je vous écris, par un homme bien heureux de notre union, le bon prince de Castelcicala. Je n'ai pas besoin de vous le recommander, il me connoît bien, m'ayant vu si longtemps en Angleterre. Avec quel plaisir je prendrois sa place ! C'est donc dans six jours que je vous verrai ! J'ai toujours peur que vous ne me trouviez pas beau, car les peintres de Paris ne sont pas comme ceux de Palerme : ils flattent. Avec quel plaisir je presserai votre main ! Prenez aussi la mienne, si je ne vous déplais pas trop. La contrainte où nous serons pendant deux jours me gênera bien. Ma Caroline, je vais m'occuper de votre bonheur, de vos plaisirs. Je sais que vous aimez le spectacle, j'ai des loges à tous les théâtres. J'ai une jolie campagne dont on vous aura parlé, nous irons bien souvent ensemble. Je chasse souvent, vous y viendrez en calèche ; vous aimez la musique, je l'aime aussi beaucoup. Enfin, madame, je chercherai à vous rendre heureuse, et j'espère y parvenir. Vous avez, si je dois croire tout ce qui vous a vue, bonté, douceur, esprit et gaieté : que peut-on de mieux ? Cependant nous nous trouverons des défauts : *tendre indulgence* sera notre devise.

« Charles-Ferdinand. »

Fontainebleau, 12 juin 1816.

« Votre lettre de Lyon, que je reçois de la main du roi, me fait un plaisir que je ne puis vous exprimer. Je suis charmé que vous me grondiez sur mon écriture : vous avez bien raison ; mais, en vous écrivant, mon cœur m'emporte ; et vous n'avez pas d'idée de l'effort que je suis obligé de faire pour être lisible. Encore trois jours ! je brûle de vous voir. J'éprouve aussi aujourd'hui un grand bonheur ; je possède votre portrait. Au moins celui-là ne vous défigure pas du tout ; et fût-il un peu flatté, l'on peut être encore fort agréable, sans être aussi jolie que ce portrait. »

Ce 13.

« Le prince de Castelcicala me remet votre lettre de Moulins, qui est plus aimable encore que les autres. Enfin, c'est demain que je verrai ma femme, celle dont le bonheur doit être mon ouvrage. »

Hélas! le prince a fait le malheur de celle dont il comptoit faire la félicité : mais qui faut-il accuser? Comme ces deux jeunes époux aimoient la France! quelle reconnoissance bien sincère (car elle étoit bien cachée dans ces lettres) des hommages qu'on leur rend! Ces lettres renferment-elles un seul mot que l'âme la plus naïve, la plus noble et la plus tendre pût désavouer? Qui ne voudroit, en les lisant, avoir pour frère et pour sœur, pour fils et fille, celui et celle qui les ont écrites?

Mgr le duc de Berry et Mme la duchesse de Berry offroient un touchant rapport de destinées : sortis de la même race, tous deux Bourbons, tous deux ayant vu la chute du trône de leur famille, tous deux remontés à leur rang, ils n'avoient guère connu avant leur mariage que l'exil et l'infortune. Battus de la même tempête, ils s'étoient unis pour s'appuyer. Après tant de calamités, ils cherchoient quelques moments de bonheur : leurs lettres prouvent combien il a été cruel de les leur ravir.

CHAPITRE X.

Mme LA DUCHESSE DE BERRY ARRIVE A FONTAINEBLEAU.
CÉLÉBRATION DU MARIAGE A PARIS.

La princesse arriva le jour où Mgr le duc de Berry l'attendoit, comme on le voit dans sa dernière lettre. Sa marche à travers la France avoit été une longue fête. Au terme de sa course elle trouva deux tentes dressées dans la forêt de Fontainebleau, à la croix de Saint-Hérem. Elle y fut reçue par le roi, MADAME, MONSIEUR, Mgr le duc d'Angoulême et Mgr le duc de Berry. Tout s'y passa avec les mêmes cérémonies et les mêmes étiquettes qu'au mariage de Louis XV. Dans cette famille de France rien ne change, quand même le royaume est changé : c'est ainsi qu'elle ramène à la longue, par son immobilité, les institutions à un point fixe, et donne au gouvernement une forme impérissable.

Les premières pompes du mariage de Mgr et de Mme la duchesse de Berry furent charmantes sous les arbres. On diroit que les descendants des rois chevelus ont conservé une prédilection secrète pour les forêts : ils ont aimé à placer leur palais dans la solitude, à promener les enchantements de leur cour sous de grands chênes. Que de souvenirs ce Fontainebleau, habité par vingt-neuf rois depuis Robert, n'offroit-il pas à la jeune princesse! Saint Louis, l'auguste chef de sa race, y avoit fait bâtir un hôpital pour les pauvres, *parmi lesquels il cherchoit*, comme il le disoit, *Jésus-Christ*. Aux travaux du saint d'autres siècles ajoutèrent les ouvrages de Charles le Victorieux et de François le restaurateur des lettres. Henri IV datoit ses lettres de *ses délicieux déserts* de Fontainebleau. Louis XIII les embellit encore. Vint l'infortuné Louis XVI, qui jeta des pins sur les rochers, comme un voile de deuil; et trente ans après on vit un pape prisonnier dans les bosquets où Louis XIV avoit aimé La Vallière. Et toutes ces choses, qui sont de l'histoire pour le monde, ne sont pour cette Maison de France que des traditions de famille.

Le mariage fut enfin célébré à Notre-Dame. Chacun, en voyant cette cérémonie, se souvenoit d'une autre pompe ; chacun considéroit combien peu de temps il faut pour changer les ris en larmes, pour mettre le maître du monde à la place de l'exilé, et l'exilé sur le trône du maître du monde. Ce qui paroissoit devoir être plus durable que les empires, c'étoit la félicité de Mgr le duc et de Mme la duchesse de Berry. Jamais il n'y eut mariage mieux assorti, mari plus affectueux, femme plus dévouée et plus tendre. La France étant en paix avec l'Europe, Mgr le duc de Berry put jouir enfin d'un repos qu'il avoit bien acheté, et qui depuis longtemps étoit l'objet de ses vœux.

CHAPITRE XI.

VIE PRIVÉE DU PRINCE. ANECDOTES DU COCHER, DU VALET DE PIED ET DU PIQUEUR. PENSION DE M. DE PROVENCHÈRE.

Adoré de sa maison, Mgr le duc de Berry y établit un ordre parfait; non cet ordre naturel à la médiocrité de l'esprit, mais celui qui tient à la délicatesse de l'âme et qui donne l'indépendance : il vouloit que cet ordre, établi pour lui-même, se retrouvât encore parmi ses domestiques. Quand ils plaçoient une somme à la caisse d'épargne, il doubloit cette somme, afin de les encourager à l'économie et de les rendre prévoyants pour l'avenir. Excellent maître, sa bonté n'avoit d'autre défaut que d'être impatiente comme son humeur. Il avoit plusieurs fois signifié à un cocher qu'il ne vouloit plus être mené par lui. « Tu es trop vieux pour travailler, lui disoit-il brusquement, va-t'en. » Le cocher, non moins déterminé à rester, déclaroit qu'il avoit une nombreuse famille, et qu'il falloit qu'il travaillât. « Et que ne disois-tu cela plus tôt? s'écrie le prince : c'est une autre affaire. J'augmente de 1,200 francs ta pension de retraite; mais, bon homme, je t'en prie, repose-toi. »

Depuis quelque temps le prince entendoit toute sa maison retentir du nom d'un certain *Joseph,* qu'on ne cessoit d'appeler dans les jardins, les cours, les vestibules. Il ordonne qu'on lui amène cet homme, qu'il ne connoissoit pas. « Eh bien, Joseph! lui dit-il, c'est donc toi qui mènes ma maison? Tu me parois faire la besogne de tout le monde. Es-tu marié? as-tu des enfants? » Joseph, tremblant, répond : « Oui, monseigneur. » Les gages de Joseph furent doublés.

Aubry étoit le premier piqueur du prince, souvent loué, souvent grondé, suivant la fortune de la chasse. Un rendez-vous est donné à Compiègne. Aubry reçoit l'ordre de s'y trouver à huit heures précises du matin. Le prince, arrivé plus tôt, ouvre la chasse à sept heures et demie. Aubry, exact à huit heures, entend la chasse au loin dans la forêt. A midi, Mgr le duc de Berry rentre fatigué, le cerf égaré, les chiens en défaut. Il demande Aubry avec les marques de la plus vive impatience. On trouve Aubry qui se cachoit : on l'amène tout interdit devant Monseigneur. « Aubry, s'écrie le prince, quelle est la punition des gens qui ne sont pas exacts? » Aubry ne peut répondre. « Tu ne le sais pas? dit le prince : eh bien, moi, je le sais : c'est de payer une amende, et je la paye. » Il lui remet une somme pour ses enfants.

Il n'oublioit jamais les services qu'on lui avoit rendus. Sa reconnoissance alla chercher jusqu'en Amérique M. de Provenchère, son premier valet de chambre, que l'âge et les infirmités retenoient aux États-Unis. Par une rare délicatesse, Mgr le duc de Berry nomma pour son trésorier ce vieux serviteur; et c'est à ce titre qu'il recevoit une pension, quoique le prince n'eût jamais ni trésor ni cassette.

CHAPITRE XII.

SUITE DE LA VIE PRIVÉE. CHARITÉ DU PRINCE.

Les bontés de Mgr le duc de Berry ne se renfermèrent pas dans sa maison. Dans toutes les parties de la France, il découvroit les misérables : son nom, comme celui de la charité même, se trouvoit mêlé à toutes les œuvres de miséricorde : ce caractère est particulier à nos rois. Il nous reste des ordonnances qui prescrivent, dans les temps les plus désastreux, l'acquittement des aumônes avant les *assigna-tions,* ou qui commandent de surseoir au payement de toutes dettes, à l'exception des aumônes, *exceptis eleemosynis*[1]. Chaque soir on remettoit à Mgr le duc de Berry une feuille contenant l'analyse des pétitions qui lui étoient présentées dans le courant du jour ; et selon les renseignements obtenus il faisoit droit à ces pétitions.

Il prenoit sur ses goûts pour satisfaire sa générosité. C'est ainsi qu'il renonça à l'achat de quelques tableaux qu'on proposoit de lui vendre à Anvers. « J'ai réfléchi à votre proposition, écrivoit-il à M. Despalières, et j'ajourne l'emplette. Dans un temps où mes pauvres appellent ma sollicitude, je me reprocherois d'acheter si cher un plaisir dont je puis me passer. » Une autre fois, il disoit au maire de son arrondissement : « Quand vos pauvres auront besoin de moi, ne m'épargnez pas. »

Il donnoit à la société de bienfaisance, dont il étoit président, un secours de 500 francs par mois ; et dans l'année 1816 il versa à la caisse de cette société la somme de 11,000 francs comme don extraordinaire. A la mort de Mgr le prince de Condé, il remplaça son général dans la présidence de l'Association paternelle des chevaliers de Saint-Louis : c'étoit un droit. On a déjà dit que, par un testament fait en Angleterre, le prince de Condé avoit légué le soin de ses compagnons d'armes à celui qui avoit partagé leurs périls. En apprenant la mort du héros de Berstheim, Mgr le duc de Berry laissa échapper ces paroles, qui disent tout : « Nous avons perdu notre vieux drapeau blanc. »

Les charités connues de Mgr le duc de Berry se montoient à plus de 100,000 écus par an, et beaucoup d'autres étoient cachées. Mme la duchesse de Berry secondoit merveilleusement le penchant généreux du prince. On a calculé que leurs aumônes réunies, dans l'espace de six ans, se sont élevées à 1,388,851 francs, somme énorme pour un prince dont le revenu étoit au-dessous de celui de plusieurs généraux, banquiers et propriétaires. Il faut ajouter à ce million 388,851 francs les 500,000 francs que Mgr le duc de Berry abandonnoit par an aux départements qui avoient le plus souffert de la guerre ; ce qui fait deux millions dans le cours de quatre années : en tout près de quatre millions d'aumônes.

Tous ces dons étoient accompagnés de soins qui en doubloient le prix. Le prince et la princesse, suivant le précepte de l'Évangile, visi-

---

1. *Ordonn. des rois de France,* t. II, p. 300-447.

toient les malheureux auxquels ils accordoient des secours ; quelquefois ils se cachoient mutuellement leurs bonnes œuvres. Comme ils sortoient un jour ensemble, une pauvre femme se présente à eux avec ses enfants. La plus jeune des filles de cette femme s'approche naïvement de la princesse. « Je m'en suis chargée, » dit Mme la duchesse de Berry en rougissant. « Bien, répondit le prince ; j'aime à vous voir augmenter notre famille. »

CHAPITRE XIII.

SUITE DE LA VIE PRIVÉE. DIVERSES AVENTURES.

L'humanité suit la charité, ou plutôt elle en fait partie. Le cheval d'un des dragons de la garde, qui accompagnoient le roi dans une promenade, s'abattit : le dragon eut la jambe cassée. Mgr le duc et Mme la duchesse de Berry le rencontrèrent ; ils descendirent de voiture, y firent placer le blessé, ordonnèrent qu'on le conduisît à l'Élysée pour être soigné jusqu'à parfaite guérison, et s'en retournèrent à pied par un soleil ardent. C'étoit le même prince qui, souvent manquant de tout, n'avoit pas trouvé une main pour le secourir.

Monsieur avoit donné à son jeune fils cette chaumière de Bagatelle, qui fit tant parler au commencement de la révolution, et dont le dernier commis de Buonaparte auroit dédaigné les jardins et l'ameublement. Mgr le duc de Berry aimoit cette petite retraite où il nourrissoit les pauvres des environs. Il y alloit souvent le matin dans la belle saison. Un jour, traversant le bois de Boulogne, il rencontre un enfant chargé d'un panier. Le prince arrête son cabriolet : « Petit bonhomme, où vas-tu ? » dit-il à l'enfant. « A la Muette, porter ce panier, » répond celui-ci. « Il est trop lourd pour toi, ce panier, dit le prince : donne-le-moi, je le remettrai en passant. » Le panier est placé dans le cabriolet, et le prince le dépose fidèlement à son adresse. Il va trouver ensuite le père de l'enfant, et lui dit : « J'ai rencontré votre petit garçon ; vous lui faites porter des paniers trop lourds ; vous détruirez sa santé et vous l'empêcherez de grandir. Achetez-lui un âne pour porter son panier. » Et il lui donna l'argent pour acheter l'âne.

Qu'un grand monarque, qu'un homme célèbre se mêlent inconnus à la foule, on aime à les y chercher ; mais pourtant rien de plus facile que les vertus de position qu'ils déploient dans ces aventures : l'orgueil humain s'arrange de descendre pour remonter. Ce n'est point ce plaisir des contrastes qu'on éprouve en lisant la vie privée de Mgr le duc de Berry. Il n'étoit point roi ; il n'avoit point encore cet éclat de gloire que la mort lui a donné : accoutumé à l'obscurité, ce n'étoit point une chose nouvelle pour lui de se trouver au milieu des rangs inférieurs de la société. Ce qui fait donc le charme des mots et des actions dont il remplissoit ses journées, c'est la supériorité même de sa nature : on aime et l'on admire l'homme dans le prince, indépendamment de la scène qui le fait connoître.

CHAPITRE XIV.

SUITE DES AVENTURES.

Par une matinée du mois de juin, qui sembloit devoir être belle, Mgr le duc de Berry et Mme la duchesse de Berry allèrent se promener à pied sur le boulevard : survient un orage. Un jeune homme passe avec un parapluie ; le prince le prie de le lui prêter pour sa femme. « Volontiers, dit le jeune homme ; Madame me permettra-t-elle de l'accompagner ? » — « Très-certainement, » dit le prince. Et le voilà qui marche auprès de la princesse avec l'étranger. Le chemin étoit long ; le jeune homme disoit souvent : « Est-ce ici ? » — « Encore quelques pas, » répondoit le prince. On approche de l'Élysée-Bourbon ; la garde reconnoît LL. AA. RR. et prend les armes. Le jeune homme, dans la dernière confusion, balbutie des excuses : Mgr le duc de Berry le rassure et le remercie.

Dans une autre course avec Mme la duchesse de Berry, il fut obligé de se réfugier dans la loge d'une portière qui eut lieu de remercier le ciel de lui avoir envoyé de pareils hôtes.

Lorsqu'on transporta au Pont-Neuf la statue de Henri IV, un accident arrêta l'appareil dans l'avenue de Marigny. Mgr le duc de Berry, qui se trouvoit sur la terrasse de son jardin, le long de cette avenue, aperçut Monsieur et Mgr le duc d'Angoulême, au milieu du peuple, dans leur voiture : il descend tête nue, en habit bleu, et sans ordres. La foule, qui ne le connoissoit pas, ne vouloit pas le laisser passer. Par hasard, quelqu'un le nomme. Aussitôt la multitude ouvre ses rangs, et le prince passe en disant : « Je vous demande pardon, mes amis : c'est mon père et mon frère qui m'appellent. » Le peuple fut charmé de cette simplicité et de cette confiance. Ce prince étoit au milieu des François sous la protection publique, comme ces riches moissons qui reposent dans nos champs sans gardes et sans défenseurs.

Il alloit souvent aux incendies, travailloit, portoit de l'eau, et ne se retiroit que le dernier : il se trouvoit ainsi continuellement mêlé aux aventures populaires. Il revenoit avec un aide de camp d'une de ses promenades accoutumées, lorsque remontant le long du quai au charbon, il aperçoit des charbonniers qui retenoient un de leurs camarades : celui-ci faisoit des efforts pour se débarrasser et se jeter dans la Seine. Le prince approche, entre en conversation, et apprend que le charbonnier qui veut se noyer est un père de famille, livré au désespoir par la perte d'une somme de 400 francs. Le prince fend la foule, arrive à l'homme, emploie tous les raisonnements, et obtient de lui avec beaucoup de peine qu'il différera l'exécution de son dessein de quelques moments. Le traité conclu, Monseigneur confie le charbonnier à la garde de ses camarades ; l'aide de camp court au palais et apporte les 400 francs. Les charbonniers apprirent alors que l'inconnu avec lequel ils avoient causé si familièrement étoit le neveu du roi. Ces braves gens, qui ne pouvoient rien pour leur bienfaiteur pendant sa vie, ont fait éclater leur reconnoissance à sa mort : ils ont accompagné à sa dernière demeure le prince dont ils n'ont pu sauver les jours, comme il avoit sauvé ceux de leur infortuné camarade.

Les artistes avoient leur bonne part des visites de Mgr le duc de Berry. Il tomboit tout à coup dans l'atelier de nos grands peintres, comme François Ier chez Léonard de Vinci : il y passoit des heures entières à les voir travailler, mêlant à sa vive admiration d'utiles et savantes critiques. Si aucune remarque fine n'échappoit à la délicatesse de son goût, aucun sentiment élevé n'étoit étranger à la noblesse de son cœur. Il apprit que les restes du château de Bayard étoient à vendre ; il désira les acquérir, mais sous la condition que le contrat ne seroit pas fait en son nom. Après la chute et le rétablissement de la monarchie, un fils de France, traitant pour acheter en secret les débris du manoir du plus parfait des chevaliers, est une chose qui peint à la fois et le prince et le siècle. Il y a des temps où il n'est permis ni d'honorer des ruines ni d'être sans reproche.

Les personnes les moins bienveillantes pour le prince étoient désarmées aussitôt qu'elles l'avoient vu : il ne sortoit pas d'un musée, d'un atelier, d'une manufacture, sans y laisser un ami : ses moyens de succès étoient tirés de sa propre nature. Apercevoit-il un enfant, il couroit à lui, le prenoit dans ses bras, le caressoit, l'embrassoit : voilà le père et la mère séduits. Lui présentoit-on un objet d'art, il l'examinoit curieusement : voilà le savant ou l'artiste charmé. Enfin il suivoit envers tout le monde, par bonhomie, le conseil de Nestor, qui recommande d'appeler chaque soldat par son nom, afin de lui prouver qu'on le connoît et qu'on estime sa race. Il y a des gens qui s'attendrissent encore aujourd'hui lorsqu'ils racontent que Mᵍʳ le duc de Berry leur avoit demandé des nouvelles de leur santé en les appelant par leurs noms. « Comment, disent-ils, voulez-vous qu'on résiste à cela? » Pourquoi ces choses étoient-elles admirables dans Mᵍʳ le duc de Berry? Parce que la simplicité est le génie dans une âme supérieure : dans une âme commune, la simplicité est le train de nature ; c'est tout juste la médiocrité.

CHAPITRE XV.

SUITE DU PRÉCÉDENT.

Gracieux, délicat, élégant, ingénieux dans ses souvenirs avec les personnes d'un rang plus élevé, Mᵍʳ le duc de Berry trouvoit toujours quelque chose d'heureux à leur dire. Il écrivoit à M. le marquis de Gontaut : « En confiant à la vicomtesse de Gontaut le soin de ce que j'aurai de plus cher au monde, j'ai cru lui donner une marque de mon estime particulière, et j'ai saisi avec empressement cette occasion de montrer à tout ce qui porte le nom de Biron combien je compte sur un zèle et un dévouement auxquels nous sommes accoutumés depuis des siècles. »

Le général Levavasseur venoit de perdre son fils; Monseigneur lui écrivit aussitôt : « J'apprends avec beaucoup de peine, mon cher Levavasseur, la perte cruelle que vous venez de faire : elle est du nombre de ces événements pour lesquels on ne peut offrir des consolations. Si l'assurance du très-véritable intérêt que je prends à votre malheur en adoucissoit l'amertume, vous pouvez y compter positivement. Votre pauvre fils annonçoit des dispositions qui auroient fait votre bonheur. Il vous en reste un ; toutes vos affections vont se concentrer sur lui : il faut espérer qu'il s'en rendra digne et vous dédommagera, autant qu'il sera en lui, du chagrin que vous éprouvez en ce moment. Je regrette que ce soit un si triste événement qui me donne l'occasion, mon cher Levavasseur, de vous renouveler l'assurance de mon attachement et de ma parfaite estime. »

Quatre mois après, Monseigneur donne un bal ; il pense au général Levavasseur et recommande de *ne pas lui envoyer d'invitation*. Quelle mémoire ! Le jour même de sa mort, Mᵍʳ le duc de Berry ne fut occupé que des moyens d'arranger les affaires d'un homme qu'il aimoit et qu'il avoit attaché à son service.

Cette vie simple n'étoit point perdue pour le trône. On s'apercevoit d'un progrès sensible dans la raison du prince, d'un adoucissement graduel dans son caractère. Ses idées se fixoient ; à l'égard des hommes, il les voyoit mieux. La première partie de ses jours s'étoit passée tout en expériences, la seconde tout en réflexions : il recueilloit pour son règne le fruit de ses malheurs et le résultat de ses jugements.

CHAPITRE XVI.

Mme LA DUCHESSE DE BERRY PERD SES DEUX PREMIERS ENFANTS. FATALITÉ DES NOMBRES.

Cependant la fatale destinée qui poursuivoit le prince reparoissoit de temps en temps comme pour conserver ses droits et empêcher la prescription. Mme la duchesse de Berry accoucha le 13 juillet 1817 d'une fille qui ne vécut point. La princesse se plaignoit d'avoir donné le jour à une fille. « Ne vous désolez point, lui dit Monseigneur : si c'étoit un garçon, les méchants diroient qu'il n'est pas à nous, tandis que personne ne nous disputera cette chère petite fille. »

Le 13 septembre 1818, la princesse accoucha de nouveau d'un garçon, qui mourut au bout de deux heures. Mgr le duc de Berry, frappé le 13 février 1820, d'un coup mortel, remarqua le retour de cette date ; il n'auroit pas souffert que l'on comptât pour un jour fatal le 13 avril 1814, jour qui le rendit à la France.

Lorsque Henri IV fut assassiné, on fit aussi des calculs sur le nombre 14 [1]. On remarqua que Henri étoit né 14 siècles, 14 décades et 14 ans après la nativité de Notre-Seigneur ; qu'il vit le jour un 14 décembre, et mourut un 14 mai ; qu'il y avoit 14 lettres dans son nom ; qu'il avoit vécu quatre fois 14 ans, quatre fois 14 jours et 14 semaines ; qu'il avoit été roi, tant de France que de Navarre, 14 triétérides ; qu'il avoit été blessé par Jean Chatel 14 jours après le 14 décembre, en l'année 1594, entre lequel temps et celui de sa mort il n'y a que 14 ans, 14 mois et 14 fois cinq jours ; qu'il avoit gagné la bataille d'Ivry le 14 mars ; que le dauphin étoit né 14 jours après le 14 septembre ; qu'il avoit été baptisé le 14 août ; que le roi avoit été tué le 14 mai, 14 siècles 14 olympiades après l'incarnation ; que l'assassinat eut lieu deux fois 14 heures après que la reine étoit entrée en pompe dans l'église de Saint-Denis, pour y être couronnée ;

---

1. *Journal de l'Étoile.*

que Rayaillac avoit été exécuté 14 jours après la mort du roi, en l'année 1610, laquelle se divise justement par 14, car 115 fois 14 font 1610.

M⊃gr le duc de Berry, dernier prince des Bourbons, dans la ligne directe, fut tué d'un coup de couteau comme le premier roi Bourbon. Il expira le 14 février 1820, comme son aïeul le 14 mai 1610 : le premier Condé avoit été assassiné d'un coup de pistolet : le dernier Condé a été fusillé. Presque tous-les ducs de Berry (y compris Louis XVI, qui porta ce nom) ont eu une fin malheureuse. L'histoire, dans tous les siècles, a fait de pareils rapprochements qui ne prouvent rien, sinon la ressemblance des adversités parmi les hommes.

CHAPITRE XVII.

PRESSENTIMENTS DE M⊃gr LE DUC DE BERRY COMPARÉS A CEUX DE HENRI IV.

Madame de Sévigné appelle le rossignal *le héros du printemps* : la jeune princesse, fille de notre aimable prince, étoit venue nous annoncer le retour des beaux jours de la monarchie et nous prédire un frère et un roi. La naissance de MADEMOISELLE avoit redoublé la tendresse de Mgr le duc de Berry pour sa femme; il chérissoit dans cette princesse la mère des monarques futurs qui devoient assurer le repos de l'État : l'amour de la patrie augmentoit en lui l'amour paternel. Toutefois des pensées tristes l'assiégeoient.

Il existe en France une certaine classe d'hommes ou d'avortons révolutionnaires qu'on ne sauroit définir; c'est, si l'on veut, la bassesse vivante et personnifiée ayant pour âme le crime. Ces hommes, ensevelis dans le mépris sous un gouvernement régulier, étouffent; et, pour donner passage à la voix de leur conscience, ils ont recours aux lettres anonymes ; ces lettres ne sont pour ainsi dire que la copie des pages de ce livre éternel où les forfaits de la pensée sont écrits. De pareilles lettres avoient souvent été adressées à Mgr le duc de Berry ; dans les derniers temps, elles s'étoient multipliées, et leur style devenoit de plus en plus atroce. Le prince en étoit assez frappé, soit qu'il eût des pressentiments secrets, soit qu'il ne pût s'empêcher de reconnoître les symptômes d'une décomposition sociale.

Henri IV avoit de même pressenti sa fin. « Pardieu, je mourrai dans cette ville, répétoit-il à Sully ; je n'en sortirai jamais : ils me tueront. Je vois bien qu'ils mettent toute leur dernière ressource dans ma mort [1]. » Une autre fois, il dit à Marie de Médicis : « Ma mie, si ce sacre ne se fait jeudi, je vous assure que vendredi passé vous ne me verrez plus. » Il lui dit encore dans une autre occasion : « Passez, passez, madame la régente! » Un jour il répondoit à M. de Guise qui s'entretenoit avec lui : « Vous ne me connoissez pas maintenant, vous autres; mais je mourrai un de ces jours, et quand vous m'aurez perdu vous connoîtrez lors ce que je valois. » Bassompierre, qui étoit présent, voulut le ramener à des idées moins tristes, en lui faisant l'énumération de ses félicités. Henri se prit à soupirer, et lui repartit : « Mon ami, il faudra quitter tout cela. » « Il falloit bien, dit Péréfixe, qu'il y eût plusieurs conspirations sur la vie de ce bon roi, puisque de vingt endroits on lui en donnoit avis; puisqu'on fit courir le bruit de sa mort en Espagne et à Milan; puisqu'il passa un courrier par la ville de Liége, huit jours avant qu'il fût assassiné, qui lui dit qu'il portoit nouvelle au prince d'Allemagne qu'il avoit été tué. » Quelle singulière ressemblance! La mort de Mgr le duc de Berry a été aussi annoncée d'avance par des voyageurs, des lettres, des courriers. Le bruit en étoit public à Londres huit jours avant l'événement. Enfin, Mgr le duc de Berry devoit périr, comme Henri IV, dans une fête.

1. *Mémoires de Sully, Bassompierre, Journal de l'Étoile*, etc.

FIN DU LIVRE PREMIER.

LIVRE DEUXIÈME

MORT ET FUNÉRAILLES DU PRINCE.

CHAPITRE PREMIER.

Mgr LE DUC DE BERRY EST BLESSÉ A L'OPÉRA.

Ce n'est pas la première fois que le sang chrétien a coulé dans ces spectacles que l'Église appelle le petit paganisme, *dans ces jours gras consacrés au vieillard portant la faux* [1]. C'est pour les fidèles une tradition des jeux de l'amphithéâtre, un héritage du martyre.

Le dimanche 13 février, Mgr le duc et Mme la duchesse de Berry allèrent à l'Opéra, où les danses et les jeux étoient appropriés aux folies de ce temps de l'année. Ils profitèrent d'un entr'acte pour visiter, dans leur loge, Mgr le duc et Mme la duchesse d'Orléans. Mgr le duc de Berry caressa les enfants et joua avec le petit duc de Chartres. Témoin de cette union des princes, le public applaudit à diverses reprises.

Mme la duchesse de Berry, en retournant à sa loge, fut heurtée par la porte d'une autre loge qui vint à s'ouvrir. Bientôt elle se trouva fatiguée, et voulut se retirer : il étoit onze heures moins quelques minutes. Mgr le duc de Berry la reconduisit à sa voiture, comptant rentrer ensuite au spectacle.

Le carrosse de Mme la duchesse de Berry s'étoit approché de la porte. Les hommes de garde étoient restés dans l'intérieur ; depuis longtemps le prince ne souffroit pas qu'ils sortissent : un seul, en faction, présentoit les armes et tournoit le dos à la rue de Richelieu. M. le comte de Choiseul, aide de camp de Monseigneur, étoit à la droite du factionnaire, au coin de la porte d'entrée, tournant le dos à la rue de Richelieu.

---

1. *Unctis falciferi senis diebus.* MARTIAL, Epigr.

ASSASSINAT DU DUC DE BERRY

M. le comte de Mesnard, premier écuyer de Mme la duchesse de Berry, lui donna la main gauche pour monter dans son carrosse, ainsi qu'à Mme la comtesse de Béthisy : Mgr le duc de Berry leur donnoit la main droite. M. le comte de Clermont-Lodève, gentilhomme d'honneur du prince, étoit derrière le prince en attendant que Son Altesse Royale rentrât, pour le suivre ou le précéder.

Alors un homme, venant du côté de la rue de Richelieu, passe rapidement entre le factionnaire et un valet de pied qui relevoit le marchepied du carrosse. Il heurte le dernier, se jette sur le prince, au moment où celui-ci, se retournant pour rentrer à l'Opéra, disoit à Mme la duchesse de Berry : « Adieu, nous nous reverrons bientôt. » L'assassin, appuyant la main gauche sur l'épaule gauche du prince, le frappe de la main droite, au côté droit, un peu au-dessous du sein. M. le comte de Choiseul, prenant ce misérable pour un homme qui en rencontre un autre en courant, le repousse en lui disant : « Prenez donc garde à ce que vous faites. » Ce qu'il avoit fait étoit fait.

Poussé par l'assassin sur M. le comte de Mesnard, le prince porta la main sur le côté où il n'avoit cru recevoir qu'une contusion, et tout à coup il dit : « Je suis assassiné! cet homme m'a tué! » — « Seriez-vous blessé, monseigneur? » s'écrie le comte de Mesnard. Et le prince répliqua d'une voix forte : « Je suis mort, je suis mort, je tiens le poignard ! »

Au premier cri du prince, MM. de Clermont et de Choiseul, le factionnaire, nommé Desbiez, un des valets de pied, plusieurs autres personnes avoient couru après l'assassin, qui s'étoit enfui par la rue de Richelieu. Mme la duchesse de Berry, dont le carrosse n'étoit pas encore parti, entend la voix de son mari et veut se précipiter par la portière qu'on entr'ouvre. Mme la comtesse de Béthisy la retient par sa robe; un des valets de pied l'arrête pour l'aider à descendre, mais elle, s'écriant : « Laissez-moi, je vous ordonne de me laisser, » s'élance, au péril de sa vie, par-dessus le marchepied de la voiture. Le prince s'efforçoit de lui dire de loin : « Ne descendez pas! » Suivie de Mme la comtesse de Béthisy, elle court à Monseigneur, que soutenoient M. le comte de Mesnard, M. le comte de Clermont et plusieurs valets de pied. Le prince avoit retiré le couteau de son sein et l'avoit donné à M. de Mesnard, l'ami de son exil.

Dans le passage où se tenoit la garde il y avoit un banc; on assit Mgr le duc de Berry sur ce banc, la tête appuyée contre le mur, et l'on ouvrit ses habits pour découvrir la blessure. Elle rendoit beaucoup de sang. Alors le prince dit de nouveau : « Je suis mort! un prêtre! venez, ma femme, que je meure dans vos bras! » Une défaillance survint. La jeune princesse se précipita sur son mari, et dans un instant ses habits de fête furent couverts de sang.

L'assassin, déjà arrêté par un garçon de café, nommé Paulmier, par le factionnaire Desbiez, chasseur au 4ᵉ régiment de la garde royale, et ensuite par les sieurs David, Lavigne et Boland, gendarmes, avoit été amené à la porte où il avoit commis son crime. Les soldats l'entouroient : il étoit à craindre qu'ils ne le massacrassent. M. le comte de Mesnard leur cria de ne pas le toucher. M. le comte de Clermont donna l'ordre de le conduire au corps de garde, et l'y suivit. On le fouilla : on trouva sur lui un autre poignard avec sa gaîne et la gaîne du poignard laissé dans la blessure. Ces objets furent donnés à M. le comte de Clermont, qui les remit à M. le comte de Mesnard.

CHAPITRE II.

PREMIER PANSEMENT DU PRINCE.

Tandis que Mᵍʳ le duc de Berry étoit assis sur le banc dans le passage, M. le comte de Choiseul, un valet de pied, un ouvreur de loges, avoient couru pour chercher un médecin. On leur avoit indiqué le docteur Blancheton : il demeuroit dans le voisinage, et vint à l'instant même. M. Drogard, médecin, l'avoit précédé. Ces deux hommes de l'art trouvèrent Mᵍʳ le duc de Berry dans le petit salon de sa loge où il avoit été porté. En entrant dans ce salon, le prince, qui avoit repris sa connoissance, demanda si le coupable étoit un étranger. On lui répondit que non. « Il est cruel, dit le fils de France, de mourir de la main d'un François ! »

Mᵐᵉ la duchesse de Berry s'adressa au docteur Blancheton pour connoître la vérité, promettant de la supporter avec courage : il répondit que le prince n'ayant pas rendu le sang par la bouche, c'étoit un favorable augure. M. Blancheton crut d'abord que la plaie étoit au bas-ventre, où il trouva une grande quantité de sang épanché ; mais il reconnut bientôt qu'elle étoit au-dessous du sein droit. Il la dégagea de sang caillé : le prince fut saigné au bras droit par M. Drogard. Monseigneur recouvra alors assez de force pour dire aux deux médecins : « Je suis bien sensible à vos soins, mais ils sont inutiles ; je suis perdu. » M. Blancheton essaya de lui persuader que la blessure n'étoit pas profonde. « Je ne me fais pas illusion, repartit le prince ; le poignard est entré jusqu'à la garde, je puis vous l'assurer. » Mᵐᵉ la duchesse de Berry arracha sa ceinture pour servir de bandage et d'appareil. Elle seule avoit conservé sa présence d'esprit dans ce moment affreux, et déployoit un caractère au-dessus des âmes communes. Le prince, dont la vue s'obscurcissoit, disoit de temps en temps : « Ma femme, êtes-vous là? — Oui, répondoit la princesse en essuyant ses pleurs; oui, je suis là; je ne vous quitterai jamais. »

M. Bougon, premier chirurgien ordinaire de Monsieur, instruit du malheur par M. Esquirolle, médecin de la Salpêtrière, se rendit en hâte auprès de Mgr le duc de Berry : le docteur Lacroix venoit d'arriver de son côté. Le prince reconnut M. Bougon, qui l'avoit suivi à Gand et qui avoit espéré lui donner ses soins sur un autre champ de bataille. « Mon cher Bougon, lui dit-il, je suis frappé à mort. » En attendant l'application des ventouses, le dévoué serviteur d'un si bon maître suça la blessure à diverses reprises. « Que faites-vous, mon ami ! dit le royal patient; la plaie est peut-être empoisonnée ! »

CHAPITRE III.

ARRIVÉE DE Mgr L'ÉVÊQUE DE CHARTRES, DE Mgr LE DUC D'ANGOULÊME, DE MADAME ET DE MONSIEUR. SECOND PANSEMENT DE LA BLESSURE.

Monseigneur le duc de Berry n'avoit cessé de demander un prêtre. M. le comte de Clermont étoit parti pour les Tuileries, d'où il ramena Mgr l'évêque de Chartres, confident d'une conscience qui n'a rien à cacher à la terre. Le prélat, accoutumé à admirer le père, venoit s'instruire auprès du fils. Il trouva le prince dans le cabinet de sa loge, assis dans un fauteuil, soutenu par ses gens et entouré de chirurgiens; il avoit toute sa connoissance. Le blessé tendit la main au respectable évêque, demanda les secours de la religion, en exprimant les plus vifs sentiments de foi, de repentir et de résignation. Mgr l'évêque de Chartres exhorta Mgr le duc de Berry à la confiance en Dieu : il lui demanda un acte général de contrition, afin de pouvoir l'absoudre, calmer ses inquiétudes et attendre le moment où il seroit possible à S. A. R. de faire une confession plus détaillée.

M. le comte de Mesnard, se flattant encore que la blessure n'étoit pas mortelle, étoit allé chercher Mgr le duc d'Angoulême. Ce prince, qui venoit de se coucher, s'habilla à la hâte, et se rendit au lieu de douleur. L'entrevue des deux frères ne peut s'exprimer. Mgr le duc d'Angoulême se jeta sur la plaie de Mgr le duc de Berry, en la baisant et en l'inondant de ses larmes ; ses sanglots l'étouffoient : son malheureux frère étoit également incapable de parler.

Tout ceci se passoit dans le petit salon de la loge. On résolut alors de porter le prince dans une pièce voisine, où l'on établit une espèce de lit sur quatre chaises, que l'on remplaça par un lit de sangle.

Mgr le duc d'Angoulême, craignant quelque nouveau danger, n'avoit pas permis à MADAME de l'accompagner lorsqu'il s'étoit rendu à l'Opéra ; mais MADAME n'avoit pas tardé à le suivre. Que lui importent les périls ? Est-il une douleur qui puisse se passer d'elle, une adversité qui l'ait jamais fait reculer ? MADAME est accoutumée à regarder la révolution en face : ce n'étoit pas la première fois que la fille de Louis XVI et de Marie-Antoinette prenoit soin d'un frère mourant.

Bientôt MONSIEUR arrive. Il faut connoître la bonté, la tendresse, le cœur paternel de ce prince pour savoir ce qu'il eut à souffrir. MONSIEUR s'étoit obstiné à venir seul ; mais il ne savoit pas qu'un de ses meilleurs serviteurs, M. le duc de Maillé, avoit trouvé moyen de l'accompagner et de faire la place de l'honneur de la place la moins honorée. Mgr le duc de Berry témoigna le désir de donner sa bénédiction à MADEMOISELLE ; elle lui fut apportée par Mme la vicomtesse de Gontaut. Alors le prince, levant une main défaillante sur sa fille : « Pauvre enfant, lui dit-il, je souhaite que tu sois moins malheureuse que ceux de ma famille. » Mgr le duc d'Orléans, Mme la duchesse d'Orléans, Mlle d'Orléans, qui s'étoient rencontrés au spectacle, n'avoient pas quitté le prince : le père du duc d'Enghien arriva à son tour.

On tenta les saignées de pied presque sans succès ; mais plusieurs applications successives des ventouses apportèrent quelque soulagement au prince. Le pouls se ranima, le visage se colora, le sang coula par les veines ouvertes : l'on se réjouit de voir couler ce sang !

M. le duc de Maillé et M. le comte d'Audenarde étoient allés chercher M. Dupuytren. Ce célèbre chirurgien arriva à une heure : quand il entra, il trouva le prince couché sur le côté droit : sa pâleur, ses traits altérés, sa respiration courte, le gémissement qui s'échappoit de sa poitrine, la sueur froide qui couvroit son front, le désordre de ses mouvements, le bouleversement de son lit, le sang qui inondoit ce lit, et, plus que tout cela, l'horrible blessure qui se présentoit à découvert, frappèrent de consternation un homme pourtant accoutumé aux spectacles des douleurs humaines. Le prince ne reconnoissoit point M. Dupuytren : il lui tendit affectueusement la main, en lui disant qu'il souffroit cruellement. M. Dupuytren examina la blessure, puis se retira à l'écart pour consulter avec les hommes de l'art, MM. Blancheton, Drogard, Bougon, Lacroix, Thercin, Caseneuve, Dubois, Baron,

Roux et Fournier, jeune chirurgien qui se fit distinguer par son zèle. On fut d'avis d'élargir la plaie, comme le seul moyen qui restât d'ouvrir une issue au sang épanché dans la poitrine.

M. Dupuytren se rapprocha du prince et l'interrogea sur son état ; il ne put en obtenir de réponse. Il pria Mme la duchesse de Berry de lui adresser quelques questions. La princesse se penchant, sur lui, dit à son mari : « Je vous en prie, mon ami, indiquez-moi l'endroit où vous souffrez. » Le prince se ranima à cette voix si chère, prit la main de sa femme et la posa sur sa poitrine. Mme la duchesse de Berry reprit : « C'est là que vous souffrez ! » — « Oui, répondit-il avec peine : j'étouffe. »

Monsieur voulut éloigner sa fille pendant l'opération. « Mon père, dit-elle, ne me forcez pas à vous désobéir ; » et, se tournant vers les gens de l'art : « Messieurs, faites votre devoir. » Pendant l'opération elle étoit à genoux au bord du lit, tenant le prince par la main gauche. Lorsqu'on porta le fer dans la plaie, Mgr le duc de Berry s'écria : « Laissez-moi, puisque je dois mourir. » — « Mon ami, dit sa femme en pleurs, souffrez pour l'amour de moi ! » Un mot de cette jeune et admirable princesse apaisoit les douleurs de son mari ; quand Mgr l'évêque de Chartres parloit de religion, tout se changeoit dans le malheureux prince en acte de résignation à la volonté de Dieu.

L'opération faite, Mgr le duc de Berry passa la main sur les cheveux de la princesse et lui dit : « Ma pauvre femme, que vous êtes malheureuse ! » On reconnut dans l'opération toute la profondeur de la plaie. Le couteau dont le prince avoit été frappé avoit six à sept pouces de longueur, la lame en étoit plate, étroite, à deux tranchants, comme celle du couteau de Ravaillac, et extrêmement aiguë.

CHAPITRE IV.

DIVERSES PAROLES DU PRINCE.
IL ANNONCE LA GROSSESSE DE Mme LA DUCHESSE DE BERRY.
LE PRINCE AVOUE UNE FAUTE.

Un moment de calme suivit l'élargissement de la plaie : les mourants près d'expirer éprouvent presque toujours un soulagement qui leur laisse le temps de jeter un dernier regard sur la vie ; c'est le voyageur qui s'assied un instant pour contempler le pays qu'il a parcouru, avant de descendre le revers de la montagne. Le prince tenoit la main de M. Dupuytren, et le prioit de l'avertir lorsqu'il sentiroit le pouls remonter ou s'affaisser : vigilant capitaine, il posoit une sentinelle expérimentée pour n'être pas surpris par la mort, et pour s'avancer courageusement au-devant de ce grand ennemi : *Mors, ubi est victoria tua?*

Dans cet intervalle de repos il adressa ces paroles à Mme la duchesse de Berry : « Mon amie, ne vous laissez pas accabler par la douleur; ménagez-vous pour l'enfant que vous portez dans votre sein. » Ce peu de mots fit un effet surprenant sur l'assemblée : en présence de la douleur on sent naître malgré soi un mouvement de joie : l'attendrissement redouble en même temps pour le prince qui laisse à la patrie, pour dernier bienfait, cette dernière espérance. Il s'en va, ce prince; il semble emporter avec lui toute une monarchie, et à l'instant même il en annonce une autre. O Dieu! feriez-vous sortir notre salut de notre perte même? La mort cruelle d'un fils de France a-t-elle été résolue dans votre colère ou dans votre miséricorde? est-elle une dernière restauration du trône légitime, ou la chute de l'empire de Clovis? Le prince a-t-il fui l'avenir, ou est-il allé en solliciter un plus favorable pour nous auprès de celui qui laisse quelquefois désarmer sa colère?

Partout où Mgr le duc de Berry tournoit ses yeux à demi éteints, c'étoit pour donner une marque de bonté ou de reconnoissance : tandis que M. Blancheton lui pressoit la tête pour comprimer l'horrible douleur qu'il y éprouvoit, il aperçut à quelque distance, au pied de son lit, des domestiques fondant en larmes : « Mon père, dit-il à Monsieur, je vous recommande ces braves gens et toute ma maison. »

Des vomissements survinrent. Le prince répéta plusieurs fois que le poignard étoit empoisonné. Quelque temps auparavant il avoit demandé à voir son assassin : « Qu'ai-je fait à cet homme? répétoit-il; c'est peut-être un homme que j'ai offensé sans le vouloir. » — « Non, mon fils, lui répondit Monsieur : vous n'avez jamais vu, vous n'avez jamais offensé cet homme; il n'avoit contre vous aucune haine personnelle. » — « C'est donc un insensé? » repartit le prince. O digne enfant de l'Évangile! vous mettiez en pratique le dernier conseil du saint roi de France à son fils : « Si Dieu t'envoie adversité, reçois-la bénignement [1]! »

Il s'informoit souvent de l'arrivée du roi. « Je n'aurai pas le temps, disoit-il, de demander grâce pour la vie de l'homme. » Il ajoutoit après, en s'adressant tour à tour à son père et à son frère : « Promet-

---

1. JOINVILLE.

tez-moi, mon père, promettez-moi, mon frère, de demander au roi la grâce de la vie de l'homme. »

On a déjà raconté que Mgr le duc de Berry, libre en Angleterre, avoit eu une de ces liaisons que la religion réprouve, et que la fragilité humaine excuse. On peut dire de lui ce qu'un historien a dit de Henri IV : « *Il étoit souvent foible, mais toujours fidèle, et l'on ne s'aperçut jamais que ses passions eussent affoibli sa religion* [1]. » Mgr le duc de Berry cherchant en vain dans sa conscience quelque chose de bien coupable, et n'y trouvant que quelques foiblesses, vouloit pour ainsi dire les rassembler autour de son lit de mort, pour justifier au monde la grandeur de son repentir et la rudesse de sa pénitence. Il jugea assez bien de la vertu de sa femme pour lui avouer ses torts et pour lui témoigner le désir d'embrasser les deux innocentes créatures, filles de son long exil. « Qu'on les fasse venir, s'écria la jeune princesse; ce sont aussi mes enfants. » Les deux petites étrangères arrivèrent au bout de trois quarts d'heure; elles se mirent à genoux en sanglotant au bord du lit de leur seigneur, les joues baignées de larmes et les mains jointes. Le prince leur adressa quelques mots tendres en anglois, pour leur annoncer sa fin prochaine, leur ordonner d'aimer Dieu, d'être bonnes et de se souvenir de leur malheureux père. Il les bénit, les fit se relever, les embrassa, et, adressant la parole à Mme la duchesse de Berry : « Serez-vous assez bonne, lui dit-il, pour prendre soin de ces orphelines? » La princesse ouvrit ses bras, où les petites filles se réfugièrent; elle les pressa contre son sein, et, leur faisant présenter MADEMOISELLE, elle leur dit : « Embrassez votre sœur. » — « Pauvre Louise, s'écria Mgr le duc de Berry en s'adressant à la plus jeune, vous ne verrez plus votre père! » On étoit partagé entre l'attendrissement pour le prince et l'admiration pour la princesse. Mme la vicomtesse de Gontaut, qui n'étoit pas prévenue, paroissoit étonnée. MADAME s'en aperçut, et lui dit : « Elle sait tout; elle a été sublime. »

CHAPITRE V.

LE PRINCE FAIT UNE CONFESSION PUBLIQUE, ET REÇOIT L'EXTRÊME-ONCTION. DIVERSES PAROLES DU PRINCE.

Cependant on étendit le prince sur un matelas à terre, tandis qu'on remuoit sa couche. Ce fut là qu'il se confessa d'abord en particulier à

---

1. *Vie du P. Cotton*, par le P. D'ORLÉANS.

Mgr l'évêque de Chartres, et qu'il fit ensuite à haute voix un aveu public de ses fautes : on auroit cru voir saint Louis expirant sur son lit de cendre. Il demanda pardon à Dieu de ses offenses et des scandales qu'il avoit pu donner. « Mon Dieu, ajouta-t-il, pardonnez-moi, pardonnez à celui qui m'a ôté la vie ! »

Il demanda ensuite à son père sa bénédiction. « *Lors le doux père remit et pardonna au fils les défauts et courroux, et avec merveilleuse ferveur de foi lui donna sa bénédiction, et entre ses saints baisers le salua et à Dieu le recommanda* [1]. » Ces princes trouvoient tous les exemples dans leur famille.

Le mourant étant remis sur son lit, Mgr le duc d'Angoulême se replaça à genoux à ses côtés. « Ah ! mon frère, dit le Machabée chrétien, vous êtes un ange sur terre ; croyez-vous que Dieu me pardonne ? » — « Vous pardonner ! répondit Mgr le duc d'Angoulême, il fait de vous un martyr ! » Un rayon de joie parut sur le front du prince mourant ; il ne douta point qu'un frère si pieux ne connût les desseins de la Providence, et il se reposa de son bonheur sur la foi du juste.

Alors le curé de Saint-Roch, que M. le comte de Clermont avoit été chercher, arriva avec les saintes huiles : partout où l'on trouve une douleur, on rencontre un prêtre chrétien. Mgr le duc de Berry demanda le viatique : l'évêque de Chartres lui dit avec un vif regret que les vomissements s'y opposoient. Le prince se résigna, fit un signe de croix, et attendit l'Extrême-Onction. Il commença son *Confiteor*, et frappa comme un coupable d'une main pénitente ce sein que le poignard sembloit n'avoir ouvert que pour en faire sortir les innocents secrets, et d'où il ne s'écouloit que des vertus avec le sang de saint Louis.

Le prince voyoit s'approcher sa dernière heure ; il ressentoit des douleurs cruelles, et tomboit à tout moment en défaillance. On l'entendoit répéter à voix basse : « Que je souffre ! que cette nuit est longue ! le roi vient-il ? » Il appeloit souvent son père ; et son père, étouffant de sanglots, lui disoit : « Je suis là, mon ami. » On lui apprit que les maréchaux étoient arrivés. « J'espérois, répondit-il, verser mon sang au milieu d'eux pour la France. » Dévoré d'une soif ardente, il ne buvoit qu'à regret, et seulement pour se soutenir jusqu'à l'arrivée du roi. On lui annonça M. de Nantouillet. « Viens, mon bon Nantouillet, mon vieil ami, s'écria-t-il en faisant un effort, que je t'embrasse encore une fois ! » Le *vieil ami* se précipita sur la

---

[1]. Renaud, dans la *Vie de Philippe le Bel*.

main du prince, et sentit amèrement l'impuissance de l'homme à racheter de ses jours les jours qu'il voudroit sauver.

Les compagnons de M. de Nantouillet, M. le comte de Chabot, M. le marquis de Coigny, M. le comte de Brissac, M. le vicomte de Montélégier, M. le prince de Beaufremont, M. le comte Eugène d'Astorg, étoient accourus : ils se pressoient autour de leur prince expirant, comme ils l'auroient environné au champ d'honneur. Leur douleur étoit partagée par les autres loyaux serviteurs attachés au reste de la famille royale. M. le marquis de Latour-Maubourg se tint constamment debout au pied du lit de Mgr le duc de Berry : ce guerrier, qui avoit laissé une partie de son corps sur les champs de bataille, étoit là comme un noble témoin envoyé par l'armée pour assister au dernier combat d'un héros.

Nuit d'épouvante et de plaisir! nuit de vertus et de crimes! Lorsque le fils de France blessé avoit été porté dans le cabinet de sa loge, le spectacle duroit encore. D'un côté on entendoit les sons de la musique, de l'autre les soupirs du prince expirant; un rideau séparoit les folies du monde de la destruction d'un empire. Le prêtre qui apporta les saintes huiles traversa une foule de masques. Soldat du Christ, armé pour ainsi dire de Dieu, il emporta d'assaut l'asile dont l'Église lui interdisoit l'entrée, et vint, le crucifix à la main, délivrer un captif dans la prison de l'ennemi.

Une autre scène se passoit près de là : on interrogeoit l'assassin. Il déclaroit son nom, s'applaudissoit de son crime; il déclaroit qu'il avoit frappé Mgr le duc de Berry pour tuer en lui toute sa race; que si lui, meurtrier, s'étoit échappé, il seroit allé *se coucher*, et que le lendemain il eût renouvelé son attentat sur la personne de Mgr le duc d'Angoulême. *Se coucher!* pour dormir, malheureux! votre bienveillante victime avoit-elle jamais troublé votre sommeil? Dans la suite de son interrogatoire, cette brute féroce, sans attachement même sur la terre, a déclaré que Dieu n'étoit qu'un mot, qu'elle n'avoit d'autre regret que de ne pas avoir sacrifié toute la famille royale. Et le prince expirant, plein de tendresse et d'amour, n'a d'autre regret que de ne pouvoir sauver la vie de son meurtrier, et il n'accuse personne, et sa rigueur ne tombe que sur lui-même. Ce prince, qui sait que Dieu n'est pas un mot, tremble de comparoître au tribunal suprême; le martyre lui ouvre les portes du ciel, et il ne se croit pas assez pur pour aller rejoindre le saint roi et le roi-martyr : il ne peut trouver dans son innocence l'assurance que l'assassin trouve dans son crime. Voilà les hommes tels que la révolution les a faits, et tels que la religion les faisoit autrefois.

CHAPITRE VI.

ARRIVÉE DU ROI. LE PRINCE DEMANDE LA GRACE DE SON ASSASSIN.

La foule s'étoit écoulée du spectacle : le plaisir avoit cédé la place à la douleur. Les rues devenoient désertes : le silence croissoit ; on n'entendoit plus que le bruit des gardes et celui de l'arrivée des personnes de la cour : les unes, surprises au milieu des plaisirs, accouroient en habit de fête; les autres, réveillées au milieu de la nuit, se présentoient dans le plus grand désordre. Çà et là se glissoient quelques obscurs amis des Bourbons qu'on ne voit point dans les temps de la prospérité, et qui se retrouvent, on ne sait comment, au jour du malheur. Les passages conduisant à l'appartement du prince étoient remplis, on se pressoit à ces mêmes portes où l'on s'étouffe pour rire ou pour pleurer aux fictions de la scène. On cherchoit à découvrir quelque chose lorsque les portes venoient à s'ouvrir ; on interrogeoit ses voisins, et par des nouvelles subitement affirmées, subitement démenties, on passoit de la crainte à l'espérance, de l'espérance au désespoir.

Trois bulletins avoient été portés aux Tuileries. A cinq heures le roi arriva ; on l'avoit toujours rassuré sur la position du prince. Le mourant, qui avoit entendu le bruit des chevaux dans la rue, parut revivre. Le roi entra. « Mon oncle, dit aussitôt Mgr le duc de Berry, donnez-moi votre main que je la baise pour la dernière fois. » Le roi s'avança : son visage exprimoit cette majestueuse douleur que ressentit Louis XIV lorsqu'il vit l'espoir de la monarchie reposer sur la tête d'un enfant. Il donna sa main à baiser à son neveu, et baisa lui-même celle du prince infortuné. Alors Mgr le duc de Berry dit au roi : « Mon oncle, je vous demande la grâce de la vie de l'homme. » Le roi, profondément ému, répondit : « Mon neveu, vous n'êtes pas aussi mal que vous le pensez; nous en reparlerons. » — « Le roi ne dit pas *oui*, reprit le prince en insistant. Grâce au moins pour la vie de l'homme, afin que je meure tranquille ! »

Revenant encore sur le même sujet, il disoit : « La grâce de la vie de cet homme eût pourtant adouci mes derniers moments. » Enfin, lorsqu'il ne pouvoit déjà parler que d'une voix entrecoupée, et en mettant un long intervalle entre chaque mot, on l'entendoit dire :

« Du moins, si j'emportois l'idée... que le sang d'un homme... ne coulera pas pour moi après ma mort... »

Le roi demanda en latin à M. Dupuytren ce qu'il pensoit de l'état du prince. M. Dupuytren fit un signe qui ne laissa au monarque aucune espérance.

Mgr le duc de Berry avoit pourtant rassemblé le reste de ses forces sous les yeux du chef de son auguste maison. Le pouls s'étoit ranimé, la parole étoit plus libre, l'étouffement moins violent. Le prince s'inquiéta du mal qu'il avoit pu faire au roi en troublant son sommeil. Il le supplia de s'aller coucher. « Mon enfant, répondit le roi, j'ai fait ma nuit; il est cinq heures. Je ne vous quitterai plus. » Le jour en effet étoit venu pour éclairer un si beau trépas : le prince alloit se réveiller parmi les anges, au moment où parmi les hommes il avoit accoutumé de sortir du sommeil.

CHAPITRE VII.

DÉSESPOIR DE Mme LA DUCHESSE DE BERRY. MORT DU PRINCE.

Monseigneur ne s'étoit point abusé sur le soulagement apporté à son état par la vertu de cette présence du roi, qui ranime toujours un cœur françois. Il sentit approcher une défaillance, et dit : « C'est ma fin. »

Mme la duchesse de Berry, qui depuis si longtemps faisoit violence à sa douleur, la laissa enfin éclater. « Ses sanglots me tuent, s'écria le prince; emmenez-la, mon père ! » On entraîna la princesse dans le cabinet voisin. Toutes les dames attachées à sa maison, Mme la duchesse de Reggio, Mme la comtesse de Béthisy, Mme la comtesse d'Hautefort, Mme la comtesse de Noailles, Mme la comtesse de Bouillé, Mme la vicomtesse de Gontaut, l'environnèrent[1]. La princesse fut un peu soulagée par ses larmes : elle promit de ne plus pleurer, et rentra dans l'appartement du prince.

Si dans quelque partie de l'Europe civilisée on eût demandé à un homme un peu accoutumé aux choses de la vie ce que faisoit à cette

---

1. Mme la marquise de Gourgue, absente pour cause de maladie, ne s'est pas consolée de n'avoir pu se trouver à cette scène de désolation. Une petite-fille de M. de Malesherbes étoit appelée comme de plein droit au nouveau deuil de la famille royale.

Nous ne devons pas oublier de nommer Mme de Walthaire, qui avec les autres femmes de Mme la duchesse de Berry étoit accourue auprès de la princesse.

heure la famille royale de France, il eût répondu sans doute qu'elle étoit plongée dans le sommeil au fond de ses palais, ou que, surprise par une révolution, elle étoit entraînée au milieu d'un peuple ému. Non : tout ce peuple dormoit sous la garde de son roi, et le roi veilloit seul avec sa famille! Après tant de scènes produites par la révolution, nul n'auroit imaginé d'aller chercher tous les Bourbons réunis, au lever de l'aube, dans une salle de spectacle déserte, autour du lit de leur dernier fils assassiné. Heureux l'homme ignoré du monde qui se réveille dans une chaumière, au milieu de ses enfants que ne poursuit point la haine, et dont aucun ne manque aux embrassements paternels! A quel prix faut-il maintenant acheter les couronnes, et qu'est-ce aujourd'hui qu'un empire?

Tout espoir s'évanouissoit; les symptômes les plus alarmants étoient revenus. Le découragement des médecins étoit visible : la mort arrivoit. Le prince demanda à être changé de côté; les médecins s'y opposèrent; le prince insista. On l'entendit prononcer à voix basse ces derniers mots : « Vierge sainte! faites-moi miséricorde. » Il ajouta quelques autres paroles, qui se sont perdues dans la tombe. Alors on le tourna sur le côté gauche, selon son désir : dans un instant les facultés intellectuelles s'évanouirent. MONSIEUR parvint à arracher une seconde fois sa fille à l'horreur de ce dernier moment.

Hors de la présence de son mari, elle se livra au plus effrayant désespoir. S'adressant à Mme la vicomtesse de Gontaut, elle s'écrioit : « Madame, je vous recommande ma fille; puisque mon mari est mort, je veux mourir. » Tout à coup, échappant aux bras qui la retiennent, elle rentre dans la chambre de deuil, renverse tout sur son passage, arrive au bord de la couche, pousse un cri, et se jette échevelée sur le corps de son mari : Mgr le duc de Berry venoit d'expirer! On présente en vain à la bouche du prince le verre qui couvroit la tabatière du roi, la vapeur de la vie ne parut point sur le verre, le souffle que l'on cherchoit étoit retourné à Dieu. Tout tombe à genoux; des sanglots et des prières s'élèvent vers le ciel. Le bruit des larmes se communique au dehors, et un murmure de douleur s'étend de proche en proche dans la foule qui environnoit l'appartement du prince.

A cette clameur succède un morne effroi. Le silence de la mort semble un moment se communiquer à ceux qui environnoient le lit funèbre; Mme la duchesse de Berry le rompt la première. Elle se lève, se tourne vers le roi, et lui dit : « Sire, j'ai une grâce à requérir de Votre Majesté; elle ne me la refusera pas. » Le roi écoute. Dans l'égarement de sa douleur elle ajoute : « Je vous demande la permission de retourner en Sicile; je ne puis plus vivre ici après la mort de mon mari. » Le roi cherche à la calmer : on la porte dans son carrosse, à moitié évanouie, et on la dépose dans son palais solitaire.

Les princes prièrent alors le roi de s'éloigner. « Je ne crains pas le spectacle de la mort, reprit le monarque : j'ai un dernier devoir à rendre à mon fils. » Appuyé sur le bras de M. Dupuytren, il s'approche du lit, ferme les yeux et la bouche du prince, lui baise la main, et se retire sans proférer une seule parole. Chacun s'éloigne en silence, comme s'il eût craint de réveiller le fils de France endormi. M. Bougon demeura à la garde du corps. « J'allai trouver à l'Hôtel-Dieu, dit M. Dupuytren, d'autres afflictions et d'autres souffrances; mais du moins celles-là étoient dans l'ordre de la nature [1]. »

Lorsque l'on fit l'ouverture du corps, on reconnut que le cœur même avoit été blessé : le prince auroit dû mourir sous le coup; de sorte qu'on peut dire que Dieu le fit vivre pendant quelques heures par un miracle, afin de nous le faire connoître et de donner au monde une des plus belles leçons qu'il ait jamais reçues.

Un fils de saint Louis, dernier rejeton de la branche aînée de sa famille, échappe aux traverses d'un long exil, et revient dans sa patrie; il commence à goûter le bonheur; il se flatte de se voir renaître, de voir renaître en même temps la monarchie dans les enfants que Dieu lui promet : tout à coup il est frappé au milieu de ses espérances, presque dans les bras de sa femme. Il va mourir, et il n'est pas plein de jours! Ne pourroit-il accuser le ciel, lui demander pourquoi il le traite avec tant de rigueur? Ah! qu'il lui eût été pardonnable de se plaindre de sa destinée! car, enfin, quel mal faisoit-il? Il vivoit familièrement au milieu de nous dans une simplicité parfaite; il se mêloit à nos plaisirs et soulageoit nos douleurs; il ne nous prioit, pour récompense de ses bienfaits, que de le laisser vivre obscur, en attendant qu'il devînt notre grand roi et notre bon maître. Déjà six de ses parents avoient péri; pourquoi l'égorger encore, le rechercher, lui innocent, lui si loin du trône, vingt-sept ans après la mort de Louis XVI? Connoissons mieux le cœur d'un Bourbon! Ce cœur, tout percé du poignard qu'il étoit, n'a pu trouver contre nous un seul murmure : pas un regret de la vie, pas une parole amère, ne sont échappés à ce prince. Époux, fils, père et frère, en proie à toutes les angoisses de l'âme, à toutes les souffrances du corps, il ne cesse de demander la grâce de *l'homme* qu'il n'appelle pas même son assassin! Le caractère le plus impétueux devient tout à coup le caractère le plus doux. C'est un homme plein de passions, attaché à l'existence par tous les liens

---

1. Note manuscrite.

du cœur ; c'est un prince dans la fleur de l'âge ; c'est l'héritier du plus beau royaume de la terre qui expire, et vous diriez que c'est un infortuné qui ne perd rien ici-bas. Le prodige est partout : l'âme est pour ainsi dire transformée, et le corps, par la force de l'âme, semble vivre contre les lois de la nature. Depuis trente ans, les François se font moissonner sur les champs de bataille ; la Providence vouloit opposer à ces sacrifices de l'honneur l'héroïsme d'un trépas chrétien ; elle vouloit nous montrer dans l'antique famille de nos rois ce que c'étoit que ces anciennes morts des chevaliers dont nous avions perdu la tradition.

CHAPITRE VIII.

CONSTERNATION DE LA FRANCE ET DE L'EUROPE. CHAPELLES ARDENTES AU LOUVRE ET À SAINT-DENIS.

Fatigué de danses et de joie, Paris étoit plongé dans le sommeil. A mesure que ses habitants se réveillent, ils apprennent la nouvelle fatale. Le peuple fut instruit d'abord : sorti de sa demeure au lever du jour pour recommencer le cercle de ses misères, le premier malheur qu'il rencontra fut la mort d'un prince, père des pauvres, soutien des infortunés. On ne peut comparer la consternation qui se répandit dans Paris, et de là dans toute la France, qu'à celle que l'on remarqua le jour de l'assassinat du duc d'Enghien, avec cette différence qu'à la première époque la douleur publique étoit comprimée. Le corps de Mgr le duc de Berry, porté chez M. le marquis d'Autichamp, gouverneur du Louvre, fut ensuite transféré dans une chapelle ardente, sous les voûtes de la même salle où le corps de Henri IV avoit jadis été déposé. C'étoit aussi dans cette salle que l'industrie françoise offroit naguère à l'admiration publique ses chefs-d'œuvre, et c'est de là que la révolution venoit à son tour étaler un de ses plus brillants ouvrages.

Plusieurs personnes moururent subitement en apprenant l'assassinat de Mgr le duc de Berry. Des prêtres tombèrent à l'autel ; et jusque dans les pays étrangers ces morts surnaturelles se renouvelèrent aux services funèbres du prince. Les rois pleurèrent sur leur trône, et se crurent eux-mêmes frappés. De grandes princesses, connues par leur bienfaisance inépuisable, exprimèrent des regrets que l'histoire doit consacrer.

17 mars 1820.

« Vous me dites avoir pensé à moi dès les premiers moments du douloureux saisissement que vous a causé la mort de Mᵍʳ le duc de Berry. Je vous assure qu'à peine cette horrible nouvelle étoit venue me bouleverser que ma pensée vous cherchoit. On éprouve dans ce moment-là le besoin de s'adresser à tous ceux dont les sentiments et les opinions sont conformes aux nôtres. Cet horrible attentat, accompagné de toutes les circonstances qui le rendent si déchirant, auroit ému toute âme sensible de la plus vive douleur, quand même il auroit été commis sur un homme obscur et indifférent ; mais ici tout se réunit pour rendre ce malheur personnel à ceux qui aiment et désirent l'ordre et le bien. Il paroît du moins que pour le moment les suites n'en sont pas aussi funestes qu'il y avoit lieu de le craindre. Il paroît que la masse de la nation a senti comme elle le devoit. Si ce moment pouvoit ouvrir les yeux, ébranler assez les cœurs pour inspirer l'horreur de ces *opinions* qui ont porté le monstre à commettre son crime, ce seroit un bien dans le mal. Espérons en Dieu, qui fait quelquefois naître le bien de ce qui nous paroît être sans espoir. Qu'il protège cette intéressante duchesse de Berry, et la fasse heureusement accoucher d'un fils. Il y a plus de quinze jours que nous avons reçu cette nouvelle : mon imagination est à peine calmée sur l'horreur qu'elle m'a inspirée ; mais mon intérêt pour la famille royale n'est pas refroidi. Je voudrois en avoir des nouvelles tous les jours ; je recueille avec avidité tout ce que je puis en apprendre ; et les détails, quoique naturellement un peu confus, que vous me donnez dans votre lettre n'en ont pas été moins précieux pour moi. Profitez de toutes les occasions pour m'écrire, et donnez-moi tous les détails que vous pourrez rassembler sur cette famille si malheureuse et si intéressante. »

Noble et généreuse sollicitude ! Par une circonstance touchante, celui qui s'est trouvé chargé d'annoncer le malheur de la famille royale sur ces bords lointains étoit l'ami, le compagnon de Mᵍʳ le duc de Berry : il n'aura eu besoin que de laisser éclater sa propre douleur pour exprimer celle de la France.

Dans Paris, les regrets du peuple ne se calmoient pas : il racontoit mille traits de la bonté du prince ; il adressoit au ciel des vœux pour lui. Une pauvre femme mit en gage sa robe afin de faire dire une messe pour le repos de l'âme du fils des rois. La foule ne cessoit d'assiéger le Louvre, de prier, de jeter de l'eau bénite sur le cercueil, de se plaindre qu'on eût si tôt recouvert le visage du prince : elle auroit surtout voulu voir la blessure. L'assassin seul la regarda sans émotion : lorsqu'on le confronta aux restes sanglants de sa victime, il ne fit aucune réponse, ni par les yeux, ni par la bouche, au cadavre qui l'interrogeoit. L'athée, sachant qu'il alloit mourir, espéroit dormir en paix avec son crime : le néant est quelque chose à celui pour qui Dieu n'est rien.

La dépouille mortelle de l'héritier de nos monarques étant portée à Saint-Denis, les classes du peuple les plus pauvres, des hommes et des femmes dans les lambeaux de la misère, se mêlèrent au cortége. La confrérie des charbonniers marchoit au milieu des officiers et des soldats, ce qui mérita à ces représentants de la douleur populaire l'honneur d'une place marquée aux funérailles. Dans les villages où passa le convoi, les chemins avoient été balayés, les murs des chaumières tapissés de ce que les habitants possédoient de plus précieux. Tout le temps que dura la chapelle ardente à Saint-Denis, on vit accourir les députés des villes et des hameaux voisins, pour rendre hommage au fils de France décédé. L'église étoit incessamment remplie de paysans et de gens du peuple ; des enfants y vinrent avec leurs maîtres ; on y vit même de grands criminels : autour de ce cercueil, l'innocence pleuroit comme le repentir. Toutes les provinces du royaume exprimèrent leurs regrets dans des adresses. Il n'y avoit rien de prévu, rien de préparé, rien de concerté dans ce deuil général : c'étoit la France entière qui gémissoit.

CHAPITRE IX.

DOULEUR DE LA FAMILLE ROYALE ET DE Mme LA DUCHESSE DE BERRY.

Si la consternation étoit grande au dehors, elle étoit encore plus grande dans le palais. En perdant Mgr le duc de Berry, la famille royale perdoit toute sa joie : il animoit ses parents par sa vivacité, ses mots heureux, son goût pour le plaisir. Le Louvre paroissoit désert depuis que le prince avoit disparu : ces grands foyers paternels redemandoient en vain le dernier né de leurs enfants et pleuroient la solitude de leur avenir. Mgr le duc d'Angoulême regrettoit amèrement un frère, le compagnon de son enfance et de ses malheurs, l'ami des bons et des mauvais jours de sa vie. Madame, dominant toutes les douleurs, soutenoit à la fois son mari et son père. On ne pouvoit regarder Monsieur, le meilleur des hommes, le plus affectueux des princes, sans avoir l'âme déchirée : ses yeux rouloient de grosses larmes qu'il vouloit en vain retenir ; le poids du chagrin paternel, ajouté à tant d'autres chagrins, courboit sa tête, et cette dernière adversité achevoit de blanchir ses cheveux. Quant au roi, perdant l'appui de son trône, il avoit vu se dessécher le rameau qui, après *les murmures des tribus*[1], promettoit de refleurir dans l'arche sainte.

Et dans la maison de Mgr le duc de Berry, quel deuil parmi les anciens amis du prince, ses aides de camp, ses serviteurs !

L'illustre veuve du nouveau Germanicus étoit inconsolable : elle commença par couper ses cheveux, « ses cheveux, disoit-elle, que son mari aimoit ». Elle les remit à Mme de Gontaut, en lui disant : « Prenez-les ; un jour vous les donnerez à ma fille ; elle apprendra que sa mère coupa ses cheveux le jour où son père fut assassiné. » Nourrie sous le soleil de la Grèce, parmi les filles de Sicile, notre jeune princesse avoit rapporté de ces climats les antiques usages de la douleur, qui ne furent point inconnus à sa race. Un des plus grands princes de la maison de Bourbon, Louis III, duc de Bourbon, arrière-fils de Robert, fils de saint Louis, prêt à mourir, coupa ses cheveux. « Alors, dit son vieil historien, requist le duc que ses cheveux fussent ôtés. Quand il les tint, il parla de cette manière : Dieu Jésus-Christ, mon père créateur, ès délices en cette vie mortelle, je me suis plus ébattu en mes cheveux : je ne veux mie qu'ils me suivent. »

La demeure où Mme la duchesse de Berry avoit été si heureuse avec son mari lui devint insupportable. On conduisit la princesse à cette maison royale trop fameuse par cette nuit funeste où un cri de mort retentit *comme un coup de tonnerre* ; maison qui depuis Madame *Henriette* n'avoit pas vu si subite et si grande adversité. Tout Paris s'empressa d'aller porter à Mme la duchesse de Berry d'inutiles hommages. Peu de jours après, elle s'établit aux Tuileries, sous la protection de la douleur paternelle.

Si cette princesse a éprouvé une de ces adversités qui tombent sur les têtes élevées, son malheur est aussi de ceux qui se font sentir à l'humanité entière : toutes les mères, toutes les épouses ont été frappées du coup qui l'a frappée. Lorsque Mme la duchesse de Berry ou MADEMOISELLE doivent sortir, le peuple se rassemble devant les passages des Tuileries : il y vient plusieurs heures d'avance ; il oublie la triste nécessité où il est de gagner son pain quotidien. Aussitôt qu'il aperçoit ou la mère ou la fille, il se prend à pousser des cris de joie et à pleurer. Les femmes, tenant leurs enfants dans leurs bras, leur montrent, comme une sœur, la petite orpheline toute vêtue de blanc dans une grande voiture de deuil. Quand Mme la duchesse de Berry se promène sur la terrasse des Tuileries, sa robe de veuve produit le même effet que sa robe sanglante dans la nuit fatale. Mais chaque jour

---

1. *Num.*, cap. XVII.

la foule remarque que ces voiles funèbres cachent moins les espérances de la patrie, et elle s'en retourne consolée. Ceux qui ont vu Buonaparte dans toute sa puissance sortir de son palais après les plus grandes victoires, sans qu'il s'élevât une seule voix sur son passage, ceux-là reconnoissent qu'il y a quelque chose de plus fort que l'usurpation et la fortune : c'est la légitimité et le malheur.

CHAPITRE X.

FUNÉRAILLES DE Mgr LE DUC DE BERRY.
LES ENTRAILLES DU PRINCE SONT PORTÉES A LILLE.
SON COEUR SERA DÉPOSÉ A ROSNY.

Les obsèques du prince eurent lieu à Saint-Denis. Il n'y avoit pas encore deux mois que l'on avoit vu ce prince, plein de vie, assis, le 21 janvier, en face du catafalque de Louis XVI : on le cherchoit en vain sur le banc auprès de Mgr le duc d'Angoulême son frère, et on ne le trouvoit que sous ce même catafalque devant lequel son frère pleuroit. Les yeux se portoient avec attendrissement sur la famille royale, déjà si peu nombreuse et encore diminuée; sur le roi, qui sembloit méditer au milieu des ruines de la monarchie; sur MADAME, enveloppée dans un long crêpe, comme dans sa parure accoutumée; sur Mgr le duc d'Angoulême, chargé de mener le deuil, et qui, saluant tour à tour et l'autel et le cercueil, sembloit demander au premier la force de regarder le second. On eût dit que ces paroles de l'évangile du jour avoient été particulièrement choisies pour lui : *Domine, si fuisses hic, frater meus non fuisset mortuus.* Mgr le duc d'Orléans et Mgr le duc de Bourbon menoient aussi le deuil, avec Mgr le duc d'Angoulême.

Mgr le coadjuteur de Paris prononça une oraison funèbre remarquable dans ce vieux sanctuaire de nos chartes et de notre religion, qui entendit déjà tant d'oraisons funèbres : la première de toutes fut celle de Du Guesclin, faite en 1393 par l'évêque d'Auxerre. Un poëte gothique nous a transmis l'histoire de cette cérémonie : ce qu'il dit si naïvement du bon connétable et du discours du prélat s'applique de la manière la plus touchante à Mgr le duc de Berry :

> Tous les princes fondoient en larmes
> Aux mots que l'évêque montroit,
> Car il disoit : « Pleurez, gendarmes,

> Bertrand qui très tant vous aimoit.
> On doit regretter les faits d'armes
> Qu'il fit au temps que il vivoit.
> Dieu ait pitié, sur toutes âmes,
> De la sienne, car bonne étoit. »

Les honneurs qui avoient fui Mgr le duc de Berry pendant sa vie l'accablèrent pendant sa mort. La basilique de Saint-Denis, tendue de noir dans la longueur de la voûte, ressembloit à un vaste tombeau. Des cordons de lumières se dessinoient sur les draperies funèbres : des lampadaires, des candélabres d'argent, des colonnes qui *sembloient porter jusqu'au ciel,* comme dit Bossuet, *le magnifique témoignage de notre néant,* une large croix de feu dans le sanctuaire, tout enfin surpassoit l'idée qu'on avoit pu se faire de cette pompe. Un clergé nombreux, la cour, l'armée, les ambassadeurs étrangers, les deux chambres, les tribunaux de justice, remplissoient le chœur, la nef, les chapelles et les galeries. On chantoit, on agitoit les cloches, on tiroit le canon autour d'un cercueil muet : il y avoit tant de grandeur dans cette pompe, qu'on auroit cru assister aux funérailles de la monarchie.

Et que de sentiments divers dans cette foule! La révolution avoit convoqué et rassemblé en présence de son dernier crime, comme pour le juger, les générations que trente années avoient produites : tout ce qui avoit triomphé ou souffert se rencontroit en ce moment à Saint-Denis. Et cette église de l'apôtre de la France, que ne disoit-elle pas elle-même! Elle étaloit extérieurement les richesses de la mort; mais on avoit arraché de ses entrailles ses trésors funèbres.

La messe ouïe, on ôta le cercueil du catafalque pour le descendre dans le caveau. Alors l'héroïne du Temple fut vaincue pour la première fois : à la vue du cercueil elle se sentit prête à défaillir, et fut obligée de se retirer de la tribune où elle étoit placée à la droite du roi. Le roi lui-même, à genoux, laissa tomber sa tête vénérable sur ses deux mains jointes : la France entière sembla courber sa tête avec lui. Il paroissoit rouler dans son esprit les pensées qui se présentèrent à son aïeul Henri IV lorsque celui-ci assistoit dans la même église de Saint-Denis au couronnement de la reine. « Savez-vous, dit le vainqueur d'Ivry à son confesseur, ce que je pensois tout à l'heure en voyant cette grande assemblée? Je pensois au jugement dernier et au compte que nous y devons rendre à Dieu [1]. »

Les gardes de Monsieur portoient le corps de son fils; leurs casques rapprochés formoient une espèce de voûte mouvante au-dessus du

---

1. *Vie du P. Cotton,* par le P. d'Orléans.

cercueil. Mgr le duc d'Angoulême descendit le premier dans le souterrain où il alloit laisser son frère. Ensuite, selon l'antique usage, les hérauts d'armes appelèrent les serviteurs du prince. « Celui qui est dedans la fosse appelle l'un après l'autre lesdits écuyers qui apportent les éperons, gantelets, escus, cotte d'armes. Lors ledit héraut estant dans ladite voûte, crie par trois fois : Le prince est mort, et que l'on prie Dieu pour son âme [1]. »

Les entrailles du prince ont été portées à Lille, comme pour accomplir les paroles de Henri IV, rappelées aux Lillois par Mgr le duc de Berry lui-même : *Désormais*, avoit dit le Béarnois aux habitants de Lille, *entre nous, c'est à la vie, à la mort*.

Le cœur de S. A. R. fut d'abord déposé à Saint-Denis par M. de Bombelles, évêque d'Amiens, premier aumônier de Mme la duchesse de Berry. Ce prélat, avant de recevoir les ordres sacrés, combattit auprès du prince ; depuis longtemps il connoissoit le trésor qu'il étoit chargé de présenter aux gardiens de la sépulture royale, et il avoit plus de droit qu'un autre de leur dire : « Le cœur que vous avez devant les yeux fut le plus noble et le plus généreux qui exista jamais. »

Mme la duchesse de Berry a depuis réclamé ce cœur comme son bien. Une lettre de M. le duc de Lévis nous fait connoître les dispositions de la princesse. « La douleur de Mme la duchesse de Berry est profonde, mais calme ; sa résignation, soutenue par la piété et la force de son caractère, n'est plus troublée par ce qui lui rappelle de cruels souvenirs. J'ai eu dernièrement la bien triste commission de lui demander où elle vouloit que fût déposé le cœur du prince. Voici sa réponse : *Mes intentions sont arrêtées. Je vais faire construire à Rosny un bâtiment composé d'un pavillon et de deux ailes ; dans l'une on soignera des malades, dans l'autre on élèvera de pauvres enfants ; le milieu sera une chapelle où l'on priera pour mon mari.* »

Ce que le prince chérissoit davantage, c'étoit en effet les enfants et les pauvres : on ne pouvoit mieux placer son cœur qu'entre deux monuments consacrés à ce qu'il aimoit. C'étoit encore une heureuse circonstance qui fait d'un château de Sully le sanctuaire où reposera le cœur du petit-fils de Henri IV.

1. Du Tillet, *Recueil des rois de France*.

CHAPITRE XI.

PORTRAIT DU PRINCE. CONCLUSION.

Ici finit l'histoire de la vie et de la mort de Charles-Ferdinand d'Artois, fils de France, duc de Berry : il ne nous reste plus rien à dire de ce prince, si ce n'est quelque chose de sa personne. Il avoit la tête grosse, comme le chef des Capets, la chevelure mêlée, le front ouvert, le visage coloré, les yeux bleus et à fleur de tête, les lèvres épaisses et vermeilles. Son cou étoit court, ses épaules un peu élevées, ainsi que dans toutes les grandes races militaires. Sa poitrine, où son cœur battoit sans défiance et sans peur, offroit une large place au poignard. Mgr le duc de Berry étoit de taille moyenne, de même que Louis XIV : car c'est une erreur de croire que Louis XIV étoit d'une haute stature : une cuirasse qui nous reste de lui et les exhumations de Saint-Denis n'ont laissé sur ce point aucun doute. Le prince dont nous venons d'écrire la vie avoit la mine brave, l'air de visage franc et spirituel : sa démarche étoit vive, son geste prompt, son regard assuré, intelligent et bon, son sourire charmant. Il s'exprimoit avec élégance dans le commun discours, avec clarté dans les affaires, avec éloquence dans les passions. On retrouvoit dans Mgr le duc de Berry le prince, le soldat, l'homme qui avoit souffert, et l'on se sentoit entraîné vers lui par une certaine bonne grâce mêlée de brusquerie, attachée à toute sa personne. Quant à son caractère, il se trouve peint par ses actions à chaque page de cet écrit. Mgr le duc de Berry avoit passé une vie noble, mais oubliée ; il ne lui fallut que quelques heures à la fin de sa dernière journée pour acquérir une gloire que cent triomphes ne lui auroient pas obtenue : récompensé à la fois sur la terre et dans le ciel de ses vertus humaines et de ses vertus chrétiennes, le même moment lui a donné l'immortalité et l'éternité.

Tirons au moins de notre malheur une leçon utile, et qu'elle soit comme la morale de cet écrit.

Il s'élève derrière nous une génération impatiente de tous les jougs, ennemie de tous les rois ; elle rêve la république et est incapable, par ses mœurs, des vertus républicaines. Elle s'avance ; elle nous presse, elle nous pousse : bientôt elle va prendre notre place. Buonaparte l'auroit pu dompter en l'écrasant, en l'envoyant mourir sur les champs de bataille, en présentant à son ardeur le fantôme de la gloire, afin de l'empêcher de poursuivre celui de la liberté ; mais nous,

nous n'avons que deux choses à opposer aux folies de cette jeunesse : la légitimité, escortée de tous ses souvenirs, environnée de la majesté des siècles; la monarchie représentative, assise sur les bases de la grande propriété, défendue par une vigoureuse aristocratie, fortifiée de toutes les puissances morales et religieuses. Quiconque ne voit rien par cette vérité ne voit rien, et court à l'abîme : hors de cette vérité, théorie, chimère, tout est illusion.

Ceux donc qui ne se sentiroient pas attachés à la famille royale par tous les sentiments de respect, d'admiration et d'amour y doivent au moins tenir par leur intérêt personnel. Verser le sang d'un Bourbon, c'est ouvrir les veines de la patrie : dans l'état actuel des choses, la légitimité est la vie même de la France. Imaginez, calculez, combinez toutes les sortes de gouvernements illégitimes, en dernier résultat vous ne trouverez rien de possible, rien qui présente une apparence de durée, une existence tolérable de quelques années ou même de quelques mois. Les Bourbons retirés, le *droit* disparoît; alors s'ouvre l'immense carrière des *faits,* qui tous ont un égal *droit* à vous opprimer. La légitimité est en Europe le sanctuaire où repose la souveraineté, par qui seule les gouvernements subsistent. Voilez ce sanctuaire, et la souveraineté n'est plus qu'une divinité sans asile, exposée au milieu des ruines aux outrages de toutes les ambitions.

Aucune usurpation ne se pourroit accomplir sans faire naître en France la guerre civile, sans fournir un prétexte aux entreprises européennes, sans exposer notre pays aux ravages et aux contentions de la politique étrangère. La nation prétendroit-elle se gouverner elle-même? Elle l'a déjà essayé : une nouvelle démocratie amèneroit un nouveau bouleversement de propriétés, la destruction de tous les intérêts nouveaux, puisque les anciens sont anéantis. Ah! que ceux qui se sont laissé entraîner à des exagérations populaires se repentiroient alors! Triomphants le premier jour, le second ils seroient conduits à l'échafaud, la tête encore ornée des couronnes de leur victoire.

Seroit-ce une élection militaire que l'on prétendroit mettre à la place de l'hérédité légitime? Elle eut aussi lieu à Rome, cette élection : l'armée nommant son maître, et ne le recevant plus des lois, méprisa bientôt son ouvrage. Les barbares, introduits peu à peu dans les légions, s'accoutumèrent eux-mêmes à faire des empereurs; et quand ils furent las de donner le monde, ils le gardèrent.

Si tous les hommes de probité et de talent se veulent enfin réunir dans un système monarchique, non-seulement ils épargneront à la France de nouveaux malheurs, mais ils sauveront l'Europe que menace une grande révolution. En examinant le fond des principes, on s'aperçoit que ce qui nous divise réellement est peu de chose : on cherche moins, pour se combattre, à agir sur la raison que sur les passions. Tantôt c'est la féodalité, détruite depuis deux siècles, dont on veut faire peur aux peuples ; tantôt ce sont les missionnaires qui vont établir la guerre en prêchant la paix. Aujourd'hui, c'est une puissance occulte qui combat la puissance visible : triste invention, en vertu de laquelle on se croiroit autorisé à traiter la légitimité de la douleur comme on a traité la légitimité politique ! Mais non : il existe réellement une puissance *occulte* qui répare les erreurs de l'incapacité comme elle déjoue les complots du crime. Depuis trente ans ce gouvernement *secret* a marché auprès de tous les gouvernements publics qui se sont succédé dans notre malheureuse patrie. Placé au-dessus de nous dans des régions inaccessibles, nos passions peuvent s'en plaindre, mais elles ne peuvent le renverser. Cette puissance occulte, c'est l'éternelle raison des choses ; c'est cette justice du ciel qui rentre dans les affaires humaines à mesure qu'on s'efforce de l'en bannir ; c'est, en un mot, la Providence, qui n'auroit besoin que de se retirer un moment pour détruire l'ordre de l'univers et replonger le monde dans le chaos.

Si la mort de Mgr le duc de Berry devoit nous laisser tels que nous sommes, si elle ne nous enseignoit rien sur l'excellence du sang de nos rois, sur le danger des doctrines qui ont produit le crime de Louvel, alors que l'on confie à notre piété les cendres de notre illustre prince. Nous irons déposer sur quelques rives lointaines le germe de la légitimité : la vertu attachée à ces cendres formera bientôt une société de François qui les auront suivies, et ils échapperont à l'arrêt que le ciel prononce enfin contre les peuples sans jugement et rebelles à l'expérience.

FIN DES MÉMOIRES SUR LE DUC DE BERRY.

PIÈCES JUSTIFICATIVES.

PAGE 494.

« Avec quel plaisir nous avons appris la lettre du régiment de Berwick... »

Lettre de MONSIEUR *(depuis Louis XVIII) à MM. les officiers, sous-officiers, grenadiers et soldats du régiment irlandois de Berwick.*

A Schœnbornslutst, le 28 juillet 1791.

J'ai reçu, messieurs, avec une vraie sensibilité la lettre que vous m'avez écrite. Je ferai parvenir au roi (Louis XVI) le plus tôt que je pourrai l'expression de vos sentiments pour lui. Je vous réponds d'avance qu'elle adoucira ses peines et qu'il recevra avec plaisir de vous les mêmes marques de fidélité que Jacques II reçut, il y a cent ans, de vos aïeux. Cette double époque doit former à jamais la devise du régiment de Berwick : on la verra désormais sur vos drapeaux [1], et tout ce qu'il y aura de sujets fidèles au roi y lira son devoir et y reconnoîtra le modèle qu'il doit imiter. Quant à moi, messieurs, soyez bien persuadés que l'action que vous venez de faire restera toujours gravée dans mon âme, et que je m'estimerai heureux toutes les fois que je pourrai vous donner des preuves de ce qu'elle m'inspire pour vous.

LOUIS-STANISLAS-XAVIER.

PAGES 496-97.

« Ce fut dans ce combat (de Berstheim) que les trois Condé, renouvelant l'aventure de la bataille de Senef, déployèrent une valeur héroïque... »

1. Voulant consacrer à jamais l'époque de 1691, où le régiment de Berwick sortit d'Irlande pour servir le roi Jacques II, et l'époque de 1791, où le même régiment quitta la France pour servir l'infortuné Louis XVI, MONSIEUR ordonna que ses drapeaux porteroient cette légende :

1691. *Semper et ubique fidelis.* 1791.
Toujours et partout fidèle.

Fragment des Mémoires de la maison de Condé.

La gelée, qui avoit raffermi les chemins, permit aux républicains de faire avancer leur grosse artillerie. Après s'en être servis pour battre les retranchements de ce village, centre de la position du prince, comme ils l'avoient déjà fait la veille, ils s'avancent avec rapidité. Les légions de Mirabeau et de Hohenlohe défendent leur position avec la plus grande valeur ; mais l'acharnement des républicains semble s'accroître avec leur nombre : ils pénètrent dans le village avec des cris affreux.

Ce premier succès pouvoit devenir décisif : un coup d'œil du prince l'en avoit averti, et déjà sa résolution est prise. C'étoit la seule qui convînt au fils du grand Condé. Il saute en bas de son cheval, et, tirant l'épée, il se place à la tête de ses deux bataillons gentilshommes : « Messieurs, s'écrie-t-il, vous êtes tous des Bayards, il faut reprendre ce village. »

On ne lui répond que par les cris : *A la baïonnette!* et l'on se précipite à travers le feu le plus terrible d'artillerie et de mousqueterie. Les haies vives, les maisons, les rues, tout est emporté en dix minutes ; des cris de *vive le roi*, poussés à l'extrémité du village, annoncent de loin à la réserve que les républicains en sont chassés.

Pendant ce temps, le fils et le petit-fils se montroient dignes d'un tel père[1].

A la tête de la seconde et de la troisième division de la cavalerie noble, le duc de Bourbon s'élance sur la cavalerie républicaine et la chasse devant lui. Un ravin profond se présente : emporté par son ardeur, le prince le franchit avec une poignée de gentilshommes. Les républicains se hâtent de profiter de leur avantage, et se flattent de les accabler : la mêlée est sanglante ; le prince est grièvement blessé. Mais le reste des escadrons survient : les cavaliers républicains fuient, et laissent deux pièces d'artillerie légère au pouvoir de leurs vainqueurs.

Sur un autre point, le duc d'Enghien conduisoit au combat les chevaliers de la couronne. Presque seul, il court enlever une pièce de canon ; ses habits sont criblés de balles et de coups de baïonnette ; il est entouré, il se défend en héros jusqu'à ce que l'on vienne le dégager : il ramène la pièce.

Le résultat de cette brillante, mais sanglante journée, ne fut que la gloire d'avoir conservé une mauvaise position, que quelques jours plus tard il fallut abandonner.

---

1. C'est au récit de cette journée que Dellille s'écria dans sa langue :

> Angoulême, Berry, soutiennent leur grand nom.
> Qu'on ne me vante plus ce triple Géryon,
> Dont trois âmes mouvoient la masse épouvantable.
> J'aime à voir, surpassant les récits de la fable,
> Un même esprit mouvoir trois héros à la fois.
> Condé, Bourbon, Enghien, se font d'autres Rocroys,
> Et, prodigues d'un sang chéri de la victoire,
> Trois générations vont ensemble à la gloire.

Le maréchal de Wurmser et plusieurs généraux autrichiens, malgré la froideur qui régnoit entre eux et l'armée royale, vinrent le soir même féliciter le prince de Condé et ses compagnons d'armes. « Eh bien, monsieur le maréchal, lui dit le prince, comment trouvez-vous ma petite infanterie? — Monseigneur, elle grandit au feu, » répondit le maréchal. Les Autrichiens furent peu étonnés d'apprendre que des chevaliers françois s'étoient battus avec un courage héroïque ; mais ils ne purent refuser des larmes d'admiration à des traits comme celui-ci :

Un soldat de la légion de Mirabeau, blessé, jetoit les hauts cris à côté d'un chevalier de Saint-Louis qui avoit une jambe emportée [1] : « Songez, mon ami, lui dit cet intrépide officier, que votre Dieu est mort sur la croix, et votre roi sur l'échafaud ! nous devons nous trouver heureux de mourir pour leur cause. »

Trois jours après, les républicains attaquèrent de nouveau Berstheim, et de nouveau ils furent repoussés avec une perte considérable. Désespérant de forcer le corps de Condé dans cette position, ils essayèrent de se faire jour sur un point de la ligne autrichienne, et furent plus heureux. Le comte de Wurmser fit entrer son armée dans les redoutes qu'il avoit élevées en avant d'Haguenau, depuis le Rhin jusqu'aux montagnes.

Monsieur (depuis Louis XVIII), qui étoit alors à Turin, n'eut pas plus tôt appris la nouvelle de ce combat, qu'il écrivit au prince de Condé :

A Turin, ce 28 décembre 1793.

Ce n'est qu'en arrivant ici, mon cher cousin, que j'ai reçu avec quelque certitude la nouvelle de la glorieuse affaire du 2 de ce mois dont un bruit vague m'avoit entretenu sur mon chemin. Il me seroit difficile de vous exprimer la joie qu'elle m'a causée. Ce n'est pas assurément que je doutasse de ce que peut la valeur de la noblesse françoise; mais il étoit temps que les rebelles sussent ce qu'elle peut toute seule, et l'affaire même de Berstheim ne le leur avoit appris qu'imparfaitement. Cette joie seroit cruellement empoisonnée s'il me restoit la moindre inquiétude sur la blessure de votre fils ; mais, tranquille à cet égard, je vous félicite, et de cette blessure même et de la conduite que son fils et lui ont tenue. Jouissez, mon cher cousin, de cette belle journée, comme bon François, comme général, comme vaillant chevalier, et comme père. Pour moi, indépendamment de ma tendre amitié pour vous, et du bien de l'État, je dois vous avouer que mon amour-propre jouit de voir trois héros de mon sang, où jusqu'à présent je n'étois sûr d'en trouver qu'un. Mais mon sentiment pour vous ne doit pas me faire oublier cette brave noblesse qui s'est si fort distinguée sous vos ordres : parlez-lui bien du double sentiment que je ressens de sa conduite, et comme gentilhomme françois et comme régent du royaume. Adieu, mon cher cousin : vous connoissez bien toute mon amitié pour vous.

Signé Louis-Stanislas-Xavier.

---

1. C'étoit M. de Barras, officier de marine, frère du directeur.

Lettre de Monsieur *(régent du royaume) au duc de Bourbon.*

Turin, le 28 décembre 1793.

Je reçois en arrivant ici, mon cher cousin, la nouvelle certaine de la gloire que vous venez d'acquérir et de la blessure que vous avez reçue. Cette dernière auroit empoisonné toute la joie de la première si je n'avois su en même temps qu'elle n'est pas dangereuse. Je vous avoue que je vous l'envie : cependant je vous aime trop sincèrement pour ne pas vous en féliciter de tout mon cœur, en souhaitant cependant que pareille chose ne vous arrive plus. Ce n'est ni comme parent, ni comme ami que je vous parle ainsi, c'est comme régent du royaume ; c'est parce que je sais mieux que personne la perte que l'État feroit en vous perdant.

Adieu, mon cher cousin. Puissiez-vous être bientôt guéri et voler à de nouvelles victoires ! Vous connoissez mon amitié pour vous.

Louis-Stanislas-Xavier.

Lettre de Monsieur *(régent du royaume) à* Mgr *le duc d'Enghien.*

A Turin, ce 28 décembre 1793.

J'ai appris, mon cher cousin, avec un plaisir que mon amour pour mon sang et l'amitié que vous me connoissez pour vous vous expliqueront facilement, la gloire que vous avez acquise à la journée du 2 de ce mois. Vous êtes à l'âge et vous portez le nom du vainqueur de Rocroy ; son sang coule dans vos veines ; vous venez de retracer sa valeur ; vous avez devant les yeux l'exemple d'un père et d'un grand-père au-dessus de tous les éloges : que de motifs d'espérer que vous serez un jour la gloire et l'appui de l'État ! Vous pouvez croire, vous aimant comme je le fais, que je jouis bien sincèrement de ces heureux présages. Adieu, mon cher cousin. Soyez bien persuadé de toute mon amitié pour vous.

Signé Louis-Stanislas-Xavier.

page 499.

« Dans les campagnes de 1795, 1796 et 1797, Mgr le duc de Berry se trouva présent à tous les combats... »

Lettre de Monsieur, *comte d'Artois, à* Mgr *le prince de Condé.*

Édimbourg, 29 novembre 1795.

Vous avez bien justement apprécié, mon cher cousin, tous les sentiments que j'ai éprouvés en lisant votre lettre du 3 novembre et les pièces qui y sont jointes, puisque vous êtes content de mon fils[1] : je jouis de sa conduite. Je partage au fond de l'âme la gloire et l'honneur dont vos compagnons de fidélité se sont couverts; mais les nouvelles publiques n'ayant pas été aussi discrètes que vous, sur un objet dont vous ne parlez point, permettez-moi de vous dire que comme parent, comme ami, et comme dévoué à la cause que nous défendons, je trouve une jouissance aussi douce que solide à entendre juger votre conduite comme elle mérite de l'être et à vous voir augmenter tous les jours une considération si flatteuse pour ceux qui vous aiment, si honorable pour ceux qui vous sont liés par le sang, et si importante pour les intérêts de notre roi. Ceci n'est point un compliment, c'est l'expression simple de mon cœur et de ma raison.

Je joins ici ma lettre, que je vous prie de remettre de ma part au duc d'Enghien. Je ne lui parle que de mon amitié; mais c'est le roi, c'est la France entière que je félicite de ce qu'il est et de ce qu'il sera un jour, en suivant la glorieuse route que vous lui avez tracée.

Vous sentirez mieux qu'un autre, mon cher cousin, que celui qui remplit son devoir trouve dans sa propre conduite une compensation aux sacrifices les plus pénibles. Mais je dois vous avouer que depuis le mois de juin j'éprouve un supplice difficile à exprimer de ma douloureuse inaction, et d'être privé de partager les dangers, les fatigues et la gloire de vos intrépides compagnons d'armes. Soyez du moins mon interprète auprès d'eux; parlez-leur de mes regrets, de mes sentiments, de mon admiration pour leur constance autant que pour leur valeur, et ajoutez-leur qu'uniquement occupé de nos intérêts communs, j'espère que le ciel finira par protéger mes efforts et par rendre heureux les fidèles François qui ont toujours suivi le chemin de l'honneur.

Je n'avois pas attendu votre lettre pour solliciter auprès du gouvernement britannique les moyens qui nous sont nécessaires pour profiter utilement du succès des Autrichiens et de ceux de notre armée. La négociation entamée à Paris ne facilitoit pas mes démarches : cependant le départ de M. de Précy vous aura prouvé qu'elle n'avoit pas été totalement infructueuse. Je viens de les renouveler encore avec plus de vivacité que jamais : j'espère que les ministres seront frappés de la nécessité de vous procurer des secours extraordinaires; et je me flatte que vous en recevrez de suffisants, si vos tristes pressentiments ne viennent pas à se réaliser. Je n'entrerai pas dans plus de détails sur la situation des choses et des esprits; mais je compte envoyer le mois prochain un courrier au roi, et je le prierai de vous communiquer des détails intéressants et peut-être favorables.

Avant de terminer cette lettre, il faut que je vous parle d'un objet qui tient à mon cœur : il paroît que mon fils s'est conduit en joli garçon, et qu'il a du goût pour les coups de fusil. C'est toujours bon en soi-même, mais cela ne suffit pas; dans sa position, il faut qu'il se mette promptement en état de bien servir son roi; et c'est à vous que je m'adresse avec confiance, mon

---

1. Mgr le duc de Berry.

cher cousin, pour que vous employiez toute votre autorité de général, et toute celle que mon amitié a remise entre vos mains, à exiger qu'il occupe tout son hiver à travailler bien sérieusement au métier de la guerre, à se rendre digne de commencer l'année prochaine à conduire des troupes. Je ne vous indiquerai aucuns moyens à cet égard ; personne ne saura mieux que vous exciter son émulation et lui inspirer le désir de l'instruction ; mais vous jugerez facilement combien je serai sensible à cette nouvelle preuve de votre amitié.

Adieu, mon cher cousin : je ne veux rien changer au rendez-vous que je vous ai donné ; c'est vers ce but que tendent tous mes efforts. Je vous renouvelle, du fond du cœur, l'assurance de l'amitié bien tendre et bien constante qui m'attache à vous pour la vie.

Signé CHARLES-PHILIPPE.

P. S. Je dois vous dire que vous trouverez mon fils tout prévenu sur ce que je vous demande pour lui.

PAGE 500.

« On apprit au cantonnement de Steinstadt la mort de Louis XVII. »

Lettre du roi Louis XVIII à Mgr le prince de Condé.

Mon cousin, je suis touché, comme je dois l'être, des sentiments que vous m'exprimez au sujet de la perte irréparable que je viens de faire en la personne du roi, mon seigneur et neveu. Si quelque chose peut adoucir ma juste douleur, c'est de la voir partagée par ceux qui me sont chers à tant de titres. La France perd un roi dont les heureuses qualités, que j'avois vues se développer dès sa plus tendre enfance, annonçoient qu'il seroit le digne successeur du meilleur des rois : il ne me reste plus qu'à implorer le secours de la divine Providence pour qu'elle me rende digne de dédommager mes sujets d'un si grand malheur. Leur amour est le premier objet de mes désirs, et j'espère qu'un jour viendra où après avoir, comme Henri IV, reconquis mon royaume je pourrai, comme Louis XII, mériter le titre de père de mon peuple. Dites aux braves gentilshommes et aux fidèles troupes dont je vous ai confié le commandement que l'attachement qu'ils m'expriment par votre organe est déjà pour moi l'aurore de ce beau jour, et que je compte principalement sur vous et sur eux pour achever de le faire éclore. Je vous renouvelle avec plaisir l'assurance de tous les sentiments avec lesquels je suis, mon cousin,

Votre très-affectionné cousin,

LOUIS.

PIÈCES JUSTIFICATIVES.

PAGE 501.

« Ce monarque (Louis XVIII) étoit attendu à l'armée ; il y vint en effet, *n'ayant plus d'asile* (comme il le dit lui-même dans son ordre du jour), *hors celui de l'honneur...* »

A L'ARMÉE.

A Riegel, le 18 avril 1796.

Des circonstances impérieuses nous retenoient depuis trop longtemps éloigné de vous, lorsqu'une insulte aussi imprévue que favorable à nos vœux ne nous a plus laissé d'asile ; mais on ne peut nous ravir celui de l'honneur.

Le sénat de Venise nous a fait signifier de sortir, dans le plus court délai, des États de sa république. A cette démarche, non moins offensante pour l'honneur du nom françois que pour notre personne même, nous avons répondu :

« Je partirai, mais j'exige deux conditions : la première, qu'on me présente le livre d'or où ma famille est inscrite, afin que j'en raye le nom de ma main ; la seconde, qu'on me rende l'armure dont l'amitié de mon aïeul Henri IV a fait présent à la république[1]. »

Nous venons nous rallier au drapeau blanc, près du héros qui vous commande et que nous chérissons tous. Nous nous livrons avec confiance à l'espoir que notre arrivée sera pour vous un nouveau titre aux généreux secours que vous avez déjà reçus de Leurs Majestés impériale et britannique.

Notre présence contribuera sans doute, autant que votre valeur, à hâter la fin des malheurs de la France, en montrant à nos sujets égarés, encore armés contre nous, la différence de leur sort sous les tyrans qui les oppriment, avec celui dont jouissent des enfants qui entourent un bon père.

LOUIS.

PAGE 513.

« Arrivée de Mgr le duc d'Angoulême à l'armée de Condé... »

Lettre de Mgr le duc d'Angoulême à Mgr le prince de Condé.

Blankembourg, 27 avril 1791.

Monsieur mon cousin, j'attendois depuis longtemps avec une bien vive impatience le moment où il me seroit permis de venir me réunir à mon

---

[1]. Cette réponse fut faite au marquis Carlotti, chargé par le sénat de Venise de porter au roi l'ordre de quitter les États de la république. Le podestat Pringli ayant protesté, Sa Majesté répliqua le lendemain dans les termes suivants :

« J'ai répondu hier à ce que vous m'avez déclaré au nom de votre gouvernement ;

frère sous vos ordres. Cet heureux moment est donc enfin arrivé; nous ne perdons pas un instant pour nous rendre auprès de vous. J'espère que vous voudrez bien m'accorder vos bontés et votre amitié. Je vous les demande avec confiance, et je ne négligerai rien pour m'en rendre digne. J'envie à mon frère le bonheur qu'il a eu d'être à l'armée depuis trois ans, pendant que j'étois dans une inactivité cruelle. Les circonstances qui en ont ainsi ordonné me peinoient vivement.

Agréez l'hommage du zèle d'un volontaire, et l'assurance de la haute considération, de l'entière confiance et de tous les sentiments avec lesquels je serai pour la vie,

Monsieur mon cousin,

Votre très-affectionné cousin,

Louis-Antoine.

Lettre de Mgr le duc de Berry à Mgr le prince de Condé.

Blankembourg, 27 avril 1797.

Enfin, monsieur, mon frère est arrivé hier. Vous jugerez facilement la joie que j'ai éprouvée en le revoyant. Ma joie est d'autant plus vive que notre retour à l'armée sera très-prompt : nous ne devons rester que cinq ou six jours ici, et nous ne perdrons pas de temps en chemin pour revenir. Je fais bien des vœux pour qu'on ne tire pas de coups de fusil pendant mon absence, mais que cette campagne, qu'on peut bien regarder, je crois, comme la dernière, soit active. Je le désire vivement pour mon instruction et pour mon frère; car je suis bien persuadé qu'il faut que les Bourbons se montrent, et beaucoup, et que hors de France ils doivent commencer par gagner l'estime des François avec leur amour. Nous avons appris que les républicains avoient passé le Rhin à Neuwied, et qu'après avoir repoussé les Autrichiens, ils étoient déjà aux portes de Francfort, lorsqu'un courrier arriva, apportant la nouvelle d'un armistice conclu entre les armées autrichiennes et françoises sur toute la ligne. Un courrier allant de Vienne à Londres, ayant passé ce matin ici, a dit que l'empereur alloit se mettre en personne à la tête de l'armée d'Italie et que l'archiduc Charles alloit reprendre le commandement de celle du Rhin. Dieu veuille nous rendre notre aimable chef et nous mettre encore à portée de combattre sous ses ordres!

Veuillez recevoir, monsieur, l'hommage du vif empressement que j'ai de me retrouver sous vos ordres, et du sincère et respectueux attachement que je vous ai voué pour la vie.

Charles-Ferdinand.

vous m'apportez aujourd'hui une protestation au nom du podestat; je ne la reçois pas : je ne recevrai pas davantage celle du sénat. J'ai dit que je partirois; je partirai en effet dès que j'aurai reçu le passe-port que j'ai envoyé chercher à Venise, mais je persiste dans ma réponse : je me la devois, et je n'oublie pas que je suis le roi de France. »

PAGE 508.

« Le roi trouve dans l'union de sa nièce et de son neveu tout ce que le sentiment a de plus doux réuni à ce que la politique peut avoir de plus important... »

Lettre du roi à Mgr le prince de Condé.

A Mittau, ce 10 juin 1799.

Enfin, mon cher cousin, un de mes vœux les plus ardents est accompli ; mes enfants sont unis. Je retrouve dans ma nièce, avec un attendrissement plus facile à sentir qu'à exprimer, les traits réunis des infortunés auteurs de ses jours. Cette ressemblance, si douce et si déchirante à la fois, me la rend plus chère, et doit redoubler l'intérêt qu'elle mérite si bien par elle-même d'inspirer à tout bon François. Le mariage a été célébré ce matin : je m'empresse de vous l'apprendre, bien sûr que vous partagerez ma joie.

Annoncez cette heureuse nouvelle à l'armée : elle ne peut que paroître d'un bon augure à vos braves compagnons, au moment où ils vont rentrer sur vos traces dans une carrière qu'ils ont si glorieusement parcourue, et ils béniront avec moi le souverain magnanime auquel nous devons ce double bienfait. Ajoutez-leur de ma part que j'ai commencé à retrouver le bonheur, mais qu'il ne sera complet pour moi que le jour où je pourrai me retrouver parmi eux au poste où l'honneur m'appelle.

Adieu, mon cher cousin : vous connoissez toute mon amitié pour vous.

LOUIS.

PAGE 511.

« Le cardinal de Bernis n'existoit plus quand Mgr le duc de Berry arriva à Rome. Il ne pouvoit plus offrir à un prince fugitif cette hospitalité qu'il exerça envers les nobles dames dont l'auteur de cet ouvrage honora les cendres à Trieste... »

« En quel lieu du monde nos tempêtes n'ont-elles point jeté les enfants de saint Louis? quel désert ne les a point vus pleurant leur terre natale? Telles sont les destinées humaines : un François gémit aujourd'hui sur la perte de son pays, aux mêmes bords dont les souvenirs inspirèrent autrefois le plus beau des cantiques sur l'amour de la patrie :

Super flumina Babylonis !

« Hélas! ces fils d'Aaron qui suspendirent leur cinnor aux saules de Babylone ne rentrèrent pas tous dans la cité de David; ces filles de Judée qui s'écrioient sur les bords de l'Euphrate :

> O rives du Jourdain ! ô champs aimés des cieux!
> Sacré mont, fertiles vallées,
> Du doux pays de nos aïeux
> Serons-nous toujours exilées?

ces compagnes d'Esther ne revirent pas toutes Emmaüs et Bethel. Plusieurs laissèrent leurs dépouilles aux champs de la captivité; et c'est ainsi que nous rencontrâmes loin de la France le tombeau de deux nouvelles Israélites :

> Lyrnessi domus alta, solo Laurente sepulchrum !

Il nous étoit réservé de retrouver au fond de la mer Adriatique le tombeau de deux filles de rois[1] dont nous avions entendu prononcer l'oraison funèbre dans un grenier à Londres. Ah! du moins la tombe qui renferme ces nobles dames aura vu une fois interrompre son silence; le bruit des pas d'un François aura fait tressaillir deux Françoises dans leur cercueil. Les respects d'un pauvre gentilhomme à Versailles n'eussent été rien pour des princesses; la prière d'un chrétien en terre étrangère aura peut-être été agréable à des saintes. » (Voy. les *Mélanges littéraires*.)

PAGE 512.

« Le duc de Berry, errant dans les palais détruits des césars, s'égarant dans les Catacombes, parcourant le Vatican désert ou dessinant, assis sur un obélisque tombé, les débris épars du Capitole, offroit lui-même un tableau qui manquoit aux ruines et aux souvenirs de Rome. »

Lettre de Mgr le duc de Berry à Mgr le prince de Condé.

Rome, ce 30 juin 1800.

La nouvelle de l'armistice m'a arrêté ici. N'ayant rien à faire à Palerme jusqu'au retour de la reine, j'ai obtenu du roi la permission d'aller faire la campagne avec M. le prince de Condé. Cela auroit été un grand bonheur pour moi de le voir; je lui aurois demandé la permission de la faire comme volontaire, avec mon frère. Je me faisois un bien grand plaisir de penser au moment où je pourrois me retrouver avec mes braves compagnons d'armes, auxquels je suis si attaché. Une nouvelle qui m'avoit paru très-naturelle, car on disoit que M. le duc d'Enghien avoit fait des prodiges de valeur avec son régiment à Verderic, m'avoit fait hâter encore plus mon départ de Naples; et

[1]. Mesdames Victoire et Adélaïde de France, tantes de Louis XVI.

je ne faisois que de changer de chevaux ici lorsque j'ai appris cet armistice, produit des succès incroyables de Buonaparte. Nous attendons pour voir ce que cela deviendra.

Je prie M. le prince de Condé d'être persuadé du vif regret que j'ai de n'avoir pas pu le rejoindre et lui prouver le sincère et tendre attachement que ses bontés ont gravé dans mon cœur.

Charles-Ferdinand.

Lettre de Mgr le duc de Berry à M. Acton, ministre de S. M. le roi des Deux-Siciles.

Je vous écris, monsieur, avec la franchise d'un Bourbon qui parle au ministre d'un roi Bourbon, d'un roi qui n'a cessé de montrer un attachement généreux à la partie de sa famille si cruellement traitée par la fortune.

J'ai appris avec une vive douleur que le roi avoit désapprouvé la démarche que j'avois faite de quitter Rome pour aller joindre l'armée de Condé. La noblesse fidèle avec laquelle j'ai fait huit campagnes n'avoit jamais vu tirer un coup de fusil sans que je fusse à sa tête. Au moment où mon frère venoit de la joindre, il me mandoit : « Nous attaquons le 15 septembre. » Si j'avois attendu les ordres du roi, je perdois le temps : je suis donc parti sur-le-champ ; je suis arrivé le 15, et le 16 nous étions au bivouac, devant attaquer le lendemain. Je n'aurois jamais quitté l'armée napolitaine si elle avoit été devant l'ennemi ; mais tout paroissoit indiquer de ce côté la plus grande tranquillité. D'ailleurs, volontaire avec M. de Nazelli, ou sous M. de Damas, que j'ai vu si longtemps colonel de l'armée de Condé, ce n'étoit pas une position bien agréable pour moi, et je ne pouvois y être d'aucune utilité au service du roi. Depuis que la paix a été faite, je vous ai écrit trois fois sans recevoir jamais de réponse de vous. Cette incertitude-là est cruelle : pourquoi ne pas me dire franchement les volontés du roi à mon égard ? j'aurois été aussi heureux qu'il est possible lorsqu'on n'est pas dans son pays d'être uni à la famille de Naples, et de tout devoir à des parents aussi bons ; mais les circonstances empêchent-elles cette union ? Ma présence seroit-elle incommode ? Le traitement qu'on a bien voulu m'accorder est-il une gêne dans un moment où les finances du roi sont si cruellement obérées ? Je mets le tout à ses pieds avec la même reconnoissance ; je vous supplie seulement de vouloir bien faire continuer de payer les 5,000 ducats que le roi a eu l'extrême bonté d'accorder aux officiers de ma maison. Ces gentilshommes, invariables dans leur devoir et dans leurs principes, ne fléchiront jamais la tête sous le joug d'un usurpateur, et tous ont abandonné leur fortune pour me suivre. Je ne réclame donc rien pour moi que le passé. Je n'ai eu jusque ici d'autres ressources que la générosité du roi ; mais vous savez sûrement les retards que j'ai éprouvés. Cela me met dans le plus grand embarras. N'ayant rien à moi, je regarderois comme une infamie de faire une dette.

Je suis bien sûr que vous sentirez les raisons de mon empressement à connoître mon sort quand vous saurez que dans un mois je n'aurai en vendant mes équipages que de quoi rejoindre mon père.

Charles-Ferdinand.

page 522.

« Tandis que de puissants monarques étoient forcés d'abandonner leur trône au conquérant, un roi de France proscrit refusoit le sien à l'usurpateur qui l'occupoit... »

Entrevue de Louis XVIII avec M. Meyer.

M. Meyer, président de la régence de Varsovie, fut introduit auprès du roi le 26 février 1803, en qualité d'envoyé du cabinet de Berlin. Il étoit chargé d'annoncer à Sa Majesté que Buonaparte étoit disposé à lui assurer des indemnités en Italie si elle vouloit renoncer, ainsi que les membres de sa famille, au trône de France. Sa Majesté répondit sur-le-champ :

« Je ne confonds pas M. Buonaparte avec ceux qui l'ont précédé : j'estime sa valeur, ses talents militaires ; je lui sais gré de plusieurs actes d'administration, car le bien que l'on fera à mon peuple me sera toujours cher. Mais il se trompe s'il croit m'engager à transiger sur mes droits : loin de là, il les établiroit lui-même, s'ils pouvoient être litigieux, par la démarche qu'il fait en ce moment.

« J'ignore quels sont les desseins de Dieu sur ma race et sur moi ; mais je connois les obligations qu'il m'a imposées par le rang où il lui a plu de me faire naître. Chrétien, je remplirai ces obligations jusqu'à mon dernier soupir ; fils de saint Louis, je saurai, à son exemple, me respecter jusque dans les fers ; successeur de François Ier, je veux du moins pouvoir dire comme lui : *Nous avons tout perdu, fors l'honneur.* »

— « L'influence de Buonaparte s'étend sur toute l'Europe. N'est-il pas à craindre, dit M. Meyer, qu'il ne force les souverains dont Votre Majesté reçoit des subsides à les lui retirer ? »

— « Je ne crains pas la pauvreté, répliqua le roi ; s'il le falloit, je mangerois du pain noir avec ma famille et mes fidèles serviteurs ; mais ne vous y trompez pas, je n'en serai jamais réduit là ; j'ai une autre ressource dont je ne crois pas devoir user tant que j'ai des amis puissants : c'est de faire connoître mon état en France et de tendre la main non au gouvernement usurpateur, cela jamais ! mais à mes fidèles sujets ; et croyez-moi, je serois bientôt plus riche que je ne suis. »

L'envoyé persista, et fit pressentir au roi que Buonaparte pourroit contraindre la plupart des puissances européennes à lui refuser un asile.

« Je plaindrai le souverain, ajouta Sa Majesté, qui se croira forcé de prendre un parti de ce genre, et je m'en irai. »

On connoît l'adhésion des princes à la réponse de Louis XVIII. Ce monarque reçut quelques jours après du prince de Condé la lettre suivante :

Lettre de Mgr le prince de Condé au roi.

Wansted, le 22 avril 1803.

SIRE,

Après avoir rempli, avec les autres princes de votre maison qui se trouvent en Angleterre, le devoir que nous imposoit l'incroyable circonstance dont Votre Majesté a bien voulu nous faire part, qu'il me soit permis de lui offrir l'hommage particulier de mon admiration pour les superbes réponses qu'elle a faites à la proposition dont elle a daigné nous instruire. Faits pour marcher en toute occasion à la suite de Votre Majesté, c'est avec autant d'enthousiasme que de reconnoissance que nous avons suivi le glorieux exemple et les ordres paternels que Votre Majesté nous donnoit dans ces temps malheureux dont Votre Majesté se trouve (passagèrement, je ne cesse de l'espérer) la première victime. C'est une grande consolation pour ceux qui ont l'honneur de lui appartenir par les liens du sang de n'avoir qu'à suivre les traces d'un roi qui sait si dignement repousser l'injure et répondre avec autant de raison, de noblesse et d'éloquence, à une pareille proposition. Puissent les François apercevoir enfin tout le bonheur dont ils se priveroient s'ils ne remettoient pas sur son trône un roi si digne de les gouverner et dont toutes les paroles et les actions commandent également le respect et l'amour !

Mon attachement particulier à la personne de Votre Majesté redoubleroit s'il étoit possible après ce qu'elle vient de faire ; mais il y a longtemps que ce sentiment est aussi fortement gravé dans mon cœur que ma vénération pour les vertus de Votre Majesté et mon profond respect pour elle.

LOUIS-JOSEPH DE BOURBON.

Réponse du roi.

A Varsovie, le 23 mai 1803.

J'ai reçu, mon cher cousin, à fort peu de distance l'une de l'autre, vos deux lettres des 9 février et 22 avril. Vous ne pouvez douter du plaisir que m'ont fait les sentiments et les raisonnements de la première ; mais, vu sa date, je me borne à vous en accuser la réception, et je passe bien vite à la seconde. Votre commune adhésion à ma réponse m'a exalté, m'a rendu fier d'être votre aîné. J'ai reçu avec transport le serment qui la termine si noblement; mais je vous avoue ma foiblesse : mon amour-propre a peut-être encore plus joui de votre lettre particulière. L'approbation d'un parent justement chéri, d'un guerrier blanchi sous les lauriers, d'un connoisseur si délicat en matière d'honneur, est la récompense la plus flatteuse pour celui qui n'a au fond d'autre mérite que d'avoir fait son devoir.

J'ai reçu en même temps la réponse de votre petit-fils : elle est beaucoup plus ancienne; mais, comme de raison, il a cru devoir, pour me la faire passer, préférer la sûreté à la promptitude. Comme il est possible que par le même motif il ne vous en ait pas donné connoissance, j'en joins ici copie, bien sûr qu'elle vous fera plaisir et qu'ainsi que moi vous y reconnoîtrez le sang des Bourbons.

Adieu, mon cher cousin; vous connoissez toute mon amitié pour vous.

Louis.

PAGE 528.

« Un étranger se présente en Angleterre pour proposer aux Bourbons d'assassiner l'usurpateur. Et qui repousse le premier l'idée d'un assassinat sur Buonaparte?... Le grand-père du duc d'Enghien... »

Lettre de Mgr le prince de Condé à S. A. R. Monsieur,
comte d'Artois.

Londres, le 24 janvier 1805.

Le chevalier de Roll vous rend compte, ainsi que moi, monsieur, de ce qui s'est passé hier. Un homme arrivé la veille, à ce qu'il m'a dit, à pied, de Paris à Calais, homme d'un ton fort simple et fort doux, malgré les propositions qu'il venoit faire, ayant appris que vous n'étiez pas ici, est venu me trouver sur les onze heures du matin; il m'a proposé tout uniment de nous défaire de l'usurpateur par le moyen le plus court. Je ne lui ai pas donné le temps de m'achever les détails de son projet, et j'ai repoussé cette proposition avec horreur, en l'assurant que si vous étiez ici vous feriez de même; que nous serions toujours les ennemis de celui qui s'est arrogé la puissance et le trône de notre roi, tant qu'il ne le lui rendroit pas; que nous avions combattu cet usurpateur à force ouverte, que nous le combattrions encore si l'occasion s'en présentoit; mais que jamais nous n'employerions de pareils moyens, qui ne pouvoient convenir qu'à des jacobins; et que si, par hasard, ces derniers se portoient à ce crime, certainement nous n'en serions jamais complices. Pour mieux convaincre cet homme que vous pensiez comme moi, j'ai envoyé chercher l'évêque d'Arras; mais il étoit sorti. Alors j'ai fait venir le baron de Roll, à qui j'ai d'abord exposé le sujet de la mission. Ensuite j'ai fait entrer l'homme, je lui ai dit que le baron avoit toute votre confiance, qu'il connoissoit comme moi la grandeur de votre âme, et que j'étois bien aise de répéter devant un témoin aussi sûr tout ce que je venois de lui dire; ce que j'ai fait. Le baron a parlé comme moi. Après cela, j'ai dit à l'homme qui étoit venu qu'il n'y avoit que l'excès de son zèle qui eût pu le porter à venir nous faire une telle proposition; mais que ce qu'il avoit de mieux à faire étoit de repartir tout de suite, attendu que s'il étoit arrêté je ne le réclamerois pas, et que je ne le pourrois qu'en disant ce qu'il est venu faire. J'espère, monsieur, que vous approuverez ma conduite, et que vous ne doutez pas du tendre et respectueux attachement dont mon cœur est pénétré pour vous.

Louis-Joseph de Bourbon.

PAGE 520.

« Louis XVIII fut obligé de quitter Mittau avec Madame. »

Extrait du Journal inédit du comte de Hautefort
(1804).

Le comte de Caraman résidoit à Pétersbourg en qualité d'ambassadeur de Louis XVIII. Tout à coup il reçut l'ordre de partir de cette capitale dans les vingt-quatre heures; il arriva le 19 janvier à Mittau, où sa présence inopinée et ce qu'il raconta de son expulsion soudaine répandirent l'alarme dans la colonie françoise. Ces craintes furent bientôt justifiées. Le 21 janvier, époque fatale, le général Fersen, qui avoit toujours montré beaucoup d'égards pour le roi, monta au château; il étoit chargé de signifier à Sa Majesté qu'elle devoit quitter Mittau dans les vingt-quatre heures. Madame n'étoit pas comprise dans cet ordre; mais elle annonça sur-le-champ qu'elle ne se sépareroit jamais de son oncle. M. Driesen, gouverneur de Mittau, avoit reçu par le même courrier l'ordre de délivrer des passe-ports nécessaires pour le départ du roi, mais pour douze personnes seulement. Sans la circonstance du 24 janvier, jour que Madame consacroit ordinairement à la retraite et à la prière, le roi auroit désiré partir le jour même; il remit au lendemain. On peut penser quelle étoit la désolation de sa suite. Pour lui, toujours calme, il s'occupoit à fortifier le courage de ceux qui l'environnoient. Il étoit surtout touché du sort de ses gardes du corps, que sa situation ne lui permettoit plus de conserver auprès de lui. Paul Ier leur avoit fait jusque alors un traitement. Qu'alloient-ils devenir dans ce revers? Le roi voulut du moins consoler ces braves et fidèles serviteurs par un témoignage d'estime. Il leur adressa en partant, le 22 janvier, la lettre suivante, écrite de sa main : « Une des peines les plus sensibles que j'éprouve au moment de mon départ est de me séparer de mes chers et respectables gardes du corps. Je n'ai pas besoin de leur recommander de me conserver une fidélité gravée dans leurs cœurs, et si bien prouvée par toute leur conduite. Mais que la juste douleur dont nous sommes pénétré ne leur fasse jamais oublier ce qu'ils doivent au monarque qui me donna asile, qui forma l'union de mes enfants, et dont les bienfaits assurent encore mon existence et celle de mes fidèles serviteurs. Mittau, le 22 janvier 1801. *Signé* LOUIS. » A cette lettre, où l'on retrouve cette grâce, cette mesure et cette sensibilité qui règnent dans tous les écrits partis de la même main, le comte d'Avaray joignit une autre lettre, ainsi conçue : « Quand le roi exprime lui-même ses sentiments à ses fidèles gardes du corps, je dois me ranger parmi eux pour jouir en commun des bontés de notre maître. Je n'ai donc qu'un but en ce moment, celui de témoigner à tous ces messieurs le désir de vivre dans leur souvenir, et de leur renouveler l'expression des sentiments dont mon dévouement au roi et à MADAME sera le garant. »

Le roi se mit en route le 22 janvier, à trois heures et demie après midi. Son départ offrit un spectacle touchant. Ses gardes du corps, réunis à une foule d'habitants de Mittau, sembloient se disputer à qui lui témoigneroit plus d'intérêt et d'attachement. Les uns et les autres paroissoient avoir un égal regret de son départ. On eût dit que c'étoit un père qu'on arrachoit à ses enfants : la vue de cette séparation douloureuse étoit le plus bel éloge de la conduite du roi et la meilleure preuve des sentiments qu'il avoit su inspirer. La suite du roi se composoit de six voitures et deux chariots. Sa Majesté étoit dans la berline de MADAME, avec cette princesse, le comte d'Avaray et Mme la duchesse de Sérent. La reine étoit alors aux eaux de Pyrmont, et Mgr le duc d'Angoulême étoit à l'armée. Dans les voitures qui suivoient étoient l'abbé Edgeworth, le duc de Fleury, l'abbé Fleuriel, MM. Hardouineau, Hue et Péronnet, avec les gens de service; en tout vingt-six personnes. Deux autres voitures ne partirent que le lendemain; elles étoient occupées par l'abbé Marie, Mlle de Choisy, aujourd'hui Mme la vicomtesse d'Agoult, MM. de Lukerque, Le Faivre et Colon.

On avoit promis au roi cent mille roubles, montant de six mois du traitement que lui faisoit l'empereur; il ne les reçut point, et on obtint avec peine d'un banquier de Riga trois mille six cent quatre ducats en avance sur cette somme. Le froid était rigoureux, et aucune précaution n'avoit été prise sur une route où il n'y a point de ressources. A la première couchée, un gentilhomme courlandois, M. de Zozff, ne voulut pas laisser descendre le roi à l'auberge, et le reçut dans son château. Cet accueil fait d'autant plus d'honneur à ce gentilhomme, qu'il pouvoit craindre que sa démarche ne déplût à la cour. A la seconde journée on coucha dans un cabaret. Il y avoit au moins quatre-vingts paysans rassemblés dans une grande pièce, qui faisoit à peu près toute la maison. Cette société, le bruit, l'odeur de l'eau-de-vie et du tabac, firent de cette nuit un supplice. MADAME coucha dans une espèce de fournil mal clos, où l'inquiétude l'empêcha de reposer. Quand on lui parla de sa situation :

« Je ne suis point à plaindre, disoit l'excellente princesse, je ne souffre que des malheureux que je vois autour de moi. »

Tout ce voyage fut très-pénible dans une telle saison et dans un tel climat. Le froid, le vent, la neige, étoient d'autant plus difficiles à supporter, que la suite du roi n'avoit pas de vêtements préparés pour une telle circonstance. Les gens qui étoient sur les siéges des voitures souffrirent surtout infiniment; et cependant aucun ne le fit paroître, de crainte d'augmenter les chagrins des maîtres les plus sensibles et déjà si fort affectés. Tous ceux qui entouroient le roi étoient soutenus et consolés par sa force d'âme. « Je suis bien loin de désirer qu'on me plaigne, » écrivoit au moment même de cette fuite, et au milieu de tant de souffrances et d'inquiétudes, le loyal et brave officier qui nous a donné ces détails ; « ma position est si digne d'envie, que je ne puis même la concevoir ; c'est un rêve. Mon âme est brisée de tous les sentiments qu'elle éprouve. Je vois souffrir les êtres les plus parfaits, et dont le monde n'est pas digne ; mais je vois de près leurs vertus, j'admire leur noble constance, je jouis d'être continuellement auprès d'eux. Supérieurs aux coups de l'adversité, leur courage semble s'accroître à raison de leur infortune. » Tels étoient les sentiments qu'au comble du malheur inspiroient le roi et MADAME. Le troisième jour il fallut faire une lieue à pied, par le froid le plus âpre et un vent qui coupoit le visage ; on se frayoit un chemin dans la neige, qui avoit dix pouces de hauteur. MADAME prit le bras de l'abbé Edgeworth, et Mᵐᵉ de Sérent celui de M. Hardouineau. Cette dame très-délicate souffroit beaucoup, quoique le roi lui eût donné sa pelisse : dans cet état, ni le roi ni MADAME ne perdirent rien de leur sérénité. La journée finit par un gîte encore plus mauvais que celui de la veille. Le local en étoit fort étroit. Le roi partagea sa chambre, comme il l'avoit toujours fait jusque là, avec l'abbé Edgeworth et le comte d'Avaray, et MADAME reçut dans la sienne Mᵐᵉ de Sérent et deux femmes de chambre. Le quatrième jour le roi éprouva un moment de consolation dans l'excellente réception que lui fit à déjeûner le baron de Sass, qui ne se démentit point pendant tout le temps que les François passèrent en Courlande, et qui leur rendit constamment, ainsi qu'au roi, tous les services de l'hôte le plus aimable et du gentilhomme le plus loyal. Il avoit chez lui un émigré françois, à l'imitation de beaucoup de ses compatriotes, qui s'étoient empressés d'accueillir quelques-uns de ces honorables réfugiés.

On approchoit de la frontière, et on n'étoit pas sans quelque inquiétude. Tout se passa tranquillement. La garde russe prit même les armes et rendit les honneurs au roi. Le 26 janvier Sa Majesté coucha à Nimmersatt, premier poste prussien, où elle fut très-mal. C'est là qu'elle quitta ses ordres et qu'elle dit aux personnes de sa suite de quitter aussi leurs décorations. Elle prit l'*incognito* sous le nom de comte de Lille, et MADAME sous celui de marquise de La Meilleraye. Le 27, le roi arriva à Memel : il y fut bien reçu, quoiqu'il n'y eût encore aucun ordre de la cour. On offrit même de faire rendre les honneurs au roi ; le duc de Fleury les refusa. M. de Thumen, commandant militaire, montra le désir de faire quelque chose d'agréable au roi, et

M. Loreck, consul de Danemark, justifia par ses soins la réputation que déjà lui avoient acquise ses bons procédés envers les émigrés. Aux lettres qui furent écrites à la cour de Prusse par le roi ou par son ministre MADAME en joignit une pour la reine, femme de Frédéric-Guillaume. Cette lettre respiroit toute la sensibilité et la grandeur d'âme de la princesse. Elle y disoit, en parlant de son oncle : « Il est plus d'une voix qui du haut du ciel me crie qu'il est tout pour moi, qu'il me tient lieu de tout ce que j'ai perdu, que je ne dois jamais l'abandonner. Aussi, j'y serai fidèle, et la mort seule m'en séparera. » La cour de Prusse consentit à recevoir Sa Majesté, et la ville de Varsovie fut désignée pour sa résidence.

Le roi s'étoit proposé de partir le 9 février, quand cinq gardes du corps arrivèrent de Mittau, le 8 au soir. On leur avoit assigné l'ordre de partir dans les qurante-huit heures. On peut se figurer l'effet que produisit sur eux cette nouvelle. Mal fournis d'argent et d'habits, un voyage aussi précipité, dans une saison rigoureuse, les exposoit à périr de besoin et de froid. Le roi suspendit son départ pour attendre ces fidèles serviteurs, les voir, les consoler, et tâcher de leur procurer des secours. Il manda les cinq gardes du corps déjà arrivés, et leur parlant avec l'intérêt le plus tendre : « J'éprouve, messieurs, leur dit-il, une grande consolation à vous voir ; mais elle est mêlée d'une douleur bien amère. La Providence m'éprouve depuis bien longtemps et de bien des manières, et celle-ci n'est pas une des moins cruelles (ici le roi ne put retenir ses larmes, *les premières que je lui ai vu verser,* dit l'auteur de ce récit); j'espère qu'elle viendra à mon secours. Si le courage m'abandonnoit, le vôtre, messieurs, le soutiendroit. Vous me voyez (montrant le côté gauche de sa poitrine dépouillé de décorations), je ne peux même porter un ordre. Je n'ai plus que des conseils à vous donner. Le meilleur est de filer sur Kœnigsberg pour ne point s'encombrer ici, y porter ombrage, et pour parer à tous les inconvénients qui en pourroient résulter. Je viens de prendre les mesures pour vous faire arriver à Hambourg, où chacun pourra prendre plus aisément un parti ultérieur. » Les cinq vieillards ne purent entendre sans attendrissement ces paroles de bonté. Ils répondirent à beaucoup de questions que le roi leur fit sur eux et sur leurs camarades, et se retirèrent pénétrés de reconnoissance. Les jours suivants, les autres gardes du corps furent présentés au roi à mesure qu'ils arrivoient. Le prince leur parla successivement à tous avec la même bonté, et s'informa de leurs besoins. Un d'eux, M. de Montlezun, ne pouvoit retenir ses larmes. « Mon ami, lui dit le roi en lui prenant la main, quand on a le cœur pur, c'est au dernier terme de l'adversité qu'un François doit redoubler de courage. » Puis adressant la parole aux autres : « Messieurs, si mon courage m'abandonnoit, ce seroit chez vous que j'irois en reprendre et me retremper. » Ces généreux François méritoient en effet ces éloges d'un si bon juge, et ces sentiments du meilleur des maîtres. Tous se trouvoient heureux de partager son sort, et auroient été en quelque sorte humiliés d'être à l'abri du coup qui le frappoit. Ce revers n'a pu abattre leur constance. Les Courlandois, de leur côté, leur ont témoigné le plus vif intérêt. Gentilshommes et bourgeois, tous leur ont fait les offres les plus affectueuses, et c'est un devoir pour un François de publier tout ce que la fidélité malheureuse dut dans cette circonstance à la générosité d'un peuple loyal et sensible.

Le roi ne borna point à des paroles sa sollicitude pour ses gardes du corps. Il donna pour eux une somme considérable eu égard à sa situation. La marquise de La Meilleraye (MADAME) remit aussi au vicomte d'Agoult cent ducats, qui devoient être partagés entre les gardes du corps qui en avoient le plus de besoin : elle vouloit surtout ne pas être nommée; mais comment se méprendre sur la source d'un tel bienfait? Le vicomte d'Agoult partit de Kœnigsberg, chargé de fréter un bâtiment et de présider à l'embarquement de ses malheureux compatriotes. Les finances du roi s'épuisant par la dépense exorbitante de chaque jour, MADAME offrit à Sa Majesté la vente de ses diamants, offre qui fut acceptée à regret; mais les circonstances ne permettoient guère au roi de refuser. La princesse autorisa, par un acte exprès, Mme la duchesse de Sérent à faire le marché, *pour servir*, étoit-il dit dans l'acte, *dans notre commune détresse, à mon oncle, à ses fidèles serviteurs et à moi-même*. Les diamants furent déposés chez le consul de Danemark, qui fit avancer deux mille ducats sur le prix de la vente.

Le 23 février, toute la colonie de Mittau étant défilée, le roi partit de Memel pour Kœnigsberg, où il arriva, sans s'arrêter, le 24. Il n'y passa que peu de jours, et se remit en route le 27 pour Varsovie. Dans ce trajet, le 2 mars, la voiture du roi versa dans un fossé en voulant éviter la voiture d'une dame polonoise qui se croisoit sur la route. La commotion fut très-forte; une glace fut brisée, et MADAME jetée sur l'autre côté de la voiture. Cependant personne ne fut blessé. Le roi n'eut d'autre ressource que de rester sur le grand chemin à attendre les voitures qui suivoient. Il fut pendant deux heures debout sur un morceau de glace pour éviter d'avoir les pieds dans l'eau!!! La dame polonoise, désolée d'être la cause, quoique innocente, de cet accident, voulut revenir coucher à Pultusk, dont on n'étoit éloigné que d'une lieue, et fit monter dans sa voiture Mme la marquise de La Meilleraye et Mme de Sérent. Elle ne se doutoit point encore qui étoient ces voyageurs, et l'on peut juger de sa surprise quand, arrivée à Pultusk, elle apprit que c'étoit au roi de France et à sa nièce que sa rencontre avoit été si fâcheuse. Le roi fut enfin atteint par la chaise de poste où étoit le duc de Fleury avec l'abbé Edgeworth. Elle n'avoit que deux places; Sa Majesté y monta avec son aumônier. Le comte de Fleury et le comte d'Avaray montèrent sur le siége. Le roi coucha à Pultusk, et y passa la journée du lendemain. Il se mit en route le 4, avec MADAME.

Le 6 mars, le roi passa la Vistule, quoique couverte de glaçons, et arriva heureusement à Varsovie. Le général Keller, gouverneur de la ville, attendoit Sa Majesté dans la maison Vassiliowitch, faubourg de Cracovie, que l'abbé André de La Marre lui avoit louée. Les personnes de la suite du roi le rejoignirent successivement; et le 25 mars Mgr le duc d'Angoulême arriva de l'armée avec le comte Étienne de Damas. Peu de jours après, on apprit la mort de Paul Ier, arrivée dans la nuit du 23 au 24 mars 1801. Il n'avoit pas survécu longtemps à ses procédés rigoureux envers un prince en qui ces mêmes procédés, comme on l'a vu par la lettre citée plus haut, n'avoient point effacé le souvenir d'anciens services. Le nouvel empereur de Russie s'empressa d'ailleurs de réparer les derniers torts de Paul à l'égard du roi. Il augmenta le traitement annuel promis à ce prince, et dans la suite il rappela Louis XVIII dans ses États, et le reçut dans ce même château de Mittau qui lui avoit déjà servi d'asile.

FIN DES PIÈCES JUSTIFICATIVES.

LE ROI EST MORT

VIVE LE ROI

LE ROI EST MORT

VIVE LE ROI

Le roi est mort!... Jour d'épouvante où ce cri fut entendu, il y a trente ans, pour la dernière fois dans Paris! Le roi est mort! La monarchie va-t-elle se dissoudre? La colère céleste s'est-elle déployée de nouveau sur la France? Où fuir? où se cacher devant la terreur et la tyrannie? Pleurez, François! vous avez perdu le roi qui vous a sauvés, le roi qui vous a rendu la paix; le roi qui vous a faits libres; mais ne tremblez point pour votre destinée; le roi est mort, mais le roi est vivant. LE ROI EST MORT, VIVE LE ROI! C'est le cri de la vieille monarchie; c'est aussi le cri de la monarchie nouvelle.

Un double principe politique est renfermé dans cette acclamation de la douleur et de la joie : l'hérédité de la famille souveraine, l'immortalité de l'État. C'est à la loi salique que nous devons, comme nation, une existence dont la durée n'a point d'exemple dans les annales du monde. Nos pères étoient si convaincus de l'excellence de cette loi que, dans la crainte de la violer, ils ne reconnurent point immédiatement Philippe de Valois pour successeur de Charles le Bel. A la mort de celui-ci, la monarchie demeura sans monarque. La reine étoit grosse; elle pouvoit porter ou ne pas porter le roi dans son sein : en attendant on resta soumis à la légitimité inconnue, et le principe gouverna dans l'absence de l'homme.

Certes, il peut s'appeler immortel, un État qui a vu le sang d'une même race passer de Robert le Fort à Charles X. « Quel royaume [1], dit un vieil écrivain (qui sous Henri III défendoit les droits de Henri IV contre les prétentions des Guise); quel royaume, monarchie et république, est aujourd'hui ou a été au monde mieux orné, affermi et

---

[1]. *De la Noblesse, Ancienneté*, etc., *de la troisième Maison de France;* Paris, 1587.

fortifié des plus belles polices, lois et ordonnances que la françoise ? Où est-ce que les autres ont une loi salique pour la succession du royaume ? Quels rois ailleurs se voient et se sont vus mieux aimés, obéis et révérés ? Néanmoins, ils ont laissé régler et limiter leur puissance par des lois et ordonnances qu'eux-mêmes ont faites ; ils se sont soumis sous la même raison que leur peuple, et ont, d'ancienne institution, réduit leurs voulants sous la civilité de la loi. Pour raison de quoi tout le peuple, avec une douce crainte, a été contraint de les aimer.

« Qui ont donc été les rois au monde qui se soient plus acquis de gloire par la justice que les nôtres ? Ils n'ont pas moins acquis à leur royaume l'honneur et la prééminence des bonnes lettres et des sciences libérales que des armes. Grand nombre d'hommes signalés en savoir et intelligence sont sortis de cette école des lettres, et la France a provigné quant et quant d'excellents capitaines (outre ceux du sang royal) par la discipline que nos rois y avoient établie, lesquels rois ont peuplé mêmement les nations étrangères d'hommes héroïques.

« Reste maintenant à exposer les autres grâces, bénédictions et bonnes rencontres d'heur particulières dont il a plu à la divine Providence orner la famille de Hugues Capet par-dessus toutes les autres : l'une est de l'avoir fait être la plus noble et plus ancienne de toutes les races royales qui sont aujourd'hui au monde ; car à compter depuis le temps que Robert le Saxon, que nous prenons pour le chef d'icelle, se voit connu par les histoires, elle a subsisté près de huit cents ans, étant parvenue en la personne de notre très-chrétien roi Henri III jusqu'à la vingt-troisième génération de père en fils, si nous ne comptons point plus avant que ledit Robert [1].

« A ces premiers bonheurs s'en vient joindre un non moins remarquable que les précédents, qui est d'avoir produit plus de maisons et de familles royales, et donné plus grand nombre de rois, empereurs, princes, ducs et comtes à divers royaumes et contrées.

« Toutes ces bonnes et belles remarques que nous avons proposées jusqu'à ici de nos rois semblent bien leur avoir appartenu en général ; mais outre icelles chacun d'eux (du moins la plus grande partie) s'est encore si bien fait remarquer en son particulier de certaines grâces

---

1. On sait qu'il y a plusieurs systèmes de généalogie des Capétiens au delà de Robert le Fort. Les uns la font remonter à Witikin le Saxon, les autres aux Carlovingiens, et par eux aux Mérovingiens ; les autres aux rois lombards : peu importe. Robert étoit un prince puissant et un vaillant soldat, qui fut tué en défendant la France contre l'invasion des étrangers, il y a de cela quelque mille ans : tenons-nous-en là.

et dons d'esprit, qu'elles leur ont acquis ces honorables surnoms, qui rendent encore aujourd'hui leur mémoire illustre. »

Il augmentera la liste de ces illustres monarques, Louis le Désiré, de paternelle et pacifique mémoire, que la reconnoissance, les pleurs, les regrets de la France et de l'Europe accompagnent au tombeau. On peut dire de l'arbre de la lignée royale, né du sol de la France, ce que le poëte dit du chêne :

> . . . Immota manet, multosque nepotes,
> Multa virum volvens durando sæcula, vincit.

Comme ce vieil écrivain dont la fidélité pressentoit Henri IV, l'auteur du présent écrit eut le bonheur en 1814, au second avénement des Bourbons, d'annoncer Louis XVIII. Alors la France étoit envahie ; nous étions accablés de malheurs, environnés de craintes et de périls. Rien n'étoit décidé ; on se battoit sur divers points du royaume ; on négocioit à Paris : Buonaparte habitoit encore le château de Fontainebleau quand il lut l'histoire de ce roi légitime [1], qui n'avoit point d'armée dans la coalition des rois, mais qui étoit pour lui plus redoutable que ces monarques. Ce fut en effet la force de la légitimité qui précipita l'usurpation.

Le premier service que l'héritier des fleurs de lis rendit à sa patrie fut de la dégager de l'invasion européenne. La capitale de la France n'avoit jamais été conquise sous la race légitime : Buonaparte avoit amené les étrangers dans Paris avec son épée ; Louis XVIII les en écarta avec son sceptre.

Un peuple encore tout ému, tout enivré de la gloire des armes, vit avec surprise un *vieux François* exilé venir se placer naturellement à sa tête comme un père qui après une longue absence rentre dans sa famille, ne supposant pas qu'on puisse contester son autorité. Louis XVIII n'étoit point étonné des grandeurs nouvelles, des miracles récents de la France ; il apportoit en compensation mille ans de nos antiques grandeurs, de nos anciens prodiges ; il ne craignoit point de compter avec le siècle et la nation, assez riche qu'il étoit pour payer son trône. On lui rendoit, il est vrai, le Louvre embelli ; mais c'étoit sa maison. Jean Goujon et Perrault l'avoient orné par ordre de Henri II et de Louis XIV ; Philippe-Auguste en avoit posé la première pierre et acheté le terrain ; Louis XVIII pouvoit représenter le contrat d'acquisition [2].

---

1. *De Buonaparte et des Bourbons.*
2. *Philippus, Dei gratia Francorum rex,* etc., *noveritis, quod nos pro excambio terræ, quam monachi Sancti Dionysii de Carcere* (Saint-Denis-de-la-Chartre ou de

Ce prince comprenoit son siècle et étoit l'homme de son temps : avec des connoissances variées, une instruction rare, surtout en histoire, un esprit applicable aux petites comme aux grandes affaires, une élocution facile et pleine de dignité, il convenoit au moment où il parut et aux choses qu'il a faites. S'il est extraordinaire que Buonaparte ait pu façonner à son joug les hommes de la république, il n'est pas moins étonnant que Louis XVIII ait soumis à ses lois les hommes de l'empire, que la gloire, que les intérêts, que les passions, que les vanités mêmes se soient tus simultanément devant lui. On éprouvoit en sa présence un mélange de confiance et de respect : la bienveillance de son cœur se manifestoit dans sa parole, la grandeur de sa race dans son regard. Indulgent et généreux, il rassuroit ceux qui pouvoient avoir des torts à se reprocher ; toujours calme et raisonnable, on pouvoit tout lui dire, il savoit tout entendre. Pour les délits politiques, le pardon chez les François lui sembloit moins sûr que l'oubli ; sorte de pardon dépouillé d'orgueil, qui guérit les plaies sans faire d'autres blessures. Les deux traits dominants de son caractère étoient la modération et la noblesse : par l'une il conçut qu'il falloit de nouvelles institutions à la France nouvelle ; par l'autre il resta roi dans le malheur, témoin sa belle réponse aux propositions de Buonaparte.

La partie active du règne de Louis XVIII a été courte, mais elle occupera une grande place dans l'histoire. On peut juger ce règne par une seule observation : il ne se perd point dans l'éclat que Napoléon a laissé sur ses traces. On demande ce que c'est que Charles II après Cromwell, Charles II, dont la restauration ne fut que celle des abus qui avoient perdu sa famille : on ne demandera jamais ce que c'est que le sage qui a délivré la France des armées étrangères, après l'ambitieux qui les avoit attirées dans le cœur du royaume ; on ne demandera jamais ce que c'est que l'auteur de la Charte, le fondateur de la monarchie représentative ; ce que c'est que le souverain qui a élevé la liberté sur les débris de la révolution, après le soldat qui avoit bâti le despotisme sur les mêmes ruines ; on ne demandera jamais ce que c'est que le roi qui a payé les dettes de l'État et fondé

---

la Prison ; dans l'historien de Saint-Denis, *Carcere Glaucini*, aujourd'hui Glatigny) *habebant, ubi turris nostra de Louvre sita est, eisdem monachis assignamus triginta solidos, annui redditus*, etc. *Actum Parisiis, anno ab incarnatione Domini* 1214, *mense augusti*.

Cette rente se payoit encore par le receveur du domaine au commencement de la révolution : quel beau titre de propriété ! Ce titre étoit conservé au prieuré de Saint-Denis-de-la-Chartre.

le système de crédit après les banqueroutes républicaines et impériales : on ne demandera jamais ce que c'est que le monarque qui trouvant une armée détruite a recréé une armée; le monarque qui après des guerres glorieuses, mais longues et funestes, a mis fin en quelques mois, par un vaillant prince, à la prodigieuse expédition d'Espagne, tuant deux révolutions d'un seul coup, rétablissant deux rois sur leur trône, replaçant la France à son rang militaire en Europe, et couronnant son ouvrage en nous assurant l'indépendance au dehors, après nous avoir donné la liberté au dedans.

Son règne s'agrandira encore en s'éloignant de nous : la postérité le regardera comme une nouvelle ère de la monarchie, comme l'époque où s'est résolu le problème de la révolution, où s'est opérée la fusion des principes, des hommes et des siècles, où tout ce qu'il y avoit de possible dans le passé s'est mêlé à tout ce qu'il y avoit de possible dans le présent. De la considération des difficultés innombrables que Louis XVIII a dû rencontrer à l'exécution de ses desseins naîtra pour lui dans l'avenir une admiration réfléchie. Et quand on observera que ce monarque, qui avoit tant souffert, n'a exercé ni réaction ni vengeance; que ce monarque, dépouillé de tout, a aboli la confiscation; qu'étant maître de ne rien accorder en rentrant en France, il nous a rendu des libertés pour des malheurs, nul doute que sa mémoire ne croisse en estime et en vénération chez les peuples.

Nous venons de le perdre, ce roi patient et juste. Pendant un hiver du Nord, obligé de fuir d'exil en exil avec le fils et la fille de nos rois, ses pieds avoient été atteints par le froid rigoureux du climat : ses infirmités étoient encore en partie notre ouvrage, et au milieu de ses longues douleurs il ne s'est jamais souvenu de ceux qui les avoient causées. On l'a vu au moment d'expirer opposer à des maux qui auroient abattu toute autre âme que la sienne un calme qui sembloit imposer à la mort. Depuis longtemps il est donné au peuple le plus brave d'avoir à sa tête les princes qui meurent le mieux : par les exemples de l'histoire, on seroit autorisé à dire proverbialement : *Mourir comme un Bourbon,* pour exprimer tout ce qu'un homme peut mettre de magnanimité dans sa dernière heure.

Louis XVIII n'a point démenti cette intrépidité de famille. Après avoir reçu le saint viatique au milieu de sa cour, le fils aîné de l'Église a béni d'une main défaillante, mais avec un front serein, ce frère encore appelé à un lit funèbre, ce neveu qu'il nommoit le *fils de son choix,* cette nièce deux fois orpheline et cette veuve deux fois mère.

Cependant le peuple donnoit des signes non équivoques de sa douleur. Essentiellement monarchique et chrétien quand il est abandonné à lui-même, il environnoit le palais et remplissoit les églises ; il recueilloit les moindres nouvelles avec avidité, lisoit, commentoit les bulletins, en y cherchant quelques lueurs d'espérance. Rien n'étoit touchant comme cette foule silencieuse qui parloit bas autour du château des Tuileries, dans la crainte de troubler l'auguste malade : le roi mourant étoit pour ainsi dire veillé et gardé par son peuple.

Souvent oubliée dans la prospérité, mais toujours invoquée dans l'infortune, la religion augmentoit le respect et l'attendrissement général par sa sollicitude et par ses prières ; elle faisoit entendre devant l'image du Dieu vivant ce cantique d'Ézéchias que le génie françois a dérobé à l'inspiration des divines Écritures[1], ce *Domine salvum fac Regem* que notre amour pour nos rois a rendu si populaire. Des larmes coulèrent de tous les yeux lorsqu'on vit passer les différents corps de la magistrature, se rendant à pied à Notre-Dame, afin d'implorer le ciel pour celui de qui toute justice émane en France. On remarquoit surtout, à la tête de la première cour du royaume, le vieillard illustre qui après avoir défendu la vie de Louis XVI au tribunal des hommes alloit demander celle de Louis XVIII à un juge qui n'a jamais condamné l'innocence.

Ce souverain juge, en appelant au lieu de son repos notre roi souffrant, fatigué et rassasié de jours, se préparoit à prononcer sur lui une sentence de délivrance et non de condamnation.

Un évanouissement survenu le 14 fit croire que le roi avoit passé. Quand il reprit ses esprits, il parut sensible aux prières des agonisants que l'on récitoit au pied de sa couche. On lui amena les deux enfants de l'infortuné duc de Berry : il ne pouvoit plus les voir, il ne pouvoit plus même étendre sur eux sa main paternelle : mais on reconnoissoit au mouvement de ses lèvres que le vieux monarque mettoit sous la protection du ciel un berceau qu'il ne pouvoit plus protéger.

Enfin il a quitté la vie, au milieu de sa famille en larmes, le jeudi 16 septembre, à quatre heures du matin, et il avoit annoncé qu'il mourroit ce jour-là : il avoit mesuré le degré de ses forces avec ce peu d'estime pour la vie, cette liberté de conscience et ce sang-froid imperturbable qui ne permettent pas de se tromper. Bientôt il va descendre dans ces souterrains dont sa piété a commencé à repeupler les solitudes. Quand il arriva en France, il trouva le tombeau des rois désert et leur trône vide : restaurateur de toutes les légitimités, il a

---

1. Le roi admiroit particulièrement ce cantique, et m'a souvent redit par cœur l'ode sublime de Rousseau.

rendu, dans un partage fraternel, le premier à Louis XVI, et il laisse le second à Charles X.

François! celui qui vous annonça Louis le Désiré, qui vous fit entendre sa voix dans les jours d'orage, vous parle aujourd'hui de Charles X dans des circonstances bien différentes : il n'est plus obligé de vous dire quel est le roi qui vous arrive, quels sont ses malheurs, ses vertus, ses droits au trône et à votre amour ; il n'est plus obligé de vous raconter jusqu'à l'âge de ce roi, de vous peindre sa personne, de vous apprendre combien il existe encore de membres de sa famille. Si la conscription ne dévore plus vos enfants ; si l'on ne peut ni vous dépouiller, ni vous emprisonner arbitrairement ; si vous êtes appelés à consentir l'impôt que vous donnez à l'État ; si vous êtes, par la Charte, un des peuples le plus libre de la terre, vous savez à qui vous devez tous ces biens : rendez-en grâces à Louis XVIII et à Charles X.

Vous l'avez vu depuis dix ans, ce sujet fidèle, ce frère respectueux, ce père tendre si affligé dans un de ses fils, si consolé par l'autre! Vous le connoissez, ce Bourbon qui vint le premier après nos malheurs, digne héraut de la vieille France, se jeter entre vous et l'Europe, une branche de lis à la main! Vos yeux s'arrêtent avec amour et complaisance sur ce prince qui, dans la maturité de l'âge, a conservé le charme et la noble élégance de sa jeunesse, et qui maintenant orné du diadème n'est encore qu'*un François de plus au milieu de vous!* Vous répétez avec émotion tant de mots heureux échappés à ce nouveau monarque, qui puise dans la loyauté de son cœur la grâce de bien dire.

Quel est celui d'entre nous qui ne lui confieroit sa vie, sa fortune, son honneur? Cet homme, que nous voudrions tous avoir pour ami, nous l'avons aujourd'hui pour roi. Ah! tâchons de lui faire oublier les sacrifices de sa vie! Que la couronne pèse légèrement sur la tête blanchie de ce chevalier chrétien! Pieux comme saint Louis, affable, compatissant et justicier comme Louis XII, courtois comme François Ier, franc comme Henri IV, qu'il soit heureux de tout le bonheur qui lui a manqué de pendant si longues années! Que le trône où tant de monarques ont rencontré des tempêtes soit pour lui un lieu de repos! Nous sentons combien dans ce moment il lui est pénible de monter les degrés de ce trône pour y occuper la place d'un frère; mais qu'il permette à de fidèles sujets qui respectent sa royale douleur de chercher pourtant auprès de lui leur consolation et leurs plus chères espérances!

Saluons encore le dauphin et la dauphine; noms qui lient le passé à l'avenir, en rappelant des souvenirs nobles et touchants, en désignant le propre fils et le successeur du monarque; noms sous lesquels nous retrouvons le libérateur de l'Espagne et la fille de Louis XVI ! *L'Enfant de l'Europe*, le nouveau Henri, a fait aussi un pas vers le trône de son aïeul, et sa jeune mère le guide vers le trône où elle auroit pu monter !

Nous, sujets dévoués, pressons-nous aux pieds de notre bien aimé souverain; reconnoissons en lui le modèle de l'honneur, le principe vivant de nos lois, l'âme de notre société monarchique; bénissons une hérédité tutélaire, et que la légitimité enfante sans douleurs son nouveau roi !

Que nos soldats élèvent sur leurs drapeaux le père du duc d'Angoulême! que l'Europe attentive, que les factions, s'il en existe encore, voient dans l'accord de tous les François, dans l'union du peuple et de l'armée, le gage de notre force et de la paix du monde!

Dans l'histoire des rois de France, de leurs couronnes et de leurs maisons, les fêtes de Reims se trouvent placées auprès des pompes de Saint-Denis. Ainsi aux obsèques de Charles le Victorieux [1], tandis que deux serviteurs fidèles mouroient subitement de douleur, au moment où le grand-maître de l'hôtel brisa son bâton, d'autres serviteurs, non moins attachés à la monarchie, préparoient déjà dans les trésors du même Saint-Denis les éperons d'or, les gantelets, la cotte d'armes, l'armet timbré, la tunique fleurdelisée, qui devoient servir au couronnement de Louis, père du peuple : graves enseignements pour nos monarques, qui prennent sur un cercueil les attributs de la puissance.

Supplions humblement Charles X d'imiter ses aïeux : trente-deux souverains de la troisième race ont reçu l'onction royale, c'est-à-dire, tous les souverains de cette race, hormis Jean Ier, qui mourut quatre jours après sa naissance, Louis XVII et Louis XVIII, qui furent visités de la royauté, l'un dans la tour du Temple, l'autre dans la terre étrangère. Tous ces monarques ont été sacrés à Reims; Henri IV seul le fut à Chartres, où l'on trouve encore dans les comptes de la ville une dépense de 9 francs pour une pièce mise au pourpoint du roi : c'étoit peut-être à l'endroit du coup d'épée que le Béarnois reçut à la journée d'Aumale [2].

---

1. Quelques personnes ont cru que je prenois ici Charles VII pour Charles VIII : elles sont dans l'erreur. Dans les vieux auteurs, Charles VIII est appelé *le Victorieux*, et Charles VII *le Conquérant*. Ensuite ces surnoms, presque les mêmes, ont été oubliés ou confondus. Charles VIII est encore surnommé *l'Affable* et *le Courtois* J'aurois peut-être mieux fait d'employer ce surnom pour éviter toute équivoque.

2. Je laisse ce paragraphe tel qu'il est; mais je dois dire que Louis le Gros fut sacré à Orléans. Henri IV et Louis le Gros ne furent point sacrés à Reims, le premier parce que Reims étoit encore entre les mains de la Ligue, et le second parce que deux archevêques de Reims étoient en contestation pour le siége de cette métropole.

L'usage étoit que le roi allât à Reims à cheval, à la tête de sa maison et de ses gardes. L'archevêque de Reims, premier pair ecclésiastique du royaume, faisoit les frais du sacre. Il représentoit par tradition un des quatre témoins du côté maternel, sur les douze témoins que le titre 58 de la loi Salique exigeoit chez les Francs dans toutes les actions civiles et criminelles.

Les paroles d'Adalbéron, archevêque de Reims, au sujet de la consécration de Hugues Capet sont encore vraies aujourd'hui : « Le couronnement d'un roi des François, dit-il, est un intérêt public, et non une affaire particulière : *publica sunt hæc negotia, non privata* [1]. » Que Charles X daigne peser ces mots, qui s'appliquoient à l'auteur de sa race ; qu'en pleurant un frère il se souvienne qu'il est roi. Les chambres ou les députés des chambres qu'il peut appeler à Reims à sa suite, les magistrats qui grossiront son cortége, les soldats qui environneront sa personne, sentiront se fortifier en eux, par une imposante solennité, la foi religieuse et monarchique. Charles VII fit des chevaliers à son sacre ; le premier roi chrétien des François reçut au sien le baptême avec quatre mille de ses compagnons d'armes : Charles X créera de même à son couronnement plus d'un chevalier pour la défense de la cause légitime, et plus d'un François y recevra un nouveau baptême de fidélité.

C'est donc à Reims que le prince objet de tant d'amour comblera les vœux de ses peuples ; que le prélat en lui présentant la couronne de Charlemagne, l'épée de l'État, le sceptre, l'anneau et la main de justice, adresse au ciel l'admirable prière réservée pour cette cérémonie : « Dieu, qui par tes vertus conseille tes peuples, donne à celui-ci, ton serviteur, l'esprit de ta sapience ! Qu'en ses jours naisse à tous équité et justice, aux amis secours, aux ennemis obstacle, aux affligés consolation, aux élevés correction, aux riches enseignement, aux indigents pitié, aux pèlerins hospitalité, aux pauvres sujets paix et sûreté en la patrie ! Qu'il apprenne (le roi) à se commander soi-même, à modérément gouverner un chacun, selon son état, afin, ô Seigneur ! qu'il puisse donner à tout le peuple exemple de vie à toi agréable [2]. »

Il faut remarquer de plus que Louis le Gros avoit été associé au trône par son père Philippe Ier, lequel avoit été sacré à Reims, de sorte que Louis le Gros fut, pour ainsi dire, couronné deux fois. Les syndics du diocèse de Reims vinrent protester à Orléans contre son sacre, prétendant que depuis Clovis l'archevêque de Reims étoit seul en possession du droit de couronner nos rois. Il est donc constant que tous les rois de la race capétienne ont été sacrés à Reims, sauf le très-petit nombre de ceux qui n'ont pu l'être à cause d'empêchements majeurs.

1. FLODOARD. 2. DU TILLET.

Cette prière sera suivie du serment du royaume, prêté sur le livre des Évangiles : dans les temps primitifs nos rois le prononçoient en françois, et dans les temps postérieurs en latin. Ils s'obligeoient par ce serment à trois choses : *A maintenir la paix de l'Église, à défendre toute rapine, à commander dans tous jugements équité et miséricorde* [1]. On introduisit dans le XIIIe siècle une clause tirée d'une constitution du concile de Latran, qui n'est plus en harmonie avec nos mœurs ni d'accord avec les lois qui nous régissent. Nos derniers rois prononçoient aussi des serments relatifs aux ordres du Saint-Esprit et de Saint-Louis, et depuis le règne de Louis XIV ils s'engageoient à poursuivre les duels, sans jamais faire grâce aux duellistes.

Comme souvenir des premières assemblées de la nation, on demandoit aux grands et au peuple témoins du couronnement du souverain *s'il y avoit âme qui voulût contredire* [2]. On lâchoit ensuite des oiseaux dans l'église, toutes les portes ouvertes : image naïve de la liberté des François. Notre constitution actuelle n'est que le texte rajeuni du code de nos vieilles franchises.

C'est cette constitution que les successeurs de Louis XVIII devront désormais jurer de maintenir dans la solennité de leur sacre [3], en ajoutant ce serment de la monarchie nouvelle au serment de l'ancienne monarchie. Ainsi Charles X après avoir reçu le complément de sa puissance des mains de la religion paroîtra plus auguste encore en sortant consacré par l'onction sainte des fontaines où fut régénéré Clovis.

C'est une chose dont les conséquences sont immenses aujourd'hui pour notre patrie, et dans les circonstances actuelles, qu'un monarque mourant au milieu de ses sujets et transmettant son héritage à son successeur. Le dernier événement de cette nature date de cinquante années, car on ne peut pas compter l'immolation de Louis XVI. L'holocauste du roi martyr ne fut suivi ni d'une pompe funéraire ni d'un sacre; un nouveau règne ne commença point au pied des autels, et il y eut en France quelque chose de ces ténèbres qui couvrirent Jérusalem à la mort du Juste.

Que Dieu accorde à Louis XVIII la couronne immortelle de saint Louis! que Dieu bénisse sur la tête de Charles X la couronne mortelle de saint Louis!

LE ROI EST MORT, VIVE LE ROI!

---

1. Du Tillet.   2. Manuscrits de Duchesne.   3. Charte, art. 74.

DE LA VENDÉE

DE LA VENDÉE

SEPTEMBRE 1819.

L'ancienne constitution de la France fut attaquée par la tyrannie de Louis XI, affoiblie par le goût des arts et les mœurs voluptueuses des Valois, détériorée sous les premiers Bourbons par la réforme religieuse et les guerres civiles, terrassée par le génie de Richelieu, enchaînée par la grandeur de Louis XIV, détruite enfin par la corruption de la régence et de la philosophie du xviiie siècle.

La révolution étoit achevée lorsqu'elle éclata : c'est une erreur de croire qu'elle a renversé la monarchie ; elle n'a fait qu'en disperser les ruines, vérité prouvée par le peu de résistance qu'a rencontré la révolution. On a tué qui on a voulu ; on a commis sans efforts les crimes les plus violents, parce qu'il n'y avoit rien d'existant en effet, et qu'on opéroit sur une société morte. La vieille France n'a paru vivante dans la révolution qu'à l'armée de Condé et dans les provinces de l'ouest. Une poignée de gentilshommes, commandés par le descendant du vainqueur de Rocroy, a terminé dignement l'histoire de la noblesse françoise, et les paysans vendéens ont montré à l'Europe les anciennes communes de France.

Nous allons rappeler ce que la Vendée a fait pour la monarchie, ce qu'elle a souffert pour cette monarchie, puis nous dirons ce que les ministres du souverain légitime ont fait à leur tour pour la Vendée. Il est bon qu'un pareil tableau soit mis sous les yeux des hommes : il instruira les peuples et les rois.

CE QUE LA VENDÉE A FAIT
POUR LA MONARCHIE.

La Vendée étoit restée chrétienne et catholique : en conséquence, l'esprit monarchique vivoit dans ce coin de la France. Dieu sembloit avoir conservé cet échantillon de la société afin de nous apprendre combien un peuple à qui la religion a donné des lois est plus fortement constitué qu'un peuple qui s'est fait son propre législateur.

Dès les premiers jours de la révolution les Vendéens montrèrent une grande répugnance pour les principes de cette révolution. Après la journée du 10 août 1792, une insurrection éclata à Bressuire, et un premier combat fut livré le 24 août de la même année. La levée de trois cent mille hommes, ordonnée par la Convention, produisit une insurrection nouvelle. Un perruquier, nommé Gaston, se met à la tête des insurgés : il est tué en marchant à l'ennemi. Le roi meurt, et des vengeurs naissent de son sang. Jacques Cathelineau, simple voiturier de la commune du Pin-en-Mauges, sort de sa chaumière le 14 mars 1793 : il se trouve que le voiturier est un grand capitaine. A la tête de deux cents paysans il attaque un poste républicain, l'emporte et s'empare d'une pièce de six, connue sous le nom du *Missionnaire* : voilà le premier canon de la Vendée. Cathelineau arme sa troupe avec des fusils qu'il a conquis, marche à Chemillé, défendu par cinq cents patriotes et deux couleuvrines : même courage, même succès. La victoire fait des soldats : Stofflet, garde de chasse de M. de Colbert, rejoint Cathelineau avec deux mille hommes ; Laforêt, jeune paysan du bourg de Chanzeau, lui amène sept cents autres Vendéens. Les trois chefs se présentent devant Chollet, forcent la ville, mettent en fuite la garnison, s'emparent de plusieurs barils de poudre, de six cents fusils et de quatre pièces de canon, parmi lesquelles se trouvoit une pièce de douze que Louis XIII avoit donnée au cardinal de Richelieu. C'est cette pièce devenue si célèbre sous le nom de *Marie-Jeanne* : les paysans vendéens y sembloient attacher leur destinée. Dans leur simplicité, ils ne s'apercevoient pas que leur véritable *palladium* étoit leur courage.

La prise de Chollet fut le signal du soulèvement de la Vendée. Machecoul tombe, Pornic est surpris. Bientôt avec les périls et la gloire paroissent Charette, d'Elbée, Bonchamp, La Rochejaquelein, de Marigny, de Lescure et mille autres héros françois, semblables à ces derniers Romains qui moururent pour le dieu du Capitole et la liberté de la patrie.

Cathelineau marche sur Villiers ; d'autres chefs, MM. de La Roche-Saint-André, de Lyrot, Savin, Royrand, de La Cathelinière, Couëtus, Pajot, d'Abbayes, Vrignaux, menacent Nantes, Niort et les Sables. Charette devient généralissime de la Vendée inférieure ; d'Elbée, placé à la tête des forces de la haute Vendée, est secondé par Bonchamp, Soyer, de Fleuriot, Scépeaux, noms qui rappellent les premiers temps de la chevalerie. Les paysans du Bocage se soulèvent; le jeune Henri de La Rochejaquelein les conduit. Son premier essai est une victoire; il bat Quétineau aux Aubiers, et court se réunir à Cathelineau, d'Elbée, Stofflet et Bonchamp. Le général républicain Ligonier s'avance avec cinq mille hommes; il est défait auprès de Villiers. Quatre jours après, nouvelle bataille à Beaupréau. Ligonier, obligé de fuir, abandonne son artillerie après avoir perdu trois mille hommes. Argenton est pris, Bressuire évacué. Les Vendéens délivrèrent dans cette ville MM. Desessarts, Forestier, Beauvolliers, de Lescure et Donnissan, illustres otages qui passèrent du pied de l'échafaud à la tête d'une armée. Ils n'acceptèrent qu'une partie du bienfait de la Providence; la patrie avoit demandé leur sang, ils répandirent leur sang pour la patrie.

De Bressuire les Vendéens se dirigent sur Thouars. Une muraille gothique et une rivière profonde entouroient cette ville. Il faut s'en ouvrir les avenues par un combat sanglant. L'assaut est donné : La Rochejaquelein monte sur les épaules de Texier, gravit les murs, et se trouve bientôt seul exposé à tous les coups, comme Renaud sur les remparts de Jérusalem. Thouars est emporté; dix mille républicains, une nombreuse artillerie, des munitions de toutes les sortes demeurent aux mains des vainqueurs; Thouars fournit encore aux royalistes des officiers qui devinrent célèbres. Il faut citer ces braves, dont les noms sont aujourd'hui l'unique patrimoine de leurs familles : ce furent MM. Dupérat, d'Herbaud, Maignau, Renou, Beauvolliers l'aîné, Marsonnière, Sanglier, Mondion, Laugerie, Orre-Digueur, de Beaugé et de Laville-Regny, avec son fils âgé de douze ans, que l'on voyoit combattre auprès de lui.

Alors on forma sept divisions du pays dont on avoit chassé l'ennemi, et l'on en confia la garde à un égal nombre de corps vendéens. La terreur s'étoit emparée des patriotes; Nantes s'écrioit : *Frères et amis, à notre secours, le département est en feu!* ignoble jargon qui se mêloit dans la Vendée à la langue de la chevalerie. Cependant une armée vendéenne est battue près de Fontenay : d'Elbée est blessé, et l'artillerie prise, avec la fameuse *Marie-Jeanne*. Quinze mille paysans désespérés reparoissent sous les murs de Fontenay, que défendoient douze mille hommes d'infanterie et trente-sept pièces de canon. Chaque Vendéen n'avoit que six coups à tirer : des paysans bretons de la division du Loroux, armés de bâtons ferrés, se jettent sur les batteries de canon, assomment les canonniers et s'emparent des pièces. Les Vendéens, d'abord tombés à genoux, se relèvent et se précipitent sur les républicains dont ils font cesser le feu. L'armée ennemie est culbutée, Fontenay emporté, *Marie-Jeanne* reprise. Quarante pièces de canon, quatre mille prisonniers, sept mille fusils, restent en témoignage de la victoire : et la Convention, effrayée, songe à faire partir pour combattre les vertus vendéennes jusqu'aux grenadiers qui gardoient ses forfaits et ses échafauds.

Une proclamation rédigée à Fontenay par M. Desessarts annonça à l'Europe le succès des hommes fidèles et leur ferme volonté de rétablir la monarchie. Ils invitoient à rejoindre le drapeau blanc; mais la terreur dans l'intérieur, la gloire aux frontières, enchaînoient tous les François : le roi n'avoit alors pour lui que la justice de sa cause et la Vendée.

Quand les divisions militaires de la haute Vendée se trouvèrent réunies, elles formèrent une armée de quarante mille fantassins et de douze cents cavaliers. Vingt-quatre pièces de canon avec leurs caissons accompagnoient les corps qui prirent et conservèrent le nom de *la grande armée*. Y eut-il jamais rien de plus prodigieux dans l'histoire que cette armée où l'on ne comptoit pas un fusil qui ne fût une conquête, pas un canon qui n'eût été enlevé avec une fourche ou un bâton? « Thirion nous écrit, disoit Barrère à la Convention, que toutes les fois que les rebelles ont manqué de munitions il s'est trouvé à point nommé une déroute des nôtres. » C'est ainsi que ceux qui avoient condamné Louis XVI à l'échafaud appeloient les Vendéens des *rebelles*.

Cependant la Convention avoit rassemblé à Saumur une armée de quarante mille hommes d'infanterie et de huit mille hommes de cavalerie : quatre-vingts pièces d'artillerie et deux régiments de cuirassiers rendoient cette armée formidable.

La grande armée vendéenne marche sans s'effrayer à ces nouveaux ennemis; elle les pousse à Doué, à Montreuil, et les accule dans Saumur. Les bataillons formés à Orléans, seize bataillons venus de Paris, deux régiments de cuirassiers, composoient la garnison de cette ville. Trente pièces de canon bordoient son château et ses redoutes nouvellement élevées, que le Thoué et la Loire baignoient de leurs eaux. Rien n'arrête les Vendéens; tous s'écrient : *En avant, en avant!* Les Bretons enlèvent les canons; les républicains reculent jusqu'au pont Fouchard : M. de Lescure les suit l'épée au poing; il est blessé. Les cuirassiers chargent les Vendéens, qu'étonne cette espèce de cavalerie invulnérable. Un brave soldat, nommé Dommaingué, crie aux paysans, comme César crioit à ses légions à Pharsale : *Frappez au visage!* Il abat un cuirassier d'un coup de carabine à la tête, et il est emporté lui-même d'un boulet de canon. Les cuirassiers se replient, reviennent à la défense du pont Fouchard, que couvroit de son feu l'artillerie vendéenne, commandée par M. de Marigny. Le combat se maintient de ce côté ; mais Cathelineau et La Rochejaquelein avoient tourné les redoutes, et marchoient sur la ville, laissant derrière eux les fortifications et les avant-postes. Les troupes placées à la garde des faubourgs fuient devant La Rochejaquelein, qui entre dans Saumur accompagné seulement de M. de Beaugé. Il arrive au grand galop sur une place où huit cents républicains étoient rangés en bataille. Il étoit trop tard pour reculer : l'héroïsme vient au secours de l'imprudence. *Rendez-vous*, dit La Rochejaquelein aux ennemis, *ou vous êtes morts !* Ceux-ci croient la ville emportée, et mettent bas les armes. Quelques moments s'écoulent : personne ne paroît. Les républicains reviennent de leur erreur, reprennent leurs armes, tirent sur les deux Vendéens, Beaugé est blessé ; La Rochejaquelein le soutient sur son cheval et tue d'un coup de pistolet un soldat qui le couchoit en joue. Dans cet instant Desessarts accourt, suivi de quinze cents cavaliers : la ville est prise.

Les redoutes tombent ; le château capitule. De toutes parts on ramène des troupeaux de républicains prisonniers ; on les renvoie après leur avoir fait jurer qu'ils ne porteront plus les armes contre le roi ; on leur coupe les cheveux pour les reconnoître, en cas qu'ils violent leur parole. Les cheveux repoussèrent, et avec eux l'infidélité : les Vendéens, à qui l'on ne faisoit point de quartier, furent bientôt massacrés par ceux qui leur devoient la liberté et la vie.

La renommée des Vendéens se répandit en Europe. Ils trouvèrent à Saumur quatre-vingts pièces de canon, vingt mille fusils, cinquante milliers de poudre, des vivres en abondance, des magasins de toutes sortes. Ils procédèrent à l'élection d'un généralissime. Le choix de MM. de Lescure, de Donnissan, La Rochejaquelein, et des autres gentilshommes, tomba sur le voiturier Cathelineau, dont la gloire avoit fourni les titres. Les paysans, charmés, s'attachèrent davantage à une noblesse si généreuse et si brave. On proposa dans le conseil premièrement de marcher sur Tours, secondement de s'emparer des Sables et de La Rochelle, troisièmement d'attaquer Angers et de rentrer dans la Vendée par le pont de Cé. Le premier avis étoit celui de La Rochejaquelein, et c'étoit peut-être le meilleur par son audace ; le second étoit celui de Lescure, et c'étoit le plus sage ; le troisième étoit celui de Cathelineau, et il prévalut.

M. d'Elbée, à peine guéri de sa blessure, vint rejoindre les Vendéens à Saumur. On vit aussi arriver MM. Charles d'Autichamp, de Piron, de Boispréau, Duchénier, Magnan, de La Bigotière. Les vainqueurs se mettent en marche pour suivre le plan du généralissime. Angers ouvre ses portes. Le prince de Talmont se présente : il est sur-le-champ nommé général de la cavalerie royaliste. Charette venoit de reprendre Machecoul dans la Vendée inférieure : Cathelineau lui propose de s'emparer de Nantes et de soulever la Bretagne. L'attaque des deux armées vendéennes par l'un et l'autre côté de Nantes devoit être simultanée; mais Charette arrive trop tôt, ou Cathelineau paroît trop tard. Charette soutient seul la lutte pendant dix heures : il se retiroit lorsque le canon de la grande armée se fait entendre. L'action recommence de toutes parts : on pénètre dans la ville, on se bat de rue en rue, de maison en maison. La place va capituler; mais Cathelineau reçoit un coup mortel : les paysans s'arrêtent. Il ne restoit plus qu'un léger effort à faire; il ne fut pas fait : Nantes demeure au pouvoir des républicains. Cinq millions de François devoient périr, l'Europe devoit être ébranlée jusque dans ses fondements, avant que le fils de saint Louis remontât sur le trône de ses pères. Tout avoit été prévu pour la prise de Nantes dans les arrangements de la sagesse humaine, *fors* les desseins de Dieu.

Cette grande entreprise manquée, les Vendéens ne sont point découragés; ils se rallient, battent les républicains à Châtillon, et trouvent à Coron un nouveau triomphe. D'Elbée est nommé généralissime en remplacement de Cathelineau; mais Charette refuse de le reconnoître : une fatale division commençoit à s'établir entre les chefs. D'Elbée remporte à Chantonnay une victoire éclatante.

Cette victoire attire sur la Vendée une nouvelle masse d'ennemis, qui, selon des rapports du comité de salut public, se composoit de quatre cent mille hommes. On y joignit la garnison de Mayence. Les forces de la Vendée doublent en raison des périls. Lescure, avec cinq mille huit cents hommes, disperse à Thouars trente-deux mille réquisitionnaires. La Convention ordonne la destruction entière de la Vendée; alors commence le système des incendies qu'exécutoient des colonnes justement appelées *infernales*. Les villes sont embrasées; les chaumières, les moissons et les bois réduits en cendres. L'armée de la haute Vendée vole au secours de Charette, qui battu cinq fois se relevoit toujours. M. d'Elbée rejoint l'habile général. « Où est l'ennemi ? » lui dit-il. « Il suit mes pas, répond Charette; voyez ces tourbillons de fumée ! » L'armée patriote et l'armée vendéenne se rencontrent auprès de Torfou.

La première étoit en partie composée des Mayençois, qui voyoient pour la première fois les paysans de la haute Vendée. Ceux-ci, à leur tour, n'avoient presque jamais combattu d'aussi belles troupes et aussi bien disciplinées. Il y eut de part et d'autre un mouvement de surprise et d'admiration. Le signal est donné, le combat s'engage. Les deux armées, au milieu des incendies, étoient renfermées dans un cercle de flammes qui embrasoient l'horizon : c'étoit comme une bataille aux enfers. L'impétuosité des paysans royalistes l'emporte sur la valeur disciplinée : les Mayençois, contraints de céder le terrain, se retirent en bon ordre. Ils sont défaits de nouveau à Montreuil. On eût poursuivi la victoire si Charette n'eût voulu secourir la basse Vendée, que dévastoient des colonnes incendiaires. Il entraîne d'Elbée avec lui.

Les deux armées, après avoir vaincu les républicains à Saint-Fulgent, revinrent pour attaquer les Mayençois, qui se retirèrent sous les murs de Nantes.

La Convention, consternée, pour prolonger son horrible existence veut épuiser tout le sang françois ; six armées attaquent la haute Vendée. La plupart des chefs royalistes étoient blessés, et pouvoient à peine se tenir à cheval. Nouvelle rencontre à Châtillon, nouvelle défaite des républicains. La convention fulmine des décrets exterminateurs. Une bataille terrible s'engage à La Tremblaye ; elle alloit augmenter la gloire des royalistes fidèles lorsque Lescure est blessé à mort. On se retire : les républicains entrent dans Chollet.

Le comité de salut public annonce à la Convention que la guerre est terminée ; et dans ce moment même les paysans vendéens juroient de s'ensevelir sous les ruines de leur patrie. Les chefs approuvent et embrassent eux-mêmes cette généreuse résolution : c'est un bon parti, quand on aime la gloire, que de s'attacher au malheur. On tient conseil à Beaupréau : les uns veulent marcher à Chollet et étouffer les vainqueurs au milieu de leur triomphe ; les autres prétendent qu'il faut se rabattre sur la Vendée inférieure, et s'appuyer à l'armée de Charette ; d'autres demandent qu'on passe la Loire, et que l'on change le théâtre de la guerre : l'opinion la plus héroïque, celle de La Rochejaquelein, l'emporte, et l'on se détermine à marcher droit à l'ennemi.

La France et l'Europe virent avec le plus profond étonnement ces paysans magnanimes, qu'on croyoit anéantis, venir attaquer une armée régulière animée par des succès, justement fière de sa valeur. Le combat dura dix heures. On se battit à la baïonnette. Les faubourgs de Chollet furent enlevés, abandonnés, enlevés de nouveau : tantôt le drapeau blanc rétrogradoit devant le drapeau tricolore, et tantôt le drapeau tricolore reculoit devant le drapeau blanc. Alors étoient aux prises ces terribles François dont les bataillons voyoient fuir les armées européennes. Enfin, repoussés, les paysans sont poursuivis par la cavalerie républicaine. Les officiers vendéens se forment en escadron : d'Elbée, Bonchamp, La Rochejaquelein, Allard, Dupérat, Desessarts, Beaugé, Beaurepaire, de Royrand, Duchaffaut, Renou, Forêt, Legeai, Loiseau, et cent cinquante braves couvrent les héroïques villageois, et arrêtent l'armée ennemie. Kléber fond sur l'escadron royaliste, à la tête de dix bataillons de troupes régulières. D'Elbée et Bonchamp tombent percés de coups; trente de leurs compagnons sont abattus à leurs côtés. Monté sur un cheval blessé qui jetoit le sang par les naseaux, La Rochejaquelein, blessé lui-même, ses habits criblés de balles et tailladés de coups de sabre, demeure seul chargé de la retraite. Dans ce moment, de Piron lui amène deux mille hommes : le combat renaît, se prolonge dans la nuit, laisse aux Vendéens le temps d'emporter leurs blessés et de se retirer à Beaupréau.

L'indomptable La Rochejaquelein vouloit recommencer le combat et revenir à Chollet : on ne suivit point cet avis de l'héroïsme ou du désespoir. On se replia sur Saint-Fulgent, où Bonchamp rendit le dernier soupir. D'Elbée et Lescure vivoient encore; mais ils étoient blessés mortellement : le premier fut porté à l'île de Noirmoutiers, le second resta avec l'armée.

Cependant cette armée de la haute Vendée, jadis si brillante, maintenant si malheureuse, se trouvoit resserrée entre la Loire et six armées républicaines qui la poursuivoient. Pour la première fois, une sorte de terreur s'empara des paysans; ils apercevoient les flammes qui embrasoient leurs chaumières et qui s'approchoient peu à peu; ils entendoient les cris des femmes, des vieillards et des enfants; ils ne virent de salut que dans le passage du fleuve. En vain les officiers voulurent les retenir; en vain La Rochejaquelein versa des pleurs de rage : il fallut suivre une impulsion que rien ne pouvoit arrêter. Vingt mauvais bateaux servirent à transporter sur l'autre rive de la Loire la fortune de la monarchie.

On fit alors le dénombrement de l'armée : elle se trouva réduite à trente mille soldats; elle avoit encore vingt-quatre pièces de canon, mais elle commençoit à manquer de munitions et de cartouches.

La Rochejaquelein fut élu généralissime; il avoit à peine vingt-un ans : il y a des moments dans l'histoire des hommes où la puissance appartient au génie. Lorsque le plan de campagne eut été arrêté dans le conseil, que l'on se fut décidé à se porter sur Rennes, l'armée leva ses tentes. L'avant-garde étoit composée de douze mille fantassins, soutenus de douze pièces de canon; les meilleurs soldats et presque toute la cavalerie formoient l'arrière-garde. Entre ces deux corps cheminoit un troupeau de femmes, d'enfants, de vieillards, qui s'élevoit à plus de cinquante mille. L'ancien généralissime, le vénérable Lescure, étoit porté mourant au milieu de cette foule en larmes qu'il écloiroit encore de ses conseils et consoloit par sa pieuse résignation. La Rochejaquelein, qui comptoit moins d'années et plus de combats qu'Alexandre, paroissoit à la tête de l'armée, monté sur un cheval que les paysans avoient surnommé *le daim,* à cause de sa vitesse. Un drapeau blanc en lambeaux guidoit les tribus de saint Louis, comme jadis l'arche sainte conduisoit dans le désert le peuple fidèle. Ainsi, tandis que la Vendée brûloit derrière eux, s'avançoient avec leurs familles et leurs autels ces généreux François sans patrie au milieu de leur patrie : ils appeloient leur roi, et n'étoient entendus que de leur Dieu.

Si La Rochejaquelein dans la Vendée avoit brillé par les qualités d'un soldat, il déploya sur l'autre rive de la Loire les talents d'un capitaine : les grands caractères, souvent peu remarquables dans la prospérité, font éclater leur vertu dans le malheur, au contraire des faux grands hommes, qui paroissent extraordinaires dans le bonheur et deviennent communs dans l'adversité. Les soldats de l'armée royale catholique, embrassant eux-mêmes sans s'étonner toute la grandeur de leur infortune, ne voulurent point trahir leurs revers. Jamais la Vendée ne jeta un si vif éclat que lorsque, errante et fugitive, elle étoit prête à s'évanouir au milieu des forêts de la Bretagne. Elle trompa les prophéties de Barrère : « Les Vendéens, avoit-il dit à la Convention, sont semblables à ce géant fabuleux qui n'étoit invincible que quand il touchoit la terre.

« Il faut les soulever, les chasser de leur propre terrain pour les abattre. » Le comité de salut public se trompoit : les Vendéens tiroient leurs forces de leur conscience et de leur honneur ; ils emportoient avec eux cette patrie.

La victoire ouvrit leur nouvelle carrière : Ingrande, Candé, Château-Gonthier, tombèrent devant eux ; quinze mille gardes nationaux ne les purent empêcher d'entrer dans Laval, où sept mille paysans manceaux et bretons vinrent les rejoindre.

A peine s'étoient-ils reposés deux jours dans cette ville, qu'on signala l'approche de l'ennemi. C'étoient les Mayençois, qui, fiers d'avoir forcé les Vendéens à quitter leurs foyers, croyoient qu'ils n'oseroient désormais les attendre. Ils attaquent brusquement les courageux fugitifs, qui les repoussent, les forcent à se replier sur Château-Gonthier, après leur avoir tué ou blessé seize cents hommes.

Bientôt toutes les forces conventionnelles sont réunies : elles reviennent à Laval présenter la bataille à La Rochejaquelein, qui l'accepte. M. de Lescure expirant harangue l'armée ; tout s'ébranle : on se bat avec un affreux acharnement. Les canons sont enlevés à la course, comme de coutume. On en vient à l'arme blanche, aux coups de pistolet ; on se prend aux cheveux ; on lutte corps à corps. Le général républicain Beaupuy, blessé d'un coup de feu, fait porter dans les rangs sa chemise sanglante pour encourager ses soldats. La cause juste est encore une fois victorieuse : les Mayençois sont exterminés par ces mêmes paysans qu'ils venoient de chasser de leurs chaumières.

La bataille de Laval renouvela les frayeurs des conventionnels ; ils crurent voir les Vendéens arriver à Paris. Pour se mettre à l'abri de l'invasion royaliste, on coupe les routes, on fait sauter les ponts, on détruit les magasins. Trente mille hommes des meilleures troupes sont tirés de l'armée du nord. Une autre armée, composée de gardes nationaux et des garnisons des ports, se forme à Cherbourg. On voit accourir avec leur guillotine de vieux révolutionnaires tout cassés de crimes, pour *battre monnoie* et faire des soldats. On arrête, on dépouille, on égorge tout ce qui est réputé suspect : l'innocence malheureuse paye les terreurs de la conscience coupable.

Il y avoit quelque fondement aux craintes des révolutionnaires. Le prince de Talmont, après la dernière victoire, avoit en effet proposé de marcher sur Paris, de fouiller le repaire de la Convention, ou, si la chose étoit impossible, de prendre à dos les armées républicaines de Flandre et de se réunir aux Autrichiens. Au lieu d'adopter ce plan, digne du caractère vendéen, le conseil, par des suggestions étrangères, prit le parti de diriger l'armée sur Granville, dans l'espoir d'établir une communication entre l'Angleterre et les royalistes : résolution qui perdit tout.

On prit donc la route de Granville par Mayenne, Ernée, Fougères, Antrain, Dol, Pontorson et Avranches ; on ne rencontra d'obstacles que dans les faubourgs d'Ernée et de Fougères. M. de Lescure expira avant d'entrer dans cette dernière ville. L'illustre veuve du général vendéen emporta dans un cercueil les dépouilles mortelles de son mari : elle craignit que la tombe de Lescure ne fût violée. Quelque temps après, cet homme, qui laissoit un nom immortel, fut enterré au bord d'un grand chemin, sur un coin de terre inconnu.

Arrivés devant Granville, les Vendéens brusquent la place. Les faubourgs sont forcés ; une brèche est faite aux remparts. Déjà les soldats sont sur les murs ; mais les Anglois ne paroissant point à la vue du port, la garnison continue à se défendre. La lassitude s'empare des paysans : après trente-six heures, ils abandonnent l'assaut de la ville à moitié prise. Une sédition éclate dans l'armée ; les paysans s'écrient qu'ils veulent retourner dans leur pays : ils entraînent leurs chefs. On reprend le chemin que l'on avoit parcouru.

A peine étoit-on rentré à Dol, que trois armées républicaines fondent sur l'armée royaliste. Là se donne une des plus furieuses batailles qui aient jamais été livrées entre François : elle dura deux jours ;

commencée dans les faubourgs de Dol, elle ne finit que dans les murs d'Antrain. Douze mille républicains tués ou blessés restèrent sur le champ de bataille. Ce fut à la fois la plus grande et la dernière victoire de ces royalistes qu'avoient commandés Cathelineau, d'Elbée, Lescure et La Rochejaquelein.

La Vendée retournoit comme un lion à son antre : les républicains n'osoient plus lui barrer le chemin ; ils se contentoient de l'attendre derrière des remparts. Parvenus sous les murs d'Angers, les royalistes, repoussés comme à Granville, ne peuvent passer la Loire : l'armée se rabat sur Beaugé, emporte La Flèche, se retire au Mans, où elle doit trouver son tombeau. Des réquisitionnaires, conduits par des représentants du peuple, viennent troubler ses derniers moments : elle se lève, les chasse et se repose. Arrive enfin une armée régulière, composée des débris de toutes les armées vaincues par les Vendéens. L'affaire s'engage : le géant de la Vendée se débat écrasé sous le poids de la France révolutionnaire ; il ébranle encore de ses mains le monstrueux monument de l'athéisme et du régicide ; mais la victoire échappoit aux Machabées, et le moment du sacrifice étoit venu. On s'étoit battu tout le jour aux environs de la ville ; malgré la nuit, on continuoit de se battre dans les rues, à la lueur des amorces et du feu du canon. « Il étoit neuf heures du soir, dit le bulletin publié par les généraux républicains : là une fusillade terrible s'engage de part et d'autre. On se dispute le terrain pied à pied : le combat a duré jusqu'à deux heures du matin. De part et d'autre on est resté en observation : les brigands profitèrent de l'obscurité pour évacuer la ville... Les rues, les maisons, les places publiques sont jonchées de cadavres, et depuis quinze heures ce massacre dure encore... Enfin, voici la plus belle journée que nous ayons eue depuis dix mois que nous combattons les brigands... »

Les restes de l'armée vendéenne se rapprochèrent de la Loire pour en tenter le passage. Ce n'étoient plus des soldats, mais des martyrs : des prêtres portoient des malades sur leurs épaules ; de jeunes filles, des femmes, des enfants, des vieillards expiroient dans les fossés et sur les chemins. On se crut heureux lorsque l'on parvint à Ancenis, et qu'on aperçut les champs de la patrie de l'autre côté de la Loire. Mais il n'y avoit que deux bateaux sur la rive bretonne. Quatre grosses barques chargées de foin étoient attachées à la rive opposée. La Rochejaquelein, Stofflet et Beaugé, escortés par une vingtaine de soldats, passent dans les deux bateaux, pour s'emparer des barques et les envoyer à l'armée. A peine avoient-ils mis pied à terre qu'ils sont attaqués par une grosse colonne de républicains ; l'escorte royaliste est dispersée. Forcé de se retirer au fond d'un bois, La Rochejaquelein se retrouve seul dans cette Vendée au milieu des champs de bataille déserts, où il ne rencontre plus que sa gloire.

Les corps vendéens, poursuivis sur la rive droite de la Loire, voulurent gagner le bourg de Niort. Ils étoient encore commandés par MM. Donnissan, de Marigny, Fleuriot, de Lyrot, Desessarts, de Langrenière, d'Isigny, de Piron, et par le prince de Talmont. Atteints dans Savenay, ces braves chefs firent des prodiges de valeur, qui consolent le guerrier expirant et qui souvent influent par de glorieux souvenirs sur la destinée des peuples. L'armée fut détruite; ses soldats se dispersèrent dans la forêt de Gavres, et de là se répandirent dans les autres bois de la Bretagne, comme des semences fécondes d'héroïsme et de fidélité.

Quand on a raconté tant de combats, on sent le besoin de se reposer; mais l'infatigable Vendée ne laisse pas le temps à l'historien de prendre haleine. Au moment où il croit sa tâche finie, voilà que La Rochejaquelein, Stofflet et Marigny reparoissent; Charette livre de nouveaux combats, qui finissent par un traité glorieux, et la guerre des chouans sort des débris de la grande armée vendéenne.

Cette dernière guerre différa de celle que nous venons de raconter, parce qu'elle s'établit chez un peuple dont les mœurs sous quelques rapports s'éloignent des mœurs vendéennes. D'une humeur mobile et d'un caractère obstiné, les Bretons se distinguent par leur bravoure, leur franchise, leur fidélité, leur esprit d'indépendance, leur attachement à la religion, leur amour pour leur pays. Fiers et susceptibles, sans ambition et peu faits pour les cours, ils ne sont avides ni de places, ni d'argent, ni d'honneurs. Ils aiment la gloire, mais pourvu qu'elle ne gêne en rien la simplicité de leurs habitudes; ils ne la recherchent qu'autant qu'elle consent à vivre à leur foyer comme un hôte obscur et complaisant qui partage les goûts de la famille. Tels se montrèrent Du Guesclin, Moreau, Cadoudal.

La guerre des chouans produisit une foule de petits combats et de grandes actions. Quiberon vit son sacrifice : la France révolutionnaire, en égorgeant les compagnons de Suffren, abdiqua l'empire des mers. La chouanerie, organisée dans les provinces de l'ouest, s'étendit jusqu'aux portes de Versailles. Georges Cadoudal commandoit le Morbihan, M. de Bourmont le Maine, M. de Châtillon la rive droite de la Loire, M. de La Prévalaye la haute Bretagne; la Normandie reconnut les ordres de M. de Frotté. Le Mans fut pris par M. de Bourmont, Saint-Brieuc par Cadoudal; Nantes même, qui avoit résisté à Cathelineau et à Charette, tomba pendant quelques moments au pouvoir de

M. de Châtillon. Quinze mille Vendéens se montroient encore en armes sur la rive gauche de la Loire : c'étoient les restes des nouvelles armées formées par La Rochejaquelein, Stofflet, Marigny et Charette. La Rochejaquelein avoit enfin terminé, dans un combat obscur, son éclatante carrière : un corps redoutable recevoit les ordres de Stofflet, mais ce chef violent avoit fait périr le valeureux Marigny. Charette, qui s'étoit toujours maintenu dans la basse Vendée, se faisoit admirer même des républicains par ses retraites autant que par ses attaques, par ses revers autant que par ses succès. Après mille combats et des torrents de sang versé, le général Turreau avoit donné l'ordre d'évacuer la Vendée. L'indépendance et la victoire restoient donc aux royalistes; la Convention en étoit pour les frais de ses crimes! Enfin, le 9 thermidor vint faire cesser le régime de la terreur. On adopta contre la Vendée un plan de guerre plus généreux; les deux partis, fatigués, commençoient à désirer la paix : Charette entra en négociations.

Les envoyés royalistes demandèrent le rétablissement immédiat de la religion catholique et de la monarchie légitime, la remise entre leurs mains de Louis XVII et de la jeune princesse sa sœur, le rappel des émigrés, et, en attendant l'exécution de ces clauses, l'indépendance absolue du pays des chouans et des Vendéens. Les républicains eurent l'air de se rendre à ces conditions, mais ils exigèrent qu'elles demeurassent secrètes et qu'elles ne parussent point dans le traité public, si ce traité avoit lieu. Ils voulurent que la monarchie ne fût proclamée que le 1er juillet 1795; que les enfants de Louis XVI ne fussent remis aux Vendéens que le 13 juin de la même année, et que les émigrés ne rentrassent en France qu'à cette même époque. La position de Charette l'obligea à consentir à ces délais, et à souffrir le gouvernement républicain jusqu'au moment fixé pour le rétablissement du trône. Alors un traité public fut signé à La Jaunaye, le 27 février 1795.

Ce traité accorda aux Vendéens le libre exercice de la religion catholique, la possession paisible de leur pays, un corps militaire payé par la république et commandé par Charette, l'exemption de toute réquisition et de toute conscription, le remboursement de 1,500,000 livres de bons royaux émis par les généraux royalistes; une forte indemnité en argent, mobilier, outils de labourage; la radiation des émigrés vendéens; la restitution des biens saisis et la levée des séquestres. Les royalistes conservèrent jusqu'aux fruits des biens des réfugiés patriotes, fruits qu'ils avoient perçus pendant l'insurrection : la république se chargea de dédommager les propriétaires.

Certes, si jamais les hommes ont reconnu l'empire de la vertu, c'est par ce traité de La Jaunaye. Avec qui la Convention capituloit-elle? Victorieuse dans toute l'Europe, la plupart des rois de l'Europe étoient tombés à ses pieds; la Vendée même n'existoit plus pour ainsi dire : c'étoit à ses ruines, c'étoit aux cendres des La Rochejaquelein, des Bonchamp, des Marigny, des Talmont, des Lescure, des d'Elbée, qu'on promettoit le rétablissement de la royauté légitime, tant le seul nom de la Vendée inspiroit de crainte, de respect et d'admiration! M. Dupérat, envoyé par Charette auprès des représentants pour négocier le traité, refusoit de reconnoître, même provisoirement, la république : « Quoi! lui dit un des représentants, vous ne voulez pas reconnoître une république que tous les rois de l'Europe ont reconnue? — Monsieur, répondit fièrement l'ambassadeur vendéen, ces princes-là ne sont pas des François. »

La France parut ivre de joie à la nouvelle de la conclusion du traité; la Convention elle-même, délivrée de sa frayeur, faisoit entendre des chants de triomphe; elle s'écrioit : « Enfin la Vendée est rentrée dans le sein de la république! » Mais la Convention n'avoit cherché qu'à tromper Charette pour le désarmer; elle ne tint point les conditions du traité. Charette, éclairé trop tard, recommença les hostilités. Jamais il ne déploya plus de talents et de ressources : avec quelques paysans découragés, il obtint des victoires et lutta contre une armée de cent quarante mille soldats disciplinés. Enfin, resté seul, dangereusement blessé à la tête et à la main, après avoir erré dans les bois, il fut pris par ses ennemis. En immolant ce grand homme, la Convention crut immoler à la fois la monarchie et la Vendée : Stofflet avoit péri peu de temps avant Charette.

Quand un homme extraordinaire disparoît, il se fait dans le monde une sorte de silence, comme si celui qui remplissoit la terre de son nom avoit emporté tout le bruit. Trois années de paix suivirent dans la Vendée la mort de Charette. Une conscription, dont on n'exempta pas les chouans et les Vendéens, fit reprendre les armes en 1799. L'emprunt forcé et la loi des otages augmentèrent les troubles. Toutes les provinces de l'ouest s'ébranlèrent, et ce fut alors que les chouans obtinrent les succès dont nous avons parlé plus haut. La force et la perfidie mirent fin à cette nouvelle guerre. Buonaparte étoit monté sur le trône de saint Louis.

Pendant le règne de l'usurpateur, la Vendée ne fit que soigner ses blessures et renouveler dans ses veines le sang que ses premiers combats avoient épuisé. Ses transports de joie éclatèrent à la restauration. Lors de la trahison du 20 mars, les Vendéens et les Bretons ne démentirent point leur loyauté : on vit reparoître quelques-uns de ces anciens noms si connus sous la république, si oubliés sous la monarchie. Cette terre vendéenne ne pouvoit se lasser de produire, comme des plantes naturelles à son sol, des La Rochejaquelein, des Charette, des Cathelineau : Rome avoit vu de grands citoyens se succéder ainsi dans des familles immortelles. Louis de La Rochejaquelein, frère de Henri, combat et meurt comme cet illustre frère ; il laisse lui-même un frère valeureux, une sœur héroïque pour sauver le présent, un fils pour défendre l'avenir. M. de Beauregard, digne d'être allié à cette famille, expire sur le champ de bataille. Le jeune Charette tombe comme son oncle le grand capitaine ; le jeune Cathelineau combat comme son père. M. de Suzannet perd la vie dans les lieux témoins de sa constante fidélité. N'oublions pas l'infortuné de Guignes, à peine âgé de seize ans, que l'on rencontra parmi les morts, la tête frappée d'une balle et le corps percé de six coups de baïonnette. MM. d'Autichamp, Sapinaud, Dupérat, Duchaffaut, Robert, Tranquille, Renou semblent, pour ainsi dire, sortir de la tombe ; ce dernier, surnommé *Bras de Fer*, qui avoit fait toutes les campagnes de la Vendée, ne veut pas manquer la dernière. En retrouvant ces capitaines, on croit voir revivre d'antiques personnages dont on auroit déjà lu l'histoire dans les *Chroniques* de Froissart ou dans celles de Saint-Denis. La vertu du sol vendéen fait éclore dans les nobles cœurs la vertu de la fidélité, et le général Canuel ira sauver à Lyon la monarchie qu'il a défendue au combat de Mathes.

D'une autre part, les paysans bretons et manceaux soutiennent la cause royale : MM. de La Prévalaye, de Coislin, de Grizolles, de La Boissière, de Courson, les conduisent au feu. Un traité de pacification, approuvé par les uns, blâmé par les autres, vint suspendre cette guerre des Cent Jours. Du moins, ce traité, quel qu'il soit, est encore honorable à la valeur vendéenne. Par ce traité, il est libre aux généraux vendéens de rester en France ou de passer en Angleterre, de vendre et d'emporter leurs propriétés ; s'ils se décident à rester en France, ils peuvent habiter partout où ils voudront : « En traitant, dit l'article 4, avec des François qui dans leurs erreurs même, ont montré une loyauté constante, toute défiance seroit injuste. » Tous les individus arrêtés seront mis en liberté, aucune levée d'hommes ne peut avoir lieu dans le pays insurgé pendant le cours de 1815. Buonaparte s'engage à demander et à obtenir des chambres un dégrèvement pour les impositions des provinces de l'ouest. Les individus qui ont des talents seront admis aux places aux mêmes conditions que les autres citoyens. On accordera des récompenses et des pensions à ceux qui ont contribué à la pacification générale. Buonaparte s'en rapporte à la loyauté des signataires de la pacification pour la remise des armes et des munitions qui ont été débarquées sur nos côtes.

Et c'est l'ancien maître du monde qui suspend sa conscription et ses impôts, qui traite avec de tels égards des hommes armés contre sa puissance !

La première guerre de la Vendée fut utile à la monarchie légitime, en maintenant l'honneur de cette monarchie, en prouvant la force des véritables défenseurs de cette monarchie. Elle finit par un traité, qui fut violé à la vérité, mais dont les clauses secrètes stipuloient le rétablissement de l'autorité légitime. Charette fit donc avec dix mille paysans, à Nantes, ce que l'Europe n'a pu faire que vingt ans après, avec trois cent mille hommes, à Paris.

La France monarchique et les rois de l'Europe veulent-ils savoir combien la Vendée a été utile, combien elle a retardé leur défaite et suspendu leurs revers, qu'ils écoutent Barrère parlant à la Convention au nom du comité de salut public : « C'est à la Vendée, dit-il, que correspondent les aristocrates, les fédéralistes, les départementaires, les sectionnaires ; c'est à la Vendée que se reportent les vœux coupables de Marseille, la vénalité honteuse de Toulon, les mouvements de l'Ardèche, les troubles de la Lozère, les conspirations de l'Eure et du Calvados, les espérances de la Sarthe et de la Mayenne, le mauvais esprit d'Angers et les sourdes agitations de quelques départements de l'ancienne Bretagne.

« Détruisez la Vendée, Valenciennes et Condé ne sont plus au pouvoir de l'Autrichien.

« Détruisez la Vendée, l'Anglois ne s'occupera plus de Dunkerque.

« Détruisez la Vendée, et le Rhin sera délivré des Prussiens.

« Détruisez la Vendée, l'Espagne se verra harcelée, conquise par les méridionaux joints aux soldats victorieux de Mortagne et de Chollet.

« Détruisez la Vendée, et Lyon ne résistera plus ; Toulon s'insurgera contre les Espagnols et les Anglois, et l'esprit de Marseille se relèvera à la hauteur de la révolution républicaine.

« Enfin, chaque coup que vous porterez à la Vendée retentira dans les villes rebelles, dans les départements fédéralistes et dans les frontières envahies. »

Le comité de salut public ne disoit que trop vrai, et la Vendée détruite ou pacifiée livra le monde à la puissance des François.

La seconde guerre de la Vendée a été du plus grand secours à l'autorité légitime. Pendant les négociations qui eurent lieu à Paris avec les puissances coalisées, le ministère ne présenta-t-il pas les armées royales de l'intérieur comme le contingent du roi? En considération de l'entretien de ces armées, n'allégea-t-on pas les charges imposées à la France? Les alliés eux-mêmes ne sont pas moins redevables à cette seconde Vendée. « L'armée de la Vendée, dit le général Gourgaud, commandée par le général Lamarque, comptoit huit régiments d'infanterie de ligne, deux de jeune garde, deux de cavalerie et dix escadrons de gendarmerie, partie à pied, partie à cheval, formant plus de trois mille gendarmes... »

« La guerre de la Vendée, ajoute-t-il ailleurs, allumée le 15 mai, avoit diminué l'armée du nord d'une quinzaine de mille hommes, dont trois régiments de dragons, deux de la jeune garde et un bon nombre de détachements et de troisièmes bataillons. »

Eh bien, supposons que ces quinze mille hommes eussent pu rejoindre Buonaparte, nous demandons quel eût été le résultat de la bataille de Waterloo? A quoi le succès de cette bataille a-t-il tenu? Quel léger poids pouvoit faire pencher la balance?

Que seroient devenus l'Europe et la légitimité en cas de revers? Le même général Gourgaud va répondre. « On proposoit, dit-il, de réunir au 15 juin le plus de troupes qu'il seroit possible, et l'on calculoit pouvoir réunir de cent trente à cent quarante mille hommes sur la frontière du nord; d'attaquer aussitôt, de disperser les Anglois et de chasser les Prussiens au delà du Rhin. Cela obtenu, tout étoit terminé; une révolution dans le ministère auroit lieu à Londres; la Belgique se lèveroit en masse, et toutes les troupes belges passeroient sous leur ancien étendard : toutes les troupes de la rive gauche du Rhin, celles de Saxe, de Bavière, de Wurtemberg, etc., fatiguées du joug de la Prusse et de l'Autriche, se tourneroient du côté de la France, etc. »

Il est possible que les événements eussent trompé tous ces calculs, mais du moins il est certain que le sang du second La Rochejaquelein et du second Charette, que le sang de Suzannet et de plusieurs autres royalistes françois n'a pas inutilement coulé pour les rois de l'Europe. Mais quand l'immolation de la victime sans tache a désarmé la colère du ciel, songe-t-on au sort de la victime?

Il reste prouvé que dans aucun pays, que dans aucun temps, jamais sujets n'ont servi leurs rois comme les Vendéens ont servi le leur. Nous allons bientôt voir ce qu'ils ont souffert pour la cause qu'ils défendoient; mais on perdroit une partie de l'admiration que l'on doit avoir pour les grandes choses qu'ils ont faites si l'on ne s'arrêtoit un moment au détail de leurs mœurs et de leur caractère. Les foibles moyens avec lesquels ils ont commencé une lutte gigantesque en rendent les résultats plus prodigieux.

Les Vendéens eurent pour premières armes quelques méchants fusils de chasse, des bâtons durcis au feu, des faux, des broches et des fourches. Leurs cavaliers étoient montés sur des chevaux de labourage. Ils se servoient de bâts faute de selles, de cordes au lieu d'étriers. On voyoit sur le champ de bataille, en face des troupes républicaines, des paysans en sabots, vêtus d'une casaque brune et bleue, rattachée par une ceinture de mouchoirs. Leur tête étoit recouverte d'un bonnet ou d'un chapeau rond à grands bords. Ces bonnets ou ces chapeaux étoient ornés de chapelets, de plumets blancs ou de cocardes de papier blanc. Lorsque les Vendéens avoient un sabre, ils l'attachoient à leur côté avec une ficelle : ils suspendoient pareillement leurs fusils à leurs épaules, comme des chasseurs. Presque tous portoient une image de la croix, ou du sacré-cœur, attachée sur leur poitrine. Si les sacrifices à l'honneur et à la fidélité, si l'extrême indigence et l'extrême courage pouvoient être ridicules, les Vendéens l'auroient été quelquefois. Ils remplaçoient leurs chétifs vêtements pourris par les pluies, percés par les balles, avec tout ce que le hasard offroit à leur héroïque misère : on a vu un de leurs officiers se battre entortillé dans une robe de juge ; un autre s'élancer et mourir au milieu du feu, n'ayant pour couvrir sa nudité qu'un morceau de serge. Un adjudant patriote ayant été conduit à M. de La Rochejaquelein, alors généralissime, il trouva celui-ci dans une hutte à branchages, vêtu d'un habit de paysan, le bras en écharpe, un bonnet de laine sur la tête.

La bravoure des Vendéens étoit reconnue même de leurs plus implacables ennemis. L'antiquité ne nous a point transmis de paroles plus belles que ces paroles si connues de La Rochejaquelein : *Si j'avance, suivez-moi ; si je recule, tuez-moi ; si je meurs, vengez-moi.* A la première affaire de Laval, le jeune guerrier poursuivant l'ennemi se trouve seul en face d'un grenadier qui chargeoit son arme. La Rochejaquelein étoit à cheval, mais blessé, et portant le bras droit en écharpe : il fond sur le grenadier, le saisit au collet avec la seule main qu'il eût de libre. Le grenadier se débat et cherche à percer de sa baïonnette le cheval et le cavalier. Des paysans surviennent et veulent tuer le grenadier. La Rochejaquelein le sauve, et lui dit : « Va rejoindre tes chefs ; tu leur annonceras que tu as lutté avec le général de l'armée royale, qu'il ne porte point d'armes, qu'il n'a qu'une main de libre, et que tu n'as pu le blesser. » C'est tout le soldat françois.

Le général Turreau a peint La Rochejaquelein dans une seule ligne : « J'ai ordonné au général Cordelier, écrit-il, de faire déterrer La Rochejaquelein et de tâcher d'acquérir des preuves de sa mort. » Quel est donc cet étrange jeune homme dont il faut déterrer le cadavre pour tranquilliser une république qui comptoit dans ses camps un million de soldats victorieux? Quel est donc ce héros de vingt-un ans qui causoit aux ennemis des rois la même frayeur qu'inspiroit aux Romains le vieil Annibal exilé, désarmé et trahi?

Bonchamp rappeloit toutes les vertus de Bayard; même désintéressement, même humanité, même courage. C'étoit un de ces François tels que les formoient nos anciennes mœurs et tels qu'on n'en verra plus. Une foule de prisonniers républicains lui durent la vie; il engagea le patrimoine de ses pères pour soutenir ses compagnons d'armes. Un représentant du peuple écrivoit à la Convention : « La perte de Bonchamp vaut une victoire pour nous, car il est de tous les chefs des Vendéens celui en qui ils avoient le plus de confiance, qu'ils aimoient le mieux et qu'ils suivoient le plus volontiers. » Des historiens prétendent que les républicains mutilèrent son cadavre et envoyèrent sa tête à la Convention.

La religion sembloit dominer particulièrement dans le jeune Lescure; il communioit tous les huit jours; il avoit porté longtemps un cilice, dont on voyoit la marque sur sa chair. Cette armure n'étoit pas à l'épreuve de la balle, mais elle étoit à l'épreuve des vices; elle ne défendoit pas le cœur de Lescure contre l'épée, elle le mettoit à l'abri des passions. Plus de vingt mille prisonniers patriotes, sauvés par l'humanité du général vendéen, trouvèrent sans doute qu'un cilice étoit aussi bon dans les combats qu'un bonnet rouge.

Stofflet, brave soldat, chef intelligent, mourut en criant *vive le roi!* Il avoit du cœur, et de cette vertu opiniâtre qui ne cède jamais à la fortune, mais qui ne la dompte jamais.

Charette commanda le feu du peloton qui lui arracha la vie; lui seul se trouva digne de donner le signal de sa mort. Jamais capitaine, depuis Mithridate, n'avoit montré plus de ressource et de génie militaire.

Le fier d'Elbée, couvert de blessures, fut pris dans l'île de Noirmoutiers; sa foiblesse l'empêcha de se lever. Ceux qui l'avoient vu si souvent debout sur le champ de bataille le fusillèrent dans un fauteuil. On eût dit d'un monarque recevant sur son trône les hommages de la fidélité.

Le prince de Talmont, en allant à la mort, prouva qu'il étoit du sang de La Trémouille. « Fais ton métier, dit-il au bourreau; je fais mon devoir. »

De tous ces chefs, les uns étoient nobles, les autres sortis des classes moins élevées de la société; les talents marquoient les rangs.

Le noble obéissoit au roturier, et le roturier au noble, selon le mérite ; et tandis que la Convention décrétoit l'égalité et la liberté en créant le despotisme, l'égalité et la liberté ne se trouvoient qu'à l'armée royale et catholique de la Vendée.

« Une manière de combattre que l'on ne connoissoit pas encore, dit le général Turreau, un attachement inviolable à leur parti, une confiance sans bornes dans leurs chefs, une telle fidélité dans leurs promesses qu'elle peut suppléer la discipline ; un courage indomptable et à l'épreuve de toutes sortes de dangers, de fatigues et de privations : voilà ce qui fait des Vendéens des ennemis redoutables, et ce qui doit les placer dans l'histoire au premier rang des peuples soldats... Ce fut cette espèce de délire et d'enthousiasme qui, dans des temps de ténèbres et d'ignorance, emporta nos premiers croisés dans les plaines brûlantes de l'Afrique et de l'Asie. Les défenseurs de l'autel et du trône sembloient avoir pris nos anciens preux pour modèles. Leurs bannières étoient ornées de devises qui rappeloient les hauts faits de la chevalerie. »

Un autre général écrivoit à Merlin de Thionville, après la déroute de Savenay : « Je les ai bien vus, bien examinés ; j'ai reconnu ces mêmes figures de Chollet et de Laval. A leur contenance et à leur mine, je te jure qu'il ne leur manquoit du soldat que l'habit. Des troupes qui ont battu de tels François peuvent bien se flatter de vaincre tous les autres peuples. »

N'est-il pas singulier qu'un général républicain dise des paysans de la Vendée ce que les soldats de Probus disoient de nos ancêtres : « Nous avons vaincu mille barbares de la nation des Francs : combien n'allons-nous pas vaincre de Perses ! »

« L'inexplicable Vendée, s'écrioit Barrère à la Convention, existe encore ; de petits succès de la part de nos généraux ont été suivis de plusieurs défaites... L'armée que le fanatisme a nommée catholique et royale paroît un jour n'être pas considérable, elle paroît formidable le lendemain. Est-elle battue, elle devient comme invincible ; a-t-elle du succès, elle est immense... Jamais depuis la folie des croisades on n'avoit vu autant d'hommes se réunir qu'il y en a eu tout à coup sous les drapeaux de la liberté pour éteindre à la fois le trop long incendie de la Vendée... La terreur panique a tout frappé, tout effrayé, tout dissipé comme une vaine vapeur. La Vendée a fait des progrès ; c'est dans la Vendée que vous devez déployer toute l'impétuosité nationale et développer tout ce que la république a de puissance et de ressources. La Vendée est encore la Vendée. »

Ainsi parloit de la Vendée, à la Convention nationale, le comité de salut public, après avoir annoncé, quelque temps auparavant, que la Vendée n'existoit plus... Buonaparte, qui se connoissoit en choses extraordinaires, avoit surnommé les Vendéens *le peuple de géants*.

Les femmes rivalisoient d'héroïsme avec les hommes dans le grand dévouement de la Vendée. Comme les matrones de Sparte, elles gardoient leurs maisons les armes à la main, tandis que leurs maris se battoient; mais, moins heureuses que les Lacédémoniennes, elles virent la fumée du camp ennemi, et ces ennemis étoient des François! On en compte plusieurs tuées sur le champ de bataille; d'autres y reçurent des blessures. A l'affaire de Dol, une simple servante ramena la victoire, en se mettant à la tête des Vendéens et en criant : *A moi les Poitevins!* Même magnanimité dans les prêtres qui suivoient les soldats du Dieu vivant. Le lendemain de la déroute de Savenay, un curé qui avoit perdu la vue erroit dans la campagne avec un guide. Des hussards républicains le rencontrent. « Quel est le vieillard que tu mènes? » disent-ils au guide. « C'est un vieux paysan aveugle, » répond celui-ci. « Non, messieurs, reprend le véridique pasteur, je suis un prêtre. »

La religion animoit également tous les cœurs : « Rends-moi les armes, » crioit un soldat républicain à un paysan. « Et toi, rends-moi mon Dieu, » répliqua le paysan. Lorsque les Vendéens étoient prêts à attaquer l'ennemi, ils s'agenouilloient et recevoient la bénédiction d'un prêtre. Ils ne couroient point à la mort comme les bêtes des bois, sans penser à celui qui nous a donné nos jours pour les sacrifier quand il le faut à l'honneur et à la patrie. La prière prononcée sous les armes n'étoit point réputée foiblesse; car le Vendéen qui élevoit son épée vers le ciel demandoit la victoire, et non pas la vie.

Dans le cours de sept années, depuis 1793 jusqu'à 1799, on compte dans la Vendée et dans les provinces de l'ouest deux cents prises et reprises de villes, sept cents combats particuliers et dix-sept grandes batailles rangées. La Vendée tint à diverses époques soixante-dix et soixante-quinze mille hommes sous les armes; elle combattit et dispersa à peu près trois cent mille hommes de troupes réglées et six à sept cent mille réquisitionnaires et gardes nationaux; elle s'empara de cinq cents pièces de canons et de plus de cent cinquante mille fusils. On a vu ce qu'elle fit, par ses combats et par ses traités, pour la cause du roi légitime et même pour celle de tous les souverains de l'Europe : quand on aura examiné ce qu'elle a souffert pour cette même cause, on aura une idée complète de ses sacrifices et de ses vertus.

CE QUE LA VENDÉE A SOUFFERT

POUR LA MONARCHIE.

Les premiers martyrs vendéens furent les paysans pris à l'affaire de Bressuire, le 24 août 1792. Ils refusèrent de crier *vive la nation!* et on les fusilla pour s'être obstinés à crier *vive le roi!* Bientôt aux fléaux ordinaires de la guerre se joignent des espèces d'atrocités légales, telles que pouvoient les inventer une Convention et un comité de salut public. Les troupes républicaines eurent ordre de ne faire aucun prisonnier, de tout dévaster, de tout égorger, de brûler les chaumières, d'abattre les arbres, de faire de la Vendée un vaste tombeau.

« Il sera envoyé à la Vendée par le ministre de la guerre, dit l'article 2 du décret de la Convention du 2 août 1793, des matières combustibles de toutes espèces pour incendier les bois, les taillis et les genêts. »

Article 7. « Les forêts seront abattues, les repaires des rebelles seront détruits, les récoltes seront coupées, et les bestiaux seront saisis. Les biens des rebelles seront déclarés appartenir à la république. »

Autre décret ainsi conçu : « Soldats de la liberté, il faut que les brigands de la Vendée soient exterminés avant la fin du mois d'octobre. Le salut de la patrie l'exige, l'impatience du peuple françois le commande, son courage doit l'accomplir. »

Autre décret qui ordonne que toutes les villes qui se rendront aux Vendéens seront rasées.

Les représentants du peuple, par un arrêté du 21 décembre, avoient organisé une compagnie d'incendiaires. On forma les fameuses colonnes infernales. Au moment où elles se mirent en marche, un général leur fit cette harangue :

« Mes camarades, nous entrons dans le pays insurgé ; je vous donne l'ordre de livrer aux flammes tout ce qui sera susceptible d'être brûlé et de passer au fil de la baïonnette tout ce que vous rencontrerez d'habitants sur votre passage. » Il faut remarquer qu'avant cet ordre presque toutes les villes de la Vendée avoient été brûlées, et qu'il ne restoit plus à incendier que les hameaux et les chaumières isolées.

« En cinq jours, dit un nouvel historien [1], toute la Vendée fut cou-

---

1. En rappelant toutes ces horreurs, la probité historique oblige de dire qu'il y eut en Vendée des chefs républicains pleins d'honneur et d'humanité. Non-seulement ces

vertes de débris et de cendres. Soixante mille hommes, le fer et la flamme à la main, la traversèrent dans tous ses contours, sans y laisser rien debout, rien de vivant. Toutes les atrocités précédemment commises n'avoient été qu'un jeu en comparaison de ces nouvelles horreurs. Ces armées, vraiment infernales, massacrèrent à peu près le quart du reste de la population. »

Des républicains, témoins oculaires, décrivent ainsi la marche des colonnes infernales :

« On partit de La Floutière après avoir incendié le bourg. Le général m'ordonna de le suivre et de ne pas m'éloigner de lui : dans la route, on pilloit, on incendioit ; depuis La Floutière jusqu'aux Herbiers, dans l'espace d'une lieue, on suivoit la colonne autant à la trace des cadavres qu'elle avoit faite qu'à la lueur des feux qu'elle avoit allumés : dans une seule maison, on tua deux vieillards, mari et femme, dont le plus jeune avoit au moins quatre-vingts ans... Les hussards surtout étoient les plus acharnés : ce sont des désorganisateurs, qui ne savent que piller, massacrer et couper en morceaux... La colonne de... a brûlé des blés, des fourrages, massacré des bestiaux...

« A peine les députés furent-ils de retour, que la colonne de Pouzange, sous les ordres du général, se porta dans la commune de Bonpère, l'incendia en grande partie, massacra indistinctement les hommes et les femmes qui se trouvèrent devant elle, fit périr par les flammes plus de trois mille boisseaux de blé, au moins huit cent milliers de foin et plus de trois mille livres de laine...

« Le 12, la scène augmenta d'horreur. Le général part avec sa colonne, incendie tous les villages, toutes les métairies, depuis La Floutière jusqu'aux Herbiers. Dans une distance de près de trois lieues, où rien n'est épargné, les hommes, les femmes, les enfants même à la mamelle, les femmes enceintes, tout périt par les mains de sa colonne. Enfin de malheureux patriotes, leurs certificats de civisme à la main, demandent la vie à ces forcenés, ils ne sont pas écoutés : on les égorge. Pour achever de peindre les forfaits de ce jour, les foins ont été brûlés dans les granges, les grains dans les greniers, les bestiaux dans les étables ; et quand de malheureux cultivateurs connus de nous par leur civisme ont eu le malheur d'être trouvés à délier leurs bœufs, il n'en a pas fallu davantage pour les fusiller ; on a

---

chefs ne se souillèrent point par les forfaits que nous tirons à regret de l'oubli, mais ils s'y opposèrent de tout leur pouvoir. Le général Quétineau, par exemple, fut un digne et noble ennemi des Vendéens ; aussi fut-il fusillé par son parti, qui lui fit un crime de sa vertu.

même tiré et frappé à coups de sabre des bestiaux qui s'échappoient. »

« Si la population qui reste dans la Vendée n'étoit que de trente à quarante mille âmes (dit un représentant du peuple), le plus court sans doute seroit de tout égorger, ainsi que je le croyois d'abord ; mais cette population est immense : elle s'élève encore à quatre cent mille hommes, et cela dans un pays où les ravins et les vallons, les montagnes et les bois diminuent nos moyens d'attaque en même temps qu'ils multiplient les moyens de défense des habitants.

« S'il n'y avoit nul espoir de succès par un autre mode, sans doute encore qu'il faudroit tout égorger, y eût-il cinq cent mille hommes. »

Il ajoute ensuite : « Il ne faut point faire de prisonniers : dès que l'on trouve des hommes ou les armes à la main, ou en attroupement de guerre, quoique sans armes, il faut les fusiller sans déplacer.

« Il faut mettre à prix la tête des étrangers, pourvu qu'on les amène vivants, afin de n'être pas trompés, et qu'on n'apporte point la tête des patriotes.

« Il faut mettre les ci-devant nobles et les ci-devant prêtres surtout à un prix, avec promesse d'indulgence, d'ailleurs, pour ceux des insurgés qui les livreront.

« Il faut mettre la personne des chefs à un prix très-considérable, qui sera payé en entier si on les amène réellement, et à moitié seulement si on ne fait qu'indiquer le lieu où les prendre, pourvu que le succès suive l'indication. »

Remarquez que ce représentant du peuple, qui est révolté des horreurs commises dans la Vendée, étoit accusé lui-même d'avoir tué de sa propre main, dans les prisons, des prisonniers vendéens, d'en avoir fait fusiller cinq cents autres, d'avoir fait manger le bourreau à sa table et d'avoir forcé des enfants à tremper leurs pieds dans le sang de leurs pères.

Les vieillards, les femmes et les enfants qui suivirent l'armée vendéenne au delà de la Loire périrent en grande partie après la défaite du Mans. Les femmes, après avoir essuyé les derniers outrages, furent égorgées : on exposa dans les rues leurs cadavres nus unis aux cadavres des Vendéens massacrés ; et ces embrassements de la mort furent le sujet d'une plaisanterie républicaine.

Dans une dénonciation juridique, on trouve qu'un général « avoit voulu contraindre une servante à aller chercher une salade dans un jardin *où étoit un cadavre détruit par son ordre*, en lui disant... *Si tu n'y vas pas, je t'attacherai les mains, je te violerai sur le cadavre, et te ferai fusiller après.* »

Une pauvre fille, appelée Marianne Rustand, de la commune du petit bourg des Herbiers, déclara que lorsque les volontaires de la division de... arrivèrent chez elle, elle alla au-devant d'eux pour leur faire voir un certificat qu'elle avoit du général Bard : ceux-ci lui répondirent qu'ils en vouloient à sa bourse et à sa vie; ils lui volèrent 49 livres, et l'obligèrent, en la menaçant, de rentrer chez elle pour leur montrer l'endroit où elle pourroit avoir d'autre argent caché. « Dès qu'elle fut entrée, dit le rapport, quatre d'entre eux la prirent et la tinrent, tandis que les autres assouvirent leur brutale passion sur elle et la laissèrent presque nue; après quoi ils furent mettre le feu dans les granges; ce que voyant la déclarante, elle rassembla toutes ses forces pour aller faire échapper les bestiaux : ce que trois d'eux voyant, ils coururent après elle pour la faire brûler avec ses bœufs; et étant enfin parvenue à s'en échapper, elle se rendit auprès de sa mère, âgée d'environ soixante-dix ans, lui trouvant un bras et la tête coupés, après lui avoir pris environ 900 livres, seul produit de ses gages et de leur travail. Enfin elle fut obligée de l'enterrer elle-même. Après quoi elle se couvrit des hardes qu'on avoit laissées sur sa mère, et parvint enfin à se rendre chez le citoyen Graffard des Herbiers, où elle fut en sûreté, et a déclaré ne savoir signer. »

Nantes seul engloutit quarante mille victimes. Julien mandoit à Robespierre qu'une foule innombrable de soldats royaux avoient été fusillés à la porte de la ville, et que cette masse de cadavres entassés, jointe aux exhalaisons de la Loire, toute souillée de sang, avoit corrompu l'air.

Un autre représentant écrivoit : « Les délits ne sont pas bornés au pillage dans la Vendée : le viol et la barbarie la plus outrée sont dans tous les coins; on a vu des militaires républicains violer des femmes rebelles sur des pierres amoncelées le long des grandes routes, et les fusiller ou les poignarder en sortant de leurs bras; on en a vu d'autres porter des enfants au bout de la baïonnette ou de la pique qui avoit percé du même coup et la mère et l'enfant. »

Philippeaux (le conventionnel) attribue la disette qui affligeoit la France en 1793 aux horreurs gratuites dont la Vendée étoit le théâtre, à l'incendie des subsistances et des chaumières, à la destruction des animaux et de toutes les ressources agricoles, dans un pays qui fournissoit quatre cents bœufs par semaine au chef-lieu de la république.

Les prisonniers que par hasard on ne massacroit pas sur le champ de bataille, les vieillards, les femmes et les enfants étoient conduits en différents lieux, et principalement à Nantes. Là on les égorgeoit, on les guillotinoit. M. de Castelbajac a rapporté, dans un article sur la Convention, l'histoire déplorable de ces enfants vendéens des deux sexes qui se réfugioient entre les jambes des soldats chargés de les fusiller. Le philosophe Carrier inventa principalement pour les Vendéens les mariages républicains et le bateau à soupape. On sait que le comité de salut public avoit fort encouragé le patriote qui proposoit la construction d'une guillotine à cinquante couteaux, pour faire tomber à la fois cinquante têtes.

Le chirurgien Geainou écrit à Robespierre : « Il faut te dire que des soldats *indisciplinés* (les ordres de tuer tout ce qui se présentoit étoient *légaux*) se sont portés dans les hôpitaux de Fougères, y ont égorgé les blessés des brigands dans leurs lits. Plusieurs femmes des brigands y étoient malades. Ils... et les ont égorgées après. »

Six cents détenus furent enfermés à Doué, dans une prison qui ne recevoit l'air que par un soupirail ; les prisonniers y périssoient étouffés en poussant de sourds mugissements. On n'enlevoit ni les ordures des moribonds ni les cadavres des morts. Le règne de la raison et de la fraternité renouveloit le supplice de Mézence dans les cachots de la Vendée. Enfin la présence d'un soldat républicain finit par produire l'effet de la présence d'une bête féroce : les chiens des paysans, instruits par leurs maîtres, se taisoient quand ils voyoient un proscrit, et poussoient à l'approche d'un *bleu* d'affreux hurlements.

Le massacre des enfants et surtout des femmes est un trait caractéristique de la révolution. Vous ne trouverez rien de semblable dans les proscriptions de l'antiquité. On n'a vu dans le monde entier qu'une révolution *philosophique,* et c'est la nôtre. Comment se fait-il qu'elle ait été souillée par des crimes jusque alors inconnus à l'espèce humaine ? Voilà des faits devant lesquels il est impossible de reculer. Expliquez, commentez, déclamez, la chose reste. Nous le répétons : le meurtre général des femmes, soit par des exécutions militaires, soit par des condamnations prétendues juridiques, n'a d'exemples que dans ce siècle d'humanité et de lumières. Au reste, quand on nie la religion, on rejette le principe de l'ordre moral de l'univers : alors il est tout simple qu'on méconnoisse et qu'on outrage la nature.

Plus de six cent mille royalistes ont péri dans les guerres de la Vendée. Presque tous les chefs trouvèrent la mort sur le champ de bataille ou dans les supplices. On évalue à 150 millions la perte causée par l'incendie des moissons, des bois, des grains, des bestiaux. On porte à onze cent mille le nombre des bœufs brûlés ou égorgés. Cinq cents lieues planimétriques furent ravagées et converties en désert.

Nous traversâmes la Vendée en 1803. Sa population n'étoit pas encore rétablie. Des ossements blanchis par le temps et des ruines noircies par les flammes frappoient çà et là les regards dans des champs abandonnés. Un demi-siècle d'une administration paternelle ne feroit pas disparoître de ce sol les touchants et nobles témoins de sa fidélité. La plupart des villes et des villages, Argenton, Bressuire, Châtillon, Chollet, Montaigu, Tiffauges, etc., sont à peine rebâtis à moitié.

Ministres du roi légitime, qu'avez-vous fait pour ce pays? Avez-vous pansé les plaies du Vendéen? avez-vous couvert sa nudité, relevé ses cabanes, soulagé son infortune? Quelle mesure avez-vous prise pour la restauration de cette province fidèle? quelle ordonnance est venue la consoler? quelle loi reconnoissante a voué à l'admiration de la postérité tant de nobles sacrifices? Loin d'accueillir le Vendéen, ne l'auriez-vous pas repoussé? ne vous auroit-il pas paru suspect? n'auriez-vous point cherché des conspirations dans le sanctuaire de la fidélité? n'auriez-vous point préféré aux habitants du Marais et du Bocage les hommes qui les ont égorgés ou les hommes dont les principes menacent de nous ramener les mêmes crimes et les mêmes malheurs? Tel qui porta le fer et la flamme dans le sein de la Vendée ne jouit-il pas d'une pension considérable, tandis que tel Vendéen meurt de faim et de misère? Ministres du roi légitime, qu'avez-vous fait pour la Vendée? Voyons vos actes. Si vous vous étiez rendus coupables de la plus cruelle des ingratitudes envers un pays dont le dévouement marquera dans les annales du monde, sachez que vous auriez porté un coup mortel à cette monarchie que vous prétendez sauver.

CE QUE LES MINISTRES DU ROI ONT FAIT

POUR LA VENDÉE.

Rome reconnoissoit que sa puissance lui venoit de sa piété envers les dieux. La liberté romaine, ayant ainsi au fond de ses lois une force sacrée, ne fut point emportée subitement de la terre; elle lutta longtemps dans une cruelle agonie contre la servitude des césars.

La France, encore plus sainte et plus antique que Rome, s'est pareillement défendue dans la Vendée; sa résistance offre encore un plus grand caractère.

Lorsque Pompée combattit à Pharsale, Brutus aux champs de Philippes, Caton à Utique, une partie du gouvernement étoit avec ces puissants citoyens ; ils étoient eux-mêmes les rois de Rome ; ils appartenoient à ce sénat qui partageoit la souveraineté avec le peuple : des provinces considérables de l'Europe, de l'Afrique et de l'Asie reconnoissoient leur autorité.

Mais qu'étoit-ce que la Vendée? Une petite contrée obscure, sans armes, sans richesses. Quels furent ses premiers chefs? Des hommes jusque alors ignorés, quelques pauvres gentilshommes, un voiturier, un garde-chasse. Aucun pouvoir politique légal n'ajoutoit de poids aux efforts de ces défenseurs des anciennes institutions. La Vendée n'avoit jamais vu les rois pour lesquels elle versoit son sang : l'un étoit mort sur l'échafaud, l'autre dans les fers; le troisième erroit exilé sur la terre. Que la Vendée dans cette position, abandonnée à ses seules ressources, ait été au moment de triompher d'une république dont les armes menaçoient le monde, n'est-ce pas un magnifique éloge de nos vieilles lois? Quel principe de vie devoit exister dans les entrailles de ce gouvernement pour produire une résistance aussi prodigieuse! Quand nous verrons les politiques du jour souffrir pour leurs doctrines ce que les Vendéens ont souffert pour leurs principes, alors nous dirons que ces doctrines sont fortes. Mais si les partisans de ces doctrines ont été depuis trente ans du côté des oppresseurs, et jamais parmi les opprimés; si, au lieu d'élever contre la tyrannie une Vendée républicaine, ils ont porté tour à tour le bonnet de Robespierre et la livrée de Buonaparte, alors nous dirons que leurs doctrines sont foibles, qu'elles ne pourront fonder que des sociétés périssables comme elles.

Le tableau des faits d'armes et celui des souffrances des Vendéens sont sous les yeux des lecteurs : ils cherchent sans doute à présent le troisième tableau ; ils espèrent lire en lettres d'or le catalogue des récompenses, après avoir lu en caractères de sang le dénombrement des services : ils savent que la France n'a jamais oublié ce qu'on a fait pour elle. Le trésor de nos chartes est rempli des grâces, des honneurs, des immunités accordées aux villes et aux provinces qui se sont dévouées à la cause de nos rois. Par une ordonnance du mois de septembre 1347, « le roi (Philippe de Valois) donne aux habitants de Calais toutes les forfaitures, biens, meubles et héritages qui échoiront au roi pour quelque cause que ce soit, comme aussi tous les offices, quels qu'ils soient, vacants, dont il appartient au roi ou à ses enfants d'en pourvoir, pour la fidélité qu'ils ont gardée au roi, et jusqu'à ce qu'ils soient tous et un chacun récompensés des pertes qu'ils ont faites à la prise de leur ville. »

A-t-on donné aux Vendéens des *meubles* et des *héritages*? Ont-ils reçu *des offices, quels qu'ils soient, vacants*, pour *la fidélité qu'ils ont gardée au roi*, jusqu'à ce qu'ils soient *tous et un chacun récompensés*? Le Vendéen n'a point été dégrevé d'impôts. Les ministres chassent les royalistes de toutes les places; ils ne reconnoissent que la *nation nouvelle*. Mais si la politique a ses lois *nouvelles*, la religion et la justice ont leurs *antiques* droits; et quand ceux-ci sont violés, tous les sophistes de la terre n'empêcheroient pas une société de se dissoudre.

Le souverain d'une monarchie constitutionnelle ne se découvre pas dans tous les actes du gouvernement : il sait, selon sa sagesse, quand il doit survenir ou quand il doit laisser paroître ses ministres. Lorsqu'il s'est agi du sort de la Vendée, Louis XVIII a pensé qu'il ne devoit pas se retirer dans sa puissance : il a voulu montrer sa main au peuple généreux qui s'étoit donné pour lui en spectacle aux hommes. Ce que le roi a fait pour les royalistes de l'ouest est admirable : non content de prodiguer à ces victimes les marques particulières de sa bienfaisance, il a exigé que ses ministres secondassent ses vues paternelles, que des actes du gouvernement assurassent à des sujets dévoués des secours mérités, une existence honorable : nous allons voir comment ses ordres ont été exécutés.

En 1814, on fit un travail relatif aux veuves et aux blessés vendéens : dans ce travail on oublia une partie des malheureux qui avoient des droits à la munificence royale. On s'occupa encore moins de retirer quelques bons, de payer quelques dettes contractées au nom du roi pour la subsistance des armées royales, après que les chefs et les soldats eurent épuisé leurs dernières ressources. Les bons étoient à peu près semblables à ceux que la Convention avoit consenti à payer.

Buonaparte reparut. La Vendée, oubliée des ministres, n'hésita pas à prendre les armes : l'honneur compte les périls, et non les récompenses.

Pendant les négociations qui eurent lieu à Paris avec les puissances alliées, on fit valoir (on l'a déjà dit) l'existence des armées vendéennes et bretonnes comme contingent du gouvernement royal. Il étoit juste alors de s'occuper de ces armées. Le roi le voulut : il ordonna à son ministre de la guerre de lui présenter un plan; il approuva, le 27 mars 1816, une proposition tendant à accorder aux officiers et soldats des paroisses une gratification qui leur tiendroit lieu de solde pour 1815. Le 1er avril 1816, des comités furent nommés dans chaque corps des armées royales de l'ouest, afin d'en dresser les contrôles; ces contrôles furent remis au ministère de la guerre, où ils sont restés ensevelis.

Le travail incomplet sur les blessés et les veuves fait en 1814 n'a produit de résultat qu'en 1816 : une ordonnance du 2 mars accorda des pensions à des officiers et soldats blessés dans les guerres antérieures à 1815. Quelques officiers ont eu 80, 90, 150 et jusqu'à 180 francs de pension; les soldats ont eu 30, 40, 50, 80 et 90 francs. A la même époque on donna à d'autres royalistes blessés moins grièvement une gratification une fois payée. Ces gratifications ont été de 40, 50, 60, 80, 90 et 100 fr. Les veuves des Vendéens morts au champ d'honneur ont obtenu, d'après une ordonnance du 10 novembre 1815, des pensions de 50, 40 et 30 fr., ce qui fait pour les veuves de la troisième classe 2 fr. 50 c. par mois. Le comité qui avoit été chargé de dresser le contrôle du quatrième corps, lequel comité étoit composé d'un colonel, d'un conseiller de préfecture et d'un commissaire des guerres, trouva en parcourant les communes une si grande quantité de veuves et de blessés oubliés sur le travail de 1814, qu'il crut devoir faire des propositions : il fournit une liste, courte, à la vérité, car on auroit été épouvanté de trouver tant d'hommes fidèles. Voici cette liste :

Cinq cent soixante-sept blessés dans les guerres qui ont eu lieu depuis 1793 jusques et y compris celle de 1815.

Soixante-douze veuves dans les guerres antérieures.

Seize veuves dans la guerre de 1815.

Six femmes grièvement blessées dans les anciennes guerres, et si pauvres qu'elles sont à la charge de leurs paroisses.

Ce nouveau travail fut encore remis au ministère de la guerre, où l'on ne trouva pas le temps de s'en occuper, et d'où on l'a retiré pour ne pas le perdre. Toutefois, quelques blessés et les veuves des royalistes de 1815 ont obtenu de foibles secours, parce qu'une ordonnance à laquelle on a bien voulu obtempérer assimiloit heureusement les veuves et les blessés vendéens de 1815 aux veuves et aux blessés de la ligne, c'est-à-dire des troupes qui avoient combattu à Waterloo et dans l'ouest, contre MM. de La Rochejaquelein, Sapinaud, Suzannet et Canuel.

Le roi, qui n'oublie aucun service et qui répare les injustices aussitôt qu'il les connoît, voulut enfin que son ministère cessât de récompenser des sacrifices réels par des récompenses dérisoires. Il ordonna, au mois de février 1817, la répartition de 250,000 francs de rente entre les officiers et soldats des armées de l'ouest. Il plut également à S. M. d'ordonner que des épées, des sabres, des fusils d'honneur et des lettres de remercîment fussent distribués en son nom; récompenses dignes des Bretons et des Vendéens.

La part de la Vendée sur les 250,000 fr. fut de 115,000 fr., donnés sans beaucoup de discernement à quatre corps d'armée entre lesquels il ne pouvoit exister d'autre différence que celle du nombre d'hommes.

Le premier corps eut.	50,000 fr.
Le deuxième.	18,000
Le troisième.	40,000
Le quatrième.	7,000
Total.	115,000

Cette répartition ainsi arrêtée, on nomma de nouveaux comités qui devoient se transporter dans les chefs-lieux pour distribuer ou plutôt pour promettre à chaque corps les épées, les sabres, les fusils, les lettres de remercîment, et pour assigner les pensions que les 115,000 fr. devoient produire. Ces pensions étoient de 300, 200, 100 et 50 fr. par an. Les divers comités ayant terminé leur travail le portèrent aux bureaux de la guerre; voici ce qui en est résulté :

Les armes d'honneur ont été fabriquées, remises au ministère de la guerre, et définitivement déposées à Vincennes. A-t-on craint d'augmenter les armes des royalistes par quelques centaines d'épées, de sabres et de fusils de parade, ou plutôt a-t-on voulu priver la Vendée d'une marque de la satisfaction du roi? Il faut convenir que la Vendée méritoit bien une épée : il est triste pour la France que des étrangers se soient chargés d'acquitter sa dette. Étoit-ce le roi de Prusse qui au nom de l'armée prussienne devoit remettre une épée au jeune héritier de La Rochejaquelein?

Les lettres de remercîment ont éprouvé le même sort que les armes d'honneur; elles n'ont point été expédiées. Peut-être les ministres n'ont-ils su quel langage ils devoient parler. Dans ce cas ils auroient pu prendre pour modèle la lettre que le roi écrivit jadis à Charette; ils y auroient appris ce qu'ils ignorent, la convenance et la dignité; ils auroient trouvé dans cette admirable lettre pureté de style, noblesse de sentiment, élévation d'âme, enfin une sorte d'éloquence royale qui semble emprunter sa majesté des adversités de Henri IV et de la grandeur de Louis XIV.

Quant aux pensions, M. le ministre de la guerre ne sachant sur quels fonds les imputer porta la somme de 250,000 fr. dans son budget de 1818, et elle lui fut allouée. Les Vendéens avoient cru, et on leur avoit annoncé, qu'ils auroient sur la somme votée des pensions royales; cependant on ne leur délivra ni lettres, ni brevets, et on leur fit entendre, lors du premier payement, que ce payement étoit un *secours,* et non une *pension.* Le ministre a reproduit la même somme de 250,000 fr. dans son budget de 1819, à titre de secours aux Vendéens.

Ainsi, les *pensions*, devenues des *secours*, pourront cesser d'être des secours aussitôt qu'il plaira à un ministre de la guerre de ne plus insérer la somme dans son budget, ou aux chambres de ne plus l'accorder.

Voilà comment les bontés du roi pour sa fidèle Vendée ont été sans cesse contrariées par l'esprit ministériel. Après la seconde restauration, quelques chefs royalistes se trouvant à Paris et voyant qu'on payoit aux officiers de Waterloo l'indemnité d'entrée en campagne, leur traitement, pertes, etc., crurent les circonstances favorables pour réclamer modestement l'*égalité* des droits. On refusa d'écouter leur demande, sous prétexte qu'ils avoient fait la guerre sans *mission*. Ceux qui avoient reçu *mission* de Buonaparte pour fermer au roi l'entrée de son royaume furent payés, et ceux qui se battirent sans *mission* pour rouvrir à leur souverain légitime les portes de la France ne reçurent pas même de remercîment.

Arrêtons-nous à quelques exemples. Nous avons souvent cité le nom de M. Dupérat, de cet officier si brave et si loyal, qui fit aux envoyés de la Convention, lors de la pacification de Charette, la belle réponse que nous avons rapportée. M. Dupérat vit encore. Volontaire et aide de camp de M. de Lescure dès 1793, il fit les premières guerres de la Vendée. Après la défaite des royalistes au Mans et leur déroute à Savenay, il se jeta dans les bois, et travailla à l'organisation de l'armée bretonne. Revenu dans la Vendée, il commanda en 1795 l'infanterie de Charette, se trouva à tous les combats, et reçut plusieurs blessures. Charette ayant succombé, M. Dupérat fut proscrit. Arrêté à Nantes en 1804, il fut d'abord mis au Temple, ensuite enfermé à Vincennes, d'où il ne sortit que pour être envoyé, chargé de chaînes, au château de Saumur. Il seroit mort dans les fers si la restauration n'étoit venue délivrer la France. Dix ans de guerre, autant de blessures, onze ans de cachot, la perte entière de sa fortune ne lui avoient encore valu aucune récompense, lorsque le 20 mars arriva. Il courut aux armes, et succéda au comte Auguste de La Rochejaquelein dans le commandement du quatrième corps de l'armée royale.

La campagne de 1815 étant terminée, M. Dupérat fut appelé à jouir du traitement et ensuite de la demi-solde de lieutenant général ; mais il plut à la commission de ne le reconnaître que comme maréchal de camp. Depuis il a été privé de tout traitement et rayé des contrôles des officiers généraux. Lorsqu'on a fait des réclamations, les bureaux de la guerre ont répondu que le brevet du général Dupérat étoit *honorifique*. M. Dupérat vit sans secours dans les bois où il combattit si longtemps pour la cause royale, comme s'il étoit encore obligé de se cacher du Directoire ou de la Convention.

La noble veuve de Lescure, qui est aussi la veuve de La Rochejaquelein, cette veuve de deux officiers généraux morts si glorieusement pour la défense du trône, n'a pas de pension.

Et la sœur de Robespierre touchoit en 1814, sous la première restauration, une pension qu'elle touche peut-être encore : il y a des temps où les crimes d'un frère sont plus profitables que les vertus d'un mari.

Mme de Beauregard, sœur de Henri et de Louis de La Rochejaquelein, veuve de M. de Beauregard, officier supérieur tué auprès de Louis de La Rochejaquelein, dans la Vendée, pendant les Cent Jours, a été gratifiée d'une pension de *quatre cents francs*.

Et Buonaparte avoit offert à la veuve de M. de Bonchamp, le fameux général vendéen, une pension de *douze mille francs*, et il avoit donné une compagnie de cavalerie au jeune Charette de La Colinière, neveu du général Charette.

Nous avons parlé plus haut de ces autres veuves vendéennes qui touchent *cinquante sous par mois*. Dans les temps d'abondance, cela fait à peu près une demi-livre de pain par jour, pour des femmes dont on a massacré les maris, égorgé les bestiaux, brûlé les chaumières, et qui sont peut-être assez malheureuses aujourd'hui, dans leur détresse, pour avoir dérobé quelques-uns de leurs enfants aux colonnes infernales.

Et ceux qui ont conduit ces colonnes, et ceux qui ont été dénoncés à la Convention même pour leurs cruautés, jouissent de pensions considérables. Nous ne les nommerons pas : on peut les chercher sur la liste des pensionnaires de l'État.

Et une foule de paysans bretons ou vendéens mutilés meurent de faim auprès des hôpitaux militaires, qui ne leur sont pas même ouverts.

Et l'on a payé, placé, récompensé tous les hommes des Cent Jours ; et l'on a soldé l'arriéré des fournitures des armées de Buonaparte, c'est-à-dire que le trésor royal a payé jusqu'aux balles qui pouvoient frapper le cœur de Mgr le duc d'Angoulême.

Enfin, le bruit s'étoit répandu il y a quelques mois que les frais du procès et de l'exécution de Georges Cadoudal n'avoient pas été entièrement acquittés ; et il s'agissoit, aux termes des lois, d'en demander le montant à la famille du condamné.

Il y a des régicides qui touchent 24,000 fr. de pension : seroit-ce aussi pour faire payer à la légitimité les frais du procès de Louis XVI ?

Tant de faits étranges s'expliquent pourtant : les ministres, ayant embrassé le système des intérêts moraux révolutionnaires, ont dû sentir pour les habitants des provinces de l'ouest une grande aversion.

La politique philosophique, le jeu de bascule, la nation nouvelle, le gouvernement de fait, la supériorité de la trahison sur la loyauté, de l'intérêt sur le devoir, de prétendus talents sur le mérite réel, toutes ces grandes choses sont en effet peu comprises par des hommes qui s'en tiennent encore au vieux trône et à la vieille croix. De là il est advenu que depuis la restauration le système ministériel, qui s'efforçoit de ne rien voir dans les affaires de Lyon et de Grenoble, a voulu trouver quelque chose dans les dispositions de la Vendée. Puisque la Vendée étoit en conspiration permanente contre la révolution, n'étoit-il pas évident qu'elle conspiroit contre la légitimité? Si les jacobins de Lyon avoient réussi, ils n'auroient chassé que la famille royale; mais si on laissoit faire les Vendéens, ils ôteroient des grands et petits ministères les hommes incapables et les ennemis des Bourbons : il y a donc péril imminent.

Quoi! la Vendée aura eu l'insolence de se battre trente ans pour le trône et l'autel, de ne pas reconnoître les progrès de l'esprit humain, de ne pas admirer les échafauds et les livres dressés et écrits par tant de grands hommes! Vite, mettons en surveillance les vertus vendéennes : quiconque aime le roi et croit en Dieu est traître aux lumières du siècle.

On a donc cru devoir tenir les yeux ouverts sur la Vendée, placer un cordon de têtes pensantes autour de ce pays, tout empesté de religion, de morale et de monarchie. Jadis les médecins révolutionnaires y avoient allumé de grands feux pour en chasser la contagion, et ils ne purent réussir. La Vendée, frustrée en partie des récompenses de la munificence royale, a eu la douleur de voir qu'on soupçonnoit sa loyauté. Des espions ont parcouru ses campagnes; on a cherché à l'aigrir, à la troubler : on sembloit désirer qu'elle devînt coupable, qu'elle fournît une conspiration pour justifier les calomnies, pour servir de contre-poids à la conspiration de Lyon et de Grenoble. L'ingratitude ministérielle a cru lasser la longanimité royaliste; et pour attaquer l'honneur vendéen dans la partie la plus sensible, on lui a demandé ses armes.

C'est surtout après l'ordonnance du 5 septembre, lorsque le ministère, se jetant dans le parti de la révolution, suspendit les surveillances, rendit la liberté à des coupables pour les envoyer voter aux colléges électoraux, fit voyager des commissaires, se permit d'exclure ouvertement des royalistes, c'est, disons-nous, peu de temps après cette époque, que l'on commença à demander les armes aux habitants des provinces de l'ouest. Des lettres ministérielles du 10 décembre 1816 enjoignirent aux préfets de suivre cette mesure; l'injonction a été souvent renouvelée, et notamment au commencement du mois de mai de cette année. Quelques-unes des autorités qui ont requis la remise des armes vendéennes occupèrent des places pendant les Cent Jours : c'étoit alors qu'elles auroient dû faire leur demande; aujourd'hui il y a anachronisme.

M. le conseiller de préfecture Pastoureau, par délégation de M. le préfet des Deux-Sèvres, absent, prit le 25 mai dernier l'arrêté qu'on va lire :

DÉPARTEMENT DES DEUX-SÈVRES.

ACTES DE LA PRÉFECTURE.

Recherches des dépôts illicites d'armes et de munitions de guerre.

« Le préfet du département des Deux-Sèvres, officier de la Légion d'Honneur, informé qu'il a été découvert dernièrement dans le département de la Vendée deux dépôts de poudre, cartouches, boulets et autres munitions de guerre provenant du débarquement fait en 1815, et présumant qu'il peut en exister de semblables dans le département des Deux-Sèvres, sans que les dépositaires se croient pour ce fait passibles d'aucune peine ou condamnation ;

« Voulant prévenir les dangers auxquels s'exposeroient ses administrés s'ils se trouvoient détenteurs de pareils objets, et leur fournir les moyens d'y obvier, — « Arrête :

« Art. Ier. Tout particulier détenteur ou dépositaire de munitions de guerre, armes de calibre ou d'artillerie, devra, dans la quinzaine de la publication du présent arrêté, en faire la déclaration au maire de sa commune ; celui-ci, après en avoir constaté par procès-verbal la nature, le poids, la quantité et la qualité, lui en remettra décharge, et fera transporter le tout, sans aucun délai et avec les précautions convenables, au chef-lieu de la sous-préfecture.

« Les frais de transport seront acquittés de suite et sur la présentation des pièces régulières.

« Art. II. A défaut de la déclaration prescrite par l'article ci-dessus, toute personne chez qui se trouveroient déposées des munitions de guerre ou des armes de calibre et d'artillerie sera traduite devant les tribunaux pour y être jugée et condamnée conformément aux dispositions des lois et règlements dont les extraits sont relatés ci-après.

« Le présent sera imprimé, publié et affiché dans toutes les communes du département. »

A la suite de cet arrêté se trouvent des extraits de la loi du 13 fructidor an v et du décret du 23 pluviôse an xiii; le tout corroboré d'extraits d'ordonnances conformes à ladite loi et audit décret. Ces actes rappellent les peines encourues par les délinquants qui recéleroient poudres, armes de calibre, etc.

Mais quels sont les boulets, poudres, cartouches et autres munitions de guerre dont on a fait dans la Vendée la grande découverte? L'arrêté a pris soin de vous le dire : ce sont les boulets, poudres et cartouches qui furent débarqués pour le service du roi pendant les Cent Jours dans la Vendée. Ces munitions de guerre, dont l'entrée a coûté la vie à La Rochejaquelein, Beauregard et Suzannet, rendent passibles de *peines* et de *condamnation* les *Vendéens* qui en seroient dépositaires!

Et par quelles lois les Vendéens seront-ils frappés? Par la loi du 13 *fructidor an* v et par le décret du 23 *pluviôse an* xiii. Ainsi les autorités ministérielles de la *légitimité* font exécuter contre les *Vendéens* les lois du *Directoire* et de l'*empire*.

Buonaparte avoit aussi réclamé ces mêmes munitions de guerre ; mais il s'en rapporta à la *loyauté des signataires* de l'acte de pacification pour les lui remettre. Il ne menaça point les Vendéens du décret du 13 fructidor. Toutefois il traitoit avec des ennemis, et les poudres n'avoient point été fournies pour soutenir son autorité, mais pour la combattre.

L'article 2 de l'arrêté de M. le conseiller de préfecture ordonne la déclaration et la remise des armes de calibre ou d'artillerie. Nous ne savons pas si les Vendéens ont conservé des armes de calibre ou d'artillerie : nous ne le croyons pas; mais dans tous les cas ce sont donc les fusils et les canons qu'ils ont enlevés au prix de leur sang qu'on leur demande? Mais quand on leur aura ravi ces glorieux trophées de la fidélité, on n'aura désarmé ni les Bretons ni les Vendéens. Ne leur restera-t-il pas ces bâtons avec lesquels ils ont pris ces canons qui vous inquiètent? Voulez-vous aussi qu'on vous apporte ces bâtons suspects? Mais tous les bois n'ont pas été brûlés dans la Vendée, et ces arsenaux ne fourniront-ils pas au paysan de nouvelles armes pour enlever les canons aux ennemis du roi? Vous n'avez pas voulu distribuer aux royalistes de l'ouest les armes d'honneur que la magnanimité du roi leur destinoit; ne peuvent-ils du moins garder celles qu'ils ont conquises pour le roi au champ d'honneur?

Vous réclamez les fusils des Cathelineau, des Stofflet, des Bonchamp, des Lescure! Que ne demandez-vous aussi l'épée des Charette et des La Rochejaquelein? Ah! la main qui porta cette épée ne put être désarmée par 400,000 soldats; elle ne s'ouvrit pour céder le fer que lorsque la mort vint glacer le cœur qui guidoit cette main fidèle! On avoit promis à cette épée la restauration de la monarchie; on lui avoit juré de livrer à sa garde le jeune Louis XVII et son auguste sœur. Le traité fut conclu à la vue des ruines de la Vendée, à la lueur des flammes qui dévoroient ce dernier asile de la monarchie. Quand on vous aura remis les armes vendéennes, qu'en ferez-vous? Elles ne sont point à votre usage : ce sont les armes de vieux Francs, trop pesantes pour votre bras.

Si les royalistes de l'ouest ont des armes, si on les leur demande de par le roi, ils les abandonneront, puisqu'ils ne les ont prises que pour le roi. Mais est-on bien sûr qu'on n'aura jamais besoin des Vendéens? Le système ministériel n'a-t-il pas produit un premier 20 mars, et ne peut-il pas en amener un second? Qui nous défendra alors? Seront-ce les hommes qui nous ont déjà trahis? Chose remarquable! on veut désarmer les paysans de la Bretagne et de la Vendée, et l'on a fait rendre les armes qu'on avoit prises aux paysans de l'Isère, dans un département qui s'étoit insurgé contre le souverain légitime.

La faction qui pousse les ministres, et dont ils seront la victime, a ses raisons pour presser le désarmement de la Vendée. A diverses époques on a tenté ce désarmement, et l'on n'a jamais pu y réussir. Le nom du roi présente une chance : en employant cet auguste nom, on peut espérer que les paysans royalistes s'empresseront d'apporter les fusils qu'ils pourroient encore avoir. Mais dans ce pays il y a aussi des jacobins, et ceux-là ont très-certainement des armes, et ceux-là ne les rendront pas au nom du roi. Alors, s'il arrivoit jamais une catastrophe, non-seulement la population royaliste de l'ouest deviendroit inutile dans le premier moment à la cause de la légitimité, mais encore elle seroit livrée sans armes à la population révolutionnaire armée. Voilà pourtant à quoi nous exposent ces mesures déplorables.

La Vendée, que la Convention laissa libre, qu'elle exempta de réquisitions et de conscriptions; la Vendée, à qui elle permit de garder ses armes, et même la cocarde blanche; la Vendée, dont elle paya les dettes, et dont elle promit de relever les chaumières; les Vendéens, que Buonaparte appeloit un peuple de géants, et au milieu desquels il vouloit bâtir une ville de son nom; les Vendéens, que l'usurpateur traitoit avec estime; les Vendéens, dont il reconnoissoit la *loyauté,* dont il plaçoit les enfants et pensionnoit les veuves : cette Vendée, ces Vendéens n'ont donc pu mériter par trente années de loyauté, de combats et de sacrifices, la bienveillance des ministres du roi!

Que si la loi des élections, en amenant une chambre démocratique, produisoit, par une conséquence naturelle, des ministres semblables à cette chambre; que si ces ministres, ennemis de toute monarchie, et surtout de toute monarchie légitime, conspiroient contre le gouvernement établi, que pourroient-ils faire de mieux que de persécuter la Vendée? Ils obtiendroient par cette persécution des résultats importants : ils feroient accuser le gouvernement monarchique d'ingratitude, d'absurdité et de folie; ils le rendroient méprisable aux yeux de tous, odieux à son propre parti ; et quand la catastrophe arriveroit, ils auroient ou désarmé les seuls hommes qui pourroient s'opposer à cette catastrophe, ou refroidi dans le cœur de ces hommes le sentiment de la fidélité. En administration, l'incapacité orgueilleuse et passionnée produit les mêmes effets que la trahison.

Heureusement il n'est donné à personne de détruire la haute vertu vendéenne : elle a résisté au fer et au feu de l'effroyable Convention, et ce ne sont pas de tristes agents ministériels, d'obscurs traîtres des Cent Jours, des espions, des commissaires de police, qui achèveront de démolir des débris impérissables : les petits serpents qui se cachent à Rome dans les fondements du Colisée peuvent-ils ébranler ces grandes ruines?

Quiconque a quelque goût de la vertu aime à s'entretenir des hommes qui sont devenus illustres par de saintes adversités et des devoirs accomplis. Leur mémoire, bénie de race en race, fait le contre-poids de l'abominable renommée d'une autre espèce d'hommes, lesquels vont aux âges futurs tout chargés de prospérités maudites et de crimes si énormes que ces crimes en prennent un faux air de gloire. Nous devions à la patrie et à l'honneur de venger la Vendée des outrages ministériels, de parler des Vendéens avec le respect et l'admiration qu'ils inspirent. Les noms immortels des Charette, des Cathelineau, des La Rochejaquelein, des Bonchamp, des Stofflet, des Lescure, des d'Elbée, des Suzannet et de tant d'autres n'avoient pas besoin de nos éloges; mais du moins nous les aurons marqués dans cet écrit, comme le sculpteur inconnu qui grava les noms des compagnons de Léonidas sur la colonne funèbre aux Thermopyles.

FIN DE LA VENDÉE.

NOTICES NÉCROLOGIQUES

NOTICES NÉCROLOGIQUES

SUR LA MORT DE M. DE LA HARPE.

FÉVRIER 1803.

La littérature vient de perdre presque à la fois M. de Saint-Lambert et M. de La Harpe. Le premier étoit âgé de plus de quatre-vingt-quatre ans; son lit de mort a été entouré de nombreux amis; il a devancé dans la tombe ceux qui firent le bonheur de sa vie; ses opinions, toujours les mêmes, l'ont mis à l'abri des outrages dont on a accablé les derniers ans de l'auteur de *Philoctète* et du *Cours de Littérature* : on ne pourra donc pas dire de M. de Saint-Lambert :

> Malheur à qui le ciel accorde de longs jours!

Tandis que l'auteur des *Saisons* mouroit au milieu de toutes les consolations de la philosophie, M. de La Harpe expiroit au milieu de toutes les consolations de la religion. L'un fut visité des hommes à son dernier soupir; l'autre fut visité *de Dieu,* selon la belle et tendre expression du christianisme pour peindre la mort du fidèle. M. de La Harpe quitta ce monde le vendredi 11 février 1803, entre sept et huit heures du matin. Il conserva toute sa tête jusqu'à son dernier moment. Il put sentir avec reconnoissance ce que le ciel faisoit pour lui; plus heureux que M. de Saint-Lambert, qui ignora les derniers soins que lui rendoit la terre.

M. de La Harpe a montré le plus grand courage et la piété la plus sincère pendant sa longue maladie. Il se fit lire plusieurs fois les prières des agonisants. M. de Fontanes se présenta un jour au milieu de cette triste cérémonie : « Mon ami, lui dit le mourant en lui tendant une main desséchée, je remercie le ciel de m'avoir laissé l'esprit assez libre pour sentir combien cela est consolant et beau. » C'est à la fois le dernier regard du chrétien et de l'homme de lettres.

Les obsèques de M. de La Harpe furent célébrées le dimanche matin, à *Notre-Dame*. Il s'étoit retiré depuis quelques années dans le cloître de cette cathédrale, comme s'il avoit voulu se réfugier, loin d'un monde peu charitable, à l'ombre de la maison du Dieu de miséricorde. Ceux qui ont vu les restes de cet auteur célèbre renfermés dans un chétif cercueil ont pu sentir le néant des grandeurs littéraires, comme de toutes les autres grandeurs; heureusement c'est dans la mort que le chrétien triomphe, et sa gloire commence quand toutes les autres gloires finissent.

On eût dit que la présence du cercueil de cet homme, qui avoit si bien senti les beautés de l'Écriture, rendoit encore plus belles les prières que le christianisme a consacrées à la mort. Tous ces cris d'espérance : *Requiem dabo tibi, dicit Dominus* : — JE VOUS DONNERAI LE REPOS, DIT LE SEIGNEUR; — *Expectabo, Domine, donec veniat immutatio mea : vocabis me, et ego respondebo tibi : operi manuum tuarum porriges dexteram* : — J'ATTENDS, SEIGNEUR, QUE MON CHANGEMENT ARRIVE : VOUS M'APPELLEREZ, ET JE VOUS RÉPONDRAI : VOUS TENDREZ VOTRE DROITE A L'OUVRAGE DE VOS MAINS; l'épître de saint Paul : *O mort, où est ton aiguillon!* l'évangile de saint Jean : *Le temps viendra que tous ceux qui sont dans les sépulcres entendront la voix du Fils de Dieu;* tous ces soupirs de la religion, toutes ces paroles prophétiques attendrissoient profondément les cœurs. Quand les prêtres ont chanté, à la communion, *ut requiescant a laboribus suis*, DÈS A PRÉSENT ILS SE REPOSENT DE LEURS TRAVAUX, les larmes sont venues aux yeux de tous les amis de M. de La Harpe.

Le convoi est parti à une heure pour le cimetière de la barrière de Vaugirard. Nous avons sincèrement regretté de ne pas voir marcher à la tête du cortége cette croix qui nous afflige et nous console, et par laquelle un Dieu compatissant a voulu se rapprocher de nos misères. Lorsqu'on est arrivé au cimetière, on a déposé le cercueil au bord de la fosse, sur le petit monceau de terre qui devoit bientôt le recouvrir. M. de Fontanes a prononcé alors un discours noble et simple sur l'ami qu'il venoit de perdre. Il y avoit dans l'organe de l'orateur attendri, dans les tourbillons de neige qui tomboient du ciel et qui blanchissoient le drap mortuaire du cercueil, dans le vent qui souleveit ce drap mortuaire, comme pour laisser passer les paroles de l'amitié jusqu'à l'oreille de la mort; il y avoit, disons-nous, dans ce concours de circonstances quelque chose de touchant et de lugubre.

On va maintenant entendre parler M. de Fontanes lui-même [1], inter-

---

1. Voyez ci-après le *Discours de M. de Fontanes.*

prête bien plus digne que nous d'honorer la mémoire de M. de La Harpe. Nous ferons observer seulement que l'orateur s'est trompé lorsqu'il a dit que la mort éteint toutes les haines. Les restes de M. de La Harpe n'étoient pas encore recouverts de terre, nous pleurions encore autour de son cerceuil, près de sa fosse ouverte, et dans le moment même où M. de Fontanes nous assuroit que toutes les injustices alloient s'ensevelir dans cette tombe, que tout le monde partageoit nos regrets, un journal insultoit aux cendres d'un homme illustre : on l'accusoit d'avoir déshonoré le commencement de sa carrière par ses neuf dernières années. Nous appliquerons aux auteurs de cet article les paroles de l'Écriture que M. de La Harpe a citées à la fin de son dernier morceau sur l'Encyclopédie, et qui sont aussi les *dernières paroles* que ce grand critique ait fait entendre au public : *Malheur à vous qui appelez mal ce qui est bien et bien ce qui est mal!*

DISCOURS

PRONONCÉ PAR M. DE FONTANES DEVANT L'INSTITUT

AUX FUNÉRAILLES DE M. DE LA HARPE.

Les lettres et la France regrettent aujourd'hui un poëte, un orateur, un critique illustre... La Harpe avoit à peine vingt-cinq ans, et son premier essai dramatique l'annonça comme le plus digne élève des grands maîtres de la scène françoise. L'héritage de leur gloire n'a point dégénéré dans ses mains, car il nous a transmis fidèlement leurs préceptes et leurs exemples. Il loua les grands hommes des plus beaux siècles de l'éloquence et de la poésie, et leur esprit comme leur langage se retrouva toujours dans celui d'un disciple qu'ils avoient formé : c'est en leur nom qu'il attaqua jusqu'au dernier moment les fausses doctrines littéraires ; et dans ce genre de combat sa vie entière ne fut qu'un long dévouement au triomphe des vrais principes. Mais si ce dévouement courageux fit sa gloire, il n'a pas fait son bonheur. Je ne puis dissimuler que la franchise de son caractère et la rigueur impartiale de ses censures éloignèrent trop souvent de son nom et de ses travaux la bienveillance et même l'équité ; il n'arrachoit que l'estime où tant d'autres auroient obtenu l'enthousiasme. Souvent les clameurs de ses ennemis parlèrent plus haut que le bruit de ses succès et de sa renommée : mais à l'aspect de ce tombeau tous les ennemis sont désarmés. Ici les haines finissent, et la vérité seule demeure.

Les talents de La Harpe ne seront plus enfin contestés ; tous les amis des lettres, quelles que soient leurs opinions, partagent maintenant notre deuil et nos regrets. Les circonstances où la mort le frappe rendent sa perte encore plus douloureuse ; il expire dans un âge où la pensée n'a rien perdu de sa vigueur, et lorsque son talent s'étoit agrandi dans un autre ordre d'idées, qu'il devoit aux spectacles extraordinaires dont le monde est témoin depuis douze ans. Il laisse malheureusement imparfaits quelques ouvrages dont il attendoit sa plus solide gloire, et qui seroient devenus ses premiers titres dans la postérité. Ses mains mourantes se sont détachées avec peine du dernier monument qu'il élevoit : ceux qui en connoissent quelques parties avouent que le talent poétique de l'auteur, grâce aux inspirations religieuses, n'eut jamais autant d'éclat, de force et d'originalité. On sait qu'il avoit embrassé avec toute l'énergie de son caractère ces opinions utiles et consolantes sur lesquelles repose tout le système social ; elles ont enrichi non-seulement ses pensées et son style de beautés nouvelles, mais elles ont encore adouci les souffrances de ses derniers jours. Le Dieu qu'adoroient Fénelon et Racine a consolé sur le lit de mort leur éloquent panégyriste et l'héritier de leurs leçons. Les amis qui l'ont vu dans ce moment où l'homme ne déguise plus rien savent quelle étoit la vérité de ses sentiments ; ils ont pu juger aussi combien son cœur, malgré la calomnie, renfermoit de droiture et de bonté. Déjà même des sentiments plus doux étoient entrés dans ce cœur trop méconnu et si souvent abreuvé d'amertume : les injustices se réparoient ; nous étions prêts à le revoir dans ce sanctuaire des lettres et du goût, dont il étoit le plus ferme soutien ; lui-même se félicitoit naguère encore de cette réunion si désirée : mais la mort a trompé nos vœux et les siens ; puissent au moins se conserver à jamais les traditions des grands modèles qu'il sut interpréter avec une raison si éloquente ! Puissent-elles, mes chers collègues, en formant de bons écrivains qui le remplacent, donner un nouvel éclat à cette Académie françoise qu'illustrèrent tant de noms fameux depuis cent cinquante ans, et que vient de rétablir un grand homme, si supérieur à celui qui l'a fondée.

SUR LA MORT DE M. DE SAINT-MARCELLIN.

FÉVRIER 1819.

M. de Saint-Marcellin, à peine âgé de vingt-huit ans, blessé à mort le 1er de ce mois, a expiré le 3, entre neuf et dix heures du soir. Il avoit fait l'apprentissage des armes dans la campagne de 1812, en Russie. Il donna les premières preuves de sa valeur dans le combat qui eut pour résultat la prise du village de Borodino et de la grande redoute qui couvroit le centre de l'armée russe. Le rapport du prince Eugène au major général sur cette journée se termine par cette phrase : « Mon aide de camp de Sève et le jeune Fontanes de Saint-Marcellin méritent d'être cités dans ce rapport. »

M. de Saint-Marcellin s'étoit précipité dans les retranchements de l'ennemi, et avoit eu le crâne fendu de trois coups de sabre.

Après le combat, il se présenta dans cet état à un hôpital encombré de quatre mille blessés, où il n'y avoit que trois chirurgiens dénués de linge, de médicaments et de charpie ; il ne put même obtenir d'y être reçu. Il s'en retournoit, baigné dans son sang, lorsqu'il rencontra Buonaparte : « Je vais mourir, lui dit-il ; accordez-moi la croix d'Honneur, non pour me récompenser, mais pour consoler ma famille. » Buonaparte lui donna sa propre croix.

M. de Saint-Marcellin, jeté sur des fourgons, arriva à moitié mort à Moscou ; il y séjourna quelque temps, et fut assez heureux pour trouver le moyen de revenir en France, où nous l'avons vu pendant plus de dix-huit mois porter encore une large blessure à la tête.

La France ayant rappelé son roi légitime, M. de Saint-Marcellin fut fidèle aux nouveaux serments qu'il avoit faits. Il étoit aide de camp du général Dupont à l'époque du 20 mars. Il se trouvoit à Orléans avec son général, lorsque des soldats séduits quittèrent la cocarde blanche ; M. de Saint-Marcellin osa la garder : circonstance que peut avoir connue M. le maréchal Gouvion de Saint-Cyr, qui fit reprendre la cocarde blanche aux troupes égarées. Rentré à Paris, M. de Saint-Marcellin eut une altercation politique avec un officier, se battit, blessa son adversaire, et partit du champ clos pour aller rejoindre ceux à qui il avoit engagé sa foi.

Nommé capitaine à Gand, il sollicita l'honneur d'accompagner le général Donnadieu, chargé pour le roi d'une mission importante.

Débarqué à Bordeaux, il fut arrêté et remis aux mains de deux gendarmes qui devoient le conduire à Paris pour y être fusillé. En passant par Angoulême, il échappa à ses gardes, excita un mouvement royaliste dans la ville, et rentra dans Paris avec le roi.

M. de Saint-Marcellin fut alors envoyé comme chef de bataillon dans un régiment de ligne à Orléans. Blessé de nouveau, il fut obligé de revenir à Paris. Depuis ce moment il consacra ses loisirs aux lettres : il avoit de qui tenir. Il donna quelques ouvrages à nos différents théâtres lyriques. Compris comme chef d'escadron dans la nouvelle organisation de l'état-major de l'armée, il avoit refusé dernièrement un service actif qui l'eût éloigné de Paris. La Providence vouloit le rappeler à elle. Pour des raisons faciles à deviner, l'administration avoit subitement, dit-on, changé en rigueur sa bienveillance politique. On assure que M. de Saint-Marcellin alloit perdre sa place de chef d'escadron quand la mort est venue épargner aux ennemis des royalistes une destitution de plus, et rayer elle-même ce brave militaire du tableau d'où elle efface également et les chefs et les soldats.

M. de Saint-Marcellin n'a point démenti, à ses derniers moments, ce courage françois qui porte à traiter la vie comme la chose la plus indifférente en soi et l'affaire la moins importante de la journée. Il ne dit ni à ses parents ni à ses amis qu'il devoit se battre, et il s'occupa tout le matin d'un bal qui devoit avoir lieu le soir chez M. le marquis de Fontanes. A trois heures il se déroba aux apprêts du plaisir pour aller à la mort. Arrivé sur le champ de bataille, le sort ayant donné le premier feu à son adversaire, il se met tranquillement au blanc, reçoit le coup mortel, et tombe en disant : « Je devois pourtant danser ce soir. » Rapporté sans connoissance chez M. de Fontanes, on sait qu'il y rentra à la lueur des flambeaux déjà allumés pour la fête. Lorsqu'il revint à lui, on lui demanda le nom de son adversaire : « Cela ne se dit pas, répondit-il en souriant; seulement c'est un homme qui tire bien. » M. de Saint-Marcellin ne se fit jamais d'illusion sur son état; il sentit qu'il étoit perdu, mais il n'en convenoit pas, et il ne cessoit de dire à ses parents et à ses amis en pleurs : « Soyez tranquilles, ce n'est rien. » Il n'a fait entendre aucune plainte; il n'a témoigné ni regrets de la vie, ni haine, ni même humeur contre celui qui la lui arrachoit; il est mort avec le sang-froid d'un vieux soldat et la facilité d'un jeune homme. Ajoutons qu'il est mort en chrétien.

Les lettres et l'armée perdent dans M. de Saint-Marcellin une de leurs plus brillantes espérances. On remarque dans les premiers essais échappés à sa plume une gaieté de bon goût appuyée sur un fonds de raison et sur des sentiments nobles. Lorsqu'il parle d'honneur on voit qu'il le sent, et quand il rit on s'aperçoit qu'il méprise. Sa destinée paroissoit devoir être heureuse dans un ordre de choses différent de celui qui existe aujourd'hui; mais aussitôt qu'il est entré dans la ligne des devoirs légitimes, il a été atteint par cette fatalité qui semble s'attacher aux pas de tout ce qui est devenu ou resté fidèle. Est-ce une raison pour renoncer à une cause sainte et juste? Bien loin de là, c'est une raison pour s'y attacher : les hommes généreux sont tentés par les périls, et l'honneur est une divinité à laquelle on s'attache par les sacrifices mêmes qu'on lui fait.

Devons-nous plaindre ou féliciter M. de Saint-Marcellin? Il n'étoit pas fait pour vivre dans ces temps d'ingratitude et d'injustice. Le sang lui bouilloit dans les veines; son cœur se révoltoit quand il voyoit récompenser la trahison et punir la fidélité. Son indignation avoit l'éclat de son courage, et il ne faisoit pas plus de difficulté de montrer ses sentiments que de tirer son épée : avec une pareille disposition d'âme, nous ne l'eussions pas gardé longtemps. D'ailleurs nous marchons si vite, le système adopté nous prépare de tels événements, que Saint-Marcellin n'a peut-être perdu que des orages : il s'est hâté d'arriver au lieu de son repos, et du moins il n'entend plus le bruit de nos divisions.

Mille raisons nous commandoient de payer ce tribut d'éloges à la mémoire de Saint-Marcellin; mais il y en a surtout une qu'une vieille amitié sentira. Cette amitié a été éprouvée par la bonne et la mauvaise fortune; elle nous retrouvera toujours, et particulièrement quand il s'agira de la consoler : *Ille dies utramque duxit ruinam.*

SUR LA MORT DE M. DE FONTANES.

MARS 1821.

A M. LE RÉDACTEUR DU JOURNAL DES DÉBATS.

Monsieur,

Il est de mon devoir de répondre à l'appel que vous avez fait à l'amitié dans votre journal du 19 de ce mois. J'y répondrai mal, car ce n'est pas quand on a le cœur brisé qu'on peut écrire. L'école à jamais célèbre fondée par Boileau, Racine et Fénelon, finit en M. de Fontanes; notre gloire littéraire expire avec la monarchie de Louis XIV.

Mon illustre ami laisse entre les mains de sa veuve inconsolable et de sa jeune et malheureuse fille les manuscrits les plus précieux; et telle étoit son indifférence pour sa renommée, qu'il se refusoit à les publier. Ces manuscrits consistent en un Recueil d'odes et de poëmes admirables, en des mélanges littéraires écrits dans cette prose où le bon goût ne nuit point à l'imagination, l'élégance au naturel, la correction à l'éloquence, et la chasteté du style à la hardiesse de la pensée.

Devois-je être appelé sitôt à parler des derniers ouvrages de l'écrivain supérieur qui annonça mes premiers essais! Personne (si ce n'est un de ses vieux amis, qui est aussi le mien, M. Joubert) n'a mieux connu que moi cette bonhomie, cette simplicité, cette absence de toute envie, qui distinguent les vrais talents et qui faisoient le fond du caractère de M. de Fontanes. Singulière fatalité! notre amitié commença dans la terre étrangère, et c'est dans la terre étrangère que j'apprends la mort du compagnon de mon exil!

Comme homme public, M. de Fontanes a rendu à son pays des services inappréciables : il maintint la dignité de la parole sous l'empire du maître qui commandoit un silence servile; il éleva dans les doctrines de nos pères des enfants qu'on vouloit séparer du passé pour bouleverser l'avenir. Vous aussi, monsieur, vous avez admiré, aimé ce beau génie, cet excellent homme, qui peut-être est déjà oublié dans la ville où tout s'oublie.

Mais le temps de la mémoire reviendra; la postérité reconnoissante voudra savoir quel fut ce dernier héritier du grand siècle dont elle lira les pages immortelles. Je suis incapable aujourd'hui d'entrer dans de longs détails sur la personne et les travaux de mon ami; la perte que je fais est irréparable, et je la sentirai le reste de ma vie. Au moment même où votre journal est arrivé, j'écrivois à M. de Fontanes : je ne lui écrirai plus! Pardonnez, monsieur, si je borne ma lettre à ce peu de mots que je vois à peine en les traçant.

J'ai l'honneur, etc.

CHATEAUBRIAND.

Berlin, 31 mars.

SUR M. LE GÉNÉRAL NANSOUTY.

FÉVRIER 1815.

Nansouty (Étienne-Antoine-Marie Champion, comte de), né à Bordeaux le 30 mai 1768, descendoit d'une famille noble originaire de Bourgogne, qui se distingua dans la double carrière des armes et de la magistrature. On trouve, au xvie siècle, un seigneur de Nansouty, qui contribua puissamment à faire rentrer la Bourgogne sous l'autorité légitime. Pour récompenser ses services, Henri IV l'admit dans son conseil; il accorda la même faveur à son fils, et ordonna que le château de Nansouty, à moitié détruit par les troubles de la Ligue, fût réparé aux frais du trésor. L'histoire remarquera que dans notre siècle, si fécond en vertus guerrières, les anciennes races militaires ne dégénérèrent point de leur valeur : chevaleresques à la Vendée, héroïques à l'armée de Condé, aussi brillantes et plus heureuses dans les légions de la république et de l'empire, elles ont fourni des généraux habiles, des maréchaux célèbres ; Buonaparte même est sorti de leurs rangs. Envoyé à l'âge de dix ans à l'école royale et militaire de Brienne, Étienne de Nansouty passa le 24 octobre 1779 à l'école militaire de Paris. Il obtint une sous-lieutenance d'infanterie le 30 mai 1785, et Monsieur, aujourd'hui le roi, le créa chevalier novice du Mont-Carmel. La croix de cet ordre ne s'accordoit qu'à l'élève de l'école militaire qui pendant deux ans avoit été le premier dans toutes les classes, et qui s'étoit autant distingué par sa conduite que par ses études. Étienne de Nansouty étoit destiné à recevoir ses premiers et ses derniers honneurs de la main de son roi. Conduit au régiment de Bourgogne par son père, qui avoit laissé des souvenirs honorables dans son régiment, il obtint, en 1788, par la protection du maréchal de Beauvau, un brevet de capitaine de remplacement au régiment de Franche-Comté, cavalerie; il parut à peine à ce corps, et entra le 24 mai de la même année dans le sixième régiment de hussards, commandé par le duc de Lauzun, depuis duc de Biron, personnage trop petit pour la révolution, mais qui vivra pourtant, parce qu'il réunit quelque chose des aventures et des malheurs dont son premier et son dernier nom rappellent le souvenir. Étienne de Nansouty se trouva mêlé à Nancy dans l'affaire du régiment de Châteauvieux, et courut des dangers en restant fidèle aux ordres du roi. La révolution commençoit par accréditer ses doctrines; elle mit d'abord quelque discernement dans ses choix. Étienne de Nansouty, malgré sa jeunesse, fut désigné par les officiers et les soldats pour commander une compagnie de son régiment : chaque régiment, devenu une espèce de république militaire, avoit acquis ce droit d'élection. La guerre ayant éclaté, le capitaine Nansouty y fut successivement nommé lieutenant-colonel du 9e régiment de cavalerie (4 avril 1792), chef de brigade ou colonel du même régiment (19 brumaire an II, 1793), général de brigade ou maréchal de camp (17 fructidor an VII), général de division ou lieutenant général (3 germinal an XI, 1803), et enfin colonel des dragons (11 janvier 1813); tous grades qu'il acquit avec son épée. Il apprit en Allemagne avec le général Moreau, et en Portugal avec le général Leclerc, ce qui fait les succès et les revers à la guerre; il commandoit la grosse cavalerie sous les ordres du général Mortier, à la conquête du Hanovre. Nommé premier chambellan de Mme Joséphine Buonaparte, alors impératrice, il donna bientôt sa démission d'une place peu compatible avec l'indépendance d'un soldat : il ne voulut ramper ni sous les crimes ni sous les honneurs de la révolution. Retourné aux camps, il attacha son nom à la plupart de ces grandes journées où nos soldats prodiguèrent leur sang pour faire oublier celui qu'on avoit versé sur les échafauds. Il se battit à Wertinghen et à Ulm, acheva la victoire à Austerlitz, commença celle de Wagram, se trouva au feu à l'affaire de Friedland et fut blessé à la Moskowa; la cavalerie de l'armée et de la garde l'avoit pour chef à la bataille de Leipzig, et ce fut lui qui dans le défilé de Hanau rouvrit à nos étendards le chemin de la France. Dans la campagne de 1814, où Buonaparte manifesta pour la dernière fois son génie (car l'homme extraordinaire finit en lui au 20 mars, et Waterloo, placé hors des limites assignées à sa puissance, ne compte plus que dans sa destinée), nos soldats étoient rentrés dans la cause de la monarchie, accompagnés plutôt que repoussés par l'Europe, qui les suivoit comme à la trace de leurs victoires. Après douze siècles, notre gloire militaire, débordée sur toutes les nations, se retira vers sa source; on se disputoit la capitale des Gaules dans les lieux mêmes d'où les premiers Francs avoient marché à sa conquête. L'éclat de nos armes faisoit sortir de l'obscurité les hameaux de l'Ile-de-France, comme il avoit donné un nom aux villages inconnus des Arabes et des Moscovites : les derniers boulets de cette guerre de vingt-cinq années, qui nous avoit soumis Berlin, Vienne, Moscou, Lisbonne, Madrid, Naples et Rome, vinrent tomber sur les boulevards de Paris. Le général Nansouty assiste à tous les combats livrés aux bords de la Marne et de la

Seine, comme il s'étoit trouvé aux batailles données sur les rives du Borysthène et du Tage; il protège la retraite à Brienne, ouvre l'attaque à Montmirail, à Berry-au-Bac, à Craonne, et voit enfin la couronne impériale tomber à Fontainebleau, dans ce même palais où Buonaparte avoit retenu prisonnier le pontife qui l'avait marqué du scéau des rois. Ainsi s'écroula, après trente années, ce prodigieux édifice de gloire, de folies et de crimes qu'on appelle *la révolution*. Les conquêtes utiles de Louis XIV existent entières; et de l'Europe envahie il ne restoit à la république et à l'empire que le camp des cosaques autour du Louvre. Pendant la campagne de France, le général Nansouty ressentit les atteintes de la maladie à laquelle il devoit bientôt succomber. Il manquoit souvent des secours que son état exigeoit; mais il voulut rester à cheval tant qu'il y eut un champ de bataille; il avoit vécu sous la tente au milieu des triomphes et loin de nos malheurs; lorsque le bruit des armes cessa, il fit parvenir à l'autorité cette adhésion, remarquable par sa simplicité : « J'ai l'honneur de prévenir le gouvernement provisoire de ma soumission à la Maison de Bourbon. » Cette adhésion entraîna celle d'une grande partie de l'armée : en déterminant ses compagnons d'armes à rejoindre le drapeau blanc, le général Nansouty obtint pour sa patrie sa dernière et sa plus belle victoire. Les souverains de l'Europe, réunis à Paris en 1814, lui donnèrent des témoignages d'estime d'autant plus flatteurs, que si la faveur étoit venue quelquefois le trouver, il ne l'avoit jamais recherchée. Mais un suffrage que le cœur d'un François ambitionnera toujours lui étoit réservé : Monsieur l'accueillit avec bonté; Louis XVIII l'honora de sa confiance; le général parcourut la Bourgogne en qualité de commissaire du roi, et fut nommé, au retour de cette mission, capitaine-lieutenant de la 1re compagnie de mousquetaires. Le général Nansouty, un des meilleurs officiers de cavalerie que les guerres de la révolution aient produits, étoit brave, humain, désintéressé, et conservoit au milieu de la rudesse des camps la politesse de nos anciennes mœurs. Il sauva constamment la vie aux émigrés que le sort des armes jetoit entre ses mains; il épargna au Tyrol les horreurs du pillage, et fit distribuer aux hôpitaux une somme considérable, que les autorités du pays avoient voulu lui faire accepter par reconnoissance. Logé à Moscou, avec des soldats affamés, dans le palais du prince Kourakin, on trouva, après son départ, les scellés intacts et tels qu'ils avoient été apposés sur les armoires par les ordres du prince. S'il avoit souvent gémi des maux que la guerre avoit fait souffrir sous ses yeux aux peuples étrangers, il fut plus sensible encore à ces mêmes maux quand il les vit retomber sur sa patrie. « On ne se figure pas, disoit-il, ce que c'est que d'entendre de malheureux paysans se plaindre en françois. » A une affaire près de Fontainebleau, Buonaparte lui commande d'enlever un retranchement d'où l'ennemi faisoit un feu épouvantable : des files entières de cavaliers tombent dans cette entreprise désespérée et inutile. Tout à coup le général Nansouty arrête les escadrons et s'avance seul hors des rangs : Buonaparte lui envoie demander la raison de cet ordre, et pourquoi il cesse de marcher sur la redoute : « Dites-lui que j'y vais seul, répondit le général : il n'y a là qu'à mourir. » Le général Nansouty ne vit point les nouveaux malheurs de la France : une maladie dangereuse l'emporta le 12 février 1815. Il expira dans ces sentiments religieux qui font de la mort la plus simple une grande action, et qui, donnant de la noblesse aux moindres faits d'une vie chrétienne, les élèvent à la dignité de l'histoire. Le comte de Nansouty avoit épousé, en 1802, Adélaïde de Vergennes, et, après avoir pu disposer d'une partie des dépouilles de l'Europe, il laissa un fils sans fortune, qu'il a recommandé, en mourant, aux bontés d'un roi qui a connu l'adversité.

FIN DES NOTICES NÉCROLOGIQUES.

NOTES.

Qu'il me soit permis de me citer, puisqu'on me met dans le cas de la défense personnelle. Qui a défendu la Charte plus que moi [1]? Qui a montré plus que moi d'opposition à la domination étrangère?

Je disois dans mon *Rapport sur l'état de la France*, fait au roi dans son conseil, à Gand, le 12 mai 1815 :

« Sire, je sens trop combien tout ce que je viens de dire est déchirant pour votre cœur. Nous partageons dans ce moment votre royale tristesse. Il n'y a pas un de vos conseillers et de vos ministres qui ne donnât sa vie pour prévenir l'invasion de la France. Sire, vous êtes François, nous sommes François! Sensibles à l'honneur de notre patrie, fiers de la gloire de nos armes, admirateurs du courage de nos soldats, nous voudrions, au milieu de leurs bataillons, verser jusqu'à la dernière goutte de notre sang pour les ramener à leur devoir, ou pour partager avec eux des triomphes légitimes. Nous ne voyons qu'avec la plus profonde douleur les maux prêts à fondre sur notre pays; nous ne pouvons nous dissimuler que la France ne soit dans le plus imminent danger : Dieu ressaisit le fléau qu'avoient laissé tomber vos mains paternelles, et il est à craindre que la rigueur de sa justice ne passe la grandeur de votre miséricorde! Ah! sire, à la voix de Votre Majesté, les étrangers respectant le descendant des rois, l'héritier de la bonne foi de saint Louis et de Louis XII, sortirent de la France! Mais si les factieux qui oppriment vos sujets prolongeoient leur règne, si vos sujets trop abattus ne faisoient rien pour s'en délivrer, vous ne pourriez pas toujours suspendre les calamités qu'entraîne la présence des armées. Du moins, votre royale sollicitude s'est déjà assurée, par des traités, qu'on respectera l'intégrité du territoire françois, qu'on ne fera la guerre qu'à un seul homme. »

Je disois, le 2 juin de la même année, à Gand, à propos de la déclaration du congrès :

« Il est impossible de conquérir la France. Les Espagnols, les Portugais, les Russes, les Prussiens, les Allemands ont prouvé, et les François auroient

---

1. Voyez les *Réflexions politiques*, *La Monarchie selon la Charte*. Dans le *Génie du Christianisme* même je parle avec admiration du gouvernement représentatif.

prouvé à leur tour qu'on ne subjugue point un peuple qui combat pour son nom et son indépendance. »

Si l'on remarque que ces passages étoient écrits et publiés au milieu même de l'armée confédérée, cette circonstance ajoutera peut-être quelque force aux sentiments qu'ils expriment.

J'écrivois au mois d'août 1816, dans *La Monarchie selon la Charte*, en traitant de la politique extérieure :

« Qui auroit jamais imaginé que des François, pour conserver de misérables places, pour faire triompher les principes de la révolution, pour amener la destruction de la légitimité, iroient jusqu'à s'appuyer sur des autorités autres que celles de la patrie, jusqu'à menacer ceux qui ne pensent pas comme eux de forces qui, grâce au ciel, ne sont pas entre leurs mains?

« Mais vous qui nous assurez, les yeux brillants de joie, que les étrangers veulent vos systèmes (ce que je ne crois pas du tout), vous qui semblez mettre vos nobles opinions sous la protection des baïonnettes européennes, ne reprochiez-vous pas aux royalistes de revenir dans les bagages des alliés?... Que sont donc devenus ces sentiments héroïques? François, si fiers, si sensibles à l'honneur, c'est vous-mêmes qui cherchez aujourd'hui à me persuader qu'on vous *permet* tels sentiments, ou qu'on vous *commande* telle opinion. Vous ne mouriez pas de honte, lorsque vous proclamiez pendant la session qu'un ambassadeur vouloit absolument que le projet du ministère passât, que la proposition des chambres fût rejetée. Vous voulez que je vous croie quand vous venez me dire aujourd'hui (ce qui n'est sûrement qu'une odieuse calomnie) qu'un ministre françois a passé trois heures avec un ministre étranger pour aviser un moyen de dissoudre la chambre des députés? Vous racontez confidemment qu'on a communiqué une ordonnance à un agent diplomatique, et qu'il l'a fort approuvée : et ce sont là des sujets d'exaltation et de triomphe pour vous. Quel est le plus François de nous deux, de vous qui m'entretenez des étrangers quand vous me parlez des lois de ma patrie, de moi qui ai dit à la chambre des pairs les paroles que je répète ici : *Je dois sans doute au sang françois qui coule dans mes veines cette impatience que j'éprouve quand pour déterminer mon suffrage on me parle d'opinions placées hors de ma patrie; et si l'Europe civilisée vouloit m'imposer la Charte, j'irois vivre à Constantinople.* . . . .

Et comment les mauvais François qui soutiennent leurs sentiments par une si lâche ressource ne s'aperçoivent-ils pas qu'ils vont directement contre leur but? Ils connoissent bien peu l'esprit de la nation. S'il étoit vrai qu'il y eût du danger dans les opinions royalistes, vous verriez par cette raison même toute la France s'y précipiter. Un François passe toujours du côté du péril, parce qu'il est sûr d'y trouver la gloire.

« . . . .

Ce n'est pas en se mettant sous les pieds d'un maître qu'on se fait respecter; une conduite noble est sans danger. Tenez fidèlement vos traités ; payez ce que vous devez ; donnez, s'il le faut, votre dernier écu, vendez votre dernier morceau de terre, la dernière dépouille de vos enfants, pour payer les dettes de l'État; le reste est à vous; vous êtes nus, mais vous êtes libres.

« Éloignons de vaines terreurs; les princes de l'Europe sont trop magnanimes pour intervenir dans les affaires particulières de la France. . . . . . . Les alliés ont eux-mêmes délivré leur propre pays du joug des François; ils savent que les nations doivent jouir de cette indépendance qu'on peut leur arracher un moment, mais qu'elles finissent par reconquérir : *Spoliatis arma supersunt.* »

Je prononçois à la tribune de la chambre des pairs, le 2 mars de cette année, ces paroles tirées de mon *Opinion sur le projet de loi relatif au recrutement de l'armée* :

« Sans doute, quiconque a une goutte de sang françois dans les veines doit désirer de toute la force de son âme, doit être prêt à acheter, par tous les sacrifices, l'affranchissement de son pays : nos cœurs palpiteront de joie quand le drapeau blanc flottera seul sur toutes les cités de la France. Mais, rendus au premier des biens pour un peuple, *à un bien sans lequel il n'y en a point d'autres*, à la dignité de notre indépendance, nous n'en aurons pas moins à guérir les plaies qu'un faux système nous a faites. »

Il est impossible de tenir le lecteur au courant de toutes les prévarications comme de toutes les niaiseries de la censure. Un journal, dans une annonce des Œuvres de M. Desaugiers, avoit dit *qu'il étoit le plus gai et le plus spirituel de nos chansonniers;* la censure a biffé cette phrase, parce qu'un chansonnier est aujourd'hui censeur.

Un autre journal avoit cité un mauvais couplet de ce même censeur : aussitôt le couplet est retranché, et *sans blanc*.

Un ancien article d'un autre censeur, naguère opposant au ministère, avoit été oublié dans un carton d'un journal indépendant; cet article oublié est présenté malicieusement à la censure : le père reconnoît son enfant, et l'étouffe. La censure a aussi ses Brutus.

M. Charles Dupin avoit adressé à un excellent journal littéraire un morceau qu'il a fait depuis imprimer à part, et qui s'intitule *Hommage aux habitants de la France méridionale;* l'article entier a été retranché sans qu'on puisse deviner pourquoi, sinon que M. Dupin invite les habitants de la France méridionale à apprendre à lire, et qu'il cite malencontreusement deux pairs de France.

Voilà un échantillon de la niaiserie de la censure : on peut en avoir beaucoup d'autres dans un écrit piquant intitulé : *Lettres de la Girafe au pacha d'Égypte*. Voici maintenant ce que nos voisins pensent de cette censure; les journaux ne nous le diront pas.

Il me semble inutile de répéter ici l'article du *Courrier anglois* cité dans ma brochure *sur le rétablissement de la censure*, et l'article du *Times*, cité par l'auteur de la *Lettre de la Girafe au pacha d'Égypte*.

Je reçois à l'instant d'un de mes nobles collègues les pièces suivantes, que je m'empresse de mettre sous les yeux du public.

A M. le rédacteur de ***.

« Monsieur,

« Permettez-moi de me servir de votre journal pour exprimer ma profonde et sensible reconnoissance des nombreux témoignages d'estime et d'amitié que j'ai reçus de mes honorables frères d'armes de l'ancienne garde nationale parisienne. Étant dans l'impossibilité de répondre aux lettres multipliées et aux marques de bienveillance dont chaque jour ils daignent m'honorer, depuis l'opinion que j'ai prononcée le 19 juin à la tribune de la chambre des pairs, souffrez, monsieur, que je leur adresse ici les remercîments et l'hommage des sentiments que leur approbation m'inspire, et que je les supplie de croire que mon dévouement et ma reconnoissance égalent mon respectueux attachement et mon admiration pour cet illustre corps, dont la patrie garde le souvenir avec gloire et douleur.

« Agréez, monsieur, l'assurance de mes sentiments et de ma considération très-distinguée,

« Le duc de Choiseul. »

Paris, le 7 juillet 1827.

M. Armand Bertin, par une lettre en date du 8 juillet, apprend à M. le duc de Choiseul que la lettre ci-dessus a été rayée à la censure dans le *Journal des Débats*.

Lettre de M. le duc de Choiseul à M. le vicomte de Bonald.

« Monsieur le Vicomte,

« *Pair de France*, vous avez accepté des fonctions dans le comité supérieur de la censure; permettez-moi, comme votre collègue *à la Chambre des pairs*, d'avoir l'honneur de vous consulter sur un fait qui m'est personnel.

« Je dois d'abord avoir celui de vous informer que depuis le licenciement de la garde nationale parisienne j'ai reçu, après mon discours du 19 juin à la chambre haute, une multitude de lettres et de témoignages de reconnoissance de la part des personnes que j'ai eu l'honneur longtemps de commander.

« Ne pouvant répondre à chacune d'elles en particulier, j'ai adressé avant-hier la lettre dont copie est ci-jointe à MM. les rédacteurs des *Débats*, du *Courrier* et du *Constitutionnel*.

« J'apprends à l'instant que ma lettre a été *biffée* et son insertion *refusée à la censure*.

« Sans entrer ici dans la discussion des droits d'un pair et des supériorités de la censure, discussion qui pourra trouver sa place ailleurs, j'ai cru devoir d'abord m'adresser à vous, monsieur le vicomte, pour vous prier de faire cesser ce scandale, bien persuadé que le sentiment de votre dignité et celui des convenances vous engageront à donner les ordres nécessaires, ordres que je réclame comme pair de France et comme citoyen françois.

« Agréez, monsieur le vicomte, l'assurance de ma haute considération,

« Le duc DE CHOISEUL. »

Paris, le 9 juillet 1827.

Réponse de M. le vicomte de Bonald à M. le duc de Choiseul.

« MONSIEUR LE DUC,

« Je mettrai sous les yeux du conseil la lettre que vous m'avez fait l'honneur de m'écrire et la réclamation qu'elle contient, et j'aurai celui de vous faire part de sa décision.

« Agréez, monsieur le duc, l'assurance de ma haute considération,

« Le vicomte DE BONALD. »

Paris, 9 juillet 1827.

Le lendemain ou surlendemain de la réponse ci-dessus de M. de Bonald à M. le duc de Choiseul, la censure effaça l'article ci-après, qui avoit été inséré dans *le Constitutionnel :*

« M. le duc de Choiseul a écrit, comme pair de France, à M. de Bonald, son collègue et président de la commission de censure, pour se plaindre du refus fait par la censure de laisser insérer une lettre qu'il a adressée au *Constitutionnel* relativement à la garde nationale parisienne. M. de Choiseul insiste sur tout ce qu'a d'étrange l'interdiction faite à un pair de France de la presse périodique pour manifester des sentiments qui n'ont rien que d'honorable et de patriotique. »

Enfin, le 15 juillet, M. le duc de Choiseul reçut la lettre suivante de M. le vicomte de Bonald :

Paris, le 14 juillet 1827.

« MONSIEUR LE DUC,

« Le conseil de surveillance de la censure, vu la lettre que vous avez fait à son président l'honneur de lui écrire, et dans laquelle Votre Seigneurie réclame contre la radiation faite par le bureau de censure de sa lettre à messieurs de la ci-devant garde nationale parisienne, envoyée aux journaux des *Débats,* du *Courrier* et du *Constitutionnel,*

« Arrête à l'unanimité que le jugement du bureau de censure est maintenu, et charge son président de le communiquer à Votre Seigneurie.

« Agréez, monsieur le duc, l'assurance de ma haute considération.

« Le président du conseil de surveillance de la censure,

« Le vicomte DE BONALD, pair de France.

A M. le duc de Choiseul, pair de France.

Réponse de M. le duc de Choiseul à M. le vicomte de Bonald.

Paris, 15 juillet 1827.

« MONSIEUR LE VICOMTE,

« Je reçois la lettre que vous m'avez fait l'honneur de m'écrire comme président du conseil de surveillance de la censure.

« Vous m'y annoncez la confirmation <i>à l'unanimité du jugement du bureau de censure,</i> sans m'en faire connoître un seul motif.

« L'inconvenance de cette forme est la suite naturelle de celle du premier procédé.

« Ne pouvant, comme <i>pair de France</i>, reconnoître un tribunal dans un bureau de censure, ne pouvant me soumettre à <i>d'autres jugements</i> que ceux de la cour des pairs dans les cas extraordinaires, et dans les cas ordinaires que ceux des tribunaux, il est de mon devoir de ne point laisser avilir notre haute dignité et de protester contre cette coupable violation de nos droits.

« Agréez, monsieur le vicomte, l'assurance de ma haute considération.

« Le duc DE CHOISEUL, pair de France. »

Il faut espérer que tant de scandale finira avec la censure, et qu'on ne s'obstinera pas à prolonger un état de choses si révoltant.

FIN DU TOME NEUVIÈME.

TABLE.

ÉTUDES HISTORIQUES.

	Pages.
Avant-Propos.	1
Préface.	3

Étude première, ou premier Discours sur la chute de l'empire romain, la naissance et les progrès du christianisme et l'invasion des barbares. — Exposition 101
    Premier Discours. — *Première partie*. De Jules César à Dèce ou Décius. 116
    Seconde partie. De Dèce ou Décius à Constantin.................. 170

Étude deuxième. — *Première partie*. De Constantin à Valentinien et Valens... 203
    Second Discours. — *Seconde partie*. De Julien à Théodose Ier....... 230

Étude troisième, ou troisième Discours sur la chute de l'empire romain, la naissance et les progrès du christianisme et l'invasion des barbares. — *Première partie*. De Valentinien Ier et Valens à Gratien et à Théodose Ier... 270
    Seconde partie.. 285
    Troisième partie.. 311

Étude quatrième. — *Première partie*. D'Arcade et Honorius à Théodose II et Valentinien III................................. 324
    Seconde partie. De Théodose II et Valentinien III à Marcien, Avitus, Léon Ier, Majorien, Anthême, Olybre, Glycerius, Nepos, Zénon et Augustule 340

Étude cinquième. — *Première partie*. Mœurs des chrétiens. Age héroïque. 356
    Seconde partie. Suite des mœurs des chrétiens. Age philosophique. Hérésies... 379
    Troisième partie. Mœurs des païens........................... 397

	Pages.
Étude sixième. — *Première partie*. Mœurs des barbares.............	425
Seconde partie. Suite des mœurs des barbares..............	451
Éclaircissements...	472

MÉLANGES HISTORIQUES.

Préface...	481
Mémoires sur le duc de Berry....................................	485
Avertissement de la première édition............................	486

PREMIÈRE PARTIE.

LIVRE I.

Chapitre premier. Exposition....................................	487
Chap. II. Des Bourbons..	488
Chap. III. Grandeur de la maison de France......................	489
Chap. IV. Naissance et enfance de Mgr le duc de Berry............	490
Chap. V. Traits de l'enfance du prince..........................	491
Chap. VI. Émigration de Mgr le duc d'Angoulême et de Mgr le duc de Berry...	492
Chap. VII. Mgr le duc de Berry à Turin......................	493
Chap. VIII. Départ de Mgr le duc d'Angoulême et de Mgr le duc de Berry pour l'armée des princes...............................	494
Chap. IX. Retraite de Champagne. Le prince achève son éducation militaire, et va rejoindre l'armée de Condé....................	495
Chap. X. Armée de Condé...	496
Chap. XI. Mgr le duc de Berry à l'armée de Condé.............	497
Chap. XII. Suite du précédent. Bravoure du prince. Sa réparation envers un officier...	498
Chap. XIII. Louis XVIII est proclamé à l'armée de Condé.........	500
Chap. XIV. Le roi à l'armée de Condé............................	501
Chap. XV. Repos momentané des émigrés et de Mgr le duc de Berry. Les observations de ce prince sur l'Allemagne..................	502
Chap. XVI. Lettre de Mgr le duc de Berry à Mgr le prince de Condé. L'armée de Condé se retire en Pologne. Adieux du prince à cette armée...	503

LIVRE II.

Chapitre premier. Mgr le duc de Berry rejoint l'armée de Volhynie. Hospitalité des Polonois. Le prince organise le régiment noble à cheval..	505

Pages.

Chap. II. L'armée de Condé se met en marche pour rejoindre les troupes alliées. Mariage de Son Altesse Royale Madame et de Mgr le duc d'Angoulême... 506

Chap. III. Arrivée de Mgr le duc de Berry à Constance avec l'armée. Combat. Retraite.. 509

Chap. IV. Projet de mariage entre Mgr le duc de Berry et la princesse Christine de Naples. Le prince va en Italie........................ 510

Chap. V. Voyage du prince à Rome................................. 511

Chap. VI. Suite du précédent. Mgr le duc de Berry quitte Rome pour retourner à l'armée... 512

Chap. VII. Mgr le duc d'Angoulême arrive à l'armée de Condé. Il est rejoint par son frère. Dernier bulletin de l'armée de Condé, écrit par Mgr le duc de Berry.. 513

Chap. VIII. Licenciement de l'armée de Condé..................... 516

LIVRE III.

Chapitre premier. Embarras de Mgr le duc de Berry en Allemagne. Ses lettres.. 517

Chap. II. Mgr le duc de Berry en Écosse........................... 519

Chap. III. Mgr le duc de Berry arrive à Londres. Ses foiblesses. Admirable déclaration du roi et des princes de la maison de France...... 521

Chap. IV. Vie de Mgr le duc de Berry à Londres. Voyages du prince.. 524

Chap. V. Mgr le duc de Berry essaye de reprendre les armes et de passer en France. Magnanimité du prince de Condé et des Bourbons... 526

Chap. VI. Départ de Mgr le duc de Berry pour Jersey. Séjour du prince dans cette île... 529

DEUXIÈME PARTIE.

LIVRE I.

Chapitre premier. Arrivée de Mgr le duc de Berry en France. Voyage de Cherbourg à Paris... 531

Chap. II. Le roi à Compiègne....................................... 533

Chap. III. Mgr le duc de Berry est nommé colonel général des chasseurs. Inspections militaires. Mot du prince. Pèlerinage de Mgr le duc de Berry à Versailles... 534

Chap. IV. Les Cent Jours. Mgr le duc de Berry à Gand............. 536

Chap. V. Retour du roi. Mgr le duc de Berry préside le collége électoral de Lille... 537

	Pages
Chap. VI. Mariage du prince	538
Chap. VII. Arrivée de Mme la duchesse de Berry à Marseille	541
Chap. VIII. Lettres du prince et de la princesse. Mme la duchesse de Berry décrit les fêtes qu'on lui donne à Marseille et à Toulon	541
Chap. IX. Suite des lettres. Mme la duchesse de Berry quitte Marseille, et continue à parler de la France à mesure qu'elle s'approche de Fontainebleau	545
Chap. X. Mme la duchesse de Berry arrive à Fontainebleau. Célébration du mariage à Paris	547
Chap. XI. Vie privée du prince. Anecdotes du cocher, du valet de pied et du piqueur. Pension de M. de Provenchère	548
Chap. XII. Suite de la vie privée. Charité du prince	549
Chap. XIII. Suite de la vie privée. Diverses aventures	551
Chap. XIV. Suite des aventures	552
Chap. XV. Suite du précédent	554
Chap. XVI. Mme la duchesse de Berry perd ses deux premiers enfants. Fatalité des nombres	555
Chap. XVII. Pressentiments de Mgr le duc de Berry comparés à ceux de Henri IV	556

LIVRE II.

Capitre premier. Mgr le duc de Berry est blessé à l'Opéra	558
Chap. II. Premier pansement du prince	560
Chap. III. Arrivée de Mgr l'évêque de Chartres, de Mgr le duc d'Angoulême, de Madame et de Monsieur. Second pansement de la blessure.	561
Chap. IV. Diverses paroles du prince. Il annonce la grossesse de Mme la duchesse de Berry. Le prince avoue une faute	563
Chap. V. Le prince fait une confession publique et reçoit l'extrême-onction. Diverses paroles du prince	565
Chap. VI. Arrivée du roi. Le prince demande la grâce de son assassin.	668
Chap. VII. Désespoir de Mme la duchesse de Berry. Mort du prince...	569
Chap. VIII. Consternation de la France et de l'Europe. Chapelles ardentes au Louvre et à Saint-Denis	572
Chap. IX. Douleur de la famille royale et de Mme la duchesse de Berry.	574
Chap. X. Funérailles de Mgr le duc de Berry. Les entrailles du prince sont portées à Lille. Son cœur sera déposé à Rosny	576
Chap. XI. Portrait du prince. Conclusion	579

PIÈCES JUSTIFICATIVES DES MÉMOIRES.

Lettre de Monsieur (depuis Louis XVIII) à MM. les officiers, sous-officiers, grenadiers et soldats du régiment irlandois de Berwick...	583

TABLE.

	Pages.
Fragments des Mémoires de la maison de Condé	584
Lettre de Monsieur (régent du royaume) au duc de Bourbon	586
Lettre de Monsieur (régent du royaume) à Mgr le duc d'Enghien	586
Lettre de Monsieur, comte d'Artois, à Mgr le prince de Condé	586
Lettre du roi Louis XVIII à Mgr le prince de Condé	588
Ordre du jour du roi Louis XVIII à l'armée	589
Lettre de Mgr le duc d'Angoulême à Mgr le prince de Condé	589
Lettre de Mgr le duc de Berry à Mgr le prince de Condé	590
Lettre du roi à Mgr le prince de Condé	591
Lettre de Mgr le duc de Berry à Mgr le prince de Condé	592
Lettre de Mgr le duc de Berry à M. Acton, ministre de S. M. le roi des Deux-Siciles	593
Entrevue de Louis XVIII avec M. Meyer	594
Lettre de Mgr le prince de Condé au roi	595
Réponse du roi	595
Lettre de Mgr le prince de Condé à S. A. R. Monsieur, comte d'Artois	596
Extrait du Journal inédit du comte de Hautefort	597
Le roi est mort, vive le roi!	605
De la Vendée	617
Ce que la Vendée a fait pour la monarchie	638
Ce que les ministres du roi ont fait pour la Vendée	643

NOTICES NÉCROLOGIQUES.

Sur la mort de La Harpe (1803)	657
Sur la mort de M. de Saint-Marcellin (1819)	661
Sur la mort de M. de Fontanes (1821)	663
Sur le général Nansouty (1815)	665
Notes	669

FIN.

www.ingramcontent.com/pod-product-compliance
Lightning Source LLC
Chambersburg PA
CBHW050058230426
43664CB00010B/1360